知其不可而为之者

——我读《论语》

陈科华　著

湘潭大學出版社

图书在版编目（CIP）数据

知其不可而为之者 ： 我读《论语》 / 陈科华著．-- 湘潭 ： 湘潭大学出版社， 2020.7

ISBN 978-7-5687-0426-7

Ⅰ．①知… Ⅱ．①陈… Ⅲ．①儒家②《论语》一研究 Ⅳ．①B222.25

中国版本图书馆 CIP 数据核字（2020）第 095952 号

知其不可而为之者——我读《论语》

ZHI QI BUKE ER WEI ZHI ZHE——WO DU《LUNYU》

陈科华 著

责任编辑：王正杰
封面设计：陈 谦
出版发行：湘潭大学出版社
社　　址：湖南省湘潭大学工程训练大楼
电　　话：0731-58298960 0731-58298966（传真）
邮　　编：411105
网　　址：http://press.xtu.edu.cn/
印　　刷：长沙市雅高彩印有限公司
经　　销：湖南省新华书店
开　　本：787 mm×1092 mm 1/16
印　　张：32
字　　数：744 千字
版　　次：2020 年 7 月第 1 版
印　　次：2020 年 7 月第 1 次印刷
书　　号：ISBN 978-7-5687-0426-7
定　　价：118.00 元

自　　序

1988年夏，也就是我大学毕业后的第三年，因不满于当时的工作处境，就想到刚刚建省的海南去碰碰运气。记得我是与同事柴国平君一道从长沙乘绿皮火车出发的，站了近二十个小时才达到广东湛江，然后又马不停蹄从湛江坐中巴车到海安，再坐汽车轮渡过海，到达海口的时候已是凌晨四点钟。为了节省费用，我们便露宿在一家书店的屋檐下。天亮之后，书店开门，出于对书店免费“留宿”的感激，我便买了一本由中华书局出版、杨伯峻先生著的《论语译注》。不想自此之后，有关《论语》的书籍就成了我的案头书与床头书，有时间就翻一翻，读一读，若偶有心得，便记之于书的空白处。因为，在我当时的印象中，总觉得《论语》一书无非是孔圣人的“格言录”，没有必要去通读它。

这样读《论语》大概有五六年的时间，我便有了一种将《论语》之“格言录”作系统化文本处理的设想。为此，我花了近一个月的时间把《论语》各章做成卡片，共550多张卡片(《论语》共492章，因有的章节较长，一张卡片不够)，然后就试图将卡片按内容进行归类。开始做这项工作的时候，我还有点小兴奋，以为自己在做一项“论语学”研究的创新性工作，不想真正深入下去就感到有点无所适从，因为有的卡片既可以归于这一类，又可以归于那一类，甚至有的卡片还没办法归类。尽管做这项工作费了我不少心力，且最终不得不放弃这种归类的想法，但如今想来，还真得感谢这种稚笨的读《论语》法。因为，它让我对《论语》这一文本的建构有了初步的阐释学认知，即《论语》的这一文本形式特征其实反映出了孔子后学对于孔子思想体系的一种建构努力，因而我们欲研究《论语》，首先得全面地了解孔子与孔学、儒学。

此后，我便将主要精力用于儒家思想方面的学术研究，包括博士论文也是做的“儒家中庸之道的伦理构建研究”，相继出版了《儒家中庸之道研究》《孔子思想研究》《中国传统经济伦理思想史》(合著)等四本相关的著作。这样做下来一晃就是二十多年过去了，尽管在这二十多年的时间里，《论语》始终是我的案头书和必备资料书，但是，真正使我重拾“论语学”研究初心的是新时代背景下中国社会的“论语热”现象。因为我始终认为，作为一名学者，既要有宣传普及优秀传统文化的社会责任感，也要有创造性地转化传统文化的历史使命感，但无论我们做哪一项工作，都必须以学术研究为根基，都必须尊重《论语》这一文本形式的语境生成规律，否则的话，“我”读《论语》就有可能变成《论语》读“我”，或者“六经”为“我”来背书。若任这种《论语》的解读方式流行，《论语》的真正价值就必定会湮灭不彰。此吾之所忧一也。所忧之二，在“我”读《论语》的学者中，虽不乏从文本阐释学角度来解读《论语》者，但他们对文本语境的理解缺乏全面性，尤其是未能看到《论语》文本"上下文"之间的逻辑联系对于文本语境重构的意义,因而对于文本的"意思"未能做出"能指"与"所指"的区分,无法让读者从《论语》一书乃孔子"格言录"的文本印象中摆脱出来,从而也就无助于我们对孔子思想进行系统性把握与理解。

因此,本读坚持以历史唯物主义为指导,试图通过运用文本阐释学的方法来对《论语》这一文本做出三重语境分析,以突出文本"上下文"意义联系逻辑对于文本思想体系建构的价值为重点,着重挖掘文本篇与篇之间的主题逻辑联系、篇内各章之间的意义联系逻辑,尝试为读者理解文本提供一个整体性的理解框架,并试图解决文本"重出"现象的理解难题,旨在为"论语学"的发展提供一种新的研究思路,为读者留下一个真实的孔子印象。需要说明的是,我于《论语》的读法只是一种尝试,如果这种尝试能起到抛砖引玉的作用,实乃我学术生涯之大幸也。

之所以将本书取名为《知其不可而为之者——我读〈论语〉》,是因为孔子给我的印象是:他是一个在单亲家庭成长的苦孩子,穷人的孩子早当家,故他多能"鄙事";年轻的时候也想靠"大夫之后"的身份而跻身上流社会,但参加"季氏飨士"却被季氏家臣阳虎拒之门外,这使得他意识到唯有通过勤奋学习才能成就君子,因此孔子是一个"知识改变命运"的榜样,是一个多才多艺且文质彬彬的君子,是一个践行中庸之道的"圣之时者";虽然孔子也向往富贵生活,甚至"苟能富贵,虽执鞭之士,吾亦为之",但他还是主张过一种"义以为质"的道德生活;虽然他想通过从政来改造社会以实现自己的政治理想,但经常陷入没有平台供他施展政治才华的困境,以至于他天真地想走"曲线救国"的路线,见了名声欠佳的南子犹可,甚至还想应乱臣贼子之诏。孔子一生确实很孤独,但是他并不是一个悲观主义者,在他那如"丧家狗"一般的政治流亡生涯中,我们看到的恰恰是一个传统知识分子为了实现理想而不懈奋斗的使命担当,一个在"生命不可承受之重"的境遇中努力去开辟向上之路的高贵人格。孔子在"干七十余君而不遇"的情况下,没有如道家那样走向避世之路,而是专心于教育文化事业,就在于他相信文化教育既是"无道之世"的救世良方,也是知识分子实现人生价值的重要选项,所以说孔子是一个"知其不可而为之"的勇者,是一个在逆境中勇于探索新的发展可能性的弘道之士。

最后,需要说明并向读者抱歉的是,限于篇幅之故,本书没有对原著作注释性译读,因而对一般读者而言最好是买一本带注解的《论语》读本用来做"伴读"。此外,由于笔者水平有限,书中难免有错误或疏漏之处,敬请批评指正。

是为序。

2020年5月28日

于湖南工业大学图书馆

目　　录

导读1 《论语》的文本形式及其意蕴

读《论语》，难免会产生出几个这样的文本印象和生出同样几个疑问来，即：(1)对中国历史、文化具有如此重大影响的思想家、教育家孔子，其思想的主要载体《论语》这一文本的篇幅为何如此之少？(2)与同时代的思想家多以姓氏为书名相比，为什么孔子之书叫《论语》而不叫《孔子》？《论语》这一书名的含义是什么？(3)《论语》这一文本所记“夫子之言”大多是以“问答”为主，选择这样一种形式来建构《论语》文本有何意蕴？(4)《论语》文本中的“问答”有许多是以“子曰”的形式来体现，它既不同于《孟子》，亦不同于古希腊哲学家柏拉图的《对话录》，文本情景的缺失意味着什么？它与孔子所称的“吾道一以贯之”有何内在联系？(5)《论语》20篇，为何将《学而》摆在文本第一的位置呢？我认为，上述五个问题，既是当代“论语学”的首要课题，也是我们读懂《论语》的重要前提。而欲解决这些问题，有必要对《论语》一书作文本阐释学的理解，从“知人论世”的历史文化语境分析出发，把体现孔子“因材施教”思想的情景语境分析和体现孔子“吾道一以贯之”要求的“上下文”语境分析有机地结合起来，这样才能形成对《论语》文本思想体系的逻辑理解，从而摆脱《论语》一书不过是一部孔子“格言录”的文本印象。

一、儒学的分化与文本的篇幅

《论语》是孔子后学记载“夫子言行”的儒家经典，是我们研究孔子思想最可信、最主要的文献资料，但从文本阐释学的角度讲，它并不是孔子个人的“专著”，而是孔子后学的“编著”。我们今天读到的《论语》为西汉安昌侯张禹所编，俗称《张侯论》，共20篇，篇幅仅15900余字。很显然，这么少的篇幅是不足以概括孔子一生的言行的，是以人们有理由怀疑，《张侯论》之前的《论语》篇幅肯定不在20篇之数，按东汉哲学家王充的说法，《论语》作为“弟子共纪孔子之言行，敕记之时甚多”，应该有“数十百篇”(《论衡·正说》)。但是，从西汉流行的《论语》文本情形来看，在《张侯论》之前，主要有《古论》《齐论》和《鲁论》三个版本，其篇数分别为21、22、20篇，而《张侯论》就是以《鲁论》为底本，兼采齐、古二《论》而成，可以说是集三《论》之大成，而其篇幅亦与三《论》基本相当。那么，形成《论语》文本这一情形的原因是什么呢？我认为，从文本形成的历史文化语境去分析，它与孔子之后儒学内部的分化以及汉武帝“独尊儒术”后儒学的意识形态化需求有关。

我们知道，孔子在世时，弟子子贡对先生的“予欲无言”就有过“小子何述焉？”的担忧(《阳货》),这种担忧实际上反映了孔子后学对于如何传述先生思想有一种“文本焦虑”,正是从这种焦虑中我们看到了孔子后学对于编辑“夫子言行”文本的迫切愿望。可以肯定地讲,《论语》文本的编辑工作至迟在孔子的再传弟子就开始进行了。因为,根据考证,在《论语》文本中,仅有曾参、有若二人被尊称为“子”,这表明《论语》可能就是他们的弟子所编,或者至少他们参与了《论语》文本的形成。且从战国时期《孟子》一书中涉及孔子言行的记载来看,其中就有 12 条引文与今本《论语》相近,其他同时的文献也有类似的情况,据此,李零先生认为,最早的《论语》文本“大约形成于孔、孟之间的战国早期”。[①] 吾以为然。

不过,需要指出的是,在儒学发展的过程中,真正影响《论语》文本形成的重要因素是儒学内部的分化。我们知道,孔子一生收徒甚众,有所谓“弟子三千,七十二贤人”一说。根据《韩非子·显学》篇所说,孔子殁后,儒学内部发生分化,“儒分为八”,有所谓“子张之儒”“子思之儒”“颜氏之儒”“孟氏之儒”“漆雕氏之儒”“仲良氏之儒”“孙氏之儒”和“乐正氏之儒”等,其中“孙氏之儒”的代表人物荀子甚至公然批评思孟学派,谓其“略法先王而不知其统”,成为孔子以后儒家思想的另一颇具影响的派别。而儒学内部之所以产生这种激烈分化,一方面固然与时代的发展需要儒学本身不断创新分不开,另一方面也与孔子“门人”所本的孔子言论之不同有一定的关系。这也就是说,由于儒学内部的分化,战国时期形成的《论语》文本不可能是定于“一尊”,更可能是多种文本同时流行,且文本篇幅的数量也肯定互有出入,长短不一。这样,在《论语》文本“百花齐放”的状况下,文本的真伪问题就成了儒学各派相互诘难的焦点之一。那么,在这种情况下,如何可能达成一种《论语》的文本共识?会达成一种什么样的文本共识呢?

应该肯定的是,尽管孔子死后儒家内部的分化乃是一个客观的历史事实,但这并不妨碍各派之间达成一种编纂一部孔子言行录的文本共识。因为,无论是哪家哪派,出于为其思想有所张本故,亦出于为避免孔子遭庄子等其他诸子“丑化”故,都有编纂一部《论语》文本的愿望和要求。当然,这并不意味着在材料的取舍上他们没有争论。事实上,哪些是孔子说过的话,哪些话孔子并没有讲过,这是编者们争论最多且最为头痛的问题。如何处理这一难题呢?简单地说,主要依靠“在场”者的证实,即任何提交于编辑的“夫子言行”须有“旁证”方可。而我们知道,“在场”有“群体/多数在场”和“个体/少数在场”两种情形,前者是指谈话必须有第三者在场,这第三者或参与了对话,或只是听众;后者则指对话仅限于两人之间。本来,“群体在场”和“个体在场”都具有直接的客观性,但从编辑学的角度来看,尤其是在编者来自不同学派的情形下,由于“个体在场”缺乏第三者的“旁证”力度,因而这类孔子的言行就很难为编辑们所认同而进入《论语》这一文本中,换言之,孔子与某个学生之间的单独谈话就有可能因其“证据”的客观性不足而被排斥于《论语》文本之外。也正是这一点使得《论语》文本的

① 李零:《丧家狗——我读论语》,太原:山西人民出版社,2007 年,第 28–29 页。

篇幅在数量上难以达到可观的程度。所以，我认为，只有15900多字的西汉《张侯论》其实是儒家内部不同派别相互争论而达成的一种文本共识的结果。这是一方面。

另一方面，由于秦始皇的“焚书坑儒”，至西汉初，先秦所传下来的《论语》文本主要有上述古、齐、鲁三《论》和河间本四种，其中三《论》的篇次虽有出入，但篇幅大致相当，那么，为什么三《论》最后会归统于《张侯论》呢？据传，汉成帝为太子时，诏张禹传授《论语》，成帝多次向张禹请教经学难题，为此张禹特作《论语章句》献给成帝，解决了当时《论语》的版本之争，赢得了“欲为《论》，念张文”的学术声誉。所以，尽管时人目张禹为“佞臣”，但他在“论语学”上的贡献还是得到了历史的公认。其实，张禹所为，不过是适应了儒学意识形态化的政治需要而已。因为，汉武帝“独尊儒术”之后，儒学虽然从“子学”上升为“经学”，但影响儒学意识形态化强化的因素之一，就是汉代儒生内部因今古文之争而来的经学版本之争，譬如《古论》，是古文本，推崇该本的学者便认为它的信史度最高，但当时流传最广的《鲁论》是以今文本为主。可见，这种由古今文带来的文本之争，其实就是一种文本“信史度”之争，而这种争论无疑会给今文经学作为官学的合法性地位带来严重的挑战，非常不利于儒学的意识形态化要求，因而张禹将不同版本的《论语》定于“一尊”，有助于将《论语》文本的解释权牢牢掌握在统治阶级自己手中。不过，由此而来的是，《论语》文本的多样性也就不复存在了，这一点对于我们研究孔子思想是不利的。因此，我们今天研究孔子思想，不能局限于《论语》一种文本。

二、“圣人之言”与书名之义

编一本书，书名很重要。在先秦诸子著作中，以作者为书名是比较普遍的文本现象，譬如道家的老子和庄子，其著作就叫《老子》(又名《道德经》)和《庄子》；儒家中的孟子和荀子，其著作也叫《孟子》和《荀子》；法家中的韩非子，其著作也叫《韩非子》，等等。那么，为什么孔子的著作不叫《孔子》而叫《论语》呢？

首先，根据史料证明，“论语”一词最早见于马王堆帛书《系辞》：“八卦以象告也，教(爻)顺(象)以论语，刚柔杂处，吉[凶]可识。”与今本《周易·系辞下》“八卦以象告，爻象以情言，刚柔杂居，而凶吉可见矣”相比较，“以情言”是指爻象所反映(“言”)的是事物的情状与性向，而帛书中的“以论语”则是指爻象是一种具有定性判断的言语，它不涉及对事物表面情状的描述，换言之，此中的“论语”之义带有无法改变的“命定之言”的性质。而在战国时期的文献中，《礼记·坊记》有载：“子云：君子弛其亲之过而敬其美。《论语》曰：‘三年无改于父之道，可谓孝矣。’”由此可见，以《论语》为书名应是最初的文本共识。那么，它的含义是否与帛书《系辞》中的“论语”一词相同呢？虽然目前找不到相关的文献来证明，但基于其历史文化语境来分析，二者的所指义应该是一致的。

其次，自汉代以来，关于《论语》的名义问题，有四种代表性的看法：

(1)班固《汉书·艺文志》：《论语》者，孔子应答弟子、时人及弟子相与言而接闻于夫子之语也。当时弟子各有所记，夫子既卒，门人相与辑而论纂，故谓之《论语》。”

(2)刘向《别录》:《鲁论语》二十篇,皆孔子弟子记诸善言也。"邢疏:"直言曰言,答述曰语,散则言语可通,故此论夫子之语而谓之善言也。"

(3)刘熙《释名·释典艺》:"《论语》,记孔子与弟子所语之言也。论,伦也,有伦理也。语,叙也,叙己所欲说也。"

(4)何异孙《十一经问对》:"《论语》有弟子记夫子之言者,有夫子答弟子问,有弟子自相答者,又有时人相言者,有臣对君问者,有师弟子对大夫之问者,皆所以讨论文义,故谓之《论语》。"

以上诸说中,今人多持《汉书·艺文志》的观点。但笔者认为,除第(4)种观点不能赞同之外,其余看法其实是可以兼容的。

《汉书·艺文志》关于《论语》的上述说明为我们理解《论语》之名义提供了十分有价值的线索。第一,从《论语》作为文本共识的产生过程来看,《论语》之"论"是指"辑而论纂"而言,这种"辑而论纂"也相当于佛教文献史上的佛经集结。换言之,"论"之为词具有反映《论语》作为文本的产生方式的意义在内,有讨论、论断的意思。第二,正因为《论语》是经过讨论而达成的一种文本共识,那么也就意味着"论语"之"语"作为一种言语本身就具有一种与一般的日常话语不同的意蕴,即文本所记"夫子之言",一方面是有"伦"之言,有条理、有逻辑的言论;另一方面是具有"正能量"的"圣人之言",也就是刘向所谓"《鲁论语》二十篇,皆孔子弟子记诸善言也"。我认为,《论语》此一含义表明,"论语"之"论"不仅意味着一种文本内容的真实性,更重要的是它赋予了《论语》作为一种"话语"的权威性,从这一意义上讲,它与帛书中"教(爻)顺(象)以论语"中的"论语"是同一个意思。第三,根据司马迁在《史记·司马相如列传》中评价司马相如辞赋时所说:"相如虽多虚辞滥说,然其要归引之节俭,此与《诗》风谏何异!扬雄以为靡丽之赋,劝百风一,犹驰骋郑卫之声,曲终而奏雅,不已亏乎?余采其语可论者著于篇。""语可论者"之说表明,在太史公看来,相如之"语"既有"可论者",也有"不可论者"。"不可论者",即其"虚辞滥说"也,也就是一些华而不实的溢美之词;而"可论者",无疑是一种既符合思想的逻辑性,又禁得起实践检验之"语"。

从"语可论者"的角度来分析《论语》之名义,可以看出:一方面,《论语》之"语"作为孔子所说过的话语这一客观存在事实本身就具有"论"——话语权威的性质;另一方面,孔子所有之"语"中也只有经过了孔子后学的"议论"后,认为那些具有"论"的性质的言语才谓之"论语"。这就是说,《论语》之"论"既是孔子之"语"本身所具有的客观性质,又是孔子后学其中特别是《论语》文本编纂者的一种"论"——一种编辑原则。因为,如前所述,孔子一生所言绝不止《论语》之数,而之所以只收录了这么多,是因为孔子的话并不是每一句都是"可论"之语。对此,孔子本人也有自觉,如《阳货》:"子之武城,闻弦歌之声,夫子莞尔而笑,曰:'割鸡焉用牛刀?'子游对曰:'昔者偃也闻诸夫子曰:君子学道则爱人,小人学道则易使也。'子曰:'二三子!偃之言是也。前言戏之耳。'"又如《述而》载:孔子因为说了鲁昭公"知礼"的错误言论而为陈司败所指出,曰:"丘也幸,苟有过,人必知之。"孔子承认自己所说的话中有"戏言",有时还有错误之言，这些可能只是《论语》中提及的孔子之言中“不可论者”的少数例子。之所以为编纂者所保留，原因一方面固然是它们无损于孔子作为“圣人”的形象，另一方面也可能是编纂者想借此透露出编辑孔子言论的标准，即能入文本的基本上是“语可论者”。

总之，从历史文化语境来分析，以《论语》为文本之名是孔子后学对“夫子之言”的价值认同，反映了他们试图构建孔子“圣人”形象的思想努力。我认为，如果上述《坊记》所记《论语》之名属于信史的话，这说明孔子生前在他的弟子中就已存在的孔子崇拜现象到战国中期已经成为儒家后学的基本共识，而汉武帝“独尊儒学”，儒学从“子学”上升为“经学”之后，就有必要结束当时存在的文本乱象，故安昌侯张禹所为不过是为《论语》“正名”罢了。

三、“问答”的意蕴与理解的开放性

《论语》作为记“夫子之言”的文本，其文本形式特征是什么呢？简单来说，《论语》是一个以“问答”或对话为主要形式的文本。匡亚明先生说：“一部《论语》实际上就是记载他们师生间互相讨论的问答情况。”[①] 吾以为然。因为，根据《论语》的内容，我们大致可以将之分为三类：

第一类，专记孔子与其弟子或他人的问答情况。其中不少缺乏“问答”背景或场景，直以“子曰”记之。有学者认为，“子曰”式的文本只能算是一种独白式的“语录”，不能算是一种“对话”或“问答”。我认为，这种说法虽有一定的道理，但不符合事实。因为，孔子是一位“述而不作”式的思想家，他既然不愿意将其思想形成文字，而又要让其思想为学生们所了解，这只有在一种对话与交流的场景中才是可能的。“子曰”必是夫子有感而发、有对象在场而发、针对一定的问题而发，这些场景虽在《论语》这一文本中已消失，但并不能说它就是一种“独白”。事实上，“子曰”的有些场景我们还是可以通过其他的史料如《史记》《左传》等来还原的。

第二类，属于孔子的弟子与他人之间的问答情况。其中以记载曾子的言行居多，据杨伯峻先生统计，《论语》中单独记载曾子言行的有《学而》2 章、《泰伯》5 章、《颜渊》1 章、《宪问》1 章、《子张》4 章，共达 13 章之多，并据此推断《论语》可能为曾子的学生所作（《论语译注》，第 29 页）。

第三类，由孔子后学对孔子的描述性记载。这类记载成自多家之手，既有曾子之儒，也有子夏之儒或子张之儒等，但无论出自何人之手，它们都是一些对孔子日常生活及他人对孔子印象的描述性记载。此类记载一共有 50 章，且主要集中于《乡党》（25 章）和《述而》（11 章）两篇。

据笔者的统计，《论语》全书除去其中一些“重出”的章节，属于孔子问答情况记载的共 413 章，占全书的 81%左右，其余只占 19%左右。因此，就整体而言，《论语》这一文本主要是由“问答”而构成。

---

① 薛喜凯：《名家评说孔子辨析》，济南：齐鲁书社，2008 年，第 66 页。

那么,《论语》这样一种以对话或问答为主的文本形式,对于孔子思想的传播或读者的理解活动而言,意味着什么呢?

首先,需要指出的是,《论语》这样一种文本形式,有着"轴心时代"思想传播的共有特征,如古希腊哲学家柏拉图的《对话录》,希伯来、佛陀等宗教创始者的"圣人之言",皆是以问答或对话的文本形式得以流传后世。之所以会产生这样的宗教文化和思想史现象,原因有四:

一是与当时书写工具的落后以至于人类的经验和知识积累与传播只能靠"口耳相传"来实现有关——这一点也是古代社会"尊老""好古"传统习俗得以形成的客观原因所在。

二是与思想家的主观自觉有内在的关系。就孔子而言,他就有过明确的"述而不作"(《述而》)意识,即在孔子看来,他作为"士"的主要责任是传述与阐释圣人留下的经典文献,而非另起炉灶、别立体系来表达自己的思想。之所以如此,就在于孔子认为"圣人之言"已包含了对现实问题的解答的可能性与向度,因而"祖述尧舜,宪章文武"(《礼记·中庸》)之"述"的重心,就是要将经典所蕴含的这种可能性与向度向处于不同境遇与场景中的读者展示出来,这也就是意味着"述而不作"之"述"不是一种简单的叙述与重复,而是对"经"的一种选择性和确认性的阐释与发挥,古人谓之为"赞述"。因此,我认为,《论语》实际上就是孔子及其弟子对传统经典进行"赞述"的心得体会集。

三是与孔子的教育思想有关。孔子认为,"当仁不让于师"(《卫灵公》),人人都是古文化复兴的承担者,在真理和知识面前,人人平等。而在对古文化的理解上,师生之间的教与学是一个"相长"的互动过程,老师并不具有话语的绝对权威性,孔子说:"三人行,必有我师焉,择其善者而从之,其不善者而改之。"(《述而》)从这种平等的立场出发,"相长"的过程必然是一个"问答"的过程,也是一个"因材施教"的过程。孔子特别重视"问",他说:"吾有知乎?无知也。有鄙夫问于我,空空如也,我叩其两端而竭焉。"(《子罕》)问,是获得知识的途径,故师生之间、朋友之间要经常地"问",要"如切如磋,如琢如磨"(《学而》),方能有所长进,故《论语》通篇就是由"问答"构成的。

四是与孔子把"问"当作一种道德品格来提倡有关。这就是说,问答不只是致知的手段,同时也是品格的提升方式。如"子入太庙,每事问",有人就说"孰谓鄹人之子知礼乎?入太庙,每事问",孔子听了以后说:"是礼也"(《八佾》),意即"问"本身就是礼的要求与表现形式之一。更重要的是,问,在孔子看来是一种道德修养的方法,如"君子和而不同,小人同而不和"(《子路》),问,是士君子的品格之一;又如"博学而笃志,切问而近思,仁在其中矣"(《子张》),问,是为仁的途径之一。可见,孔子对于"问"的理解,并没停留于致知的层面,而是将其与道德修养联系起来,这一点与古希腊智者苏格拉底对"问答"的注重有所区别,后者更重视的是一种"提问的能力",而孔子则更倾向于把提问当作一种品格来对待,如孔子的学生曾子指出:"以能问于不能,以多问于寡;有若无,实若虚,犯而不校——昔者吾友尝从事于斯矣。"(《泰伯》)此处"吾友"即指颜回,颜回虽不属于善于提问的人,但属于具有"不耻下问"之德性的人,所以特别为孔子所看重。而孔子自己也是"问"的力行者，他不仅喜欢问别人，也喜欢别人向他提问，尤其是喜欢别人的质问——带有批评性的问。孔子同他的学生经常在一起各言其志，互相批评，如子路就曾三次直言不讳地批评孔子(《阳货》《雍也》)。对学生的批评，孔子认为这是自己的幸运所在："丘也幸，苟有过，人必知之。"(《述而》)这一点也反映出孔子开明的民主精神和坦荡的人格胸襟。

总之，"问答"在孔学的意蕴，不只是一种思维方式的表现，它同时就是思想本身。在问答中，我们看到的不只是思想的火花和智慧的灵光，还有问答者在人格和学术上的平等，在心灵上的相互敞开与互相激荡。因此，以问答形式构成的《论语》文本，不单是孔子"述而不作"的思想要求，同时更是孔子教育思想的体现。所以，我认为，把《论语》当作孔子思想的真实映本，无论是在考据学上还是在逻辑学上都是可信的。[①]

其次，《论语》这种问答式或对话体的文本对读者理解孔子思想会产生怎样的影响呢？是积极的，还是消极的？德国著名的存在主义哲学大师雅斯贝尔斯在评价孔子时曾指出：《论语》虽然断不成篇，"它们是尚未成熟的思想，就如前苏格拉底的某些观点一样，自身虽不完整，但也为后人发展它们提供了众多的可能性。一旦将这些观点系统化之后，思想内容虽丰富了，但是本源的完整性已不复存在。"[②]在雅斯贝尔斯看来，《论语》这种断不成篇的文本形式首先是孔子思想"尚未成熟"的表现，因为成熟的思想应该是有系统的逻辑建构的。而按照黑格尔的观点，《论语》文本中所表现出来的孔子思想只是一种在各民族中随处可见的"常识道德"，缺乏"思辨的哲学"，"从里面我们不能获得什么特殊的东西"。[③]不能否认的是，初读《论语》，我们都会有"格言录"的文本印象，以为孔子的思想就是一种道德常识，《论语》不过是这种道德常识的汇编，根本无系统性、逻辑性可言。换言之，《论语》的文本形式对于读者的理解活动而言有着消极的影响。但是，我认为，雅斯贝尔斯和黑格尔把《论语》文本形式的这一特点归诸孔子思想的欠成熟，这是不正确的。如上所述，孔子亦如苏格拉底一样，对于"问答"的运用有一种不得不然的自觉，"述而不作" 的文化态度规定了思想的表达只可能采取"问答"这样一种情景叙事方式。而问答式的叙事文本虽然显得有点灵活与零乱，但这并不意味着它就缺乏系统性和完整性。因为，从上述经典集结的历程可知，《论语》作为儒家的经典文本并非属于孔子个人的"专著"，而是孔子后学儒家共同体的"编著"，它是一种具有历时性的文本共识结晶，因而它的思想不只是代表孔子个人的思想，也包含着孔子以后儒家群体对孔子思想的一种理解。基于这种理解的需要，文本中的大量情景语境构成其实是对孔子"因材施教"思想的一种传承，而文本中一些将"问答"或对话的场景省略处理其实也是一种阐释学的创举——这一点也使《论语》之"问答"区别于柏拉图保留着文本情景的"对话"。因为，这是一种文本语境的重构，而

---

① 参见陈科华著《孔子思想研究》(北京：人民日报出版社，2002 年)有关章节。

② [德]雅斯贝尔斯：《苏格拉底、佛陀、孔子和耶稣》，李瑜青，胡学东译，合肥：安徽文艺出版社，1991 年，第 111 页。

③ [德]黑格尔：《哲学史讲演录》第 1 卷，贺麟，王太庆译，北京：商务印书馆，1959 年，第 119—120 页。

这种语境重构的目的除了体现孔子"一以贯之"的思想逻辑外(下文将述),还可以使文本中的对话含义超出具体场景的限制,从而获得较为普遍的适用范围,使思想能在更广阔的时空中得到延伸与扩展(在这一点上雅斯贝尔斯比黑格尔有见识)。换言之,文本通过这种对场景的省略处理,使文本中的问答就不只是发生于孔子与他的学生之间,也发生于孔子与后来的所有文本的读者之间,从而在数量上大大地拓展了文本的读者群,以至于不仅是中国人而且在全球化的今日世界里所有的人都有可能成为其中的一员。只有这样的文本,才可能给读者的想象力留下极为广阔的思维空间;也只有这样的文本,才可能吸引读者积极主动地参与文本中的对话,参与对孔子思想的凝思与体悟,并在这一过程中不断地再构新的文本。

关于《论语》文本形式的这一特点给读者产生的积极影响,宋代理学大师程朱等人早有体会。朱子在《四书集注》中谈到"读论语孟子法"时引程子语曰:"孔子言语句句是自然,孟子言语句句是事实。"(《四书集注·读论语孟子法》)所谓"句句是自然",就是指孔子言语都是有感而发、具体而微,体现了一种牟宗三先生所谓的"具体的普遍性"特征,我们从中可以获得一个活生生的孔子印象,甚至有时还感觉到孔子的话似乎就是对自己所讲,十分的亲切自然。而所谓"句句是事实",则是指孟子言语多出于论理需要,虽基于事实,但更注重于理性的逻辑推演,其言如江河之水,一泻千里,势如破竹,于"浩然之气"中多少感到有点傲然独立的孤愤,所以,读孟子书,总不及读孔子书那样平易近人,那么具有理解的开放性。正因为这一点,程子主张:"学者须将《论语》中诸弟子问处便作自己问,圣人答处便作今日耳闻,自然有得。虽孔、孟复生,不过以此教人。"可见,《论语》文本这种形式给读者理解活动带来的开放性,确是《论语》被历代传诵的原因之一。正因为面对这种文本,读者可以将自己的生活经验参与其中,它反过来又拓展了文本本身所具有的意涵,从而使儒家思想在孔子以后能获得不断的发展。

总之,我认为,从文本阐释学的角度看,作为"问答"的《论语》文本是想通过文本的语境重构而让读者重新进入孔子的精神世界,而不是用文本来隔绝孔子与读者之间的对话与交流。且值得一提的是,孔子从未如耶稣、真主和其他宗教创始人那样自许为权威,掌握着真理,因为,他说:"若圣与仁,则吾岂敢!"(《述而》)他的这种自谦表明,他不需要膜拜,他只需要理解,他不是在"命令",而是在"说话"。如果说这就是孔子教育思想的精神实质的话,我认为,《论语》这一文本确实是反映了这一点,而与之相反的是,中国几千年来的封建社会在不断地给孔子戴上"至圣先师"等桂冠的同时,《论语》作为文本理解的开放性便因此而窒息掉了,这既是孔子的悲哀,也是国人的不幸。①

四、"一以贯之"与语境重构

作为一种历时性文本共识的结晶,《论语》这一文本既反映了文本建构的编辑学

① 参见陈科华著《孔子思想研究》(北京:人民日报出版社,2002 年)有关章节。

考量，同时又体现出了一种文本建构的阐释学企图，而这一企图正体现在编者力图将《论语》文本之“上下文”连接为一个“一以贯之”的文本语境重构上。

首先，我们知道，编辑学的理想价值标准是全面、真实、系统三者的统一，若以此而论，仅 15900 多个字的《论语》是不足以全面地反映孔子一生的言行及思想的，因此，今天我们研究孔子思想不能局限于《论语》一书。但考虑到秦“焚书坑儒”后有关孔子思想记载的文献缺失，以及先秦以来士人喜欢借圣人之名以张自己思想之本的“伪书”“伪言”流行等情况，文本资料的全面性与它的真实性是很难统一的，处此状况下，维护文本资料的真实价值就显得尤其重要。因为，只有真实的才可能是全面的，而真实的全面性从何而来呢？我认为，除了要建立起文本的“证据”共识外，更重要的一点就是要建构起文本的系统性，也就是要尽可能地体现孔子“吾道一以贯之”（《里仁》）的要求。

其次，孔子后学以数量如此之少的篇幅，且又以“问答”为主要形式所编辑出来的《论语》文本，能否体现孔子思想的系统性呢？这恐怕是文本编者最为头痛且争论也最为激烈的问题。我认为，我们今天看到的《论语》文本是否达到了这一编辑学目标，也许仁者见仁，智者见智，但可以肯定的是，文本的建构确实体现了这种具有阐释学意义的企图与努力。因为，从整个文本结构来看，《论语》文本以《学而》为第一篇，以《尧曰》为最后一篇，这一文本建构的逻辑是为了体现孔子“学以成人”至“学以成圣”的儒学宗旨。对于这一编辑学宗旨，近人钱仲联先生指出：“以《学而》为首篇，见孔子教育学的总纲。以《尧曰》为末篇，见孔子政治学的总纲。故儒学大师荀况著《荀子》，以《劝学》开始，以《尧问》结束，便是继承《论语》编撰宗旨的证明。”[①]我认为，钱先生的这一看法极有见地，它反映出了《论语》的文本结构形式在当时的学术思想影响。而且，如果我们将视野放得更长远一点，就会发现，直到两汉甚至魏晋时期，在许多学者的学术思想著作中，仍可看到《论语》文本形式的影响，如扬雄的《法言》，首篇为《学行》，次篇为《修身》；班固的《白虎通》，首篇为《五行》，次篇为《三教》；王符的《潜夫论》，首篇为《赞学》，次篇为《务本》；徐干的《中论》，首篇为《治学》，次篇为《核辩》，等等，不仅几乎都仿效了《论语》的起始篇次，而且在论“学”时都提及了孔子论“学”的名言，足见《学而》第一这一文本形式对后世思想家的影响是巨大的。[②]

最后，正是基于文本建构所体现出来的阐释学企图，我认为，我们对于《论语》文本“问答”体这一形式的理解，就必须注意到它在文本语境构成中的意义。因为，《论语》作为记载孔子及其弟子言行的儒家经典，其文本形式除了以对话体为主外，还存在许多只有“子曰”，没有对象、场景等情景“语境”要素的文本形式，这一点无疑会给读者的理解活动带来重大困难，是以历代注家都试图尽可能地去还原“子曰”的情景语境。尽管这项工作卓有成效，对于我们理解“子曰”的“原意”也很有价值，但是，从阐

① 钱仲联：《十三经精华·前言》，长沙：湖南教育出版社，1992 年。
② 参见陈科华著《孔子思想研究》（北京：人民日报出版社，2002 年）有关章节。

释学的角度看,若我们对《论语》的理解局限于这种情景语境的“还原”上,就有可能会消解文本语境重构所生成的意义。因为,《论语》的文本语境实际上是由三层语境来构成的:一是体现于对话或问答中的情景语境;二是对话发生的历史语境;三是体现于“上下文”意义联系的文本语境。前两者是一种“原生语境”,而后者实际上是一种“重构语境”。因此,我们对《论语》文本中“夫子之言”的所指义理解,既要着眼于“原生语境”下的所指义分析,更要着重于因文本“上下文”逻辑联系而生成的“重构语境”意义分析。具体来讲,就是在对文本作“知人论世”的历史语境分析和“因材施教”的情景语境分析的同时,更要着重于发掘出文本之篇与篇之间、篇内章与章之间的“上下文”意义联系逻辑,且唯其如此,才可能理解文本中的章句“重出”现象并不是因为编辑的“疏忽”或错简所致,而是因为它们在不同的文本语境中有不同的“所指义”。

譬如,《里仁》第二十章,子曰:“三年无改于父之道,可谓孝矣。”此章已见于首篇《学而》之第十一章中,但《学而》第十一章的原文要比本章多出一半,即“父在,观其志;父没,观其行。三年无改于父之道,可谓孝矣。”按传统注释家的做法,对于《论语》文本中的重复之词,多以“重出不释”处之。但董仲舒在《春秋繁露·祭义篇》中认为,“书之重,辞之复。呜呼!不可不察也。其中必有美者焉。”“美”在何处?如果我们联系文本之“上下文”的语境来理解,就会发现:在《学而》篇第十一章中,“三年无改于父之道”的“三年”是有明确的时间所指的,即它是指父亲过世三年之后这段时间,而本章的“三年”是否与之完全相同呢?我以为,联系到上章孔子讲“父母在,不远游。游必有方”来看,这里的“三年”当指人子在外游历时这一文本语境下如何坚持“父之道”的问题。因为,人子在外游历时会接触到各种新的信息和文化,也很容易受到新环境的影响,也就是说,对人子而言,“父没”之后的“三年”与“远游”在外的“三年”有着不同的孝道实践处境,而后一种处境对于坚持“父之道”而言会存在着比前一种处境更多的困难,这种困难同时也赋予了在异国他乡坚持“三年不改父之道”之“父之道”以新意涵,即他所坚持的“父之道”不只是代表人子个人的家庭之道,而且代表了这个家庭所在的父母之国的文化传统,且也正是因为中国人有这种坚持“三年无改”的文化传统,中国文化才能够在世界各地落地生根。故夫子之言是特有所指的,文本如此安排也并非因为孔子屡言及此,而是因为此言之所指在新的文本语境中已生成了新的意涵。

又譬如,《宪问》第二十五章中“不在其位,不谋其政”一章,历来被看作是《泰伯》第十四章的“重出”,其实二者的文本语境也不同,因此二者有不同的意义所指。在《泰伯》篇中,因为,文本的上两章都是讲读书人应该“谷”还是应该“隐”的问题,所以它的文本语境意义所指是:读书人在位的时候要有所作为,但不能把当官作为实现人生理想的唯一选项。而在《宪问》篇中,鉴于上一章是讲卫国贤大夫蘧伯玉的退休生活,孔子听使者讲他还是像在位时那样,每天寡过自新。那么,政治人物退休之后,需要“寡”哪些“过”呢?我认为,要“寡”之“过”有二:一是倚老卖老,摆老资格,或者居功自傲,不断地给在位者提要求,添麻烦,以满足自己个人物质与精神方面的需求。二是有的退休干部由于从政时间太长,政治上“入戏”太深,在心理上几乎变成了一个“政治动物”，放不下手中的权力，如果一天不“升堂”、不签字、不盖章，心里就觉得非常难受，所以这种人退休之后喜欢“顾问”干政，喜欢对现任干部指手画脚，可以说不在其位，仍谋其政；实在不行，也要找个“协会”主席干干，名义上是发挥余热，实际上是止不住“官瘾”。以上两个方面，是退休干部的通病，也是特别需要在心理上“寡”的“过”，所以，它的语境意义是指：退休干部要从心理上真正退休，不要去顾问干政。

此外，从文本语境重构的角度去理解，也有助于修正我们对孔子某些言论的“曲解”。譬如，《泰伯》第九章中“民可使由之，不可使知之”一句，过去大多把它视为孔子的愚民政策思想，但如果联系上章有关君子或读书人之诗、礼、乐“三教”这一文本之语境来看，它恰恰不是愚民政策思想的体现，而是一种“因材施教”的运用，是孔子根据“民”情的特点而采取的一种有效的教化方式。因为，在古代教育水平低下、信息传播条件极其落后的情况下，政策宣传工作要做到让老百姓知其所以然的地步几乎是不可能的，即使在今日科技发达的社会，由于立场和角度不同，老百姓对于涉及长远利益和根本利益的政策也会存在理解上的偏差，如果非要等他们全都明白了其中的道理才去做的话，就可能失去发展的机会。因此，“不可使知之”，不是不想让他们知道，而是情非得已，势有不能，一下子无法让他们明白其中的道理，只有先让他们去做了再说，或者在做的过程中慢慢明白其中的道理。所以，孔子这段话并不是愚民政策的意思，我们也没有必要像康有为那样将之句读为“民可，使由之，(民)不可，使知之”以符合现代民主观念的要求。

再譬如，《阳货》第十八章，对孔子“唯女子与小人为难养也！近之则不孙，远之则怨”一句的理解，如果联系上章所讲君子在政治生活中的所“恶”这一文本语境，以及男权社会妇女的依附型人格特征这一历史语境来看，“女子”与“小人”的“近之则不孙，远之则怨”只是一种客观的心理事实，而孔子所言只不过是一种客观的现象描述罢了，谈不上什么歧视妇女。它的意蕴所指是：无论是男人还是女人，无论你的社会地位如何，都要注意处理好与“身边人”的关系，因为这些人都与你有或多或少的情感/人身依附关系，譬如领导干部就要特别注意处理好“家属与秘书(‘小人’)”的关系，既要让他们/她们当好你的助手，也不要让他们/她们太过放肆，太放肆容易导致腐败。所以，管好身边的人，这是一门体现“中庸之道”精神的艺术。

总之，《论语》作为先秦至两汉时期儒家内部所达成的文本共识，其意蕴所指不只是对孔子思想的“复原”，而且是对孔子思想的体系重构，它充分体现了孔子后学对孔子思想的一种阐释学努力。正是基于这种阐释学努力，我们一方面不能将《论语》一书看作是孔子个人的“专著”，而应看作是以孔子为主体但同时也包括儒家后学的集体思想结晶；另一方面也不能将《论语》看作是一部毫无逻辑建构的“孔子语录”，而应视其为具有“上下文”意义逻辑联系或体现孔子“吾道一以贯之”原则的“孔子思想论”。从三重文本语境分析来“一以贯之”读《论语》，这正是本书力求达成的目标之一。

五、"文如其人"与《学而》第一

今本《论语》共有20篇，其中第一篇为《学而》，最后一篇为《尧曰》，这一文本结构是否体现了孔子"一以贯之"的思想体系呢？关于这一问题，我想以"《学而》何以第一"为例来对之作文本语境分析。①

根据朱熹的看法，《论语》文本的这一结构体现了文本编辑者对孔子思想的逻辑理解，如朱子认为，《学而》之所以为书之首篇，"故所记多务本之意，乃入道之本门，积德之基也。"(《论语集注》)与朱子的看法不同，今人大多认为，《论语》的篇章次第与结构纯粹是编纂者的随意之作，并无将孔子的言论按一定的原则进行编排的意思在内，因而《论语》作为反映孔子思想的一个文本，只能算是对孔子言行的一种杂录。对此，笔者更愿意站在朱子的立场，反对今人对《论语》文本的这种理解。

如何理解宋代理学家这种以"义理"来阐释《学而》第一这一文本现象呢？

首先，《论语》作为先秦儒生对于孔子思想的一种文本共识，是不同派别之间经过争论的产物，作为孔子的学生，他们不可能对"夫子言行"的辑录采取一种随意的态度。我们知道，孔子是中国古代第一位史料学大家，三代文献的传世与孔子对古籍的搜集整理是分不开的。而孔子在整理史籍的过程中，逐渐形成了一整套的史料整理的原则与方法，《史记·儒林列传》称："孔子闵王路废而邪道兴，于是论次《诗》《书》，修起《礼》《乐》。"从表面上看，孔子的"论次"与"修起"古籍之术，基本上是依"述而不作"的原则来进行的，但是，"述"什么，怎样"述"，则是有一定的原则与方法的。譬如编纂《诗》，孔子便是以"思无邪"为思想标准而对其进行取舍；修《春秋》则以"为尊贤者讳"为标准而进行笔削。在教学中，孔子一方面将这些编纂原则与方法教授给学生，另一方面又组织学生参与编纂工作。鉴此，我们很难设想受过孔子编纂学训练的孔子学生会对自己先生的言行录采取一种轻率的态度而将材料胡乱编在一起了事。更何况孔子在世时对于自己的思想的体系性问题做过明确的表述，即"吾道一以贯之"，这是《论语》文本编辑者所必须认真考虑的一个"命令"，他们怎么可能不对文本的编辑采取慎重的态度呢？所以，我认为，尽管《论语》未必系统而科学地再现了孔子思想的体系，但力图做到这一点的努力却是无可怀疑的。我们不能以自己对孔子思想体系的理解以及由此而认为应该有一个什么样的《论语》文本去要求古人，这样做不是历史唯物主义的态度。

其次，《学而》是否为原初《论语》中的第一章呢？关于这一问题，可以从两方面看。一方面，如前所述，今本《论语》源自西汉的《张侯论》，该文本是根据《齐论》《鲁论》《古论》合编的改订本，《隋书·经籍志》载：张侯"后遂合而考之，删其烦惑，除去《齐论》《问王》《知道》二篇，从《鲁论》二十篇为定，号《张侯论》"。邢疏云："《鲁论语》者，即今所行篇次也。"据此，可以肯定的是，《学而》第一是原本《鲁论》的篇次。至于《齐论》与《古

---

① 参见陈科华著《孔子思想研究》(北京：人民日报出版社，2002年)有关章节。

论》的首章是否为《学而》,由于史料的缺佚已不得而知。何晏《论语集解序》说,《古论》“篇次不与《鲁论》同”,皇侃《论语义疏序》说:“《古论》篇次,以《乡党》为第二,《雍也》为第三;内倒错不可具说。”皇疏未说《学而》是否为第一的问题,但将不同于《鲁论》篇次的第二、第三篇提出来,可能是因为《古论》第一篇与《鲁论》同,否则不会不提。而且,从汉代学者对三《论》的态度中也可窥得到某些信息。汉代学术风气十分重视训诂,按照这一学风,三《论》中应以《古论》最具信史资格,而今古文之争也一直是汉代学术生活中的一件大事,但是,汉代学者对于三《论》的学术地位还是将《鲁论》摆在首位,包括以汉学名世的大学者郑玄也极推崇《鲁论》,如其作《论语注》是“就《鲁论》、张、包、周之篇章,考之齐、古,为之注焉”。既然《张侯论》是以《鲁论》为蓝本,并考之以《齐论》等,其学术价值是不容低估的。另一方面,若再佐以从《荀子》之首篇《劝学》到《法言》之首篇《学行》,到《潜夫论》之首篇《赞学》等文献皆仿《论语·学而第一》这一编辑学史实,可以看出《学而第一》是一种具有历时性的文本共识。

最后,将《学而》放在第一,代表了中国古代士人对孔子的一种理解。由上可知,《论语》并非简单的记录,而是精心的编撰;将《学而》放在第一,这不仅是一个文本事实,也是一个理解共识。作为一种理解共识,它意味着《论语》的编辑工作乃是一种对“孔子形象”的构建活动。这就是说,《论语》文本的编辑存在着与我们今天不同的理解孔子的诉求。作为一个文本的编辑,他希望从孔子处获得什么呢?是孔子的学术思想抑或是他的人格风范?是展示孔子思想的系统性抑或构建孔子的文化形象?这一问题取决于编者所处的时代精神氛围以及他个人的利益或兴趣点之所在。就此而论,我认为,令孔子门人及古代士子对孔子敬仰的不只是孔子的思想与学问,更重要的是孔子的为人以及其人格风范。从颜回对孔子“仰之弥高,钻之弥坚。瞻之在前,忽焉在后”的感叹,到子贡以“日月”来譬孔子,再到司马迁读孔氏书“想见其为人”的“心乡往之”之情(《史记·孔子世家》),都可以看出中国古代士人对孔子伟大人格的敬仰超过了对他思想学说的崇拜。确实,从春秋战国至秦汉,这是中国历史的一个大变动时代:春秋五霸,战国七雄,楚汉相争,天下一统,诸子蜂起,百家争鸣,等等,皆显现出这是一个中国历史的“英雄时代”。置身于这样的历史文化语境之中,人们的价值取向更容易注重主体的行为力度及其所体现的人格精神,而这一价值取向表现在对思想家的把握和理解方式上,就是更注重从思想家的为人行事方面来突出思想家的思想,简言之,就是要做到“文如其人”。

那么,以这种“文如其人”的理解诉求来构建《论语》文本,为什么一定要把《学而》而不是其他夫子之言摆在第一的位置呢?这样做的理据何在?我认为,这样做主要是根据孔子对自我的理解。孔子曾做过这样的自我评价,即“默而识之,学而不厌,诲人不倦”“其为人也,发愤忘食,乐以忘忧,不知老之将至云尔”(《述而》)。在孔子的这一自我理解中,既表达了一种强烈而明确的角色意识,即孔子始终是把自己看作是一个跟其他“诸子”相类的学者、儒士,又展示出孔子人生自我设计的中心环节。而儒家自我设计所遵循的模式,用孟子的话来说是“穷则独善其身,达则兼济天下”,用《大学》

的话讲就是"修身齐家治国平天下",简言之就是"内圣而外王"。在这一自我设计模式中,内圣或修身既是起点,也是终点,既是手段,也是目标,故而内圣之学乃是儒家思想的核心构成部分。但是,从成就"圣人"的角度来要求,内圣仅仅反映了主体的道德修养境界,如果不走向外王,就只是"独善"而已。但无论内圣还是外王,都离不开"学"。孔子说,"学而优则仕,仕而优则学"(《子张》),作为知识分子,虽不能放弃对社会政治问题的关切,但"学"始终是自己的本分,这也就意味着,知识分子对社会问题的关怀有着自己的独特方式,即在孔子看来,"士"切入社会的方式应该从维护"道"的崇高性开始,"有道则从,无道则止",这是孔子出仕的原则;而对"道"的崇高性的尊重又有赖于对"学"之客观性的维护,所以,守住了"学",即守住了"道";守住了"道",也就在切入社会时不会为"势"所屈服,是故"君子谋道不谋食""君子忧道不忧贫"(《卫灵公》)。确实,假如孔子不是把自己始终定位于一个"谋道"的学者,就根本不可能保持思想的独立性,就会把"学"当成一种攫取外在物质利益的工具,而不是把它当成一种知识分子或人的存在方式,"学"就不是"为己",而是"为人"。如果这样,如何可能体会到由"学习"的自足性所带来的快乐呢?所以,我认为,"学而时习之,不亦说乎"一句,蕴含了孔子对自己作为一名学者的人生体悟及境界追求。而文本编辑从孔子千言万语中挑出这句作为《论语》文本的首章,不正是对孔子这一自我理解的思想的一种回应吗?![①]

① 参见陈科华《〈论语〉文本研究的几个问题》一文,载《云梦学刊》2020年第2期。

导读2 “一以贯之”读《论语》

如上论所述,《论语》这一文本的内容是否具有意义联系的逻辑连贯性?这一问题一直是“论语学”研究的核心问题之一。自汉代以来,以《论语》为研究对象的“经学”一直是官方的显学之一,至20世纪20年代,梁启超著《中国近三百年学术史》一书,提出了“论语学”的概念,30年代周予同先生著《群经概论》,论述了“论语学”的历史沿革。传统“论语学”的发展主要经历了“汉学”和“宋学”两个阶段,“汉学”以名物训诂为主,包括汉代的“经学”和清代的考据学;“宋学”则以义理发挥为务,主要有程朱理学和陆王心学两派。近代“论语学”的发展除继续汉学、宋学之传统外,又将西学融入其中,其研究的视野更加广阔。传统“论语学”研究的主要内容包括《论语》的编纂、成书的年代、版本的变迁、篇章次第与结构、文字训诂、名物考释、注译传播及学派风气等方面,涉及历史学、文字学、版本学、校雠学及哲学等学科,取得了十分丰硕的成果。根据统计,自汉代至20世纪末,有关《论语》的考释之书,见于史载或流传下来的就有3000余种之多,这些著作既为我们以《论语》为主要资料来研究孔子思想打下了坚实的基础,同时也为我们“一以贯之”读《论语》提供了非常有价值的方法论启示。

一、孔子的“赞述”阐释学

我们知道,《论语》作为记载“夫子言行”的文本其实也是孔子对三代元典——“六经”的“心得体会”。虽然孔子自己说是“述而不作”,但“述”什么,怎么“述”,都会有价值选择的考量。譬如《诗经》,据《史记·孔子世家》所载:“古者诗三千余篇,及于孔子,去其重,取可施于礼义,上采契后稷,中述殷盛,至幽厉之缺。”孔子自己称:“吾自卫返鲁,然后乐正,雅颂各得其所。”(《子罕》)可见,孔子确是编订过《诗经》,而且其编辑的价值标准是礼义,是“思无邪”。再如《春秋》,相传是孔子根据鲁史删削而成,孟子说:“世道衰微,邪说暴行有作,臣弑其君者有之,子弑其父者有之。孔子惧,作《春秋》。”(《孟子·滕文公下》)而以“微言大义”著称的“春秋笔法”作为孔子品评历史人物的一种方法,便充分反映了孔子历史学的价值取向。所以,孔子所谓的“述而不作”实际上是一种寓“作”于“述”的阐释哲学,它是孔子基于现实的理解需要而形成的“视域融合”之“述”,古人称之为“赞述”。而这种“赞述”阐释学的主要特点诚如孔子自己所言:“我欲载之空言,不如见之于行事深切著明也。”(《史记·太史公自序》)也就是以“事”来示“理”,以情景叙事方式为主体来构建文本。

很显然,孔子所开创的这种儒家“赞述”阐释学传统亦为孔子后学所继承,在子贡说“弟子何述焉”时，就表现出了孔子后学如何“赞述”夫子之言的文本焦虑以及由之而来的阐释学自觉。因此，从某种意义上讲，《论语》这一文本就是孔子后学传承孔子“述而不作”之阐释哲学的结晶，它代表了孔子后学对孔子思想的理解尝试。所以，欲理解孔子思想的“原意”，必须关注孔子、编者、文本与读者四者之间的关系构成，其中尤其是要关注文本“编者”的编辑学宗旨。因为，《论语》这一文本实际上是孔子后学对孔子思想的理解重构，这种理解重构是否体现了孔子思想的“原意”虽然重要，但更重要的是这种理解重构使《论语》这一文本生成了文本自身的具有独立价值的“意思”，换言之，《论语》文本中的孔子思想是孔子后学所理解的孔子思想，而历代文本读者所理解的孔子思想就是对这一理解的再理解。而文本读者如果想要尽可能地“理解”孔子本人思想的“原意”，就必须深入文本的语境构成之中，对之做历史、情景和“上下文”联系等三重语境意义分析，这样我们才可能了解孔子后学是怎样去“赞述”或理解“夫子之言”的，且通过这种了解可以搞清楚《论语》这一文本的形成以及该文本形式构建所蕴含的逻辑考量。

二、有子与曾子的阐释路径比较

我们知道，孔子去世后，孔子的嫡传弟子们就产生了编辑《论语》的想法，其中有两位弟子表现得最为积极，对文本形成的贡献也最大，他们就是未被列入“四科十哲”之中的有子和曾子。从《论语》称二人为“子”以及他们在文本中出场的顺序、频率来看，《论语》这一文本的最初结集极有可能主要是二子的弟子所为。

在“务本”之篇《学而》中，有子和曾子的出场顺序分别是《学而》第二章和第四章，本篇 16 章中所记二子之言分别有 3 章和 2 章，可见二子在文本中的地位之高是其他弟子所不及的。那么，是什么因素能使他们在《论语》文本中享有如此高的地位呢？其中特别是有子能排文本“老二”的地位，其中有什么“奥妙”吗？我个人认为，促成有子“老二”文本地位的因素有许多（书中有详述），但最主要的因素还是他在“赞述”夫子之言时最能理解和把握夫子思想的“原意”及其“一以贯之”的逻辑。譬如在《学而》第二章，有子所谓“其为人也孝弟，而好犯上者鲜矣；不好犯上，而好作乱者，未之有也。君子务本，本立而道生。孝弟也者，其为仁之本与”之论，实际上是对孔子仁学思想体系建构的最深刻的理解。因为，有子除了将孔子思想的核心范畴仁爱、孝弟、礼仪三者的逻辑关系厘清之外，还从伦理政治学的角度指出了三者之间的逻辑递进联系，并且以“鲜矣”之论道出了政治伦理（忠）与家庭伦理（孝）之间所存在的内在紧张，充分体现了有子思维的严谨性与辩证性。我认为，有子对孔子仁学思想体系的逻辑把握乃是《论语》文本建构的重要依据，至少《论语》文本的前 4 篇就是依此逻辑来建构的。此外，在维护孔子思想的原貌上，有子也比其他弟子更有“同情地理解”的悟性。如据《礼记·檀弓上》载，曾子曾听孔子讲过“丧欲速贫，死欲速朽”的话，而且有子游为佐证，但有子却认为曾子所言并非夫子之意。有子之所以如此判断，并不是因为他亲耳听过这句话，也不是因为他从子游那里知道了孔子讲这句话的“所指”场景，而是基于他对孔子的理解以及他对孔子过去行事的价值判断，认为曾子的理解与孔子的“君子”思想是不相符的，故有子说“是非君子之言也”。由此可以看出，有子对孔子言论之“原意”的解读路径确实与他对孔子思想体系的深刻领悟分不开（见本书《学而》第二章）。

与有子不同，曾子对孔子思想的“一以贯之”理解有他的路径依赖。在《学而》第四章中，首次出场的曾子留下了“吾日三省吾身”的千古名言。但曾子对孔子思想的理解主要不是体现在准确地“传述”夫子的思想上，而是体现在他对孔子思想的“赞述”或延展性理解与具体运用之上，或者说曾子言论的特点在于他在践行夫子思想的过程中有了自己的心得体会，是按孔子的要求对“吾”进行反省的结果。对此，王夫之《四书训义》引尹氏曰：“曾子守约，动必求诸身。”“曾子力行诚身之学而自立之。”意指曾子言论之出皆与他亲身的道德实践活动是分不开的。所以，曾子言论对于孔子及儒家思想形成就具有属于他自己的原创性贡献，这一点正是曾子上承孔子下启子思、孟子的主要原因所在，也是曾子在“赞述”孔学上胜于有子的地方。

那么，曾子的这种“赞述”阐释学对于“一以贯之”地理解孔子思想及《论语》文本形成会有什么样的影响呢？事实上，在文本中，对孔子“吾道一以贯之”命题做出过明确回应的就只有曾子一人，即“夫子之道，忠恕而已矣”（《里仁》）。如果说孔子所言之“吾道”是指仁道的话，那么从“为仁之方”的角度看，曾子与有子并无实质性的区别，二者都是着眼于为仁的起点应当从“近”处开始，但是，有子着眼的“近”是家庭社会关系，而曾子着眼的“近”是“吾”“己”身心关系，可见曾子对“为仁之方”的理解主要是依其心学思路而来。而这种心学思路体现在文本建构上就是特别注重主体内在的道德修养在“成人”或成就“君子”过程中的决定性作用，这一点充分地体现在文本建构的情景省略处理上。因为，道德修养虽然讲究在“事”上磨炼，但“事”有特殊之事与一般之事之分，而事实上我们日常生活中所面临的大多数“事”都具有一般性，都是大多数人的共同经验，如果就这类“事”上来磨炼主体的修养，文本建构确实无须情景的“在场”，只有特殊的“事”或重大的“事”才需要情景“在场”。事实上，通过《论语》一书，我们可以发现凡是“子曰”式的文本都具有道德教育的普适性价值。《论语》为什么要将这种“子曰”式的文本分载于不同的篇章之中，而不是将其集中在一起呢？其中蕴含着什么样的编辑学考量呢？简单地讲，就是为了通过“上下文”的意义联系来建构文本语境的系统性，就是为了体现孔子思想的“一以贯之”逻辑。所以，我认为，正是这种分散的“子曰”式文本现象，恰恰说明了文本建构有充分的逻辑考量。

三、“一以贯之”的文本逻辑

《论语》文本的逻辑建构可分为如下六个部分：

第一部分，孔学大纲篇，即从第一篇《学而》到第四篇《里仁》，共 4 篇。这一部分是对孔子思想体系的理论构建。《学而》篇所记“多务本之意”，相当于整部《论语》的概论或大纲，其旨主要是为凸显以“为己之学”为特征的儒家“学统”。孔子的“为己之学”包括“内圣”与“外王”两个层面，所以第二篇《为政》是讲孔子的适应“外王”需要的伦理政治学。而儒家政治的路径选择是礼治,所以第三篇《八佾》的主题是孔子的礼学思想。但是,春秋时期又是一个礼崩乐坏的“无道”社会,德治和礼治的复兴有无可能性?如果有,靠什么?孔子认为应当靠主体对“仁”的理性自觉,所以第四篇《里仁》是讲孔子的仁学。可见,这一部分的文本建构逻辑是一以贯之的,其中有子的贡献最大,但也有曾子的影响。

第二部分,孔学教育思想篇,从第五篇《公冶长》到第七篇《述而》,共3篇。这一部分主要是讲孔子的道德教育思想。《公冶长》篇和第六篇《雍也》,皆是孔子对古今人物的评点,依朱子《论语集注》的说法是:“此篇皆论古今人物贤否得失,盖格物穷理之一端也。”或依南怀瑾先生所言:“本篇是拿事例来说明孔门的学问,对话录和讨论集的味道更浓。孔门学问之道多半是讲‘用’——做人做事的应用。下面记录的都是孔子学生的故事,里面谈到孔子教育的方法,和在事实上面启发教育的作用。”(《论语别裁》)两篇的首章都是先讲一个“德行”上的榜样,但最后落脚点都在说明这种“德行”榜样之所以可能是因为他们能“见过而内自讼”或“好学”;其中特别是《雍也》篇的上半部分是围绕着冉雍与颜回这两个中心人物而展开文本建构,突出了这两位分别在为政与为学上的“君子儒”典型,而下半部分的文本建构则是讲成就这种“君子儒”的路径;而第七篇《述而》仍然沿着这一文本构建思路,重点阐述了孔子“成人”教育的实践路径。可见,这一部分的文本建构主要围绕着“学以成人”的道德教育而展开,是孔子“为己之学”的案例教学法。

第三部分,孔学理想人格篇,从第八篇《泰伯》到第十篇《乡党》,共3篇。这一部分的主题主要是围绕着如何成就“至德”或理想人格而展开。《泰伯》篇突出了曾子心学在成就“至德”中的核心作用;第九篇《子罕》则主要集中于谈学习礼、乐、射、御、书、数“六艺”以及“艺”的运用问题,突出了“知”对于成就“至德”的价值,弥补上篇曾子心学的不足;第十篇《乡党》虽是记夫子日常生活之言行,但都体现“时中”这一特别为孔子所强调的“至德”蕴含,彰显了中庸之道“不可须臾离也”的意义。

第四部分,孔学道德实践篇,从第十一篇《先进》到第十三篇《子路》,共3篇。这一部分主要是讲“至德”之“用”,是对上一部分的申论,属于孔子的道德实践论。《先进》篇多记孔子对弟子的评价之言,其中以颜回、子路、闵子骞最为突出。从首章孔子讲“如用之,则吾从先进”,点出本篇的主题是要用“先进”分子来治世;再到讲“先进”分子之所以“先进”之所在,突出了孔子弟子的个性心理特征;而最后三章特别是最后一章,围绕着是做“大臣”还是做“具臣”这一主题,通过弟子们各言其志,可以看出孔子“吾从先进”之“先进”有着不同的路径选择,但彼此之间又具有很强的互补性。第十二篇《颜渊》主要包括三个方面,即“问仁”“问政”“问友”,核心是“问仁”。从首章孔子讲“克己复礼为仁”,到最后一章曾子讲“以友辅仁”,文本从行政实践、个人自处与人际互动三个方面来探讨仁德修养问题,旨在说明“至德”之“用”须有仁、知作支撑才是可能的;第十三篇《子路》以为政为文本主题,与《为政》篇相比,本篇偏重于行政管理学。文本的后一部分通过几种道德人格的比较,充分彰显了“中行”之德亦即“至德”在行政管理中的价值。

第五部分，孔学价值观篇，从第十四篇《宪问》到第十八篇《微子》，共5篇。这一部分主要是讲在“无道”背景下读书人如何树立正确的人生观、价值观等问题。《宪问》篇是讲读书人如何在“无道”社会坚守正确的“荣辱观”，突出了历史贡献是道德评价的最高标准这一主旨；第十五篇《卫灵公》是讲读书人要做一个能够“固穷”的主体，彰显了儒家“人能弘道”的主体性思想；第十六篇《季氏》则是讲“有道”社会的构建必须靠“好制度”，同时也要靠“好官员”，彰显了儒家知识分子以兼济天下为己任的救世情怀；第十七篇《阳货》则是对“无道”社会背景下孔子仍然选择出仕从政的原因分析，突出了儒家以“中行”为入世方式的价值，彰显了儒家思想的批判性特征；第十八篇《微子》则是从历史人物的角度继续为孔子“不隐”找理据，所以，这一篇恰好可视为对上篇《阳货》的说明，其主题主要是为了凸显孔子“知其不可而为之”这种精神的价值。

第六部分，孔学总结篇，即第十九篇《子张》和第二十篇《尧曰》，带有对孔子思想做总结的性质。《子张》篇皆记弟子之言，文本以子张为第一，旨在继承孔子“知其不可而为之”的担当精神；记子夏之言最多，旨在继承孔子“为己之学”的学问之道；所记曾子之言凡四，旨在继承孔子的仁爱精神；所记子贡之言凡五，旨在构建孔子的“圣人形象”。第二十篇《尧曰》，是文本的最后一篇，虽只有3章，分别从“道统”“治统”和“学统”三个方面说明孔子的思想理论体系构建，但我们应该同时看到孔子“知其不可而为之”精神蕴含着强烈的“道统”担当。可见，这一部分的文本建构主要是围绕着“孔子精神”和“孔学体系”而展开，具有一以贯之的逻辑联系。

总之，就整个文本建构的逻辑来看，孔学是一种“为己之学”，它包括“内圣”与“外王”两个层面，体现为一个从“学以成人”到“学以成圣”道德人格的提升过程。在“无道”社会历史背景下，欲达成理想人格目标，实现“有道”社会理想，没有“知其不可而为之”的“道统”担当精神是不行的。这既是《论语》文本建构的逻辑关联所在，也是孔子后学对孔子思想的一种理解共识。所以我认为，我们读《论语》时，要对文本做三重文本语境分析，即对文本做“知人论世”的历史语境分析，“因材施教”的情景语境分析，以及由文本“上下文”意义联系而生成的重构语境分析，这样理解才能更接近孔子思想的“原意”，才能更准确地把握《论语》文本“一以贯之”的思想逻辑体系。①

① 参见陈科华《〈论语〉文本研究的几个问题》一文，载《云梦学刊》2020年第2期。

第一篇 孔学大纲

《学而》第一

概要：这一篇是孔子思想的“务本”篇。《学而》首章讲孔学所追求的精神境界，彰显其“为己之学”的特征；而这种“为己之学”的体系构建主要包括了德行、政事、文学（第二章）和言语（第三章）等“四科”，可以从“内圣”或心学（第四章）和“外王”（第五章）两条路径来发挥；“为己之学”解决的核心问题有：一是从教育学的角度讲，“学”“行”二者如何在不同关系领域中实现辩证统一问题（第六至十一章）；二是从伦理实践的角度讲，礼即伦理的规范性与道德的主体性如何相统一问题（第十二、十三章）；三是从道德修养的角度讲，如何明“义利之辨”以成就君子人格的问题（第十四至十六章）。

1.1【原文】子曰：“学而时习之，不亦说乎？有朋自远方来，不亦乐乎？人不知而不愠，不亦君子乎？”

〖解读〗为己之学：快乐存在于学习、交友与自我理解活动之中

宋代理学家朱熹认为，《学而》之所以为书之首篇，是因为它“所记多务本之意，乃入道之本门，积德之基也。”（《论语集注》）而这个“本”是什么？可以从不同的角度去理解，而在本章，这个“本”就是指：人生的根本追求是什么？孔子回答说是“乐”。但什么是快乐呢？不同的人会有不同的理解，或者说不同的快乐观会产生不同的人生观，而在这里，孔子所谈的快乐是指一种具有“应然”性质的快乐，它与古希腊哲学家亚里士多德所讲的“幸福作为最高善”[①]具有相同的意涵，即皆是讲一种可获得道德正当性辩护意义上的快乐。孔子认为，这种道德意义上的快乐作为一种“善”的情感体验只可能存在于学习、交友与自我理解的活动之中。这就是孔子所倡导的“为己之学”。

过去，我们对“学而”一句的理解，往往停留于训诂学的层面，因而未能触及此章深层的意蕴所在。王夫之认为，我们读《学而》章，应该懂得它乃是圣人“彻上彻下语”

① 参见亚里士多德《尼各马可伦理学》第一卷，第 7 页，廖申白译注，北京：商务印馆，2019 年。

“须于此看得下学、上达同中之别，别中之同。”(《读四书大全说》)以夫之的标准，宋明理学虽然为义理之学，超出了训诂“小学”的层面，但仍属于“下学”，而未达到“上达”的层次。而从“上达”的层面去理解“学而时习之”，首先应该看到的是学习乃是人类所独有的存在方式，动物虽然也有“学习”，但它更多地停留在模仿的层次。因为，动物是无法通过第二信号系统即语言来遗传所获得的知识的，而人类却因学习而实现了文明的积累与进步，可以说，相对于动物而言，人作为类存在一来到世间，就是“文明的婴儿”，而动物却总是必须“重新”开始。所以，强调学习作为人的存在样式，其意义相当于孟、荀所强调的“人禽之辨”，即学习是人之所以为人的一种本根性的存在方式，而在这种存在论意义的学习观观照下，如果一个人不学习，他也就不为其人，这一点正如俗语所云，“养儿不读书，等于养头猪”，不学习的人与动物无别。也正是从这一意义上讲，孔子所讲的学习之“乐”首先是指学习这一行为本身给主体带来了一种非物质满足意义上的或非功利主义式的快乐，是一种“解题”式的或“好奇心满足”式的快乐，而这种快乐同时也意味着一种人文理性精神的张扬，它为中国“轴心时代”对巫术文化的“祛魅”提供了重要的精神动源。

其次，学习对于读书人的自我理解具有特殊的意义。因为，毕竟与古希腊哲学家以认识自然为求知目的不同的是，儒家求学致知的重心还是在“知人”与治世之上，而生活在“礼崩乐坏”的春秋乱世，孔子却要以学者的情怀和学术之“道”来力挽狂澜，其过程和结局给他带来的不是快乐，而是痛楚。但是这种痛楚主要不是肉体上的，而是精神上的，即它是一种为世人所不能理解的痛苦，或者说是一种圣人式的寂寞。但是，孔子之所以为圣人，恰恰就在于他超越了这种痛苦和寂寞，实现了一种“悲极生乐”的思想升华，达到了一种“不忧不惧”(《颜渊》)的精神境界。那么，孔子得以实现这种情感超越和精神升华的力量源泉是什么？他是如老庄一样放弃对社会的道德承诺而寄情于山水自然并从中获得一种“逍遥”式的快乐？还是如后世某些儒生那样遁入空门以完成人生的“涅槃”？确实，应该看到的是，对现实社会的“欲入还休”，这是中国古代士人所拥有的共同心态，即使是孔子也曾有过“欲居九夷”(《子罕》)和“乘桴浮于海”(《公冶长》)的想法，但从《论语》中我们更多看到的是孔子同这种避世思想的较量与斗争。在这场较量中，孔子虽未必战胜了对手，但却战胜了自己。而孔子所凭借的武器就是充分体现着人类存在所独有的存在方式——学习。因为通过学习，孔子对现实社会问题的理解逐步建立起了自己的历史观，而这一点反过来又为孔子的乐观主义人生观奠定了坚实的基础。

历史观的建立对于孔子人生观的影响主要有两方面。一方面是乐观主义。孔子一生由于有一种深刻的历史使命感，使他对“道”的实现有着坚定不移的信念，加之学术自足所带来的人生的满足，所以，尽管他一生所遇多难，但他的人生观是达观而积极的。另一方面是悲剧精神。孔子毕竟是一位思想家，有着强烈的社会责任感和积极主动的参与意识，但是一旦他逸出教育的殿堂而以“道”为中介而步入社会，把对社会的学术关切变为一种现实关切或行动时，矛盾才真正产生。在开始之时，孔子以学者的思路和他在鲁国为政的成功经验得出了一个乐观主义的想法,认为“道”的普遍弘扬似乎是“期月而已可也”(《子路》),但经过多次的碰壁之后,他才意识到“道”要真正获得物质力量的支持是多么艰苦,多么需要耐心,甚至孔子意识到他自己今生的努力也并不会有什么结果,其所作所为其实是一种“知其不可而为之”的使命感所致。这时对孔子来说,最大的精神痛苦莫过于整个社会甚至包括自己的学生如子贡、子路等对自己的不理解和误解。所以,“学而时习之,不亦说乎!”这种书斋式的快乐对于一个充满人间情怀的思想家来说毕竟只能带来短暂的精神慰藉,超出书斋之外则对于“有朋自远方来”的需要就显得更为迫切。从一定意义上说,作为思想家的孔子一生是十分孤独的,这种孤独感以至于时常使孔子发出“知我者其天乎”的感喟。当此之际,思想家最易陷悲观主义而一蹶不振,或者滑落到世俗主义而同流合污,前者如老庄、隐者,后者如“乡原”。无论是哪种情况,他们在放弃社会承诺的同时也就放弃了对知识和“道”的追求,要么认为“学”是祸乱之源而主张“绝圣弃智”,要么认为“学”是达成世俗物质利益的工具而提倡“为人之学”。换言之,对他们来说,学习不再是也不可能是一种快乐之事,而是人生的苦差,不是“学而时习之,不亦说乎”,而是“学而时习之,不亦苦乎”。对此,孔子一方面表现出了一种深切的同情的理解,另一方面也表现出了激烈的社会批判。他指责子贡以牺牲“道”的完整性和客观性来求得社会的理解与接受乃是目光短浅之举(《史记·孔子世家》)。因为,在孔子看来,虽然现实社会对于“道”的理解是“知音”难觅,但根据三代以来的历史发展趋势,奠基于某种客观性意义之上的“道”总有被理解和接受的一天,而生活于现实中的“我”就有一种“知其不可而为之”的必要性,且也有一种“知其不可而为之”的可能性(譬如从事文化教育事业)。这就是说,孔子视自己的孤独是一种必然的孤独,既然如此,则“朋来之乐”便是一种意外且更加值得珍惜的快乐。当然,孔子不乏知音,但这个知音不是某个人,而是一个时代,一个未来的时代。正是从这种大历史观的视野出发,孔子获得了“知其不可而为之”的力量源泉,而他的孤独感便由此而上升为一种崇高的悲剧精神。在这种悲剧精神的观照下,思想家对于不被政客待见与接纳的处境能够泰然处之,甚至还会焕发出了一种“不容然后见君子”(《史记·孔子世家》)和“人不知而不愠,不亦君子乎”的生命美感。这是一种忧乐圆融的精神境界,是儒家内圣之学的重要维度,它把人生的道德修养与社会历史的使命感有机地结合为一体,从而使得生命的价值充满着张力,而又正是这种生命的美学原则铸就了孔子的思想高度和人格魅力。所以,我认为,《论语》文本编者将《学而》三句作为首章,乃是对孔子最深刻的理解。

由上可知,《学而》三句作为一个思想逻辑整体,蕴含了孔子既作为学者同时又作为思想家对历史、现实以及未来社会的精神体验,充分凸现了孔子生命价值的力度及其人格魅力之所在。①

① 参见陈科华著《孔子思想研究》(北京:人民日报出版社,2002 年)有关章节。

1.2【原文】有子曰："其为人也孝弟，而好犯上者鲜矣；不好犯上，而好作乱者，未之有也。君子务本，本立而道生。孝弟也者，其为仁之本与!"

〖解读〗"老二"的文本地位是怎样炼成的？

《论语》首篇《学而》历来被视为孔学构建的"务本"之篇，是代表孔子思想的纲领性文本。而首篇之首章所记乃记夫子之言，次章则记弟子有子之语，这使得有子成为《论语》文本中第一个"出场"的弟子。对文本这一次第安排的困惑，古已有之。因为，在孔子的学生中，有子虽位列"登堂入室"的七十二贤人之一，但并不在孔门"四科十哲"之列。(《论语·先进》载："子曰：'从我于陈蔡者，皆不及门也。德行：颜渊、闵子骞、冉伯牛、仲弓；言语：宰我、子贡；政事：冉有、季路；文学：子游、子夏。'")有子以这种声望而能列《学而》文本"第二"的位置，确实出乎孔子后学的意料，以至于后之学者有"有子不列于四科，其人品何如"的疑问。[①]因文本的这一地位而受到对人品的质疑，这恐怕是有子本人始料未及的悲哀。

那么，古代学者是怎样看待这一文本现象的呢？归纳起来，大致有两种说法。

一是"沾光弟子"说。我们知道，有子本名有若，而得"子"之尊称，这在《论语》文本中除先生孔子外，弟子中仅有四人称"子"，即有子(有若)、曾子(曾参)、冉子(冉有)和闵子(闵子骞)，而四人中，又仅有子和曾子未列"四科"十哲，但恰恰二子在《论语》文本中的地位却十分突出，其中《论语》首篇记有若之言就有 3 章，是以人们有理由认为，《论语》文本的最初集结可能出自四子之弟子之手(唐宋以来的主流看法)。换言之，有子能有这种文本地位，似乎是沾了自己学生的光。对此，清代学者刘宝楠《论语正义》认为："此必孔子弟子于孔子没后，尊事二子如师。故通称子也。"

二是"相似夫子"说。据《史记·仲尼弟子列传》载："孔子既没，弟子思慕，有若状似孔子，弟子相与共立为师，师之如夫子时也。"《列传》所记亦见于《孟子·滕文公上》："他日，子夏、子张、子游以有若似圣人，欲以所事孔子事之。"又，据《礼记·檀弓上》记子游之语："有若之言似夫子。"有子与孔子，到底是形似，还是神(言)似？或者形神兼似？我以为，不管是哪种情形，可以肯定的是，在孔子后学的心目中，普遍存在着"似夫子"的"偶像情结"，这一点也是有子获得人们尊敬的心理原因之一，而这种"偶像情结"对于提高有子在《论语》文本中的地位无疑是有助益的。

当然，在儒家内部对于有子的崇高地位并非没有异议，其中最明确反对把有子推至师尊地位的就是有子的同学——曾子。据《孟子·滕文公上》载："他日，子夏、子张、子游以有若似圣人，欲以所事孔子事之，强曾子。曾子曰：'不可。江、汉以濯之，秋阳以暴之，皓皓乎不可尚已!'""强曾子"即硬要曾子同意的意思，这其中肯定有过激烈的争论，而曾子不同意的理由就是孔子之德是无人可比的。曾子的这一态度是否意味着他

---

① [宋]王应麟：《困学纪闻》卷七《公羊传》，上海：上海古籍出版社，2008 年。

对有子之德颇有微词呢？清代学者刘宝楠在《论语正义》中认为："观曾子但言孔子德不可尚，而于有子无微辞，则非不服有子可知。"意思是曾子还是认可有子"似圣人"这样一种地位的，但"似圣人"并非"是圣人"，两者之间还是有距离或差别的，至于这种距离或差别是什么，曾子未曾明言，不好妄加猜测。但据《史记·仲尼弟子列传》所载，一次弟子们问有子一些问题，结果"有若默然无以应。弟子起曰：'有子避之，此非子之座也！'"。如果此事为真，则意味着有子并不是一个好老师，他与孔子之"似"便只是"形似"而已。对于史迁的这一记载，唐宋以来有不少学者提出质疑，而其根据则是《孟子·公孙丑上》的明确之语"宰我、子贡、有若智足以知圣人"，有子至少是个智者；且据《颜渊》哀公问政章载，有子提出了著名的"百姓足，君孰与不足？百姓不足，君孰与足？"思想，这证明有子还是一个仁者；再据《左传·哀公八年》载："微虎欲宵攻王舍，私属徒七百人，三踊于幕庭，卒三百人，有若与焉。"这说明有子还是一个勇者，仁、知、勇"三达德"有子俱备，加之长相又同孔子相像，这应是有子被推至如师地位的缘由所在。

不过，尽管如此，《史记·仲尼弟子列传》所载有子被赶下师座一事未必如宋儒所言乃是"史氏之鄙陋无稽"，是没有根据的说法。因为，根据《孔子家语》对有子"为人强识，好古道也"的评价可以看出，有子在人们心目中是一个博学强识，雅好古道的儒生，尤其是其"强识"即记忆力超强表现出了明显的智者特征。但是，有子又并不是个具有过目不忘之天赋的好学生，《荀子·解蔽》说："有子恶卧而焠掌，可谓能自忍矣；未及好也。"为了克服自己嗜睡的毛病，居然"焠掌"即灼伤自己的手掌以自警，足见其为学之刻苦，所以荀子认为有子这种"自忍"式的学习精神虽值得称道，但"未及好也"，并非智者的最高境界。又，据《孟子·公孙丑上》所载"宰我、子贡、有若智足以知圣人，污，不至阿其所好"一语来看，宰我、子贡、有若三位贤人作为"智者"是可以肯定的，但又并非没有任何小污点的人，至于这小污点是指什么，孟子虽未明言，但他对《先进》中孔子对弟子的评价即"言语：宰我、子贡"是认同的，而且在孟子看来，有子与宰我、子贡都属于善于言语之人，而据《公冶长》中对宰我的批评以及提出要"听其言，观其行"的识人之道来看，善于"言语"之人的缺点主要是在于不能"力行"，是以南宋学者王应麟也认为："曾子守约而力行，有子知之而已，智足以知圣人而未能力行也。"①不过，比较言之，有子虽与宰我一样有嗜睡的毛病，但有子能够"焠掌"自警，而宰我则经常言行不一。这一点也是有子之人格形象能超出宰我的原因之一。

总之，曾子反对把有子推至师尊的地位并非没有缘由，《史记·仲尼弟子列传》关于有子被赶下师座的记载也并非空穴来风。

然而，有子在《论语》文本中的"老二"地位如何造就的呢？关于这一问题，我认为还是应从有子所言与孔子思想的关系方面去寻求答案才是。

第一，从文本编辑学的逻辑来看，如果说《学而》第一主要是突出孔子的人格形象与精神境界，让读者对"孔子是一个怎样的人"有一个整体的把握与了解，那么，接下

① [宋]王应麟：《困学纪闻》卷七《公羊传》，上海：上海古籍出版社，2008年。

来便应是回绕“孔子的中心思想是什么”这一问题而展开。诚然，要回答这样一个问题，最好的办法是直接引用孔子的言论，且孔子也确实对曾子说过“吾道一以贯之”（《里仁》）的话，但这个“一”是指什么，孔子并未明说。而根据曾子的理解，这个“一”是指“忠恕”而言（“夫子之道，忠恕而已矣”）。如果曾子之说是正确的，那应该将此段语录置于文本第二的位置才对。既然文本未做这种安排，这就意味着曾子之说只是对孔子之“道”的一种理解，且这种理解未必与有子之论相左。因为，孔子或儒家学说的核心范畴是“仁”，“吾道”即指“仁道”而言，如何行仁道？关于这一问题，子贡曾问孔子：“如有博施于民而能济众，何如？可谓仁乎？”子曰：“何事于仁，必也圣乎！尧、舜其犹病诸！夫仁者，已欲立而立人。已欲达而达人。能近取譬，可谓仁之方也已。”（《雍也》）可见，子贡关于行仁之方的看法与曾子“忠恕”之说相近。且结合《学而》第四章即曾子第一次出场即曰“吾日三省吾身”之第一省（即“为人谋而不尽忠乎”）来看，以“忠恕”来行仁道的思想应该也是儒家弟子的共识，否则不会摆在文本如此靠前的位置。那么，曾子与子贡之说与有子本章所说“孝弟也者，其为仁之本与”有何不同或有何高下之别呢？其实，从“为仁之方”的角度看，曾子与有子并无实质性的区别，二者都是着眼于为仁的起点应当从“近”开始，即子贡说的“能近取譬，可谓仁之方也已”（《雍也》）。因为，从“道”即形而上或本体论的角度看，仁作为一种道德情感是主体固有的本性，其外在的展开体现为宋儒所说的“性用”或“体用”关系形式，而“性”之“用”的展开又有两种形式，一种是“自然”形式，一种是“应然”形式。孟子说：“人之所不学而能者，其良能也；所不虑而知者，其良知也。孩提之童无不知爱其亲者，及其长也，无不知敬其兄也。亲亲，仁也；敬长，义也；无他，达之天下也。”（《孟子·尽心上》）仁之爱人从亲亲即爱亲人开始，是一种人无须学习的自然道德行为（良能），这是仁性之用的自然形式，曾子与有子在这一点上也并无分歧，但曾子的着眼点并不在仁之用的自然形式，而在于其应然形式，即他关注的是由亲亲之仁向外展开至“己”与“人”的关系维度时的应然形式是什么，也就是由“亲亲”到“仁民”的过程。我们知道，爱亲人可以是一种无须学习的自然道德行为，但爱他人能否做到自然如此呢？很显然，仁爱超出爱亲的范畴就必须要有主体的道德自觉才是可能的。换句话说，超出爱亲的仁爱是一种应然形式的仁爱，这是一种需要学习或“知”才可能达成的爱。因此，有子将仁爱的重点放在爱亲上，这是抓住了孔子仁爱思想的根本，是对行仁之出发点的强调，他与曾子关于仁道的理解可以互为补充。

第二，亲亲作为仁爱的自然形式为什么表现为孝弟之道呢？孟子说“孩提之童无不知爱其亲者”（《孟子·尽心上》），这固然是一个心理学事实，但从爱亲这一实然出发是否必然以孝顺形式来表达呢？如果是这样，孝子便是天生的，而不是养成的，这一逻辑显然与社会生活中发生的非道德现象是不相符的。事实上，即使是孔子，也曾意识到，血缘之爱存在着“近之不孙，远之则怨”（《阳货》）的情形，血缘亲和性的混元倾向确实具有悖逆孝道的可能性，因此，孝弟并不是亲亲之仁的自然表达，而只是它的一种应然形式。而应然形式的道德意识必须要有理性的介入才是可能的，它是主体道德自觉的结果。同时更重要的是,当这种道德意识转化为道德行动或行为时,它又必须以道德规范的形式表现出来,而这种规范在中国传统社会就是体现为差等秩序的礼。礼之于孝,亦如孝之于仁,也不是孝德的自然形式,而是它的应然形式,这一应然形式对于主体基于血缘之情而生发出来的道德心理有着更加严格的自觉要求,甚至从某种意义上说,"我欲"之"仁"所表现出来的乃是一种"他欲"之"礼"。《礼记》所谓"礼自外作"或礼的他律性质始终是实现由"实然(自然)"走向"应然"这一儒学伦理构建的关键问题所在,对此,"宰我问三年之丧"(《阳货》)就是很好的例证。关于这一点,可参见本书相关论述。于此,我想指出的是,有子提出"孝弟也者,其为仁之本与"的命题,实际是将关涉孔子思想的三个核心范畴即仁爱、孝弟、礼仪三者之间的逻辑关系清楚地显现出来,而与之相比,曾子的"忠恕"之说则未能如此清楚、贴切地达到这一点。

第三,通观《论语》文本中有关弟子们对孔子思想的表述,尽管各有侧重和各有千秋,但皆不及有子之表述的逻辑性与理论深度,甚至从某种程度上说,有子是孔子众弟子中为数不多的能将其思想逻辑化、理论化的哲学家之一。以本章而论,有子除了将孔子思想的核心范畴仁爱、孝弟、礼仪三者的逻辑关系理清之外,还从伦理政治学的角度指出了三者之间的逻辑递进联系,即"其为人也孝弟,而好犯上者鲜矣;不好犯上,而好作乱者,未之有也。"孝弟是处理家庭内部伦理关系的原则,这一原则的政治效用如何,在不同的时代的不同社会结构里肯定是不同的。在传统社会宗法一体、家国同构的历史背景下,家庭关系直接影响着社会政治关系,因而有子认为,只要家庭关系和谐,就有助于社会政治关系的稳定,这就是中国传统社会"忠臣出于孝子"的道理所在。但是,由于家庭关系毕竟与政治关系不同,前者是一种血缘主导型关系,后者是一种利益主导型关系,所以完全将"忠""孝"二者等同或者完全移"孝"于"忠"就会抹杀两者之间的界限,甚至会产生历史上经常出现的愚忠现象。正是因为看到了这一点,有子才说孝弟之人而好犯上者"鲜矣",而未说孝弟之人就一定不会犯上,这种留有余地的说法实际上包含了他对忠孝之间所存在的内在紧张是有一定的觉察的。所以,我以为,一个"鲜"字最能体现有子思维的严谨性与辩证性。这一点也体现在本篇第十三章:"有子曰:信近于义,言可复也;恭近于礼,远耻辱也;因不失其亲,亦可宗也。"其中一个"近"字也表现了有子对于"信"与"义"等道德范畴之间所存在的内在紧张的觉察。同样,在本篇第十二章中有子提出的"礼之用,和为贵"思想,他在提出"和为贵"的价值原则的同时,也看到了"知和而和"的弊端,其辩证法思维色彩十分明显。这种哲学性思维方式难见于其他孔门弟子的言说中。所以,有子之所以能位居《论语》文本第二的位置,并非他"状似"夫子,而是其"言似"夫子。

第四,有子"言似"夫子不仅与他能站在一种哲学思辨的高度对孔子思想的核心内涵做了精确阐述与高度概括有关,而且与他能以"同情的理解"方式去维护孔子思想"原意"有关,这一点可以从对孔子"丧欲速贫,死欲速朽"一语的理解上反映出来。据《礼记·檀弓上》载:

有子问于曾子曰："问丧于夫子乎？"曰："闻之矣：'丧欲速贫，死欲速朽。'"有子曰："是非君子之言也。"曾子曰："参也闻诸夫子也。"有子又曰："是非君子之言也。"曾子曰："参也与子游闻之。"有子曰："然。然则夫子有为言之也。"曾子以斯言告于子游。子游曰："甚哉，有子之言似夫子也！昔者夫子居于宋，见桓司马自为石椁，三年而不成。夫子曰：'若是其靡也，死不如速朽之愈也。'死之欲速朽，为桓司马言之也。南宫敬叔反，必载宝而朝。夫子曰：'若是其货也，丧不如速贫之愈也。'丧之欲速贫，为敬叔言之也。"

曾子以子游之言告于有子。有子曰："然！吾固曰非夫子之言也。"曾子曰："子何以知之？"有子曰："夫子制于中都，四寸之棺，五寸之椁，以斯知不欲速朽也。昔者夫子失鲁司寇，将之荆，盖先之以子夏，又申之以冉有，以斯知不欲速贫也。"

从上引文献可知，孔子与弟子们的交谈因为对象、场景不同，所言不一，而孔子言论的传播又是通过学生的口述来实现的，这样传播的过程既有对原有言语信息的加工、整理，同时也会因受众的不同、时间的久远而产生信息传播的失真乃至"曲解"。那么，如何判断孔子所言为真或为假，便存在解释学上的证伪过程，而这一证伪过程仅凭原始记录是不足以达成的。因为，以上引为例，"丧欲速贫，死欲速朽"一语确实是曾子从孔子那里听说的，而且有子游为佐证，但有子却认为曾子所言并非夫子之意。而有子之所以如此判断，并不是因为他亲耳听过这句话，也非他从子游那里知道了孔子讲这句话的"所指"场景，而是基于他对孔子的理解以及他对孔子过去行事的价值判断，认为曾子的理解与孔子的"君子"思想是不相符合的，故肯定地说："是非君子之言也。"由此我们可以看出，有子对孔子言论之"原意"的解读路径确实与他对孔子思想的深刻领悟是分不开的，否则，就会如曾子那样失之于言语的"能指"之上，如子游那样拘泥于言语的"所指"之间。有子这种能够从言语之所"能指"与"所指"以外以求得文本之"原意"的判断能力，确是孔门其他弟子包括曾子在内所不及的。我想，这是有子能够获得《学而》"第二"地位的主要原因之一。

至于说有子与曾子二人未能列入"四科十哲"，原因恐怕是孔子所指的"十哲"主要是针对"从我于陈蔡者"这一具体历史语境而言的，而在这个语境中的有子与曾子当时还未成为孔子的学生。因为，从年龄上来推断，"陈蔡之困"虽是发生在公元前489年即孔子63岁时的事，但孔子却是在55岁时离开鲁国开始他长达十四年的周游列国之行的，而这时的有子和曾子分别只有12岁（一说22岁）和10岁左右，是不可能跟随孔子周游列国的。而与他们年龄相当的子夏、子游之所以能列"十哲"之列，恰恰是因为二者皆非鲁国人（子夏是卫国人，子游是吴国人），他们应是孔子周游列国过程中收的弟子，是以他们才有机会成为"从我于陈蔡者"之列。所以，结合"从我于陈蔡者"这一具体历史语境，我们便明白孔子的"四科十哲"之说是有具体所指的，换言之，我们不能因为有子与曾子未列"四科十哲"而怀疑他们在《论语》文本中的地位。

1.3【原文】 子曰:“巧言令色,鲜矣仁。”

〖解读〗由衷之言的伦理困境

刘宝楠《论语正义》引包曰:“巧言,好其言语;令色,善其颜色。皆欲令人说之,少能有仁也。”我们知道,言语与仪态是人际交流过程中不可或缺的重要媒介,无疑,好言语、好脸色是促进人际交流和谐的重要因素,世界上没有谁愿意经常与疾言厉色的人打交道。而根据《礼记·表记》所载,子曰:“君子不以色亲人;情疏而貌亲,在小人则穿窬之盗也与?”又曰:“情欲信,辞欲巧。”可见,孔子并不是笼统地反对巧言令色之徒,而是认为言语的表达必须以真实的情感为基础,即要做到言由衷出,而言不由衷的巧言令色就如凿壁之盗的小人一样,不可不防。但是,孔子也意识到,由衷之言往往是耿直之言,是人家不喜欢听的话,所谓忠言逆耳是也。因此,欲达到人际交流的最佳效果,由衷之言最好能通过恰当或顺耳的方式表达出来,这就是“情欲信,辞欲巧”。不过,需要指出的是,在实际的社会交往中,能够做到“情欲信,辞欲巧”的人并不太多,故孔子所谓“巧言令色,鲜矣仁”的察人之道只是指现象的普遍性而言,而少数、个别、特殊的“巧言令色”的仁者也还是存在的。对此,《论语正义》云:“然夫子犹云鲜矣仁,不忍重斥之,犹若有未绝于仁也。”我以为,此解深得夫子之意。

问题是,夫子此言为何能摆在文本如此显眼的位置?通观《论语》一书,有一个较为深刻的印象是,孔子对于言语的道德讲究是有明确的意识的。除本章外,《学而》第十四章:“君子食无求饱,居无求安,敏于事而慎于言,就有道而正焉,可谓好学也已。”其他如《为政》篇:“多闻阙疑,慎言其余。”《子路》篇:“刚毅木讷近仁。”“君子名之必可言也,言之必可行也。君子于其言,无所苟而已矣。”《公冶长》篇:“巧言、令色、足恭,左丘明耻之,丘亦耻之。”《卫灵公》篇:“巧言乱德,小不忍则乱大谋。”“群居终日,言不及义,好行小慧,难矣哉!”《阳货》篇:“恶紫之夺朱也,恶郑声之乱雅乐也,恶利口之覆邦家者。”《颜渊》篇:“非礼勿言”,“言之得无讱乎?”《里仁》篇:“君子讷于言而敏于行。”《宪问》篇:“君子耻其言而过其行。”“邦有道,危言危行,邦无道,危行言孙。”《泰伯》篇:“君子所贵乎道者三:动容貌,斯远暴慢矣;正颜色,斯近信矣;出辞气,斯远鄙信矣。”《乡党》篇:“侍于君子有三愆:言未及之而言谓之躁,言及之而不言谓之隐,未见颜色而言谓之瞽。”如此等等,皆反映出孔子对于如何讲话的道德与政治考量。概括言之,孔子“言德”观的主旨是:第一,要讲符合道义或正能量的话;第二,要讲有根据或可征信的话;第三,要讲能够做到或可行的话;第四,要讲符合主体生存安全需求或不掉头的话。试想一下,如果一个人说话之前考虑到上述“言德”的要求,那么其表达方式必然会表现出一种“慎言”甚至近乎“木讷”的言说特征,很显然,这种言说方式对于促进人际交换顺利进行是不利的。由此,我们可以看到,孔子言语伦理思想所欲解决的核心问题是:由衷之言以何种方式表达出来才是恰当的?而欲解决这一问题,就必须重视对言语的学习与研究,由是“言语”成了儒学“四科”的重要科目之一,而将之列于有子一章之后，也有体现孔子学说体系或全貌的意思。

对于“言语”立为儒学四科之一这一现象的意义，我们过去的儒学研究是重视不够的。其实，若将此现象放在“轴心时代”的范畴加以审视，就会发现：公元前六世纪左右，不只是在诸子蜂起的中国，而且在欧洲哲学发源地古希腊以及佛教发源地古印度都曾有过对言语的学理研究，在中国产生了墨家、名家的“名辨之学”、在印度产生了“因明之学”，而在古希腊产生了“逻辑学”。而且，广义逻辑学在不同文明发源地的共同出现还与这一时期不同地区的政治生态有着惊人相似之处有关，古希腊的城邦政治为公民提供了直接参与政治的公共空间，而有关城邦公共利益的议题因都需要通过公民大会的公开辩论才能决定，这样话语的说服力就显得尤其重要，而逻辑学就是在适应这种民主政治需要的广场演说术、论辩术中逐渐发展起来的。与之相比，春秋战国时期的中国，随着天子式微，诸侯争霸的政治生活成为常态，思想界的“百家争鸣”有了较为自由的政治生态发展空间，儒家与其他各家一样也加入游说列国的队伍之中，孔子周游列国十四年，干七十二君，可以说将游说政治的功能发挥到了极致，虽然结果不甚理想，但他也充分体会到了言语在游说政治中的重要性。不过，正如大家看到的那样，孔子及儒家并没发展出一套属于自己的语言逻辑学，究其原因，我想有二：一是春秋时期的“百家争鸣”不是发生在如古希腊那样以城市广场为平台的公共政治空间，游说政治更多地表现为一种“廷辩之术”，即它只是思想家与君王之间的一种对话，既缺乏公开性和透明度，更缺乏自由性与参与性，这一点使得游说变成了一种独白式或自说自话式的思想推销，而这种方式无疑会弱化游说主体对言语的逻辑考量；二是孔子及儒家虽然也意识到“辞欲巧”在游说政治中的重要性，但是基于儒家“内圣外王”之学的逻辑一致性要求，“辞欲巧”的目的便不只是增强言语对于他者的说服力，同时也是要增强言语对自我内在道德一致性的认同感，这就是《周易·文言传》中孔子所提出的“修辞立其诚”命题。换言之，“修辞”不仅是“辞欲巧”或宋儒所说的“修饰言辞”，而且更重要的是要通过修辞来省察自身之过，用宋儒的话来说是“修省言辞”。由此，我们可以看到，儒家的修辞学重心不在语言学的范畴，而属于古人所谓“三不朽”之一的“立言”范畴。儒家这种把修辞学的伦理属性提到如此重要地位的价值取向，无疑会妨碍修辞学朝逻辑学方向发展，它对“由衷之言如何表达才是恰当的”这一语言伦理学核心问题无法提供一种积极的解决方案。孔子曾讲：“美言伤信，慎言哉！”（《孔子家语·屈节解》），意即在实际的社会交换中，主体对言语之“说服力”的效用诉求与言之由“衷”的价值认同之间存在难以克服的内在紧张，因而只能选择以“慎言”甚至“无言”为主的这样一种保守或消极的言说方式。这一点充分揭示了中国传统社会背景下由衷之言或“言不欺心”的伦理困境。

当然，更为重要的是，孔子关于儒学“言语”一科发展的伦理学导向实际上还有防止在君子“谋道”过程中可能产生的“谋食”化倾向及规范儒家内部学术道德行为的意义在内。因为，在儒家试图通过游说来实现自己的政治抱负（谋道）的实践过程中，涌现出了一批以“言语”见长并在诸侯间的“伐交”活动中屡立奇功的弟子们，如子贡，是孔门弟子中"利口巧辩"之佼佼者,连孔子也"常黜其辩"。有一次,齐国欲攻打鲁国,孔子基于对父母之国的关心,派子贡去"伐交",结果是"子贡一出,存鲁,乱齐,破吴,强晋而霸越。子贡一使,使势相破,十年之中,五国各有变"(《史记·仲尼弟子列传》)。对子贡的这份功劳,孔子一方面给予了肯定,但另一方面又指出"夫其乱齐存鲁,吾之始愿,若能强晋以弊吴,使吴亡而越霸者,赐之说之也。美言伤信,慎言哉!"(《孔子家语·屈节解》)。孔子的意思是子贡在"伐交"的过程中为了说服对方而竭尽了言语之能事,却伤害了儒家所倡导的信义原则,是为"美言伤信",并不足法。但是,子贡的所作所为(无论是从政还是经商以及对孔子名布于天下的宣传作用)在儒家弟子内部有着很强的示范效应,以至于不少弟子及时人认为子贡的能力、水平超过了孔子——"叔孙武叔语大夫于朝曰:'子贡贤于仲尼。'"(《子张》)加上孔子自己也承认过"赐敏贤于我"(《史记·仲尼弟子列传》),这使得子贡的智者形象更加高大起来,受到众多粉丝的追捧和效法是很自然的。但是,对于子贡这种逞口舌之能的事功成就,孔子下了"美方伤信"的评语,意在告诫弟子们学问之道的根本在于修身,而言语之道的根本在于"立诚",离开了"立诚"的内在价值追求,"辞巧"就会异化为实现功利主义目的的工具,虽可以收一时之功效,但未可以真正、长久地取信于人。

于此,我们便能理解《论语》文本为什么要将"巧言令色,鲜矣仁"一章放在《学而》第三的位置了。因为,儒家之学乃成就"君子之学",而孔子给君子的定位是"谋道"而非"谋食",但"谋食"作为人的生存需要又是儒家必须时刻面对的现实问题,孔子自己也说过:"富而可求也,虽执鞭之士,吾亦为之。"(《述而》)一个人有过上好日子的想法是具有伦理的正当性的,而问题是,作为君子是以"谋道"为人生理想的,"谋道"意味着追求的不是自己一个人过上好日子,而是要让大家一起过上好日子,但如何做到这一点,不同的人会有不同的看法,因而也会有不同的"道"。孔子及儒家所提倡是"仁道",仁道是一种"爱人"之道,而"爱人"就意味着要或多或少地做出自我牺牲,而这种自我牺牲能够达到何种程度,如需要主体牺牲到穷困潦倒甚至失去生命的地步,这是否应该和可能呢?事实上,这一问题是孔子及儒家在"谋道"过程中经常碰到和面临的既现实又严峻的挑战,无论是颜回之死还是陈蔡之困都将此问题给活生生地摆在孔子及儒家面前。处此生存境况与压力之下,知识分子最易产生的精神倾向就是曲道以求容,媚俗以顺势,如此,"巧言令色"就会成为他们人际交换中最显著的外在特征。因此,我认为,《论语》文本第一篇《学而》前三章的安排颇有意味:如果说《学而》第一章是要告诉人们孔子是一个什么样的人,《学而》第二章是要告诉人们孔子要走什么样的路,那么《学而》第三章则是要告诉大家走这样的路最需要防止的坏的可能性。因而,从某种意义上讲,将"巧言令色,鲜矣仁"一语安排在文本第三章,实际上是对第一章"人不知而不愠,不亦君子乎"的另一诠释,意在告诫君子在"谋道"过程中不要为"谋食"所困而滑落为"乡原"主义式的伪君子。

顺便指出的是,对于文本本章的理解,宋儒以来的释义多着眼于儒家修养或功夫论角度,具有一种"体用"论的思维模式特征,如王夫之就曾说,"心之用,唯言、色而已”，若能做到“言不欺心”，则“心犹有存”，因而此章的主旨是欲凸现孔子“外内交养”（《四书训义》上）之自省功夫的价值。我以为，若沿此一理路来理解本章之义，夫子此语还有强调“力行”的重要性意涵在内。因为，“巧言令色”者往往又存在着夸夸其谈、华而不实的浮荡之病，而欲克服这一毛病，唯有脚踏实地地“力行”，这就是孔子所强调的“力行近乎仁”（《中庸》）。不过，从文本编辑学的角度看，我更愿意把此章看作是编者（孔门弟子）对《学而》第一章关于夫子人格理想与精神境界的拓展性理解。①

1.4【原文】曾子曰：“吾日三省吾身：为人谋而不忠乎？与朋友交而不信乎？传不习乎？”

【解读】反省“吾身”与“认识你自己”

曾子，名参，字子舆，儒家“五圣”之一（孔子，颜渊，曾子，子思，孟子），小孔子46岁，与其父曾皙并为孔子学生，是孔子殁后儒学发展史上的关键人物，其所开创的思孟学派历来被视作为儒家思想的正统。曾子与有子一样，在孔门弟子中享有“事子如师”的地位，因而《论语》文本中以“子”称之。如前所述，在《论语》文本的集结过程中，有子与曾子的学生可能是最初且影响最大的参与者，而若论对儒家思想发展的贡献，曾子比有子要大得多，但《论语》文本的编辑并没有受此影响而将曾子之语提至有子之前，此亦可佐证文本编辑者的客观态度与严谨精神。当然，曾子之言能够排在《学而》第四章的位置，也足以体现曾子在文本中的重要性。

《论语》记载曾子的言行不少，即在《学而》一篇就有两章。为什么要把曾子“三省”之语作为首出呢？这样的文本编次安排是否存在某种编辑学的考量呢？若有，这种编辑学考量的根据或标准又是什么？关于这一问题，可以从如下几个方面来看：

第一，如何看待孔子思想形成与孔子弟子言论的关系？我们知道，《论语》作为了解孔子思想的重要文本虽然主要是通过以“子曰”为主的形式来体现的，但其中又有许多是关于弟子们的言论记载。这些言论或是传述夫子之言，或是谈自己对夫子思想的体会。而这一文本事实说明：一部《论语》并不能看作是孔子一个人思想的集结，而应看作是孔子及其弟子集体思想的集结。换言之，孔子思想与其说是孔子个人的思想，毋宁说是以孔子为代表的儒家群体的思想，孔子的弟子们或多或少地参与了这一思想的形成。正是这种思想参与活动，使得孔子之后儒家内部因对夫子思想理解的差异而发生“儒分为八”的情况，在这种情况下所产生的《论语》文本集结就必须充分反映出不同学派的话语要求，而从《论语》的内容来看，也基本上反映了主要学派的思想发展取向。

第二，既然曾子与有子一样能在同学们中获得“事子如师”的地位，这说明二人在传述或者参与孔子思想的形成过程中所做的贡献是其他人所不及的，但是，二者的贡

① 陈科华：《由衷之言的伦理困境》，《伦理学研究》，2018年第3期。

献是否有所不同？如前所述，有子是孔子众弟子中为数不多能将其思想逻辑化、理论化的哲学家之一，他对孔子言论之“原意”有着与众不同的深刻的逻辑领悟，这是他获得《学而》第二文本地位的主要原因。与之相比，曾子对孔子思想的理解主要不是体现在准确地传述夫子的思想上，而是体现在他对孔子思想的延展性理解与具体运用之上，或者说曾子言论的特点在于他在践行夫子思想的过程中有了自己的“心得体会”。对此，王夫之《四书训义》引尹氏曰：“曾子守约，动必求诸身。”“曾子力行诚身之学而自立之。”意指曾子之言皆与他亲身的道德实践活动是分不开的。正因为是“心得体会”，所以，曾子言论对于孔子及儒家思想的形成就具有属于他自己的原创性贡献，这一点正是曾子上承孔子下启子思、孟子的主要原因所在。从文本阐释学的角度讲，文本将曾子是言作为首出，反映了对孔子之学的心学理解路径是《论语》阐释学的主要形式之一。

第三，同样，因为是“心得体会”，其言论总与主体之“吾”的经验相联系，因而从思维方式上来讲它会表现出自我反省的特征。王夫之《四书训义》引谢氏曰：“诸子之学，皆出于圣人，其后愈远而愈失其真。独曾子之学，专用心于内，故传之无弊。观乎子思、孟子可见矣。惜乎其嘉言善行，不尽传于世也。”其中之“诸子”，当指孔子殁后儒学内部的分化情况，由曾子开启的思孟学派或心学传统便是其中之一。谢氏认为，相比言之，曾子之学没有其他学派的“失真”之弊，是孔子思想最真实的传承者。而究其原因，主要在于只有曾子之学是“专用心于内”，用王夫之的话来讲是“求之于吾身”。因此，我以为，《论语》文本将曾子“三省”之言为首出的次第安排，是编者对曾子之学的心学特征的一种理解性认同。

第四，从“三省”的内容来看，这种文本次第安排也体现了对《学而》第一夫子思想的呼应。因为，《学而》第一是夫子对“士”的存在方式之理想境界的一种自许，涉及学习、交友和入世三个层面。对于夫子所期，曾子有内在的认同，故在学习方面以“传不习乎”之内省来力行“学而时习之”的要求；在交友方面，夫子“有朋自远方来”一语并未讲如何交友的问题，而曾子“与朋友交而不信乎”一语便强调了“诚信”原则在交友过程中的重要性；在入世方面，夫子“人不知而不愠，不亦君子乎！”一语强调的是知识分子在面临不被社会理解的境况下当如何自处的问题，曾子认为，只要能做到“为人谋而不忠乎”这一点，也就无愧于心，至于他人“知”与“不知”，这都不是引起主体高兴与不高兴的缘由所在。由此可见，曾子“三省”之语是他在践行孔子“三乐”之语的过程中的“心得体会”。如果说孔子所言是讲做三件事的精神境界，那么曾子所言是讲达到这种境界的具体路径与实践方式；如果说有子之“孝弟也者，其为仁之本与”是从社会的角度来讲行仁的路径，那么曾子之“三省”则是站在“吾”即个体的角度来讲行仁的方法。故《论语》文本将二子之语作如此安排，是符合孔子思想的发展逻辑的。

第五，对曾子以“反省”的方式开启了儒家心学传统这一事实如何评价呢？李泽厚先生认为，曾子是儒学中宗教性道德的传人，其反省具有深厚的宗教情怀。[①]因为，反

① 李泽厚：《论语今读》，北京：生活·读书·新知三联书店，2004 年，第 33 页。

省是主体面对某一标准或命令来检视自我之言行是否有失范之处的思想活动，这一思想活动的前提是主体对于标准或命令有一种不加怀疑的绝对确信，因而它是“绝对命令”意识之下的自我道德检视。不过，由于儒家缺乏基督教那样的原罪观念，因而主体的反省不同于基督徒的忏悔，即主体在反省之时不会如忏悔那样过度地折磨自己。因为，在儒家看来，对照“绝对命令”的要求，反省的结果有可能是自己做到了，也有可能没有做到；做到了——因为没有原罪的拖累——就可以如孔子所说的“不亦乐乎”，没有做到——因为有性善的支撑——也应对自己的未来能够做到充满信心，不必如基督徒那样有更深的罪孽感。正面、乐观地看待反省活动，这是曾子及儒家开创的思想传统。

但是，需要指出的是，曾子所开创的这一反省传统与“轴心时代”其他文明所产生的反思或第二序思考现象有着很大的不同。因为，反思是思想本身成为它的对象，是对思想的思想，是一种“认识你自己”的活动，因而反思的终极命题必然是“人是什么”或“上帝是什么”“世界的本真是什么”，如古希腊的自然哲学就提出了自然的最后真实是水、火、数、Logos 等观点。相比之下，“知人曰哲”是儒家哲学的特点和重点，但关于“人是什么”的思考，至少在孔子及《论语》文本中并没有构成为他们反思的核心命题，无论是孔子还是曾子，他们所重视的反省活动，其主要目的不是为了搞清楚“人是什么”存在论命题，而是为了搞清楚“人应该是什么”这样的应然命题，因而在儒家看来，反省实际上是一种“成人之道”，是一种修身活动而非纯粹的理性思考。正是这一点使得儒家的反省活动缺少了古希腊哲学反思活动中所固有的怀疑、批判精神，如曾子的“三省”并不涉及对“我为什么要如此”这一问题的反思，而只是关心“我是否如此”的问题。之所以如此，我认为这与儒家“畏圣人之言”的传统是分不开的。因为，所谓“圣人之言”就是一种具有“绝对命令”性质的教条，主体除了“敬畏”和执行外，容不得有任何的怀疑。而这种缺少了怀疑、批判精神的反省活动往往容易将“外王”约化为“内圣”，即容易在改造主观世界的同时而削弱其改造客观世界的功能，以至出现清代学者颜元所指出的理学弊端——“无事袖手谈心性，临危一死报君王”。因此，如何将反省“吾身”与“认识你自己”相统一，将反省与反思相结合，这是今日之“吾”在道德主体性构建中所必须认真思考的问题。

1.5【原文】 子曰：“道千乘之国，敬事而信，节用而爱人，使民以时。”

〖解读〗以伦理学为本的政治经济学总纲

本章是孔子的政治学总纲，它之所以被安排在曾子“三省”一章之后，是因为欲借此文本排序来表明孔子之学不只是道德、心性、内圣之学，而且也是政治、事功、外王之学，二者不可偏废。但是，我们知道，孔子之后，儒学的继承人恰恰是在对“内圣”与“外王”两学的理解与阐释上因各有侧重才导致产生了“儒分为八”的事实，其中思孟学派与荀子之学可以看作是上述分化的代表。不过,秦汉以后儒学的发展一直存在着重孟轻荀的倾向,尤其是到宋明理学,思孟学派更是获得了儒学正统的地位而被发扬光大为一种纯粹的心性之学。我以为,这既是对孔子之学的曲解,也是对《论语》文本编者的误解。因为,在许多读者看来,《论语》既然是曾子或有子后学所辑,自然会突出曾子之学的重要性与正统性,这种看法实际上忽略了《论语》作为孔子思想的集结乃是一个儒家内部争论甚至斗争的结果这一事实。而且从孔子一生的经历来看,他始终把参与政治作为儒生的天职,并为儒家后学留下丰富的政治思想遗产,这一点是文本编辑者不能不考虑的。事实上,《论语》文本中关于孔子的政治论述所占的比重是比较大的。同时,如果我们把"道千乘之国"看作是"为人谋而不忠乎"的逻辑延伸——为"国谋"之忠与否也体现在政治实践的成效上,那么,文本如此安排并无违曾子之学的"力行"宗旨。

至于为什么在孔子所有的政治论述中选择本章而非如《为政》篇等其他言论为文本之首出,这确实是一个值得玩味的问题。王夫之在《四书训义》中认为,"敬""信""节用""爱人""以时"五个方面乃"治国之要",故此章"亦务本之意也",又引程子语曰:"此言至浅,然当时诸侯果能此,亦足以治其国矣。圣人言虽至近,上下皆通。此三言者,若推其极,尧舜之治亦不过此。"确实,从文本语义来看,此章并无难解之处,但编者将此"至浅"之言置于文本如此地位自然有它的编辑学考量。

首先,传统的治国理政方式虽然以人治为主,而人治又对"治人者"有着较高的道德期待与要求,是故孔子讲要"为政以德"(《为政》)。但是,这种"德政"如何落实到具体的政事之中,或者说如何表现为具有可操作性的行政实践,这是为政的首要问题。是故本章以"道千乘之国"为孔子的问题意识所在,而"千乘之国"也就是诸侯之国,故孔子所言之对象不是一般的"治人者",而是国君或大臣。且"道"在此处之义,除了有"治"的意思外,还有规律的意思,即此"道"是"人以必行"之"道",[①]是为政的必由之"(道)路"。正因为是从"道"的层面来讲"治"的问题,所以本章之旨不是要讨论政治的合法性问题(政道),而是要讨论行政的合理性问题(治道)。换言之,在文本编辑看来,因为本章是孔子"治道"政治学思想的纲领性表述,故置于文本此处是最为恰当的。

其次,本章孔子提到的"敬事""(诚)信""节用""爱人""以时"等五个方面,确实反映了孔子对于行政伦理价值的高度关注与认同。"敬事"之"敬"源起于原始图腾崇拜对上天鬼神的尊敬与畏惧,后经过周代"天命维新"的文化革命之后,这种对上天鬼神的敬畏心理又与处理人事的态度联系在一起,如《尚书·无逸》之"天命自度,治民祗惧,不敢荒宁"、《诗经·周颂·敬之》之"敬之敬之,天维显思,命不易哉。……陟降厥士,日监在兹。维予小子,不聪敬止"等,讲的就是要把对上天的敬畏之心转化对人事的小心谨慎与刻苦努力,故《说文》谓:"事,职也。"而这种将"敬天"与"敬事"相统一的观念表现在行政伦理上就是行为主体要有为政的"天职"(the calling)意识,只有确立了这

① [清]刘宝楠:《论语正义》(诸子集成本),长沙:岳麓书社,1996年。

样一种“天职”观念的“敬事”主体，才可能超脱功利主义对于行政的干扰，才可能对于政事不生轻慢懈怠之心，才可能客观理性地处理行政事务。所以，荀子讲：“凡百事成也，必在敬之；其败也，必在慢之。”(《荀子·议兵》)王夫之也说：“何以为制事之主哉？其唯敬乎！”(《四书训义》卷五)足见“敬事”对于“制事”的重要性。我们今天讲“态度决定一切”，“态度”就是指“敬事”的主观程度，以什么样的“态度”做事，就会有什么样的做事效果，而“态度”又是与人的世界观即“高度”相联系的，只有当主体的“态度”与“天”这样的“高度”相联系时，才是一种“敬事”或“天职”性的“态度”，有了这种“态度”，才有可能真正做到“全心全意为人民服务”。

“(诚)信”是行政伦理的首要价值。治国之要首在设计和制定体现公正价值的制度安排，这就是儒家所追求的“王道”政治或仁政，但仁政作为一种“好制度”如果得不到有效的贯彻执行亦即碰上了“坏行政”，同样不能达到制度设计的初始目的。而“坏行政”之最莫过于政府不讲诚信。在传统人治社会，政府不讲诚信主要表现为朝令夕改、上下不一、表里不一。对此，王夫之指出：“以出令言之，在常者不一，而在变者无恒，则何以为施令之准哉？”(《四书训义》卷五)此所谓“施令之准”就是指行政应当遵循的根本伦理原则，夫之认为，此一原则就是诚信(“必其信矣”)，它表现为：“一令之行，以始以终，而下所遵，必上所守。”(《四书训义》卷五)但行政主体如何才能坚守住诚信原则呢？从孔子说“敬事而信”的语义逻辑来看，“敬事”是诚信的前提，因为，只要为政者持“敬事”的态度行政，就一定会慎终如始，始终如一，就一定不会轻率地出台政令措施(夫之谓之为“制事”)，而一旦出台政令措施，也就会上行下效、一贯到底，并以此而取信于民。

“节用”之“用”是指“财用”而言。众所周知，无论古今中外，无不把“富强”当作政治的核心追求之一来对待，所谓“治国理政”在很大程度上讲就是如何“理财”的问题。而“理财”的关键在于两个方面，一是如何发展生产？一是如何合理分配？在传统的自然经济条件下，由于生产率的低下，社会财富的增长与人们的物质需求之间的矛盾始终处于高度紧张的状态，但是，严格的宗法等级制度又使得社会财富的分配处于严重不均的两极分化状态，处此状况之下，“理财”的首要问题就是如何消费才具有伦理的正当性。对此，孔子提出的经济伦理原则就是“节用”，亦即反对或不主张奢侈性消费。而谁能够奢侈性消费呢？当然是以王公贵族、政治权贵为主体的财富“有余者”，所以，孔子的“节用”主张虽然作为一种普适性的伦理原则亦适用于财富“不足者”，但主要是针对财富“有余者”而言的。不仅如此，从行政伦理学的角度看，“节用”还意味着要尽可能地减少行政浪费，降低行政运行成本，从而以薄赋的方式让财富更多地藏于民间，让百姓过上相对富足的生活，正是从这个意义上讲，“节用”也就是“爱人”。孔子讲“仁者爱人”，而仁政之要莫先于“节用”。我以为，孔子的这一思想即使在以消费为拉动经济增长方式的今日也仍有积极意义。因为，一方面在全球化的背景下，贫困问题仍然是全球性问题之一，发达国家的“节用”便是对落后国家的“爱人”之举；另一方面自然资源的有限性也需要人们奉行“节用”的生活方式，这是对子孙后代的“爱人”之举。所以，只要主体有“爱人”之心，从爱家人、国人再到爱全人类，有一种人类命运共同体的意识，“节用”就会成为一种自然的行为选择。但从行政学的角度看，儒家认为，国家政府作为主体即使出于仁政的“节用”也必须通过“制度”方可达成。对此，王夫之曾说：“汤曰：节以制度，不伤财，不害民。”(《四书训义》卷五)至于个人日常生活中的“节用”是否需要“制度”化，儒家“用之以礼”(《孟子·尽心上》)的观点虽主要是针对“庶人”即普通百姓以上的贵族阶层而言的，但它对我们今天从制度层面(如中共中央提出的“八项规定”)防止权贵人士的奢侈性消费倾向也不无借鉴意义。

“使民以时”之“时”，主要是指“农时”而言。因为农耕经济是一种靠天吃饭的自然经济，农作物的培育、生长与收获都必须依自然节气的变化来同步进行，误了农时，农作物收获就有可能减产甚至颗粒无收。为保障农业生产的发展，传统政治皆把“敬授农时”视为国家头等大事，每年春季都要举行隆重的“授时”仪式。这一仪式的重要性不仅意味着政府要加强对农业生产活动的科学指导，而且也是国家对于“不误农时”的一种政治承诺与道德宣誓。但是，在传统社会经济发展过程中，恰恰是来自政府或君王个人的事物需求成了干扰或影响农业生产发展的最主要因素，其中尤其因战乱、城市修护和宫室建设而产生的征调性徭役更是中国历代王朝行政常违“农时”的通病。因此，孔子提出“使民以时”不仅抓住了农业经济发展的政治学要害，更是从行政伦理学的角度维护了诚信价值对于国家稳定与强大的意义。正是从后一意义上讲，我以为，孔子所讲的“时”既是指一种人与自然交换过程中所必须遵守的客观之“农时”，也是指人们社会交换过程中所应当遵守并体现为一种价值关系的“恰当”，如国君对物质生活的需求如果能维持在一种“恰当”的范围之内，就会“节用”，而一旦“节用”就不会经常产生征调性徭役，从而也就能够做到不误农时，保障和促进经济与社会的有序稳定发展。可见，孔子对于伦理道德在经济发展过程中的积极作用是充分肯定的。

总之，《论语》文本之所以将本章作孔子的政治思想的首出，是因为本章代表了孔子的政治学总纲，反映了一种以哲学伦理学为基础理论的政治经济学构建逻辑。

1.6【原文】 子曰：“弟子入则孝，出则弟，谨而信，泛爱众而亲仁，行有余力，则以学文。”

〖解读〗孔子的道德教育学总纲

上章孔子讲的“道千乘之国”的政治经济学，意在告诉人们：儒家及其儒学所要培养的人才的服务面向定位是“国师”级的。但这种人才的标准是什么？又如何培养?从本篇第一章“学而时习之”到第四章曾子“三省”之一的“传不习乎”都可以看出孔子教育学思想在文本中已处于呼之欲出的呈现状态。

如前文所论，孔子关于“道千乘之国”的“治道”论具有明显的伦理学路径依赖或德治主义传统，因而它对治国之才的要求就是“仁知兼备”，用今天我们选拔领导干部的标准来讲就是“德才兼备”。若从教育学的角度来看，要培养出仁知兼备这样高规格的人才，必须要有正确的方法与路径。从孔子及儒家所倡导的教育学传统来看，家庭教育又有着最为重要的优先地位。因为，从治国的角度讲，“忠”是人才的最重要品德，是以曾子将“为人谋而不忠乎”作为反省的第一要务。如何培养“忠君”之德呢？《学而》第二章中有子之语——“其为人也孝弟，而好犯上者，鲜矣；不好犯上，而好作乱者，未之有也。”——既道出了家庭教育与“忠君”思想培养的内在逻辑关联，同时又点出了“忠”是“仁”之政治道德要求的核心内涵。那么，“忠臣出自孝子”的政治学逻辑是否具有教育心理学的支撑呢？清代学者刘宝楠认为：“教弟子先对孝弟者，《孟子》言孩提之童，无不知爱其亲；及其长也，无不知敬其兄，是孝弟本人所自具，因弟子天性未漓而教导之。”[①]孔子和孟子对人性为善的肯定确实可以为其儒家道德教育学的逻辑展开张本奠基，但若考虑到青少年成长过程中普遍存在逆反心理期这一客观事实，“孝”尤其是“弟”的德性养成便不是如孟子所讲的那样顺性而然，其中外在规范即礼的约束有着重要的意义，孔子之所以强调“克己复礼为仁”（《颜渊》），应该是对此问题有充分的认知。不仅如此，从有子“鲜矣”之论可以看出，“忠臣出自孝子”虽然有很强的道德心理学支撑，但并不意味着没有例外，“忠而不孝”与“孝而不忠”的情形都可以在历史和现实中找到。是以，为了避免这种“鲜矣”之例外，本章孔子特别突出了“入”和“出”对于孝弟养成的意义。所谓“入”，是指从社会回到家庭，“出”则指从家庭走向社会。“入”“出”之间的内在联系反映了家庭伦理与社会伦理之间的互动影响，对行为主体即“弟子”来说，这也是孝弟之道内化为主体道德人格所必须经受的心理磨炼，尤其在“出则弟”的过程中，缺乏了血缘亲情支撑的社会交换如何做到对“他人”如同对自己兄弟一样的“弟”（友爱），这需要主体在反复“入”“出”的道德实践活动中并通过道德理性的自觉才可建立起内在的伦理认同。因此，本章孔子以“入”“出”来论孝弟之道，意在突出家庭伦理是如何成为社会伦理的基础并如何成就“孝弟”人格之过程。

同时，孔子强调，在主体“入”“出”的伦理实践中，行为主体最需要做到以下三个方面：

一是“谨而信”。从《学而》第一章讲“有朋自远方来”到第四章曾子讲“与朋友交而不信乎”，再到上章讲“敬事而信”，可以看出，文本是欲突出“信”在孔子思想构建中的重要地位。对此范畴，孔子及其弟子从不同的角度多有阐述，如上章之“敬事而信”是从行政伦理学的角度而言，意在彰显政府之诚信是行政伦理的首要价值，而本章则从社会伦理角度来讲诚信问题，但又与曾子的切入点有别，即曾子的反省方式关心的是主体是否做到了诚信，是从结果上来讲的，而孔子关心的是如何才能做到诚信，是讲方法和路径问题，或者说曾子是站在学生的角度讲的，而孔子是站在老师的角度讲的。站在教者的角度讲，孔子本章讲“谨而信”实际上与第三章讲“巧言令色鲜矣仁”和上章讲“敬事而信”都体现了共同的道德修养路径，这就是在社会交换中要时刻做到“谨言慎行”，克服“巧言令色”的功利主义价值取向。

---

① [清]刘宝楠：《论语正义》（诸子集成本），长沙：岳麓书社，1996年。

二是“泛爱众而亲仁”。上章孔子从行政伦理学的角度讲“爱人”之道在“节用”，而本章则从社会伦理的角度讲“爱人”之道在于如何处理好“爱亲人”与“爱他人”“爱普通人”与“爱道德高尚的人”两方面关系的问题。在第二章中有子讲“孝弟也者，其为仁之本与”，把儒家之仁爱始于“爱亲”这样一条路径呈现在读者面前，而本章孔子的孝弟之说也是强调“爱亲”为行仁之本，但孔子的着眼点是“爱亲人”与“爱他人”如何一致的问题，是以有“入”“出”之论，这一点前文已述。除此之外，“泛爱众”作为仁爱的逻辑延伸必然会面临着在社会同时存在“好人”与“坏人”或形形色色的人的情况下主体如何去“爱人”的问题，对此，孔子的主张是“泛爱众而亲仁”，充分彰显了儒家之仁爱所具有的均衡论与重点论相统一的“爱人”特征。如果结合孔子还讲过的“唯仁者能好，能恶人”（《里仁》）之说，那么，孔子此处的“亲仁”还有把“恨人”当作为“爱人”的形式之一的蕴含，这一理解也符合第三章孔子讲“巧言令色鲜矣仁”的思想逻辑，因为“巧言令色”之徒大多是为孔子所最为痛恨的“乡原”或“好好先生”（“乡原，德之贼也。”《阳货》）。

三是“行有余力，则以学文”。本章是孔子站在“教者”的角度对“学者”即“弟子”而言的，作为“教者”教学生以什么内容，这是需要首先考虑的问题。很显然，孔子及儒家的教育学是以道德教育为本，而传统道德教育的特点主要是在培养目标上注重理想人格的养成，这一培养目标定位决定了在培养方法选择上要注重知行合一，且以行为先。故孔子此处讲“行有余力，则以学文”，并不是不重视“学文”，而是强调学习内容的重点在“德”而非“文”，而“德”的学习又不能停留在对道德知识与规范的了解层面上，必须将之内化为主体的道德人格，而欲达成此一培养目标，就必须通过“行”即在道德实践过程中才是可能的。换言之，在孔子看来，“行”是“学”的一种方式，用今天的话来讲，“行”是一种实践性教学，“学文”之“学”是一种课堂教学，相比之下，道德教育中的课堂教育功能主要体现在成就“文质彬彬”的“君子”人格上，这一点也是孔子及儒家所追求的理想，所以，王夫之认为，“学文”是必要的，他说：“力行而不学文，则无以致圣贤之成法，识事理之当然，而所行或出于私意，非但失之于野而已。”（《四书训义》卷五）意即不“学文”之弊不仅在于“失之于野”，培养不出文质彬彬的君子，而且在所“行”的目的正当性方面也还有存疑。不过，需要指出的是，孔子此言实际上还有教育环境的针对性。因为，“学文”之“教”是以识字为前提的，而在不识字的人口占绝大多数的古代社会，儒家既然要以“有教无类”为教育目标，就不能不考虑上述情况对于教育方式的选择，而“行教”的长处就在于即使不识一字，也可以把人培养成具有道德人格的人，这一点诚如陆象山所言：“若某则不识一个字，亦须还我堂堂地做个人。”（《象山语录》）事实上，从旧中国许多不识字的平民百姓身上，都能感受到这种以“行”为主的道德教育模式对于文化传承的价值与意义。

总之，本章是承接前章之旨，围绕着如何培养出能适应“道千乘之国”的人才需要这一现实问题，将孔子教育学总纲呈现于读者之前。

1.7【原文】 子夏曰:“贤贤易色,事父母能竭其力,事君能致其身,与朋友交言而有信,虽曰未学,吾必谓之学矣。”

〖解读〗道德知识内化的最优路径选择

子夏,姓卜,名商,小孔子44岁,孔门“十哲”之一,是孔学“文学”科的佼佼者,常为孔子所称许,是孔子思想得以传播与发展的关键人物之一。

在《论语》这一文本中,《学而》一篇共记录了五位弟子的言论,子夏位列第三,之前是有子和曾子。子夏之言见于《论语》文本中共14处,其中有许多名言为后世所传诵,如“死生有命,富贵在天”“四海之内皆兄弟也”“博学而笃志,切问而近思,仁在其中矣”“日知其所亡,月无忘其所能,可谓好学也已矣”“百工居其肆以成其事,君子学以致其道”“仕而优则学,学而优则仕”等,为何编者选本章作为他的首出之言呢?我以为,这仍然与《学而》篇力求突出孔子“务本”思想的内在逻辑联系这一编辑学宗旨相关。

在前文中,笔者已经提及文本第六章孔子关于“行”“学”关系的“有余”之论似有重“行”轻“学”之嫌,其实这一文本印象是同人们未能厘清孔子所谓之“学”有着“能指”与“所指”之别有关。在所指意义上讲,孔子此谓之“学”只是指“学文”即学习以六艺为主的知识而言,但这并不是孔子之“学”范畴的全部内涵。因为,《论语》开句孔子就提出了“学而时习之”的观念,将“学”与“习”视为主体成就自我的一个具有内在联系的整体过程即“学习”过程,这就意味着“学”具有在“习”意义上的能指功能,而曾子“传不习乎”之说就是为了突出“学”的这一能指功能的意义。但是,在孔子的教学实践中,发现他的弟子似乎对“学习”范畴的一体性存在着理解上的所指偏重,即大多数人认为“学”就是指学习文化知识即“知”的过程,而如此理解“学”就很容易将“习”当成是一个熟悉、掌握知识的过程。换句话说,如此语义下的“习”只是“学”的一种补充形式,不具备独立的教育学属性,因而在教学过程中很容易被学生所忽略或轻视。这种对“习” 的狭隘理解无疑不利于儒家所倡导的以成就君子人格为目的的道德教育展开。有鉴于此,孔子及其弟子反复强调“习”“行”教育的重要性和优先性,在上章中孔子甚至提出了“行有余力,则以学文”的教学观点,而子夏在本章中则进一步明确提出“行”即是“学”的思想。可见,文本如此安排实际上是把子夏之言看作是上章孔子“有余”之说的逻辑延伸。

孔子与子夏关于“什么才是‘学’”的上述讨论涉及有关道德知识与道德实践、道德人格三者之间的关系问题。道德知识是一种与价值判断相关的“应当如何”之知,它要解决的核心问题是:“何为应当(什么是善)”“何以应当(善的根据何在)”和“以何应当(如何做才是善)”。以本章子夏提出的“贤贤”为例,行为主体要“贤贤”,首先得知道什么是“贤”或“贤”的标准是什么,其次得搞清以此标准为“贤”的根据是什么,最后得知道怎么做才是“贤贤”。其中无论是哪一个问题,都必须靠“学而知之”。只是因为孔子及儒家并不否认有“生而知之者”存在的可能性，使得人们认为孟子所说的“孩提之童无不知爱其亲者”是一种“非学而知之”的自然而然行为，这其实是对家庭教育在儿童道德成长过程中所起作用的一种认知性忽略，也是对孔子及儒家教育学的一种误解。因为肯定“生而知之者”的存在，实际上只是孔子及儒家基于“善”的人性预设的逻辑推论，并不意味着孔子认为现实生活中真的存在“生而知之者”，即使孔子本人也否认自己是这样的人。既然现实的人都是“学而知之者”，那么就只会在学习的目的、内容、方式及效果等方面存在差别。

其实，在这里，孔子和子夏的问题意识是：“应当如何”的道德知识到底以何种方式去影响主体的道德实践展开尤其是道德人格养成才是最为有效的？我们知道，任何知识包括道德知识的主体内化通常有“理得”和“习得”两种方式，而在孔子及儒家看来，通常道德实践既可以“习得”道德知识，又可以促进道德人格的养成。因为，“理得”的道德知识虽然可以指导道德实践，但对于主体道德人格的养成并无直接的影响，一个人知道“什么是善”并不意味着他就会去行善，且即便是知道“应当如何”并且按“应当如何”去做，也并不意味着主体对“应当”的内在认同，没有对“应当”的内在认同，则意味着道德知识并没有内化为主体人格的一部分，那么主体的行善行为便不是心甘情愿的，如此之善便是一种伪善。与“理得”方式相比，“习得”方式有可能失之于对道德知识的“一知半解”，失之于道德行为的“胜文之野”——所以孔子还是强调要“学文”，但它的长处在于知识的获得是经由主体的道德实践而来，这就意味着构成主体人格的情感、意志两要素也参与了知识的获取，这种知、情、意三因素共同参与而获得的知识就能内化为主体的道德人格，而只有获得了道德人格支撑的道德行为才是一种真实、有力且恒常的善。

对于子夏本章之言是否会产生“废学”的可能性，王夫之在《四书训义》卷五中引吴氏曰：“子夏之言，其意善矣，然词气之间抑扬太过，其流之弊，将或至于废学。必若上章夫子之言，然后为无弊也。”我以为，“必谓”一语确实有抑“学”扬“行”的倾向。但是，一是站在以“文学”而名的子夏的角度，他能这样讲其实只是他对自我作为一个学者的警醒，也是他在“为学”的过程中对孔子“巧言令色鲜矣仁”现象有深刻的内在认同，所以我们要同情地理解之。二是站在《论语》文本编辑的角度，将子夏此言置于夫子之后，是有着不可“断章取义”的编辑学考量。所以，对《论语》文本的理解必须要有阐释学的视域，要联系“上下文”之语境来理解。三是尽管子夏之言只是对上章夫子思想的强调，但亦有他自己的见解与发明，这主要表现在“贤贤易色”一语上。因为，从文本前面几章可以看出，孔子、有子和曾子的言论主要聚焦于人伦关系的三个层面即家庭关系中的父子、兄弟关系、政治关系中的君臣关系、社会关系中的朋友关系，但对于家庭关系中的夫妇关系并未言及，而子夏之言则将处理夫妇关系的伦理原则即“贤贤易色”摆在首位，这符合儒家视夫妇关系为“人伦之始”的传统认知。当然关于“贤贤易色”的理解，自古就有不同看法，但我认为，如果是就夫妇关系而言，此言虽主要是从男权的角度强调“妇德”的重要性，但未尝不是对男人“好色”倾向的道德警示，从积极的方面讲是希望男人“好德如好色也”。

总之，本章与上章一起都是儒家关于道德知识实现主体内化的最优路径的探索。

1.8【原文】 子曰：“君子不重，则不威；学则不固。主忠信。无友不如己者。过，则勿惮改。”

〖解读〗儒家养成教育大纲

本章仍应看作是上两章孔子及子夏之“学”论的展开。相较言之，如果说前面各章是文本编者试图说明儒家之学乃是一种“明人伦”的君子之学，是一种以道德实践为主要形式的“习得”之学，那么，从本章开始，则主要是说明这样一种学习形式是如何具体进行的，从教者的角度来讲，就是“习”“行”这样一种实践性教学形式采用什么样的教学方法才能保障培养出真正的君子。从上章以教学形式的选择为主再到本章开始以教学方法的选择为主，充分体现了文本编辑对孔子教育学思想的逻辑理解。

从教学方法论的角度看，孔子及儒家之“学”突出道德实践的优先性与重要性，但道德实践性教学如何展开呢？不同的时代会有不同的方法选择。譬如在以课堂教学为主的现代社会，虽然德育教学被纳入了各级教学形式的制度安排之中，但道德实践性教育主要是以特定的空间和时间为单元来进行的，如“学雷锋纪念日”，或者大家所熟悉的抓典型、树模范的宣传式品德教育等，这种教育方法虽然有它的价值与意义，但是，其效果并不令人满意。究其原因，我以为，这既与人们对道德实践教育的特点认识不足有很大的关系，也与我们对儒家君子之学的文化价值继承、发扬不够有关。前文已述，儒学作为一种君子之学是以成就主体道德人格和提升主体精神境界为旨归的“不亦乐乎”之学，它展开于“明人伦”的道德实践活动之中。而儒家所指之“人伦”实际上涵括了传统社会关系的所有方面，因而“明人伦”教育的展开又必须以人们的日常生活为空间和时间，但由于“日常生活”是一个具有平均化和重复性特征的教育环境，它很容易让人们在司空见惯进而熟视无睹的情况下形成习以为常的认知体验，养成一种对人们的言行有着条件反射的行为习惯，这种“习惯成自然”教育方式就是今天我们所讲的养成教育。

有鉴于此，孔子及儒家的“明人伦”的养成教育特别突出了从细节入手、从小事抓起、从儿童抓起的重要性。如本章孔子提出的“不重”之弊，就是指行为主体的外在表现给人以轻浮、不庄重的感觉，而之所以会如此，就是因为在日常生活中我们的举手投足甚至一颦一笑未能做到《礼·玉藻》所要求的“足容重，手容恭，目容端，口容止，声容静，头容直，气容肃，立容德，色容庄”，形成了“不重”、轻浮的行为习惯，这与君子或西方绅士所应具的风范是极不相宜的。而这种“轻”乎其外的行为表现主要有两方面的消极影响：一是在人际交换中，因“君子不重”，所以无法在他人面前树立让人尊敬的威严，这样就无法发挥君子人格的道德风化作用或向慕归化作用，不利于社会道德风气的改良。二是“君子不重”在导致弱化君子人格的社会正能量影响力的同时也会反过来影响君子本身的人格形塑，产生“学则不固”的后果。这一点诚如王夫之所言：“且非但其不威也，彼流俗小人之得狎我也，我不觉而与之相流，于是而志或怠焉，气或佚焉，吾所学者何事乎？”(《四书训义》卷五)君子可以风化小人，小人亦可影响君子，要在这种相互影响中占得主导，就必须时刻保持君子的威严，否则不仅影响不了小人，反而会被小人渐渐地同化，如此则意味着君子所学前功尽弃矣。

“主忠信”如何理解？从文本“上下文”之语义联系来看，我以为，仍应视为对“君子不重”一段的补充性解释。因为，在孔子看来，君子的社会交换固然要注重“重”“威”之效，但是，君子之“重”不是一种故意装出来的“威严”，如果那样，便是道貌岸然的伪君子。这就是说，我们不能把君子之“足容重，手容恭，目容端，口容止，声容静，头容直”等外在形式的修养当作是一种简单的行为模仿，尽管这种模仿可以达到惟妙惟肖的程度，但若离开了以“忠信”为质，所谓君子之“重”便是一种“伪重”，是故王夫之认为，君子之“重”是一种“内外交相为养”之“重”(《四书训义》卷五)，这种“重”所表现出来的“威”能够产生出一种“望之俨然，即之也温”(《子张》)的人格魅力，即看上去威严可怕，但接近他又觉得温和可亲，而“伪重”者给人的感觉则是“望之俨然”，接之又拒人于千里之外，一幅高高在上、高不可攀、唯我独尊的样子。

关于“无友不如己者”一句的理解，历来有不同的解释。我以为，若将之视为文本之“上下文”这样一个有逻辑联系的意义整体，则此句之义仍与“明人伦”的养成教育相关。我们知道，“朋友”是传统人伦关系的重要组成部分，它代表了个人从家庭走向社会与他人交换并建立关系的理想类型。在孔子及儒家看来，“(诚)信”是建构和维系这样一种理想人际关系的伦理原则，但现实的人际交换又不可能都践行这一原则，因而就不可能将所有的人归入朋友关系。换言之，作为坚持以“信”交友的君子如何去面对社会上可能在数量上占多数的“非友”者或其他人呢？这是我们日常人际交换过程中所必须面对的问题。如果孔子及儒家的朋友伦理视域只局限于“已经成为朋友”的范围，缺乏对“非朋友或还不是朋友”者的伦理关怀，那么，儒家的朋友论就有可能与道家隐士论合流。既然孔子及儒家的君子之学坚持以平均化的日常生活为道德养成教育的第一课堂，那么，如何面对日常生活中经常碰面的这些“非友”之人呢？孔子提出的原则是“无友不如己者”。关于这句话的理解，我很赞同李泽厚先生的见解，他说，此句“作自己应该看到朋友的长处解。即别人总有优于自己的地方，并非真正不去结交不如自己的朋友，或所有的朋友都超过自己。如是后者，在现实上不可能，在逻辑上作为普遍原则，任何人将不可能有朋友。所以这只是一种劝勉之词”[①]。确实，在他人还没有成为你的朋友之时，你作为主体要有友人之心，而这种友人之心的主要表现就是能够发现并肯定他人的优点与长处，只有这样他人才愿意与你为友。当然，人与人之间是有差异的，有志同道合者，亦有志同而道不合者如道家者流，亦有志不同道亦不同者，所以孔子此言亦有慎交其友的意思，但慎交其友并不是不跟不如自己的人打交

① 李泽厚:《论语今读》，北京:生活·读书·新知三联书店，2004年，第37页。

道，跟不如自己或超过自己的人打交道这是我们必须且应该面对的人际境遇，能够成朋友固然“不亦乐乎”，不能成为朋友，也无须过于激愤。因为，友人或让他人成为自己的朋友的目的不只是“辅仁”或提高自己道德水平的过程，同时也是影响和改造他人与社会的过程。正是在这一双向互动的过程中，友人的道德实践活动才可造就一种既有出世境界又有入世情怀的儒家君子人格。

“过，则勿惮改。”意即有过错就不要怕去改正。俗云：人非圣贤，孰能无过？有过本是常态，为什么会有“惮改”之心呢？这主要是因为过错的形成既有客观原因，也有主观原因。就后者而言，人之过有很多是源自日常生活中养成的不良习惯，譬如平时言行举止“不重”，就容易养成“轻诺”之过，而要改正这种习性之过，确实并非易事，有畏难之心也是人之常情，是以孔子提出要有改过的决心和信心。正是从这个意义上讲，我以为，孔子此言仍然是着眼于养成教育的重要性，与上文有着意义上的逻辑关联。

1.9【原文】 曾子曰：“慎终，追远，民德归厚矣。”

〖解读〗孝顺之风如何养成

在上一章，孔子从“习得”之学来谈君子人格的养成问题，其着眼点在个体良好习惯养成的实践路径，本章则着眼于社会风俗的转化移易是如何可能的。文本如此安排，旨在体现孔子及儒家由关注个体到关注社会的思想逻辑关联。

社会良俗是社会良序的道德基础。如何才能形成一种良好的社会风俗呢？儒家强调教化的功能与意义，而本章之“民德归厚矣”之“民”一词，便透露出了曾子教化思想的政治学视角即他是站在“君”的角度来讲教化的这样一个重要信息。我们知道，政治学性质的教化工作往往都具有我们今天所熟悉的宣传工作的特点：价值导向明确，主题思想鲜明，信息传播迅速，受众印象深刻。孔子的核心思想是仁，如何行仁？本篇第二章有子提出了“孝弟”是行仁之“本”的路径选择，体现在政治学上便是儒家所力倡的“孝治天下”。而从教化与宣传的角度讲，孝文化体现了一种以“敬长”为核心的价值观，但如何让这种价值观深入人心并成为人们行为的自觉选择呢？通过办教育来把孝的道理向老百姓讲清楚固然不失为一种有效的宣传方式，但考虑到传统社会教育成本之高以及受众数量的有限性，加上还有知之而不行之的可能性等因素，这种方式并不是以孝道宣传教化的最优选择。对此，王夫之指出，所谓“君子以孝治天下”，并不是“教民以孝之谓也”(《四书训义》卷五)。既然如此，比较好的教化宣传策略就是“树典型”，充分发挥“榜样”无穷的社会影响力。而“树典型”的最好办法就是“领导带头”，充分发挥上行下效的示范作用。在中国传统社会，所谓“领导”就是指“君子”而言，它包括了各级各类的在上者或统治者。而君子如何“带头”践行孝道呢？当然首先要在日常的人伦生活之中认真践行孝弟之道，但这种从身边做起、从孝敬父母开始的孝行的社会影响力有限，它主要局限于家族内部，从促进社会风俗的移易与改良而言，其宣传示范效应并不明显。因此,君子"带头"作用的发挥还需要有合适的切入点或平台才是可能的。曾子认为,这个切入点或平台就是丧祭之礼。

《礼记·祭统》有云:"礼有五经,莫重于祭。"丧祭之礼之所以如此重要,原因诚如李泽厚先生所言:"当人们知道埋葬死者,或给死者以某种丧葬形式(如山顶洞人撒红粉于死者身旁或身上),即人的族类自觉的开始,亦即人的文化心理的开始。"[①]这种人的类的"自我意识"发生于原始的图腾崇拜之中,它是人类对血缘价值的一种自觉形式,从这一形式中可以看出,血缘是人作为族类存在实现与超越或神连接的纽带,尽管它还必须借助于动物或植物即图腾的灵性,但随着祖先崇拜的产生,血缘作为连接天人之际的纽带逐渐摆脱了图腾崇拜的影响,从而这种体现族类自觉的祭礼又有了政治伦理学的价值,即祭礼可以为政治合法性构建提供历史正统性和天命神圣性的支撑。正因为如此,祭礼历来是传统政治生活中的头等"大事"之一。(《左传·成公十三年》:"国之大事,在祀与戎。")但是,春秋以来,随着王室衰微,诸侯崛起,整个社会陷入礼崩乐坏的无序状态,社会人心也日渐不古,从宰我问"三年之丧"可知(《阳货》),丧祭之礼的"天下之通丧"地位已受到人们的普遍质疑,因此,如何维护孝道的普世价值以改良社会风俗成了孔子仁学构建的主要命题,是以曾子此言无疑有着很强的现实针对性。

"慎终追远",按传统的解释是指要重视丧祭之礼而言,即"慎终者,丧尽其哀;追远者,祭尽其敬"。[②]于此,要问的是:为什么孔子和儒家要把对死者的尊敬当作是维护孝道价值的根本路径呢?难道我们不应该把孝道的重点放在对生者的尽孝之上吗?孔子在回答樊迟问孝时曾讲:"生,事之以礼;死,葬之以礼,祭之以礼。"(《为政》)生前和死后都是应该以礼尽孝的,但此处曾子特别提出要"慎终追远",把如何对待死者当作维护孝道价值的最重要命题来对待,其旨意何在呢?对此,我很赞成王夫之的理解,他说:"养生不足以当大事,迨其没也,而心有所略,迨其久也,而心有所忘,则孝亦衰矣。故殡葬之际,哀戚至而忘乎事,则附于身、附于棺材者,有所不安焉。"(《四书训义》卷五)即若未把"养生"当作"大事",父母去世之后,也就会渐渐忘记自己未尽孝道这回事,从而孝道必定会荡然无存。因此,丧礼的举行对于子女的孝心之诚与否有着反省提示的作用,因为很多人在殡葬之际之所以会"丧尽其哀",乃是由于父母在世之时未把"养生"当尽孝之"大事",故心有不安,心有所悔,如此就会形成"以背生弃死为耻"(《四书训义》卷五)的孝文化心理,所以"慎终追远"不只在形式上的"修其文""备其物"而已,而是"必谓有不忍之心尽诸己而无往而不致焉者"(《四书训义》卷五)。可见,在夫之看来,丧祭之礼是检验主体孝心的一种反省机制,它是通过对死者、往者的敬重来提升对生者的孝敬意识。

不仅如此,从教化的角度来讲,由于丧祭活动具有社会活动的性质,具有较为广

---

① 李泽厚:《论语今读》,北京:生活·读书·新知三联书店,2004年,第38页。

② [清]刘宝楠:《论语正义》(诸子集成本),长沙:岳麓书社,1996年。

泛的成员参与性，其礼仪展示的时空范围较长较大，因而活动的影响力具有一定的“围观”效应，所以，如果在上者或“领导”能够“慎终追远”，就能够对在下者或百姓产生向慕归化的作用，形成“民德归厚”的社会风尚。

1.10【原文】 子禽问于子贡曰：“夫子至于是邦也，必闻其政，求之与？抑与之与？”子贡曰：“夫子温、良、恭、俭、让以得之。夫子之求之也，其诸异乎人之求之与？”

〖解读〗道德教育之案例教学法的经典案例

子禽，姓陈，名亢；子贡，复姓端木，名赐，二人皆孔子的学生。子贡是孔子学生中“智者”型代表，名气和影响很大，后文再说；子禽之言见于《论语》者有三，由中可见他属于孔子学生中的“好学者”之一。

从阐释学的角度看，如何理解此章与“上下文”的联系呢？我们知道，自宋以来，对于《论语》之《学而》一篇的理解多是从彰显孔子“务本”思想的角度来着眼的，事实上《学而》一篇各章之间的语义逻辑联系确实也体现了这样一种编辑学宗旨，但唯此章之“上下文”关联不甚明显，而历代注家对此章的阐释也不是基于文本阐释学的角度，其关注点在于孔子的“闻政”方式上，而未看到孔子这种“闻政”方式的”上下文”意义关联。在前两章中，孔子及儒家从关注君子人格的养成再到关注社会良俗的形成，旨在突出道德教化的社会功能及其教化方式特点，而本章仍然是沿着这一思路来谈道德教化如何在政治领域展开，旨在突出夫子的道德人格魅力对形成良好政风的正能量作用，是道德教育之案例教学法的经典教案之一。

我们知道，“学而优则仕”，是儒家对自己人生价值的重要定位，而春秋之际的政治生态环境又为知识分子参与政治提供了较后世更多的机遇，周游列国以求闻达于诸侯乃是当时诸子百家“争鸣”方式的主要路径选择，这一点儒家也不例外。但是，在诸子周游列国参与政治的过程中，“闻政” 即对政治信息的了解是诸子参政的必修课之一。因为，“闻政”不仅是参政的前提，更重要的是因君主政治的封闭性和排他性使得政治信息的获取并非易事，甚至还有掉脑袋的政治风险，这一点正如清代学者刘宝楠所说：“君所自擅者谓之政，常不欲使人与闻之，况远臣乎？……今之人求以闻人之政，不知其身且将不之保，《韩非·说难》是已。”[①]那么，孔子周游列国十四年，干七十余君虽不遇，但也保住了自己的脑袋，安全回到了父母之国，这里面有没有什么值得我们思考的参政秘诀呢？这恐怕也是孔子后学所关心的问题，子禽之问实际上就表达了这种关切。

在子禽看来，“闻政”有“求”闻其政与“与”闻其政两种方式，前一种方式是自己主动向当政者了解政治信息，这种有求于人的闻政方式所获得的信息量以及可能带来

① [清]刘宝楠：《论语正义》(诸子集成本)，长沙：岳麓书社，1996年。

的生命危险已如上述。于此，需补充说明的是，子禽之所以提出这个问题，是因为有求于人者必自屈三分，于其人格尊严有很大的损伤，换句话说，这种闻政方式对于儒家君子人格的养成与坚持都是不利的因素。但是考虑到不得不“子见南子”(《雍也》)的政治生态，这种“求”闻其政的方式又是诸子参政不得已而为之的选择，因而如何在保持人格尊严的同时能够实现“与”闻其政的政治诉求，这确实是当时知识分子所面临的重大课题。子贡给出的答案是孔子“温、良、恭、俭、让以得之”，即老师的闻政方式是为政者主动来告知的。而为政者之所以主动来告知，是因为老师的言动威仪体现出了“不干人之政”的“诚”意。[①]若将此章与第八章孔子所讲的“君子不重，则不威；学则不固”联系起来看，子贡所言夫子五德实际上是对孔子“不重不威”思想的延展性诠释。因为，如前所述，君子外表的“重威”并不是一种假道学式的装腔作势，而是基于内在的“忠信”之德所散发出来的人格尊严魅力。而本章子贡则对君子的这种内在之德的养成做了更全面的阐释。如“温”，是指温和热情，即君子与人打交道时能够做到和颜悦色，给人以亲近感，这种品质的养成与主体是否有仁爱之心有关；“良”，是指心地善良，即君子与人打交道时无害人之心，并能设身处地为他人着想，乐于助人，这种品质的养成与主体是否有坦诚同情之心相关；“恭”，是指庄重恭敬，即君子与人打交道时既能做到自重又能尊重他人，这种品质的养成与主体是否有平等之心或一视同仁之心相关；“俭”，是指节俭自制，即君子与人打交道时能做到有礼有节，朴素无华，既不自贬又不张扬，这种品质的养成与主体是否有是非廉耻之心相关；“让”，是指谦逊不争言，即君子与人打交道时能做到谦逊有礼，小事礼让他人，大事当仁不让，这种品质的养成与主体是否有宽厚平和之心相关。于此，还需指出的是，以上五德虽各有所重，但彼此又互相关联，不可分割，这一点诚如王夫之所言：“其温也，即其良也；其恭也，即其俭也；其让也，即其温良恭俭者也。”(《四书训义》卷五)同样，从文本阐释学的角度看，本章之意涵与前面两章之旨也有着“上下文”的逻辑关联。而且，本章之所指虽然在君臣关系层面，但就其能指的意义而言，夫子之五德又何止适用于政治领域，举凡人际关系的各个方面都应遵守之，它具有普适的伦理价值与意义。故我认为，文本将子禽之问安排在此，仍是站在“学而”即教育学的角度来“务本”，旨在通过学习孔子闻政方式，不断提高自己的道德修养。这一点诚如王夫之在《四书训义》中所言：“圣人过化存神之妙，未易窥测”，“圣人之德感天下之人心者，不易知也。”但通过对圣人闻政时所表现出来的“德容之美”来观察，就可以了解圣人的“过化存神之妙”，是以“学者观于圣人威仪之间，亦可以进德矣”(《四书训义》卷五引谢氏曰)。可见，本章是典型的案例教学法，虽然这一案例教学充分体现了子贡的智者形象，但子禽的问题意识才是最具教育学意义的。

---

① [清]刘宝楠:《论语正义》(诸子集成本)，长沙：岳麓书社，1996 年。

1.11【原文】 子曰:“父在,观其志;父没,观其行;三年无改于父之道,可谓孝矣。”

〖解读〗“三年无改”之孝的意蕴——“慎改”

在《学而》第二章中,有子提出了“孝弟也者,其为仁之本与”的思想。但何谓孝呢?第七章子夏提出“事父母,能竭其力”,这是从“生”的角度讲孝;第九章曾子提出要“慎终追远”,这是从“死”的角度讲孝。综合二人所言,儒家关于孝的思想似乎比较全面了。但是,从“学”即教育学的角度来看,二人所言就比较抽象,因为,无论是“能竭其力”,还是“慎终追远”,都属于主观性的伦理原则,如儿子说自己侍奉父母已竭尽全力了,父母或者旁人的看法可能并不是这样,如何判断儿子是否“竭其力”呢?这只有儿子自己心里清楚,所以,“能竭其力”这只是孝的主观要求。当然,子夏和曾子所言是儒家孝道构建从“道”的层面转化为伦理原则层面的逻辑必然,相对于本章孔子把孝道的伦理原则落实为具体可行的伦理规范而言,它具有逻辑的在先性,因而文本将二子之言置于夫子之前是合乎儒家孝道构建的思想逻辑的。

孔子论孝也涉及“父在(生)”与“父没(死)”两个时间维度。“父在,观其志。”即父母在世时观察他的志向所在。之所以选择这一观察视角,是因为“父在,子不得自专”[①],即在传统父权制社会里,当父亲在世时,儿子还不是一个独立自主的个体,家庭所有事物的决定权都在父亲手上,在这种等级性的父子关系格局中,如果把“听话的孩子”当作判断孝子的标准,就有可能失之于表里不一。因为,儿子之所以“听话”或在行为上表现得唯父命是从,很有可能是慑于父亲的权威,一旦父不在了,他的行为表现完全有可能是另一种情形,更遑论“三年无改于父之道”了。因此,不能把唯父命是从当作判断孝的标准,而应当通过观察他的志向来判断他是否为孝子。孔子这里所讲的“志”,一般来讲就是志向的意思,但是,由于它是与“行”相对待的概念,所以,“志”在这里又包含有动机的意思。“观其志”,即要观察唯父命是从的行为表现到底是基于何种主观动机:是因为害怕,还是因为心有不忍。但如何“观其志”呢?王夫之说:“志不可见,而有其志,则必有所发现之机。”(《四书训义》卷五)“志”作为主观的心理存在是看不见的,故欲观其“志”,还得从主体的外在行为表现入手。不过,观察的角度不能局限于是否“听话”或唯父命是从等这些易见的行为表现,而是要“于读书怀古之中、动作威仪之际观之焉”(《四书训义》卷五),即要从他喜欢读什么样的书、崇拜什么样的人以及与人打交道时的言谈举止等方面来观察。我以为,夫之所讲的这几个方面,确实是我们观察一个人志向的主要切入点。但是一个人的志向与孝道之间又有何内在的关联呢?因为,传统孝道体现了对生命价值的珍重,而父母的生命价值不仅体现在赋予后代以生命的自然价值上,更重要的是父母或长者的存在意味着人类文明有了可以实现积累与传递的载体,使得我们人从诞生之日起就具备了远离动物而成为“文明

① [清]刘宝楠:《论语正义》(诸子集成本),长沙:岳麓书社,1996年。

的婴儿”的可能性，因而从某种意义上说，孝道是人禽之辨的主要实现形式，珍重父母（在世和离世的）是我们人之所以为人的重要体现，正是从这个意义上讲，孔子的仁学属于“人的价值发现”之“人学”。所以，一个立志做人的人，必定是一个重视孝道的人。孔子说“父在，观其志”是指看他是否“志于仁”或“仁以为己任”，换言之，看他是否立志要做一个真正的人。

“父没，观其行。”父亲去世后，儿子具备了独立自主的资格，凡事可以“自专”即按自己的意志办了，这样他的所作所为就成了是否为孝的观察点。如上所述，孝道体现了对父辈生命价值的珍重，而珍重的方式有生前和死后两个时间维度，生前的孝道要求是“能竭其力”，死后的孝道要求是“慎终追远”。一个人能不能做到“竭其力”，孔子提出要“观其志”；而一个人能不能做到“慎终追远”，孔子提出要“观其行”。之所以选择这个观察点，因为只有在“父没”之后，人子之“行”才能真正体现出他自己的“志”，或者说才可做到“志行合一”，所以“观其行”亦即“观其志”。如何“观其行”呢？这要结合下文“三年无改于父之道”一起来看。因为，此处孔子论孝的主要着眼点是儿子如何对待父亲的“志（愿）”或“遗愿”问题。“父在”的时候，儿子的“志（向）”是否与父亲的“志（向）”一致？“父没”之后，儿子如何继承父亲的“志（愿）”或“遗愿”？这里又分两种情况：一种是父亲之“志”体现了正确的价值导向，走的是一条“正道”；另一种是父亲之“志”偏离了正确的价值导向，走的是一条“非道”。对于前一种情形，承顺父“志”就不存在“改”的问题；而对后一种情形，“改”正“父之道”是孝子应尽的道德义务。但如何“改”？孔子提出了“三年无改于父道，可谓孝矣”之论。对这句的理解，历来有不同的看法，但宋明以来主流的看法是一种道德心理学的观点，即“三年无改”并非不“改”，甚至还有“改”的紧迫性，如王夫之说：“如其道，虽终身无改可也；如其非道，何待三年？”但话锋一转，又曰：“然则三年无改，孝子之心有所不忍故也。”（《四书训义》卷五引尹氏曰）王夫之甚至还说：“不然（指‘三年无改’），则所行虽善，亦不得为孝矣。”（《四书训义》卷五引尹氏曰）不仅“改”的紧迫性要让位于满足“不忍”的道德心理需求，而且“无改”的正当性比“改”的正确性更重要。李泽厚先生对上述这种道德心理学的观点持不同看法，他认为“三年无改”实际上是三代以来一种氏族传统，体现了对氏族生存经验的重视。[①]我以为，李先生的这一观点值得我们重视。因为，如上所论，在生产力极其低下的传统社会，父母或长者的存在实际上是一种文明载体的符号性存在，一个老人的去世往往意味着某种经验或知识的失传，因而轻率地否定父辈所遗传下的经验并不一定会“改”得正确，是以孔子提出“三年无改”实际上是要人们慎重对待“改（革）”的意思，换言之，只有以“慎改”的态度来“改父之道”，“改”才具有道德的正当性，才是孝道的价值体现。

总之，从文本阐释学的角度看，本章是孔子对前面子夏和曾子孝论的逻辑展开，其“三年无改于父之道”的思想与曾子的“慎终追远”思想有着内在的一致性，“三年无改”即“慎改”的思想即使在以改革开放为主题的当代社会仍有着积极的参考价值。

---

① 李泽厚：《论语今读》，北京：生活·读书·新知三联书店，2004年，第40页。

1.12【原文】 有子曰:“礼之用,和为贵。先王之道,斯为美;小大由之。有所不行,知和而和,不以礼节之,亦不可行也。”

[解读]礼仪教育学之总纲

仁和礼是孔子思想的两个核心范畴,而在前此的《学而》文本中,仁已出现过三次,而礼则在文本中是第一次出现,而且也是由有子提出来的。虽然是第一次出现,并不意味着前此各章的内容与礼无关。事实上第一章“学而时习之”中的“之”,就包含有礼仪学习的内容,至于有子强调的“为仁之本”的孝悌之道展开更是与礼密不可分,即以上章“父没”而言,就涉及丧礼和祭礼,其中所谓“三年无改于父之道”,亦可理解为是对人子守丁忧三年之礼而言。而且从文本语义的逻辑联系来看,正因为上章提出了“三年无改于父之道,可谓孝矣”的问题,意味着三年之丧的传统礼仪在“父之道”乃“非道”的情况下是否具备持守的正当性问题已经受到人们的质疑,这一点从“宰予问丧”(《阳货》)一事亦可证之。而从仁与礼的关系来看,孔子的仁学实际上就是欲为当时已趋形式化的礼仪生活提供道德心理基础,以增强人们守礼和“复礼”的自觉性。但是,孔子也意识到,时代毕竟不同了,因而礼也有一个如何适应时代变化的问题,是以《礼记·礼器》说:“礼,时为大。”不过,如上章所论,在对待礼的改革问题上,孔子所持的态度是“慎改”,但是怎样“慎改”呢?或者“三年”之后如何去“改”正“父之道”呢?这就是本章要回答的问题。我以为,这就是《论语》编者作如此安排的文本逻辑所在。

有子首先提出:“礼之用,和为贵。先王之道,斯为美;小大由之。”礼,旧作“禮”,其字始见于卜辞,《说文解字·示部》曰:“礼,履也,所以事神致福也。从示从豊。”任继愈先生认为,礼起源于原始的巫术礼仪,它是原始氏族向民族过渡中政治、经济、文化和心理素质等各方面的文化积淀。①礼的主要功能是“辨异”:“夫礼者,所以定亲疏、决嫌疑、别异同、明是非也。”(《礼记·曲礼》)“礼辨异,乐和同。”(《乐记》)礼的这种“辨异”功能在周代发展到了极致,从男女性别、年龄之异,到夫妇之异,到父子之别,再到君臣之异等,一言以蔽之,周礼对人与人之间所存在的自然差异与社会差异都做出了明细的量化的规定,其“讲究”之极真是到了无以复加的地步,这是生活在现代社会的人们所难以想象的。正因为这样,到春秋之际,随着生产力的进步以及社会财富的增加,原有礼制的“辨异”功能已难以反映人们因经济地位变化而产生的新的政治、文化诉求,在整个社会僭越礼仪成风的情况下,礼仪本身也越来越陷入了形式主义的泥坑之中。欲改变这种状况,有子认为主要是要克服礼仪之“辨异”功能过度张扬所产生的功能异化,而这种异化的主要表现就是功能与目的的背离。为此有子指出:“礼之用,和为贵。”礼的运用,如果仅从功能论的角度看确实是为了“辨异”,但从目的论的角度看,礼的运用主要为了和谐社会的构建,这一点既是礼制的根本价值所在,也是“先王

① 任继愈主编:《中国哲学史(先秦)》,北京:人民出版社,1983年。

之道"的制度设计初衷和最值得肯定的地方("斯为美"),同时还是"小大由之"即无论大事小事都应遵守的价值标准。"和"的这种价值普遍性对礼的功能性运用同样具有指导意义,即礼的运用虽然是为了"辨异",但如何"辨异"有着不同的方式方法,因而也就会有不同的结构状态。譬如着装,一种搭配方式是上衣是白色,裤子是黑色;另一种搭配方式是上衣是黑色,裤子是白色。这两种方式虽都是将上身与下身区别开来,但产生的美学效果却不一样。由此可知,"和"是指事物的最佳结构状态,它具有"适度"或"恰当"的含义,具体到"礼之用"而言,就是如何做到"文质"统一。而孔子所处时代"礼之用"的最大问题就是"文胜于质"的形式主义泛滥,所以礼仪之"改"确有必要去掉一些不合时宜的礼仪,如孔子就主张:"麻冕,礼也;今也纯,俭;吾从众。"(《子罕》),但是孔子及儒家认为礼仪之"改"的重点不在于形式即"文",而在于内容即"质",而"质"的改革又在于变化人心,变化人心又在于教化,教化的重点又于唤醒主体本有的仁心或良心。儒家的这种改革路径选择若用通俗的话来讲就是:制度(礼)整体来讲是不错的,是人变坏了,所以重点是要改变人。

如何去唤醒主体的良心来改变人呢?孔子的思想逻辑是这样的:礼制虽然将人按差等结构区别开来,但它是符合人性的制度设计的,因而具有自然正义的价值,只要我们意识到这一点,礼对于主体而言就不再是外在他律性的。这一点尤其表现在孔子论证"三年之丧,天下之通丧也"中,他的理由是:"子生三年,然后免于父母之怀。"(《阳货》)即"三年之丧"的合法性存于血缘亲情之中(具体论述见有关章节)。把血缘亲情当作仁学和礼学构建的重要资源,这确是儒家思想的突出特征。但是,我们知道,人类的血缘亲和性对于礼制构建而言是一种具有双向意义的天然情感,一方面,可以消解礼仪之"辨异"功能所产生的紧张关系,以维护差等社会结构的稳固;另一方面,由于血缘亲和性具有一种天然的混元倾向,它对于体现秩序的礼制有一种排斥性,孔子说:"唯女子与小人为难养也。近之则不孙,远之则怨。"(《阳货》)其实,"女子"与"小人"的这一"德性"特征,从根源上讲乃是一种血缘亲和性与礼制之间的矛盾反映。因为,如果允许血缘亲和性自由地表达,没大没小的"不孙"便是一种自然而然的结果;而若过分地追求夫妇与父子之辨,无视血缘亲和性的情感诉求,则生"怨"亦是必然的。意识到这一点,故"礼之用,和为贵"之"和"既是"亲和"之"和",但又不是无原则的"和稀泥"之"和",是以有子又明确指出:"有所不行,知和而和,不以礼节之,亦不可行也。"因此,我以为,"礼之用,和为贵"这一命题实际上又包含着另一个子命题,即"和之用,礼为贵"。

总之,本章是儒家礼仪教育学之总纲,意在告诉人们如何把握礼的本质以指导礼的实践("礼之用")。

1.13【原文】 有子曰:"信近于义,言可复也。恭近于礼,远耻辱也。因不失其亲,亦可宗也。"

〖解读〗儒家之实践理性哲学

上章是有子关于“礼之用”即制度和规范的运用过程中如何体现“和”这一核心价值的问题，或者说有子关于“礼之用”的论述主要是为了防止规范之功能对规范之目的的异化可能性，从伦理学的角度讲，就是道德的规范性实践如何体现出道德的主体性价值问题。而与之相比，本章所讲的“信”“恭”等都属于主体的品德范畴，因而本章实际上是有子关于“（仁）德之用”的论述，或者说是主体性道德的践行如何体现出道德的规范性价值问题。由此可见，文本编者对于孔子思想的理论构建是有着明确的逻辑意识的。

“信近于义，言可复也。”信，就是讲信用或诚信的意思，它无疑属于主体性的品德范畴。孔子及儒家特别重视信，这一点从《学而》篇前面各章中皆可看出。但是，前面各章论信只是把它当作一种对主体的道德要求来讲即“你要讲信用”，而未涉及“怎样讲信用”这一道德实践问题。我们知道，社会交换是我们人类存在的主要方式之一，而在同他人打交道的过程中，承诺是免不了要经常发生的事，但如何履行承诺，却又面临着主体能力和实践环境等因素的制约，尤其是在传统宗法社会背景下，因承诺的对象大多数是“熟人”，是以履行承诺对于主体诚信之德的挺立而言就显得尤为重要。不过，需要指出的是，并不是所有的承诺主体都有履行到位的义务。因为，有些承诺可能是出自某种不可抗拒的压力情况下做出的，有些承诺可能是被诱导设陷进出的，还有一些承诺因履行承诺的条件发生了变化，另外还有些承诺是主体情绪性的行为表现所致，等等。针对以上几种情况，除了最后一种情况儒家主张要“慎诺”或“不轻诺”外，其他情况儒家都不主张履诺，因为它们违背了“义”这一根本的道德原则。这就是说，在儒家看来，讲究信用只有在承诺或言语之信符合道义的情况下才是正当且必要的，否则就没有必要履行承诺。且这种情况下履行承诺恰恰是对道义原则的伤害，如某人基于朋友之情曾承诺愿意为朋友两肋插刀，或许某天朋友因喝酒与他人发生冲突而受伤，作为他的朋友是否应当为讲信用或履诺而两肋插刀呢？对此问题，孟子曾说，“夫大人者，言不必信，唯义所在”（《孟子·离娄下》），即作为“大人”或君子不必为自己的言语之信所约束，主体是否履诺，关键要看所为是否合“义”。而“义”作为儒家最高的行为准则或“绝对命令”，是要靠理性自觉才可内化为主体的“应当”，且“义”之为“应当”是一种没有内心情感作支撑的“应当”，[①]所以它对与内心情感有直接关联的“信”之“应当”如何起到时刻“在焉”的价值导向作用，这对主体而言并非易事。因为，“义”之为“应当”也是一种“宜”之“应当”。而何以为“宜”?这又关乎“理”，关乎对事物规律的正确理解和把握，而要做到这一点，非“知”者莫能为之。换言之，“义”之为“应当”实际上是一种工具理性与价值理性相统一的实践理性，虽然孟子视“义”为“非由外铄我也，我固有之也”（《孟子·告子上》）。但这种视“义”为先验内在的理性原则只有当“知”同样先验内在时才可以逻辑自洽，事实上孟子也是这样论述的。但我们知道，“知”或理性的先验内在即“生而知之”只是孔子及儒家仁义思想之理论构建的逻辑预

① 李泽厚：《论语今读》，北京：生活·读书·新知三联书店，2004 年，第 43 页。

设或邀请(demand),事实上孔子就说自己“非生而知之者”(《述而》),而欲成为“知之者”就是靠“学”或教育。孔子之所以如此重视“学”,实际上也是看到了明理之难,是以“义”在儒家眼中事实上是一种“理得”方能“心安”式的“应当”。与之相比,“信”作为一种品德更多地体现出情感原则的特征,即个体之所以做出某个承诺往往更多基于某种情感而非“道理”,且个体对于自己的言语之信都有履诺的道德冲动,但有子认为,只有当承诺与“义”相近时,履诺才是正当且必要和可能的。有子此语的意思其实仍然是“慎诺”,即在做出某种承诺时一定要先辨其是非,明其道义之所在,然后方可。

“恭近于礼,远耻辱也。”恭,致敬也。如果说信是一种主体在平等社会关系交换中的品德,那么恭则是一种主体在差等社会关系交换中的品德,这里主要是指在下者同在上者交接时应持的道德心理。一般来讲,见到地位高于自己的人,主体自然会生发出恭敬之心,表现在行为方式上会有屈己以致其敬的倾向,有时甚至会自卑到失去自我人格的地步。譬如,现在有的人见到领导时就点头哈腰,唯唯诺诺,亦步亦趋,无微不至,仰从如奴,这样做或许是出自对领导的恭敬,也有可能是出自对权威的畏惧,但其效果正如王夫之所言:“自以为恭,而人且厌其烦;自尽其恭,而人且疑其伪。”(《四书训义》卷五)领导如果对你的恭敬之举产生了不胜其烦的心理,那么你就难免为人所轻侮而蒙受人格上的耻辱。因此,跟上级打交道时如何在体现自己对上级的恭敬之心的同时保持自己人格的尊严以避免人格蒙受耻辱,这是任何时代社会交换过程中都需面对的现实问题。对此问题,有子认为,只有“恭近于礼”才可免于耻辱,也就是说主体恭敬之心的表达必须符合礼的规范要求才是恰当的行为方式。而我们知道,礼的主要功能在于“辨异”,所谓“辨异”就是通过赋予社会不同阶层以不同的礼仪形式与规定来构建一种体现宗法等级制度要求的结构秩序,并以此而形成主体的道德权利边界。换言之,只要主体表达恭敬之心的行为方式“中礼”,他就在行使自己的道德权利范围之内,主体的人格尊严就会受到制度安排的保护,从而不卑不亢地与他人交换便是可能的。

“因不失其亲,亦可宗也。”诚如李泽厚先生所言,此句历来异解甚多。[①]不过,我以为,依文本之“上下文”之脉络来看,“信近于义”一句讲的是平等关系的相约之道,属于传统五伦关系中的朋友一伦;“恭近于礼”一句讲的等级关系的相处之道,可归于五伦中的君臣一伦;而这一句应该是指五伦中的另外三伦。因为父子、夫妇、兄弟三伦都属于以血缘为纽带的家庭关系之内,而其关系处理的共有特征就是以亲情导向为主。但是,必须看到的是,家庭关系虽有亲情作基础,但并不意味着就没有矛盾,特别是传统社会的家庭关系处理总是与宗族关系相涉,而亲情在同一宗族之内的不同家庭关系中的功能就会产生边际递减效应,即血缘关系越近,亲情的作用越大,血缘关系越远,亲情的作用就越小。如古代社会就有“五服之内为亲”的说法,即高祖—曾祖—祖父—父—自己五代之内血缘关系可以算作血亲,而超出五代之后便可看作没有血亲

① 李泽厚:《论语今读》,北京:生活·读书·新知三联书店,2004年,第43页。

关系并可以通婚，这一习俗规定实际上限定了亲情作用的有效边界，是以有子所谓“因不失其亲”之“亲”就是指在这一边界范围之内的亲人，这些亲人是你可以且应该依靠（“因”）的对象。假若你遇事需要他人的帮助，你首先应该找你的这些亲人，如果连这些亲人都不愿意帮助你，这说明你已经被族人视为了不孝不悌之人；如果这些亲人愿意帮助你，这说明你或多或少还是个心存孝悌之人，因而也是一个可以“宗”即值得交际和效法的人。所以，有子的意思实际上是从有亲人愿意帮助你这一现象来说明孝悌的价值，这也是有子判断一个人德行如何的一种观察视角。

总之，本章充分体现了有子作为实践理性哲学家的问题意识。前两句有子从“德之用”的角度看到了“信”“恭”两种品德之实践展开所可能产生的问题以及解决问题的办法，由中可看出有子的实践理性精神；后一句则是从“因不失其亲”这一侧面说明孝悌的价值，是对他之“孝弟也者，其为仁之本与”思想的一种申论。

1.14【原文】 子曰：“君子食无求饱，居无求安，敏于事而慎于言，就有道而正焉，可谓好学也已。”

〖解读〗“好学”者应不为酒食所困

前面各章孔子谈德性之养成及品德之运用或道德之实践皆有一个共同点，即未涉及精神文明与物质文明之间的关系问题，主要侧重于主体如何去“尽人伦”的问题，给人的感觉似乎是道德实践活动的展开无须有物质条件的支撑。其实并非如此。因为，任何一种人伦关系的道德践行都需要有一定的物质条件作支撑，譬如与朋友之间的交换，就得考虑酒饭之费的问题，且如果考虑到周礼对于人们社会交换的形式主义要求，则满足这一要求的物质成本和时间成本并不是普通人可以负担得起的。是以我以为，《礼记·曲礼上》所谓“礼不下庶人”的传统就有对“庶人”物质成本负担的考量，而《礼记·檀弓上》提出的礼要“称家之有亡（无）”，实际上就是指行礼要与家庭经济情况相符。不过，这不是孔子在本章要谈的问题。本章孔子的问题意识是：君子的物质需求与精神需求到底应该以何者为主？这也就是儒家的“义利之辨”。

孔子说：“君子食无求饱，居无求安。”君子也是人，也要吃饭穿衣，也会有吃得好一点、住得宽敞安逸一点的想法或欲求，且这种欲求在孔子看来是具有伦理正当性的：“富与贵，人之所欲也，……贫与贱，人之所恶也。”（《里仁》）“富而可求也，虽执鞭之士，吾亦为之。”（《述而》）但是，孔子也意识到，一方面在传统等级体制下，富贵不是求得来的，也不是靠劳动可以致富的；另一方面，人活着的目的就是为了富贵吗？难道没有别的更值得人们去追求的东西吗？为了富贵真有必要去当“执鞭之士”吗？对这一问题，孔子的回答是：君子以“谋道”为天职，君子活着的意义与价值在于“闻道”，“朝闻道，夕死可矣。”（《里仁》）而君子对富贵的追求同样必须以“道”的方式来实现，所谓“君子爱财，取之有道”是也。但是，以“道”的方式来实现富贵之欲的前提条件却又必须是在"有道之世"才是可能的,因此,如果说君子"谋道"有其外溢效应的话,那就是"谋道"的过程就是一个救世或改造社会的过程,用我们熟悉的话来讲,就是在改造客观世界的同时实现对主观世界的改造。而在这一过程中,恰恰需要主体克服源自自身物质欲望的诱惑,要做到"食无求饱,居无求安",尤其是要做到"君子固穷"(《卫灵公》),不为酒食所困。当然,孔子也不愿意看到君子"固穷"到失去生命的境况,也不愿意饿着肚子去"谋道",但如果现实就是如此,也不能拿"道"来换"食",这就是儒家所追求的舍生取义、杀身成仁的精神境界。

如何在改造客观世界的同时改造主观世界呢?孔子认为要"敏于事而慎于言,就有道而正焉"。"敏于事"就是要勤快认真做事;"慎于言"就是少说多做、多思考;除了通过在事上磨炼的方式来养成德性外,还需要向"有道之士"请益指点,以便及时改正自己学习过程中可能出现的方向性错误。可见,孔子所谓之"好学"实际上包括了"勤学"与"好问"两个方面,且两者是不可或缺的。因为没有"好问"精神,"勤学"所掌握的道理可能不是"正理",而没有"勤学"精神,"好问"得来的"正理"始终只停留于言语之理的层面而无法内化为主体的"心得体会"。

此外,需要指出的是,本章孔子把"好学"与"好食(居)"相对待,也是指专心致志于"道"者往往会无暇顾及物质需求满足即进入"茶饭不思"这样一种精神状态,也就是说,凡"好学"者无论其经济条件如何皆具有"食无求饱,居无求安"的共性,但是又并不是所有的"食无求饱,居无求安"者都一定是"好学"者,因为有些人虽然亦不为酒食所困,但也不喜欢学习,常常会把自己的主要精力放在某种爱好之上,所谓"玩物丧志"者是也。

1.15【原文】 子贡曰:"贫而无谄,富而无骄,何如?"子曰:"可也。未若贫而乐,富而好礼者也。"子贡曰:"《诗》云,'如切如磋!如琢如磨',其斯之谓与?"子曰:"赐也!始可与言《诗》已矣,告诸往而知来者。"

〖解读〗"富而好礼"如何可能

在《论语》文本中,首次出现了孔子与弟子的直接对话。他们所讨论的问题虽仍然承接前章"义利之辨"的宗旨,但所持的角度不一,即前章是从教育学的角度来说明君子应持有什么样的人生观,而本章则是从伦理学的角度说明君子应养成什么样的精神境界。

我们知道,子贡是孔门弟子中"知者"型代表人物,在本章中子贡的问题意识及他的悟性都说明了这一点。首先,"贫而无谄,富而无骄,何如?"子贡为什么会这样提问呢?我以为,这与他对物质文明与精神文明关系的现实展开有过深入细致的观察有关。因为,根据管子所谓"仓廪实而知礼节,衣食足而知荣辱"的逻辑,精神文明似乎是物质文明的自然延伸,即一个人只要"仓廪实"和"衣食足"了,就自然会"知礼节"和

"知荣辱",但现实的情况是如何呢?子贡发现,无论贫贱与富贵,主体的道德表现都存在好的与坏的两种可能性。

先看贫贱者的道德表现。其坏的可能性就有"贫而易谄"、"贫而易怨"(《宪问》:"子曰:'贫而无怨难;富而无骄易。'")和"穷斯滥矣"(《卫灵公》:"君子固穷,小人穷斯滥矣。"《礼记·坊记》:"小人贫斯约,富斯骄,约斯盗,骄斯乱。")等三种情形,其中尤其是第一种情形即"贫而易谄"是贫贱者最为常见、最为普遍的道德通病。何谓"谄"?《说文》:"谄,谀也。"《皇疏》引范宁曰:"不以正道求人为谄也。"可见,谀谄产生的前提是因为有求于人。通常,人们在两种情况下会有求于人:一种是因为在物质生活资料上的贫穷而无法维持生命体存在的情况下而不得不有求于人;一种是因为在社会地位上的弱势而人权得不到保障的情况下不得不有求于人。在传统自然经济条件下,以家庭为单位,以"男耕女织"为生产方式,在没有外力影响的情况下,自耕农基本上可以过上自给自足的生活,从而基本可以实现"万事不求人"的人生理想。但是,一者自然经济是一种靠天吃饭的经济,天灾的发生是导致自耕农陷入贫困的原因之一,因而要想一生"万事不求人"是基本不可能的;二者一家一户的小农经济得以长期存在的制度环境并不稳定,它经常受到来自地主豪强土地兼并的侵蚀,再加上战争等人祸的影响,自耕农"万事不求人"的梦想基本上也无实现的可能。既然如此,不得不"求人"可以说是传统社会弱势群体存在的常态。而当"求人"不是人的一种道德权利的时候,被求者便不可能把帮助或施舍他人作为自己的道德义务。我们知道,权利意味着应当得到,义务则意味着应当付出,正是因为"求人"不是一种权利,所以"求人"的道德合法性无法得到强有力的辩护,而没有道德合法性辩护的"求人"必定是以丧失自身的人格尊严为代价的,其外在的表现形式便是"谄"或讨好他人。所以,我以为,在一个贫富两极严重分化的等级社会,作为弱者的一方根本不存在"以正道求人"的可能性。可见,历史地看,"谄"作为一种非正当的或坏的行为取向并不是贫贱者的天然道德弱点,也正因为如此,子贡认为,一个人能够做"贫而无谄"就已经是一种非常了不起的精神境界了。对此,孔子认为,"贫而无谄"固然值得肯定,但它只是君子的底线或低额伦理,尚不是最高的精神境界或高额伦理,只有做到了"未若贫乐"即"安贫乐道",方是。

再看富贵者的道德表现。其坏的可能性就有"富而易骄""富而易奢""富而易吝""贵而易贪"等四种情形,其中尤其是第一种即"富而易骄"乃是富贵者易犯的道德通病。所谓"富而易骄",用今天流行的话来讲就是"有钱就任性",它在道德心理上表现为态度上的傲慢、轻视与偏见,而道德行为取向上则表现为蛮横、失范与僭越。在古代社会道德生活中,"富而骄"最突出的莫过于春秋时期的"礼崩乐坏"。正是因为"富而易骄",所以子贡认为一个人能够做到"富而无骄"就已经很不错了,但孔子却认为,要做到"富而好礼"才是。因为,在孔子看来,"富而无骄"是一种比较容易克服的道德弱点,"贫而无怨难;富而无骄易。"(《宪问》)但果真如此吗?尤其是当富与贵相结合形成权贵社会后,要克服这种"有钱就任性"与"有权更任性"的坏的道德行为取向,我看并非易事。因为,权力若没有被关进制度的笼子,就必然导致腐败,绝对权力导致绝对腐败,这是历史的铁律。所以,仅靠主体的道德修养来克治“富贵骄人”的道德通病,其成效是始终有限的。我们知道,在马克斯·韦伯所提出的“新教伦理与资本主义精神”命题中,探讨了欧洲宗教改革后新教伦理中的“天职”观念及清教徒精神对近代资本主义兴起与发展的影响,其中“天职”观念是指“完成每个人在尘世上的地位所赋予他的义务”(路德语),即无论你从事何种职业,都必须把它当作上帝赋予你的义务与责任,譬如拼命挣钱就是上帝赋予资本家的义务,是资本家个人“荣耀上帝”的证明。既然发财致富是为了“荣耀上帝”,而《圣经》告诫人们不能“富贵骄人”,相反必须持一种节俭的消费伦理观,这种清教徒精神无疑为资本主义的原始积累提供了重要精神动源。而且,在这种“天职”观的影响下,西方文明逐步形成了“带着财富去见上帝乃是一种耻辱”的财富观,这为西方的慈善事业发展提供了坚实的伦理基础。但与此相对应的是,中国传统的财富观虽亦有“光宗耀祖”的说法,但它并不是一种新教伦理的“天职”观念,相反,这种“光宗耀祖”的思想常常要借助奢侈的消费方式或排场来表现,常常会表现出将财富遗传给孙子而非捐给社会的吝惜,因而对富贵者提出节俭和慈善的伦理要求在实际的道德生活中其实是难于践行的。

那么,孔子提出的“富而好礼”如何可能呢?我们知道,孔子所谓之礼,实际上就是古代社会一种的制度安排。在孔子所处的时代,礼作为一种体现宗法等级体制的制度安排,它对社会各阶层的日常生活与社会交换都有明确而细化的规定,凡事皆有“讲究”,这是传统礼仪的形式化特征。可以说,在传统社会生活中,礼就是一个规范人们行为的制度性笼子,但是,正如前文所说的,无论是富者还是贵者甚至贫者,都有突破(向上为“过”与向下“不及”)这一制度性笼子的天然倾向,而且历史的事实也正是如此。这一方面说明礼作为一种制度安排的道德合法性有它历史的局限性,譬如传统社会对商人的各种规定就带有明显的道德歧视,再如理学的“天理人欲”之说,在将普通百姓对物质生活的需求限制在最低层次的同时,又赋予了帝王将相“食前方丈”的伦理合法性。所以,一种制度安排的合法性必须要充分体现历史的进步,尤其必须体现出对弱者的权利保障才是一种好的和人们愿意遵守的制度,这就是说“富而好礼”之所以可能,是因为所“好”之“礼”必须是一种“好的或善的礼”,否则,基于“恶法非法”的理念,“富而不好礼”便可得到一种合法性辩护。另一方面,“富而好礼”之“好”也体现了道德主体的主观能动性在文明社会构建的重要性。因为,无论何种制度安排,它都有着其相对稳定性的特性,孔子之所以时常梦想恢复周礼,就在于这样一种制度安排是一种适应于宗法一体社会结构治理需要并因而具有一种天然合法性的好的制度,庄子所谓君臣父子“无所逃于天地之间”,也是讲“君臣父子”的等级体制安排的天然合法性。但是,春秋以来,随着生产力的进步,社会财富的变动出现了新的分化形势,富裕起来的诸侯、大夫们自然会对传统礼制安排产生“分庭抗礼”的非分之想,礼制的调整或改革乃是一种历史的必然。但是,孔子认为,不涉及宗法体制根本方面的礼仪改革是可以的,但涉及根本制度的变革则是不能容忍的,如“八佾舞于庭,是可忍,孰不可忍!”。尽管如此,僭越礼仪之事在春秋战国时期常见于史载,这说明“富而好礼"的道德要求面临着严峻的现实挑战。但是,此后的历史发展表明,宗法一体的社会结构仍然把礼制当作为主要的制度安排,这说明礼制的存在具有历史的稳定性。这一历史过程给我们的启示是,当社会发生剧烈变动之际,社会分化或分层是难以避免的,不同的利益主体及其诉求会挑战现行制度安排的合法性,因而与时俱进地改革现行的体制机制是必须的,但不切社会生产力发展实际的改革则是轻率的。所以,在今天,富裕起来的人们即所谓既得利益阶层能否"好礼",能否为制度的合法性建设做出或多或少的牺牲,能否承担起自身应负的社会责任,这既关乎他们能否实现自身的利益,也关乎文明社会构建的必要道德条件能否满足。试想,在一个贫富两极分化的社会,若权贵骄人或有钱有权就任性得不到矫治,贫而生怨或仇富仇官的情绪则难免会衍生出阶级斗争的可能性。所以,"富而好礼"意味着富裕起来的人们更需要自觉地担当文明社会建设的责任。

总之,本章意在阐明这样一个道理,即文明社会的构建并不是一个自然而然的"衣食足而知荣辱"过程,它既需要加强社会制度的合法性建设,也需要道德主体克服因富贵或贫穷所产生的坏的道德可能性,只有这样,"富而好礼"的文明社会才是可能的。①

1.16【原文】 子曰:"不患人之不己知,患不知人也。"

〖解读〗学习不是为了出名

这章是《学而》篇的最后一章,仍然是沿着"义利之辨"的文本建构逻辑,但同时也是对文本第一章"人不知而不愠,不亦君子乎!"的回应,所以带有对本篇做总结的性质,意即学习的目的并不为了"出名",而是为成就自我之德性,了解所处之社会,明白是非之道理。这就是孔子所倡导的"为己之学"。

王夫之曾讲:"今人之所患者,己有德而人不知所尊,己有才而人不知所用,于是视天下若无所容身,而身亦无所自容。"(《四书训义》卷五)这就是李泽厚先生所说的中国知识分子历来常有的"求名"情结所在。②我想,孔子之所以反复强调"不患人之不己知",倡导"为己之学",实际上是因为他看到了春秋之际整个知识界弥漫着一种对社会普遍存在着的"名实"悖论或德福悖论现象的不满情绪,且若任这种情绪去主导自己的思想发展,就有可能放弃自己的道德坚持与责任担当,或沦为随波逐流的功利主义者(如乡愿),或沦为寄情山水的逍遥主义者(如老庄)。而孔子是一个"知其不可而为之"或"走自己的路,让他人去说吧"的道德乐观主义者。之所以乐观,就在于他不是为"名"而"学",在于他对道德实存与道德自足有深切的内在体认,在于他对历史发

① 陈科华:《"富而好礼"如何可能》,《伦理学研究》,2016年第2期。

② 李泽厚:《论语今读》,北京:生活·读书·新知三联书店,2004年,第46页。

展规律或周礼的“损益”之道的把握有深刻的理论自觉。因此，如果说儒家知识分子有“求名”情结的话，那只有与“不朽”联系在一起时才具有正当性。

我们今天处在一个为出名而不择手段的时代，而互联网的发展也为人们求名提供了方便，但今天很多人的求名已无关乎“不朽”，更多地是与实利连在一起。如果是普通老百姓，尚有可原谅之处——毕竟是“小人喻于利”，而知识分子热衷于此道则已忘记了自己作为社会良心的本分。故孔子“不患人之不己知，患不知人也”之语，对于今天知识分子的人生价值定向仍有着十分重要的警醒意义。

◆《为政》第二◆

概要:本篇以"为政"为主题。首章提出了儒家政治的理想模式是一种以德治为基础的无为而治;这种政治模式的主要特征是重视《诗》学的教化功能(第二章)和礼学的劝导功能(第三章)。从教化的角度讲:一是要重视个体成长的不同阶段的教育规律(第四章);二是要抓住以"孝"为本的教化重点(第五至八章);三是要重视人的全面发展培养,尊重教育规律(第九至十八章)。从劝导的角度讲:一是要发挥"举善"和"教不能"的价值导向作用(第十九至二十二章);二是要把握礼的政治学本质,坚持以礼治国(第二十三、二十四章)。

2.1【原文】 子曰:"为政以德,譬如北辰,居其所而众星共之。"

〖解读〗"为政以德"——防止政治过度

《论语》第二篇《为政》是以"为政"为首章,表明此篇的主旨是讲政治问题,但传统的政治范畴并不限于国家层面,它还与家庭、社会有着密切的联系,同时传统政治又体现为人治,所以又与为政者的德性修养及社会的道德风气相关。是以本篇各章之间的意义联系虽不如《学而》一篇那样有较明显的逻辑性,但亦可见文本的编辑宗旨,即建构一种德治主义的治理模式。

首先,孔子提出"为政以德"这一命题有何现实的考量?我以为,我们读《论语》这样的文本时常会忽略话语的历史语境意义,而事实上夫子之言都是有感而发的,是有具体的所指或针对性的,当然由于文本形式的特征使得读者很难窥其所指之为何,但并不意味着理解活动只需止于语义的层面即可。事实上,在儒家,孟子就提出过"知人论世"的儒家阐释学原则(《孟子·万章下》),它要求读者的理解活动必须要"知人",尤其是要了解作者所处的社会或历史背景状况。而传统《论语》阐释学在这方面做得比较好的是明清之际的大思想家王夫之。譬如本章,王夫之就说:"当春秋时,功利之习方兴,名法之学已起,古帝王修己治人之道将泯,而天下亦且散而无纪。"于是,"夫子乃正言治理以示人曰……"(《四书训义》卷六)。可见,孔子"为政以德"命题的提出就是针对春秋以来王道政治式微、霸道政治流行、社会"散而无纪"的现实状况而言的。我们知道,孔子及儒家以"祖述尧舜,宪章文武"为己任,自觉地承担起王道振兴的历史使命,而王道政治最主要的特点就是《荀子·礼论》讲的要以"立中制节"即以公正("中")为政治制度构建的首要价值原则,这一价值原则的落实要求行政主体尤其是人君必须具备"无偏无陂""无偏无党""无反无侧"的德性修养(《尚书·洪范》)。是以,我以为,"为政以德"之"德"实际上包含两个层面的意思:一是"德政",即政治制度本身是否体现出了道德之善的要求——善政，这一点也就是政治合法性构建的道德基础所在；二是“政德”，即善政之构建及其实现的可能性与政治主体的道德修养水平有着内在的关联，这一点也就成为为政者“善治”的行政伦理基础。当然，需要指出的是，王道政治对道德主体性的过度张扬确有忽略程序正义价值之弊，表现出“操之于心”而“见之于事”的人治特点（《四书训义》卷六），但这只是“为政以德”命题的历史性局限所致。

其次，“为政以德”为何要“譬如北辰”？孔子本来是谈政治的核心价值在“德”，而“德”又是一个抽象的范畴，如何理解“德”的属性及特点呢？古人所谓“德”，得者也，是“行道而有得于心也”（《四书训义》卷六），即是主体对“道”的一种心得体会。而“道”之义一般是指“天道”或必由之路而言，具有超越、普适的意涵，故“德”作为一种“心得”便有“内在超越”的意思，它反映出一种“天人合一”的思维模式。而如何言说这种“内在超越”之“德”的功能与价值呢？孔子继承了《易》的“卦象”思维传统，而这一思维传统最突出的特征就是喜欢将抽象的意义以形象或具象的方式来表达，表现在说理方式上就是喜欢“打比方”或“类比推理”，如本章的“为政以德”这个道理，由于“德”之本源在“天”，是以孔子就以“譬如北辰”来说明之。

那么“北辰”与“政德”之间有什么相同之处可以类比呢？孔子说，“居其所而众星共之”。“北辰”即北极星也，“居其所”即北极所处的位置正在天之中心或枢纽，而且因为地球是围绕着地轴而自转，北极星又正处在地轴的北部延长线上，所以夜晚用肉眼去看北极星它似乎永远处于同一位置，而其他星座则围绕着它旋转。正因为北辰位置相对稳定或不动，是以人们可以通过它来辨识方向（空间）和观察季节（时间）的变化。北辰“不动”的这一星象特征及其在时空上的导向作用被人们看作是上天之“德”的表现。孔子说：“天何言焉？四时行焉，百物生焉。”（《阳货》）天之“无言”，也就是北辰之“不动”，而这种“不动”所表现出来的“生生”之功德，正符合人类社会发展的需求。所以，孔子认为，为人君者或当领导的都要效法北辰或上天的“不动”与“无言”，唯其如此才能形成“众星共之”的向心力。

最后，北辰“不动”或“无言”之德是不是就是道家所讲的“无为”之德呢？关于这一问题历来有不同看法。清刘宝楠《论语正义》引李氏允升《四书证疑》：“既曰为政，非无为也。政皆本于德，有为如无为也。又曰：为政以德，则本仁以育万物，本义以正万民，本中和以制礼乐，亦实有宰制，非漠然无为也。”其实，我理解，道家之所以强调行“无为”之政，并不是说什么都不干，而是指为政要有所为，有所不为，尤其是指统治者要意识到为政的政治边界，不能为巩固自己的统治而走向“政治过度”。但是，我们知道，传统君主政治容易走向一种以君主或统治者为中心的政治过度，这种政治过度集中体现在统治者完全无视普通百姓权利的奴隶制度上，即统治者一方权利过度集中，被统治者一方权利几乎为零。而为了防止被统治者的反抗，统治者都会有强化和扩大暴力机构功能的政治冲动，从而造成了历史上普遍存在的政治过度现象。所以，道家提出“无为”之政实际上就是针对这种政治过度现象而言的，用我们今天的话来讲就是简政放权。而如何才能做到“无为”或简政放权呢？这就需要统治者“有为”。怎么“有为”？简单来讲，就是要通过制度安排来明晰政治的权力边界，让为政者干他应该干的事，譬如君主，是以“天下”为其权利的边界，“天下”之外就是“天上”或“上天”，故他应该干的事就是要遵循“天道”的要求，就是要通过制度安排来维护社会公正价值，确保行政伦理的贯彻执行，这就是孔子所谓“为政以德”的内涵与主旨。

2.2【原文】 子曰：“《诗》三百，一言以蔽之，曰：‘思无邪’。”

〖解读〗《诗》的政治学价值

本篇第一章讲“为政”，第三章又讲“道之以政”，仍然是谈政治问题，这说明本篇主要为了彰显孔子的政治思想，而第二章却是论诗，这似乎有悖于文本“上下文”意义连贯的编辑学宗旨，给读者的感觉显得有点突兀。如何消解这种困惑呢？我以为，还得从《诗》在春秋时期的政治功能谈起。

我们知道，《诗经》是经由孔子删订的一本有关春秋以前的诗歌汇编。据《史记·孔子世家》载，在孔子以前，由官方汇编的《诗》大约有三千余篇，时间跨度大致为“上采契、后谡，中述殷、周之盛，至幽、厉之缺”。可以说这是一部具有史诗性质的诗集。官方之所以如此重视诗歌的收集与整理，是因为“古有采诗之官，王者所以观风俗，知得失，自考正也”（《汉书·艺文志》）。可见，诗歌是当时国家社会治理的重要信息资源之一，具有重要的政治功能。但是，在孔子删订《诗经》以前，诗歌的这种政治功能主要限于“观风俗，知得失”的信息反馈层面，是当作事后纠错机制来设计的，具有消极、被动的政治学意义。而《诗》经由孔子删订之后，尽管从篇幅数量上来讲只及原来的十分之一（三百来篇，关于这个问题历来也是争议不断），但从其功能来讲却有较大的改进，因为，孔子删订《诗》主要做了三个方面的贡献：

一是将《诗》由原来的政治信息资源转变为政治教学资源。孔子讲：“吾自卫反鲁，然后乐正，雅颂各得其所。”（《子罕》）“乐正”，是指按“礼乐征伐自天子出”的标准来纠正当时因“礼乐征伐自诸侯出”所带来的诗乐谬乱现象，亦《史记·孔子世家》所载：“三百五篇孔子皆弦歌之，以求合《韶》《武》《雅》《颂》之音。礼乐自此可得而述，以备王道，成六艺。”也就是说，经由孔子删订的《诗》已不再是原来杂乱无章的资料汇编，而是一部贯穿了意识形态宗旨的政治学经典教材，《诗》由此而奠定了它作为儒学“六经”或“六艺”之一的文本地位；《诗》的功能就不只是原来被动地“观风俗，知得失”而已，它已变为主动地“正风俗”或政治教化的重要工具。且作为教材之用，《诗》的篇幅自然不宜过长，故孔子册诗不只是去繁去重，也是择优选重，充分体现了孔子“复礼”的政治主张。

二是明确了《诗》作为政教资源的独特价值——“可以兴”。《尚书·尧典》：“诗言志，歌永言，声依永，律和声。”孔子曰：“《诗》可以兴，可以观，可以群，可以怨；迩之事父，远之事君；多识于鸟兽草木之名。”（《阳货》）《诗》的功能很多，但“可以兴”是《诗》

最主要的功能。因为,诗歌是人的内在情感与志向的表达形式之一,它缘起于主体对事物的感触即"诗缘情",《毛诗序》曰:"发乎情,民之性也。"但自然生发之情感是否会导向善,或是否能升华为一种道德情感,或"发乎情"是否会"止乎礼义",这就需要看"志"是否介入,是以《毛诗序》曰:"发乎情,民之性也;止乎礼义,先王之泽也。"即情礼合一是文、武、周公等圣王的教化润泽的结果。而孔子对《诗》的认识无疑继承了这一教化传统,他提出的"思无邪"思想既是他删订《诗》的价值标准,也是他对"无邪"即真诚无伪之"思"对于诗情的功能导向作用的肯定。这一点诚如王夫之所说:"《诗》非授人以必遵之矩也,非示人以从人之途也,其以移易人之性情而发起其功用者,思而已矣。"(《四书训义》卷六)诗歌的主要功能不在于告诉人们什么样的规范是我们应该遵守的,而在于通过感动或移易人的性情以趋向于善,而要做到这一点就必须以"思无邪"为价值导向。是故王夫之又曰:"学者以之感动其性情,而兴起于善,则在《诗》矣。"(《四书训义》卷六)这就是《诗》教之"可以兴"的独特价值所在。

三是指出了《诗》的艺术表现手法在政治实践过程中的独特作用。赋、比、兴是《诗》的三种主要艺术表现手法。赋,铺陈排比之谓,相当于现在的排比修辞方法;比,比喻类比之谓,相当于现在的比喻修辞方法;兴,托物起兴之谓,相当于现在的象征修辞方法。春秋时期,《诗》的这些艺术表现手法常常被运用到政治实践活动中,仅《左传》所记就有60多起外交活动中运用到《诗》来表达和证明自己的观点,从某种意义上讲,春秋时期的外交官或使者如果不能做到"有《诗》为证",那就是不合格的外交官。因而学《诗》这是当时为政者的必修课,以至于孔子认为:"不学《诗》,无以言。"(《季氏》)而《诗》之所以被当作修辞学的重要内容,是因为《诗》的比兴手法对于事理的说明具有很强的启发作用。如《学而》第十五章,子贡对孔子"富而好礼"思想的理解就借用了《诗》云"如切如磋"来说明由"富而无谄"至"富而好礼"是一种道德修养境界上的精进,这是子贡对《诗》之比兴手法的具体运用,故孔子认为子贡可以"言《诗》矣"。而孔子之所以如此说,是因为当时有一些学《诗》者,虽"诵《诗》三百,授之以政,不达;使于四方,不能专对"(《子路》),即学《诗》而未能掌握《诗》的内涵精髓以及《诗》的修辞要领,是以在政务、外交上不能学以致用,而子贡却懂得"告诸往而知来者"亦即比兴的道理,是以可与之言《诗》。

总之,本章虽然是谈《诗》,但并不与本篇的"为政"之旨相矛盾。因为,如果说《为政》第一章讲的是关于上层的德治论,那么本章则是讲关于下层的德治论。上层德治论的要义在无为,而下层德治论的要义在教化。前者是自上而下,后者是自下而上,角度不同,为政的方式自然不一,而孔子及儒家始终是把人的性情如何可能向善作为其仁学构建的核心问题,所以选择《诗》作为主要的教化方式有其逻辑上的优先性。

2.3【原文】 子曰:"道之以政,齐之以刑,民免而无耻;道之以德,齐之以礼,有耻且格。"

〖解读〗社会治理的路径选择

上章是讲《诗》教的政治学意义，是“为政以德”的具体展开，意在告诉人们德治之要在于教化，在于使人之性情趋向于善。但是，从为政的现实情形来看，大多数为政者或治人者“竞以政刑为尚，而置德礼于不讲”（《四书训义》卷六）。之所以如此，明面上的理由是“民愚而不可化，非严为之督责而不可也”（《四书训义》卷六），即百姓愚顽而不可教化，只有通过严刑峻法才能实现有效管理；其实除此理由外，为政者的政绩冲动也未尝不是他们选择以“政刑”或刑治方式来管理民众的缘由之一。因为，相较于德治方式而言，刑治方式的管理往往会有“立竿见影”的政绩效果，这无疑有助于他们的仕途升迁。而本章孔子就是将两种为政方式进行比较，进一步说明德治的重要性。

“道之以政，齐之以刑，民免而无耻。”道，引导也；政，即政策法规，在古代社会主要是指法制禁令；刑，刑法也，中国古代的法律主要是惩罚性的。这一法律史事实表明：传统社会的政和刑与原始社会的“习惯法”即禁忌是一脉相承的，即它们都是有关“你不能做什么”的规定，而在此之外，就是属于“你应该怎么做”的规定即礼，缺少了“你可以做什么”即权利保障层面的规定。那么，靠政与刑这种强制性、禁止性规范来引导民众，会导致什么样的管理效果呢？孔子认为会“民免而无耻”，即民众只求自己的行为苟免于刑罚，而内心并无耻辱、羞愧的感觉，换言之，“盖虽不敢为恶，而为恶之心未尝亡也”（《四书训义》卷六）。如果人心是这样的话，则法制的规定必须是密而无漏，否则人们就会钻法制的漏洞。但是，我们知道，任何时代的法制规定无论怎样严密，也无法应对日益复杂的社会生活，如果人们有心为恶的话，总会找到法律的空子，是以老子讲“法令滋彰，盗贼多有”（《道德经》第五十七章）。古罗马史学家塔西佗也说：“法网越密，国家愈糟。”李泽厚先生认为，如果社会治理只管外在的行为而不管内心世界的话，那就不是“心理悦服”的管理境界。①

有鉴于此，孔子认为，只有“道之以德，齐之以礼”，才可能做到“有耻且格”。德，是指道德的主体性；礼，是指道德的规范性。“道之以德”，就是通过树立忠孝等正确的价值观来教化民众以使人心向善；“齐之以礼”，就是用礼仪规范来促使人的行为具有可预期性。但是，以这样的方式去治理社会，效果会如何呢？孔子曰，“有耻且格”，即民众会有耻辱感，从而所作所为就会无苟免、侥幸之心，为恶之心就会逐渐转变为为善之心。其实，传统政治对于社会治理方式的选择皆基于这样一种预设即“民愚”——老百姓是愚昧的，而这种愚昧往往又表现为一种私心自重的道德心理，要改变这样一种道德心理，在一些为政者看来，只有通过严刑峻法才是可能的。但在孔子看来，可以通过教化而让百姓知羞耻、明善恶，从而自觉地遵守社会有关法律规范。这种突出以“治心”为主的社会治理方式虽然不及前者那样有立竿见影之效，但却是国家实现长治久安的必由之路。

由上可知，孔子以“治心”为主的社会治理方式其实是他仁学思想的逻辑展开。因为，在孔子看来，“民愚”虽然是客观事实，但并非不可教化，而教化之所以可能，是因

① 李泽厚：《论语今读》，北京：生活·读书·新知三联书店，2004年，第51页。

为“仁者，人也”（《中庸》），即仁是人的内在本质规定，因而每个人都是一个具有为善或“爱人”之心的主体。正是借助于这一对人的价值的发现，孔子认为，任何人包括“愚民”都是可以通过教化而实现对自身的道德价值自觉，这就是所谓“我欲仁，斯仁至矣”（《述而》）。当然，需要指出的是，孔子并非没有看到王夫之所谓“民之为恶也甚利，而为善也甚难”（《四书训义》卷六）这一客观事实，所以强调要在内在心理层面“道之”外，又强调要在外在行为方面“齐之”。而“齐之以礼”是从肯定的方面为行为主体设定的规范，它具有“应然”的性质。这就是说，礼作为规范系统虽然如“刑”一样也是对行为主体的一种约束性规范，但它又能获得行为主体的心理认同，因为，礼作为一种源自原始巫术与祭祀的“习惯法”，[①]其宗教心理基础就是人类对外在超越和对祖先抱有敬畏之心，是以有人认为：“经礼三百，曲礼三千，亦可一言以蔽之，曰：毋不敬。”（《四书训义》卷六）正是这种敬畏之心使得主体对于外在的行为规范有一种基于神圣感式的心理认同，也正是这种心理认同使得礼之践行成为主体内在的道德需要成为可能。但是，正如李泽厚先生所指出的那样，孔子之后，孟子发展了孔子德治主义的心理层面，而荀子发展了孔子德治主义的规范制度层面而走向礼法合一。[②]其实，从社会治理的角度来讲，还是孔子所言比较全面而具体。

2.4【原文】 子曰：“吾十有五而志于学，三十而立，四十而不惑，五十而知天命，六十而耳顺，七十而从心所欲，不逾矩。”

〖解读〗“志于学”的人生境界

这段话是孔子晚年的自述，带有自我总结的性质。从文本建构的角度看，上章是讲“道之以德，齐之以礼”的社会治理方式的重要性，而本章则是讲自己的人格成长及安身立命是如何展开于人生的不同阶段，似乎与上章之旨不相恰。但是，我以为，恰恰是文本“上下文”之间的意义联系决定了本章的解读方向。

因为，如前章所论，上章两种不同的“道”“齐”之道都涉及“民愚”之可不可化的问题，而儒家的基本观点是“民愚而可化”。怎么“化”呢？当然得靠道德教育即教化，而教化的方式除了第二章之《诗》教以移易人之性情外，还有在“知”或理性层面上如何“立志”的问题。本章孔子以“十有五而志于学”开始，为什么选择十五岁这个年龄点呢？难道十五岁以前就没有“学”的问题？显然不是。因为，根据《史记·孔子世家》所载：“孔子为儿嬉戏，常陈俎豆，设礼容。”即孔子的母亲就曾教儿时的孔子以礼仪，但教育的方式不是跟孔子讲什么礼仪的大道理，而是以玩游戏的方式来让孔子感知礼仪之美。这种寓教于乐的教育方式显然符合儿童的心理需求，它与《诗》教之移易人的性情有异

---

① 李泽厚：《论语今读》，北京：生活·读书·新知三联书店，2004年，第51页。

② 李泽厚：《论语今读》，北京：生活·读书·新知三联书店，2004年，第51页。

曲同工之妙。不过,儿童毕竟是一个感性的主体,其心智发育成长的健康性,既与他所处的社会环境及社会实践密切相关,同时也与他所受教育有着直接的关联。从前者来讲,孔子的童年应该说很不幸的,他成长于一个单亲家庭之中,他说:“吾少也贱,故多能鄙事。”(《子罕》)这种出身和这样的生存环境对于一个儿童的心理健康发展而言并不是一个有利的因素,但孔子之所以没有像其他人一样走向沉沦,就是在于他从十五岁始“志于学”,即从十五岁开始就有了自己明确的人生奋斗目标,而达成这一目标靠的就是“学”,因此十五岁可以说是孔子人生的分水岭,而本章就是欲彰显“志于学”后的几种人生理想境界。

但是,为什么是十五岁呢?从孔子说“十有五而志于学”到“三十而立”,共 15 年时间,其他都是 10 年为一个阶段,这说明孔子晚年对于自己从十五岁到三十岁的回忆性自述只是一个大概性的描述。而事实上,从个体的心理成长来讲,这一阶段实际上是年轻人人生观、价值观形成的关键时期,也是人的心理状态最不稳定和多反复的时期,孔子说“吾十有五而志于学”,其实也只是一个大概的年龄估计。因为,处于这个年龄阶段要说自己在某方面已有明确的坚持与定力,这是不符合人的心理与思想成长规律的;若一个人要在这个年纪真能表现出某种坚定的意志,除非他的人生有某种刺激性的事件或重大事件发生才会产生如此深刻的心理影响。我以为,能够使孔子产生强烈心理刺激的重大事件,应该是孔子十七岁时即他母亲去世去后不久参加“季氏飨士”而被季氏家臣阳货拒之门外一事(《史记·孔子世家》)。这一事件不仅意味着孔子对自己的身份认同发生怀疑,更重要的是孔子第一次经受了他人生中严重的人格伤害事件,故这一事件可能坚定了他十五岁时尚为模糊不定的“志于学”想法,或者说孔子十五岁“志于学”其实只是对自己青春年少时期思想状况的一个总括,不一定是指具体的某一岁,毕竟这只是一个年逾古稀的老人的人生自述。而且从十五岁“志于学”到“三十而立”的这 15 年,也正是孔子作为“士”的身份认同由被否定到再被确认的时期,这一否定之否定过程之所以能够达成,在孔子自己看来完全得益于“志于学”。所以,我以为,“而立”之“立”既是“立于礼”的过程,更是孔子立足于社会或他作为“士”或“大夫之后”的身份认同的再实现过程,当然,这也是孔子心智成熟与人格挺立的过程。

“四十而不惑,五十而知天命”的意蕴是什么呢?如果说“三十而立”主要是主体通过“学”而完成了自身的社会化过程或主体适应社会的过程,那么,三十岁以后便是主体如何试图去改造社会的开始。而改造社会最重要的一点就是主体面对纷繁复杂的社会必须保持清醒的头脑,不为表象所迷惑,不为挫折所困惑,不为“异端”所诱惑,有所为有所不为,充分展现出理性的定力,这就是孔子所谓的“知者不惑”。但是,即使如此,也有可能不能实现自己改造社会的目标,就如孔子自己所经历的那样,虽周游列国十四年,干七十余君,也无法将自己的仁政理想变为现实。对于理想与现实的这种落差,如何正确待之?孔子并没有表现出任何的悲观主义情绪,也没有为求容于世而降格自己的追求。他之所以能做到这种精神境界,就在于孔子已站在“知天命”高度,这种高度既基于孔子对三代以来礼之“损益”规律有清醒的认识,也基于他研习《易经》得来的对宇宙自然、人类社会生活的深刻洞见。正是这种高度,使孔子获得了一种"知其不可而为之"的内在动力。因此,可以说,由"不惑"到"知天命",反映了孔子及儒家以"担当"为安身立命之所的心路历程。

需要提及的是,由"不惑"至"知天命"虽然是孔子在改造客观世界的同时实现了对自我主观世界的改造,但这一过程同样离不开"学"。因为"学"是儒家的"天职",终身未尝辍也,只不过这两个阶段及以后的"学"在更大程度上不是学习(learn)礼仪等社会知识,而是带研究的性质,正是这种"学"(study)使得孔子对于自然、人生、社会、历史开始有了自己独特的生命理解,并由此而建构起自己的思想理论体系,如孔子说自己五十岁始研习《易经》,"可以无大过矣"(《述而》),《易》由是而从卜筮之书走向"寡过之书",开启了《易》学哲学化或义理化的理解新方向。

关于"六十而耳顺"的理解,历来说法颇多。吾从清代学者焦循《论语补疏》的见解,即"耳顺即舜之察迩言,所谓善与人同,乐取于人以为善也。顺者,不违也。舍己从人,故言入于耳,隐其恶,扬其善,无所违也"。意思是耳顺就如传说中的舜帝一样,善于从浅近之言中发现其所蕴含的意思, 在能够坚持自己的正确意见的同时吸收他人正确的意见, 对于自己尚未理解的不同意见或明显为错误的意见能够隐其恶而扬其善,不予计较和介怀。可见,耳顺的核心就是能够接受不同意见与批评。孔子之所以说"六十而耳顺",是因为人老了都会有固执己见的通病,所谓"及其老也,血气既衰,戒之在得"(《季氏》)。"得",旧训为贪,其实它还有对自己一生所获得的经验、知识与理念不愿意改变或放弃的意思。尤其是在传统社会里,老人之所以应该受到孝敬不仅是因为他们年长,同时也因为他们是一个经验和知识载体的存在者,作为这样的存在主体一般情况下对于自己所持的经验和知识都充满着 "我吃过的盐比你吃过的米还要多"式的自信,都不会轻易地改变自己的观点,当听到有不同的意见时候都会有"逆耳"的感觉,是以一个人到了这个年纪能做到"耳顺"并非易事。而之所以能够做到这一点,与"五十而知天命"有关。至于"七十而从心所欲,不逾矩",即七十岁做到必然王国与自由王国的统一这样一种境界,同样与"知天命"相关。所以,对本章之理解,一者是"学",二者是"知天命"。此两个方面将在后面有关章节再申论之。

总之,本章虽是孔子谈自己的人格成长过程,但它的宗旨仍然是谈教化即"学"对于"为政"的重要性。

2.5【原文】 孟懿子问孝。子曰:"无违。"樊迟御,子告之曰:"孟孙问孝于我,我对曰'无违。'"樊迟曰:"何谓也?"子曰:"生,事之以礼;死,葬之以礼,祭之以礼。"

〖解读〗贵族之孝在于守制

孔子主张"为政以德",而德治的重点在于教化,教化的重点又在于家庭,因为我们作为人的存在首先都是以家庭成员的身份出现的。尤其是在家国同构的古代社会,

“齐家”对于“治国平天下”有着直接的政治意义，是以家庭教育为儒家所特别重视，可以说儒家教育思想都是围绕着如何培养“孝子”与“君子”而展开的。而且，虽然“孝子”是“君子”的基础与前提，但考虑到世上并不是每一个人都能成为“君子”，是以“孝子”培养更具有普遍的价值与意义。不过，由于我们每个人的存在都具有“被抛”性质，我们都无法选择自己的亲生父母，因而不同的人就会有“孝”的不同境遇。本章及之后的三章就是通过孔子对不同人的“问孝”的不同回答，来充分彰显孔子“因材施教”的教育方式。

孟懿子是春秋鲁国三家大夫之一孟僖子的儿子，南宫敬叔的哥哥，亦称孟孙，懿是谥号，属于典型的“官二代”。据《左传·昭公七年》载，孟僖子临终之前，命孟懿子和南宫敬叔拜孔子为师学礼。但是，在鲁定公十二年（前498），孔子为大司寇“摄相事”，着手推动他的“堕三都”计划时，却因孟懿子的阻挠作梗而功败垂成，是以后人认为，正是因为这一点，《史记·仲尼弟子列传》才不列其名。

孟懿子——作为政治人物的问孝，孔子对之以“无违”。不违背什么呢？孔子并没有将具体的答案告之孟懿子，而是告知了给自己驾车的学生樊迟。樊迟其人后面相关章节再作介绍，此处要说明的是，孔子之所以不直接将答案告知孟懿子，恐怕与孔子对孟懿子这样一个有大夫身份的人的认知有关。因为，春秋时期的礼崩乐坏局面就是由孟懿子这样的大夫们经常僭越礼制而导致的。孟懿子虽然向孔子学习过礼乐，但从他后来阻挠孔子“堕三都”改革的事实来看，他早就存心要违背而非“无违”于老师之命，所以孔子此言“无违”于礼是有明显的针对性的，即政治人物的“孝”主要体现在对制度——在当时主要是礼的遵循上。这一点之所以重要，是因为政治人物尽孝具有比普通百姓尽孝的优越条件，但这一优越条件在用来表达孝心的时候往往有过度使用的倾向。譬如，在“生，事之以礼”方面，如果礼制规定父母出行只能坐大众汽车（古代是根据马匹数来体现身份等级），但儿子为了让父母坐得舒适一些，并且又有条件做到的话，就可能会让父母坐奔驰汽车，这样做虽然是尽了孝心，但却违背了制度的规定。所以对政治人物而言，孝的“无违”主要不在于不违背父母的意愿，而在如何不违背制度的规定，这是一方面。

另一方面，政治人物是社会制度的创制者，如果自己带头违背制度，就会有上行下效的危险示范作用，这对于政治人物本身而言并不总是有利的。以周礼为例，周礼作为一种对社会各阶层权利与义务的制度安排是“圣王创制”的产物，体现了宗法等级社会的发展要求，如果政治人物或统治者本身带头违背周礼，则意味着这一制度本身的合法性基础已不复存在，这样就会造成社会普遍地僭越礼制之风，一旦如此，作为“孟懿子”们又如何去维护自己不愿意失去的贵族身份以及与这种身份密切相连的权利呢？所以，孔子对于孟懿子的问孝，将答案要点放在主体在行为上“无违”于礼，旨在警告政治人物的尽孝不能走向孝行过度，其针对性不只是孟懿子一人，而是针对孟懿子所代表的那个阶层。故我以为，本章之要可概括为：贵族之孝重在守制。

2.6【原文】孟武伯问孝。子曰:“父母惟其疾之忧。”

【解读】“官二代”的孝重在让父母省心

孟武伯是上章提到的孟懿子之子,姓仲孙,名彘,武是谥号,春秋时期鲁国大夫,同样是“官二代”。但他问孝,孔子的答案却不同,这是为什么?

很显然,孟武伯问孝一事应该发生在他父亲在世之时,也就是说他这个时候还只是一个大夫继承人的身份,还不是一个像他老爸那样是一个拥有实际权力的当政者,那么,以这样的身份问孝,实际上就是一个政治家的儿子应当如何尽孝的问题,或者说孔子的回答是针对“官二代”现象而言的。

我们知道,古今中外,“官二代”都有着“有权就任性”的通病,而从孟武伯的谥号“武”字来看,正面的理解如《周书·谥法解》所云:“刚强直理,威强睿德,克定祸乱,刑民克服,大志多穷,皆曰武。”而负面的理解就是任性妄为,刚愎自用。而武伯问孝时还是个“官二代”,应属于后一种情形,即这个时候的他还是个胆大妄为、不守规矩、胡作非为的主,当然也是一个让父母操心的主。不过,他既然向孔子请教如何是孝,这说明他已有向善之心,而孔子的回答就非常有针对性,曰:“父母惟其疾之忧。”关于这句话的理解,历来有不同的看法。之所以会如此,主要是对“忧”的主体是谁或“谁在忧”与“为谁忧”的问题有不同的理解。《淮南子·说林》:“忧父母之疾者子,治之者医。”《礼记·曲礼》云:“父母有疾,冠者不栉,行不翔,言不惰,琴瑟不御。食肉不至变味,饮酒不至变貌,笑不至矧,怒不至詈。疾止复故。”二者皆是以“子”为“忧”的主体,即父母年事已高,为人子者应当关心和担忧父母的身体健康。我以为,这样去理解孝也符合人之常情。

不过,如果作如是解,则夫子此言就不只是针对孟武伯这个“官二代”,而是针对所有的人,这不符合孔子“由具体而普遍”的说理方式。因为,如上所述,孔子此处之论孝是针对“官二代”而言的,而“官二代”的通病就是任性妄为,让父母操心和担心,是以如何做到不让父母担心——除了生病以外,这是人子尽孝的最好方式。王夫之曰:“言父母爱子之心,无所不至,唯恐其有疾病,常以为忧也。”(《四书训义》卷六)刘宝楠《论语正义》曰:“言孝子不妄为非,唯疾病然后使父母忧。”像孟武伯这样的“官二代”,不愁吃,不愁穿,如果不任性妄为,不到处惹是生非,做父母的确实没有什么好担忧的——除了疾病之外。但是孔子是一个非常具有同理心的仁者,知道富贵人家有富贵人家的难处,家家都有一本难念的经,知道权力和财富对于人的道德养成所具有的正负两种效应之可能性,所以夫子此言是非常具有针对性的,同时也有着十分重要的现实意义。因为,今天的“官二代”与“富二代”的任性妄为及其所造成的危害已成为社会关注的焦点问题,如何去解决这一问题,当然有许多的途径与方法,但从家庭教育的角度看,夫子此言无疑是十分有益的思想资源。

总之,文本将父子二人的问孝放在一起,显示出文本编者对孔子孝的思想逻辑有着深刻的理解。

2.7【原文】 子游问孝。子曰:“今之孝者,是谓能养。至于犬马,皆能有养,不敬,何以别乎?”

〖解读〗孝道即人道

子游,姓言,名偃,字子游,春秋末吴国人,孔子的著名弟子,擅长于“文学”,为孔门十哲之一,曾当过武城宰(县令),对孔子思想在南方的传播起了重要作用。清代康熙、乾隆皇帝南巡时,多次派大臣到常熟子游墓致祭,并先后钦赐“文开吴会”“道启东南”“灵萃句吴”等御书匾额。

本章孔子对孝的论述之所以与前两章有别,这是因为问孝的对象不同,即孟氏父子皆为权贵,而子游是一个学者。与学者讨论孝道问题,当然不会针对子游本人,而是针对社会存在的普遍现象。那么,当时社会对孝的理解普遍存着一种什么样的倾向呢?孔子曰:“今之孝者,是谓能养。”即当时人们普遍认为,孝主要是要在物质上能够赡养父母,不让父母忍饥挨饿。其实,在传统自然经济条件下,能够做到满足父母的物质需求,这是普通百姓孝行所面临的首要问题,《尚书·酒诰》就把孝视为一种“养厥父母”之道,至少可以说从物质上赡养父母或长辈,即孔子所谓“能养”,这是孝道题中应有之义,也是孝道的基本义务规定,做不到这一点也就丧失了最起码的孝子资格,是以李泽厚先生把“能养”义务视为一种社会性公德来看待,①是有道理的。

但是,孔子认为,仅能在物质上赡养父母,这还不能说尽了孝道。因为,第一,如果孝道的要求只是这一点的话,那么,上述如孟氏那样的权贵们就不存在不孝的问题。因为他们有足够的物质条件来履行自己的“能养”义务,甚至会“能养”到超出与这一义务相关的礼制规定的地步,是以孔子强调权贵们的孝行必须严格遵守礼制的规定,不能过度地“能养”,而是要“生,事之以礼”。第二,如果仅以“能养”为判断孝的标准,那么,如何与犬马等动物的“能养”活动区别开来呢?关于“至于犬马,皆能有养”一句如何理解,自何晏《集解》始就有两种不同的解释:一是主张“犬马养人”说,以皇侃《义疏》为代表;一是主张“犬马被养”说,以近人杨伯峻、钱穆等为代表。笔者以为,二说皆非。因为,孔子所言的“能养”行为是动物与人类所共有的种群繁衍方式之一,甚至动物界的“能养”行为还可能表现出诸如“鸦有反哺之义、羊有跪乳之恩、马无欺母之心”的道德特征,但是,动物代际“能养”行为只涉及物质生活的层面,而人类代际“能养”行为还涉及精神生活的层面,即人类的“能养”活动展开是以“敬”为心理基础,或者说“能养”行为是“敬心”的一种表达与实践方式,正因为“敬心”的存在,所以人类孝道所要求的“能养”才区别于动物的“能养”。

由上可知,此章孔子论孝不同于前两章之处在于:他是站在“人禽之辨”的哲学高度来进行论述的,是以孔子“不敬,何以别乎”之问,是针对所有的人,而非仅指普通百

① 李泽厚:《论语今读》,北京:生活·读书·新知三联书店,2004年,第57页。

姓。因为,事实上孔子对权贵之孝强调要“无违”于礼,而礼的本质也在于“毋不敬”;又,因为礼源自原始祭祀的“事神致福”,故“敬”又具有一种宗教性的情感色彩,“无违”于礼之所以可能就在于主体心存“敬畏”。以此而论,我以为,孔子的“孝敬”思想既是指对父母的敬爱与尊敬,同时也是指对道德律令的敬重。[①]

总之,本章孔子以“人禽之辨”为基础,为儒家确立了孝道即人道的伦理原则。

2.8【原文】 子夏问孝。子曰:“色难。有事,弟子服其劳,有酒食,先生馔,曾是以为孝乎?”

〖解读〗让父母开心快乐并不是一件容易的事

本章承上章之旨,仍是强调精神层面的孝的价值与意义。宋代理学家程子在比较本篇孔子对四个人的问孝有四个不同的答案时说:“告懿子,告众人者也。告武伯者,以其人多可忧之事。子游能养,而或失于敬。子夏能直议,而或少温润之色。各因其材之高下与其所失而告之,故不同也。”(《四书训义》卷六引程子语)按程子的理解,孔子对孟氏父子之言讲的是孝行的普适原则,并不是针对孟氏本人之过而言的;而告子游与子夏之言则是因为二人在事亲上存在某些过失或不足,是以夫子之言是有具体的所指与针对性。程子也持同样的看法,他说:“子夏之为人过于刚直,而其为学谨于仪节而略于心得。以此事亲,即有文具而情不至者。故问孝而夫子告之曰:夫事亲者岂不难哉。”(《四书训义》卷六引程子语)但是,性格刚直的人在事亲中就一定会“少温润之色”或“有文具而情不至”吗?我看未必如此,至少这二者间不存在内在的必然联系。因为,虽然《礼记·祭义》讲“孝子之有深爱者必有和气,有和气者必有愉色,有愉色者必有婉容”,但这并不意味着刚直之人就无“深爱”。既有“深爱”而又有原则、有是非,这才是刚直者的重要人格特征,或许这一人格特征在社会交换中会让人产生“望之也严”的感觉,但在父母或家庭关系中会更多呈现为“即之也温”。孔子曾讲,君子要有“九思”,其中之一便是“色思温”(《季氏》)。大多数人认为,本章之“色难”之“色”就是指“色思温”而言,我以为,“色思温”是对“君子”的要求。“孝子”事亲固然也存在和颜悦色的问题,但此非“色难”之重点。因为,一个人在父母面前可能经常保持和颜悦色但又经常不务正业,干一些让父母操心、担忧的事,这算得上孝吗?如果一个人所作所为皆符合社会与家庭的期待,让父母放心,就算他性格刚直而“色”不温,父母会认为他不孝吗?所以,此所谓“色难”并不是指儿子在父母面前的“色温”之难,而是指如何让父母始终保持愉悦的心情这一点上是有难度的。

以上这样理解“色难”也与后文之“有事,弟子服其劳,有酒食,先生馔,曾是以为孝乎”之义相符合。因为,与上章答子游问孝一样:“今之孝者,是谓能养”,而这种物质上的赡养具体表现为本章所谓“有事,弟子服其劳,有酒食,先生馔”。这是社会上大多

① 李泽厚:《论语今读》,北京:生活·读书·新知三联书店,2004年,第57页。

数人对孝的理解,孔子怕子夏亦作如是解,故曰"曾是以为孝乎",通过这一反问,孔子就把"色难"即让父母精神愉悦作为孝之重心给突显出来。而如何让父母心情愉快呢?这就是前三章孔子所讲的,关键在于事亲不能停留在物质赡养的层面,必须要心存"敬"意,要知父母之忧、之需所在,最好是能做到"父母唯其疾之忧"这样就好了。

总之,上章与子游论孝,孔子虽站在"人禽之辨"的角度彰显了孝道的心理路径,但只是从"孝子"的角度来讲的,也就是说,以"敬"心事亲到底应该或会达到一个什么样的客观效果,上章并未回答,而本章则提出了让父母心情愉悦这样一个判断标准,且孔子认为这一标准并不容易做到,故曰"色难"。

2.9【原文】 子曰:"吾与回言终日,不违,如愚。退而省其私,亦足以发,回也不愚。"

〖解读〗人才难得,伯乐更难得

回即颜回,字子渊,鲁国人,孔门十哲之一,以德行著名,是孔子最得意的弟子,小孔子 30 岁,但先孔子而逝,逝时年仅 40 岁(左右)。

本章是颜回第一次出现在《论语》文本中,这似乎与他在孔门弟子中的高大上形象有距离,但我以为,这恰恰显示出文本编者对于孔子思想构建的逻辑考量。因为,尽管颜回对孔子思想有最深刻的领悟和最切实的践行,但从孔子思想体系的建构方式即主要是通过"问"与"答"来实现这一点来看,根据现有的文献记载可知,颜回并不是一个理想的对话者,孔子自己也说过:"回也,非助我者也,于吾言无所不说。"(《先进》)对此,朱子解释说:"'助我',若子夏之起予,因疑问而有以相长也。颜子于圣人之言,默识心通,无所疑问,故夫子云然。其辞若有憾焉,其实乃深喜之。"孔子对颜回非常喜爱是不假,但若说孔子对颜回"无憾"则不符合事实。因为,孔子既然认定"回也,非助我者也",即表明孔子对颜回之不能像子夏、子贡等弟子那样"起予"是有遗憾的,这种遗憾既源自一个思想家特有的孤独感,同时也与思想家偏爱"对话"这样一种思想创新方式有关。事实上,孔子思想的形成从一定意义上讲就是孔子与他的弟子之间不断"对话"的结晶。我们经常讲,提出问题比解决问题更重要,像颜回这样对夫子之言无所不悦的人,就是一个缺少怀疑精神的人,这既是夫子的遗憾所在,同时也使得他在《论语》文本建构中的地位不及其他同学那么突出。当然,这也可能与他英年早逝导致其思想缺乏弟子传承不无关系。

不过,明清之际的思想家王夫之认为,从夫子"之所以乐与回言终日而不倦"这一点来看,"夫回岂果不能疑、不能辨者哉?"(《四书训义》卷六)王夫之的意思是愚笨与否或聪明与否并不表现在对话之际的疑辨能力上,而是表现在内在的反省能力上。这种看法亦可备为一说。

本章最难解者是夫子对颜回的评价之语与本篇之"为政"主题之间到底有何内在联系。我们知道,前面几章是为了彰显夫子孝治天下的政治思想,而本章则是谈夫子对于颜回这位高足的印象,且这种印象又集中在颜回这个人学习的特点上。孔子采取了前抑后扬的方式来评价颜回,即从他与颜回竟日对话的情况来看,颜回对夫子之言“不违”即从不提不同意见,这种唯师言是从的学习态度令夫子觉得颜回不是一个聪明的学生,至少夫子认为他不是一个“助我者也”,但从其“退而省其私,亦足以发”来看,颜回无疑是一个闻一以知十的聪明学生。从表面上的“如愚”到实际上的“不愚”这一转折,说明孔子对颜回这位爱学生的了解是相当深入的,就此而言,孔子确实是一个值得我们学习的伟大的教育工作者。但是,从文本编者的角度看,之所以将夫子是言放在本篇,并不是为了彰显颜回之好学深思,亦不是为了彰显夫子为师之伟大,而是为了说明人才对“为政”的重要性。换言之,文本之所以将夫子对颜回的评价置于此,意在说明“为政”之要除了“为政以德”的价值导向和“孝治天下”的实践路径外,如何培养和辨别“为政”之才乃是落实“为政”理想的关键所在。因此,从本章始及以后各章基本上都是围绕人才识别这一主旨而展开的。而本章借夫子对颜回的评价旨在说明一个道理,即看人不能只看表面,若只看表面,就有可能埋没像颜回这样的不世出之才,岂不可惜哉!故曰:人才难得,伯乐更难得。

2.10【原文】 子曰:“视其所以,观其所由,察其所安。人焉廋哉?人焉廋哉?”

〖解读〗看透一个人的方法论

本章承上章之旨,继续谈如何识别人才的问题。不过,相较于上章以颜回这一具体案例来谈识别人才问题不同的是,本章则是从方法论的角度来讲的,因而其观点虽抽象而又具有普遍的意义,这只有阅人无数且善于总结的人才能做到。

“以”,旧训作“用”或“为”,所谓“视其所以”,用李泽厚先生的话来讲就是“看他的所作所为”。[1]为什么要把这一点摆在人才识别的首位呢?这是因为在上者或领导看人都有用“耳朵”看人的通病,常为巧言令色所惑。试想一个想上进或想上位的人怎么可能会在你面前汇报或进言的时候讲一些你不喜欢或明显有违公正原则与事理的话呢?在领导或师长面前尽量将自己优秀的一面表现出来,这才是政治文化的常态。因此,看人不能只“听其言”,而更要“观其行”。

但是,仅“观其行”还不够。因为,行为也是有迷惑性的。这一点诚如王夫之所云:“事虽为善,而意之所从来者有未善焉。”(《四书训义》卷六)一个人做点好事并不难,因而为了取得领导或师长的信任就有可能做点好事,甚至有时还有像王莽那样长时间做好事的可能性,至于他内心想法是善是恶则一时无法判别。所以,“观其所由”就是指要观察他之所以如此行为的内在动机何在,不要为其某种“政治秀”与“公益秀”的面具所惑。这一点在互联网时代尤其重要。

---

① 李泽厚:《论语今读》,北京:生活·读书·新知三联书店,2004年,第60页。

当然，毛主席他老人家曾讲：一个人做点好事并不难，难的是一辈子做好事。如果一个人一辈子都能做好事，不管其内心想法如何，我们都可以肯定他是个好人或君子。但是，一个人做一辈子好事是如何可能的呢？特别是对于为上者或师长而言，你如何去判别你面前的这个人是一个会做一辈子好事而不做坏事的人呢？孔子认为，判别的方法就是"察其所安"，"所安"，即所乐也。这就是说，一个行善的主体若从动机的角度看会有两种情形：一者是功利论的，一者是道义论的；若从精神境界的角度看也会有两种情形，一者是"应做好事"，一者是"爱做好事"。"应做好事"者只是一种基于理性认知的道德自觉，但做好事的过程并不一定快乐；而"爱做好事"者不仅对做好事有"应然"性自觉，而且在做好事的过程中感到很快乐。如果从做好事的效果来看，只有以助人为乐者才可能真正做到一辈子做好事，而以助人为苦者是不可能坚持一辈子做好事的。对此，王夫之指出："所由虽善，而心之所乐者不在于是，则亦伪耳，岂能久而不变哉？"（《四书训义》卷六）

总而言之，本章为孔子的识人之道，它包括了从人的客观行为（所以）、主观动机（所由）和精神境界（所安）三个方面，层层递进，不可或缺。而且孔子指出，用这种方法论识人，效果是"人焉廋哉？人焉廋哉？"，即基本上可以透视一个人的全部，就像在显微镜下一样，没有什么可以隐匿的。

2.11【原文】子曰："温故而知新，可以为师矣。"

〖解读〗对于政治家来说，懂得历史很重要

本章是大家所熟悉的夫子名言，主要是讲"故"与"新"之间的关系，可从两个方面理解：一是从历史学的维度看，就是要通过了解过去、历史去指导现实、预知未来。重视历史经验的当代价值，这是中国传统文明的一大特征，孔子所创立的以"经"治"史"之儒家史学传统就是基于"温故而知新"这样的历史理性。二是从教育学的角度讲，"温故"，就是"所学能时习之"①；"知新"，就是会有新的发现和新的理解。温故知新，可以说是儒家教育学的重要传统。

不过，需要指出的是，从文本阐释学的角度看，上述对"温故而知新"的理解只能代表一种对文本能指意义上的理解。因为，文本编者之所以将本章置于此处，肯定是"意有所指"，而这种所指之义是什么？这必须联系"上下文"来看。如前所述，本篇以"为政"为主题，而前两章主要是论人才的选拔问题，可以说文本是将孔子打扮成了"组织部长"的角色，而孔子所谈人才识别的方法论也应是他作为"组织部长"的经验之谈。那么，这种经验之谈是从何而来的呢？孔子说，"温故而知新"，是由历史经验的总结而来。

---

① [清]刘宝楠：《论语正义》（诸子集成本），长沙：岳麓书社，1996年。

当然，学习历史不只是对当好"组织部长"很重要，更重要的是对于国家治理的方向的把握有着十分积极的资政价值。"可以为师矣"，"师"，在此文本语境中应当作政治导师来理解，而政治导师的必备素养之一就是要能够做到"温故而知新"。为此，我们首先必须重视"故"，因为，"故"虽在时间上为过去，但过去的并一定是"旧"的或"坏"的。王夫之曰："故者，皆先觉之所示。"(《四书训义》卷六)"故"是以文明的形式"长"入我们的现实生活中，是以"温故"活动是一种理解活动和对话活动，即它不只为了了解过去和历史，而是为了理解我们的现在和自身，如果"温故"只是一种"习故"，一种"记问之学"(《四书训义》卷六)，则其所知有限，更无"知新"之可能，当然不足以为人师，亦不足以为政。

故曰：为政者必自"温故"始，为政者必须懂历史。

2.12【原文】 子曰："君子不器。"

〖解读〗君子就是无论干什么都能干好的人

器者，器具也。器具各适其用，各有其主要功能，譬如杯子主要是用来喝茶的，碗主要是用来盛饭菜的，当然用碗来喝茶也未尝不可，但毕竟不如杯子方便适用。因此，"君子不器"的意思应有三层：一是君子作为人才不应像器具那样只有某种用途，或者说君子不是挟一技之长的专业人才，而应是适应管理需求的通才；二是君子不应该以成为专家甚至多才多艺为追求，因为，器具无论多么精妙，都属于形而下者，都无助于君子德性的养成，君子该当以形上之道为本，以"治国平天下"为己任；三是君子是人不是物，用李泽厚先生的话来说，就是人非 ROBOT(机器人)，人不要被异化，不要沦为某种特定的工具，[①]不能人为物役，心为形役，而应该为自己自由而全面的发展活着。

比较以上三层意思，传统《论语》学主要强调的是第二层，突出君子务本之义。但若从文本阐释学的角度看，在"为政"语境下的"君子不器"似乎更应作第一层含义来理解。因为，既然是当官，除了坚持"为政以德"的价值导向外，事功层面是需要懂行政管理的人才去实践的，而行政管理的特点主要是如何处理好政策规范与具体实际之间的矛盾与紧张，它需要一种既能文又能武、既讲原则性又讲灵活性的人才去应对。而传统士大夫的君子之学有失之于事功能力培养不足之嫌，以至于后来儒家都有"内圣即外王"的心理认同，没有意识到"内圣"与"外王"之间紧张，容易造成"平时袖手谈心性，临危一死报君王"的政治伦理悲剧。故夫子此言是有针对性的，尤其是在诸侯争霸，百家争鸣的格局下，儒家欲在"治国平天下"中有所作为，更不能忽略事功能力的培养，而这种事功能力就体现在"君子不器"上。

当代的行政管理是建立在专业分工的基础之上，因而容易形成"君子易器"的路

① 李泽厚：《论语今读》，北京：生活·读书·新知三联书店，2004 年，第 61 页。

径依赖，譬如从事过文秘工作的领导就不怎么熟悉经济工作，熟悉经济工作的人又总认为文宣工作是务虚、无用的东西，等等。皆与孔子"君子不器"的行政伦理要求不相符合。

故曰：熟悉的工作干得好，不熟悉的工作也能干好，这样的干部才是"君子不器"式的干部。当然，"君子不器"并不意味着君子不尊重专业人才，从"樊迟学稼"（《子路》）一事中可以看出儒家确实对专业人才有鄙薄之意，认为那是"小道"，乃"小人"所为，这种对知识的价值分层既不利于科技本身的发展，也不利于现代行政管理效率的提高，是不可取的。

2.13【原文】 子贡问君子。子曰："先行其言而后从之。"

〖解读〗"成就君子"与"作为君子"的言行伦理

关于这句话的意涵，古人的看法虽大致相同，即都是强调君子要多做少说、言行一致的意思，但也有值得我们玩味或较真的地方，这主要是指到底是"君子先行后言"（《大戴礼·曾子制言篇》），还是君子"先履行所说的，然而再说"？[①]王夫之《四书训义》卷六中引范氏曰："'先行其言'者，行之于未言之前；'而后从之'者，言之于既行之后。"这种看法所强调的是：先行再言，行在言前。而上引李泽厚先生的理解是：言在行前，重在履行所言。可见两者对行与言的时序看法是不同的，而这种不同又意味着他们对这句话的意涵存在着不同的理解取向。以前者而论，强调行在言先，这是从"内得于己"的角度来讲成就君子主体人格，是一种教育学意义的理解取向；以后者而言，强调履行所言，这是从"外得于人"的角度来讲作为君子者如何立信取人，便是一种社会学或政治学的理解取向。到底哪种理解取向更接近文本原意，我以为，还得从文本阐释学的角度来理解。

因为，从文本阐释学角度看，孔子此言，首先是针对"子贡问君子"的。也就是说孔子所言有其具体的主体针对性，这种针对性就是指子贡这种"言语"见长的人如何成就君子的问题。我们知道，孔子对于"巧言令色"者下过"鲜矣仁"断语，也对子贡在乱齐存鲁的"伐交"过程中的所言所为做出"美言伤信"（《孔子家语·屈节解》）的负面评价。既然如此，仅就教育学意义上的成就君子德性而言，"先行其言"一语应是指"君子欲讷于言而敏于行"之意，简言之，少说多做（慎于言）、说了必做（言必行）乃是子贡这样善于"言语"的人成就其君子德性的养成路径。其次，是针对"为政"而言的。子贡所问之"君子"，应该是指政治学意义上的君子，而这种意义上的君子之言其最为重要的事就是要讲正确的话和履行自己所说的话，只有这样才可能取信于民。如果从这个逻辑来看，"先行其言而后从之"就应该理解为"先履行自己所说的话，然后百姓才会听

---

① 李泽厚：《论语今读》，北京：生活·读书·新知三联书店，2004年，第63页。

从你的话。"

但问题是:作为君子如何才能保证自己之所言乃是正确之言?如果所言非道而仍履行之,是否仍可取信于民而民然后从之呢?我看这就是"先行其言"之前一种意义对于后一种意义的价值所在。因为,君子欲其所言合乎道理,就必须先经过一番艰苦的学习、探索过程后,才能"于道有得焉,于心有会焉,可以信其必如此而为君子"(《四书训义》卷六),在此之前,君子确实应该慎言谨行,少说多做,经历如毛泽东所说的"实践、认识、再实践、再认识"这样循环往复以至无穷的过程方能建立起对"道"的理性认知与内在确信。且正因为这一过程具有"循环往复以至无穷"的特点,所以君子任何时候都应该"慎言其余",讲话要留有余地,这样才可以在"力行"中少犯错误,也才可以真正取信于民,让百姓真正心悦诚服。

因此,本章之旨在于:成就君子要少说多做,作为君子要慎言敏行。至于言、行时序之先后并不是最重要的问题。

2.14【原文】 子曰:"君子周而不比,小人比而不周。"

〖解读〗大公无私者方能一视同仁

将"君子"与"小人"对举,是《论语》文本的修辞特色之一,但本章之前没有这种情况出现,故读《论语》首先应该注意到这一文本现象的意义。因为,在本章以前,文本多是从正面或"应然"的角度来谈理想人格养成问题,很少把负面或"非应然"现象来与之对比,而后者恰恰可能是社会现实生活中的常见现象。因此,以"小人"来对举"君子"的修辞学意义在于:因为有了这种对比,孔子及儒家思想的批判性性格才得以彰显,或者说因孔子及儒家对理想人格的建设性追求恰恰是建立在对社会现实道德人格状况的批判基础之上,儒家的实用理性才没有滑落到世俗主义境地而保留了它理想性的一面。同时,也因为这种人格落差的强烈对比与反衬,这无疑对君子人格的养成有着十分重要的警醒作用。此外,诚如李泽厚先生所言,《论语》的这种对偶短句因"颇便于传诵、记忆",①从而有助于儒家思想的广泛传播与历史传承。

在孔子及儒家所建构的传统历史文化语境中,"君子"与"小人"两个概念的能指义主要有二:一是社会地位上的身份认同;一是道德修养上的理想人格认同。如君子,在社会地位上是指士及以上的贵族阶层,在道德修养上是指具有仁爱精神的理想人格之人;小人则与君子相反,是指微贱之人和无德之人。那么,依孔子及儒家着重于从道德人格上来进行君子与小人之辨的传统,则意味着过去作为"君子"的贵族及统治阶层就有可能属于"小人"之列,而若从"为政"的文本视域角度来看,这一情形尤其如此。因为,政治作为人类历史发展到一定阶段产生的重要社会现象,是在以经济为基

① 李泽厚:《论语今读》,北京:生活·读书·新知三联书店,2004年,第63页。

础的上层建筑领域中各种权力主体为维护自身利益并以政治权力为核心而展开的各种社会活动和社会关系的总和，简言之，政治关系的本质就是一种“喻于利”的关系。以此而论，在传统宗法等级制度下，作为掌握实际政治权力的贵族阶层如何可能做到孔子所讲的“周而不比”，即做到对所有人都一视同仁、不偏袒任何人呢？况且，我们知道，人是有感情的动物，亲情、爱情、友情、乡情与恩情都是影响人际交换的重要因素，王夫之曰：“人与人相接，而情有所必用也。”（《四书训义》卷六）一个“为政”者在面对自己亲人的利益诉求时会像面对陌生人那样处理吗？不要说在重视血缘关系的古代社会，即使今天我们仍可以看到许多官员的腐败往往就与各种感情因素有着十分密切的关联。因此，孔子说“君子周而不比，小人比而不周”，实际上包含了两层所指：

一是君子在“为政”时要坚定维护公正（“义”）这一首要的价值原则。无论是制定政策法规，还是执行政策法规都要反映所有人的利益诉求，尽可能站在公正、公平的立场去满足大家合理的利益诉求，要一把尺子量到底，做到在规则面前人人平等，不能从私利出发或为利益集团所绑架去差别化行使对规则的自由裁量权，如果那样就是“比而不周”的小人。

二是君子要处理好“情与义”这对矛盾。既不能因情害义，也不能因义伤情，不能因为是你的亲人、朋友就丧失原则和立场，更不能谁看起来顺眼一点或对自己的口味就亲近一些，搞小圈子，拉帮结派，党同伐异，而是要做到大公无私，情系于民。王夫之说：“君子之用情，因其心之大公，而无所吝者也。……无所遗也，如是者谓之周。”（《四书训义》卷六）即“心之大公”者才可能做到“周而不比”。

可问题是，一个人如何才能养成“大公”之心呢？这就回到了君子人格的养成问题上。所以，归根到底，儒学乃君子之学也。

2.15【原文】子曰：“学而不思则罔，思而不学则殆。”

〖解读〗乐于学习者勤于思考

本章是孔子关于学、思辩证关系之总纲，属于认识论范畴。对此，王夫之曾有十分精辟的论述，曰：“致知之途有二：曰学，曰思。学则不恃己之聪明，而一唯先觉之是效；思则不徇古人之陈迹，而任吾警悟之灵。乃二者不可偏废，而必相资以为功。”（《四书训义》卷六）确实，有的人自恃聪明，以为什么都懂，不愿意学习他人的经验，不愿意学习新的知识与技术，长此以往，思想就会变得僵化保守，知识结构就会老化，在面对新情况的挑战时就会显得束手无策，这种人必然会被时代潮流淘汰，所以不爱学习对于人的存在而言是很危险（殆）的。

具体到“为政”领域，学习的重要性就更加值得强调。因为，一个普通人不爱学习，顶多是害自己一生，而一个君子或当官的人不爱学习，就会害很多人，甚至会有亡国之患。这一点近代中国史就是证明。当今中国领导人之所以强调要建设学习型政府，重用学者型官员,原因就在于有这样的历史教训。

当然,学习固然重要,但思考同样不可或缺。因为,人之所以为人,就在于人是会学习的动物,或者说学习是人的存在方式,而这种存在方式意味着学习不是为人,而是为己,即孔子所倡的"为己之学"也。我们知道,人的存在又总是历史的现实存在,这就意味着任何人都必须现实地面对不断变化的存在环境的挑战,而学习正是人面对挑战的必要选择。但是,无论是学习古人的经验,还是学习他人的经验,都无法完全支撑起我们应对现实挑战的压力,必须要有创新,而创新从何而来?王夫之说:"思则不徇古人之陈迹,而任吾警悟之灵。"(《四书训义》卷六)即创新是从"思"而来,是从充分发挥自己的主观能动性而来。有的人也爱学习,但不善于思考,只会死读书,人云亦云,食古不化,机械地照搬古人或他人的经验来应对现实的挑战,当应对不成功时,又不去作自我反省,陷入一种迷惘的境地,最后会因看不到成功的希望而沦为悲观主义者或犬儒主义者。

具体到"为政"领域,善于思考是为政者最重要的政治素质之一。因为,如果领导干部学而不思,只会照搬前人或他人的经验或模式去管理社会,其结果大多是不成功的;有的或许也能收一时之效,但也正是这一时之效常常让管理者产生对"××治理模式"的迷信并进而形成一种路径依赖。现实生活中我们经常看到有一些领导干部异地履新后,总会把自己曾经在某地取得成功的治理模式强推于辖下;还有一些人也强调学习,但他们学习的眼光总是瞄向发达国家或时髦理论,不从国情、实际出发,搞拿来主义或本本主义,这都是学而不思的表现,其所酿成的苦果是有目共睹的。

所以,领导干部要爱学习,还要善于学习。善于学习者勤于思考,勤于思考者不仅善于学习,而且亦乐于学习。人只要是达到了乐于学习的境界,就会有创新的可能。

2.16【原文】 子曰:"攻乎异端,斯害也已。"

〖解读〗牢牢占据意识形态的主导地位

前章孔子从认识论的角度讲学、思之间关系,很具有辩证法的色彩,其主旨还是突出学习本身的重要性。但是,讲学习问题仅讲这一点是不够的。因为,一个人爱学习固然是好事,但如果不学好的东西,专爱学坏的或不好的东西,那就不如不学。所以,学习很重要,学习什么更重要。本章孔子讲"攻乎异端",就是指那些爱花精力去研习非正道思想学说的人,结果当然会害人害己。

问题是:何谓"异端"呢?我们知道,孔子之世,正是中国历史上诸子蜂起、百家争鸣的时代,儒、道、墨等并为当时显学,都有大批的粉丝(包括学者和为政者),皆视自己所倡之道为正道,从而也就皆视他者为"异端"。当然,儒家对于自己思想的合法性辩护有它独特的资源优势,这就是儒家自认为只有自己才是"先王之道"的真正继承人。孔子说自己一生就是"述而不作,信而好古"(《述而》第一),其主要思想来源是"祖述尧舜，宪章文武"（《中庸》），其主要的政治活动也是围绕着恢复周礼而展开。从这一点来讲，儒家讲自己是道统的继承人确有历史根据。但是，儒家这种道统合法性辩护却在现实的政治实践中遭遇到了无情的批驳，孔子自己周游列国十四年，干七十余君，却落得个"丧家犬"的下场，而春秋战国时期的"王霸之辨"也是以霸道的胜出而告终。这一事实似乎足以解释人们对孔子视为之"异端"的偏好。另外，据南怀瑾先生解释："什么叫'异端'呢？这在文字上解释非常简单。'端'就是两头，尖端，两边的头，或多边的头谓之'端'。'异端'是走极端偏向的路线，不走中道的。不但不走中道，还标新立异，特别从事怪异的思想。关于这一点我们如果用现代的思想问题和心理学来研究，也可以说一般的人，大都是喜欢异端的，每个人都有爱好标新立异的天性。"[①]可见，"异端"的市场还可获得心理学的支撑。

当然，孔子关于"攻乎异端，斯害也已"的思想还是极有价值的，且这种价值只有放在"为政"这一文本视域下方可呈现。因为，在政治的上层建筑领域中，思想意识形态工作是极为重要的，一个国家的统治者如果没有掌握意识形态的话语权，没有确立具有导向性的主流价值观，其后果必定会天下大乱。王夫之说，如果一个社会异端邪说盛行，"其为世道人心之害，甚烈也，亦甚速也。"（《四书训义》卷六）所以，孔子讲这句话，虽然是基于道统继承者的身份认同，但其对意识形态工作重要性的强调却具有普世的政治学价值。从某种意义上，孔子是言，可能正是因为他对春秋时期"百家争鸣"与诸侯争霸之间的内在联系有一种深刻的理性认知，这一点亦可从孔子诛少正卯一事中得到佐证，因为孔子诛少正卯的理由之一便是"言谈足饰邪营众"（《荀子·宥坐》）。

当今社会，在全球化背景下，随着互联网技术的发展，我们正面临着多元文化所带来的各种挑战，如何在充分吸收人类文明成果的同时保持自己的文化传统，维系国家与社会的稳定发展，我以为，孔子斯言，乃警钟之言也。

2.17【原文】子曰："由，诲女知之乎！知之为知之，不知为不知，是知也。"

〖解读〗权力越大并不意味着知识越多

这一句又是大家所熟悉的孔子名言，意思是知道就是知道，不知道就是不知道，这才是真正的知道。孔子为什么要谈论这个话题呢？我想可以从如下三个方面去解读。

一是孔子作为中国平民教育的开创者，一生的主要精力在教育，而且其教育方式又具有民主平等的色彩，经常与弟子们就各种问题展开讨论，是以就会碰到主体应持什么样的态度去"求知"才可能提高获取知识的效率与质量这个问题。前面孔子谈到过"学""思"关系时就注意到了有一些人自恃聪明，以为什么都知道，觉得自己了不

① 南怀瑾：《论语别裁》（上册），上海：复旦大学出版社，2006年，第105页。

起，有一种因知识的自信而产生的傲慢。殊不知一个人的已知一方面还有待实践的检验才可能变为知识，另一方面相对于永恒、无限的世界而言，一个人的知识总是有限的知识，而未知或不知道的远比知道的要多得多这一客观事实恰恰是我们人存在的本真状态。如果我们意识不到这一点，为自己之已知而骄傲，则其求知必定有限。因此，知道自己所知的有限性，这本身就是一种知，且只有有这种知的人才是真正的求知者。所谓"人贵有自知之明"，就是对孔子这句话的通俗化诠释。这是本章文本的普世性意义所在。

二是这句话有具体的所指，即孔子是专门针对自己的弟子子路而言的。由，姓仲，字子路，是孔子门弟子的"勇者型"代表，也是孔门"十哲"之"政事"科代表。子路在《论语》文本共出现过 40 次，而本章是他第一次登场。关于子路其人，《史记·仲尼弟子列传》中有详细记载，其事迹之多除子贡外没有其弟子可与之相比。这里我们只讲《史记》对他的个性描述："子路性鄙，好勇力，志伉直，冠雄鸡，佩豭豚，陵暴孔子。"子路性格粗鄙、直率，他成为孔子学生的过程有点不打不相识的味道（"陵暴孔子"）。他成为孔子学生后，可能因为这种性格性特征一时难改，所以求知时"盖有强其所不知以为知者"（《四书训义》卷六）的情况，故夫子是言是有针对性的，是一种"因材施教"。且从《论语》文本的记载来看，一句"由，诲女知之乎！"，话说得很重，把孔子对子路的严厉态度跃然纸上，即令今之读者闻之也莫不汗颜，可以为我们学人的"警句"。

三是这句话还另有所指，即它是针对"为政"者而言。因为，从"为政"视域的文本阐释学角度看，子路本人虽然是一位杰出的"政事"家，但"强其所不知以为知者"的现象并不是"好勇"之子路一个人才具有的毛病。事实上，无论古今，我们都可以发现这样一个现象：官做得越大的人往往认为自己的知识就越多。不仅要掌握政治话语权，还要掌握知识话语权，这是中国仕官文化的重要传统。即使到今天，仍然有许多官员热衷于"博士"加身，希望把自己打扮成"学者型官员"等现象，就是证明。但恰恰是这种知识政治化的仕官文化传统，使得知识的权力化过程导致了一种可称为政治领域中的知识傲慢现象，以至于产生了"权力就是真理"的知识形成逻辑。故夫子是言也是对这种强权逻辑的严厉批判，可以说是儒家知识政治学的纲领性宣言。

2.18【原文】 子张学干禄。子曰："多闻阙疑，慎言其余，则寡尤；多见阙殆，慎行其余，则寡悔。言寡尤，行寡悔，禄在其中矣。"

〖解读〗要在官场立足，就须谨言慎行

本章与文本"为政"之间的关联十分明显，不用做更多的解释。因为，子张的问题就是"学干禄"，而"干禄"者就是通过当官而获得俸禄。不过，在此之前，孔子关于"为政"的问题都说得不直接，主要关注点在政治制度的合法性构建（王道政治）和为政者政治道德的养成（成就君子）两个方面，如此直截了当地讲如何把官当好，这还是头一次。当然,这又与子张之问相关。

子张,姓颛孙,字师。关于子张其人,《史记·仲尼弟子列传》所透露的信息还不及《论语》多,《先进》中曾这样概括过四个学生的性格特征:“柴也愚,参加鲁,师也辟,由也喭。”其中“师也辟”之“辟”的意思应该同“愚、鲁、喭”一样,都属于对不好性格特征的描述之词,但到底是指“偏激”还是“邪僻”,历来有不同看法。我以为,参照《先进》夫子之“师也过,商也不及”一语,“辟”之义当指前者(偏激)而言。而子张之所以会有这样的性格特征,可能与他出身微贱且还犯过罪有关。因为,这样出身的人要立足于社会并出人头地,必定要经受比其他人更多的不公平的社会待遇,事实上,哪怕是子张后来经过自己的努力创立了“子张之儒”并成为儒家八派之首,也曾遭到曾子、颜路等同学的讥讽与排挤。不过,从另一角度看,子张的一生应可视为儒生励志故事的经典。

了解了子张的成长经历及其性格特征,我们对于子张如此直截了当地问“干禄”就不会感到突兀了,而从孔子的回答来看,孔子对于自己的学生有一种同情的理解。之所以这样讲,一则是因为孔子年轻的时候也有过类似的经历。孔子曰:“吾少也贱,故多能鄙事。”(《子罕》)特别是在他十七岁的时候,也就是鲁昭公七年(前535),季武子举行招待士的宴会时,孔子在同伴的邀请下一同前往,想借此机会步入上层社会,结果碰到季氏家臣阳虎,绌曰:“季氏飨士,非敢飨子也。”(《史记·孔子世家》)阳虎根本就不承认孔子“士”的身份。这种被人拒之门外的感觉对一个力图上进的年轻人来讲,那是多么大的精神打击与刺激,以致后来阳虎主动去请孔子出来做官时,孔子还故意避而不见(《阳货》)。所以,以孔子对世道的了解,子张这种为“谋食”而当官的想法是完全可以理解的。二则是“学而优则仕”,这是任何社会读书人的通常想法,孔子及儒家的理想中也包含有“治国平天下”的“外王”层面,也就是说儒家的入世精神并不反对人们有当官的想法。只是在孔子看来,想当官是正当的,问题是为何当官与如何当官。很显然,子张之问是为“谋食”而当官,这似乎与儒家“君子谋道不谋食”的人生定位不相恰,但考虑孔子承认“富贵之欲”的正当性存在于实现方式或手段的正当性即“君子爱财,取之有道”上,那么,子张“干禄”之问就可以被理解为是一种关于如何才算“取之有道”的提问。而事实上,从子张曾有过的犯罪经历来判断,子张此问不可能有一种从孔子那里得到什么官场秘籍之类的非“道”想法的,而孔子所答恰恰也是为子张开出了一份对症下药的“为政”处方。这个处方着眼于子张的偏激之病,故所下的“药”都是有针对性的。如性格偏激的人喜欢发表意见且言辞往往过激,容易讲过头话,所以要多听、少说、说有把握的话,这样才会少犯错误;又,偏激的人做事容易冒冒失失,所以行动之前要多看、做有把握的事,这样才可避免做后悔的事。总的一句话,要在官场立足,就得谨言慎行。

需要指出的是,孔子关于谨言慎行的为官之道在后来法家政治文化的侵蚀下渐渐滑落为一种明哲保身的为官之术(权术),李泽厚先生曾借用“文革”时期某高官的话来形容这种权术的特点,就是“晚说,少说,敢说”。[①]是故子张的“干禄”之问之所以为

① 李泽厚:《论语今读》,北京:生活·读书·新知三联书店,2004年,第67页。

曾子等人瞧不起,原因就在于他没有将谨言慎行的为政方式置于对崇高之“道”的追求过程之中。

2.19【原文】哀公问曰:“何为则民服?”子曰:“举直错诸枉,则民服;举枉错诸直,则民不服。”

〖解读〗干部队伍的好坏决定着民心的向背

鲁哀公问政于孔子,所提的问题是:如何才能使老百姓服从?哀公之所以会有这样的问题,恐怕与当时鲁国的内政和外交的窘境有关。外交方面,吴、越、齐等国交相侵逼;内政方面,大夫“三桓”日益坐大,朝政几乎为他们所把持,是以对君命无法贯彻执行下去这一问题,鲁哀公觉得很不爽,也很不甘心,所以问孔子有什么办法解决这一难题。换句话说,哀公此问是有话外音的,意思是:为什么老百姓只听“三桓”的而不听我君主的?难道就没有办法改变这种政令“自大夫出”的局面?对于哀公之问,孔子其实也是深有同感,因为,在孔子看来,“天下有道,则礼乐征伐自天子出;天下无道,则礼乐征伐自诸侯出。”(《季氏》)春秋时期的历史本是一部以诸侯为主角的“无道”史,但是越往后演就发现连诸侯都当不了主角了,主角变成了“大夫”甚至“陪臣执国命”(《季氏》),譬如鲁国之政在“三桓”,譬如季氏之政在“陪臣”阳虎。而且,在哀公之父即鲁定公十二年(前498),孔子为鲁司寇时,就曾推动过“堕三都”即毁坏“三桓”私邑的事,结果以失败告终,孔子也因此而流亡在外十四年,所以,对哀公之问,孔子实有同感。

但是,如何才能让百姓服从呢?孔子提出的办法就是把正直的干部提拔上来,把搞歪门邪道的人打压下去,也就是选贤任能,搞贤能政治。确实,任何时代任何共同体的治理如果都是由贤能者来主持,那是最理想不过的社会,但是,为什么这样的理想社会在历史上少之又少呢?问题在于:选贤任能到底是由谁来选?是由一群人来选还是由一个人来选?不同的政治制度会有不同的选贤任能模式,从而也就会有不同的结果。很显然,在君主制度下,选贤任能的权力操之于君主一人之手,而仅凭一个人的智慧又如何可能保证所选之人是贤能的呢?君主制度下这种靠一人来选贤任能的方式有太多的偶然性,更何况在传统嫡长子继承制下,君主本身的贤明也得不到保证,像鲁哀公就不是一个贤明的君主,他或许也想选贤任能,但他对“何为贤”“何为能”有自己的判断标准,譬如哀公就不敢用孔子这样的贤能之士。所以,在君主制度下,贤能政治要想有效完全要靠有一个贤明的君主,而保障这个君主始终贤明,又缺乏相应的制度安排,于是就只能靠对君主的道德说教了。这种情况直到隋唐科举制度建立以后才稍有改观。

现代民主政治的做法是将选贤任能的权力交给了一群具备选举资格的大众,这似乎能保证所选之人是最优秀的,但从当代西方的民主政治实践来看,效果也并不理想。之所以会是如此,我认为,西式民主政治的最大弊端在于只有民主,没有集中,而我国传统政治模式是只有集中而没有民主,若能构建一种既民主又集中的选举制度,贤能政治理想的实现或许是可能的。

毛主席曾说过:政治路线确定之后,干部就是决定的因素。干部队伍的好坏决定着民心的向背,故夫子是言仍可以作为我们各级组织部长的座右铭。另外,值得一提的是,孔子非常看重"直"德,一部《论语》提到"直"德有十六章之多,足见"直"在孔子心目中的地位,以至于钱穆先生认为,"孔子之学说"首先是"论仁",其次是"论直",甚至可以说"直即是仁也"。①

2.20【原文】 **季康子问:"使民敬、忠以劝,如之何?"子曰:"临之以庄,则敬;孝慈,则忠;举善而教不能,则劝。"**

〖解读〗好干部的标准:严肃认真做事、率先垂范做人、知人善任做官

上章是哀公问政,属于君臣间的对话,孔子的角色是帝王师。而本章的季康子是权臣,虽在位阶上低一个层次,但他是鲁国的正卿,位高权重,为"三桓"之首。不过,季康子这个人为政还是很有一套的。外交上,他懂得如何在齐、吴两大国的夹缝中求生存,特别是他任用孔子的弟子冉有为将大败齐国,取得了"艾陵之战"的胜利,为鲁国的生存赢得了喘息之机;内政上,他能顺应历史潮流推行"用田赋"的税赋改革,重视人才干部队伍建设,尤其是在哀公十一年(前 484),季康子派人以币迎孔子,被"三桓"逐出鲁国十四年的孔子终于回到了父母之国,而孔子晚年能完成其修书伟业,也与季康子对孔子的礼敬是分不开的。

哀公之问是:如何才能使老百姓服从、听话?而季康子之问则是:如何使老百姓尊敬、忠诚和相互劝勉?两者之间的差别在于:前者只求百姓服从、听话,不管是衷心服从还是违心服从,也不管用什么方式和办法,只要服从、听话就行;后者则强调老百姓的服从要出自内心,也就是要心悦诚服。可见,季康子虽然只是个权臣,但他懂得"民心"的重要性,其政治见识与格局比哀公要高得多。而孔子的回答也十分具有指导性。一是要"临之以庄",即要严肃认真地对待百姓,百姓之事无小事,不能轻慢、草率待之,这样老百姓才会真正尊敬你,因为他们知道你是真心实意在为老百姓服务。二是要"孝慈",即要孝敬父母,慈爱幼小,做尊老爱幼的表率,这样老百姓就会忠诚。现代社会的人对"孝慈则忠"多有不解,认为尊老爱幼不会有这么大的政治教化效应,这其实是不了解古代社会结构的血缘宗法特征。因为,古代所谓的家庭并不是现在的个体家庭,而是一个以血缘为纽带的宗族,所谓国家就是由许多个这样的宗族组织起来的,故国是家的放大,其作为家长同时也要承担宗长的角色与义务,你的一举一动所影响的绝不只是你单个的家庭成员,更是整个宗族,是以在今天看似为私德的"孝慈"

① 钱穆:《四书释义》,北京:九州出版社,2010 年版,第 63 页。

实际上在当时有公德的性质。三是要“举善而教不能”,即要推举好人而教育那些无能之人,也就是要有正确的用人导向,让德才兼备的人走上领导岗位,充分发挥正能量的教化导向作用,营造一种积极向上的社会风气与干事氛围,这样民众就会相互促进、相互提高。如果是这样的话,国家的治理成本就会大大下降。

概括来讲,孔子所言实际上就是:好的领导干部必须在严肃认真做事、率先垂范做人、知人善任做官三点上下功夫。

2.21【原文】 或谓孔子曰:“子奚不为政?”子曰:“《书》云:‘孝乎惟孝,友于兄弟,施于有政。’是亦为政,奚其为为政?”

〖解读〗为政不一定得当官

前两章孔子对国君和权臣讲了一些为政的道理,讲得头头是道,既有针对性,也具普适性,但是孔子说的这些道理,有的人听进去了,有的人则左耳进右耳出,根本不当回事。不过,毕竟因为孔子的社会影响较大,也不好正面反驳,于是就有人拿孔子自己没有从政这一点来做文章,意思是:你既然这么懂政治,为什么自己不去当官呢?事实上孔子是当过官的,且官至鲁司寇并摄行相事(相当于今天的省委常委兼司法厅长),且政绩十分突出,但因“堕三都”事件得罪“三桓”而被逐出鲁国。在长达十四年的周游列国期间,孔子也有过从政的想法,但因“道不同不相为谋”,他直到回到父母之国前也未能从事过实际的行政工作;晚年则以授课修书为业,但也经常充当政治导师,评点一下时政,惹得有些人不爽,那是很正常的。故“子奚不为政”一语也可理解为:既然你这么懂为政,为什么你总做不了官?既然位子都没有,拿什么去为社会做贡献呢?

我们知道,儒家有很强烈的政治参与热情,他们的人生规划可以概括为:不为良相,便为良师。良相是直接地政治参与,良师则是间接地参与政治,二者殊途同归,没有高下之分,只有方式之别。为什么这么讲呢?这主要是因为传统政治是由宗法政治的特征所决定的。如上章所论,基于血缘纽带所形成的宗族是传统国家构成的社会细胞,因而适应于宗族关系的孝道伦理要求本身就具有政治规范的功能,甚至可以说传统的国家治理是否有效,取决于是否充分调动和利用了宗族伦理资源,儒家之所以强调以孝治天下,原因就在于此。所以,孔子认为,孝悌之道的贯彻是可以“施于有政”即可以作用于政治的。基于这一逻辑,孔子自然认为自己所从事的教育工作也是一种政治工作,甚至他认为这是一种比直接从政还要重要的政治工作。

上述孔子对政治的这种理解无疑开创了一种中国式的“政教合一”政治文化传统。因为,这里所谓之“教”是指以世俗伦理为内容的道德教育,故这种政治文化传统的主要特征可谓之为伦理政治化。而我们知道,伦理源于习俗,三代之礼仪可以说是由氏族习俗演变而来的习惯法,它凝聚了历代人们关于正义的基本共识,是维系宗法血缘关系和谐稳定的有效黏合剂,孔子将这种习俗伦理的政治价值提炼出来并将之确立为政治的应有内涵，从而为传统政治崇尚以孝治天下这一治理模式提供了坚实的理论基础，确实功莫大焉。

2.22【原文】 子曰："人而无信，不知其可也。大车无輗，小车无軏，其何以行之哉？"

〖解读〗信赖社会的构建要从建立诚信政府做起

一个人言而无信，怎么可能立足于社会呢？儒家特别重视信赖社会的构建。因为，在社会交换中，人与人之间相互讲信用，这无疑不仅会降低社会交换的成本，也会降低社会交换的风险。古代社会因为是熟人社会，因而人与人之间的信用建立无须通过契约的形式来达成，只需要通过熟人之间的"口碑"就可能形成对承诺的制约。但在由陌生人构成的现代社会，人与人之间的信用往往得借助契约或合同的形式才是可能的，但也正是这一点，社会交换的成本也会随之增加，不过，与此同时，社会交换的风险也会有相应降低的可能性。

如何构建信赖社会呢？我以为，政府诚信或诚信政府的建立是最为重要的。《吕氏春秋·贵信篇》有一段话，很能说明这一点，曰："君臣不信，则百姓诽谤，社稷不宁；处官不信，则少不畏长，贵贱相轻；赏罚不信，则民易犯法，不可使令；交友不信，则离散郁怨，不能相亲；百工不信，则器械苦伪，丹漆染色不贞。"其中所谓"君臣不信""处官不信"和"赏罚不信"，皆与政府诚信相关。"君臣"代表了朝廷或政府，而"处官"就是在政府这个组织机构里当官的人，"赏罚"则代表国家制定的有关政策法规，三者的诚信问题虽各有作用的领域，但又相互关联、相互影响的，即如果政府不讲诚信的话，则在政府里面做官的人也就不会讲诚信；如果当官的不讲诚信，那么也就不要指望他所制定的政策法规会得到严格的执行。所以，政府讲不讲诚信，不仅会影响到政治领域，还会影响到社会交换与经济生产领域，譬如上述的"百工不信"，就是指经济生产领域的不讲诚信问题，其结果就是假冒伪劣产品盛行。

至于政府诚信对社会交换领域的影响，首先在于对良好社会风气的形成有重要的价值导向作用。试想一下，如果政府不讲诚信，当官的说话不算数，那么普通民众之间的社会交换遇到诚信问题时就会拿坏的榜样作借口，政府就会成为社会诚信问题的道德避难所；其次，政府作为公正价值的守护者，如果不讲诚信的话，无疑会加大人们社会交换的风险，哪怕是在以契约为主的现代社会，如果政府不讲诚信，违约就很难通过政府来保障受害者的利益，因为政府诚信在很大程度上就是对公正价值的守护承诺。所以，如果一个社会出现了"人而无信"的现象，那肯定首先是政府诚信出了问题。

本章孔子虽然是谈"人而无信"的问题，但在"为政"的文本脉络下，其所指义应该是指政府诚信构建问题。至于文本中的"大车""小车"之譬，实际上是指无论是大的组织如国家，还是小的机构如社团，其运转都必须以贯彻诚信价值为轴心，否则就会散架、倒闭或行之不远。

2.23【原文】 子张问:“十世可知也?”子曰:“殷因于夏礼,所损益,可知也;周因于殷礼,所损益,可知也。其或继周,虽百世,可知也。”

〖解读〗政治家必须具备预判未来的能力

前面已讲过,子张其人对于“为政”问题的关注有别于曾子等人,后者所关注的问题主要在成就君子上,属于“修身”或“内圣之学”的层面,而前者(子张)则主要关注如何在官场上干出一番事业,因而对于政治体制的构建与运作等属于“外王之学”层面的知识比较感兴趣,这一致思取向也造就了孔子儒学发展的新的可能性,可以说也正因为有“子张之儒”,才有后来的荀子之儒。过去,我们总以为思孟学派才是儒学之正宗,其实从孔子与子张的对话可以看出,孔子对于“君子之学”的定位实际上包含了“内圣”与“外王”两种向度,且也看到了这两种向度之间的内在紧张。而思孟学派发展至宋明理学则成了纯粹的心性之学,认为从“内圣”可以开出“外王”,提出“内圣即外王”的命题,没有看到“外王”的相对独立性,以至于“无事袖手谈心性,临危一死报君王”,这都是由对孔子思想理解的偏废所致。

子张在本章所提出的问题属于史学的范畴。“十世可知也?”即未来是否可以预知?如果可以预知,根据又是什么?子张的这种问题意识对于从政者来讲是十分重要的。因为,我前面已讲过,不能“温故而知新”,不学习历史的人是当不好官的,至少不能成为政治家。之所以如此,是因为学习历史既可以借鉴前人的经验,少犯同样的错误,还可以通过掌握历史发展规律,对于未来社会发展的基本走向与态势有大致的预判,从而为政治决策及个人的路线选择提供知识支撑。而孔子之所以为圣人,在很大程度上就在于他有强烈而深刻的历史意识,譬如他能从夏商周三代礼制变迁的历史中发现礼的“损益”规律,根据这一规律又能对周代以后未来社会的发展走向有一个基本的预判。我们可以想象一下,处在春秋这样的乱世,人们生活的最大焦虑就是“明天会怎么样”,而诸子百家的争鸣从另一个角度来解读又未尝不是对这一问题的不同解答。为政者如果对于未来社会的发展没有定见,那么他就不可能在自己的政治生涯中有所坚持,从而也就不可能成就一番事业。孔子及儒家的政治表现虽然在当时屡屡受挫,但孔子能够有“知其不可而为之”的坚持,就在于他有这样的历史观。因为孔子相信无论春秋时期的礼崩乐坏如何严重,但未来历史的发展仍无出于三代以来礼制变迁的“损益”规律,事实上后来历史的发展也证明了这一点。结束春秋战国动乱之后的秦朝虽然不在孔子的预判之内,且汉承秦制也说明秦代的制度创新确实影响了中国历史两千余年,但是,从汉武帝“罢黜百家,独尊儒术”始,说明中国传统社会宗法一体的社会结构并没有发生根本性改变,因而礼仍然是维系社会稳定不可或缺的制度安排。即使到了今天,虽然血缘宗法关系不再是社会结构的支柱,但是中国文化重视家族的传统仍然是值得我们珍惜的精神资源,传统礼仪对于当代文明社会的构建仍有着十分重要的意义。

从文本阐释学的角度看,本章可视为孔子为礼乐文明做合法性辩护,旨在强调要坚持以礼治国的儒家政治学宗旨。

2.24【原文】 子曰:“非其鬼而祭之,谄也。见义不为,无勇也。”

〖解读〗为政者应当有所畏、有所不畏

这是《为政》篇的最后一章,意思有两层:一是拜神要拜自己的祖宗神,否则就有拍马屁之嫌;二是看到应该做的事不去做,就是没有勇气的胆小鬼。前者是孔子对上古以来淫祀之风所持的“祛魅”立场,这一立场主要突出了祖先崇拜的合法性,从而为“事神致福”之礼注入了世俗伦理的基因;后者则是孔子对公正价值维护所持的态度,这一态度主要突出了“义”在价值上的崇高性,赋予了“义”以行动伦理的色彩。前后两层意思是否有逻辑上的联系呢?李泽厚先生认为,前者是讲宗教性私德,后者是讲社会性公德,二者“只能统一于情感塑造上”。[①]其实,我以为,这二者也可以统一于(实用)理性的塑造上。因为,孔子之所以主张不要去祭那些与自己没有血缘关系的鬼神,是因为祭了也没有用,徒费精力和物力而已。而且什么鬼神都敬的人在心理上就是一个胆小怕事的人,这样的人怎么可能指望他会为维护公正价值(义)去勇于献身呢?人既要有所畏,也要有所不畏,有所不畏者方能见义勇为。所以从培养见义勇为的社会性公德来看,宗教性的私德也必须摆脱原始图腾崇拜的影响,不能什么鬼神都祭。孔子的这一主张可以说是对理性精神的张扬。

那么,本章与“为政”之间的文本联系又是什么呢?这要联系前两章来看。第二十二章是讲诚信对于为政的重要性,旨在构建诚信政府;第二十三章讲知史对于为政的重要性,旨在构建礼治模式的能力政府。从为政者主体的角度来讲,前一章是讲德,后一章是讲能,如果一个人德能兼备,那应该是好干部了。但是,从行政效能的角度看,这样的干部如果执行力不强,不能勇于任事,占着位子不作为,那也不是一个好干部。所以,本章是强调勇德对于为政的重要性。《中庸》有所谓仁、知、勇“三达德”的说法,勇德作为“达德”之一在政治领域的体现就是要勇于维护社会的首要价值——义。而勇德如何培养?在孔子所处的时代,就是要摆脱原始图腾文化所形成的淫祀之风的影响,大力弘扬主体理性的价值,这样主体勇于为义时才不会失于鲁莽。

① 李泽厚:《论语今读》,北京:生活·读书·新知三联书店,2004 年,第 74 页。

◆《八佾》第三◆

概要：本篇以“为礼”为主题。第一，孔子描述和批评了春秋时期的礼崩乐坏现象(第一、二章)。第二，对这一现象作了原因分析：一是因为主体“未仁”(第三章)；二是因为不懂礼的本质(第四章)；三是因为不了解礼乐文明存在的历史合法性(第五章)。第三，以“旅泰山”一事为例(第六章)，说明礼的本质在“让”(第七章)，复礼就是一种人的本性回归(第八章)，现存周礼是有据可考的(第九章)。第四，以禘礼为例(第十、十一章)，反对功利主义的祭祀之风(第十二、十三章)。第五，周礼是三代文明的集大成者(第十四章)，但现在因为：一是不知其礼的形式而乱礼(第十五至十七章)；二是不懂礼的精神实质而僭礼(第十八至二十二章)。第六，以事例说明孔子对礼乐文明有深入了解，是复礼的希望所在(第二十三至二十六章)。

3.1【原文】 孔子谓季氏：“八佾舞于庭，是可忍也，孰不可忍也?！”

〖解读〗讲排场不只是个经济问题，更是个严肃的政治问题

这里的季氏是指鲁国权臣“三桓”之首的季孙斯，谥桓，史称季桓子，也就是《为政》第二十章中季康子的父亲。在他主政初期，其家臣阳虎曾上演过“陪臣执国命”的宫斗剧，虽然“三桓”最终平定了阳虎之乱，但季氏在鲁国的声望与权势也因此而有所下降。也正因为如此，当时的公室之主鲁定公就有了将权力从“三桓”手中收归己有的想法，于是他便重用主张“君君臣臣”的孔子去实施“堕三都”的计划。孔子之所以主张“堕三都”，主要是“三桓”的所作所为从根本上破坏了周公制作的礼乐，是礼崩乐坏的始作俑者，不仅不把公室放在眼里，还有君临天下、自许为天子的企图。譬如，季氏办个家庭宴会，照规定他作为大夫只能用四人一排的舞蹈即“四佾”，但他却用了只有天子才有资格用的八人一排的舞蹈即“八佾”，比当时公室的“六佾”排场还要大，明显将自己凌驾于公室之上，比肩于周天子。对于季氏的这种行为，孔子认为，如果不加制止任其发展下去的话，那么将来必定会出现犯上作乱之举，所以孔子说“是可忍也，孰不可忍也?！”一语，实在是气愤之极也。也正是这一点坚定了孔子“堕三都”的决心，虽然这一计划最终功败垂成，但也说明孔子对于礼制的维护所采用的手段不仅有“批判的武器”，也有“武器的批判”。

不过，从文本阐释学的角度看，值得关注的是，本篇以“八佾”为首章，表明“礼”是本篇的主旨和中心思想。如果说第一篇《学而》是讲“为学”以成就君子，第二篇《为政》是讲君子如何做官，那么，本篇就是讲为学、为政都应以维护传统礼乐制度为核心，尽管这种礼乐制度在春秋时期已处于崩坏的状态之中。这一点也显示出孔子及儒家关于政治问题解决的实践路径选择——“复礼”为先。

又,春秋时期社会各阶层僭越礼仪的行为是十分普遍的,为什么文本要把孔子反对“八佾”放在首章呢?我以为,这不只是因为季氏开宴会的排场太过奢华,且这种奢华又透露出他的政治野心,所以孔子要反对;而且,更重要的是,孔子注意到了这种现象的背后实际上还存在着为这种现象做合法性辩护的思想危害,即有的人认为,富裕起来后,日子过得好一点没什么不妥,只要是花自己的钱,想怎么样就怎么样,与他人何干!这种“有钱或有权就任性”的思想在今天我们并不陌生,其实古人也何尝不是如此呢?春秋时期,随着“私田”的增加,富裕起来的诸侯大夫们有条件办更有排场的家庭宴会,就如今天富裕起来的人可以坐奔驰等豪车一样,何必非得按“规定”去坐低排量的车呢?但是,这里有个公私分际的问题,因为诸侯大夫们的身份既是贵族,也是权臣,他们的富裕在很大程度上来自权力,所以他们的所作所为就得按规矩(礼)办事,否则“有钱就任性”就等同于“有权就任性”,而“有权就任性”的后果就是犯上作乱。所以,《礼记·檀弓上》讲:礼要“称家之有无”,既是讲行礼要量力而行,不要打肿脸充胖子,也是讲即使有钱也不能违反规定去讲排场、去显摆,特别是为政者尤其要注意这一点。因为为政者一旦讲究吃喝玩乐,必定会滋生侈靡之风,进而产生腐败。中共十八大以来出台的“八项规定”之所以在从严治党方面成效显著,就是抓住了干部日常生活作风建设对于党的建设这一关键点。

故曰:讲排场不只是个经济问题,更是个严肃的政治问题。当然,如果站在全球资源利用的角度来讲,奢侈浪费还是个严重的生态问题。

3.2【原文】 三家者以《雍》彻。子曰:“‘相维辟公,天子穆穆’,奚取于三家之堂?”

〖解读〗明知故犯是最不能容忍的

本章仍然是讲孔子对春秋时期礼崩乐坏的担忧。“三家”是指鲁国大夫季孙、孟孙、叔孙三位权臣,也就是前面所说的“三桓”。上章讲季氏开家庭宴会,用了只有天子才可用的“八佾”之礼,算是春秋僭越礼仪之个案,而本章讲的情况则表明僭越礼制的行为在当时具有相当的普遍性。这既反映了文本层次的深化,也显示了出文本编者的编辑学考量。

“三家者以《雍》彻”,是指三家在祭祀活动快要结束时所用的诗歌又用到了只有天子才可用的“雍”诗,属于明显的僭礼之举,且违规性质比前者更为严重。因为,季氏开家庭宴会,用了“八佾”之礼,虽然也是僭礼,但毕竟只是“业余生活”方面的失礼,而本章所讲的情况则是在祭祀这样庄重严肃的场合下的违礼,那就有公然“分庭抗礼”的性质了。由此足见大夫们的僭越行为并不是酒后助兴的偶然之举,而是习以为常的必然之举,而人们一旦将某种行为格式化,那也就意味着他对这种行为有一种合法性肯认,即他觉得这样做不仅必要而且应当。因此,春秋时期的礼崩乐坏既是一种历史的必然，同时在这种必然的背后也还存在某种历史合理性。换言之，礼乐制度本身确有改进的必要，这一点孔子并非没有意识(后文有详论)，只是孔子对于涉及国家根本制度层面的礼制变革始终持坚定的反对立场。古人所谓“国之大事,在祀与戎”(《左传·成公十三年》)，讲的就是祭礼对于维护宗法制度的重要性。

那么，孔子是如何批判三家僭越行为的呢？“相维辟公，天子穆穆”一语是《诗·周颂·雍》里面的两句，“相”者，助也，“辟公”者，诸侯也。意思是说天子祭祀的时候，诸侯都来助祭，而天子则肃穆端庄地站在中央主祭。这就是说，《雍》诗本身就有明确的身份认同，而三家在自己宗族的祭祀上用《雍》诗为彻(撤席)，这是明知故犯之举。“奚取于三家之堂？”意思是三家的宗堂祭祀怎么能够这样做呢？孔子的这一批判看似不及“是可忍也，孰不可忍也！”一句那么有力量，而且语气中多少有些无可奈何的味道，但是这种以其人之道还治其身的批判方式也显示出了孔子批判的尖锐，可以说是孔子对“不学《诗》，无以言”(《季氏》)思想的最佳注释。

《八佾》一篇前两章都是讲春秋时期礼崩乐坏的状况，从中可以看出，当时对礼制的破坏又往往从“乐坏”开始的。为什么会是如此呢？我以为，这与礼、乐功能之不同有关。我们知道，音乐产生于生产劳动，而礼仪则源于原始宗教，《礼记·乐记》曰：“乐由天作，礼以地制”，即乐是自然天成的，礼则是人为创制的。而自然天成的乐的首要功能是审美，只有当它与礼结合在一起时，乐才被赋予了浓厚的宗教政治文化色彩，成为礼的一部分，分别承担着不同的社会政治功能，这种功能简单来讲就是《乐记》之所谓“乐统同，礼辨异”也，即礼是为了建构一个有序的社会结构，而乐则是使这一有序结构能处于和谐状态之中。毫无疑问，周公创制礼乐后，乐的政治功能被过度张扬，以至于人们忽略了乐的审美价值发现的意义，但是，从乐的起源来讲，对音乐审美价值的追求始终是人类的终极追求之一，这一点使得乐又具有独立发展的可能性。事实上，诚如李泽厚先生所言，春秋时期“许多音乐、舞蹈其实正不断从神圣的仪式、严肃的礼制中解放出来，而取得自己独立的欣赏意义”。[①]正是因为乐的审美功能无法完全消融于礼制的建构之中，人们就很容易把音乐、舞蹈当作僭越礼制的突破口，譬如上述的三家以《雍》为彻，或许就是因为三家觉得《雍》作为一首诗歌音乐太动听了，既然如此，美好的事物为什么不能与大家一起分享呢？难道仅仅因为它是天子听过的音乐就成了天子的专利，如果是这样，其正当性是否“足额”或充分呢？就如孔子所反对的“郑卫之音”，不也是因为它们作为一种当时的“流行音乐”因符合人们的审美价值需求而为上层贵族所喜爱吗？这是同样的道理。所以，春秋时期的礼崩乐坏之所以从“乐坏”开始，其实也是因为“乐坏”可以获得审美价值的合法性辩护。

① 李泽厚:《论语今读》,北京:生活·读书·新知三联书店,2004年,第77页。

3.3【原文】子曰:“人而不仁,如礼何?人而不仁,如乐何?”

【解读】伦理失范源自“人心亡矣”

前两章讲了春秋时期礼崩乐坏的严重情况,也显示了孔子对于大夫们僭越礼制行为的愤慨与担忧,那么,社会既然有“病”,如何把病治好呢?众所周知的道理是,要想将病治好,首先要找到病因,这样才能对症下药。这就是本章之旨。可见,文本如此安排是有其逻辑考量的。

对于春秋时期为什么会产生礼崩乐坏这一现象,孔子认为,最根本的原因就在于“人而不仁”,而“人而不仁,则人心亡矣,其如礼乐何哉!”(《四书训义》卷七引游氏曰)这就是说,道德失范源自“人心亡矣”,而礼乐作为一种外在的行为规范如果要得到很好的遵守,必须要以主体内在真实的情感作为心理基础,否则徒具形式而已。但是,“人心”应该如何塑造才会使主体自觉地践行礼乐规范呢?孔子提出了一个以“仁”为核心的心理结构塑造标准。何为仁?孔子及后儒有很多的解释,但在这里,我认为“仁者人也”这一命题最为关键。因为,“仁”作为一种道德情感首先是人性本具的心理需要,譬如从人性出发,仁爱首先是“爱亲”即爱自己的亲人,故孔子曰:“仁者人也,亲亲为大。”(《中庸》)因此,“人心”的塑造必须基于“人性”,这是孔子仁学构建的关键。但是,孔子的“人性”结构除了情感之维外,还有理性之维,用李泽厚先生的话来讲,“人性心理”就是某种“情－理结构”,[①]而理性对于塑造“人心”的作用主要表现在对基于人性的情感流露的疏导上。因为,基于人性的情感虽然有仁爱的表现,但如何去爱亲人?尤其是如何从爱亲人走向爱他人?这都需要有理性的介入,更何况“生之谓性”的人性(自然人性)的情感流露不一定会表现出道德情感的取向呢?而如何使这种情欲性的情感(占有之爱)转化道德性情感(奉献之爱),就更需要理性的强力(意志)介入才是可能的,这也就是孔子所强调的仁、知互补。所以,孔子说“人而不仁”实际上就是指在上述两种情感的交锋过程中,主体理性的作用没有得到充分的彰显,从而导致“人心亡矣”。而“人心”应有的状态是基于人性的“情”(情感、情欲)、“理”(理性、意志)之间维持一种以仁为本的适度的张力关系。

对春秋时期的礼崩乐坏之现状,孔子归因于“人而不仁”,也就是归因于“人心”的变化。而“人心”所以如此,其实还有着更深刻的社会历史根源,这就是社会存在决定社会意识。孔子是否也意识到了这一点呢?我以为,从孔子对三代礼制之“损益”规律的把握可以看出,他对此还是有充分的认知的,只是因为他对礼乐文明存续的社会基础即宗法同构的社会结构并未发生根本性解构这一情形也有着同样充分的认知,所以他才更关注社会意识之相对独立性的价值,更关注主体之能动性对于礼乐文明价值维护的作用。而且,尤其需要指出的是,礼乐文明作为一种源自原始血缘宗族的社

① 李泽厚:《论语今读》,北京:生活·读书·新知三联书店,2004年,第78页。

会习俗，有着长期的文化心理积淀，人们对于传统礼乐文明有一种无须反思的心理认同，虽然现在出现一些违背礼制的事，但并不能得到一种合法性辩护，相反，正是因为僭越礼制事件的出现，促使了孔子及儒家对于传统礼乐文明的价值发现与自觉，而“仁”就是这种价值发现与自觉的结晶。

3.4【原文】 林放问礼之本。子曰：“大哉问！礼，与其奢也，宁俭；丧，与其易也，宁戚。”

〖解读〗礼之本在于情

上章孔子把礼崩乐坏的原因归之于“人而不仁”，其潜台词是：只要“人而仁”，则守礼矣。那么，礼与仁之间到底具有什么样的内在联系呢？要搞清楚这一问题，就必须先了解礼乐的本质（“礼之本”）到底是什么？从本章始，文本从各种角度来探讨这一问题。

有意思的是，提出“礼之本”这一问题的是一位名不见于《仲尼弟子列传》的人，他叫林放。林放其人，史无详载，只知道他是鲁国人，有传说他是商朝名臣比干的后代，曾担任过鲁国的大夫，拜为太傅，去世后与夫人芊氏一起合葬在今河南开封东岩山一带。唐玄宗开元二十七年（739），林放被赐号为清河伯，从祀于孔圣庙西庑首座，后又祀于乡贤祠。在许多地方的孔庙中，都立有林放的牌位。而林放在《论语》文本中共出现过两次，且都在《八佾》篇，一次在场，即本章；一次不在场，即第六章（季氏旅于泰山，子谓冉有曰：“女弗能救与？”对曰：“不能。”子曰：“呜呼！曾谓泰山不如林放乎？”）。从林放的这两次登场来看，孔子对林放的评价还是很高的，可能也正是因为有孔子这样的评价，林放才有后来的孔庙地位。

林放在文本中的第一次登场是问孔子“礼之本”是什么，孔子觉得林放之问是“大哉问！”，也就是说林放此问“问得好”，有赞叹欣赏的意思。之所以如此，是因为林放之问触及礼乐的根本问题，即礼乐文明存续的合法性。也就是说，在春秋时期礼崩乐坏现象十分普遍的情况下，为什么孔子还要坚持以礼乐文明为主的价值导向呢？我们知道，礼制作为一种适应血缘宗法一体化社会结构需求的制度安排虽然面临着新形势的挑战，但是在宗法一体社会结构没有解体之前，礼制作为一种习惯法或普通法的合法性仍然是可以得到社会认同的，即使是僭越礼制的大夫贵族，在涉及自己的权利范围之内的事上，也仍然主张要维护礼制的严肃性与权威性。换言之，宗法一体社会结构是礼制存在的合法性根基，而这一根基的心理基础就是以“亲亲为大”的仁爱。所以，诚如李泽厚先生所说，孔子本章对林放之问的回答仍然是“强调心理情感（戚）是根本，比外在仪式重”[①]，即宗法一体的社会结构决定了亲亲之情是形式化的礼仪的出发点，而形式化的礼仪就必须以此心理情感为根本。

基于仁爱这样一种道德情感，为什么一定要通过孔子所崇尚的周礼这一形式表达

① 李泽厚：《论语今读》，北京：生活·读书·新知三联书店，2004年，第79页。

出来？是不是还有比周礼更恰当的形式来表达呢？依据春秋时期礼制的践行情况来看，其主要弊端在“文胜于质”，也就是礼仪的形式主义化，而这种形式主义又往往表现为“奢”，表现为前述“三桓”那样喜欢讲排场的铺张浪费，所以孔子讲“礼，与其奢也，宁俭”，就是欲通过去形式主义化来回归礼仪的本质；而“丧，与其易也，宁戚”一句，其“易”有不同的解释，我以为《朱注》“易，治也”颇符合“上下文”之意，即指丧礼仪式过于隆重，以至于掩盖了丧礼本欲表达的丧失亲人的悲痛之情这一最根本的东西，所以“宁戚”一语可以说是直指“礼之本”不在于外在的形式，而在于内在的情感。

3.5【原文】 子曰：“夷狄之有君，不如诸夏之亡也。”

〖解读〗**夷夏之辨是文明之辨，非种族之辨也**

上章讲礼之本在情，即礼是情感的表达方式，那么，人类的情感为什么要通过礼仪的方式来表达呢？这就需要一种正当性辩护，即只有通过礼仪的方式来表达情感才是正当的，这也就意味着还有许多不通过礼仪方式来表达情感的情况存在，譬如春秋时期的夷狄即当时生活在华夏周边的少数民族，就是这样。故孔子说“夷狄之有君，不如诸夏之亡也”，一语开启了传统文化发展过程中的“夷夏之辨”。

夷夏之辨是一个涉关民族认同的命题。我们知道，民族认同是国家认同的重要基础，而在民族认同中，对血缘种族、地域故土、语言文化的认同具有根源性认同的意义。但是，这三种根源性认同中哪一种认同占主导地位或构成为民族认同的根本性要素，不同的民族有着不同的文化价值取向。而在中国古代政治文化中，最具影响的民族认同思想莫过于“夷夏之辨”。王夫之曾曰：“天下之大防二：中国夷狄也；君子小人也。”“夷夏分以其疆，君子小人殊以其类，防之不可不严也。”（《读通鉴论》卷十四）“分以其疆”，意味着“夷夏之辨”主要是与国家认同相关。而根据什么来进行“夷夏之辨”，这在不同的历史时期有着不同的标准。如上古时期，主要是依地缘关系来区分夷夏，即居中原之地者为夏，居夏之外者为夷；到春秋战国时期，“四夷并侵”中国（《汉书·韦贤传》），华夏与夷狄在地缘关系上的相互渗透增强，这样便产生以血缘和文化二重要素来辨别夷夏的观念。秦汉以后，以血缘来区分夷夏的观念主要见之于民族矛盾比较突出的历史阶段，如南北朝和两宋时期，而历史上占主导地位的“夷夏之辨”则是文化标准论。这种依文化来区分夷夏的观念始于孔子，至汉代公羊学逐渐成为系统的民族政治理论，其后历代思想家甚至皇帝如清雍正都多有阐发。

孔子及儒家的“夷夏之辨”主要观点有二：一是“裔不谋夏，夷不乱华”（《左传·定公十年》）；二是“夷狄之有君，不如诸夏之亡也”（《八佾》）。前一个观点表明孔子坚决反对外来民族对华夏族内政的干预，具有维护国家主权独立的意思；后一个观点则是从礼仪文化上来辨别夷夏，强调礼仪文明的先进性。当然，孔子的“不如”之论也包含了一种华夏文化优越论的价值取向在内，存在着对夷狄民族的文化歧视。而且这种倾向历代不绝，如管仲就说“戎狄豺狼”（《左传·闵公元年》），《汉书》说“夷狄之人贪而好利，被发左衽，人面兽心”（《汉书·匈奴传下》），甚至到宋代，大文豪苏轼还讲“夷狄不可以中国之治治之也，譬如禽兽然”（《王者不治夷狄论》）。

但是，从礼仪文化去辨别夷夏也体现了一种包容性的民族主义思维。因为，在民族认同的根源性要素中，血缘认同是最具排他性的，若以之为主要的认同依据，则不可避免要陷入种族主义的泥坑，《左传》中所谓“非我族类，其心必异”（《左传·成公四年》）之说不能说没有这种倾向在内。相比言之，以文化作为民族认同的主要依据则有着两方面的优势：一方面，血缘或种族是不可改变的，而文化则可以通过相互的交流而促进人们价值取向的改变，且促进这种改变的制度成本较低；另一方面，为血缘或种族优劣的所有辩护要为大多数人所接受存在着巨大的民族心理障碍，想通过“通婚”去改良“人种”的历史实践从来只是个别的偶然现象，而文化或文明的先进与落后却是具体可观的事实，也与人类追求进步的内在需求相符合，故文化认同更容易为人们所接受。而“夷夏之辨”的主旨恰恰就是以对华夏文化的认同来促进民族融合或“万邦协和”。

更值得指出的是，“夷夏之辨”在强调以华夏文化作为民族认同的标准时，它基本上将血缘因素排除在外。换言之，在儒家思想家看来，这一认同的标准适用于“天下”所有人，无论其血缘是“夷”还是“夏”，在这一标准面前人人平等。正如唐代思想家韩愈在《原道》中所说：“孔子之作《春秋》也，诸侯用夷礼则夷之，进于中国则中国之。”对此，近代思想家梁启超做了进一步阐发，说：“然则《春秋》之中国、夷狄，本无定名。其有夷狄之行者，虽中国也，腆然而夷狄矣；其无夷狄之行者，虽夷狄也，彬然而君子矣。……何谓夷狄之行？《春秋》之治天下也，天下为公，选贤与能，讲信修睦，禁攻寝兵，勤政爱民，劝商惠工，土地辟，田野治，学校昌，人伦明，道路修，游民少，废疾养，盗贼息。自乎此者，谓之中国；反乎此者，谓之夷狄。痛乎哉！”[①]著名学者杨树达亦有相同的论述，他说：“《春秋》之义，夷狄进于中国，则中国之。中国而为夷狄，则夷狄之。”[②]

可见，儒家及后世的思想家对于“夷狄”或“中国”的认定并不是基于种族与地缘，是故谁为“夷狄”，谁为“中国”，是“本无定名”的，你接受华夏文化，行为上符合中国文化的礼仪规定，哪怕你不是中国人，也是“中国”；若你不接受华夏文化，行不中礼，哪怕你在血缘上是中国人，也只能视为文化上的“夷狄”。这种看法尤其体现在明代利玛窦来华时中国士大夫对他的看法上。瞿太素在《职方外纪小言》中说：“其人而忠信也，明哲焉，虽远在殊方，诸夏也。若夫汶汶焉，汩汩焉，寡廉鲜耻焉，虽近于比肩，戎狄也。”（利玛窦、金尼阁：《利玛窦中国札记》）事实上，从唐代始，直至清代，外国人在朝廷为官的史实比比皆是。所以，笔者以为，“华夷之辨”虽然是一种文化民族主义，甚至有时也表现一种文化沙文主义的倾向，但它的重心不在辨异，而在融通与协和，因而它有别于一神论主导下的文明发展路径，后者是排他性的，而前者则是包容性的。正

① 梁启超：《春秋中国夷狄辨序》，《饮冰室合集·文集》之二，北京：中华书局，1989年。

② 参见杨树达著《论语疏证》（上海：上海古籍出版社，2007年）相关章节。

是这种包容性的文化,促进了中国历史上的民族融合进程,从而也奠定了中华民族国家认同的文化基础。

还须指出的是,"夷夏之辨"作为一种关于民族文化认同的理论构建,它既强调了华夏礼仪文化的优越性,同时也是把它当一种普世价值来推广。从孔子"欲居九夷"(《子罕》),孟子之"吾闻用夏变夷者,未闻变于夷者也"(《孟子·滕文公上》)看,用华夏之"文"去"化成天下"的理念一直是传统中国"文化"范畴的当然之义。不过,同样值得我们注意的是,在华夏文明传播的过程中却很少产生亨廷顿所说的"文明的冲突"现象。纵观中华民族发展史,除了清代以血腥手段推行过"剃发易服"之类的文化民族主义政策而引起剧烈的"文明的冲突"外,很少产生基督教、伊斯兰教在世界传播过程中的"圣战"现象。究其原因,我以为有二:其一,华夏文化是一种礼仪文化,而不是一种宗教文化,后者以对上帝或真主的信仰为基础,以《圣经》或《古兰经》为教义根本,以简单的宗教礼仪为表达方式,以政教合一为文化传播的工具,视他者为"异端",具有强烈的排他性和征服性倾向。而礼仪文化则是一种世俗性文化,它以贯彻仁义忠信道德精神为核心,以复杂的礼仪为表达形式,强调人际关系的和睦共处,且以实用为原则来对礼仪作改进。兹以服饰为例,《周易·系辞下》:"黄帝、尧、舜垂衣裳而天下治。"《春秋左传正义·定公十年》:"中国有礼仪之大,故称夏;有服章之美,谓之华。"服饰是礼仪文化的重要表现形式,是不可轻易改变的,但从孔子说"麻冕,礼也,今也纯。俭,吾从众"(《子罕》)始,这种改变就不断地发生,且在改变的过程中不断地吸取"蛮夷"的服饰文化成果,如从赵武灵王接受"胡服骑射"开始,到唐宋元明之际,"胡服"从"异服"而逐渐成为华夏礼仪文化的一部分,足见华夏礼仪文化的包容性与开放性特征。正是这一特征促进了华夏文化与其他文化相遇时不会产生以武力去强迫对方认同的政治冲动。其二,中国传统的"文化"观念本身就具有一种以"文"去"化"成天下的价值取向。《易传·贲》曰:"观乎天文以察时变,观乎人文以化成天下。""人文"的具体化就是礼仪,"中国有礼仪之大",素称礼仪之邦,而礼仪的一个重要特征就是重视人际交换的相互性和文明性,《礼记·曲礼上》曰:"礼尚往来,往而不来,非礼也,来而不往,非礼也。""往来"方式必须是文明的,所以,"夷夏之辨"虽然对华夏礼仪文明做了普世价值性的肯定,但这种普世价值向外的推广是一个"文"化的过程。正是这种对教化或文化的崇尚,使得发生于中国古代的"文明的冲突"很少出现激烈的流血冲突,更没有以"圣战"的方式去推广过这种礼仪文明,但也正是这样一种普世价值的推广方式更加增强了礼仪文化的向慕归化力,中国历史上少数民族多次以征服者的姿态入主中原,但最后的结果都是"征服者被征服",这一史实足以说明华夏礼仪文明对人类文明的吸引力。

3.6【原文】 季氏旅于泰山,子谓冉有曰:"女弗能救与?"对曰:"不能。"子曰:"呜呼!曾谓泰山不如林放乎?"

〖解读〗礼崩乐坏的罪魁祸首是得不到神明保佑的

上章孔子通过夷夏之辨而彰显了礼乐文明对于国家、民族发展的重要性,意谓只要礼乐文明还在,哪怕是国家灭亡了,华夏民族还会有重建国家的可能。既然礼乐文明对于民族的存续有如此重要的价值,为什么春秋时期会出现礼崩乐坏的现象呢?谁是导致这一现象发生的罪魁祸首呢?本章就是要回答这一问题。

文本仍然以季氏僭越礼制为例,但不同于第一、二章,前者仅是对"三桓"僭越礼制现象的批判,而本章通过季氏、冉有和林放三个人对于维护礼制的态度进行比较,说明礼崩乐坏的罪魁祸首就是像季氏这样的大夫、权臣以及冉有这样的帮凶。

"季氏旅于泰山",不是去旅游,而是去祭泰山,"旅"者,祭名也。根据礼制规定,诸侯祭山川于其封内,季氏为鲁国的大夫,是不具备祭泰山的资格的,所以"今陪臣祭泰山,非礼也"(《论语正义》)。但季氏居然置礼制于不顾,由此足见其野心之大。对于季氏所为,孔子想阻止,但又没有办法,只好求助于自己的学生冉有即冉求,而冉求在孔子学生中以"政事"见称,多才多艺,尤擅长理财,时为季氏宰即季氏的家臣、总管,权力很大,亦深得季氏信赖,甚至孔子归鲁也是冉求的功劳。所以,孔子便对他讲:"女弗能救与?"——你不能阻止他这样做吗?冉求明确地表示:"不能。"为什么"不能"?文本没有记载冉求拒绝的理由。但以冉求对季氏的了解,他知道自己是无法阻止季氏这样做的,如果强行去劝阻,反倒会让季氏生厌,所以"不能"一语表明冉求是一个非常明智的现实主义者。对于学生的这种态度,孔子显然是不满意的。因为,他从冉有身上看到了这样一种社会发展趋势,即面对日益严重的礼崩乐坏,有一部分知识分子也放弃了自己作为"公知"的社会责任与良心,任由这种趋势发展,甚至还推波助澜,助纣为虐,连"林放"这样的人都不如。为什么这样说呢?因为,林放其人还知道问"礼之本",知道非礼不祭,如果泰山之神真有灵的话,难道会接受季氏之祀而保佑季氏吗?所以,季氏祭泰山,既是一种非礼之举,也是一种渎神之举,于人不利,于己有害,但他自己不知道这一点,冉求知道却又不愿意去劝阻他,这一情状如何不令孔子感叹与悲哀?

是以"呜呼!曾谓泰山不如林放乎?"一句表明:一是权力、私欲膨胀的"季氏们"不知道破坏礼制的危害性,旅于泰山是自掘坟墓的愚蠢之举;二是懂得"礼之本"的"林放们"才是维护礼制的社会中坚力量;三是对于以上这两点,作为神明的"泰山们"难道不清楚吗?果真如此,那才是真正的悲哀所在。

3.7【原文】 子曰:"君子无所争。必也射乎!揖让而升,下而饮。其争也君子。"

〖解读〗君子之争是一种公开、公平、公正的竞争

上章讲孔子指出了礼崩乐坏的罪魁祸首,似乎与本章无明显的逻辑联系,但是,如果看到上章冉求所为,就知道作为"公知"的冉求之所以不愿意劝阻季氏僭越礼制之举,乃是因为他有功利的考量,这种功利考量表明冉求是有所"争"的。对此,孔子是

心知肚明的,也是有同情的理解的。毕竟冉求谋得这一位子也不容易,更何况冉求为儒家群体在鲁国的生存也出力不少。虽然如此,孔子还是不认同冉求这样有所“争”的方式,故本章与上章之间还是有内在的意义联系的。

孔子认为,“君子无所争”,“争”什么呢?当然是争世俗的利益,包括物质利益、社会地位、权力和名誉等,追求这些东西非君子所为也。那么,君子应该追求什么呢?或者说如果君子“有所争”的话,“争”什么呢?王夫之曰:“人之好争,皆有所争也。是非者,天下之公是公非也;得失者,吾心之自得自失也;未见以此而争者。”(《四书训义》卷七)每个人来到世间皆有所追求,区别只在“好争”与“不好争”以及“争什么”上,世人之好争者,功名利禄也,而于是非得失却鲜有争者。所以,孔子说“君子无所争”并不是说什么都不争,而是指不争功名利禄而言,且唯其不争于功名利禄,才可争于是非得失。这是孔子“君子无所争”的第一方面含义。

第二方面,虽然君子无所争于功名利禄,但君子也是人,也有衣食住行之需,欲解决这些问题,不能完全与人无争,那么,怎么去争呢?孔子认为,如果不得已要争,“必也射乎!”即要如同射箭比赛一样,要按射礼的要求,上场时要相互谦让;比赛完了,无论输赢要相互敬酒以示承让,就是“友谊第一,比赛第二”的意思。这种君子之争的结果是在竞争中促进人际关系的和谐,而不是影响或破坏这种和谐。我们知道,竞争欲达到这种效果,只有按游戏规则出牌才是可能的。而在古代,这一游戏规则就是源自氏族习俗的礼仪,譬如“六艺”之一的射礼,就是原始狩猎经济时代保留下来的风俗习惯,因为它能充分体现公正的价值,所以为儒家所重视。孔子在这里以射礼来说明君子之争,实际上就是强调正当的目的也必须要靠正当的手段来达成才是公正的,用我们所熟悉的话来讲就是:“君子爱财,取之有道。”

故曰:君子之争,必须是其争也君子,方为君子。

3.8【原文】子夏问曰:“‘巧笑倩兮,美目盼兮,素以为绚兮。’何谓也?”子曰:“绘事后素。”曰:“礼后乎?”子曰:“起予者商也!始可与言《诗》已矣。”

〖解读〗艺理通于伦理

上章孔子讲君子无所争,“其争也君子”,如何来体现“其争也君子”呢?孔子便以射礼为例,以此说明君子之争都是按礼的规定来进行的。那么,为什么君子能够做到这一点呢?这就是本章所要讨论的问题。

前面已说过,子夏(卜商)是孔门“十哲”之一,以“文学”科见称,所以他向孔子提问引用了《诗经》里面的诗,也算是发挥其所长。不过,此处子夏所引之《诗》,前两句即“巧笑倩兮,美目盼兮”见于《卫风·硕人》,而后一句即“素以为绚兮”则不见于该诗,因而被大多数人认为是逸诗。如果子夏所引之诗是如此构成的话,则“巧笑倩兮,美目盼兮”是描写女性的美丽,其中“倩”是指笑起来会露出两个酒窝,“盼”是指眼睛眸子转动时黑白分明的样子,而"倩"与"盼"不是每个人都有的,所以一个人笑得好看("巧笑"),眼睛能够逗人销魂("美目"),都是因为天生了个"倩"与"盼",是一种自然而然的流露。而"素以为绚兮"一句则是讲绘画的原理,意思是只有在洁白的布上才能画出绚丽的图画,强调底色的重要性。如此理解,意思倒也连贯。但是,我以为,由描写女人的美丽再到论及绘画之原理,这个跳跃跨度太大,以子夏之诗学功底,不应该如此引《诗》。如果我们把三句看作一个整体,即把子夏所引之诗全部视为逸诗,而这首逸诗仍然是描写一个美丽的女人,则前两句是描写女人美丽的脸庞,后一句是描写她美丽的服饰,意思是白色衣服上彩绣多么绚丽,这样不仅将一个美女的整体形象呈现出来,而且也无违于整个诗在内涵上的逻辑连贯。

大多数读者之所以将子夏所引之言诗分开来看,可能是受孔子"绘事后素"一句的影响。确实,对于子夏的提问,孔子的回答是从绘画的角度来论的,意思是只有在一张白纸上才可能画出最绚丽的图案,这就是说底色很重要,亦如天生丽质对于女人之美丽同样重要一样,否则,正如一句俗语所说,麻布袋绣花——底子太差,是不可能达到理想的审美效果的。

对于孔子"绘事后素"的思想,子夏可以说是有深得吾心之感,他知道老师此言的所指并非只在诗画,而是欲借此说明"礼之本何在"这一问题,故"礼后乎"一语道出了本章问题之核心。如前所述,礼作为一种源自原始巫术、宗教的风俗习惯经过三代的制度化构建虽然有走向形式化的趋向,但它所积淀的社会心理仍然对维系宗法一体社会结构具有重要的价值,而将这种价值挖掘出来便是孔子及儒家工作的重心所在。于此,孔子借"绘事后素"这一美学原理,说明"礼"如绚丽之画,是在如白纸之"仁"的基础上画出的,所以,我们不能只追求礼仪形式的繁复,更应该追求礼仪形式背后的精神,离开了以仁这样一种道德情感为心理基础,对礼仪形式的讲究必然会导致对礼制本身的破坏,而君子之所以能够守礼,就在于他们能够守仁。

本章子夏引《诗》描绘了一个美丽姑娘的动人形象,竟导出一个"礼后乎"的结论,这是对孔子"不学《诗》,无以言"思想的又一佐证。其实如果我们不谈后者,只是以前者而论,未尝不可以得出这样的结论,即美丽的姑娘不是打扮出来的,尽管打扮可以让姑娘更美丽。

3.9【原文】 **子曰:"夏礼,吾能言之,杞不足征也;殷礼,吾能言之,宋不足征也。文献不足故也。足,则吾能征之矣。"**

〖解读〗礼的价值存于它的历史继承性之中

上章孔子以"绘事后素"来论述礼之本在于道德情感,是从内容与形式的关系层面讲的,而欲全面地理解礼之本,还需要从历史的角度来了解礼的性质,即要了解人类为什么要选择礼仪这样一种形式来表达道德情感呢?本章之旨就在于此。

我们知道，人类的道德情感之所选择礼这样一种形式来表达，不仅是因为礼能够表达，而且也是因为用礼这样的形式来表达是人类历史发展过程中所形成的一种传统或习惯，而这种传统或习惯的存在表明人类对礼乐文明已有一种历时性的价值共识。如何证明这一点呢？在上篇“十世可知也”章，孔子就曾说过三代之礼的发展存在着“损益”的规律，而孔子是如何发现这一“损益”规律的呢？主要靠两条途径：一是“文”，即夏商二代留下的典章制度；一是“献”（贤者），即先朝遗老的口头传诵。为此，孔子曾到夏商二代的故国进行过实地考察与调研，《礼记·礼运》曾载夫子曰：“我欲观夏道，是故之杞，而不足征也，吾得夏时（指《夏历》）焉。我欲观殷道，是故之宋，而不足征也，吾得坤乾（指《归藏易》）焉。”可见，孔子虽然在夏商二代的故国找到的文献不多，但还是有所收获，如“夏时”和“坤乾”，且从这些少量的文献中发现了周礼与它们之间的“损益”关系，所以孔子对二代之礼都说“吾能言之”，意思是虽然不完全确证二代之礼的存在情况，但二代之礼的大致状况还是有迹可循的。正是基于三代之礼的历史继承性与创新性，孔子认为，周礼是凝聚了三代价值共识的制度安排，不能轻易地破坏。

但令孔子痛心疾首的是，春秋时期所产生的礼崩乐坏状态又使得整个社会对礼乐文明的存续产生了普遍的合法性质疑，这种质疑不仅解构了三代以来对礼乐文明所形成的价值共识，同时也使得人们对于周礼的了解陷入“文献不足”的困境之中。社会上僭越礼仪现象的产生有许多是源自确实“不知礼”，这一点使得儒家作为当时的“知礼派”有了用武之地，事实上早期的“儒”确是从负责丧葬等事物的神职人员转化而来，是以到春秋时期，他们成了当时最熟悉传统礼仪的一个群体。当然，孔子作为儒学的创始人，他对周礼的了解并不限于静态的“礼数”上，而在于他对周礼有一种历史性了解，以及他对礼乐文明所积淀的社会心理及其价值共识的发现上，也正是这一点使得儒家完成了由“襄丧”之儒向“君子儒”的角色转化。

当然，本章还可以看出孔子作为一名历史学家治史的认真态度，即他对历史传说的信史程度有一种科学的实证精神。

3.10【原文】 子曰：“禘自既灌而往者，吾不欲观之矣。”

【解读】德不配位，礼必坏之

上章孔子从历史的角度肯定了礼乐文明存在的价值与意义，而本章之后的几章则是从礼制体系构建的角度，说明仁对于维护礼制的重要性。

我们知道，周礼是一个十分繁复的规则体系，它对国家、社会和人类日常生活行为的一举一动都有严格而细化的规定，因此，要使这一规则系统有效运行，就必须学会抓主要矛盾，也就是要抓住礼制系统中的关键要素。而根据《礼记·祭统》所云：“凡治人之道，莫急于礼；礼有五经，莫重于祭。”即祭礼就是礼制系统中的关键方面或主要矛盾。祭礼之所如此重要，倒不是因为儒家曾为襄祭者故，而是因为祭礼对维护血缘宗法一体化社会结构之稳固有特别重大的意义。而周代的祭祀系统主要是围绕着祖先崇拜来构建的,主要包括祭天地和祭祖宗两个方面。本章所讲的禘礼就属于王室祭祀先公先王的大典。

关于禘礼,历来注家争议甚多,《论语正义》云:“禘礼之说,千古聚讼。”但根据《礼记·丧服小记》“王者禘其祖之所出,以其祖配之,而立四主庙”,以及《中庸》“郊社之礼,所以事上帝也;宗庙之礼,所以祀乎其先也”“明乎郊社之礼,禘尝之义”等文献来看,禘礼作为一种王室之礼主要是用来祭祀先王的,它与祭祀上帝的郊社之礼无涉。不过,因为禘礼是禘其“祖之所出”,而三代之祖的出生往往又都具有感天而生的神话性质,譬如商之始祖契就是他母亲简狄吞服“玄鸟”之蛋而生(《诗·商颂》“天命玄鸟,降而生商”),而周之始祖后稷就是他母亲姜嫄“履大人之迹”而生,这使得禘其祖之所“出”必然会与“上帝”相连,譬如后稷的母亲姜嫄就是传说中的三皇五帝之一的帝喾的妃子,所以,周代的禘礼必定是祭祖与祭上帝或天相连。但是,这种兼及祭天的禘礼属于周天子的特权,诸侯无权享用,诸侯能享用的禘礼是将历代先祖合于太庙的总祭,不过由于鲁国是周公的封地,为表彰周公的勋劳,周成王便将祭天地或上帝的禘礼赐予了鲁国。

那么,孔子为什么会对鲁国举行的禘礼不满呢?《礼记·礼运》载孔子语,曰:“鲁之郊禘,非礼也,周公其衰矣!……故天子祭天地,诸侯祭社稷。”祭天地是天子的特权,鲁国因为周公的缘故有这样的特权,为什么说“鲁之郊禘,非礼也”呢?我想原因有二:一是从季氏祭泰山来看,鲁国僭越礼制现象已非常严重,这次禘礼可能是由鲁国国君主持的,但参加禘礼的“三桓”肯定表现得比国君还要威风,甚至从某种意义上说,鲁君在这次禘礼中扮演了傀儡的角色。二是从禘礼程序的展开来看,第一道程序为“灌”,即第一次向先王献酒以邀祖神降临,而“灌”之后的第二道程序是“序昭穆”,也就是参祭成员按尊卑等级秩序来排列行礼,而恰恰是这个环节出现“乱昭穆”的情况,这可能与“三桓”的霸道有关,也可能与不懂得如何“序昭穆”有关,因为结合下章“或问禘之说”来看,可能由于周室衰微,礼典残缺,人们不懂得“序昭穆”是完全有可能的,是以有人向孔子请教。

那么为什么孔子说“既灌”之后就不想看下去了呢?既然参加了这次禘礼,就表明孔子对这次禘礼的举行还是有部分的认可,但“既灌”之后就不想看下去,我想原因也可能有二:一是与上述“乱昭穆”有关。二是即使没有“乱昭穆”,孔子也有不想看下去的理由。因为,“序昭穆”的目的就是要在始祖与上帝面前表彰鲁国的功德,而鲁国除周公外并没有出现过什么杰出的国君,也没有什么丰功伟绩值得吹捧。本来鲁国有禘礼的特权是为了表彰周公的勋劳,而周公之后鲁国列代国君的所作所为恰恰是在给周公丢脸,也就是说他们的作为根本不配享有禘礼这样的特权,孔子说“鲁之郊禘,非礼也,周公其衰矣!”,就是指周公之后,一代不如一代,已经是德不配位,但他们还照常举行禘礼,所以是“非礼”。既然如此,孔子对“灌”后鲁君的“自我表扬”不想听下去便是自然的。

对于“既灌”之后孔子不想看下去的缘由，后儒多从与祭者只重形式而心之不诚的角度来解释，如王夫之在《四书训义》卷四中讲：“呜呼！不王不禘，鲁既僭而行之，又不以诚，固宜夫子之重叹之也。”我以为，本章的中心意思还是一个“德不配位”的问题，否则无法解释孔子既参加这次禘礼又在“既灌”后“不欲观之矣”这一点。

3.11【原文】 或问禘之说。子曰：“不知也；知其说者之于天下也，其如示斯乎！”指其掌。

〖解读〗禘礼是王权获得天命支撑的象征

本章还是谈禘礼问题，但角度与上章不同，是讲禘礼的重要性。

“或问禘之说”，是指有人向孔子请教有关禘礼的理论。为什么要问孔子这个问题呢？这恐怕与上章孔子对于鲁国举行禘礼时的态度有关。因为，鲁国的这次禘礼，孔子只看了第一道程序即“灌”就表示不想再看下去了，很显然，孔子的这种态度至少会引起一些人的好奇，以为鲁国举行的禘礼有不足或失礼之处，是以想问问礼仪大师孔子：禘礼的要义到底是什么？“禘之说”之“说”是指学说、理论而言，而问孔子这个问题，也就意味着问的人认为鲁国举行的禘礼至少没有形式或礼节不足的问题，而问题出在哪儿呢?是不是禘礼的举行还有什么更高深的学问在里头？这一点也就说明当时有很多人并不明白禘礼的意义何在。

令“或”失望的是，孔子的回答是“不知也”。孔子是真不知道吗？显然不是，那他为什么这样回答人家呢？对此，王夫之曾这样解释：“或人何人也，而欲问其说，夫子以未可与深言而对之曰：子何遽以禘之说为问也？夫禘之说，唯先王能体其理而制之，唯王者以明德居天位，尽其仁孝以行而遇之。若习其仪文，察其曲礼，则固有不可知者也，而吾亦何从知之也。”（《四书训义》卷七）意思是说：你是什么人啊？问这么大的问题，这是你能关心的问题吗？因为根据“不王不禘”之法，只有“王者”才能举行禘礼，也只有“王者”才明了其中的奥义，我孔子又不是“王者”，我从哪里知道禘礼的意义呢？又，根据为尊者讳的原则，鲁国行禘礼本身就是“非礼”，就算我知道“禘之说”，我能够讲吗？更何况禘礼之义“无一不与承天治人之精理相符，而固有难于显言者。”（《四书训义》卷七）即要讲清楚禘礼之义也并不是那么容易的事，就算是讲得清，“或”你听得懂吗？所以，孔子对“或”之问，一方面说“不知也”，另一方面又告诉人家：谁要是知道禘礼之义，那么治理天下就如摆弄掌中之物一样容易。可见孔子还是知道禘礼之义的。

那么，“禘之说”是什么呢？根据考证，禘礼是一种源自氏族祖先崇拜的古老礼仪，主要是用来祭祀氏族的祖考，至周代演化为天子专享的祭祀即“不王不禘”。禘礼最初主要是表达一种报本追源之义，纳入政治体制之后，它又有“以孝治国”的政治伦理内涵。但是，孔子及儒家之所以将禘礼视为“治国之本”，还另有深意，即禘礼所祭祀的对象主要是氏族的始祖，而这些始祖又都是“通天”的人物，可以说具有“上帝”的位格，因此，以他们为祭祀对象也就意味着王权获得了“天命”的支撑，这对宣示和巩固王权的合法性有着重要意义，也正因为此，就必须将禘礼的垄断权收归天子所有。故孔子将禘之义以形象的方式呈现出来，包含着为政者应“畏天命”的意思。

3.12【原文】 祭如在，祭神如神在。子曰：“吾不与祭，如不祭。”

【解读】既要“祭神如神在”，还要“祭神亲自在”

前两章以禘礼为例，说明祭礼对于国家、社会的重要性。既然祭祀如此重要，那么我们就应该认真待之，怎样才算是认真了呢？这就是本章所要讲的。

“祭如在，祭神如神在”一段，是孔子弟子记录先生祭祀时所表现出来的态度，也可以说是孔子与弟子们对待祭祀的共识。所谓“祭如在”，就是指祭祀先祖而言，“如在”者，如其在世也，先祖在世的时候你以孝敬事之，那么，祭祀先祖时也应该就像他活着那样持同样的孝敬之心事之，简言之，就是要事死如生。“祭神如神在”之“神”，泛指除先祖之外的神灵，祭祀这些神灵时候也要持“如在”的诚敬之心。不过，虽然两个“如在”都指向主体的诚心，但二者还是有些区别，即祭祀先祖的“如在”是如其“在世”，祭祀神灵的“如在”是如其“在场”，且由于先祖与“我”之间有血缘纽带连接，这样事死如生就能获得正向情感的心理支撑，而相比之下，祭祀外神要有如其“在场”的心理就相对困难些。因为自祖先崇拜兴起之后，原始图腾崇拜中人类与图腾物之间的血缘纽带联系大多数被斩断了，人类对神灵的祭祀更多是出于一种畏惧之心，正是这种畏惧之心使得主体的诚心之中包含了“事神致福”的功利考量，而孔子“祭神如神在”恰恰反对这样一种以媚神为主的祭祀心理，强调祭神对于主体道德心理的塑造功能。也正因为此，孔子反对“非其鬼而祭之”的淫祀之风。

以上是孔子弟子对先生祭祀时所持态度的描述，而孔子本人则说，“吾不与祭，如不祭”，意思是说如果我不亲自参加祭祀，就如没有祭一样。这可能是指这样一种情况：有一些祭祀活动需要孔子出席，但因各种原因，孔子不能亲自参加，于是便有代祭的情形，且可能这种代祭行为在当时较为普遍并得到社会的认可。(《礼记·祭统》云：“是故君子之祭也，必身亲工莅之，有故，则使人可也。”)针对这一种代祭情形，孔子所持的态度是否定的。为什么要反对这样做呢？因为，在孔子看来，祭祀活动是主体与先祖或神灵之间的一种情感交流形式，如果主体不亲自在场，由他人来代理，主体对神(祖)的肃敬之心经过他人的过滤之后肯定要打折扣，这本身就是对神(祖)的不敬，与其这样，不如不祭。所以，“祭神如神在”的同时还要“祭神亲自在”。

3.13【原文】 王孙贾问曰：“与其媚于奥，宁媚于灶，何谓也？”子曰：“不然。获罪于天，无所祷也。”

【解读】敬神不是为了致福

本章承上章之旨，仍是讲祭祀问题，不过，因为问题的提出者王孙贾是当时卫国的权臣，是以也有政治的指涉意涵在内。

我们知道，孔子周游列国，卫国是他的第一站，且居卫多年，卫灵公及夫人南子对孔子还是颇有好感的，也想重用孔子为政，是以给人以君臣过从甚密的印象。这一点让当时的权臣王孙贾很是不爽，既觉得自己没有得到应有的尊重，也觉得孔子想从政却拜错了码头，于是便对孔子讲："与其媚于奥，宁媚于灶，何谓也？"这里"奥"与"灶"属于民间五祀中的两种神祇即户神和灶神，另外三种为土神、门神、行神，这五种神祇分别供于家中的不同房间。由于户神是一家之主神，供于室中西南隅曰"奥"，而"灶"即灶神在厨房。传说灶神于农历腊月二十三日至除夕要上天去陈报一家之善恶，故其地位虽次于"奥"，但由于他垄断了人天沟通的权力，决定着一家的兴衰，是以有人认为灶神才是一家之主神，所以要媚灶神。所谓"与其媚于奥，宁媚于灶"，实际上就是一种功利主义思想在祭祀态度上的反映。而在文本的语境中，王孙贾说这句的所指是：我虽不是一国之主，但卫国的事我说了算，你与其去求卫灵公与南子，倒不如来求我管用。

对于王孙贾所言，孔子的回答是："不然，获罪于天，无所祷也。"意思是：你错了。一个人如果获罪于天，怎么祷告也没有用。这就是说，在孔子看来，上天也好，神灵也好，作为超越的存在并不外在于人，而是内在于人心之中，与人的道德情感相联系，而人之所以要祷告，并不是为了"致福"，而是因为自己有这样的情感需求，而"致福"只是人类表达这种宗教情感需求的额外品，所谓自助者天助也。因此，孔子说这句话的意思，一是再次强调祭祀对于人的道德心理（诚心）的塑造作用，二是就所指义而言，是欲强调"道统"对"势统"的位格优势，从中可以看出儒家对"从道不从君"的人格独立精神有充分的价值肯定。

3.14【原文】 子曰："周监于二代，郁郁乎文哉！吾从周。"

〖解读〗孔子"从周"，是因为周礼充分体现了人文精神

上章是讲春秋社会的民间祭祀存在着功利主义的价值取向，而本章则是讲孔子对于三代之礼的选择问题，似乎两者之间没有内在的文本逻辑关联。其实不然。

因为，上章王孙贾提出的问题即"与其媚于奥，宁媚于灶"虽然是从政治的角度来提的，但也反映了当时民间祭祀之风的功利主义影响，而这种"事神致福"的宗教风气恰恰又与原始社会以来长期存在的以图腾崇拜为特征的巫术文化有密切的关联。比较夏商周三代文明，可以发现，三代之礼的继承性特征是十分明显的，所谓"夏尚忠，殷尚质，周尚文"，只是指出了三代礼仪文明在价值取向上的区别，并不意味着三者在礼仪结构上有明显的不同，事实上，夏商两代的礼仪结构大多为周礼所继承。除此之外，三代文明的构成还有着礼乐文化与巫术文化互为补充的共性，特别是在商代的礼仪文明中，虽然“殷尚质”即推崇质朴的价值，但也十分重视鬼神，因而商代的祭祀文化包含了大量的巫术文化内容，这一点即使到了重视人文价值的周代也还存在，譬如以《周易》为代表的占卜文化仍然是周代礼乐文明的重要补充。而我们知道，巫术之不同于祭祀类宗教之处在于后者涉及信仰问题，而前者与信仰无涉。巫术一方面相信有某种非人的力量在支配世界，另一方面又认为人类可以通过某种方式操作这种力量。譬如上面提到的祭灶神，民间就有以甜食为供品等习俗，以期达到“好话上天传，坏话丢一边”的目的。因此，巫术文化的盛行对于建构以人文精神为主（“尚文”）的周代祭祀系统是极为不利的，而在文本上一章孔子对于这现象进行了严厉的批判，通过这种批判来彰显周礼的“尚文”精神。这就是本章之旨所在。

正是从上述文本意涵的逻辑联系出发，我以为，“郁郁乎文哉”的意义不只是指周礼在体系上的完备而言，而且更重要的是指周礼充满着“尚文”精神，也就是说，周礼较之于前两代之礼已基本上“祛魅”或摆脱了原始巫术文化的影响，人文精神得到彰显，这才是孔子要“从周”的真正原因。当然，需要指出的是，周代的礼乐文明并没有完全摆脱原始巫术文化的影响，周礼“尚文”价值恰恰是通过孔子及儒家的挖掘才逐步呈现的，所以，春秋诸子作为中国“轴心时代”的思想家才是传统礼乐文明得以“祛魅化”的重要力量。

3.15【原文】 子入太庙，每事问。或曰：“孰谓鄹人之子知礼乎？入太庙，每事问。”子闻之，曰：“是礼也。”

〖解读〗欲知礼？从端正学习态度做起

上章孔子把周礼的人文价值提炼出来，而如何去维护和践行这一人文价值呢？从本章始，文本以具体的案例来说明之。

太庙，祭祀周公之庙。大概孔子在鲁为官时，曾参与过祭祀周公的活动，而在人们的印象中，孔子是属于知礼派或礼仪方面的专家，但令人感到不解的是，孔子进入太庙之后“每事问”即事事向他人请教，于是有人就怀疑这位鄹人之子（孔子父亲曾为鄹邑大夫）是否真的懂礼。孔子听到这种说法后，说“是礼也”，即事事向他人请教，这正是一种礼的精神。文本将这一事件记载下来是为说明什么问题呢？

《朱注》及后来注者皆认为，孔子“自少以知礼闻”——年轻时就以知礼而闻名，不可能不知礼，但“每事问”是为谨慎起见。因为，这毕竟是孔子第一次助祭太庙这样的大典，以前有关太庙的礼仪知识都是从书本上得来的，还没实践过，是以“每事问”既是一个验证自己所知是否正确的过程，也是一个在实践中学习礼仪知识的过程。孔子的这种谦虚谨慎的学习态度也正是礼乐文明的体现。如果不懂装懂，不愿意向人请教，那才是对礼的大不敬。是以王夫之《四书训义》引尹氏曰：“礼者，敬而已矣。虽知亦问，谨之至也，其为敬莫大于此。谓之不知礼者，岂足以知孔子哉！”（《四书训义》卷七）

礼最主要的精神本质在“敬”，所谓“敬礼”就是表达主体内在敬意的外在形式，如果我们对礼仪形式本身缺乏敬意，就不可能真正懂礼，所以，对礼仪知识胸怀敬意既是礼的精神本质体现，也是知礼的心理学基础。

由上可知，文本安排此章的目的主要是说明欲维护周礼的人文价值首先必须“知礼”，而“知礼”的过程又是在“践礼”的过程中完成的，知行合一是也。

3.16【原文】 子曰：“射不主皮，为力不同科，古之道也。”

〖解读〗对生命价值的关怀使射箭从武术走向武艺

射是古代六艺之一，孔子经常援用它来谈道德问题。这一点可能与孔子喜爱射箭活动有关。据《礼记》载：“孔子射于矍相之圃，盖观者如堵墙。”意思是说孔子射箭时吸引了不少粉丝层层围观，可见其技艺之高。当然，孔子对于射箭的理解重心不在技术层面，而在道德层面。

我们知道，弓箭作为蒙昧时代的最高技术成就，乃是原始狩猎经济的产物。它的意义在于，一方面，从生产的角度讲，弓箭的发明极大地提高了狩猎经济的效益，增强了人类对自然的控制能力，有效地缓解了原始社会人们在物质生活上的匮乏困境；另一方面，从社会的角度看，弓箭的出现打破了原始部落、氏族间最初所拥有的平衡关系，极大地增强了氏族、部落首领的社会控制能力。所以，恩格斯说：“弓箭对于蒙昧时代，正如铁剑对于野蛮时代和火器对于文明时代一样，乃是决定性的武器。”[①]正因为弓箭对于原始社会生活的各个层面都具有决定性的影响，弓箭便从它发明开始就不再是一种单纯的技术，而是一种人人希望拥有、掌握并以之为傲的核心竞争力，由此演绎为一种文化向心力，形成一种社会风尚，最终积淀为中国古代礼仪文化的重要组成部分——射礼。

但是，在射礼的展开过程中，如何将射箭的武“术”价值与其武“艺”价值统一起来，这对于身处战乱之世的人类而言始终是一个价值选择难题。譬如本章孔子提到的“射不主皮”即射术高低不以穿透目标的程度深浅为标准，而只看是否射中目标，之所以定这样一个标准，原因是“力不同科”，即每个人的力气有大小之不同。这一射礼原则无疑降低了射箭的技术标准要求，目的是欲弱化射箭作为武器所具有杀伤力功能，突出了对生命价值的关怀。但是，这样的价值标准是否同样适用于武“士”呢？且对于身处乱世的人来说这样的价值导向是否能真正实现对生命价值的维护呢？正是基于这一考量，所以，我以为，孔子说“古之道也”一语有着很深的意涵与所指。因为，“射不主皮”的价值原则之所以得不到遵守，恰恰是频繁的战乱所致，“古之道也”一语表明

① 恩格斯：《家庭、私有制和国家的起源》，《马克思恩格斯全集》第二十八卷，北京：人民出版社，2018年第38页。

这一价值原则得以贯彻执行需要一个像“古”代那样没有战争的和平环境，带有批评“春秋无义战”的意思。

此外，联系到上章有人认为孔子不知礼，本章则以孔子对射礼的某一礼仪的了解来进一步说明孔子是礼学专家，同时也进一步彰显了周礼人文精神的价值。

3.17【原文】 子贡欲去告朔之饩羊。子曰：“赐也！尔爱其羊，我爱其礼。”

〖解读〗**在某种情况下，形式就是内容**

本章所讲的“告朔”是周代的一种祭祀仪式，有三个方面的含义：一是指周天子于每年季冬的时候把第二年的历书颁发给诸侯，叫“告朔”；二是指诸侯于每月的朔日(阴历初一)行告庙听政之礼，叫“视朔”或“听朔”；三是泛指于朔日祭祀鬼神。本章所讲的情况应属第二种。

根据规定，诸侯举行告朔之礼的时候，必须杀一只“饩羊”即活羊祭于庙，然后回朝听政。但鲁国自文公始就不亲到祖庙告祭，而且也不临朝听政，只杀一只羊应付一下，纯粹是虚应故事，所以子贡认为没有必要保留此形式，不如干脆连羊也不杀。孔子却认为，尽管告朔之礼已徒具形式，但有“饩羊”在总也比什么也不留要好，意思是至少让人们还记得有告朔之礼这回事。

孔子之所以不赞同子贡的意见，显然是他认为告朔之礼有存在的必要性。因为，从表面上看，告朔只是周天子宣示其制历权的一种礼仪，但实际上制历权的垄断背后还包含了上承“天命”的意涵，也就是说，告朔之礼在本质上是王权获得天命支撑并以此来构建其政治合法性的重要资源，它非一般的日常生活礼仪可比，于后者孔子的态度还是比较有容忍度的，但涉及根本制度安排方面的礼仪，孔子容不得半点商量。所以，哪怕告朔之礼在鲁国已只残留了“饩羊”这一点，已经基本丧失了维护政体价值的功能，孔子还是认为保留“饩羊”这一形式对于恢复周礼具有十分重大的意义，因为，在某种情况下，形式确实就是内容。

从孔子入太庙“每事问”，到“射不主皮”乃“古之道也”，再到本章“礼羊”之争，表明孔子不仅知礼，更是知礼仪之价值与意义所在。所以，从文本的意义联系来讲，以上三章都是为了体现孔子之“知礼”。

3.18【原文】 子曰：“事君尽礼，人以为谄也。”

〖解读〗**“敬”非“谄”也**

从本章开始，文本主要讲如何践行礼制的问题，且饶有意味的是，文本在结构安排上，每两章之后插入一章孔子关于《诗》与音乐的论述，这体现了文本编者什么样的考量呢？关于这一点，后文再论。先看本章文本内容的所指为何。

本章与后一章都是讲处理君臣关系之礼。本章孔子先提出了一个原则即“事君尽礼”，而如何才算是事君“尽礼”了呢？是不是说只要按礼制的规定对君主礼数周到无差，就算是“尽礼”了呢？显然不是这样。因为，《礼记》讲：“经礼三百，曲礼三千，一言以蔽之，曰：毋不敬。”“敬”是礼的本质所在，如果对君主只是尽了礼数，表面功夫做得好，而内心对君主没有敬意，甚至还有傲慢之心，这不能说是“尽礼”，“尽礼”者，尽敬也，即通过外在的礼仪来表达对君主的崇敬，方为“尽礼”。

但是，对孔子这种以“敬”为本的“尽礼”，“人以为谄也”，即世人认为孔子这样去“尽礼”有谄媚讨好君主之嫌，不值得效法。可见“人以为谄”一语道出一个历史事实，即在孔子所处的春秋乱世，君臣关系已经发生根本性逆转，由过去的君主主导变成了权臣当道，也就是前面所说的“陪臣执国命”。正是这种君弱臣强的权力格局使得当时的“事君”一方面没有按礼制规定来尽之，经常干些僭越礼制的事情，连做做样子、走走过场的事君尽礼也不愿意遵守；另一方面就算是在形式上尽到了礼数，也掩盖不了内心所表现出来的傲慢，这种“尽礼”而不“尽敬”的情况对于礼制的伤害同样是巨大的。所以，孔子说“人以为谄也”，确有为自己辩护的意思在内。因为，联系到上章孔子要保留“饩羊”来看，孔子之所以如此“爱礼”，从某种意义上说，也是想通过这样的“爱礼”方式来表达对君主的敬意，尽管告朔之礼在当时已经基本废了，不具有多大的保存价值，而孔子仍然强调要保留，也确实有媚君之嫌。李泽厚先生认为，人们看不惯孔子的事君态度也是有道理的。[①]这个道理简单来讲就是时代变了，因而不能固守于旧的礼制规定，处理君臣关系的原则也应该与时俱进。如何与时俱进？我以为，“人以为谄也”就是社会舆论向孔子所提出的质疑，它促使孔子对这一问题做进一步思考。这一点我们从下章可以见之。

3.19【原文】 定公问：“君使臣，臣事君，如之何？”孔子对曰：“君使臣以礼，臣事君以忠。”

〖解读〗君臣义务关系的相互性

上章孔子讲事君要“尽礼”，没想到有人认为孔子有谄媚之嫌，面对社会舆论的质疑，孔子不能不有所回应，也不能不对“事君以礼”有所思考，即为什么“事君以礼”会给人留下谄媚的印象呢？本章借定公之问，孔子将自己对这一问题的思考呈现给读者。

定公的问题包括两个角度：一是“君使臣”应当“如之何”的角度；一是“臣事君”应当“如之何”的角度。这两个角度表明，鲁定公对于春秋时期君弱臣强的政治现实有他自己的体会，即君臣关系的处理是一个双向度的问题，不能将问题归诸其中的某一方，必须既从君又从臣的双向角度来建构君臣关系原则，是以定公之问是因他对孔子

① 李泽厚：《论语今读》，北京：生活·读书·新知三联书店，2004年，第92页。

事君尽礼而"人以为谄也"有某种同情的理解所发。

"君使臣"应当"如之何"这一问题的提出,也就意味着春秋时期的君臣关系之所以沦落到如此状况,原因既与"臣"有关,亦与"君"本身有关。从孔子所说"君使臣以礼"来看,也就是当时的君主在处理君臣关系时未做到这一点,只是一味地要求臣子对君主尽忠,要求臣子履行单向度的义务,完全忽视了臣子的权利及人格尊严需求,未能意识到君臣关系的构建原则必须以"从道"为合法性基础;正是"道"的至上性决定了君臣关系是相互性的而非单向度的,这一点也可能与春秋时期还保留有原始民主的遗风有关。也正是从"从道"原则出发,孔子及后来的儒家都未曾完全屈服于"势统"的压力,他们的"事君尽礼"实际上都是在"从道"的原则下展开的,不存在谄媚事君的问题,而此处孔子提出"君使臣以礼",其意仍是强调在"道"的基础上君臣义务关系的相互性。

对"臣事君"应当"如之何"的问题,孔子提出了"臣事君以忠"的思想,这与上章"事君尽礼"之间有何联系与区别呢?"事君尽礼",而"礼主敬","敬"什么呢?当然是敬君主。但是,孔子这里所敬之君主是"值得敬"的君主,而"值得敬"的君主实际上又是孔子及儒家所崇之"道"的人格化,如果君主所作所为并不是在履"道"甚或有违于"道",臣子如何敬之?虽然臣子对这样的君主无法心生敬意,但毕竟君主还在其位,还是国家的代表,臣子当如何处之呢?孔子认为,如果不是有"道"之君,臣子当以"忠"事君,也就是前面孔子所讲的"敬事",即认认真真、竭尽全力地做好自己应该做的事,哪怕所做之事得不到君主的赞同,只要尽心去做了,也就算"事君以忠"。所以,我以为,"忠"之于"敬",主要体现在"敬事"上。正因是在"敬事"上,而"事"有其"道",需要按规律而非按君主的意志办事,所以,儒家"事君以忠"之"忠"并非愚忠。

3.20【原文】 子曰:"《关雎》,乐而不淫,哀而不伤。"

〖解读〗礼即情理交融之"度"

前面两章都是讲礼在处理君臣关系中的运用问题,属于政治学范畴,而本章却谈到《诗》,属于文学艺术范畴,且后面几章都有类似的情形,如何理解文本这样的次序安排呢?

我以为,关于这一章的理解,我们既要注意到它的能指义,更要关注它在文本中的所指义。先看前一方面。我们知道,《关雎》是《诗经》《国风》之首篇,是一首爱情诗,对于这首情诗的美学思想特征,孔子以"乐而不淫,哀而不伤"八个字概括之,意思是说《关雎》所描写的男女爱情体现了一种情感与理性交融的特征,即快乐而不放纵,悲哀而不伤身,而这一特征充分彰显了人非动物的人性价值,可以说是对人的价值发现,而这一价值主要体现在:一方面人类源自动物本能的情欲是爱情产生的生理物质基础,赋予了情欲的价值正当性,形成了"性非罪"的价值判断文化传统;另一方面人类情感的宣泄又受到符合社会期待的理性原则的节制与疏导，这种以情理交融为人性结构内涵的思想，使得人的存在既有别于没有理性的动物，也有别于没有情感的机器，这样人作为一种具有独特价值的存在始得确立。

再看后一方面。文本在上两章之后安排此章，似乎与孔子的礼学思想主题有所脱节，但是，我以为，文本之所如此安排，恰恰是为了更进一步强调礼学的主题。因为，处理各种关系之礼涉及君、臣两个不同的主体，而礼在关系中的运用如何避免"人以为谄"的诟病，这需要君臣二者要懂得义务的相互性，懂得了义务的相互性，权利的诉求就不会任性和过度张扬，这就如《关雎》中所描写的男女情爱一样，能够做到"发乎情而止乎礼"，让情感与理性维持在适度的张力范围之内。换言之，"乐而不淫，哀而不伤"所体现的情理交融之"度"，实际上也是礼之所立的重要根据，即礼从表面上看是对情感的控制和疏导，但实际上它又无违于情感的需要，是"称情立文"，是根据主体情感需求所立的应然规则，所以说，情感宣泄之"度"正是礼之所立的根据。文本将此章安排在此，正是要说明礼（理）与情感之间的辩证关系，从而也就说明人们自觉地遵守礼制是可能的。

又，"乐而不淫，哀而不伤"所体现的情理交融之"度"实际上也就是孔子所讲的"中"，《礼记·仲尼燕居》曰："夫礼，所以制中也。"礼既体现了"中"，同时也是求"中"之器，所以，"事君尽礼"就是以"中"即恰当的方式事君，"使臣以礼"就是以恰当的方式使臣。何为"恰当"？"恰当"就是凝聚了社会历史共识的"应然"，而礼作为一种源自习俗的规范体系就是这样一种恰当的"应然之则"。故我以为，文本安排此章于此，其旨重在说明礼之"中"的价值特性。

3.21【原文】 哀公问社于宰我。宰我对曰："夏后氏以松，殷人以柏，周人以栗，曰，使民战栗。"子闻之，曰："成事不说，遂事不谏，既往不咎。"

〖解读〗对周礼不好的一面要持既往不咎的态度

鲁哀公是春秋鲁国十二公中的最后一公，他在位期间，朝政为"三桓"所把持，故虽有圣人孔子而不能重用，孔子去世，他亲诔孔子，在诔文中称孔子为"尼父"（《左传·哀公十六年》），足见其对孔子还是很尊敬的。

文本中的宰我，又称宰予，是孔门"十哲"之一，是"言语"科的高才生，排名在子贡之前，因经常发表一些不合时宜的意见与看法，常被孔子批评。本章所载便是其中一例。事情的是这样的：有一次，鲁哀公问宰我，祭祀土地神（社）的神主牌要用什么木材来做才好？宰我便把夏、商、周三代所用材质分别向哀公报告，同时也说明了周代选择以"栗"木为材料的目的就是为了"使民战栗"。对宰我之言，历代注家多予批评，大多认为，"三代之社不同者，古者立社，各树其土之所宜木以为主也。"（《四书训义》卷七）即三代社主之木之所以不同，并不是因为所用之木本身有什么人文政治意涵，而是三代所兴的地域不同,生长的树木种类也不同,因而选用什么树木做社主,三代都是就地取材,故宰我这样的解释纯粹是主观臆说。但从孔子对宰我的批评来看,我以为,宰我所言应该说是道出了一个历史事实,即夏商周三代的社神祭祀活动并不是一种纯粹的宗教行为,而是有着强烈的政治文化意涵在内,其中周代用“栗”为材质,确实有使老百姓畏惧战栗的意思。只是孔子认为,即便如此,又何必把话挑明呢?因为,事情既已发生且不可挽回,说有什么用呢?所以,最好的态度就是对过去发生的事,无论对错,都不要去深究。

孔子这种“既往不咎”的态度是否可取呢?从孔子的历史观来讲,孔子是一个重视历史经验的人,尤其对三代之礼的“损益”发展史做过认真而深入的研究,并在此基础上强调要继承前代好的文化传统,如“夏之时”等,为何对他自己所欲“从”之的周礼所存在的问题如此讳莫如深呢?我以为,“周人以栗”并不是就地取材的方便之举。因为,祭社是传统大典,是人类敬畏和感恩大自然的重要表达形式,依图腾文化传统,作为图腾的自然之物(包括动物和植物)都是具有神性的存在,因而选择什么样的木材做社主都会有重要的宗教政治学考量,而“周人以栗”,栗木从材质上来讲并不如松柏那样坚实耐久,为什么还用之以为社主呢?原因恐怕就是宰我所讲的栗木有“使人战栗”之寓意。所以,宰我之言实际上揭示了周礼等级森严的阶级本质。而这一点恰恰是孔子所不愿意说出来的。因为,在孔子,他一生所做的工作其实就是要如何去消解周礼辨异功能张扬过度的问题,他所提出的仁学思想就是欲为等级森严的周礼提供一张温情脉脉的面纱以掩盖周礼的恐怖性质。而宰我所言恰恰与孔子所想背道而驰,是故夫子之言的意思是:你说的固然是事实,但没有必要将之说出来,因为你可以选择另外的说法,譬如可将祭社之礼所蕴含的仁爱精神(对大自然的感恩)说出来,这样就能引发君主的向善之心。

上章夫子通过《诗》来说明周礼的“制中”特征或好的一面,本章则通过宰我将周礼不好的一面说出来,如何对待后者,孔子提出了“既往不咎”的原则。这一原则用今天话来讲就是:事物皆有两面,我们要发扬好的方面,不要老纠缠于坏的方面不放,要看主流,看发展方向。

3.22【原文】 子曰:“管仲之器小哉!”或曰:“管仲俭乎?”曰:“管氏有三归,官事不摄,焉得俭?”“然则管仲知礼乎?”曰:“邦君树塞门,管氏亦树塞门;邦君为两君之好,有反坫,管氏亦有反坫。管氏而知礼,孰不知礼?”

【解读】故意“不知礼”的做法只能证明自己“器小”

管仲(前723—前645),姬姓,名夷吾,字仲,谥敬,中国古代著名的哲学家、政治家、军事家,被誉为“法家先驱”“圣人之师”“华夏文明的保护者”“华夏第一相”等。齐桓公时,任管仲为相,大兴改革,富国强兵,成就了齐桓公首霸春秋之业。对于管仲这样杰出的政治家及其历史贡献，孔子曾有过“如其仁”（《宪问》）这样的评价，但本章孔子则说管仲有器量小、不节俭、不知礼等三方面的缺点。这是为什么？

我们先看孔子所讲管仲的缺点到底是一些什么样的缺点。一，孔子说管仲器量小是指什么呢？文本虽没有说明理由，但根据《史记·管晏列传》中太史公曰：“管仲，世所谓贤臣，然孔子小之。岂以为周道衰微，桓公既贤，而不勉之至王，乃称霸哉？”意思是说，春秋时期，在周道既已衰微的背景下，齐桓公作为诸侯中的贤者，又有管仲这样的名相辅佐，本可以做到“王天下”，但管仲却没有勉励他“至王”，而是以“称霸”了之。这就是说，在太史公看来，由于管仲没有“王霸之辨”的政治格局，把本该做大的事业做小了，是以孔子“小之”。其实，孔子在此批评管仲“器小”并不是指其胸襟不开阔，容不下人，而是指他的政治格局未能达到理想的境界（王），未能将自己的才干充分发挥出来。因此，夫子是言带有可惜的味道。二，孔子批评管仲不节俭是指什么呢？这要联系前文来看。因为孔子说管仲“器小”，有人便认为这样的人在待人接物上会不大方，比较吝啬节俭。但是，如上所述，孔子所指之“器小”并不是指生活上的小气，在生活上管仲并不“器小”，相反他还很奢侈，何以见之？孔子说：“管氏有三归，官事不摄，焉得俭？”“三归”，历代注家有不同的解释，有的说是“三归”是指管仲娶了三位夫人；有的说是指三处宰相的官邸；还的说是指三处囤积物资的仓库。不管哪一种说法，“三归”都是形容其过着骄奢淫逸的生活。不仅如此，管仲还“官事不摄”，即管理管仲家务的都是一人负责一事，互不相兼，也就是勤杂管理人员很多的意思。很显然，根据孔子所描述的情形，管仲确实在生活上不是一个小气的人，相反他相当奢侈浪费，有点“有钱就任性”的味道。三，孔子说管仲不知礼是指什么？孔子对管仲不知礼所给出的证据是：国君有什么，他就有什么，无论是内政还是外交，管仲在礼仪上都比照国君的规格来做。因此，管仲不仅不懂礼，还有僭越礼制的嫌疑。

对于上述孔子对管仲所指出的三个缺点，如果联系起来看，其实可归之一点，即管仲“器小”。因为，正如有人认为，管仲这样奢侈僭礼，也是事出有因的。《论语正义》卷四曰：“管仲故为三归之家，以掩桓公非，自伤于民也。”意思管仲怕功高震主，故意通过奢侈僭越的行为以招民怨，这样可以掩盖桓公的过失。如果这是事实的话，恰恰又证明了管仲确无“王霸之辨”的政治格局，故“器小”也。所以，我以为，孔子为什么一方面许管仲以“仁”，另一方面又批评他“不知礼”，原因就在于他的“器小”，正因为“器小”，管仲之“仁”并未能发挥出它应有的光辉，最终不得不采取一种“自伤于民”的方式来求自保，是以夫子深惜之。

上章夫子强调对周礼不好的一面要持既往不咎的态度，本章则强调因“器小”而导致的故意“不知礼”是同样不可取的，或者说，前章是说：周礼虽好，不是全好，不好的方面不要说；本章则曰：管仲虽仁，未能全仁，不仁的方面却要说。

3.23【原文】 子语鲁太师乐,曰:“乐其可知也。始作,翕如也。从之,纯如也,徼如也,绎如也。以成。”

【解读】礼乐相辅相成

与前三章的情况相似,两章论礼之后,文本又插入一章似乎与礼学主题无关的内容,不过,前面安排的是孔子的《诗》论,本章则是讲音乐问题。

本章是孔子与鲁国的音乐大师一起探讨音乐原理问题。孔子一开始说,“乐其可知也”,意思是音乐的原理我大概了解,态度很谦虚,也表示对音乐大师的尊敬。《论语正义》卷四云:“《孔子世家》述此文在哀十一年反鲁后,即乐正,《雅》《颂》得所之事,故云乐其可知,言乐正而后可知也。”也就是说孔子对音乐曾做过深入研究,在此是与鲁国音乐大师交流自己的心得体会。关于本章孔子的音乐论述即“始作,翕如也。从之,纯如也,徼如也,绎如也。以成”一段,历来有不同的解释,笔者不懂音乐,故选择了一种比较好理解的注释,即南怀瑾先生在《论语别裁》中讲的:“音响开始的时候,好像含苞待放的花蕾,轻轻地舒展,慢慢地发声。跟着下来,由小而大,但是很纯正。后来到了高潮,激昂慷慨,或非常庄严肃穆,最后这个乐曲奏完了,但还是余音缭绕,后面好像还有幽幽未尽之意。这便是成功的音乐。”[①]之所以这样选择,我认为,孔子在此主要是谈音乐创作的艺术规律,而不是谈音乐欣赏问题,而南怀瑾先生的解释正是基于这样一种理解,比较符合孔子思想的原意。

那么,文本安排此章是否还有另外的逻辑考量呢?它与前两章孔子论礼有何意义联系?我以为,第一,在中国古代文明体系构建中,礼与乐本是一个整体,它们分别发挥着“辨异”与“和同”的功能。孟子曾讲:“仁之实,事亲是也;义之实,从兄是也;智之实,知斯二者,弗去是也;礼之实,节文斯二者是也;乐之实,乐斯二者。”(《孟子·离娄上》)仁、义作为主体固有的道德情感的表达既要靠礼来“节”之,又要靠乐来“乐”之;“节”之就是使情感的表达能够条理化,“乐”之就是使条理化的情感表达更加深入人心;或者说,“节”之是感性的理性化,“乐”之是理性的感性化,二者互为体用,对塑造君子人格发挥着相同的作用。因此,文本在此安排孔子论乐一章,意在显示礼乐文明的整体性。第二,联系到上章孔子批评管仲因“器小”而“不知礼”,可以发现,文本安排本章于此,其实另有所指。因为,孔子对管仲的整体评价是“如其仁”,而之所以又批评他“不知礼”,原因既在于管仲“器小”,还在于管仲一生未能做到始终如一,他的“不知礼”行为都是发生在他帮齐桓公成就霸业之后,如果不是因为“器小”,他本可以帮助桓公成就“王”者之业,他的人生也会因此而完美无缺,就像一首美妙的音乐一样善始善终,其中“从之,纯如也”一句尤其具有针对性,因为,《论语正义》卷四曰:“从读曰纵。言五音既发,放纵尽其音声,纯纯和谐也。”意即虽放声高歌或钟鼓齐鸣,但其音仍不失纯正和谐,可见文本如此安排,也是借孔子论乐之言来批评管仲们的“有权就任性”。

---

① 南怀瑾:《论语别裁》(上册),上海:复旦大学出版社,2006年,第162页。

3.24【原文】 仪封人请见,曰:“君子之至于斯也,吾未尝不得见也。”从者见之。出曰:“二三子何患于丧乎?天下之无道也久矣,天将以夫子为木铎。”

〖解读〗借他人之口来歌颂夫子

仪,地名,卫国之关邑;封人,官名,也就是管理仪邑的地方官。孔子周游列国,居卫时间最久,不可能老待在都城,于是有一天带弟子来到了仪这个地方,而仪地的封人听说孔子这样有名望的人来了本地,自然想见一见,但不承想为孔子弟子所挡。于是这位官员就对孔子的弟子讲:“凡是君子到了我这个地方,还没有我不能见的。”话虽讲得有点霸气,但也属于官场之常情,因为,毕竟他是本地的父母官,孔子名望再大,有事还得找他。是以,孔子的弟子听了这话之后,还是同意引见。而从本章仪封人求见一事及“子见南子”之事可知,孔子经常得面临“见还是不见”这样的难题,不过,基于现实的考量,孔子大多还是见了,哪怕为此要承担相应的道德风险,譬如与仪封人相见,就有失之于礼的风险。

仪封人与孔子见面的情况到底怎样,文本没有交代,但仪封人出门之前对孔子的弟子们讲:跟着这么伟大的老师,你们这些人害怕丧失什么呀?天下无道久矣,将来天下要以你们的老师为导师,这是天命。仪封人能够讲出这番话,说明他前面所讲的话还是有一定道理的,至少说明他还不是一个糊涂官,有一定的见识和知人之明。当然,文本安排此章并借他人之口来歌颂夫子,比自己人去歌颂夫子效果要更佳,编者有此考量亦在情理之中。

不过,文本如此安排除了有借他人之口来歌颂夫子的意图外,另外还有礼学的考量。因为,如上所言,“见还是不见”对于夫子而言是一个难题,所难者主要在于士人相见要遵守严格的礼仪规定,而《仪礼·士相见礼》就对会见双方的身份、地位、年龄、时间、地点以及会见时如何应答等都有明确的规范要求,孔子的弟子最初之所以不想引见仪封人,原因恐怕就在于仪封人的身份不合适与夫子相见,而仪封人却说:凡是路过此地的君子我都见过,也就是以事实来告诉夫子,我是懂得相见之礼的,你不用担心会失礼。因此,文本安排此章,也是为了说明礼之用要“时为大”,即要根据具体情况来践行礼仪规范,否则会因礼而失人,如果那样,岂不可惜乎!所以,本章也是孔子如何灵活地践行礼仪规范的案例之一。

3.25【原文】 子谓《韶》:“尽美矣,又尽善矣。”谓《武》:“尽美矣,未尽善也。”

〖解读〗艺术创作要有正确的价值导向

本章孔子又谈音乐,不过谈的是音乐史。其中《韶》是舜帝时期的音乐代表作,而《武》则是周武王时期的音乐代表作。对前者,孔子用了“尽善尽美”这一成语来评价;

而对后者,孔子认为美则美矣,未尽善矣,抱有遗憾之意。对于《韶》乐的艺术感染力,孔子还有“三月不知肉味”(《述而》)的感叹,但它到底是如何尽善尽美的,后之注者多以舜禅让得天下,实现了政权和平的转移,是以百姓未受改朝换代之苦,故歌颂舜功德《韶》乐充满着太平之音,因而是尽善尽美的。至于《武》乐未尽善,可能与文王、武王征伐而取天下的历史有关,也就是说因为这段历史,《武》乐里面蕴含了杀伐之音,因而尽美而未尽善。

孔子的音乐美学思想有两个方面值得重视。一是他看到了音乐的时代历史特征,即任何音乐都是时代的社会精神风貌的反映,因此,艺术创作只有扎根于时代的社会土壤中,才可能创作出好的艺术作品。二是艺术创作必须要有正确的价值导向,必须在追求艺术之美的同时还要追求艺术之善,要充分发挥艺术对于改善社会人心的积极作用,宣扬正能量,抵制负能量。当然,艺术之美与善如何有机地结合起来,这始终是一个艺术创作难题,孔子谓《武》“未尽善”并不是说《武》为不善之乐,而只是说它有未尽善之处,整体上还是一部优秀的艺术作品。孔子指出这一点,意在告诉艺术家要尽可能地追求艺术之善。

那么,从文本阐释学的角度讲,本章与上章有何意义联系呢?我以为,上章讲见仪封人一事,弟子们之所以不想引见,原因可能有失礼的风险,但若因此而不见,则有失人之忧,孔子的选择是:宁失其礼,勿失其人。也就是说这是孔子在不能两全其美的情况下所做出的最优抉择,这跟本章所讲的《武》乐“尽美”而不“尽善”有相同之处,即虽不“尽善”,但还值得提倡和欣赏。

3.26【原文】 子曰:“居上不宽,为礼不敬,临丧不哀,吾何以观之哉?!”

〖解读〗礼崩乐坏的现状让孔子看不下去了

本章为本篇最后一章,它与前面各章有何逻辑联系呢?刘宝楠《论语正义》卷四引邢《疏》云:“此章总言礼意。”也就是对本篇的总结。我以为然。

因为,礼论是本篇的主题,在文本各章中,孔子对春秋时期各种违礼现象进行了严厉批判,既充分肯定了礼乐文明存在的合法性,又充分彰显了礼乐文明的人文价值内涵。而孔子对违礼现象的批判,又体现为本章所讲的三个方面。

一是“居上不宽”。春秋时期礼崩乐坏的罪魁祸首是“居上”者,也就是当时的诸侯大夫们,他们之所以僭越礼制,在很大程度上是与他们对“居下”者或百姓的生命价值的漠视有关,表现在行为上就是一方面自己为所欲为,另一方面对下刻薄寡恩,未能意识到礼制的人文价值内涵。而孔子提出仁学的意义就在于“人的价值发现”上,他希望统治者意识到百姓生命的价值,宽厚为怀,仁民爱物,这样才会自觉地遵守礼制规定。

二是“为礼不敬”。礼之本在于敬,如果主体没有敬心,践礼就会流于形式。春秋时期的诸侯大夫们随着自身物质财富的增长，野心渐渐膨胀起来，逐渐丧失了对礼乐文明的敬意，有权就任性和有钱就任性的违礼现象比比皆是。对此现象，孔子在给予严厉批判的同时，通过对礼学的意涵发掘，确立了以敬为心理基础，以人文价值为精神内涵的新的礼学体系。

三是“临丧不哀”。“礼有五经，莫重于祭”，最能体现祭礼价值的又莫重于丧礼，而丧礼最重要的不是形式和排场，而是血缘情感的心理体验，但春秋时期的丧礼已有重形式排场之风，当遇到或参加他人的丧礼时很多人已失去应有的同情心，“临丧不哀”，证明血缘亲情的纽带作用已渐渐蜕化，人与人之间的关系已逐渐功利化，如此以往，如何不礼崩乐坏？对此现象，孔子一方面痛心疾首，另一方面提出了“丧，与其易也，宁戚”的观点，强调情感乃礼之所本也。

总之，本篇是孔子礼学思想的集中体现，从首篇《八佾》到本篇，构成了一个连贯的整体，这一点正如南怀瑾先生在《论语别裁》中所云：“《论语》是整篇连贯接起来的，是完整的。《八佾》讲历史时代文化的精神。那么，这篇最后引用孔子对于当时那个时代的批评作结语，就特别有韵味了。”[①]同时，还须指出的是，从孔子“是可忍也，孰不可忍也”到“吾何以观之哉？！”通篇充满着孔子对时代与现实的批判精神，当然，《论语》文本编者如此安排，表明他们对孔子亦有“同情的理解”。

---

① 南怀瑾：《论语别裁》（上册），上海：复旦大学出版社，2006年，第163—164页。

◆《里仁》第四◆

概要：本篇的主题是“为仁”。首先，文本论述了环境对于成就主体道德人格的重要性，分析了“不仁”的客观、主观原因（第一至七章）；其次，读书人要有“闻道”“求仁”的崇高志向（第八章），为此要克服各种外在名利的诱惑（第九至十四章）；最后，以忠恕之道为“为仁之方”（第十五章），坚持“义利之辨”原则（第十六章），注意从处理各种人际关系的伦理实践中去提升自己的道德修养（第十七至二十六章）。

4.1【原文】子曰：“里仁为美。择不处仁，焉得知？”

〖解读〗跟什么样的人作邻居很重要

本篇是《论语》的第四篇，从第一篇论“为学”，第二篇论“为政”，到第三篇谈“为礼”，而到本篇，其核心主要是讨论“为仁”问题。因为，按照孔子思想的逻辑，礼之所以“坏”，是因为“人而不仁”。可见文本每篇都是围绕着一个中心或主题而展开的。

我们知道，仁，是孔子思想的核心，也是孔子为礼乐文明存续作合法性辩护的理论基础。关于仁的含义，历来有不同的解释，我以为，从辞源学的角度看，仁，从人从二，也就是处理二人或人与人之间相互关系的原则。而人与人之间的关系，首先是一种以血缘为纽带的自然关系，它表现为长幼这样的秩序，故仁之“二”不是“两”，“两”代表一种平行关系，“二”则代表一种上下长幼关系，而这种血缘关系的主要情感特征就是“亲”，《礼记·经解》所谓“上下相亲谓之仁”和《国语·晋语一》所谓“爱亲之谓仁”等皆是指仁之本义而言。当然，仁爱虽源自“爱亲”，但又必须超出“爱亲”，《庄子·在宥》曰：“亲而不可不广者，仁也。”由“亲亲”而“仁民”，再由“仁民”而“爱物”，超载“类性之仁”的局限，这是孔子仁学构建的主要特征。但是，不管仁爱的广度如何扩展，都不能把“爱亲”这一源头给忘了，也不能舍“爱亲”而爱人。这是仁爱的基础，也是仁爱的底线。关于这一点，在后面的相关章节中再论。

文本把“里仁”作为孔子谈论仁爱的首章，这是一种什么样的编辑学考量？我以为，这还得从“仁”之本义出发来理解。因为，如上所述，仁之本义是指处理人与人之间相互关系的道德原则，而人与人之间的关系除了血缘家庭关系外，还有以地域为单位的社会关系等。换言之，在孔子看来，人类生活的展开离不开由血缘关系和社会关系所构成的环境制约，所以，孔子在此讲“里仁为美”即要选择居住在充满着仁爱的地方为美，表明孔子在如何成就君子人格这一问题上，看到了社会环境对于主体意识形成的决定作用，而文本如此安排则反映出儒家群体对于人的本质形成问题是有着基本的共识的。

不过，孔子讲“里仁为美”还有着特定的所指。因为，在宗法同构的传统社会里，聚族而居、足不出乡是传统中国人生存和生活的基本样态，整个社会缺少人口的横向位移与阶层的纵向迁升，对普通百姓来说根本不存在“里仁”的选择，而能够享有居住权选择的只有那些靠游说诸侯以求闻达于天下的“士”。是以，孔子这里所讲的“里仁”，从对象来讲是指士而言；从居地来讲是指邦国的城镇而言；从关系来讲是指社会交换的圈子而言。也就是说，士之游历最好选择社会风气好的地方并能够与志同道合的人进行交换。但是，孔子也意识到要选择符合这一标准的地方在当时并不是一件容易的事，譬如孔子自己周游列国居住时间最长的卫国就并不是一个符合“里仁为美”标准的诸侯国，可能也正是这一经历，使得孔子感叹：“择不处仁，焉得知？”我以为，夫子是言既是批评别人，也有作自我批评，有与大家共勉的意思。

总之，本章的中心意思是：跟什么样的人作邻居很重要。

4.2【原文】 子曰：“不仁者不可以久处约，不可以长处乐。仁者安仁，知者利仁。”

〖解读〗只有仁者才能做到安贫乐道与富贵不淫

上章孔子讲环境对于成就君子的重要性，但是人生在世不可能没有起伏，也不可能总是能够“里仁”。因为，一者我们人来到世间是处于一种“被抛”状态，我们无法选择我们的出生；二者即使你生在一个理想的环境中，但环境并不是一成不变的，好的出生环境有可能变成为坏的生存与生活环境。那么，如何对待生存环境的变化呢？这就需要发挥自己的主观能动性。本章之旨就在于此。

譬如，我们有可能处于一种“约”即穷困潦倒的生存状态，甚至这一状况还不是短期可以改变，那么，你是否忍受得了这长期的穷困？是否会因为穷困而起偷盗之心？一句话，面对这种生存境遇，你的人生是否就此沦沉下去？孔子认为，“不仁者不可以久处约”，意思是非仁者是不可能长期在穷困潦倒的环境中还有自己的道德操守坚持的，更不可能还像孔子的得意弟子颜回那样还能够“一箪食，一瓢饮，在陋巷，人不堪其忧，回也不改其乐”（《雍也》），而是每天过得忧心如焚，进而会埋怨世道不公，再进而会“穷斯烂矣”（《卫灵公》），不仅放弃应有的道德坚持，还可能干一些作奸犯科的事，成为儒家所指的“小人”。

“不仁者不可以久处约”，这应为一般人的常态，毕竟管子也说过“仓廪实而知礼节，衣食足而知荣辱”，物质文明决定精神文明，但这是否意味着只要过上了丰衣足食、功成名就的好日子，就能够始终做到君子之所当为呢？孔子认为，如果不是仁者，即使是这种好的生存状态，也是“不可以长处乐”。因为，贫穷固然容易产生道德意义上的坏的可能性，并不意味着富贵就不会产生这种可能性，事实上，“有权就任性”和“有钱就任性”的现象在历朝历代都比较常见，这表明不重视主观能动性的反作用，一味地强调物质文明的决定作用同样不可能成就君子之行。

那么，无论何时何地、何种处境都能够不失君子之风是如何可能的呢？孔子认为只有成为仁者才是可能的。因为,“仁者安仁”,仁者,心安于仁,安于仁者则无论所处之外在环境是“约”或“乐”,都不会影响到主体内在心境的变化,“约”则安贫乐道,“乐”则富贵不淫。当然,要做到“仁者安仁”的境界也并不是一件容易的事。因为,毕竟人要穿衣吃饭,且把日子过得好一点的想法在儒家看来也是正当的,在外在生存环境不利的情况下如何坚持理想而又同时维护生命的价值,这需要我们发挥自己的智慧,“仁者安仁”不是蛮干,非特殊境遇,“杀身成仁”不是儒家的选择;一般情况下,仁者要懂得历史发展的趋势,要有长远的眼光和宏大的格局,懂得进退取舍,这样才可能找到恰当的行仁方式,这就是“知者利仁”。

4.3【原文】 子曰:“惟仁者能好人,能恶人。”

〖解读〗爱而知其恶,憎而知其善

仁者是一个什么样的人呢?上章孔子讲:仁者是一个对贫穷、富贵能够安之若素的人。既然是这样豁达的人,那么是否意味着仁者对人,无论是好人还是坏人,或人好的一面和坏的一面,也都是如此豁达处之呢?不是。因为,本章孔子讲:“惟仁者能好人,能恶人。”

孔子讲“仁者爱人”,这里的“人”应当包括所有的人,但是,人既有亲疏之别,亦有好坏之分,对亲人的爱更多地是一种自然情感的流露,理性的作用主要体现在主体如何以恰当的方式来表达这种自然情感上,所以,爱亲人之仁爱表现为一种“感性的理性”;而在从爱亲人走向爱他人的过程中,理性所发挥的作用就要大得多。因为,在没有自然情感为基础的情况下,一个人要爱他人如爱亲人,就必须明“仁者,人也”之理,所以,爱他人之仁爱便更多地表现为“理性的感性”。也就是说,两种仁爱形式虽然都体现为情理相融结构,但情与理的比重不同。同样,对好人与坏人的仁爱虽然也体现为相同的情理相融结构,但因理性的比重占优,从而导致了情绪表现的好恶之别。因为,所谓好人与坏人之分,实际上是主体基于一种是非之分的价值判断,它是借由人类理性或知性而得,不过由于人类的是非之心作为一种价值判断形式又总是与人的情感态度相关联,譬如你对自己亲人的好坏判断就必定会受亲情的影响,在男女情爱活动中甚至还会出现“坏得可爱”的心理现象,因此,如何避免这种情感因素对价值判断的干扰,这需要主体有高度的理性自觉,所以,“惟仁者能好人,能恶人”的意思主要是指只有仁者才能做到《礼记·曲礼上》所讲的“爱而知其恶,憎而知其善”。

孔子这种基于是非之分的爱憎分明之仁,既体现了儒家思想的个性,这一点使他与是非不分的“好好先生”或“乡原”区别开来,同时也体现了儒家仁爱的宽容。因为,一般人的好恶总是表现出以偏概全的倾向,如“爱一个人连他的缺点也爱”“恨一个人连他的优点也恨”,看不到“好人”也有坏的一面,“坏人”也有好的一面,而儒家的仁爱却是以是非之分为基础,具有“憎而知其善”的理性认知,这使得“坏人”仍然能够成为被爱的对象,这与一般人的爱憎分明是有区别的。

由上可知,儒家的仁爱是一种充满着理性或知性的爱,正因为此,我以为,本章夫子所言是对上章“知者利仁”的进一步诠释。可见,文本如此安排是有其编辑学的逻辑考量的。

4.4【原文】 子曰:“苟志于仁,无恶矣。”

〖解读〗坚定对仁的理想信念很重要

上章孔子讲“惟仁者能好人,能恶人”,被“恶”者并不是人本身,而是人的不善或可恶之处,而儒家“恶”人的目的并不是把有缺点或道德上有问题的人逐出你的人际圈子,或者把他关进“道德囚笼”任其自生自灭,而是为了教育他使之成为“好人”。所以本章就是讲一个人是怎样从“坏人”变成“好人”的。这是文本的逻辑所在。

孔子认为,从“坏人”变成“好人”,办法其实很简单,那就是要“志于仁”,即要以仁为追求的目标、为志向之所在,这样就可以“无恶矣”即可以改恶从善不做坏事了。孔子之所以视“志于仁”有这么大的作用,原因在于“志于仁”者意味着他有正确的“三观”(世界观、人生观与价值观),且“苟志”于仁者也意味着他对仁的理解不只停留在知识的层面,同时有一种内在的心理认同(“苟”,诚也),并化为一种坚定的意志力,不会轻易地改变追求的目标与方向。所以,一个“坏人”只要真正确立了正确的“三观”,且能够矢志不渝地去追求,自然就会变成“好人”。

当然,即使是“苟志于仁”,要由“坏人”变为“好人”,也并不是一个一蹴而就的过程,王夫之《四书训义》卷八引杨氏曰:“苟志于仁,未必无过举也,然而为恶则无矣。”意思是说,“坏人”要变为“好人”,先必“志于仁”,而“志于仁”并不意味着一下子就可以成为“好人”,这是一个慢慢转变的过程,其间未必没有“过举”即过错的行为,但过错毕竟不同于罪恶,它只是主体还不能熟练或自觉地运用仁来指导自己的社会实践所造成的后果,这就像我们操作一台新仪器,按操作手册去操作也有一个由不熟练到熟练的过程,不熟练时操作难免有操作失误的时候,但只要坚持按规程去操作,久而久之就会熟练了,从而操作失误也就减少了。但问题是:我们不能因为一次操作的失误而怀疑操作手册上所定的规程有问题,那样的话,只会失误越来越多,最后仪器会报废。所以,对仁要有坚定的信念与立场,这才是我们远恶近善的根本。

坚定对仁的理想与信念,才能远离“小人”而成就“君子”,这便是本章之旨。

4.5【原文】 子曰:“富与贵,是人之所欲也,不以其道得之,不处也。贫与贱,是人之所恶也,不以其道得之,不去也。君子去仁,恶乎成名?君子无终食之间违仁,造次必于是,颠沛必于是。”

〖解读〗只有经受了困境的考验,才能树立坚定的理想信念本章与上章之间的文本逻辑联系十分明显。因为，上章是讲坚定对仁的理想信念对成就君子很重要，但是，为什么有的人甚至很多人不能坚定这一理想信念呢？原因就在本章所讲的人不能正确地看待功名利禄或很难抵挡住各种功利的诱惑与影响。

首先，孔子认为，欲富贵、恶贫贱，这是人之常情。既是人之常情，自然就具有正当性，因而在理上是站得住脚的。孔子虽讲“君子喻于义”，但他并不讳言“利”，并且赋予对利的追求以某种程度或条件的正当性，这跟后来宋明理学的态度是有差别的。理学家的“天理人欲之辨”把人对物质生活与精神生活追求的正当性限定在满足基本的生存需要上，认为超出基本生存需求的物质满足与文化需要都属于“人欲”，这样就否定了人们“对美好生活向往”的正当性。与之相比，孔子却肯定富贵之欲即“对美好生活向往”的正当性，而“富与贵”显然不是指停留在基本需求的层次上。

其次，尽管孔子承认人们“对美好生活向往”具有伦理的正当性，是“天理”，但是如果“不以其道得之”即不用正当的方式去实现这种追求，也是不被允许的，此所谓“君子爱财，取之有道”是也。由此可见，孔子既强调目的的正当性，更重视手段的正当性，尤其是不能为达目的而不择手段，否则就会丧失目的的正当性。

再次，什么样的手段、方式才是正当的呢？孔子说：“君子去仁，恶乎成名？”也就是说，君子如果离开了“仁”去追求美好生活，那就不是君子所为，而是小人行径。但是，以“仁”去追求美好生活是否能够或在多大程度上能够达成目的呢？我们知道，春秋之际，“天下之无道也久矣”（《八佾》），在一个“无道”社会你却要以“有道”的方式即“仁”去追求美好生活，其结果自然是事与愿违。也正是这一残酷的现实生存环境，许多人对“仁”的理想信念失去了坚定的立场，所以夫子所说的“志于仁”并不每个人能坚持得下来的。

最后，如何才能坚定对仁的理想信念呢？孔子认为，仅靠读书学习以明理是不行的，还需要或者更重要的是，对仁的理想信念坚定必须要在事上磨炼，要在社会生活实践中磨炼。孔子说：“君子无终食之间违仁，造次必于是，颠沛必于是。”意思是说：仁，君子须臾不可离也，尤其是在危急关头、颠沛流离的处境下仍然要保持这种理想信念，且只有经历了这样的考验，才能真正树立起对仁的理想信念。

总之，本章之旨在：只有经受了困境的考验，才能树立坚定的理想信念。

4.6【原文】 子曰：“我未见好仁者恶不仁者。好仁者，无以尚之；恶不仁者，其为仁矣，不使不仁者加乎其身。有能一日用其力于仁矣乎？我未见力不足者。盖有之矣，我未之见也。”

〖解读〗真正的仁者是能爱不仁者的人

关于本章的解读，历来争议颇大，之所以如此，我以为与没有联系文本之“上下文”来看有关。因为，文本之上一章是讲坚定对仁的理想信念很不容易，那么怎么来判断一个人是否确立了坚定的理想信念，是不是真正的仁者？这一问题当然可以从很多方面来看，但孔子选择的视角是：如何对待“不仁者”？所以本章的第一句的句读应是“我未见好仁者恶不仁者”而非“我未见好仁者，恶不仁者”，意思是“我没有看过一个真正喜欢仁的人，讨厌那个不仁的人”。①

在本篇的第三章，孔子也说过“惟仁者能好人，能恶人”，但仁者“恶人”是恶人之恶，并不是憎恶有道德缺点的人，而是憎恶人的道德缺点，故本章所讲“我未见好仁者恶不仁者”是对这一问题的进一步深化。因为，孔子这里所谓的“好仁者”只是指对仁有追求的人，但他是不是仁者还有待检验，这如同一个人爱好书法，但他不一定是书法家一样。不过，尽管如此，对于这样的爱好者，首先要给予肯定和鼓励，孔子说，“好仁者，无以尚之”，也就是对爱好仁道的人要给予表彰鼓励的意思。但是，“好仁者”通常会有“恶不仁者”的缺点，或者说自认为道德高尚的人皆有这样的通病——看不起或讨厌那些在他们看来道德品质有问题的人。那么，这样的“好仁者”在“其为仁矣”的时候，往往会“不使不仁者加乎其身”，即顶多做到不受不仁者的影响，而这种“恶不仁者”的“好仁者”并不是真正的仁者。因为仁者爱人，既爱道德高尚的人，也爱有道德缺点的人，诚如南怀瑾先生所言：“一个仁者，看到一个不仁者，应该是同情他、怜悯他，想办法怎样把他改变过来，这是真正仁者的用心。”②所以，孔子才说“我未见好仁者恶不仁者”。由是可知，本章的中心思想是：我们可以通过一个人如何对待不仁者来判断他是不是真正的仁者。

当然，孔子批评“恶不仁者”的“好仁者”的目的是希望他能改正这一缺点，因为毕竟一个有着高尚道德追求的人总比没有这种追求的人要好——哪怕他可能有道德洁癖，也就是说，在孔子看来，“好仁者”有着比“不仁者”成为真正的仁者的道德基础，因而要改正这一“恶不仁者”的缺点并不难，只要“能一日用其力于仁”就可以做到。但是，令人可惜的是，能这样做的人并不多，而原因并不在“力不足”，而是在没有意识到仁爱精神的道德情怀包括了“要爱那些不想爱的人”这一维度。所以，我以为，从儒家仁爱精神的这一维度可以看出：中国传统文化的人文关怀所具有的包容性是其他文明难与比拟的。

4.7【原文】子曰：“人之过也，各于其党。观过，斯知仁矣。”

〖解读〗只有正确地“观过”，“改过”才能对症下药

上章孔子讲有些“好仁者”有着“恶不仁者”的缺点或过失，并强调要着力改正这种错误，但令孔子感到遗憾是，很少有人能够做到改正错误。原因何在呢？孔子只是说

① 南怀瑾：《论语别裁》（上册），上海：复旦大学出版社，2006年，第176页。

② 南怀瑾：《论语别裁》（上册），上海：复旦大学出版社，2006年，第177页。

"力不足"也,也就是从主观努力不够这一方面来找原因,而本章的角度则是从客观方面来对这一问题做进一步分析研究。由此可见,文本之上下文之间的意义联系存在很强的逻辑性。

首先,孔子指出:"人之过也,各于其党。""党"者,类也,也就是说人的过错有各种各样的类型。为什么会是这样呢?原因在于每个人成长与生活的客观环境不一样,因而我们要根据具体的人或人的社会身份来分析他的过错是什么,这一点正如《论语正义》卷五引皇疏云:"犹如耕夫不能耕,乃是其失;若不能书,则非耕夫之失也。"农民不知道种田,这是农民的过失,但农民不能识字作文,则不是他们的过失,反之亦然。所以,对于一个人的过失分析,最重要的一点就是要看他是一个什么样的社会存在,如果脱离了人的社会性去找过失的原因,就会产生张冠李戴的现象,也就无法对症下药改正错误。但是,孔子之后的儒家特别是宋明理学对孔子这句的理解过于简单抽象,即他们大多把"各于其党"简化为君子与小人两种类型,如程子就讲:"人之过也,各于其类。君子常失于厚,小人常失于薄;君子过于爱,小人过于忍。"(《论语集注》引程子曰)理学家的这种做法实际上是从道德上对人存在的社会性作简单的抽象归类,忽略了人作为社会存在的多样性与复杂性。以农民为例,中国历来有"重本抑末"的政治文化传统,但从事"本"业的农民却从未改变其为"小人"的道德形象,程子说"小人失于薄"之"小人"是否也包括了农民呢?如果包括的话,"薄"即刻薄这样的缺点安在以老实忠厚著称的中国农民身上显然是不恰当的。所以,理学家对"各于其党"的理解过于狭隘,不足为法。

其次,孔子曰:"观过,斯知仁矣。"对这句话的理解,通常的释读是:观察一个人的过错,便知道他是什么样的人。我以为这样去理解不符合上下文意义联系的逻辑。因为,上文是孔子分析产生过错的客观原因,而找原因的目的并不是为了知人,而是为了在改错过程中能够对症下药,取得改过的成效。上章孔子讲"我未见力不足者",意思只要主观努力,改正错误是完全可能的,但为什么做不到呢?除了主观努力不够外,就是本章所讲的方法路径不对,是以改正错误时不能对症下药。所以,"观过"就是一个客观分析研究产生过错的原因的把脉过程,了解原因之后,就知道如何对症下药,从而"斯知仁矣"即知道如何才能做到仁所要求的"应当",且此"应当"仍必须是"各于其党"的"应当"。

总之,本章之旨在于:如何"观过"?只有正确的"观过","改过"才能对症下药。

4.8【原文】子曰:"朝闻道,夕死可矣。"

〖解读〗要下定决心"闻道"

这一章在中国文化思想史上有着非常重大的影响,从一定意义上说它代表了中国传统知识分子精神世界的最高境界。

对于“朝闻道”之“道”，如何理解？李泽厚先生在其《论语今读》一书中有非常精辟的论述。他认为，儒家所谓之“道”不是西方哲学意义上的“真理(truth)”，“闻道”不能等同于“认识真理”，而是“体验人生意义、宇宙价值”，因而它不属于认识论而属于本体论的范畴。[①]正因为“道”作为认知的对象是在知行合一的过程中完成的，因而“闻道”的过程也就是成就君子的修身过程，同时也是“道”通过主体去实践、去改造社会的过程。所以，“闻道”之“闻”不是听“道”或知“道”，而是理解“道”，且因为理解而所以信仰“道”，可见“闻道”过程又是理性与信仰的合一过程。

为什么孔子认为“朝闻道，夕死可矣”？这是因为人的一生其实始终是围绕着“生命的价值与意义是什么”这一主题而展开，不同的人生或人生的不同阶段都会有不同的生命价值体验，但有的人因深受世俗功利的缠绕，终其一生也未必能体验到“道”的存在，未必能明了人生的价值与意义，浑浑噩噩过一辈子，糊里糊涂离开人世。所以，夫子是言有着警醒世人尤其是学者的意涵在内，意思是要君子立志于“闻道”，因为“闻道”并非易事，有时甚至需要付出生命的代价，如无决然之志，就会半途而废。但只要“闻道”矣，对于生死难题就会有泰然处之的安宁心态，朝生夕死又何足道哉？故王夫之认为：“朝闻道，夕死可矣”乃为君子立志闻道的誓言(《四书训义》卷八)。吾以为然。

本章与上章的意义联系何在？我以为，前面两章都是分析“人之过”是如何产生的，强调要改过而自新。但如何改过？孔子认为要从立志闻道做起，“朝闻道，夕死可矣”就是表明一种改过的决心。

4.9【原文】 子曰：“士志于道，而耻恶衣恶食者，未足与议也。”

〖解读〗知识分子不应以粗茶淡饭的生活为耻

上章讲君子要下死决心去“闻道”，如何判断一个人是否真下了这样的决心呢？这就是本章所要谈的问题。

首先要注意的是，这是《论语》文本中第一次出现“士”的概念，之前出现的是“君子”，那么，士与君子在文本语境中是否存在所指义的差别呢？我们知道，士作为贵族之末在西周时是有“食田”即有稳定的生活来源的，不用为衣食发愁，但到春秋时期，士这一阶层渐渐分化成为没有“食田”的平民阶层，其实际的身份由贵族之末变成了“四民之首”，他们主要靠自己所知的礼仪知识来谋生，属于当时的“知识分子”，其中有的人出来做了官即“学而优则仕”，这算是比较理想的出路了，所以《论语正义》卷五曰：“故士为学人进身之阶。”而君子的概念已在前文有述，在《论语》文本语境中主要是指道德人格高尚的人。不过，由于士作为知识分子还被儒家赋予了责任伦理的内涵，因而士又成为最容易变成为君子的一个群体，故古人常将二者并称为“士君子”。

---

① 李泽厚：《论语今读》，北京：生活·读书·新知三联书店，2004年，第107页。

孔子在这里讲“士志于道”，意思既是指士要有志于道，也是指士应当有志于道，后者是赋予士必须把“道义”作为自己的责任与使命，如果没有这样的责任与使命担当，则不可谓之为士，至少不是儒家所理解的知识分子形象——“铁肩担道义，妙手著文章”。

其次，如何去判断士是否真正有志于道呢？我们知道，立志是属于精神层面的问题，一个人是否有坚定的意志去“闻道”，从外表是看不出来的，但孔子有独特的识人之法，他说：“士志于道，而耻恶衣恶食者，未足与议也。”也就是说，如果某士说自己有志于道，但又追求物质生活的享受，特别是耻于“恶衣恶食”（穿得差、吃得差），这样的人是不足与议的。因为这种人说自己有志于道是假的，至少他对道的追求没有坚定的意志，意志坚定的人不会以“恶衣恶食”为耻，而会像颜回那样“一箪食，一瓢饮，在陋巷，人不堪其忧，回也不改其乐”（《雍也》）。

不过，需要指出的是，孔子的这种识人之法也是与士在当时的处境相关。因为，如前所述，士在春秋时期已失去了“食田”的物质基础，士的生存压力与他们对道的追求之间始终存在着某种程度的紧张，因而孔子提出以“耻恶衣恶食”为判断标准是有针对性的，既针对“耻恶衣恶食”的知识分子，也针对让知识分子“恶衣恶食”的社会，毕竟任何一个社会如果连知识分子都过着“恶衣恶食”的生活的话，这个社会就很难说是一个“有道”的社会。故我以为，孔子“未足与议也”一语虽然是对“耻恶衣恶食”之士的批评，但同时也反映出孔子对当时士人之处境抱有同情的理解。

4.10【原文】 子曰：“君子之于天下也，无适也，无莫也，义之与比。”

〖解读〗胸怀天下的君子不应为成见或偏见所困

此章历来有不同的解读，原因主要在对“适”“莫”两个词的词义理解上。按照通常（宋明儒家）的释读，“适”者，可也；“莫”者，不可也。“无适”“无莫”，也就是无可无不可的意思。但唐代学者陆德明所著《经典释文》云：“适，郑作敌；莫，郑音慕，无所贪慕也。”[①]李泽厚先生选择了后一种解释，认为“无适”之义就是“不存心敌视”，“无莫”之义就是“不倾心羡慕”。[②]李先生之所以如此，原因是这样释读“似于今日有点用处”，“常见许多人对于某些事物不是盲目排拒，便是盲目倾羡，或仅凭一己之爱憎好恶而排拒或倾羡，经常出于无知和缺乏理性。”[③]其实，我以为，如果从上下文的关系来看，“无适”“无莫”主要还是就君子之于“天下”所应持的态度而言的。因为，孔子所谓之“天下”是一个具有包容性的“文化天下”，这样的“天下”是一个不断扩展的概念，可以说是“至大无外”。但是，同样是这样的“天下”对主体来说即意味着是一个具有不确定

① [清]刘宝楠：《论语正义》（诸子集成本），长沙：岳麓书社，1996 年。

② 李泽厚：《论语今读》，北京：生活·读书·新知三联书店，2004 年，第 108 页。

③ 李泽厚：《论语今读》，北京：生活·读书·新知三联书店，2004 年，第 109 页。

性的“天下”，如何对待“天下”的这种不确定性呢？一般来讲会有路径依赖的影响，即对于新事物或不了解的东西会依成见或偏见去判断，然后总有一种将其纳入自己所熟悉的框架来理解的倾向，纳入不了的就加以拒斥。所以，孔子讲“无适”也，实际上就是讲君子对外要有一种开放的态度，不要为成见所困而陷入盲目保守；但是，另一方面，开放必须是理性的开放，而非不加分析地全盘接受，乃至盲目地“崇洋媚外”，这就是孔子所讲的“无莫也”。

那么，如何才能做到“无适”“无莫”或不为成见或偏见所困呢？孔子曰，“义之与比”，即一切以“义”为衡量标准。何谓“义”呢？古人有很多解释，我以为还是从文字学的角度比较好理解。因为，“义”，繁体字为“義”，上“羊”下“我”，“羊”代表了一种美好的价值，“我”则代表主体性，故“义”之为字反映了主体对某种美好价值的认同与追求。但“义”的主体之“我”并非单数，而是复数“我们”，也就是说“义”作为一种“善或美”乃是“我们”的一种价值共识即“公义”或“道义”，而价值共识的达成往往需要主体剔除更多的情感好恶，体现出更多的理性精神，也正是这一点，使得“义”具有一种外在的客观性和稳定性。那么，当“君子之于天下”时，由于“天下”的外延不确定，“义”作为一种价值标准面对新的客观环境时是否仍然有效，是否能够成为一种我们今天所谓的“普世价值”，这并不是十分确定的。但尽管如此，君子仍然应当坚持以“义”为价值标准，对于新事物、新现象持开放包容的态度，尤其要善于把崇高的“义”与具体的实践有机地结合起来，使得“义”获得现实的物质力量支撑，只有这样，“义”作为“当然之理”才可能转化为“理之宜”这样的实践理性。

所以，联系到上章讲的“士志于道”，本章之旨则在于：士要有志于道，必须要胸怀天下，而胸怀天下又在于要树立以理性为基础的开放包容精神。

4.11【原文】子曰：“君子怀德，小人怀土；君子怀刑，小人怀惠。”

〖解读〗君子应当以修身养德和维护公正价值为关怀

上章孔子讲君子如何胸怀天下，讲的是君子应有的情怀及格局，因为没有这样的情怀与格局，君子之仁便无法由“爱亲”而走向“爱人”，更无法达到“博爱”之仁。但是，君子如何才能养成这种情怀和格局呢？本章就是谈论这一问题。

本章讨论这一问题的角度采用君子与小人的对比法，分别从“内圣”与“外王”的角度来论述君子养成问题。其中第一组对比是：“君子怀德，小人怀土。”“怀”之义，既有关心于此的意思，也有安心于此的意思。孔子认为，君子所关心和安心者在道德，而小人所关心和安心者在“土”。关于“土”之义，一说为土地，一说为乡土。我以为当以前说为是。因为，相对于君子所怀之“德”而言，小人所怀之“土”当是指以土地为代表的物质财富而言，德与土相对，也就是义与利相对，儒家所谓“义利之辨”是也。这组对比主要是讲君子应当以修身养德为关怀。第二组对比是：“君子怀刑，小人怀惠。”“刑”就是古代的刑法,"惠"就是实惠或利益。孔子之所以用这组对比,是因为刑法作为维护社会秩序稳定的暴力性的制度安排存在着被过度运用的倾向, 这一点对于维护社会制度的首要价值——公正(义)是十分有害的。因此,孔子认为,作为"治人者"的君子应该以运用刑法时的量刑是否适当为自己的社会关怀, 谨慎地运用刑法这一工具去处理各种利益纠纷即"慎刑"。与君子关心社会公正价值的维护和实现相比,小人所关心的便是实惠与利益。正是由于小人"怀惠",所以因利益矛盾所引起的纷争乃是造成社会不稳定的主要因素,春秋之乱便是如此,礼崩乐坏更是如此。尽管解决利益矛盾需要刑法的介入,但孔子仍然主张要"慎刑",这充分体现了儒家的仁爱精神。

因此,本章之旨在于:君子应当以修身养德和维护社会公正价值为关怀,不应如小人那样只关心自己的个人利益。

4.12【原文】子曰:"放于利而行,多怨。"

〖解读〗功利主义的危害性在于失道寡助

上章孔子指出,"小人"最关心的是"土(地)"和"(实)惠"等这些看得见的物质利益,但并没告诉人们这种唯利是从的行为会导致什么样的危害与后果。本章则是将此危害与后果讲出来。

孔子曰:"放于利而行,多怨。""放",依也,即依照利益来行动,必定招致很多的怨恨。为什么会如此呢? 因为,此所谓"利"不是指公利,而是指私利,依照公利而行是不会招致怨恨的,只有依照私利而行才会招致怨恨。对此,朱子《论语集注》引程子曰:"欲利于己,必害于人,故多怨。""利己"是否必然"害人",有没有"利己"而不"害人"即共赢的可能性,我看还是有的。尤其在市场经济主导的今日社会还较为常见。但如果只考虑个人的私利而不顾及他人的利益,那么行为必定是损人利己的,故南怀瑾先生在《论语别裁》中对"放"的理解采取了师古之《注》:"放,纵也。谓纵心于利也。"①意即不仅是求利,而且是过度地求利,有点贪得无厌的味道,只有这种求利方式才必定会害人,所以才招致人家的怨恨。我以为先生此解深得夫子之意。

不过,以上的理解只是本章的一般或能指义,从文本的所指义来讲,我以为,夫子是言还另有所指。因为,在春秋争霸的过程中,国与国之间的利益纷争如何解决,是否也有正当性的标准去衡量,这是当时"王霸之辨"的核心问题。也就是说,是否只要是为了"国家利益"的所有行为都可以获得伦理正当性或道义的支撑与辩护呢? 很显然,当时许多人就是如此认为的。但是,在孔子及儒家看来,即使是"国家利益"之争也还有方式上的"王霸"之别,即只有靠仁政的方式所争取的"国家利益"才是正当的,且唯其如此才可能真正实现自己的"国家利益",所谓"仁者无敌"是也。除此之外的所有维

① 南怀瑾:《论语别裁》(上册),上海:复旦大学出版社,2006 年,第 108 页。

护“国家利益”的行为都不具备正当性支撑，故依此标准，儒家认为“春秋无义战”，即没有一场战争可获得道义的支撑。而“无义”之战必定会招致包括国内百姓在内的所有人的怨恨和反对，所谓“得道多助，失道寡助”，便是夫子是言的中心思想。

总之，在孔子看来，无论行为主体是个体还是集体，都必须根据道义原则来维护和实现自己的利益诉求，功利主义无法为主体行为提供正当性辩护。

4.13【原文】子曰：“能以礼让为国乎？何有？不以礼让为国，如礼何？”

〖解读〗只有懂得礼让的精神价值，以礼治国才是可能的

上章孔子讲功利主义的危害在于“多怨”或失道寡助，旨在强调国家利益之争的正当性问题。本章承上章之旨，继续谈论国家治理所应遵循的价值原则。

我们知道，国家治理最主要的内容就在于如何调解因利益纷争所引发的社会矛盾。一般来讲，国家化解社会矛盾的机制主要有二：一为法制规范，一为伦理规范。前者在古代就是刑，后者在古代就是礼。且由于古代之刑法主要是对违反礼的惩罚性规范，所以礼制对于传统国家治理来讲是最主要的治理工具。这一点正如荀子所言：“礼起于何也？曰：人生而有欲；欲而不得，则不能无求；求而无度量分界，则不能不争；争则乱，乱则穷。先王恶其乱也，故制礼义以分之，以养人之欲、给人之求，使欲必不穷乎物，物必不屈于欲，两者相持而长。是礼之所起也。”（《荀子·礼论》）可见，在荀子看来，礼是因止乱息争而起。但是，礼是如何发挥它的止乱息争功能呢？简单来讲就是本章孔子所讲的“让”，即通过退让来止乱息争。也就是说，当发生矛盾纠纷时，矛盾的双方如果各让一步，就不会将矛盾激发，就能找到解决矛盾的有效途径，最终达到解决矛盾的目的。确实，遇到矛盾如果不懂得退让，就容易失去理性，容易意气用事，小矛盾就容易变成大矛盾，最后落得个两败俱伤。因此，退让是为理性发挥作用以解决矛盾腾出空间，有了这个空间，任何矛盾都有解决的可能性。故朱子在《论语集注》中讲：“让者，礼之实也。”让就是礼的本质要义，为政者只要懂得发挥礼制的这一功能，国家治理就不是什么难事，如果不懂得这一点，又要礼制干什么呢？意思是如果不是为了发挥礼让精神的价值，又何必要订立包含了各种规范要求的礼制呢？倒不如把止乱息争的功能全归于刑。但是，如果国家治理只有刑这样一种工具或方式，那么国家是否能够负担得起高昂的治理成本呢？显然是不可能的，不仅不可能，而且会陷入因治理成本转嫁所引发的更严重社会矛盾的恶性循环之中，秦朝的历史就充分证明了这一点。

因此，本章的中心思想是：国家治理不能没有礼制之维，而运用礼制如果不懂得礼让精神的价值，则形同于没有礼制，换言之，只有懂得礼让精神的价值，以礼治国才是可能的。

4.14【原文】子曰:“不患无位,患所以立;不患莫己知,求为可知也。”

〖解读〗是金子总会发光的,就怕你不是金子

上章孔子讲以礼治国之所以可能在于要懂得礼让精神的价值,但问题是:为什么很多人在处理矛盾纠纷时做不到礼让呢?根本原因就在于荀子所讲的“人生而有欲”,每个人都想满足自己的欲望,而欲望的满足过程又避免不了与他人产生矛盾冲突,当矛盾冲突发生时如果自己退让了,不仅自己的欲望得不到满足,也有可能让对方得寸进尺。正因为此,行为主体要做到礼让,必须要发挥理性对主体欲望的克制作用。而理性如何才能克制主体的欲望呢?关键就在于主体要有对正当性欲望的正确认知。本章之旨即在于此。

如前所述,孔子并不否定人有富贵之欲的正当性,只是强调满足这种欲望要采取正当的手段或方式,而正当的方式在孔子看来就是礼,而礼的要义又在让。但是,为什么很多有理性的人又不愿意让呢?原因在于他认为他的欲望具有正当性因而应该予以满足。譬如本章所提到的“位”即位子或职位。许多知识分子认为自己有德有才,便产生了应该获得相应的职务安排的想法或欲求,但因为职位毕竟是政治领域的稀缺资源,于是又担心自己的想法得不到实现,当某一天机会来临的时候,又担心领导不了解自己而让别人抢了先。如果一个人对于“位”有如此心理的话,他怎么可能在机会面前轻言礼让呢?所以,针对这一现象,孔子指出:“不患无位,患所以立”,即不要担心没有职位给你,要担心的是你是否能够胜任其位;“不患莫己知,求为可知也”,即不要担心他人不了解你,但你得真正拥有让人认可的才能与本事。总之,孔子的意思是:是金子(君子)总有发光的时候,就怕你不是金子(君子)而自认为是金子(君子)。可见,夫子是言仍是站在成就君子的角度而言的。

本章孔子以士如何对待权力的诱惑来说明君子人格的品质特征,这与上章强调礼让精神是相一致的。因为,在孔子看来,如果是君子的话,他既不会争权,也不会恋栈,用舍行藏,进退自如,尽显谦谦君子之风;而那些“患无位”者实际上还不能称得上真正意义的君子,更不用说那些削尖脑袋去投机钻营的人,对此,王夫之曾说:“若区区以名位为忧者,苦心劳形,终日而不得须臾之和平,亦不足道也矣。”(《论语训义》卷八)诚哉斯言!

4.15【原文】 子曰:“参乎!吾道一以贯之。”曾子曰:“唯。”子出,门人问曰:“何谓也?”曾子曰:“夫子之道,忠恕而已矣。”

〖解读〗忠恕之道是为仁之方

前面各章孔子从不同的角度和层面对其核心思想——仁做了比较具体而深入的

探讨,如何进一步提炼这些具体的论述以便将仁学思想理论化、系统化,这是孔子仁学构建的逻辑的必然要求,而本章就是欲解决这一问题。

本章对于了解孔子思想的系统性是非常重要的,但是也是争议较大的一章。原因在于孔子所说的“吾道”之“道”到底是指形而上或本体论意义上的“道”,还是指实践论或“(体之)用”意义上的“道”,而曾子以“忠恕”来概括“夫子之道”又是在何种意义上所指。

我们知道,儒学是一种“谋道”之学,这是儒家对于自身的理论定位。何谓“道”?《易传》曰:“形而上者谓之道。”可见,“道”的构建必须要有对超越或终极存在维度的关注才可谓之为“道”,尽管在孔子的学生看来,夫子是“罕言”其“道”的,甚至孔子说“吾道一以贯之”之后又并未明确地说“吾道”之“一”是什么,但根据孔子的学生曾子所讲“夫子之道,忠恕而已”来看,“忠恕”乃是孔子之“道”的主要内涵。根据传统的定义,忠,尽己之谓也;恕,推己之谓也。具体来说,儒家认为,尽己之忠就是“己欲立而立人,己欲达而达人”(《雍也》),推己之恕就是“己所不欲,勿施于人”(《颜渊》)。可见,儒家的这种忠恕之“道”是一种处理“己”与“人”(而非“己”与“他”)之间关系的伦理原则,它与西方传统的“金规”(golden rule)具有逻辑形式的相似性。而这一原则或“道”之所以可能,在逻辑上必须以人际共识和价值共识为前提,其中最重要的是必须把“你”当作与“己”一样具有价值和意义的存在,因而,忠恕之道尤其是恕道与古典哲学家康德的“人道原则”——“永远把人类(无论是你自己还是他人)当作一种目的而绝不仅仅是一种手段来对待”——又有相通之处。不过,需要指出的是,曾子对孔子“一以贯之”之“道”的理解虽然或应该接近孔子的原意,但是,从解释学的观点看,曾子的这一看法未必能代表孔子心目中的“一”之“道”。因为,忠恕之道只是一种伦理原则,顶多是一种人道原则,它未能体现“道”之所以为“道”的“形而上者”或本体论的哲学维度,因而它属于主体得“道”之后在“用”即方法论层面意义的“道”。

子贡曰:“夫子之文章,可得闻也,夫子言天道与性命,弗可得闻也已。”(《公冶长》)可见,夫子所“罕言”而弟子不可“得闻”的“道”是同“天”或“命”等形上或超越的范畴紧密相连的。而这种同“天命”相联系的“道”便是中庸之道。何以见之?一则是在《论语》这一文本中,孔子尝称:“中庸之为德也,其至矣乎!民鲜久矣。”(《雍也》)其“至德”之德具有“得”的意思,是指中庸作为一种方法论的功能与效果是最大、最高、最好的,具有无可比拟或朱子所谓“无以复加”的优势(《论语集注·泰伯》),就如孔子所称之泰伯那样,能够“至德”或道德到“三以天下让,民无得而称焉”的地步(《泰伯》),或如文王、武王那样,能“至德”到“三分天下有其二,以事服殷”的地步(《泰伯》)。而这种“至德”之所以可能,诚如《周礼》所言,必须“以道为本”,或如宋儒张载所论须“为天地立心”,或如新儒家代表人物冯友兰先生所言,必须以“天地境界”为人生的地平线,只有站得高,看得远,方能突破“类性之仁”的局限而将仁爱的精神扩展至天地万物,以“赞天地之化育”。二则是在《中庸》这一经典文本中,提出了“天命之谓性,率性之谓道,修道之谓教”“中也者,天下之本也,和也者,天下之达道也”和“极高明而道中庸”等三个命题,明确肯定了中庸之道是一种基于终极关怀与内在超越且具有“致中和,天地位焉，万物育焉”功能的“至德”。从某种意义上讲，一部《中庸》实际上是一部关于儒家中庸思想的理论化的经典，它从形上本体论、心性论和认识论、方法论的角度，逻辑而系统地构建起了儒家道德形而上学哲学理论体系。三则是在《中庸》这一文本中，探讨了中庸与儒学其他道德范畴间的关系，认为孔子所提出的仁、知、勇范畴虽是“天下之三达德也”，但“所以行之者一也”，这个“一”就是贯之于“三达德”之中的中庸精神。因为，无论是仁、还是知，抑或勇，如果不能贯彻中庸“过犹不及”的原则，都会有走向德性之反面的可能性，如仁爱之过度易走向溺爱，智慧之过度会走向狡诈，勇敢之无节会走向鲁莽。正因为此，有人认为，中庸之为德具有“兼德”的性质，是“统智、仁、勇而一之者”(《四书训义》卷二)。由是可知，儒家思想体系的核心范畴既不是仁，也不是礼，而是中庸之道。

当然，需要指出的是，恕道作为一种类似乎于西方传统文化的“金规”(golden rule)，它与“golden mean”即西方传统的“中道”观念有着相通之处，若以此而论，曾子以恕道为孔子之道的“一”的内涵未尝不是一种正解，是以《中庸》认为“忠恕违道不远”。但是：

第一，中国传统文化中的中庸之道远非西方文化的 golden mean 概念所能涵括。事实上，亚里士多德的“中道”观念是古希腊自然哲学观念在伦理学上的运用，golden mean 作为一种“黄金分割方法”显示了“适当的”比例的可量化特征，这不仅意味着亚氏所谓中道的“适当”规定性既是一个质的范畴，而且更重要的是这种质的“适当性”必须同时是可量化的并因而是不可模糊的德性，就如射击，如果 10 环为“中(善)”，则 10 环以外哪怕是 9.9 环便为“不中(恶)”，当然，“两恶之中，取其小者”，但“小恶”仍然是恶，亦如 9.9 环仍是“不中”，两者在质上的差别是不可以模糊的，有基于此，亚氏明确地说：“德性却是极端”，这与儒家“执两用中”的“时中”观念是完全不同的。后者(儒家)之“中”虽有“两端未是不中”(朱子语)的可能性，但“中”是一个“度”的范畴，是一个可以在相当“幅度”的范围之内移动的具有“无可无不可”性质的“中”，譬如 10 环为“中(善)”，9.9 环则是“近中”或“次中”而非“不中(恶)”。孔子认为，不得“中行”之士，固然是憾事，但如果能做到“狂狷”之士甚至“小人”，也应被肯定、称许。可见，亚氏的“golden mean”是一种非中(善)即恶(不中)的排他性的中道观，而儒家却是一种非中未必为恶的辩证中道观。正是这种分别，曾子所称之恕道(己所不欲，勿施于人)并不能等同于西方的 golden mean，因为后者之“中”是客观的、绝对的，而恕道之“中”则是“己”的、主观的。

第二，忠恕之道也与儒家所讲的中庸之道有距离。尽管《中庸》认为：“忠恕违道不远，施诸己而不愿，亦勿施于人。”但“不远”并不意味着等同，恰恰是“违道不远”，表明忠恕与中庸存在着较大的差距，忠恕之道本身还存在着理论构建上的缺陷。因为，从“己所不欲”的原则出发，“勿施于人”的行为未必会导致一种善的结果。因为，“己所不欲”未必为“人所不欲”，譬如辣菜是北方人之所不欲，若将这种饮食的偏好用来招待湖南的客人，效果可想而知。所以，忠恕之道之是否有效，必须以人际共识和价值共识为前提，而恰恰是这两个前提的达成存在着因阶层、地域、文化等因素而来的困难性。譬如“君子喻于义”，而“小人喻于利”，二者之间就难以达成价值共识，君子之“不欲”恰恰是小人之“所欲”，若以君子之“不欲”施之于“小人”，是否能达到孟子所谓的“强恕而行，求仁莫近焉”(《孟子·尽心上》)，这是很值得怀疑的。以此而言，恕道也不能等同于中庸之道，因为后者的价值共识的建立是基于一种“天地境界”的世界观与人生观，这与恕道从“己”出发的价值坐标是根本不同的。

所以，我认为，曾子以“忠恕”来概括夫子之“道”只是他个人的一种理解，虽然“违道不远”，但毕竟还是有“违”，这一点或许与曾子本人偏重伦理实践或曾子的门人还没有达到对道的形上理解层次有关。

4.16【原文】 子曰：“君子喻于义，小人喻于利。”

〖解读〗义与利，其实是可以统一的

在本篇的前几章，孔子论仁皆涉及本章的“义利之辨”，因而本章可以看作是对前面各章的总结与抽象。但联系到上章夫子说“吾道一以贯之”，曾子认为是“忠恕”而已，而我已在上章论述中指出，曾子的见解是有缺陷的，因而本章的“义利之辨”应视作是对曾子之“一以贯之”的理解的补充，否则没有必要将此章安排于此。

如前章所述，即使以曾子从伦理实践层面的角度去理解夫子“一以贯之”，忠恕也未必能完全契合夫子之“一”。因为我之所欲或不欲未必是人之所不欲或欲，譬如君子之所欲，义也，故你与君子相交，君子便只问事情有没有道德的正当性(“君子喻于义”)；而小人之所欲，利也，故你与小人相交，小人便只考虑该事有没有利益可图(“小人喻于利”)。如果你以君子之所欲去推及小人之所欲，或以小人之所欲推及君子之所欲，忠恕之道便无法在实践上成为可能。所以，我以为，本章实际上应看作为对曾子忠恕之道的补充，意在强调忠恕之道的实践必须注意到“己”之对象即“人”的不同与多样，不能想当然地认为自己所欲便是别人之所欲，把自己之所欲强加于人。譬如小人，他连饭都吃不饱，你去跟他高谈道义问题，还要他或多或少地牺牲自己的利益去帮助他人，要他去行仁爱，那肯定是行不通的。相反，作为君子，你必须明白小人之所欲恰恰是你之所应当，要尽可能创造条件来满足他们的需求，让他们能够过上丰衣足食的生活，只有这样才可能行忠恕之道，也只有这样，富裕起来的小人才有可能接受“义”的教育而趋向于善。换言之，君子对小人行忠恕之道，必须以“小人喻于利”为自己所喻之“义”的内涵，这样的“义”才是真正且可行的“义”，这种“义”也可谓之为“因民之所利而利之”(《尧曰》)之“利”。可见，在孔子看来，君子对小人行忠恕之道一定是义利统一的，由是亦可知，孔子讲这句话是对君子而非小人讲的。

另外，从单纯的“义利之辨”来看，“义之与利，其途相反，而推之于天理之公，则固合也。”(《四书训义》卷八)义与利虽然价值取向不同，但若从“天理之公”的角度看，二者又是可以统一的。因为,义,不仅等同于公利,而且也意味着公利的实现只有采取恰当即“宜”(义)的方式才是可能的。这就是说,义之与利不仅在价值目标上可以一致,而且在目的与手段上也可统一。而儒家之所以要严“义利之辨”,是因为“但在政教衰乱之世,则有义而不利者也。乃义或有不利,而利未有能利者也”(《四书训义》卷八)。即在春秋这样的无道之世,不仅追求义并不一定实现利,而且追求利也未必能带来利,义与利的分离或割裂更容易使人们见利忘义,但这种见利忘义的行为最终并不能实现最大的利。

故儒家严“义利之辨”的意蕴是:从君子的角度讲,是要以公利为价值目标,不要计较个人利益得失;从小人的角度讲,是要以义为价值底线,不要为达个人利益而不择手段。换言之,君子不应以“爱财”为人生目的,小人“爱财”也须“取之以道”,如此,义利之于君子与小人皆可统一。

4.17【原文】 子曰:“见贤思齐焉,见不贤而内自省也。”

〖解读〗成就君子必须要有三种意识:是非意识、看齐意识、内省意识

上章的“义利之辨”是讲君子行忠恕之道必须注意对象的不同,即不能笼统地推己及人,要看到不同的人会有不同的“欲”,但是,面对不同的人的不同的“欲”,君子又当如何处之?这就是本章所要讲的问题。

孔子认为,日常生活中的人际交换总会遇到贤者/好人或不贤者/坏人,见到贤者/好人,我们应该“思齐焉”即要向他看齐,而见到不贤者/坏人,应该“内自省也”即要自我反省,看自己是不是也有同样的缺点。于此,我们可以看出,儒家忠恕之道所强调的推己及人并不是要将自己的想法强加于人,而是对所“见”之人有同情的理解并基于这种理解而反求诸己以成就自己的德性,也就是说,儒家是把对客观世界的改造纳入对自身主观世界的改造之中,而达成这一修养目标需要确立三种意识:

一是“是非意识”,即“见贤”或“见不贤”,你首先得知道何为贤,何为不贤,这样才可能成为贤者。一个人如果没有是非意识,没有道德价值的判断力,那么,你即使见到贤者,也不知其贤在何处,见到不贤者,亦不知其不贤在何处,如此好坏不分的话,你怎么可能会产生出向贤者学习的念头呢?因此,要成就君子,首先得有是非意识,有是非意识才可能有知人之明。

二是“看齐意识”,即见到贤者/好人要有向他们学习看齐的主观能动性。生活中我们常看到有些人“见贤”而不思“齐”,他们知道谁是贤者/好人,也羡慕那些贤者/好人,但认为自己要做到像贤者/好人那样是不可能的,所以在主观上放弃了向贤者/好人看齐的努力,仅停留在羡慕、欣赏贤者/好人的层面,不思进取,得过且过。是以孔子认为,要“见贤而思齐焉”,即要有向贤者看齐的主动性,要努力进取成为贤者/好人。孔子所谓“我欲仁,斯仁至矣”及俗云“榜样的力量是无穷的”,指的就是这种看齐意识对于主体成就君子的作用。

三是“内省意识”，即见到不贤者/坏人要有自我反省的自觉性。虽然在成就君子的过程中，正面或“榜样”的激励作用是无穷的，但是反面或“坏人”的警醒作用也可以是无穷的，可以说贤者与不贤者是一个镜子的两面，只要你运用得当，都可以发挥好的作用。如见到不贤者/坏人，你只要对照检视自己是否有同样的缺点和犯同样错误的可能性，你就可能离贤者/好人更近。但是，很多人对待不贤者/坏人的态度往往以批评居多，很少进行自我批评，以为不贤者/坏人所有的缺点自己没有或没有犯同样错误的可能性，其实殊不知我们在批评别人的时候有可能也是在批评自己，只是许多人不知道自我反省而已，因而在一定的条件下也同样易犯他人所犯的错误。儒家特别重视内省，曾子有“吾日三省吾身”之说，说明儒家把主体是否有反省的自觉性视为成就君子的必由之路。

4.18【原文】 子曰：“事父母几谏。见志不从，又敬不违，劳而无怨。”

〖解读〗**子女有义务去劝阻父母犯错**

前面孔子讲“吾道一以贯之”，曾子将“一”理解为“忠恕”，而忠恕之道的践行又须考虑对象的不同，于是文本先例了两种道德类型即“君子与小人”“贤者与不贤者”来分别说明之，而从本章开始，文本则着眼于在具体的人伦关系中主体如何去行忠恕之道的问题。可见，《论语》这种从抽象分析到具体分析的文本安排，充分反映出编者的逻辑考量。

在传统人伦关系中，家庭关系中的父子关系是最重要的一伦，也是包括君臣关系在内的所有其他关系的基础，而处理这一关系的基本原则虽然有“父慈子孝”一说，但主要的原则还是“孝”并形成了孝治天下的政治文化传统。传统的孝道作为一种体现子女对父母情感的伦理原则，它具有义务的单向性和绝对性，即虽说父亲对于子女也要慈爱，但“父慈”不能构成为“子孝”的条件，也就是说即使父母不慈，子女仍须孝，这一点也体现在本章所讲的情形中。“事父母几谏”，即在侍奉父母的过程中，若父母有过错或“不贤”，做子女的是顺从还是劝阻，这对子女来说确实是个难题。因为，从孝道的义务单向性与绝对性来讲，孝者，顺也，顺从父母的意志这是孝的本质要求，但孔子认为，若父母有过还是应该委婉地劝阻，但若父母不听劝阻，不能接受你的意见即“见志不从”，该怎么办呢？“又敬不违”，即你仍然要在态度上恭敬父母，在行为上不违抗父母的意志。而这样做肯定在心理上会有负面的情绪，但孔子认为这种负面情绪必须是“劳而无怨”，既替父母担忧，又不致因父母不听劝阻而对父母心生怨艾。可见，儒家对于孝道的维护是不惜以牺牲公正或是非价值为代价的。这一点对于今天的年轻人来说是很难接受的。因为，如果父母有过且不听劝阻，还需要子女顺从其意志去做，那等同于助纣为虐，其对社会或他人的危害必定是加倍效应，孝道如此维护父母权利的做法确实值得商榷。

但是,孔子之所以如此强调孝顺的绝对性,原因并不是他没有看到维护孝道与公正价值实现之间所可能出现的紧张与矛盾,否则他不会说要“几谏”,听之任之顺之即可,而提出要“几谏”,即表明子女对父母的进谏还是会有或多或少的作用的,既然如此,“几谏”也就是做子女的责任与义务之一,如果放弃这一责任,也就是子女未能尽孝。此其一也。其二,儒家之所以强调要如此尽孝,目的还在于尽忠。因为,曾子讲的忠恕之道,其中“忠”就是“尽己之谓”,故孝可以看作是忠在家庭的另一表现形式。而我们知道,忠作为一种政治伦理要求并没有血缘亲情作基础,如果发生君有过而臣进谏的情形,君主有可能更听不进去臣子的意见,君臣之间的矛盾与紧张会更甚于父子之间的矛盾与紧张,其最终的或历史常见的情形或是双方兵戎相见,或是臣子因尽忠而死。而儒家站在维护君主权威及政治稳定的角度出发,其基本的价值取向如同其对孝道的维护一样,是主张“尽己”到可以丧失自己生命的地步的。但孔子及先秦儒家不同于后世儒家之处在于:面对上述情形,孔子的选择可以说是“敬”而不“从”,即宁愿流亡他邦或不仕于朝也不愿意顺从无道之君的意志去做事。但是,用孔子对尽忠的理解方式来理解尽孝时却有着难以逾越的障碍,这就是当你不想顺从父母错误的意志做事时,你却无法选择离开你的父母或家庭,即算你有这样选择的可能性,但也逃避不了你父母所犯错误的连带责任追究,这一点也就是孝子不同于忠臣的悲哀所在。

总之,本章是讲忠恕之道在处理家庭关系时如何去运用的问题,也就是孝道如何去维护的问题,对于孔子所提出的观点我们既要批判地继承,也需要同情地理解。

4.19【原文】 子曰:“父母在,不远游。游必有方。”

〖解读〗从“游必有方”到“时必有音”

上章讲侍奉父母遇到父母有过错时要“几谏”,劝谏没有效果时只能是“又敬不违,劳而无怨”。如此尽孝的要求对子女而言多少会有点委曲,那么,子女是否可以选择远离这样的父母而另谋发展呢?本章就是孔子对这一问题的回答。

孔子认为,父母在世的话,不论基于何种理由,为人子者是不应选择远游的,如果一定要远游,也必须要有明确的去处。当然,孔子说“父母在,不远游”,是指一般情况而言,且在以定耕为主的农业社会,中国人有着安土重迁的文化传统,而推动人口流动的主要因素除天灾之外就是战乱,所以,孔子在此所指的有远游需要的人一般是指两种人:一是上述因“几谏”父母而不成的人,一是指当时靠知识谋生的“士”。我以为,无论是何种情形,孔子把“不远游”作为孝道的最优选择,这对于交通、信息皆不发达的古代社会而言都是非常适应的伦理准则。因为,不论是何种情况你需要远游,父母都会担心外游的子女,这正如唐代诗人孟郊的《游子吟》所描述的那样:“慈母手中线,游子身上衣。”父母对子女的爱总是无私的,为人子者需要远游,若不考虑父母的这种感受,是不符合孝道的要求的。所以,孔子认为,如果你一定或不得不远游,必须要告诉父母你所游的方向或地方，这样才会使父母稍微宽心一些。

孔子之所以讲这句话，应与孔子离开父母之国在外游历十四年之久的经历不无关系。因为，伴随孔子在外游历的还有孔子的学生，这些学生的父母是否在世，我们虽不得而知，但是可以肯定有“父母在”的情况，同时肯定有父母不同意或不情愿儿子跟随孔子到处游历的情况出现，是以作为老师，孔子必定要面临父母不舍得儿子出外游历的情感困扰，这对于孔子所强调的孝道也是一个重大的考验，而如何化解这一矛盾，“游必有方”这应是孔子提出的折中方案。

而在全球化、信息化和城市化的现代社会，子女的远游已成为一种常态现象，那么，夫子之言是否仍然适用，确是一个疑问。但是，信息、交通的方便能否解决父母对远游子女的思念呢？子女能否体会到父母对在外子女的思念并不会因时空条件的改善就可以缓解的这一点呢？这同样是值得现代人深思的。我想，是否可以在“游必有方”之外再加上“时必有音”这一点呢？

4.20【原文】 子曰：“三年无改于父之道，可谓孝矣。”

〖解读〗在不同的处境下讲孝道会有不同的意义与价值，此乃文本重出之“必有其美者焉”

此章已见于首篇《学而》之第十一章中，但《学而》第十一章的原文要比本章多出一半，即“父在，观其志；父没，观其行。三年无改于父之道，可谓孝矣。”按传统注释家的做法，对于《论语》文本中的重复之词，多以“重出不释”处之。而清代学者刘宝楠在《论语正义》中指出：“《论语》中重出者数章，自缘圣人屡言及此，故记者随文记之。《春秋繁露·祭义篇》：‘孔子曰：书之重，辞之复。呜呼！不可不察也。其中必有美者焉。’”这就是说，孔子是多次提到这句话，而弟子也多次记录了这句话，但是，在编辑《论语》这一文本的过程中，编者不可能没有发现文本的这种重出现象，既已发现，为什么又不删去呢？我以为，文本之所以安排这种重出现象，确实如董仲舒所言，“其中必有美者焉”。“美”在何处？这需要我们从文本阐释学的角度来发现，也就是要联系文本之上下文来理解这种重出现象的意义所指。

我们知道，在《学而》篇第十一章中，“三年无改于父之道”的“三年”是有明确的时间所指的，即它是指父亲过世三年之后这段时间，而本章的“三年”是否与之完全相同呢？我以为，联系到上章孔子讲“父母在，不远游，游必有方”来看，这里的“三年”当指人子在外游历时如何坚持“父之道”的问题。因为，人子在外游历时会接触到各种新的信息和文化，也很容易受到新的环境的影响，也就是说，对人子而言，“父没”之后的“三年”与“远游”在外的“三年”有着不同的孝道实践处境，而后一种处境对于坚持“父之道”而言会存在着比前一种处境更多的困难。这一点对处于全球化、多元文化背景下的今日孝子而言表现得尤其突出，而对孔子所处的时代来讲，以他自身游历体验也不难体会到这种处境下践行孝道的困难，故夫子是言是特有所指的，文本如此安排也并非因为孔子屡言及此,而是因为此言之所指已有了新的意涵。

既然是在“远游”处境下的“三年无改于父之道”,那么坚持“三年无改于父之道”的意蕴便不只是对父道的继承而已，它同时也有了在多元文化背景下坚持自身传统价值的意义。也就是说,在异国他乡坚持“三年不改父之道”所坚持的“父之道”,不只是代表人子个人的家庭之道,而且代表了这个家庭所在的父母之国的文化传统,且也正是因为中国人有这种坚持“三年无改”的文化传统,中国文化才能够在世界各地落地生根。

总之,在不同的处境下讲孝道会有不同的意义与价值,这也就是文本重出之“必有其美者焉”所在。

4.21【原文】 子曰:“父母之年,不可不知也。一则以喜,一则以惧。”

〖解读〗知道父母的年龄及身体状况是子女应尽的孝道义务

知道并记得父母的年龄，这是子女应尽的孝道义务之一。孔子之所以提出这一点,恐怕是因为有很多的人忽略了这一点,没有看到知父母之年的重要性。我们知道,儒家所讲的孝道特别重视如何让父母时刻保持愉悦的心理状态，而记得父母的年龄并在父母生日的时候为他们祝寿,这是让父母开心的方式之一。但是,很多人尤其是未成家的年轻人体会不到这一点，且由于古代社会记时方式和书写工具的落后也使得知父母之年多有不便,更加助长了这一现象的发生。是以,孔子将这一点特别提出来,意在教育弟子要从具体而微的方面来践行孝道的义务。

记得父母的年龄并不是单纯地记得他们生日而已,而是要时刻知道父母随着年龄的增长的身体状况,关心他们的健康并希望他们长寿,人子如果持这样的孝心,就会“一则以喜,一则以惧”,喜者就是父母还长寿健在,惧者是知道父母会离我们而去的日子将越来越近。孔子认为,只有喜与惧两种心理状态的并存才会使得我们更加重视对父母的尽孝。对此,王夫之有云:“或称吾亲之眉寿,则从而喜焉,当其喜而忘其可惧者,则恋慕之意衰矣。或见吾亲之衰迈,则从而惧焉,当其惧而忘其可喜者,则和怡之情损矣。”(《四书训义》卷八)也就是说,一方面,如果只有为父母长寿而高兴的心理,而没有为父母衰老而担忧的心理,你对父母的爱就会逐渐淡薄,因为你总认为父母还能活很久,用不着为他们的衰老而担忧;另一方面,如果你只有为父母的衰老而担忧的心理,而没有为父母的长寿而高兴的心理,你在侍奉父母时就会少怡和之色,因为你总担忧父母将不久于人世,事亲时就会被忧郁心理所主导。所以,事亲时要有喜惧两种心理。

联系到前两章孔子之论孝,可以看出本章之所指仍是针对那些远游在外的人子而言的。因为,“父母在”而远游,就更容易忘记自己父母的年龄,也更容易因对父母健康状况信息的不了解而陷入或喜或惧的单一心理状态之中。

4.22【原文】子曰:“古者言之不出,耻躬之不逮也。”

〖解读〗无论何时何地,都要诚信“立言”

本章的意思是:古人讲话之所以不轻易出口,原因在于他们以怕做不到自己所说的为耻。朱子《论语集注》曰:“言古者,以见今之不然。”即孔子之所以拿古人来对比,原因在于今人之讲话不是这样的。很显然,孔子是以言行一致为言语伦理的最高原则,反对那种言行不一、大言不惭和巧言令色的言说方式。这一点在《学而》篇已经说过,而文本在本篇又安排几章来谈论这个问题,似乎也有思想的“重出”之嫌,但是,若文本上下文的意义联系来看,本章之“重出”是另有所指的。

首先,孔子所以言古,是因孔子所处的春秋之世是一个诸子百家争鸣的时代,可以说诸子为了向诸侯们推销自己的思想,极尽言说之能事,这一点无疑助长了整个社会的言过其实之风,而这种言语风气又会严重影响到社会诚信的建立,故夫子此言主要是针对诸子争鸣而言的,意在告诫弟子们要通过诚信“立言”以彰显儒家的仁道精神。这是从大的方面讲的。

其次,从小的方面来讲,本章仍然是指远游在外的士子们在社会交换过程中应注意的言语伦理准则。因为,士子远游他乡,意味着离开了“熟人”环境而进入了由“陌生人”构成的社会环境中,而“陌生人”社会对言说行为的道德制约力显然较“熟人”社会要弱得多;且士子们为了尽可能早地融入“陌生人”社会,让陌生的他者相信你所说的话,在信息不对称的情况下,言语行为就容易有急于表达和言过其实的倾向,甚至对自己所说的话是否能够兑现抱有无所谓的态度,以为自己身在他乡而未能做到言行一致是情有可原的。对此言说现象,孔子引古人的言说方式来进行批判,意在告诫弟子:无论何时何地,都要诚信“立言”。

4.23【原文】子曰:“以约失之者鲜矣。”

〖解读〗懂得自我约束的人基本不会犯错误

对本章的理解主要在如何释读“约”的意涵。朱子《论语集注》中引了两种释读,一是“谢氏曰:不侈然以自放之谓约”,一是“尹氏曰:凡事约则鲜失,非止谓俭约也”。按前一释读,“约”的意思就是俭约,是指物质生活上的简约、不奢华,即使“有钱也不任性”;而按后一种释读,“约”不止指物质生活上的简约,而是包括了在人际交换、日常生活等各方面的所有言行举止、行为价值取向,都能做到节制有度。简言之,“约”在此就是指主体对自我行为有一种道德约束意识。孔子认为,一个人只有要这种约束意识,能够对自己的行为进行自我管理,就很少会犯过失。我以为,后一种释读既更具全面性,同时也符合文本之上下文间的意义逻辑联系。

因为,如上章所论,夫子看到了主体在诚信“立言”过程中会受到“熟人”环境和“陌生人”环境的不同影响这一情形,同样,对于远游他乡的士子而言,他们的社会交换不仅在言语上会有过度倾向,而且在行为上也有过度任性的情况发生,这就像一些武侠小说所描写的那样,一些人练成了某种武功后就自以为可以独步天下,到处任性妄为,殊不知“高手在民间”,其结果自然会很惨。是以,孔子强调,在“陌生人”构成的社会交换环境中,在信息不对称的情况下,士子尤其要懂得自我克制和自我约束,为人处世更要学会谨言慎行,不能冒失从事,这样才会减少错误。

问题是一个人是如何能够做到自我约束的呢?这就涉及主体的道德修养问题。首先,孔子认为,一个人如果有仁爱之心,自然就会懂得自我约束。《礼记·表记》有所谓“俭近仁”之说,其实反过来也可以说“仁必俭”,因为仁者爱人,仁者懂得他人生活的苦楚,自然会在物质生活上节俭惜物以助人,故孔子讲仁者必“节用”,孟子讲“仁民而爱物”(《孟子·尽心上》),“仁民”者必定“爱物”,“仁民”者也必定懂得自我约束。其次,孔子所讲的仁是一种李泽厚先生所谓的“情感—理性”合一结构,理性对仁爱这种情感的外露有导向、梳理作用,正是这一作用使得主体的外在行为表现不会失之于礼,而守礼就是主体自我约束的表现形式,是故儒家讲“克己复礼”既是讲“克己”才能“复礼”,也是讲“复礼”才是“克己”,而“克己”就是自我约束,也就是守礼。可见,孔子以“约”为修身之则实际上仍是着眼于如何去成就君子。

4.24【原文】 子曰:“君子欲讷于言而敏于行。”

〖解读〗想清楚了再说,干起来再说

本章是夫子名言,仍是谈言行问题,足见孔子对于言德或言语伦理是非常重视的。当然,夫子谈论这一话题的场景肯定有所不同,而文本将之集中呈现,这表明文本编者对这一问题有自己的理解和意涵所指。朱子在《论语集注》中引胡氏曰:“自‘吾道一贯’至此十章,疑皆曾子门人所记也。”是否为曾子门人所记,今人已不得而知,但朱子等理学家有此疑问,这说明他们认同《论语》这一文本生成的内在逻辑。我以为,从文本生成的逻辑来看,对本章的理解既要看到其能指义,也要看到其所指义。

从文本能指义上讲,朱子《集注》引谢氏曰:“放言易,故欲讷;力行难,故欲敏。”“放言易”,就是讲话随便,不假思索地脱口而出。对此现象,王夫之指出:“学者之病,莫患于轻。……其轻也,于言见之。当其有言,如水之流,如簧之鼓,不自知其言之便给也。”(《四书训义》卷八)说话随便,实际上反映了一个人在处事上态度不够认真,思考不够周全,这一点尤其反映在年轻人或学者身上,是以孔子认为君子说话应当嘴巴有门,谨慎一点,想清楚了再说,宁愿给人以不善言辞的印象,也不要逞口舌之快。晚清名臣曾国藩在给子女与弟子的家书中经常问 “近来是否说话慢了一点”“走路是否缓了一点”,便是告诫他们要在“讷于言”上来修养。

“力行难”，就是要做到竭尽全力去做事是比较难的。中国人有句话：“说起来容易，做起来难。”之所以难，原因一方面可能是所做之事本身确实有难度，做成事的客观条件还不具备；另一方面也可能与主体的主观努力不够有关。对此，王夫之指出：“方其有行，且前且却，彷徨瞻顾，不自知其行之退怯也。”（《四书训义》卷八）做事瞻前顾后，畏首畏尾，遇到一点困难就打退堂鼓，这也是年轻人的通病之一。是以孔子认为君子做事要行动敏捷，万事开头难，先干起来再说，在干的过程中总结经验，寻找解决问题的办法，从而不断增强克服困难的信心，只要树立了信心，办法就总比困难多。可见，不能“敏于行”者是不可能做到“力行”的。

从文本的所指义来讲，我以为，对本章的理解还要与前文所提到的士子之“远游”处境联系起来。因为，士子们在周游列国的过程中，身处他乡或陌生环境，无论是为了生存（谋食）还是为了理想（谋道），都需要得到以陌生人为主的他者的认可，是以在言语方面都有“巧言令色”的倾向，“讷于言”者并不具有被他人认同的优势。而在做事（行）这一点上，同样因为环境的陌生，士子们对于是否能够把事情做成、做好，也往往比在熟人环境中做事更缺乏信心，所以行动起来总会有瞻前顾后、畏首畏尾的心理，这些都应予以同情的理解。但是，在孔子看来，同情的理解并不等于同情的赞同，尤其对于成就君子来讲，陌生的环境更需要坚持自己的理想，所谓“吾道一以贯之”，这个“道”是通行天下的，何须顾虑环境的改变呢？

4.25【原文】 子曰：“德不孤，必有邻。”

〖解读〗要在历史的时空中化解道德人生所可能产生的孤独

本章孔子说，有德之人不会孤单，必定会有人与你亲近为伍。可见，从文本上下文之意义联系来看，本章仍是要突出两点：

一是从“里仁”的角度看，选择有仁义之风的居住环境固然是重要的，但是，居住在哪里，有时候是由不得你选择的。人生有很多的无奈，其中之一便是不得不与不仁者为邻，这个时候你也许会有孤独之感，觉得身边没有知音与朋友，因此觉得人生少了很多乐趣与意义。面对这种状况，孔子认为，这其实也没有多大的关系，因为，只要你是个真正的有德之人，不管居住在何种环境，肯定会有人愿意与你亲近为伍。因为，毕竟社会上好人还是居多，毕竟人心总皆有向善的一面。中国有一句俗语，叫“盗亦有道”，即使在强盗这个圈子里，道义仍发挥着维系这圈子团结协作的作用。这表明：德性是有磁性的，道德仁义在任何时候和任何情况下都有着它的向慕归化功能。

二是从“远游”的角度看，君子处他乡异土，欲获得陌生人的认同，总是有一个过程的，而在这一过程中，或因彼此的不了解，或因文化习俗的差异，或因观念的不同，或因性格的不同等，都可能妨碍人们对君子的认同，在这个时候，君子有暂时的孤独是必然的，且从孔子说“有朋自远方来，不亦乐乎”来看，孔子对此孤独是深有体会的，甚至孔子还发出“知我者,其天乎”的感叹,这表明孔子对自己一生都不被人了解的可能性也是有心理准备的。但是,孔子认为,“德不孤,必有邻”,有德之人不会孤单,必定会有人来亲近。

不过,需要指出的是,对夫子是言我们不能作狭隘的时空理解。因为,所谓“不孤”并不只是指现实社会中也有与你志同道合的人存在而言,而且也是指历史上曾有过与你同样的人存在,譬如孔子就是从尧舜禹汤文武周公那些历史上的圣人中获得了超越时空的思想共鸣;同样,“必有邻”也不只是指你工作生活的“单位”附近会有与你志同道合的人来追随而言,而且也是指“天下”一定会有人理解和认同你的理想与追求。因此,我以为,没有超越时空的历史感,我们就无法化解践行道义所可能产生的孤独。

4.26【原文】 子游曰:“事君数,斯辱矣;朋友数,斯疏矣。”

〖解读〗***君子要把握好给君主或朋友提意见的度***

这是本篇最后一章,文本安排的是子游之语。如何理解文本的这种安排?它是否可视为是对本篇的总结呢?我以为,这还须从整个文本的意义逻辑联系来看。因为,本篇的核心问题是如何培养以仁为本的君子,而围绕这一问题,文本结构大致分为两层:一层是从首章“里仁为美”至“吾道一以贯之”章,主要是围绕“义利之辨”这一核心命题并从主体内在德性养成的角度来论述仁德的性质;另一层是从“吾道一以贯之”章以下,主要是围绕着“忠恕之道”这一命题并从外在实践的方面来谈仁者应世处事的方法。关于后一层,文本先从“事父母”的角度来讲忠恕之道的家庭伦理表现,然后由家庭伦理走向社会伦理,而本章子游所言则是讲君臣与朋友两伦关系如何处理,因而它仍然属于后一层文本结构的内容,不能归之为一种对文本全篇的总结性论述。

关于本章的释读,主要是在对“数”的理解上有分歧:第一种释读是将之理解为“速”:“数谓速之数”,或“数,疾也”,或“数有骤义”,[①]故“事君数”的意思就是臣子向君主进谏时未能“以礼渐进也”,显得过于唐突冒失,太急了一点。第二种释读将之理解为“数,烦数也”(《论语集注》引程子曰),也就是向君主进谏时说话过于烦琐,讲的次数太多了点,以致引起君主的反感与不耐烦。第三种释读是将之理解为“数落”的意思,即数落君主、说君主的不是,其结果只能是自取其辱。而按这种理解,则文本的意思就是尽量不要或尽可能少向君主或领导提意见。第四种释读是将之理解为“数者,昵之至于密焉者也”,[②]即“数”是指关系过于亲密,彼此之间没有距离。我以为,四种释读皆有其理,但从君臣关系与朋友关系这二伦关系的特点来看,又可以各有所从。

---

① 见[清]刘宝楠著《论语正义》(诸子集成本,长沙:岳麓书社,1996年)一书。

② 见[清]刘宝楠著《论语正义》(诸子集成本,长沙:岳麓书社,1996年)一书。

首先,君臣一伦是一种政治上的等级关系,虽然为臣者向君主进谏是臣子的义务之一,即臣子"数落"君主可以获得合法性支持,但是,忠言逆耳,君主不喜欢臣子进谏,这也是政治生活的常态;且于君主而言,虽然听取臣子的进谏也是君主的义务之一,但是如果君主不听臣子的进谏,而且没有建立有效的机制去制约君主的任性的话,臣子的进谏就有可能引起君主的反感,自取其辱就会是必然的结果。所以,臣子侍奉君主的难处与妙处就在于:既要君主听得进意见,又不至于让君主反感讨厌。如何才能做到这一点呢?子游认为,为臣者必须"以道事君",必须坚持"道统"的崇高性,不能屈服于"势统"的压力而放弃自己的原则,这是儒家行政伦理的首要原则。但是,事君以"道"也要讲究方法,即既不要冒失进谏,也不要以死进谏,尤其不能以"道统"自居去数落君主的不是,而是应该意识到自己的身份,知道自己在君主面前的斤两,最好的办法是:"事君,谏不从,则当去。"(《论语集注》引胡氏曰)否则死谏的结果只会是"斯辱矣",即除了自取其辱外,根本于事无补。

其次,于朋友一伦,因为既无血缘关系,又无政治上的从属关系,属于平等相交的性质,因此,与朋友交,虽然同样有给朋友提意见("朋友数")的义务,但是,朋友也是人,大多数人都不喜欢听不好听的话,可以说很少有人真正做到闻过则喜,哪怕是关系亲密的朋友,也不要因彼此相当熟悉,就可以毫无顾忌地提意见,毕竟人是有面子观念的,数落朋友多了,朋友面子上会挂不住,其结果正如子游所说,"朋友数,斯疏矣",即给朋友提意见多了,往往会导致彼此关系的疏远。所以,与朋友交,也要掌握好提意见的度。如果掌握了这个度,至少还可以保持朋友之谊,还可以在大的方向(义)上求同存异,毕竟处平等关系的朋友所提的意见是否正确还是一个仁者见仁、智者见智的问题,在无法判定谁的意见正确之前,没有必要因彼此意见的相左而导致友谊的破裂。由是可知,子游是深谙人情世故的。

总之,本章之旨在于:君子要把握好给君主或朋友提意见的度,换言之,于君主或朋友,你有提意见的义务,但不掌握方法,效果往往会适得其反。由是亦可知,早期儒家在处理君臣、朋友关系上,不同于后世儒家之处在于:不能因义务的履行而丧失自己人格的独立性。

第二篇 孔学教育思想

◆《公冶长》第五 ◆

概要：本篇以人物评价为主。第一，孔子对学生的评价（第一至十四章）；第二，孔子对历史人物的评价（第十五至二十五章）；第三，孔子的自评（第二十六至二十八章）。本篇的人物评价有两个特点：一是评价的对象大多是在当时存在争议的人；二是评价的标准是德行，而不是讲历史贡献。而文本的逻辑结构主要是通过对人物德行的品评，最后以孔子的自评来得出这样的结论，即读书人要以"内省"与"好学"来提高自己的修养。

5.1【原文】 子谓公冶长，"可妻也。虽在缧绁之中，非其罪也。"以其子妻之。

〖解读〗孔子选女婿看重的是人品

前面四篇可以说是孔子思想的总纲，分别涉及孔子的教育学、政治学、礼学和仁学等思想，而本篇之要，依朱子《论语集注》曰："此篇皆论古今人物贤否得失，盖格物穷理之一端也。"而依南怀瑾先生所言："本篇是拿事例来说明孔门的学问，对话录和讨论集的味道更浓。孔门学问之道多半是讲'用'——做人做事的应用。下面记录的都是孔子学生的故事，里面谈到孔子教育的方法，和在事实上面启发教育的作用。"①可见古今注家都认为《论语》这一文本是有其编辑学的逻辑考量的。

公冶长，姓公冶，名长，字子长、子芝，鲁国人（《史记》记为齐国人），在孔门七十二贤中名列第二十位。据《青州府志》载，传说公冶长能懂鸟类的语言，有一天，公冶长听到鹞鹰说："公冶长，公冶长，南方有一只死獐，你吃它的肉，我吃它的肠。"公冶长应诺而去，果然得到了一只獐，可是他忘了把肠子拿给鹞鹰吃，鹞鹰因此怀恨在心。过了不久，那只鹞鹰又像上次一样来通报，公冶长又去了。他远远见到几个人围着一个东西在那里议论纷纷，就以为又是一只死獐，生怕被别人抢走，就老远喊着："那是我打死的。"等他跑过来一看，竟然是一具尸体。众人于是逮捕公冶长，押送到官府。县令查

① 南怀瑾：《论语别裁》（上册），上海：复旦大学出版社，2006 年，第 201 页。

问案情,公冶长再三申辩,县令说:“你自己说‘我打死的’,为什么还要欺骗我呢?”公冶长无言以对,被判刑入狱。在服刑期间,有一天有一群麻雀停在监狱的栏栅上,叽叽喳喳地叫着,公冶长听了面带微笑,便向狱卒报告:“麻雀叽叽喳喳,说白莲水边有装粮食的车翻了,公牛把角折断,粮食收拾不尽,招呼去吃。”狱吏不信,派人去看,果然如此,于是便释放了公冶长。

公冶长是不是因为懂鸟语而获罪坐牢(缧绁,捆绑犯人的黑绳索),史料无明确记载,但可以肯定的是他并没有犯罪,因为孔子说“非其罪也”,并且把自己的女儿嫁给了他。孔子之所以这样做,一则是基于他对公冶长为人的了解,知道他并没有犯罪;另一个原因是他想告诉人们不要歧视坐过牢的人。我们可以试想一下,一个人坐过牢,不管你是否有罪,出来后总会受到世人质疑,而坐过牢的人本身也会觉得自己要低人一等,公冶长从监狱出来后就可能就面临着这样的舆论氛围。而如何让自己的弟子从坐牢的阴影中摆脱出来,孔子一则利用自己的社会影响力为其正名,更以将自己的女儿嫁给公冶长来鼓励他沿着君子之路继续前行。由此可见孔子是何等关爱弟子的成长!

从夫子择婿之举可以看出:儒家的婚姻观并不讲究门当户对,而是看重品德与才能。

5.2【原文】 子谓南容,“邦有道,不废;邦无道,免于刑戮。”以其兄之子妻之。

〖解读〗选了一个靠得住、放得心的人做侄女婿

本章仍是讲孔子择婿的事,不过不是为自己的女儿,而是为自己的侄女。为什么要为自己的侄女择婿呢?因为,孔子是他父亲叔梁纥与其母颜氏征在“野合”而生,而父亲叔梁纥先娶施氏为妻,生九女,再纳妾生儿子孟皮,也就是孔子同父异母的哥哥,而孟皮是个残疾人,早逝,所以其女的婚姻大事便由叔叔孔子来操持。而孔子为侄女选择的夫婿是自己的弟子南容。

南容,孔子弟子,又名南宫括或南宫适,字子容,鲁国人。孔子为什么要选择弟子南容做侄女婿呢?孔子自己给出的理由是:“邦有道,不废;邦无道,免于刑戮。”意即南容这个人在国家政治清明的时候,能够做官,不会被埋没;在国家政治黑暗的时候,能保住自己的性命,不会有刑戮之虞。这就是说,孔子为自己的侄女选了一个无论世道如何都能够靠得住、放得心的人。

文本把孔子为女儿和侄女择婿两件事放在一起,自然有比较的意思,但是,这种比较是不是如某些人所理解的那样是为了体现孔子之“圣”呢?因为,“或曰:公冶长之贤不及南容,故圣人以其子妻长,而以兄子妻容,盖厚于兄而薄于己也。”(《论语集注》)意思是孔子之所以把更好的人即南容给了侄女,而把次一点的人即公冶长给了自己的女儿,原因是怕别人说三道四,而这样做可以避私心自重之嫌。对此理解,程子明确表示不赞同,他说:“此以己之私心窥圣人也。凡人避嫌者,皆内不足也。圣人自至公,何避嫌只有?况嫁女必量其才而求配,尤不当有所避也。若孔子之事,则其年之长幼、时之先后皆不可知,唯以为避嫌,则大不可。避嫌之事,贤者且不为,况圣人乎?”(《论语集注》)即那些说孔子避嫌的人乃是以小人之心度君子之腹,圣如孔子者,何须避这个嫌?孔子将自己的女儿嫁给公冶长,将哥哥的女儿嫁给南容,大概是出于才貌相配或年龄大小来考虑,而非故意避嫌。

那么,既然不是为了避嫌,文本如此安排到底有何所指呢?我以为可从两个方面来看。一方面,孔子择婿的标准是德才兼备,以德为先。无论是公冶长还是南容,都是贤能之士,但公冶长毕竟因自己的不谨言而坐过牢;而南容最大的特点就是谨慎,《先进》载:“南容三复白圭,孔子以其兄之子妻之”,足可佐证这一点。因此,文本将二事放在一起的目的其实是为了告诫弟子:为人处世一定要谨言慎行。而孔子将自己的女儿嫁给公冶长为妻,也有借导师兼泰山之威来告诫公冶长不要逞懂鸟语之能的意思。可见夫子所为不仅是因材择婿,也是因材施教。另一方面,孔子为侄女择婿毕竟是有顾虑的。因为,根据有关史料记载,孔子三岁时父亲就去世了,后随母亲迁居都城过着单亲家庭的生活,直到母亲过世,孔子也不知道自己的父亲是谁,且从孔子自述“吾少也贱,故多能鄙事”(《子罕》)来看,年少的孔子是不见容于他父亲组建的那个大家庭的。而孔子成名后,虽然认祖归宗了,但与他长兄孟皮一家的相处多少会受到历史阴影的影响,再说孔子常年在外游历,与大家庭的相处常常是聚少离多,对侄女的了解肯定不及自己的女儿,所以,在处理侄女的婚姻大事上会更加谨慎,这也是人之常情,更何况是孔子这样的圣人呢?

5.3【原文】 子谓子贱,“君子哉若人!鲁无君子者,斯焉取斯?”

〖解读〗君子难得,培养君子的环境更难得

子贱,姓宓,名不齐,字子贱,春秋末期鲁国人,孔子弟子,七十二贤之一,曾任鲁单父宰(今山东菏泽单县)。据《吕氏春秋》《孔子家语》《史记》等文献记载,子贱为单父宰,深得鲁君信任,在任期间虽然每天弹琴奏乐,很少走出公堂,但他把单父治理得很好。而巫马期治理单父时,每天早出晚归,事必躬亲,下了很大功夫才把单父治理好。于是巫马期向子贱请教,子贱回答说:“我之谓任人,子之谓任力,任力者故劳,任人者故逸。”(《吕氏春秋·察贤篇》)意思是说:我的办法是凭借众人的力量,你的办法是只靠自己一人之力;只靠自己一人之力当然会干得很辛苦,若把众人的积极性发动起来,依靠众人的力量来干事当然就干得安逸。可见,子贱是一位行政管理的高手,懂得如何用人。

那么,本章孔子对子贱的评价即“君子哉若人”是何所指呢?我以为有两层意思:一是孔子为自己有子贱这样的弟子深感欣慰,此所谓“得英才而育之”之乐也;但同时也为鲁君把子贱这样的君子/人才安排去治理单父这一个小地方感到屈才可惜;二是孔子称赞子贱不仅是因为他把单父治理得好,因为巫马期也干得不错,而是因为子贱

为政，重在得人，而其得人之法又不是靠收买笼络人心，而是靠行善政所致。据《论语正义》引《韩诗外传》卷八载：

子贱治单父，其民附。孔子曰："告丘之所以治之者。"对曰："不齐时发仓廪，振困穷，补不足。"孔子曰："是小人附耳，未也。"对曰："赏有能，招贤才，退不肖。"孔子曰："是士附耳，未也。"对曰："所父事者三人，所兄事者五人，所友者十有二人，所师者一人。"孔子曰："所父事者三人，足以教孝矣；所兄事者五人，足以教弟矣；所友者十有二人，足以祛壅蔽矣；所师者一人，足以虑无失策，举无败功矣。惜乎！不齐之所为者小也，为之大，功乃与尧舜参矣。"诗曰："恺悌君子，民之父母。"子贱其似之矣。

可见，从经济上关心民众疾苦，到政治上任用贤才能士，再到教育上倡导仁爱之风，子贱所为确实做到了"父母官"应尽的政治伦理义务，是一个值得称赞的真君子。

不过，孔子在称赞子贱的同时，没有忘了鲁国这个国家的功劳，他说："鲁无君子者，斯焉取斯？"意思是子贱这样的君子是如何培养出来的呢？如果鲁国没有君子之风的话，能培养出这样的君子吗？答案是显然的，即孔子认为鲁国是有君子之风的国家。因为，鲁国作为周公的封地到春秋之际素有"周礼尽在鲁矣"的美誉，礼乐文明的传承有较好的文化资源优势和社会基础优势，儒家之所以兴起于鲁国，与此不无关联。以此而言，鲁国有子贱这样的君子也有孔子或儒家的功劳，但是，这里孔子显然不是表扬自己，而是表扬子贱所在的鲁国。因为，根据史载，子贱去单父时，也曾担心鲁君听信谗言，让自己无法真正去推行仁政，于是他便自编自演了一个极易为鲁君视破的闹剧，让鲁君意识到了谗言对志士仁人报国之志的危害，而鲁君却给予了子贱以充分的信任，这样子贱才有机会充分施展自己的政治才华。所以，如果没有鲁君的英明，也不会有子贱这样的君子。可见，夫子之言是在表扬鲁君。

但是，孔子为什么不直接为鲁君"点赞"呢？这是因为，在孔子看来，鲁君在任用子贱这一点上固然值得"点赞"，但是，鲁君并没有给子贱这样的君子以更大的政治发挥空间，大材小用了，甚为可惜。且鲁君自己为什么不将子贱实践的仁政推行于整个鲁国呢？所以，孔子对鲁君的"点赞"是有保留的。

故本章之旨在：君子难得，培养君子的环境更难得。

5.4【原文】 子贡问曰："赐也何如？"子曰："女，器也。"曰："何器也？"曰："瑚琏也。"

〖解读〗批评与鼓励相结合的教育方式成就了子贡

上章讲到子贱，孔子给予了很高的评价，可能这话传到了子贡的耳朵里，而我们知道，子贡是孔子弟子中的智者型代表，是以听到这话后，自然会想知道自己在先生心目中到底怎么样。文本将子贡与先生的这场对话安排于此，别有一番情趣。

因为，子贡问先生"赐也何如"时，自己心里面既多少有些忐忑不安，也多少有些信心满满，即认为自己应该跟子贱差不多吧。而夫子对子贡说"女，器也"时，子贡又多少有些失望，也有点不甘心，因为孔子说过“君子不器”，是以这样的评价实在不高，也与子贡对自己的期许相差太远，故子贡不甘心地再问：“何器也？”孔子说，“瑚琏也”，是宗庙祭祀用的贵重而华美的玉器。夫子是语无疑又让子贡的心情为之一振，因为，毕竟在先生眼中自己不是一般的“器”，而是可堪大用之“器”。

这一段堪称经典的师生对话，既将先生的顽皮风趣与弟子的着急之情跃然纸上，也让读者领略到了孔子因材施教的教学方式是如何展开的。因为，子贡其人，无论是在为学、为政还是经商等方面，皆属于孔门弟子中“受业身通”的佼佼者，孔子对他和他对自己也有很高的期许，而子贡在事业上的成功有时难免让他产生自得之意，如果不克服这一自满的情绪的话，子贡的发展就无法达到其应该达到的高度。所以，对于子贡之问，孔子采取了先抑后扬、先贬后褒的教育方式，先把子贡踢出“君子”的圈子，让子贡爆棚的自信心冷却下来以便客观地认知到自己的不足，然后又将子贡拉回“君子”圈子的身边，让子贡看到成为“君子”的希望与可能性，如是将批评与表扬相结合的教育方式对于子贡的成长确起到了重要的作用。另外，我以为，文本将这段对话安排于此，也是意在告诉人们：子贡之所以有后来的成就，以至于社会上有“子贡贤于仲尼”的说法，并不是因为子贡天生聪明，而是因为有孔子这样的好老师。

5.5【原文】 或曰：“雍也仁而不佞。”子曰：“焉用佞？御人以口给，屡憎于人。不知其仁，焉用佞。”

〖解读〗逞口舌之能会“屡憎于人”

雍，姓冉，名仲弓，鲁国人，孔子弟子，以德行著称，与冉耕（伯牛）、冉求（子有）并列孔门“十哲”，世称“一门三贤”。据说，及孔子卒，恐圣道之失传，他与闵子诸贤，共著《论语》120 篇，又独著 6 篇，谓之《敬简集》，该书自经秦火，书已不存。荀子在《荀子·十二子》中称“下则法仲尼、子弓（即仲弓）之义”，将他和孔子相提并论，足见他在儒学内部的影响之大。

在《论语》文本中，专有《雍也》一篇，孔子对他曾下过这样的评语：“雍也可使南面”，也就是冉雍具备做一方诸侯的品德与才能的意思，既然如此，本章孔子为什么说“不知其仁”呢？我想原因必须联系到上章孔子对子贡的评价来看。因为，上章孔子对子贡采用先贬后褒的教育方式，从而造就了子贡的成长，足见文本之旨不在子贡是不是君子，而在子贡是如何成长为君子的；而本章之旨亦是如此，即冉雍是不是仁者，这不是文本所要彰显的主旨，本章所突出的主旨是：仁者需不需要有很好的口才。

很显然，“或曰”者即有的人认为，冉雍是个仁者，但可惜口才不佳，而口才不佳毕竟是一个仁者的缺陷而非其优点。如果我们联系文本之前章，可以发现，子贡恰恰是个能说会道的人，故本章把冉雍之“不佞”提出来，又有比较的意义，意思是：子贡能说会道又如何呢？如果子贡不加强自身修养，他顶多只是件“瑚琏”之“器”，无法进入仁者之列。相反,如果冉雍真是个有仁德的人,又何必非得口才便佞呢?我们知道,在文本《学而》篇,孔子就说过“巧言令色,鲜矣仁”这样的话,确立了君子要“修辞立其诚”“慎言”和“讷于言”的言语伦理准则,也对子贡的“美言伤信”行为做出过严肃的批评。而在本章,孔子再一次强调这个问题,并且指出“御人以口给,屡憎于人”即逞口舌之能的结果往往会招人憎恶,何苦呢?换言之,如果冉雍是仁者,口才不佳没有关系;如果他不是仁者,好口才只会让他更令人生厌;甚至在孔子看来,即使你有仁德,口才又好,也不应逞口舌之能。

李泽厚先生说:孔子如此痛恨“佞”,“大概当时也是侃风一片,空话太多了吧?!”[①]吾以为然。

5.6【原文】 子使漆雕开仕。对曰:“吾斯之未能信。”子说。

〖解读〗即使有人说你可以当官,也要想想自己到底行不行

漆雕开,姓漆雕,名开,字子若,鲁国人,七十二贤之一,以德行称。据《孔子家语·弟子解》载:他曾随孔子“习《尚书》,不乐仕”。而据《韩非子·显学》载:“漆雕之议,不色挠,不目逃,行曲则违于臧获,行直则怒于诸侯,世主以为廉而礼之。”可见,漆雕开虽不喜欢当官,喜欢做学问,但还是当过官的,且其为政还敢于发表自己的意见,不看别人的脸色行事,是孟子所谓“威武不能屈”的好干部。另外,有人根据《孟子·公孙丑上》之“北宫黝之养勇也,不肤桡,不目逃”一语,认为漆雕开还可能是好勇任侠的儒侠之祖。这样的人做官虽然可以得到“世主”一时的礼遇,但肯定不适合在官场久待。事实上,根据有关史料推断,漆雕开也没能在官场待多久,他把主要精力用于治学,著有《漆雕子》13 篇(已轶),故《韩非子·显学》把他列为孔子死后“儒分为八”的代表人物之一即漆雕氏之儒,其思想的主要创新之处是主张人性有善有恶。

本章讲孔子推荐漆雕开去做官,而漆雕开自己却对做官这件事心里没底、没信心。孔子听闻之后很是高兴。孔子为什么高兴呢?因为,“学而优则仕”,做官是知识分子的出路之一,而以孔子对漆雕开的了解,漆雕开应该具备了做官的基本条件与素质,且以孔子当时的社会声望来讲,如果他说谁可以去做官,被推荐者应该感到高兴才是,毕竟名人效应不是谁都可以享受得到的。而漆雕开听了先生这样的话,要说一点都不高兴,那是假的,但他有自知之明,知道自己对做官这件事并无十足的把握与自信,只是老师平时没有察觉出来而已。当然也有可能如宋儒所说:“其材可以仕,而其器不安于小成,他日所就,其可量乎?”(《论语集注》引谢氏曰)也就是说,可能漆雕开有远大的政治抱负,一般的官他不太想去做,而重要的位子一则可能暂时没有机会,另一则自己能不能胜任心里没底。所以,在孔子看来,学生漆雕开是有远大志向的

---

① 李泽厚:《论语今读》,北京:生活·读书·新知三联书店,2004 年,第 125 页。

年轻人,且能有自知之明,有谦逊之德,是可造就之才或是有培养前途的“后备干部”或学者、思想家。得如此英才而育之,能不悦乎!

与漆雕开相比,如今的知识分子热衷于考公务员,哪怕在高校的教授也想当个什么“长”才好,少了漆雕开这样的自知之明。惜乎!

5.7【原文】 子曰:“道不行,乘桴浮于海,从我者,其由与!”子路闻之,喜。子曰:“由也好勇过我,无所取材。”

〖解读〗儒家之勇的精神实质是见义勇为

上章孔子谈到的漆雕开是一个有儒侠风范的人物,而本章所讲到的子路与漆雕开一样属于同类型的人物,他是孔门弟子中勇者型的代表。可见,文本将二者安排在一起还是有逻辑考量的。

孔子之所以有宋儒所谓的“浮海之叹”,是因为他在实践和宣传自己的理想即“道”的过程中处处碰壁,不为世人所理解和接受,生发出一种严重的挫折感和失落感,是以就有了“乘桴浮于海”即漂游海外的想法。但海外是什么样?是不是一个“道”之可行的理想世界?以当时的地理知识和技术条件,孔子并不知道,所以,夫子“浮海之叹”只是一种假设性的感叹,其意之所指如程子所云:“浮海之叹,伤天下之无贤君也。”(《论语集注》)由是亦可知,“浮海之叹”应是孔子结束在外周游列国生涯后的感喟之辞。有人可能会问:孔子十四年之久的游历生涯,历经了如陈、蔡之困这样的生死磨难,难道就不需要一个像子路这样的勇者来保驾护航,非得只有在“浮海”之时才想起子路的用处?关于这一问题,南怀瑾先生在其《论语别裁》一书中有个说法值得参考。他认为,孔子门下弟子三千,其中优等生有七十二位,且他的学生个个能干有为,在诸侯国中担任重要职务的不少,而以当时诸侯国的人口规模计,如果有谁重用孔子的话,只要孔子动一下,整个诸侯国就可能动摇,所以哪个也不敢用孔子。这就是说,孔子之所以遇不到“贤君”,是因为即使有“贤君”,也不敢用你孔子——你的影响力太大了。[①]不过,虽然如此,各诸侯国对孔子还是比较礼遇的,正是这一点也确保了在大多数情况下孔子的列国之行不会有太大的安全问题,是以子路的保驾护航作用在当时并不十分明显,尽管孔子周游列国时子路是一路相随的。但也正是这种共同列国之行的经历,使孔子看到了子路“勇于义”的优良品德,故认为如果要“浮海”于陌生之地的话,子路还是会跟随他的。

子路对先生的评价自然是感到高兴的。因为,毕竟先生看到了勇敢作为儒家“三达德”之一的价值,而且尤其是先生能在最困难的时候想到自己,这证明师生之间已结下了深厚的感情,而先生对自己这种托付生死的信任足以让任何一位弟子都会产

① 南怀瑾:《论语别裁》(上册),上海:复旦大学出版社,2006年,第209页。

生莫大的荣誉感。但是，对于子路的勇敢，孔子又评价道："由也好勇过我，无所取材。"关于这句话的意思，有两种不同的释读：一是说子路的勇敢精神超过了孔子，但其他也就没有什么可取的了；另一说是"无所取材"之"材"同"裁"，意思是"不能裁度事理以适于义也"（《论语集注》程子曰）。吾从后一种理解。因为，子路除了勇敢之外并不是一个没有什么可取之处的人，譬如下章就谈到子路的政治才干也足可以担当"千乘之国"的重任，至于他的军事才能更是有史可证。因此，孔子在此所讲的"无所取材"还是就子路之勇的特点而言的。因为，在古代社会尤其是在春秋这样的乱世，勇敢作为儒家的"三达德"之一是有着特别的价值与意义的，这一点与古希腊将勇敢作为首要的美德有异曲同工之妙。但是，由于儒家的美德理论是围绕着礼乐文明而构建的，所以对勇敢这一美德的提倡是以"见义勇为"为标准，而"义"之义在"宜"，何为"宜"？这就需要主体根据具体的情况来把握。也就是说，儒家之"勇"是一种受制于"义"的美德，它赋予了主体以更多的道德理性色彩。与此要求相比，子路之勇的缺点就在于道德理性不足，因为子路性格直率急躁，勇敢起来难免有意气用事的倾向，没有表现出儒家之勇的适度或适中特征。

如果再联系到上章孔子对漆雕开的评价，可以看出二人虽然在性格上有近似之处，但漆雕开在当官这一问题上所表现出来的克制，足以说明他才是一个真正体现了儒家之勇精神的人。故文本将夫子对子路之勇的评价安排于此，仍然是在强调儒家之勇的特征——见义勇为方为勇。

5.8【原文】 孟武伯问："子路仁乎？"子曰："不知也。"又问。子曰："由也，千乘之国，可使治其赋也，不知其仁也。""求也何如？"子曰："求也，千室之邑，百乘之家，可使为之宰也，不知其仁也。""赤也何如？"子曰："赤也，束带立于朝，可使与宾客言也，不知其仁也。"

〖解读〗孔子向孟武伯推荐了可以当国防部长、总理/宰相和外交部长三位人才

孟武伯其人，前文已介绍过，他是鲁国的大夫与权臣，曾向孔子问孝，而这次他问的是仁，且问的方式是结合某个具体的人，即："×××是不是个仁者？他的才干怎么样？"看来这次他是真想请孔子向他推荐几个人才，以充实自己的干部队伍。而从文本的角度来看，前面孔子已对七位弟子作了评价，本章则通过孟武伯之问又涉及对三位弟子的评价，不过其中有一位弟子是属于重新评价，这位弟子便是上章提到的子路。

孟武伯问："子路仁乎？" 子曰："不知也。""又问。"关于子路，武伯为什么要一问再问呢？我看这恐怕与武伯自己对子路有好的印象是分不开的。因为，上章孔子对子路的评价只是肯定了他的勇敢，且又认为子路之勇还存在"无所取材"的缺点，这一评价对子路整个人来说是不够全面的，也与人们包括武伯在内对子路的印象不相符，是以武伯一问再问的意思就是想求证自己的判断。而从孔子的回答来看，可以看出子路确实不只是勇敢而已，他还是一个杰出的军事家，当一个诸侯国的国防部长一点问题也没有。由此可以看出，文本如此安排是希望读者关注到上下文的意义联系，否则对子路的判断就容易失之于断章取义。

孟武伯问的第二个人是冉求。冉求其人，前文也有介绍，在孔门弟子中以多才多艺著称。但与子路擅长于军事相比，冉求的才华更加全面，军事上曾率师打败入侵鲁国的齐军，行政上曾帮季氏进行田赋改革，所以孔子说，“求也，千室之邑，百乘之家，可使为之宰也”，意即冉求既可当宰相/总理，也可以当军队的总兵/将军，放在哪个位子都行。

孟武伯问的第三个人是公西赤。公西赤，姓公西，名赤，字子华，亦称公西华，春秋末年鲁国人，孔子晚年收的弟子。在《论语》文本中这是他第一次登场，那么，孔子是怎么评价这位弟子的呢？孔子说，“赤也，束带立于朝，可使与宾客言也”，即可以让他穿上礼服，系上袍带，立于朝堂之上，应对四方宾客。孔子的意思是公西赤是一位可以当外交部长的优秀人才。

由上可知，孟武伯向孔子打听的三个人，一个可以当国防部长，一个可以当宰相/总理，还有一个可以当外交部长，如果孟武伯真把这三位用上了，那孟氏真成了“孔家班子”。所以，我认为，孟武伯之问，事先是做了调查研究的。因为，毕竟事关孟家或鲁国班子建设的关键岗位，因而不会无的放矢地问孔子，肯定是孟武伯对三个人的才华事先有所耳闻，请问孔子只不过是走从“民意调查”到“个别谈话”的组织程序而已，至于最终用不用谁，还是由孟武伯自己说了算。但是，我们应同时看到的是，孔子不轻许人以“仁”，哪怕这些弟子非常优秀，而其旨在激励弟子不断上进，做一个孔子理想中的仁、知、勇“三达德”兼备的人。

5.9【原文】 子谓子贡曰：“女与回也孰愈？”对曰：“赐也何敢望回？回也闻一以知十，赐也闻一以知二。”子曰：“弗如也！吾与女弗如也。”

〖解读〗颜回是一个值得大家学习的道德楷模

前面孔子共对八位学生的德行与才能做了评价，皆多肯定之辞，但他们是不是仁者，则不轻许之，特别是上章孔子对子路、冉求和公西赤三位弟子的评价均以“不知其仁也”为结语，足见孔子心目中的仁者是很难达到的道德境界，非一般人所能为之。那么，孔子的弟子中有没有这样的仁者呢？有，这就是本章谈到的颜回。

颜回其人，前文已有介绍，是孔子最得意的弟子，但从外表来看，给人的印象是“如愚”，不怎么聪明的样子。相形之下，子贡却是个一看就知道是聪明人的样子，且子贡也确实聪明，可以说是孔子弟子中的“知者”代表。孔子怕子贡以聪明自恃，修养上不求精进，于是故意问子贡：你与颜回相比，哪个更强些？夫子是问，从教育学的角度讲，对子贡而言有如当头棒喝。因为，子贡不仅聪明，而且在事业上无论从政、为学还是经商都是很成功的，这种成功很容易让人产生自得之意，所以夫子在前面对子贡有“瑚琏”之“器”的提示，本章又把颜回抬出来做比较，再一次警示子贡不要骄傲自满。足见夫子对子贡这块美玉确是花了心思来雕琢的。

当然，子贡也确实聪明，他深知先生是问之意是在教育他不要自满，也知道自己与颜回的差距不在知“识”（闻见之知）的多少，而在知“道”（德性之知）的多少，尤其是在知“道”后能否力行其“道”即德行上。譬如，过惯了锦衣玉食生活的子贡可以做到“富而好礼”，但是能否像颜回那样做到“安贫乐道”呢？子贡心里恐怕没底。所以，通过这种比较，子贡真正意识到了自己与颜回的差距所在。也就是说，子贡所言并不是自谦之辞，而是发自内心的自省之语。

听了子贡的“检讨”后，孔子说，“弗如也！吾与女弗如也”。前一个“弗如也”是说，子贡你确实不如颜回；后一个“吾与女弗如也”则有不同的释读。朱子《论语集注》认为“与，许也”，与即同意的意思，“吾与”即我（孔子）同意你的看法。什么看法呢？就是子贡所说的“弗如也”。按这种释读，本句的意思是：“你确实不如他！我同意你的看法，你是不如他的。”我以为，这种释读不符合夫子原意，有为圣人圆说的意思。因为，按原意本句应释读为：“你确实不如他！我与你都不如他”。孔子说自己也比不上颜回，这在宋儒看来似乎是不可能的，但是，如果按宋儒的理解，是不是意味着孔子有一种不允许学生超过老师的想法呢？如果是这样的话，孔子还是圣人吗？可见，朱子为圣人的这种圆说恰恰不是为圣人增益其辉，相反是在为圣人抹黑。

总之，本章之旨在：颜回是一个值得大家学习的道德楷模。

5.10【原文】 宰予昼寝。子曰：“朽木不可雕也，粪土之墙不可圬也！于予与何诛？”子曰：“始吾于人也，听其言而信其行；今吾于人也，听其言而观其行。于予与改是。”

〖解读〗孔子为我们上了一堂生动的道德教育课

文本上章谈到颜回，把孔子对弟子的点评推向了高潮，而本章则推出“朽木不可雕也”的宰我，又将剧情从高潮拉到低谷，好榜样与坏典型的强烈对比不仅能给读者以深刻的文本印象，同时也对读者有更强教育意义。由此也足见文本上下文之意义联系逻辑。

宰予其人，前文已有介绍，孔门“十哲”之一，是“言语”科的高才生，排名甚至在子贡之前，因经常给老师出一些难题，故宰我在《论语》文本中的形象几乎都是挨批评的主，而本章只是其中的一次。不过，老师批评得多的学生并不一定就是老师不喜欢的学生，恰恰相反，如果你有缺点老师都不批评你了，那可能是真的不喜欢你了。孔子与宰我的关系就是这样，批评归批评，喜欢还是喜欢。毕竟在孔子的弟子中乖孩子太多了，有一两个像宰我、子路这样调皮学生既属正常，且未必不是好事。因为，这样的学生往往思维活跃，深思好问，敢于直言，个性率真，这对于活跃课堂气氛、启发人的思维、丰富儒家思想等都不无裨益。

宰我挨批评的原因是“昼寝”，也就是大白天睡觉。这在今人看来似乎也不是什么大事，为何会遭到孔子如此严厉的批评呢？原因在于古人睡觉有严格的时间规定，基本上遵循着“早睡早起”的原则，最晚的睡觉时间一般不会超过亥时即21点至23点。而且，若考虑到古人没有电灯照明，从节俭、方便的原则出发，大多数人都是过着“日出而作，日落而息”的生活。这就是说，古人有充足的睡眠时间，只要你睡觉时不胡思乱想，是没有理由大白天睡觉的。所以，孔子看到宰我“昼寝”，就知道他晚上没睡好觉，而且宰我“昼寝”肯定不止一次，也不是因为身体不好才如此。[①]是不是有可能因为晚上在思考某个学术问题时已经着迷了才导致第二天起不来呢？如果是这样，宰我可以向先生说明情况，孔子也不至于如此严厉地批评他。看来“昼寝”的原因有：一是可能他晚上睡觉时在胡思乱想，毕竟是年轻人，精力充沛，免不了会有七情六欲的时候，有几个晚上不睡觉也是可以理解的；二是可能是宰我自恃聪明，觉得先生所讲的知识自己已完全理解了，无须花太多的精力去温习它，所以倒不如睡个懒觉，尤其是冬天的话更容易作如此想。我以为，后一种可能性更大一些。

孔子对宰我的批评有两段，前一段“朽木不可雕也，粪土之墙不可圬也！于予与何诛”带有明显的情绪性，有恨铁不成钢的味道，尤其是“于予与何诛”一语，即对于宰我这种人，我还有什么好说的呢？就有对宰我听之任之、随他去吧的意思。可见，孔子急了的时候也会说气话。文本将这一句记载下来，让我们看到了圣人也是活生生的人的一面，读之特别有生活气息感。后一段“始吾于人也，听其言而信其行；今吾于人也，听其言而观其行。于予与改是”，应是事后之言，这时的孔子又回到了思想家的角色，讲话明显的理性得多了，他说：以前别人说什么，我就相信他会这么去做；现在别人说什么，我还要看他是否真的这么去做了。而这种认知的转变就源自宰我。为什么呢？因为宰我其人既才思敏捷，又能说会道，讲起来道理来一套一套的，似乎对于夫子之道有真正的理解，但从他的行为来看，宰我并没有真正地理解夫子之道。因为，夫子之道最重的不是“言”，而是“行”。故本章之旨仍是强调“欲讷于言而敏于行”的君子之道。

孔子因为宰我的“昼寝”而改变了自己对言行关系的认知，那么，宰我是否因孔子的批评而改正了自己的缺点呢？我认为，从宰我能够位列孔门“十哲”之一来看，他应该是改正了自己的缺点。由此可见，夫子也并不是真的“于予与何诛”，并没有放弃对“坏孩子”的教育责任。

5.11【原文】 子曰：“吾未见刚者。”或对曰：“申枨。”子曰：“枨也欲，焉得刚。”

〖解读〗无欲则刚，有欲亦可刚

---

① 南怀瑾先生认为宰我“昼寝”是因为身体不好，孔子之言也非批评的意思。可备为一说。参见南怀瑾：《论语别裁》(上册)，上海：复旦大学出版社，2006年，第216页。

申枨，字周或子周，齐国人，精通六艺，孔门七十二贤之一。关于申枨其人，史料记载不多。据传，申枨是齐国的公孙贵族，为避战乱来到鲁国，曾在文登隐居讲学。

上章孔子批评宰我“昼寝”，是批评他不勤奋努力学习，言行不一致；本章则批评申枨不是真正的刚毅之士，两章之间似乎看不出文本之上下文的逻辑联系。其实，两章之间的逻辑联系还是有的。因为，上章孔子说“始吾于人也，听其言而信其行”，宰我“利口”，开始孔子看他说得头头是道，也就对他有了好的印象，但后来证明自己错了，凭印象看人不靠谱。而本章谈到的申枨，在他人的印象中也是一位刚毅之士，所以当孔子说“吾未见刚者”时，就有人出来说“不是有申枨吗”？对于众人对申枨的这种人格印象，孔子却认为，申枨别看表面上刚毅正直，但也是一个有“欲”之人，而一个人只要有“欲”，怎么刚正得起来呢？孔子是如何看出申枨有“欲”的呢？据《左传·昭公十年》载：

桓子召子山，私具幄幕、器用、从者之衣屦，而反棘焉。子商亦如之，而反其邑。子周亦如之，而与之夫于。反子城、子公、公孙捷，而皆益其禄。凡公子、公孙之无禄者，私分之邑。国之贫约孤寡者，私与之粟。曰：“《诗》云：‘陈锡载周’，能施也，桓公是以霸。”

意思是说：齐桓公为了笼络人心以实现称霸春秋的梦想，曾召流亡在外的公子、贵族回齐，回来的人不仅会提高他们的俸禄待遇，而且有的还会得到封地，而在受召回齐的人群中就有子周即申枨，“子周亦如之，而与之夫于”，即申枨不仅回来了，还得到了夫于这一封地。所以，孔子从这一事件中看出了平时刚毅正直的申枨其实也一个有私欲的人，不可能成为真正的刚正不阿之士。可见，本章与上章之间的文本逻辑联系点在：表面印象是一种不靠谱的价值判断，但是无论圣人还是普通人都有凭印象下判断的心理倾向。

当然，本章的重点还是孔子对“刚”德养成的看法。何谓“刚”？李泽厚先生曰：“此‘刚’，非血气之勇，乃内心力量而与道德意志攸关。”[①]“刚”作为一种美德是涉及道德意志方面的范畴，它是主体道德理性对于感性欲望处于绝对支配与主宰时所表现出来的心理精神状态。也就是说，一个人之所以“刚”，并不是因为他年青有力或有权有势，而是因为他内心建立了以“理”或“义”为支撑的价值判断，可以说“刚”是主体掌握着“道统”对“势统”的话语优势时所表现出来的精神气质，而这种精神气质的养成关键又在于主体如何对待“欲”。我们知道，人生而有“欲”，物质、权力、名望等都是我们欲望的对象，孔子说过“富与贵，是人之所欲也”之类的话，表明他并不否认欲望的正当性，因而不是如有人认为的那样，孔子是无欲或灭欲主义者，但孔子及儒家对于欲望的处理方式有讲究：一是讲究欲望达成必须采取正当的方式；一是讲究主体之理性对欲望的绝对主宰。本章孔子所言之“刚”就是指后一个讲究而言的。故曰：无欲则刚，有欲亦可刚。

① 李泽厚：《论语今读》，北京：生活·读书·新知三联书店，2004 年，第 130 页。

5.12【原文】 子贡曰："我不欲人之加诸我也，吾亦欲无加诸人。"子曰："赐也，非尔所及也。"

〖解读〗不要将自己的意志强加于人

上章讲"刚"德时，孔子把它与"欲"联系起来看，意思是如果人有私欲或对私欲不能控制的话，人是无法真正做到"刚"的。而本章又谈"欲"，不过与上章讲"我"之"欲"不同的是，本章谈到的是"他人"对你的"欲"，你又如何待之呢？足见放在这一文本语境下，孔子对这一问题的讨论是多维的。

我们知道，如果"欲"在此文本语境中是指具有负面价值的私欲的话，则他人对你有所欲也就意味着你将或多或少要牺牲自己的利益。譬如，单位同事希望你工作中多做一点事，而分奖金的时候又希望你少拿一点，这个时候你心里肯定难以接受，也就会有"不欲"之心。对此，王夫之曾指出："人之加我，如其理之所不宜，情之所不堪，我勿论受与不受，而心有不欲者存焉。"(《四书训义》卷九)即使"人之加我"之欲是合理合情的，如果我自己之所欲不具情理之正当，则人之"所欲"仍然为我之所"不欲"。譬如，老师希望学生刻苦学习，便布置了较多的作业，而贪玩的学生就觉得作业太多了，不能体谅老师之所欲的正当性，于是采取各种方式来逃避做作业。可见，这个案例中的老师正当之"所欲"恰恰是学生之所"不欲"。

只有在了解了我之所"不欲"存在上述两种情形后，我们才可明白夫子对子贡的评价("赐也，非尔所及也")的意蕴所指。因为，当子贡对夫子说"我不欲人之加诸我也，吾亦欲无加诸人"时，子贡实际上将自己之"不欲"视之为一种合乎情理的、可获得正当性辩护的"不欲"，而"人之加我"的是一种不合情理、没有正当性可言的"所欲"，那么，对于他人加给自己的"所欲"，我是否应该接受或拒绝呢？子贡没有说，而只说自己不会将自己之"不欲"强加给他人。子贡所言也就是他对曾子所谓之恕道——"己所不欲，勿施于人"的心得体会，但孔子说子贡做不到。原因是：在孔子看来，子贡之所"不欲"是否具有正当性首先是需要辩护的，如果没有得到正当性辩护，你怎么可能知道自己之所"不欲"就是他人之"不欲"呢？所以，不区分"不欲"的正当性与否，"勿施于人"便只具有消极的道德意义。譬如，我"不欲"做家庭作业，"勿施于人"顶多就是我不干涉想做作业的人；假如有同学跟自己有一样的"不欲"，"勿施于人"就是我与你一起相互比烂，谁也不说谁的不是；而假若我的"不欲"是正当的，如作为一名湖南人我不喜欢吃甜食，"勿施于人"就是我招待客人时就不点有糖的菜，但如果你招待的客人是喜欢甜食的江浙人呢？可见，没有"可欲"的价值共识，恕道之践行，看起来容易，真正要做到并非易事，如果有谁能够真正做到，那就离仁者不远了。因为，当主体由关注"己所不欲"的正当性再转向关注"人之不欲"的正当性时，就会发现人、己所"不欲"的正当性在内涵上的差异性，而尊重和包容这种差异性价值正是"仁者爱人"这一命题的题中应有之义，因为所谓仁者就是践行着"爱人之所爱"这一人本主义精神的理想人格代表。故本章夫子说子贡做不到恕道的要求，是站在求仁的角度讲的，旨在鼓励子贡继续努力求仁。

此外，对于子贡所言，我们还可从社会性公德建构的角度来理解。李泽厚先生认为，子贡所要求的是建立一种“客观的公平和正义原则，即社会性公德”，但宋明理学家把它理解成了一种“宗教性私德”。[①]我以为，两种理解都有可取之处。因为，如果从孔子说子贡做不到恕道来讲，可以将之理解为宗教性私德；而如果只就子贡所言来讲，即撇开文本上下文的联系，子贡的话确是讲社会交换过程中应遵循的什么样的伦理原则。简言之，这个原则就是要尊重个体权利平等的价值，相互之间不要强人所难。我想，如果是这样的话，子贡还是能够做得到的。

5.13【原文】子贡曰：“夫子之文章，可得而闻也；夫子之言性与天道，不可得而闻也。”

〖解读〗子贡意识到了“性与天道”对于“恕道”的重要性

上章子贡自己认为可以做到“我不欲人之加诸我也，吾亦欲无加诸人”即儒家所提倡的“恕道”，但孔子说子贡你做不到这一点。这无疑给自信满满的子贡浇了一盆冷水。那么，对于孔子的批评，子贡肯定要认真地思考，也就是要分析自己做不到“恕道”的原因何在？或者说子贡还会进一步想：是只有我一个人做不到“恕道”呢，还是所有人都难以做到？如果是所有人都难以做到的话，那么做到“恕道”需要什么样的道德理性来支撑才是可能的呢？这就是本章所讨论的主旨所在，也是文本如此安排的逻辑所在。

首先，子贡说：“夫子之文章，可得而闻也。”其中之“文”是指以《诗》《书》《礼》《乐》等儒家文献典籍，因这些文献至春秋之际已残缺不全，后幸赖夫子的搜集整理与传授而“可得而闻”，故子贡之言是对夫子历史贡献的一种客观评价。当然，子贡及其同门所“闻”者不只是有关《诗》《书》《礼》《乐》的知识，更包含了孔子对这些“文”之“义”或价值的“赞述”性阐释，故“夫子之文章”之“章”就有“明”的意思，“文章”者，礼乐文明也。而我们知道，恰恰是这种礼乐文明在孔子所处的时代发生了合法性危机，而为这种文明作合法性辩护也就成了孔子及儒家的历史使命之一。

其次，欲为礼乐文明作合法性辩护，就必然要涉及“性与天道”等形而上命题，但为什么孔子又很少在弟子们面前谈论这些命题以至于子贡等弟子有“不可得而闻”的遗憾呢？我以为，对于“性与天道”等形而上命题的重要性，孔子并非没有意识，也并非没有研究，这一点在后面的相关章节中将会谈到。这里我想指出的是，孔子之所以“罕言”形而上命题，主要的原因是：这些哲学命题的抽象性与挽救礼乐文明危机的现实紧迫性之间存在着无法同时兼顾的矛盾。因为，无论是聪明如子贡者，要认识到“性与天道”等抽象性命题的“用”处或意义并不是一件容易的事，尤其是对于以救世为担当

① 李泽厚：《论语今读》，北京：生活·读书·新知三联书店，2004 年，第 131 页。

的儒家知识分子而言更是一件在思想认识上不具有紧迫感的事。可以说，除道家之外，关注当下，讲究实际，这是中国传统知识分子致思时的重要特性，尤其在发生了礼崩乐坏这样的危机时，更是如此。也正是这一点决定了孔子选择一种以形而下为主的知识传播方式，即着眼于从具体的日常生活实际来彰显礼乐文明的价值。

最后，从文本上下文联系的逻辑来看，子贡提出"夫子之言性与天道，不可得而闻也"的话题，意在告诉人们"性与天道"乃是支撑"恕道"之所以可能的根本所在。因为，人之所以难以行"恕"，最主要的原因是源自天道的生命本性的相近性("性相近也")在后天的习染过程中被逐渐差异化("习相远也")，以至于己之所"不欲"与他人之所"欲"的正当性问题需要辩护才是可证立的，而如果人之所"不欲"得不到这种正当性辩护，推己及人的"恕道"原则就有可能因价值共识的缺失而在道德实践中失效。而人之所"不欲"要获得正当性辩护，只有回归到本原的人性才是可能的。譬如我之"不欲"忍饥挨饿，这既是人性，也是人人可共享的"天理"或价值共识，因而即使你日子过得并不富裕，你也不会希望你身边的人都沦落为要饭的乞丐。这就是"恕道"的"人道"基础所在。

至于"文章"或礼乐文明与"性与天道"是否同样体现为宋儒所认为那样是一种道德之外与内的关系，或者说体现差等秩序的礼乐文明的合法性是否同样可以获得"性与天道"或本体论的支撑呢？我认为，儒家有其不能自圆其说的地方。因为，礼乐文明作为一种社会制度安排的合法性辩护并不能从人性论中自然延伸出来。历史已经证明，从"性与天道"或自然正义出发的"文章"或文明构建恰恰不是差等结构的，而是平等结构的。所以，本章子贡所言重点还是讲"性与天道"与"恕道"之间的关系，而非与"文章"的关系。

5.14【原文】 子路有闻，未之能行，唯恐有闻。

〖解读〗力行在正确的道路上

上章子贡对孔子的思想作了一种学术层次的分类：一类是关于人文社会学的知识("文章")；一类是关于哲学或形而上学的知识("性与天道")。对于这两类知识的学习，子贡只是从"可得而闻"与"不可得而闻"的角度做了陈述，未涉及"闻"而后"行"的问题，而本章就是以子路为案例，突出了知行合一的重要性，足见文本如此安排的逻辑性所在。

在前文中已述，子路是孔子弟子中的勇者型代表人物，但子路之"勇"并不只是表现在临危不惧方面，也表现在他勇于实践、知行合一上。本章是这样描述的：当子路听闻某种道理后，就想着如何立即付诸行动，不过在付诸行动之前，又担心又会听到什么新的道理而来不及实行新的道理。由此可见，子路是一个知而必行的人，他只要听闻到某种道理，首先想到的是如何将这种道理付诸行动。但是，我们知道，知识转化为行动毕竟有一个过程，它需要实践的客观条件，在这一客观条件未出现之前，如果又听到了新的道理，按照子路的性格也是要马上付诸行动的，但同样践行新的道理也需要一定的客观条件，这如同一个人想着“学雷锋，做好事”，但“做好事”的机会暂未出现，总不能像小学生那样为了完成“拾金不昧”的义举，把家长给的零用钱交给老师，说是自己在路上捡到的吧。子路是大人、君子，不可能这样去“做好事”，但他“做好事”的积极性确实又有点像学雷锋的小学生。文本将子路闻善而汲汲于行的心态跃然纸上。

不过，我以为，文本的主旨不仅是要表扬子路之勇于行善，也在于批评如王夫之所指出的两种病端：一种情形是“学者之患，莫大于贪闻道而惮于行”(《四书训义》卷九)。生活中经常有些人并非不知道什么是善、什么是恶，道理他都知道，但遇到需要他行善去恶的时候，他却不敢去做。为什么呢？原因就在于做好事既需要一定的客观条件，又需要主体付出一定的牺牲，甚至有可能要付出自己的生命。由此足见“行之维艰”也。另一种情形是“道有异同”“理有多端”(《四书训义》卷九)。如果学者都像子路那样汲汲于行，对各种道理、思潮缺乏辨别和深究的耐心，尤其是不能把“真理”与“实际”相结合，搞“拿来主义”，就有“其失则野”(《四书训义》卷九)的危险。这就是说，我们一方面要看到子路力行精神的可贵，另一方面也应看到他这种对道理不求甚解的危害。由此也足见“知之非易”也。

孔子曰：“力行近乎仁。”(《中庸》)子路无疑是一个“力行”者，但需注意的是“近乎仁”并不一定“等于仁”，是以孔子对子路是否是仁者始终持怀疑观望的态度。由此我们得出一个道理：力行固然重要，但要力行在正确的道路上才是，否则就如一辆行驶在高速公路上的汽车，开得最快、最稳，如果上错了入路口，只会离目的地越来越远。

5.15【原文】 子贡问曰：“孔文子何以谓之‘文’也？”子曰：“敏而好学，不耻下问，是以谓之‘文’也。”

〖解读〗学习是人生走向不朽的进路之一

上两章讲知、行关系，突出了力行的重要性。不过，如上所述，力行能否“近仁”，关键还得走在正确的道路上，而要做到这一点，“闻道”是必不可少的功夫。如何才能“闻道”呢？无疑就是孔子所强调的学习。本章孔子以孔文子的谥号为例，把学习问题提到了与人生不朽问题相关联的高度。

孔文子，名圉，是卫国的大夫，娶卫灵公之女为妻。据《左传》记载，哀公十一年(前484)冬天，卫国太叔疾逃到了宋国。当初，太叔疾娶了宋国子朝的女儿，她的妹妹随嫁。后来，子朝因故逃出宋国。孔文子就让太叔疾休了子朝的女儿，然后把自己的女儿孔姞嫁给了太叔疾。但太叔疾却派人把他前妻的妹妹引诱出来私藏于宫中。孔文子为此事大为恼火，准备派兵攻打太叔疾，后经孔子劝说才罢休。不过，最后孔文子还是把女儿强行要了回来。而根据儒家的观念，孔文子作为朝臣，其行为有以下犯上之嫌，特别是随意地将女儿嫁来嫁去之举，更与礼仪相悖，是以子贡对他死后被授予“文”这一谥号甚为不解，于是便有本章子贡之问。

我们知道，“谥号”是古代礼法中用于对人死之后的评价之词，通常用一两个词来褒贬人的一生，是对人在道德上的盖棺定论，目的是激励后人趋善止恶。关于谥法制度的产生，一种说法是周公制谥，另一种说法则是西周中期才有，其广泛施行则在春秋战国之际。秦始皇统一六国后，因认为谥号有“子议父、臣议君”之嫌，所以把它给废除了，直到西汉之后才恢复了谥法制度。谥法有官谥和私谥之分，分别代表着官方的评价与民间的评价。而根据谥法的性质，又分为上、中、下三类，上谥为美谥即表扬类评价，如“文”“康”“平”等；下谥为恶谥即批评类评价，如“炀”“幽”“厉”等；中谥为平谥即同情类评价，如“愍”“怀”“哀”等。很显然，孔文子之谥号“文”是属于上谥，是对他一生的肯定性评价，且须指出的是，“文”是上谥中最为难得的谥号之一，尤其是古代的读书人莫不以谥“文”为人生的理想，如韩愈、白居易、王安石、朱熹、王阳明、曾国藩等人的谥号皆有“文”。那么，谥号为“文”需要什么样的条件呢？根据王莽《训谥》所载：

道德博闻曰文；慈惠爱民曰文；愍民惠礼曰文；赐民爵位曰文；勤学好问曰文；博闻多见曰文；忠信接礼曰文；能定典礼曰文；经邦定誉曰文；敏而好学曰文；施而中礼曰文；修德来远曰文；刚柔相济曰文；修治班制曰文；德美才秀曰文；帝德运广曰文；坚强不暴曰文；徽柔懿恭曰文；圣谟丕显曰文；化成天下曰文；纯穆不已曰文；克嗣徽音曰文；敬直慈惠曰文；与贤同升曰文；绍修圣绪曰文；声教四讫曰文。

看来能够谥为“文”的条件还是比较多的，但在中国古代能够得到这个谥号的人却很少，原因在于要做到其中的任何一条都不容易，而孔文子做到了“敏而好学”这一条，是以孔子认为将他谥为“文”还是有道理的。而且，孔子认为，孔文子不仅“敏而好学”，还能够做到“不耻下问”这一点，尤为难得。因为，学富五车的人通常不免有知识自信而来的傲慢，那种能够始终做到谦虚学习的人并不多见，尤其主动向比自己学问差、地位低的人求教，就更加罕见了。而孔文子贵为大夫，学问又好，但仍可做到不耻下问这一点，确实值得表扬。

当然，孔文子为人确实也有上述的缺点，是以子贡提出疑问也并非没有道理。这一点既可能与春秋时期谥法之实施不如后世之严谨有关，也与孔文子对卫国的历史贡献分不开。因为，据《宪问》载：“子言卫灵公之无道也。康子曰：‘夫如是，奚而不丧？’孔子曰：‘仲叔圉治宾客，祝鮀治宗庙，王孙贾治军旅，夫如是，奚其丧？’”意思是说，卫灵公虽然无道，但卫国为什么却没有因此而迅速灭亡呢？原因就在于卫国有仲叔圉接待宾客，祝鮀管理宗庙祭祀，王孙贾统率军队。足见孔文子的外交才能为卫国的生存是起了一定的作用的。而注重一个人的历史贡献，不以一眚掩大德，这一点在孔子对管仲的评价中亦可看出来。

从孔子对谥法的解释中可以看出，一个人对学习的态度不仅关乎“闻道”，而且关乎身后的历史定位，儒家之所以把“立言”作为“三不朽”之一，道理就在其中。故君子当以学习为自身存在的方式，像孔文子那样，敏而好学，不耻下问。

5.16【原文】 子谓子产,"有君子之道四焉:其行己也恭;其事上也敬;其养民也惠;其使民也义。"

〖解读〗子产是修身与治国相统一的人格典范

上章讲到孔文子以"敏而好学,不耻下问"而获得谥号"文",而本章谈到的子产则谥为"成",虽然皆为上谥,毕竟与谥"文"有别。何谓"成"?《逸周书·谥法解》:"安民立政曰成。"子产作为郑国的宰相,亦为春秋时期的名相,其治国理政也确实做到了"安民立政"这一点,其道德文章亦诚如孔子所言"有君子之道四焉",是值得人们学习效法的榜样,亦为包括孔子在内的历代思想家所推崇,但后人对他的评价即谥"成",还不及有道德瑕疵的孔文子,由此足见以一个字去评价一个人一生的谥法并不见得客观公正或恰如其分。对此,朱子《四书集注》引吴氏曰:"今或以一言盖一人、一事盖一时,皆非也。"我想,文本把孔子对子产的评价置于对孔文子的评价之后,其意在告诫学者在对待历史人物时不要完全为谥号所迷惑。

本章孔子对子产的评价所持的视角纯粹属于伦理学的,这与他对管仲的评价有时是伦理学的、有时是历史学的有所不同,这一点也反映出孔子对于历史人物的评价力求全面客观,不人云亦云,尤其是他能发现时人所未能发现的历史人物的优缺点。譬如本章所谈到的子产,因为他的政绩卓著,影响很大,所以时人对他的褒奖多注重在政治方面,也就是把他看成为一个杰出的政治家。但是孔子认为,子产不仅是一个杰出的政治家,而且也是一个值得人们学习的道德楷模。因为他"有君子之道四焉":一是"其行己也恭"。恭,谦逊也;行己,修身之谓,意即子产待人接物时的言行举止十分庄重礼貌,对下属不摆架子,尊重他人的人格。二是"其事上也敬"。敬,谨恪也;事上,事君也,也就是对待上级领导能够做到恭敬而严肃,不像有的人喜欢拍马屁,竭尽谄媚之能事,以讨领导欢心。三是"其养民也惠"。惠,爱利也,也就是情系于民,关心老百姓利益达成,关心经济发展,体现出了一种仁爱精神。四是"其使民也义"。义,宜也,公正也,即在役使老百姓从事各种公共事物方面讲究适当合理,凡事都有章有循,有法可依,尽可能不干扰百姓的生产与生活。以上这四点,既是一个杰出政治家必备的重要官德,也是君子处世的重要伦理原则。

儒家讲究"修身"(内圣)与"治国"(外王)相统一,孔子认为,子产便是这样的人格典范。相比之下,孔文子虽"治国"有方,外交才能不错,且又能"敏而好学",但毕竟私德有亏,修养不足,故上章子贡之疑,亦当为学者所重视。我想,这也是文本如此安排的深意所在。

5.17【原文】 子曰:"晏平仲善与人交,久而敬之。"

〖解读〗"敬人者,人恒敬之。"

晏平仲，姓晏，字仲，谥平，原名晏婴，又称晏子，春秋时期齐国大夫，著名的政治家、思想家和外交家，为卿历任灵公、庄公和景公三世，为齐国的昌盛立下了汗马功劳，传世之书《晏子春秋》是战国时期由人搜集编辑而成。

据《史记·孔子世家》载，晏子与孔子曾有过不愉快的交往。事情发生在齐景公当政时，当时孔子到齐国做了高昭子的家臣，后被引见给景公，景公曾多次向孔子请教如何为政，孔子回答说，“君君，臣臣，父父，子子”和“政在节财”。景公听了很高兴，准备重用孔子，并打算赏赐孔子一块大的封地，但事情遭到晏子的阻挠，最后孔子不得不去齐归鲁。从晏子反对景公重用孔子的理由来看，似乎是儒家崇尚礼仪治国的主张并不适合齐国的国情，但晏子“意莫高于爱民，行莫厚于乐民”的主张又与孔子的仁政爱民思想如出一辙，再加上晏子的为人处事也深得孔子赞赏，因此，晏子反对景公重用孔子应是另有缘由。

孔子对晏子的评价恰恰是从他的待人接物来看的，尽管他们之间有过不愉快的交际。这一点也反映出孔子对人物的评价并不以主观的喜好或利益的得失为标准，而是坚持从事实出发，对照儒家的君子人格标准，客观地臧否历史人物。譬如晏子，他去世后被谥为“平”，虽在上谥之例，但亦如子产之谥“成”，皆不及孔文子之谥“文”，也就是说晏子与子产一样都属于被后人评价过低的历史人物。之所以如此，原因亦如上章后述，乃是因为春秋谥法之行一则是不如后世严谨，另则是谥法的着眼点主要在政绩方面，如谥“平”之义就是：“治而无眚曰平。无灾罪也。执事有制曰平。不任意。”以晏子的政绩而言，其谥为“平”也并无不妥之处。但是，人们没有看到的是，晏子之所以在“治国”上取得如此高的成就，重要原因之一便是晏子在“修身”方面也达到了很高的道德修养境界，可以说晏子同子产一样是春秋时期内圣而外王的典范，而后人对他们的褒奖却将内圣之功给忽略了，这是一种为儒家思想逻辑所不能允许的失误。是以孔子在此特意对晏子的道德人格予以表彰，目的仍然是高扬君子人格的价值外溢效应。孔子说，“晏平仲善与人交，久而敬之。”其中“久而敬之”是何所指，有两种看法：一是认为与晏子相交越久，就越敬重他；一是认为晏子与人相交，始终能够做到敬人如初见。而根据朱子《论语集注》引程子语：“人交久而敬衰。久而能敬，所以为善。”人与人相交时间长了，相互之间熟悉了，彼此的优点与缺点都看清了，就难得保持初见时的敬意，所谓“仆人眼里无英雄”是也。所以，我以为，此处的“久而敬之”应理解为：晏子与人相交，始终能做到敬人如初，且因为始终如一地尊敬他人，他人也就越来越敬重自己。孟子所谓“敬人者，人恒敬之”(《孟子·离娄下》)，斯之谓也。

5.18【原文】 子曰：“臧文仲居蔡，山节藻棁，何如其知也？”

〖解读〗“知者”臧文仲只是一个传说而已

臧文仲(?—前617)，姬姓，臧氏，名辰，谥“文”，春秋时鲁大夫，世袭司寇，历事鲁庄公、闵公、僖公、文公四君，是春秋时期著名的政治家。臧文仲登上鲁国政治舞台之际，正值齐桓公称霸春秋，为了鲁国的生存与发展，他在内政上主张废除关卡，利商便民，发展经济；外交上联楚抗齐，和卫睦陈，显示出杰出的外交才能；在个人修为上，他既博学多才，又能不耻下问，从善如流，居功不傲，处事务实公正，深得百姓爱戴拥护，其执政理念与为政思想影响深远。因此，文仲身后之谥号为“文”也应是名副其实的。

但是，臧文仲这种比较完美的形象却因孔子的出现发生了转折。其实，孔子是文仲死后一百多年才出现在春秋历史舞台之上的，他对于这位颇受后人褒扬的历史人物的整体印象基本上是否定的，《论语》文本中除了本章之外，《卫灵公》篇亦对他提出了批评，曰：“臧文仲其窃位者与！知柳下惠之贤而不与立也。”《左传》中亦有孔子批评文仲更详细的记载：“臧文仲，其不仁者三，不知者三。下展禽，废六关，妾织蒲，三不仁也。作虚器，纵逆祀，祀爰居，三不知也。”（《左传·文公二年》）可见，在孔子看来，臧文仲不仅“不知”，而且“不仁”，完全不配谥“文”。

本章所举文仲之“不知”事例是：臧文仲把当时有名的神龟——“蔡”私藏起来，这种神龟本为“国君之守龟”（《论语正义》卷六），为臣者藏（居）之，属于明显的僭礼之举。“山节藻棁”，是指天子庙饰的规定，其中“山节”，刻有山形的斗拱；“藻棁”，画有藻文的梁上短柱。这是指臧仲得神龟之后，给神龟建了一座庙，其庙饰模拟天子的排场，也属于违礼之举。很显然，臧文仲“居蔡”一事，是不明智的，这种不明智在孔子看来主要有二：一是违礼，有“窃位”之嫌；二是“不务民义”而“谄渎鬼神”（《论语集注》），既属于“非其鬼而祭之”的谄媚行为，也属于非理性的迷信行为，这不符合儒家所张扬的“敬鬼神而远之”的人文主义传统。可见，孔子这里所指的“不知”，实际也包含了“不仁”，即是一种违反了仁德要求的非明智之举。

孔子讲“知者利仁”，“知”如果无助于“仁”的实践，便不是真正的“知”，儒家所讲的“知”是一种基于道德的理性，或曰道德理性，而在孔子的心目中，“知者”臧文仲只是一个传说而已。

5.19【原文】子张问曰：“令尹子文三仕为令尹，无喜色；三已之，无愠色。旧令尹之政，必以告新令尹。何如？”子曰：“忠矣。”曰：“仁矣乎？”曰：“未知，焉得仁？”“崔子弑齐君，陈文子有马十乘，弃而违之。至于他邦，则曰：‘犹吾大夫崔子也。’违之；之一邦，则又曰：‘犹吾大夫崔子也。’违之。何如？”子曰：“清矣。”曰：“仁矣乎？”曰：“未知，焉得仁？”

〖解读〗对某种德行的褒奖不要轻易地拔高

本章是孔子对两个著名历史人物的评价。

一是子文。子文，姓斗，名谷於菟；令尹，是楚国的官名，相当于宰相。据《左传》记载，子文于鲁庄公三十年（前 664）开始做令尹，到僖公二十三年（前 637）让位给子玉，共 28 年，其间他曾几次被罢免又被起用，为楚国的强大与霸业实现做出了重要贡献。

子文一生最为后人所注目者无疑是他仕途的三起三落，而如何对待这样的人生命运，子文之态度无疑也是值得后人敬仰学习的。因为，第一，他“三仕为令尹，无喜色；三已之，无愠色。”身在仕途，被领导重用和提拔，肯定是值得高兴之事，而有朝一日一旦被领导所冷落和弃用，心情肯定不爽，这也是人之常情，但子文却能做到喜怒不形于色，对仕途的起落能以平常心待之，这一点非常人所能。第二，最值得肯定的是，子文罢官之后能够做到“旧令尹之政，必以告新令尹”，即在行政交接工作方面能够不受去职的影响，将自己在任时的工作情况如实地向接任者交底，这样就能方便接任者尽快熟悉和上手自己的工作，避免工作交接所产生的空档。子文能做到这一点，既体现了他的职业伦理精神，更体现了他对事业、国家的忠诚态度。因为，一个人在面临去职罢官的境遇时，因心情之不爽而对工作交接难免会敷衍塞责了事，很难认真完成工作交接，尤其当这种工作交接是处于权力斗争的漩涡中时便更是如此，但子文能够避开这些政治上的恩怨，没有看接任者笑话的想法，而是希望接任者将事业做得更好、更出色。正是这一点，孔子认为，子文“忠矣”，是一个忠于国家、忠于事业的好令尹。但是，子文是不是一个“仁者”，孔子则说不知道。

二是陈文子。陈文子，名须无，谥“文”，齐国大夫，朝中重臣。陈文子“有马十乘”，看来他是家大业大，非常富有。但当时同朝为官的大夫崔杼因与齐庄公有夺妻之恨，便伺机杀害了齐庄公。崔杼弑君，这是一种大逆不道的行为，自然会遭到恪守礼法者如陈文子等人的反对，不过，陈文子反对的方式是离开父母之邦，而这样做就必须舍得“有马十乘”的家业，故要做到这一点也确乎不易。因为，毕竟过惯了锦衣玉食的日子，要一下子去过苦日子，是需要下很大决心的。陈文子这样做了，但令他没想到的是，走了几个国家，“他邦”的政治环境跟父母之邦齐国并无两样，都是像崔杼这样的人在执政，可以说“臣陵其君”乃是春秋政治的普遍现象，陈文子想逃避以自清，其实是不可能的。虽然如此，文子能够舍弃家业，不与“崔杼们”同流合污，仍算得上是“清矣”，是值得肯定的。至于他是否为“仁”，孔子同样说“未知”。

对文子和子文之所为，孔子皆不许以“仁”，原因何在？依孔子仁爱思想的逻辑，仁者必忠、必清，是以子张之问似乎是认为文子之忠、子文之清应算是仁德之例，而孔子则以“未知”答之，其言外之意是：仁者之忠与清是依主体内在之无私之德性而来的外在德行，但主体外在之德行如忠和清是否出自内在之无私之德性，则未可知也。因为，一个人做了一件道德意义上的好事，未必真无私心所至，有的可能恰恰是因私心而做某件好事，因而我们对于某种德行的褒奖不要轻易地拔高。

5.20【原文】 季文子三思而后行。子闻之，曰：“再，斯可矣。”

〖解读〗慎思而行以不失时机为度

季文子，姬姓，季氏，谥“文”，鲁国的正卿，“三桓”之一，曾执国政长达三十三年之久，先后辅佐鲁宣公、鲁成公、鲁襄公三代君主。其主要的政绩是在鲁国推行了“初税亩”，在促进生产力发展的同时，使私田日益增多，“三桓”势力日益坐大。季文子为人，勤俭自持，《史记·鲁世家》载，他当政时，“家无衣帛之妾，厩无食粟之马，府无金玉”，颇得百姓喜爱，是以死后被谥为“文”。但是，季文子谥“文”是否恰当呢？孔子有不同的看法。

据说，季文子行事十分谨慎，《左传·文公六年》载，季文子将要出使晋国，在准备好聘礼之后，又让属下“使求遭丧之礼以行”（准备好遇到丧事时的有关礼仪），随从都不理解其中的原因，季文子解释说：“备豫不虞，古之善教也，求而无之，实难。过求何害！”这种饱带干粮、晴带雨伞的谨慎态度固然与当时交通条件不便有关，但也反映出季文子的思维方式特性，这就是本章所谓“季文子三思而后行”是也。

对于季文子这种谨慎过分的行事风格，孔子认为，一方面遇事慎重对待是应该的，另一方面，过分的谨慎却没有必要。因为，凡事思虑过多，考虑太久，就有可能丧失处理好事情的机遇。况且在信息不发达、交通不便利的古代社会，任何事情的发生都有不可预知的因素在内，非“三思”所能及也，若“三思而后行”，就有可能选择以不“行”为“行”，这样不仅“可能行的”因丧失机遇而未能做到，而且“应该行的”因丧失勇气也未能做到。至于程子认为“三思”有可能导致“私意起而反惑矣”（《论语集注》），也不是不可能。因为，凡遇事喜“三思”者，所“思”的内容既可能只有事情本身，也可能会包括“我”与事情之间的关联。也就是说，主体对事情的思考会由“这件事情应该怎么做”走向“我应该怎么做这件事”，而一旦转移到“我应该怎么做这件事”的思考，就难免会考虑自己在做这件事的得失、利弊。又，一旦有这样的得失、利弊考量，也就会丧失对事情应该怎么做的客观的正确判断。当然，我们不揣度季文子“三思而后行”中是否有个人的“私意”在内，但是“三思”这种思维方式也确实给“私意”留下了生发的空间与可能性。

所以，我以为，孔子讲“再，斯可矣”之意有两层：一是慎思而行以不失时机为度；二是果断行事以不掺私意为贵。

5.21【原文】 子曰：“宁武子，邦有道则知，邦无道则愚。其知可及也，其愚不可及也。”

〖解读〗宁武子之“愚”是一种基于德性的智慧

宁武子，名俞，卫国大夫，谥“武”，仕卫于文公、成公之时。

先，卫懿公当政时，因好鹤误国，都城朝歌为北狄所占；后，卫文公在齐桓公的帮助下复国并迁都楚丘，宁武子亦开始了他的仕途生涯，并逐渐崭露头角，受到卫文公重用，为卫国的国力恢复做出了重要贡献。所以，夫子所谓“邦有道则知”，是指文公当政时卫国政治生态环境还是比较清明的，也正是这样一种政治环境使得宁武子的政治才能有了用武之地。但文公之后，成公继位，因没有延续前朝励精图治的国策，卫国再次陷入内忧外患之境，甚至因与晋文公交恶而一度失国，后幸赖宁武子不弃不离，周旋于患难之间,方才复国。对宁武子之功,史书有云:“文公怒气虽如火,怎脱今朝宁武谋。”(《东周列国志》第四十三回)所以,孔子在此所谓“邦无道则愚”之“愚”到底是何所指,历来有两种看法:一是指在国家政治昏暗的时候,宁武子会装聋作哑。这是现在比较流行的看法。如果是这样看的话,宁武子便是中国古代“难得糊涂”文化的开创者。二是指宁武子在卫成公无道失国之际,能够不离不弃,始终追随左右,并尽心竭力、不避艰险地帮助成公复国。朱子认为,武子所为是“皆知巧之士所深避而不肯为者”(《论语集注》),也就是说面对卫成公这样的无道之君,稍微聪明一点的人都会避之而唯恐不及,哪还会像宁武子那样主动去追随左右,并以身犯险来助其复位呢?这不是傻吗?若以此来看,宁武子之“愚”便是“愚忠”之“愚”。而恰恰是这种“愚”,在孔子看来,是一般人做不到的。两相比较,我以为,若以史实来看,还是以后一看法为当。

因为,遇到上述这种情况,一般有四种选择的可能:第一是选择离他而去,如“微子去之”(《微子》),惹不起就躲,这是大数人的选择;第二是装疯卖傻,如“箕子为之奴”(《微子》),在普天之下皆“犹吾大夫崔子也”的情况下,这也是古代为官者的常用的选项之一;第三是不离不弃,尽心尽忠,如“比干谏而死”(《微子》),这种选择因为通常要以付出生命为代价,所以能够做到的人并不多;第四是背叛弑君,做乱臣贼子,但这一选择因为在中国古代除孟子外无人为此做过正当性辩护,所以不到万不得已,一般都不会这么做,尽管这种例子在中国历史上屡见不鲜。比照言之,宁武子之“愚”又似乎不同于“比干谏而死”式的愚忠,因为他既做到了南容之“邦有道不废,邦无道免于刑戮”,保住了自己的身家性命,同时又利用自己的智慧帮助成公复国,可以说宁武子之“愚”是似愚非愚,是愚中有智,是仁(忠)知(智)合一,它与孔子所提倡的“无可无不可”的“时中”精神有异曲同工之妙,也与宋明理学家那种“平时袖手谈心性,临危一死报国君”的忠君人格有本质区别,这样的“愚”确实不是常人所能及也,是以夫子赞叹之。

文本从子贡问“孔文子何以谓之文也”到本章的宁武子,都是孔子对历史人物的评价,而古代对历史人物评价都聚焦在谥号上,但从以上各章所举的人物之谥号来看,大多是名不副实,譬如本章的宁武子,他的所作所为更像个“知者”,谥“文”比较恰当,但却被谥为“武”。不过,需要指出的是,在对谥号看法上之所以会有上述的差异,其实是因孔子与世人所持的价值观不同所致。因为,谥号作为一种体现中国士人对“不朽”的价值追求,包括了“立德、立功、立言”三个方面,而儒家看重的是“最上立德”,世俗所看重则是历史人物的“其次立功”,或者说儒家所强调的“不朽”是在内在的德性修养层面,而世俗所强调的是在外在的行为表现层面。譬如,在一个“邦有道”的政治生态环境中,任何一个聪明人都会表现出宁武子之“知”,或者说宁武子“其可及也”之“知”并不足以表现出宁武子的忠(仁),只有在“邦无道”的背景下,恰恰是宁武子之“愚”才可以彰显出他的忠(仁),而且尤其可贵的是,宁武子并没有因“愚”而废“知”,他帮助成公复国一事就充分体现了一种德性的智慧是如何可能的,可惜世人既做不到这一点,也看不到这一点。所以,我以为,文本以比较的视角将孔子对历史人物的评价集中于本篇,旨在告诫学者:德性对于智慧的重要性与根本性。

5.22【原文】 子在陈,曰:“归与!归与!吾党之小子狂简,斐然成章,不知所以裁之。”

〖解读〗“邦无道”背景下理想实现的新的可能性

本篇以“论古今人物贤否得失”为旨,先是评价自己的学生,接着是评价一些著名的历史人物,但文本却在此插入一章对学生的评价后,又以评价历史人物为主,所以本章的出现对于文本的结构安排而言似乎显得有点突兀,其文本的上下文意义联系何在呢?

先看本章的文本特点。我们知道,读《论语》的最大困难在于不能了解夫子之言的背景,也就是说不知道夫子所言是在什么情况下讲的,这一点固然会使文本的意义由具体而升华至普遍,但是对读者的理解活动而言始终是一个“遗憾的理解”。因为,任何理解活动都会有对文本的“所指义”与“能指义”的双重意义追求,而文本的“所指义”既与上下文的意义联系有关,又与具体的历史语境有关。《论语》文本中能够像本章这样提供具体历史语境的章节并不多,而这一点对于我们理解文本之上下文意义联系又至关重要。因为,“子在陈”,明确地点出了文本的具体历史语境,也就是孔子周游列国时所遇到的重大历史事件,即他到陈国时曾陷入“绝粮”的困境(《卫灵公》有对这一事件的描述),正是这一困境使得孔子真正意识到了“道之不行”这样一个残酷的现实,可以说在陈绝粮乃是孔子政治理想幻灭的转折点,它使孔子意识到“邦无道”不只是个别现象,而是普遍的政治现实,也就是前文所提到的到处都是“犹吾大夫崔子也”,当然孔子的父母之国鲁国也不例外。既然如此,君子当如何自处呢?上章提到的宁武子便提供了这样一个值得效法的范例。因为,如上章所述,宁武子在“邦无道”的时候并没有像陈文子那样选择离开父母之国,也没有如微子、道家那样隐遁避世,而是走了一条彰显德性的智慧的“愚不可及”的道路并且获得成功,这一点无疑给孔子以极其重要的启示。所以,我以为,文本中的“归与!归与!”所透露的信息不仅是孔子的思归之心,更重要的是孔子看到了新的人生选择之可能性,这个选择就是在“邦无道”的情况下如何像宁武子那样去实现自己的人生理想。这就是文本上下文意义的联系逻辑所在。

基于上述的文本意义联系逻辑,再来看夫子所言就比较好理解了。孔子说:“吾党之小子狂简,斐然成章,不知所以裁之。”这是孔子对自己在鲁弟子的整体判断,他们既“狂简”——志大才疏,又“斐然成章”——文章似乎斐然可观,而怎么去调教他们,孔子心里没有把握。但这不是文本的主旨所在,因为,从上下文来看,本章的主要意义在于:孔子从宁武子那里看到了一种实现自己理想的新的可能性,这就是“成就后学,以传道于来世”(《论语集注》),也就是将自己传道的重心由官场转到学校,由从政转向从教,这一点是孔子有别于宁武子之处。孔子说宁武子那种“邦无道则愚”且“其愚不可及”,一方面表明自己学不来,另一方面也表明宁武子所为并不是实现理想的唯一选项,甚至可能不是最优的选项,因为宁武子之“愚”虽然可以帮助成公复国,但终究无法造就出一个“有道”的卫国。

5.23【原文】子曰："伯夷、叔齐不念旧恶，怨是用希。"

〖解读〗正确对待他人对你曾经有过的伤害

上章讲孔子想回父母之国以从事教育工作，但孔子要归国就必须面对他在鲁国为政的时候所结下的恩恩怨怨。因为，孔子在鲁国当官的时间虽然不长，但诛少正卯、堕三都等事件肯定是得罪了不少人，最终是带着遗憾和不满离开鲁国的。而他在外游历的十四年中，又时常忍不住要批评鲁国的国政，所以，孔子及身边的弟子对归国之后会受到怎样的政治待遇是心存忧虑的。我想，就归鲁问题，孔子与弟子们肯定开过商讨会，在会上肯定有不同的意见，而这些不同意见归纳起来无非就是如何去面对过往结下的恩怨：一方面鲁国会如何对待这些恩怨，另一方面孔子及弟子如何对待这些恩怨。

很显然，前者不需要过多担忧，因为孔子在外游历虽不得列国的重用，但也积累了不错的政治声望，列国对孔子的礼遇也甚隆，大家都想拥有孔子这样的"花瓶"来标榜自己的贤明，这一点鲁国也有同样的心思，所以，在孔子归国前，孔子的弟子中先后有冉求、子贡等人被鲁国延揽入朝并得到重用。鲁哀公十一年（前484），季康子也主动向寄住卫国的孔子伸出了欢迎归国的橄榄枝，是以孔子及弟子们无须为归国后的礼遇问题担心，这一点几乎是可以肯定的。

既然鲁国方面都不计较过往的恩怨，剩下的问题便是孔子方面如何化解过往的不快了。可以想见，在孔子带领下的这支儒家队伍成为列国争夺的人才的情况下，弟子们中间有几个放不下过往恩怨的人也是正常的，毕竟过去是你鲁国逼我们离开父母之国，现在我们在他邦混出声望了，你鲁国又想要我们回来为国效力，凭什么？所以，孔子要回国还得先做通这些有怨气的弟子的思想工作，于是孔子便说："伯夷、叔齐不念旧恶，怨是用希"。伯夷、叔齐是商末孤竹君的两个儿子。相传其父遗命要立次子叔齐为继承人，但孤竹君死后，叔齐让位给伯夷，伯夷不受，叔齐也不愿登位，先后都逃到周国。周武王伐纣，二人却叩马谏阻。武王灭商后，他们耻食周粟，采薇而食，饿死于首阳山。伯夷和叔齐离开商朝跑到他邦，也是因商纣王残暴统治所致，因而若对商纣王心存怨恨亦属于人之常情，但是在周武王伐纣时却不惜性命出来谏阻，这就是"不念旧恶"即不记旧恨宿怨。假如他们记恨的话，对于武王伐纣一事完全可以作壁上观，抱幸灾乐祸的态度，但他们没有这样做，而是出来劝阻，尽管他们知道这种劝阻并不能改变商朝灭亡的历史命运。

伯夷、叔齐这种"不念旧恶"之举，为什么会产生"怨是用希"即别人对他们怨恨也少的效果呢？这是因为伯夷、叔齐离开父母之邦虽然是情非得已，有它的正当性，但毕竟是跑到敌对阵营去了，有叛国投敌之嫌，这自然亦会招致本族中一些人的怨恨。不过因他们在武王伐纣又能"不念旧恶"出来劝阻，且在周灭商之后又不食周粟而死，这表明他们有深厚的忠君爱国之情，所以人们对他们的怨恨也就少了。可见，孔子举伯夷、叔齐"不念旧恶"一事，意在告诫弟子如何正确地对待父母之国曾经对自己有过的伤害,否则冤冤相报何时了?这也反映出儒家在处理人际关系时始终坚持着"和为贵"的价值导向。

5.24【原文】 子曰:"孰谓微生高直?或乞醯焉,乞诸其邻而与之。"

〖解读〗正直的人应善于对人说"不"

本章讲了一个很有意思的故事。故事的主人公叫微生高,复姓微生,名高,鲁国人,孔子的弟子之一。有关他的史实主要有二:一是本章孔子对他的评价;另一是历史上著名的爱情故事——尾生抱柱。相传尾生与女子约定在桥梁相会,久候女子不到,水涨没桥,乃抱柱而死。(典出《庄子·盗跖》,后用以比喻坚守信约。)此尾生是否为彼微生?依《战国策·燕策》所载即"信如微生,期而不来,抱果柱而死"来看,可信为同一人。如果是这样的话,微生高在历史上留下的形象刚好是一反一正,而本章讲的就是他不好的一面。

微生高素有直名,何谓直?《论语集注》引范氏曰:"是曰是,非曰非,有谓有,无谓无,曰直。"直,就是正直、直爽、诚实的意思,是一种美德,而微生高给人的印象就是直爽,但孔子却不这么看。因为,他从一件小事发现微生的直有"曲意徇物,掠美市恩"(《论语集注》)之嫌。事情是这样的:一次有人向微生高讨一点醋,微生高家里没有,但他没有据实以告,而是向邻居讨来后再给人家。微生高这样做如果是基于某种特殊情形,如来借醋的人是年长或年幼者,或腿脚不方便者,或与邻居关系不睦者,或怕自己的面子不够者,这都是可以理解的,也无损于他的直名。但情况显然不是这样的,微生高之所以这样做,显然与他的面子观念作祟有关,既想做好人又怕失面子,其心情可以理解,但其做法值得商榷,尤其是像微生高这样直爽的人,更不应该这样做。我想,微生高既然素有直名,说明他在大多数情况下应该还是直率而为的,这次被孔子发现的例外情况,一则因为事小,无关乎大节;另则因为好面子,想做好人。其实直爽的人做这样的事心里必定累得慌的,微生高更没有想到的是,这样一件小事会给孔子留下如此不好的印象,当然这只能说明微生高对于"直"德的理解与孔子有距离。

文本把孔子对微生高的评价安排于此,一是要说明"直"必须要以"诚"为本,哪怕是你想做好人、做好事,也要量力而为,不能打肿脸充胖子。因为,通常意义上的"直"总是在与"恶"的较量中呈现出来的,一个人敢讲真话也就意味着他敢于得罪人,也正因为如此,"直"才是一种可贵的品德。但是,遇到像上述这样行"善"的情形,讲真话——如告诉人家我家里没有醋——虽不至于得罪人,也没有任何的道德风险,但也会留下或多或少的道德遗憾,就像微生高那样,人家开口向你讨点醋,心理上已经多少有点难为情了,而作为一个有道德感的人,就有义务去满足他人的需求以维护人家的面子,如果要是平时,做这一点好事本不是什么难事,但刚好自己家里也没醋了,如果据实相告,人家得再次向邻居开口,其面子须得再经受一次洗礼,这对于微生高这样道德感强的人来讲确实会留下爱莫能助的遗憾。所以,我以为,孔子指出微生高的缺点,意在告诫学者既要敢于对“坏人”说“不”,也要善于对“好人”说“不”。可见,学会拒绝也是传统礼仪文化的必修课之一。二是文本在此安排孔子关于“直”的理论,与上章孔子要弟子们“不念旧恶”式地对待曾经伤害过的父母之邦有关。因为,既然要回国,就得放下过往的恩怨,诚心诚意、竭尽全力地为祖国效力,但是这并不意味着放弃自己的是非原则,尤其是不能为朝廷的礼遇所绑架,不能像微生高那样因为磨不开情面而丧失自己的立场。也就是说,本章之所指是:君子应不念“旧恶”,但也要正确地对待“新恩”。南怀瑾先生认为,“归与”章之后的各章,应是夫子归鲁时的政治宣言。[①]吾以为然。

5.25【原文】 子曰:“巧言、令色、足恭,左丘明耻之,丘亦耻之;匿怨而友其人,左丘明耻之,丘亦耻之。”

〖解读〗**谄须拍马、表里不一的为官之道深为夫子所不耻**

关于左丘明的身世,历来有不同的看法,比较流行的说法是,他是姜太公的后裔,齐国人,后因其先祖曾为楚国左史,故其姓氏经历了由“姜”而“丘”的转换,这种情况在春秋战国也属常态。可以肯定的是,左丘明乃鲁国的太史,与孔子同时代,少于孔子,而其主要历史贡献就是他著有《春秋左氏传》和《国语》两部重要历史著作,是中国传统史学的鼻祖之一,被后世称为“文宗史圣”“经臣史祖”等,历代君王亦多有敕封。

程子曰:“左丘明,古之闻人也。”(《论语集注》)“闻人”,也就是古代的名人,是当时知识界大腕级明星,他对孔子也十分推崇。据说孔子能在鲁国做司寇,左丘明的推荐起了重要作用,加之他与孔子有共游周王室守藏史的经历,是以对孔子著《春秋》的用意及其“笔法”有相当的了解,这一点也是其所著《春秋左氏传》最得夫子之意的原因所在。当然,孔子对左丘明的为学与为人也十分欣赏,常引以为同道,如本章左丘明之耻,孔子亦耻之,便是最好的例证之一。

本章提到左丘明所耻之事有二:一是“巧言、令色、足恭”,也就是对人尤其是对上级领导,花言巧语,一脸的媚态,十足的恭顺,一副奴才相,没有一点骨气和人格尊严。对这种人,孔子曾批评曰:“巧言令色,鲜矣仁!”(《学而》)二是“匿怨而友其人”,即对某人心藏怨恨,表面上却对他十分友好,这种“笑面虎”式的人物往往让人防不胜防,官场中这样的人较为常见。对这种表里不一的人,孔子同左丘明一样耻与为伍。

文本将本章安排于此,是有其上下文意义联系的逻辑考量的。因为,前两章是讲孔子归鲁的政治宣言,即一方面要“不念旧恶”,要有宽容精神,诚心实意为鲁国发展出力;另一方面要坚持是非原则,保持正直的政治品格。但是,除此之外,最令孔子担心的是,长期处于政治边缘化的儒家知识分子如何正确地面对来自权力的诱惑。我们

① 南怀瑾:《论语别裁》(上册),上海:复旦大学出版社,2006年,第247页。

知道，孔子及儒家在“谋道”的过程中经常面临着“谋食”的严峻挑战，尤其是经历了在陈“绝粮”这样的困境之后，面对归国之后鲁国给予的政治礼遇，一些弟子对过去那种不惜以牺牲“谋食”来“谋道”的人生追求有了不堪回首之感，他们已深陷于权力诱惑的享受之中而难以自拔，并渐渐地谙悉了溜须拍马、表里不一的为官之道，在精神上彻底为政治权力所“招安”，已沦为披着“君子”外衣的“乡原”或伪君子。这是孔子最不愿意看到的现象。所以，文本将夫子是言安排于此，意在告诫学者要坚持“君子谋道”的崇高理想，不要沦为政治权力的异化物。可见，宽容、正直、无私乃是孔子爱国主义教育的三个重要价值原则。

5.26【原文】颜渊、季路侍。子曰：“盍各言尔志？”子路曰：“愿车马，衣轻裘，与朋友共，敝之而无憾。”颜渊曰：“愿无伐善，无施劳。”子路曰：“愿闻子之志。”子曰：“老者安之，朋友信之，少者怀之。”。

〖解读〗理想志向不同，事业选择也就会有所不同

前几章是讲孔子归鲁的政治宣言，但归国之后到底干什么呢？孔子是想把主要精力放在教育事业上，而弟子们的事业应该如何选择呢？本章就是回答这个问题。

颜渊与子路是孔门“十哲”的代表人物，一仁一勇，一文一武，深得夫子喜爱。尤其是子路，孔子对他虽多有批评，但弟子中也只有他敢于向孔子提意见，如本章，本来是孔子要弟子们谈谈各自的志向，结果弟子讲完之后，子路曰“愿闻子之志”，即我们学生的志向是如此，那么先生您的志向又如何呢？这样的问题恐怕也只有子路这样的学生才敢提。由此也足见孔子教育思想的民主与平等。

子路还是一个直爽的人，有什么想法不收起、藏起，譬如本章子路讲到自己的志向时一点也不掩饰自己对富贵生活的向往：“愿车马，衣轻裘，与朋友共，敝之而无憾。”它包括两层意思：第一，希望自己能在物质生活上衣食无忧，最好是能够行有豪车，衣有名牌，住有广厦，享尽人间富贵荣华。子路的这种表白似乎有别于那些耻于言利、安贫乐道的君子。第二，子路毕竟不是那种唯利是图的小人，因为一方面他希望过上好日子，另一方面他希望这种好日子能够与他人分享（“与朋友共”），跟唐代大诗人杜甫那种“安得广厦千万间，大庇天下寒士俱欢颜”的想法一样，绝不只是贪图个人的荣华富贵，而是希望天下人都能这样，哪怕有一天朋友们把自己的钱花没了，衣穿烂了，也不遗憾。由此足见子路的侠义之风是有着儒家“仁者爱人”思想底色的。因为，孔子也充分肯定富贵之欲的正当性，而让天下人都过上富贵生活，这是仁爱精神的当然之义。

颜回的志向与子路有别，他说：“愿无伐善，无施劳”，即不希望到处炫耀自己的善行，也不希望到处表白自己的功劳。为他人做了点好事，为社会做了点贡献，自己要不要到处宣传一下呢？颜回认为是既无必要，也不应该。因为，做善事本是一个道德主体应当做的，属于你的义务，你不去做这些好事会内心不安，为自己的心安而做好事，而不是为得到他人的表扬才去做好事，这就是“仁者安仁”；当然做好事是需要付出辛劳的，否则会做不出成绩，而“劳事非己之所欲”（《论语集注》），即没有人包括自己会愿意劳神费力去做好事，都希望能轻松地把好事做成。既然如此，你就更没有必要把自己是如何辛苦才做成好事的功劳向大家宣传，因为儒家讲究“己所不欲，勿施于人”，做好事需劳神费力本非己之所欲，你难道希望大家都跟你一样辛劳吗？其实在生活中经常可以看到这样的情形，一些人向领导汇报时，总是喜欢把自己做某件事所付出的辛劳述说一番，生怕领导不知个中辛苦，总希望给领导留下一个没有功劳有苦劳的印象，其实这都是不懂得“无施劳”的道理。因为，领导之所以是领导，就是在“施劳”中成长起来的，哪会不知道干成一件事的辛苦呢？所以领导听下属汇报只喜欢听结果，不喜欢听过程，道理就在于此。当然，做了好事且做出了成绩要不要自我宣传一下，这在科层制官僚结构的今日社会背景下是一个值得讨论的问题，但从个人自我修养或“内圣”的角度讲，颜回的主张还是值得提倡的。

孔子的志向是什么呢？是“老者安之，朋友信之，少者怀之”，即让老年人生活安逸，朋友间相互信任，下一代得到关怀。比较夫子与颜回、子路之志，可以发现他们有共同之处，但又存在志向大小和境界高低的差异。对此，宋代理学家程子概括曰：“夫子安仁，颜渊不违仁，子路求仁。”（《论语集注》）也就是说，“志于仁”是三者的共同之处，而不同点在于：子路之仁主要是体现在外在的物质文明建设方面；颜回之仁主要体现个体内在的精神文明建设层面；而夫子之仁则体现了对百姓物质文明与精神文明建设的双重关怀。如，“老者安之”，就不只是子路那种让老年人能过上衣食无忧的生活而已，还包括对老年人精神、心理层面的关怀在内；“朋友信之”，也不只是颜回那样只要自己个人依仁而行就可以达成的，因为你做了好事不自我表扬固然值得肯定，但是人家未必认可，人与人之间的相互信任是需要沟通才可能的，而孔子思考问题的焦点不是在君子个人的“内圣”，而是信赖社会的构建，也就是希望构建一个“满街都是圣人”的社会；“少者怀之”，关心下一代的健康成长是孔子仁爱精神的重要维度，这也是孔子归鲁后之所以选择以教育为事业之重心的主要原因所在，可以说这种选择表明孔子的志向并不只是着眼于当下，而是着眼于未来，这种时空视野格局是子路和颜回所不具有的，如子路之“敝之而无憾”就缺乏对下一代或未来的担当，因为有钱大家花，花完了也不遗憾，固然大气、慷慨，但孩子们的生活怎么办？子路的想法就缺少这种代际伦理关怀。有一种解释认为，“少者怀之”是指年轻人对长者的怀念，而非长者对下一代的关心，我看是可以相通的。因为，长者不关心下一代，下一代就难以产生感恩之心，所以，孔子提出“少者怀之”便是强调代际伦理关怀的意义。

理想志向不同，事业选择也就会有所不同。如子路的理想既然是要做慷慨侠义之士，那么自然会选择做一名政治家或军事家；颜回的理想在个体的“内圣”，那么自然会选择做一名哲学家；孔子的理想在和谐社会的构建，且他的致思又有代际伦理关怀的维度，是以孔子选择做一名教育家。

5.27【原文】子曰："已矣乎！吾未见能见其过而内自讼者也。"

〖解读〗不能"痛改前非"，是因为还不够"痛"

上章是夫子要弟子各言其志，没想到弟子讲完之后，子路问先生之志是什么。面对这一提问，夫子只好也讲出自己的志向。夫子之志一出，高下自然可分，既然如此，夫子之言也就带有对弟子批评的意思在内，而弟子听了之后肯定会对自己的志向有所反省，会找自己之志与夫子之志的差距何在，如果能通过这种反省而改变自己的志向，向夫子看齐，这当然是夫子所乐见的。但是，情况会是这样吗？本章就是讲夫子对这一问题的看法。

朱子曰："'已矣乎！'者，恐其终不得见而叹之也。"(《论语集注》)"已矣乎"的意思就是"算了吧"，从夫子之叹可知，对于弟子们存在的问题，孔子曾多有规劝，也曾多么地希望他们能够改正错误，而弟子们大多也有反省改过之意，只不过因为他们没有产生"见其过而自讼者也"的心理，也就是知道自己的过错却没有在内心里对之予以责备，所以终不能改其过。而对于这一知过而不能改的状况，夫子也无可奈何，是以对于那些在他面前表示要改过的人多少有点失望。

古人有所谓"知错能改，善莫大焉"的说法，可见能改过是一种大善。之所以是大善，是因为凡人都不可能不犯错，人类的进步就是在不断的改错中进步的。但是，中国传统文化对于人性的看法过于乐观，也就是它预设了有不会犯错的人存在这种可能性，这就是"生而知之"的圣人。而西方文化却将人预设为带着"原罪"的存在，把向上帝忏悔以获得"救赎"作为人生努力奋斗的全部。这就是说，中国传统文化虽然强调反省意识的重要性，但它不同于基督教所强调的忏悔意识，后者对自己所犯之罪有一种刻骨铭心的悔意，其心路历程是十分痛苦的，就如同在法庭上的被告心理，面对神圣的"法官"即上帝的宣判，自己无法对自己所犯之罪免予处罚一样，只能心甘情愿地接受处罚以获得灵魂的救赎。而前者(儒家)却少有这样的懊悔意识，儒家的反省意识并没有"对簿公堂"的过程，因为没有"法官"即上帝的在场，反省就是一个自己起诉自己的过程，可以说是反省的主体是既当"运动员"，又当"裁判员"，这种既没有外在超越的严格监督，也没有"地狱天堂"之最后审判的反省活动如何可能做到"内自讼"呢？试想一下，一个犯罪的人面对审判官时尚且有"情有可原"的免责心理，更何况这个审判官就是自己本人呢！我们有一个成语叫"痛改前非"，不"痛"是不足以改"非"的，但如果这种"痛"是自己抽自己的耳光，就总会手下留情，就不会有真正的"痛"，从而也就不会有真正的"痛改前非"。可以说喜欢为自己的过错找借口、找客观原因以减轻自己心理上的"痛"，这是中国人的共同心理情结。

再结合本章与上章的意义联系来看，无论是子路还是颜回，他们的志向虽然不及夫子之高远，有他们自身的限制，但也不失为"志于仁"者之类，有值得肯定的地方，且也是非君子以外的人所能为，因而面对夫子的委婉批评，他们就更有理由为自己"其志不高”做合法性辩护，更遑论其能改过矣。

5.28【原文】 子曰：“十室之邑，必有忠信如丘者焉，不如丘之好学也。”

【解读】好学是解决内省动力不足的重要途径

这是本篇的最后一章，前二十七章皆为孔子对历史人物及自己弟子的评价，这些评价虽以褒奖居多，但不轻许人以仁，这一点给读者留下了十分深刻的文本印象。那么，与这些被评价对象相比，孔子对自己会有什么样的评价呢？是不是孔子不轻许他人以仁，而自己却以仁者居之呢？本章就是为了回答这一问题。我想，如果文本没有安排本章，没有孔子的自我评价，那难免会有孔子借贬低他人以自高之嫌。所以，从阐释学的角度看，本章对于维护文本意义的完整性是不可或缺的。

孔子是这样评价自己的：“十室之邑，必有忠信如丘者焉，不如丘之好学也。”即只有十户人家的小地方，肯定也会有像我这样的忠实可靠之人，但像我这样好学的人却不多。简言之，孔子自许为“忠信而好学”者。按朱子的理解，“忠信如圣人，生质之美者也。”（《论语集注》）也就是说，“忠信”是一种生而可具的美德，是人人皆有的，是以“十室之邑”有忠信之士，不足为奇。那么，为什么他们没有成为“圣人”呢？孔子认为，原因就在于他们“不好学”，就如一块美玉未能得到良工的雕琢，混在一堆石头里面，白白地浪费掉了。所以，朱子认为，本章之旨在：“夫子生知而未尝不好学，故言此以勉人。”（《论语集注》）即作为“生而知之”的孔子尚且好学有加，那么天资一般的人就更应该好学才是。其实，孔子虽承认有“生而知之者”，但他认为自己是属于“学而知之者”，这倒不是孔子自谦，而是孔子他有自知之明，孔子讲自己十五岁才“志于学”，如果他是“生而知之者”，何必要下决心去“志于学”呢？肯定是因为他意识到仅凭自己的天分并不能成就为君子，不下苦功不行。《论语》文本中几次都提到孔子对自己“好学”的自评，这表明孔子既知道自己的长处与优点，也知道自己的短处与缺点，尤其是孔子讲“性相近也，习相远也”，更表明他对天性之于成就君子有相当深刻的理性认识，即人如果不努力学习，最好的天分也必定会被埋没，“忠信”之士也难免沦为“乡人”。由此可见，在夫子看来，“好学”是一种比“忠信”更为可贵的品质，尽管后者在道德普系的位阶上比前者要高。

再联系上章孔子讲“吾未见能见其过而内自讼者也”来看，既然发现自己有过而为什么难以改过呢？除了“内自讼”不够或没有深深的忏悔意识之外，改过还有什么别的途径呢？很显然，文本安排此章之意就是要指出这另外的途径即学习。因为既然改过的内生动力不足，那么就有引入外生引力的必要，所谓“榜样的力量是无穷的”，“榜样”的吸引力是足可以克服内生动力的不足的。所以，如何改过，儒家的办法其实有二：一是强化内省意识，一是强化学习意识，内省不够，学习补之，二者相互为用，相辅相成。事实上，孔子以后的儒学内部分化也是因对这两者各有侧重所致。

《雍也》第六

概要：本篇上半部分（第一至十三章）是围绕着冉雍与颜回这两个中心人物而展开文本建构，通过与其他弟子的比较突出了冉雍与颜回这两位分别在“为政”与“为学”上的“君子儒”典型，其中人物评价多褒奖之意；而下半部分（第十四至三十章）的文本建构则是就人才选拔问题立论（第十四至十六章），强调培养文质彬彬君子人格要走仁知互补之路，要走将原则性与灵活性相统一的中庸之道（第二十八至三十章）。

6.1【原文】 子曰：“雍也可使南面。”

〖解读〗大位唯有德者居之

《雍也》篇同上篇《公冶长》一样，也是以学生名字“雍”来命名。从文本上下文联系来讲，本篇似乎是上篇的继续，对此，南怀瑾先生曾曰：“上一篇《公冶长》，是对前四篇整个学问系统，作一对话式讨论的前半集，本篇第六篇《雍也》是和第五篇的性质相衔接起来的，也就是讨论印证的后半集。”①但考虑到上篇“雍也仁而不佞”章有过孔子对冉雍的评价，这“后半集”的侧重点似乎又与前篇有别，南怀瑾先生认为这种区别在：“《公冶长》代表修德之体；《雍也》代表进业之用。”②而明清之际哲学家王夫之还有一个看法也值得注意，他说：“篇内第十四章以前，大意与前篇同。”（《四书训义》卷十）意思是第十四章之后另有主题，但主题是什么？夫之未言。我以为，本篇的上半部分是围绕着冉雍与颜回这两中心人物而展开的文本建构，而尤其值得注意的文本现象是，颜回在文本中分别出现了三次，文本明显有将其与其他弟子进行比较的意思在内，可以说上半部分是孔子对颜回的“怀念篇”，其目的是想通过冉雍与颜回这两个分别在从政与为学上的“进业”典型，来说明“君子儒”的内涵；而下半部分的文本建构则是讲成就“君子儒”的路径。所以，本篇的主题词是“君子儒”。

在上篇中，我们对冉雍有过介绍，知道他是孔门“十哲”之一，以“德行”著称，但本章孔子又说冉雍“可使南面”，“南面”者，“人君听治之位”（《论语集注》），即可以做一方诸侯也。朱子认为，冉雍“可使南面”是因为他“宽宏简重，有人君之度也”（《论语集注》），仍是从“德行”上讲的，这样说也与孔子“为政以德”的理念相契合。但是，一则从孔子对冉雍“不知其仁”来看，冉雍之德是否足以支撑其“南面”之位，不得而知；二则即使他有“南面”之德，如无“南面”之才，恐怕也无法做好一方诸侯。因此，孔子说冉雍

① 南怀瑾：《论语别裁》（上册），上海：复旦大学出版社，2006 年，第 252 页。

② 南怀瑾：《论语别裁》（上册），上海：复旦大学出版社，2006 年，第 252 页。

“可使南面”就不仅仅是讲他有“南面”之德，也是讲他有“南面”之才。

之所以如此理解本章之旨，是因为早期儒家有着强烈的入世取向，是一个想为社会做点有积极意义之事的“进业”群体，因而它的人才培养规格定位是“君子儒”。“君子儒”的“儒”是指一种职业而言，或早期丧事的司礼，或后来的从政与为学，皆可。但无论从事何种职业，都必须要有“进业”之心或事业心，必须得有从事该职业的才干，譬如做官，就得有管理才能，为此儒家专门开设了“政事”一科，也就是儒家管理学，可见，儒家是非常重视才干的培养的。但是，“君子儒”之所以为“君子儒”，就在于儒家所培养的人才不仅要有才干，更重要的是要有德行，也就是他首先必须是一个“君子”，是以儒家又有专门的“德行”科，这一科在儒家不仅是“必修课”，而且是最重要的、排第一的“必修课”，故儒家所培养的“君子儒”式的人才，用今天的话来讲就是“德才兼备，以德为先”，而本章孔子谈到的弟子冉雍就是这样的人才。孔子说“雍也可使南面”，意思是冉雍不仅可以做官，而且可以做大官，而官做得越大，德行就显得越重要，故古有“大位唯有德者居之”一说。可见，孔子对冉雍的评价仍然是从成就“君子儒”角度讲的，意思是希望大家干事业都要向冉雍学习，要有具备做大官、干大事的德行与才干。

故文本把“雍也可使南面”作为本篇的首章，旨在为儒家知识分子在政事方面的“进业”树立一个榜样与标杆。

6.2【原文】 仲弓问子桑伯子，子曰：“可也简。”仲弓曰：“居敬而行简，以临其民，不亦可乎？居简而行简，无乃大简乎？”子曰：“雍之言然。”

〖解读〗“行简”唯德才兼备者能之

关于子桑其人，先秦典籍中有两个，一是《庄子·大宗师》提到的子桑户，他与本篇后面所提到的“不伐”之孟之反是好朋友，鲁国人；一是《左传·文公三年》提到的与秦国名相百里奚同朝为官的子桑，是秦国的卿大夫。但刘宝楠《论语正义》认为，“然《左传》言子桑之忠，知人能举善，并无行简之事。”①故《左传》之说不足为据。与之相较，《庄子》中所提到的子桑户则是个性情豁达之士，倒是与本章所言之“简”颇为类似，故学者多从之。

仲弓是冉雍的字。上章孔子讲冉雍“可使南面”，可以做大官，任何一个弟子听了夫子这样的评价肯定会很开心的，冉雍也不例外，但高兴之余，又不免忐忑不安。因为，毕竟出身寒门，不是“官二代”，又缺少不同岗位的历练，如果一下子被提拔到“南面”之位，能否胜任其位，冉雍并无把握，是以他便向夫子请教。冉雍的问题是：子桑伯子这个人怎么样？之所以问到子桑而非其他人，估计是子桑的为政风格是冉雍心目中的学习榜样，因为子桑给人的印象有点“简”，做起事来全然不像一个新手那样战战兢兢，小心翼翼，举轻若重，而是挥洒自如，简单明了，举重若轻，就像一个政坛老手。

① [清]刘宝楠：《论语正义》（诸子集成本），长沙：岳麓书社，1996年。

对于子桑这个人的评价，孔子只说了"可也简"这么简单的一句话，意思是：这人还行吧，他办事简练。从语气来看，孔子对子桑的评价似乎并不太高，甚至对子桑之"简"的认可也还有言外之意，即认为他的"简"有做事不认真、不严肃之嫌。对此，朱子《论语集注》引程子曰："子桑伯子之简，虽可取而未尽善，故夫云'可'也。"因为，在孔子看来，战战兢兢，如临深渊，如履薄冰，这才是干事的应有态度，而像子桑那样做事，固然有直截了当的痛快，大家也很喜欢这种做事风格，但是，事情总有复杂的一面，需要我们慎重而非简单待之，尤其是"细节决定成败"，因而做任何事决不能马虎、草率从事。

如何看待子桑之"简"呢？首先，从孔子及冉雍的评价来看，"简"作为一种治理方式即"简政"是儒家所推崇的政治价值之一，也就是说，"简"是一种政治学意义上的"善"，是具有其合法性基础的。但这种合法性基础是什么？儒家的论述不如道家充分，孔子只说："为政以德，譬如北辰，居其所而众星共之。"(《为政》)朱子释曰："为政以德，则无为而天下归之。"并引范氏曰"为政以德……所守者至简而能御烦"(《论语集注》)，这显然是把道家的"无为"思想吸收进来了。而从孔子强调既要"道之以德"，又要"齐之以礼"来看，"无为而治"的"简政"并非儒家治理文化的首要价值，相反儒家把"勤政"看得很重要，凡事都讲究事必躬亲，害怕放权后产生管理不到位的情况发生。所以，像子桑这样的"简"虽然有可取之处，但并不值得人人效法，尤其在礼崩乐坏的春秋时代。其次，从冉雍对"简"的分类来看，他把"居敬而行简"当作值得推崇的治理方式，而否定了"居简而行简"的做法，也就是说，在冉雍看来，"简"只有在以"敬"为心理基础时才是好的治理方式。我们知道，儒家特别重视"敬"的作用，如孔子讲"敬事而信"，就是指做事情首先要有个严肃认真的态度，要有敬畏之心，因为任何事情，哪怕是在你看来是非常小的事情，都可能对社会、对他人产生深刻而重大的影响，尤其是面对老百姓的诉求，更要有百姓之事无小事的态度。这是"敬事"的一方面。另一方面，任何事情都有它自身的规律，都有它复杂多变的一面，故"敬事"是指要有客观的科学精神，要舍得下苦功夫去从事科学研究。所以宋明理学讲到"敬事"时就不只是指一个"正心、诚意"的"修身"问题，也是指一个"格物、致知"的"穷理"问题，而这些都意味着主体要做到"行简"必须有足够的道德修养和知识准备，二者不可或缺，换言之，只有德才兼备者才可以做到"行简"。

可见，本章是对上章"雍也可使南面"的原因所做的进一步说明。

6.3【原文】 哀公问："弟子孰为好学？"孔子对曰："有颜回者好学，不迁怒，不贰过。不幸短命死矣！今也则亡，未闻好学者也。"

〖解读〗"好学"乃"为己之学"也

上两章讲出身贫寒的冉雍具备帝王之德与才，为儒家弟子树立了一个从政的典范与楷模。本章所谈到的颜回也是出身贫寒，但他是另一类即为学方面的典范与楷模。文本将二者放在一起，旨在表明孔子所培养的人才要么是做个“好官”，要么是当个“好学者”，而且从夫子自许“好学”来看，“好学”是夫子对弟子最为看重的，也是第一位要紧的事，可以说是儒家弟子的“天职”，至于为政做官，那是学好以后的事，所谓“学而优则仕”是也。且晚年的孔子越来越认识到，在春秋“无道”之世，出仕或做官并不是知识分子为政或参与政治的最佳方式，相反孔子更看重教育对道统传承的政治价值，而这一价值的实现就有赖于有更多的像颜回这样的“好学”者。

话题的引起者鲁哀公是鲁国的第二十六任君主，事情应该是发生在鲁哀公十一年(前484)孔子归鲁之后，时当颜子去世不久，孔子痛失爱徒的沉痛心情是可以想见的，所以夫子是语显然有情绪化的因素存在，因而像“今也则亡，未闻好学者也”这样的话虽讲得绝对了点，但也是可以理解的。不过，君臣之间的此番对话把孔子对“好学”的理解呈现出来，这使后之学者对学问有了新的追求。何谓“好学”？通常的理解是爱好学习；而判断一个人是否爱好学习，通常的理解是他是否刻苦用功，如悬梁刺股、皓首穷经等，又如今之学者出版了多少著作，发表了多少篇论文等，皆可以作为“好学”的例证或量化标准等。但是，在孔子看来，如果这样去判断一个人是否“好学”，其“学”只是“为人之学”，即只是一种为了得到别人的肯定、赏识从而为今后的功名利禄铺路的学问，而不是为提高自己能力、完善自我人格的“为己之学”或“君子之学”。正是基于这一价值目标，孔子对“好学”的理解便不是主体在学习上投入了多少时间和精力，取得了多少外在的可量化的学习成果，而是体现于人格修养的境界上，如本章提到的颜回，其“好学”便体现在“不迁怒，不贰过”上。

所谓“不迁怒”，就是指不迁怒于他人。我们知道，凡人皆有喜怒哀乐之情，若任情而发，“多致违理，不中节也。但喜虽违理，无所伤害于人，故夫子专以怒言之。”①也就是说，怒是一种对他人同时也对自己有害的情绪，所以，一般情况下，千万不要动怒，如果实在控制不住自己的情绪，也不要迁怒他人，把脾气发到别人身上，尤其是自己身边亲近的人身上。因为，自己在外边受了气，不管这气是来自领导的还是身边同事的，是自己犯下过错导致的还是被他人冤枉导致的，都会有利益权衡的考量，而对自己身边亲近的人往往就少了这样的顾虑，自然很容易将不满情绪发泄出来。所以，要做到不迁怒是很难的，尤其是在春秋这样一个“无道”之世，像颜回这样有理想、有追求的知识分子难免会有比别人受更多冤枉气的时候，但颜回没有找谁做“出气筒”，而是自己去消化这种不满情绪，这需要多大的毅力才是可能的。所以，“不迁怒”作为“好学”的标准是指要学会控制自己的情绪，使情绪的表露能够做到“中节”或恰当。

所谓“不贰过”，就是指不犯同样的错误。俗语云：人非圣贤，谁能无过。其实，即使圣贤也有犯错误的时候，但圣贤之所以是圣贤，就是他们不会再次犯同样的错误。不犯同样的错误这一点看起来容易做到，其实我们仔细回想一下自己所走过的路，大多

① [清]刘宝楠：《论语正义》(诸子集成本)，长沙：岳麓书社，1996年。

数人都会有“历史是如此惊人的相似”的感觉，我们不仅经常“贰过”，还经常“三过”甚至更多“过”，为什么会是如此？关键原因就在于不能做到“知错能改”，譬如烟民明明知道吸烟有害健康，但就是改不了吸烟的嗜好；又如我们明明知道迁怒他人不对，但总是忍不住要对他人发脾气；再如我们一些领导干部明明知道贪污受贿是犯罪，但总是经不住物质的诱惑。可见孔子讲的“不贰过”不只是对重犯错误的客观条件要有清醒的认识，更重要的是要能认识和克服自我人性的弱点，而要做到后者，就必须要加强自我的道德修养。所以，把“不贰过”作为“好学”的标准是指要学会控制自己的欲望，要把自己的欲望控制在合理的范围之内。

总之，本章孔子讲“好学”仍然是从成就君子人格的“为己之学”方面来讲的，而他说除颜回之外再没有看到“好学”者，则有勉励弟子修德进业之意，希望弟子不要陷入世俗的功名利禄困扰之中。

6.4【原文】 子华使于齐，冉子为其母请粟，子曰：“与之釜。”请益。曰：“与之庾。”冉子与之粟五秉。子曰：“赤之适齐也，乘肥马，衣轻裘。吾闻之也，君子周急不济富。”

〖解读〗因为喜欢，所以厚待，这是不对的

子华，是孔子弟子公西赤的字，小孔子 42 岁。在《公冶长》篇，孟武伯曾问到“赤也如何”时，孔子曾说他有外交专长。《先进》篇还记载公西赤的志向：“宗庙之事，如会同，端章甫，愿为小相焉。”说明他的志向也是外交部长，而本章所讲就是他出使齐国时的事。

子华能出使齐国，也算是得偿所愿，本是一件值得高兴的事，但是，考虑到古时的交通、信息条件不比现在，因而出使他邦看似风光，实际上是一趟“苦旅”，这其中既有舟车劳顿之苦，更有思亲不得之苦，是以子华在出使之前想到的就是如何安排好自己老母亲的生活问题。他的这份孝心是可以理解的，但他又不好意思向先生开口，于是便救助于师兄兼孔子的总管冉有。孔子听了冉子的请示后，答应给他小米一“釜”（约六斗四升）。冉子觉得先生给的少了点，希望增加一些，于是孔子又答应再加上一“庾”（约二斗四升）。可能冉子觉得还是少了点，于是自作主张，将数量增加到小米“五秉”（约八十斛）。孔子知道后多少有点生气，但又不好明说冉子这样自作主张做得不对，于是说：冉有啊，你以为我小气，舍不得多给些米吧？其实不是这样的，因为你看子华他出使齐国，无论是穿着还是座驾，都是高档货。既然他有钱置办如此奢华的行头，为什么不考虑给母亲多留下点生活费呢？子华家并没有穷到需要如此救济的地步啊！作为君子所为，应当是雪中送炭，而非锦上添花。

由上述事例可知，孔子对子华及冉子的教育批评主要在如何树立正确的物质财富观问题上，而冉子的错误在于：对于朋友的不正当请求一而再、再而三地予以满足，甚至不惜瞒着夫子而擅作主张。联系到文本上章讲到的颜回之“不贰过”，冉子所为可以说是“贰过”的典型。因为夫子面对冉子的不当“请益”，答应再“与之庾”，已经暗含有批评的意思，但冉子不觉，竟擅自“与之粟五秉”，这显然是错上加错的行为，这充分说明主体不能控制对物质财富的欲望乃是犯“贰过”的主要原因。此其一。其二，冉子为子华“请益”，应是出于朋友之情，而对照上章颜回“不迁怒”的要求，冉子之所为可称之为“迁喜”，即因为喜欢子华，所以希望孔子厚待之，而不是像颜回“不迁怒”那样“不迁喜”，即纵然喜欢，也应客观地对待朋友的诉求，换言之，不能因情忘义。

总之，我认为，本章与上章的文本意义联系在于：上章树立了一个“不迁怒，不贰过”的典型，本章则反之，让读者看到了一个“迁喜，贰过”的典型。

6.5【原文】 原思为之宰，与之粟九百，辞。子曰：“毋！以与尔邻里乡党乎！”

〖解读〗正确的财富观是取之有道，用之亦有道

上章提到的冉子是孔子家的大总管，擅长理财，但因为子华“请益”补助金而受到孔子的批评，而本章提到的原思即原宪，字子思，宋国人，孔门七十二贤之一，虽出身贫寒，但为人个性狷介，一生安贫乐道，他在孔子为鲁司寇时担任孔子家的总管，而孔子给他的俸禄是小米九百斗，原思觉得太多了，所以推辞不要，但孔子坚持要给，并说：你如果有多的话，就分一些给邻里乡亲吧。

文本安排此章的用意很明显，这就是：“于斯二者，可见圣人之用财也。”（《论语集注》引张子曰）也就是通过两位总管的比较，说明孔子以“义”为价值导向的财富观。因为，冉子包括子华在内对于工作待遇的态度是“多多益善”，而作为孔子家的总管，冉子是十分清楚孔子的家底的，所以再三向孔子“请益”其粟是因为孔子给得起，但他们没意识到这样的“请益”是不“义”或不当的。与之相比，原思家境贫寒，因而孔子给他的俸禄多一点也在情理之中。但原思从工作原则出发，认为自己的工作该给多少俸禄就给多少，不能因为我家境不好就多给，所以他的推辞也是符合“义”或正当的。假如原思心安理得地接受孔子所给的俸禄，甚至认为还可以再多一点，那么，孔子对弟子的关爱就会“因情而害义”，是以面对原思的推辞，孔子说，你如果觉得多了，可以去周济邻里乡亲。由此可见，孔子的财富观实际上包含着两个原则：

一是道德情感原则。譬如在对待冉子的“请益”问题上，夫子明知其所请有不当之处，但基于师生之情，又念其有孝子之心，仍然准其所请，尽管夫子所准显得有点“小气”；又如在对待原思的俸禄问题上，夫子之所以如此大方，就是因为他对原思的家境有所了解，这充分体现了老师对学生的关爱之情；再如面对原思的推辞，夫子希望原思能把多余的粮食用来周济邻里，这更体现了夫子宽厚的仁爱情怀。也就是说，夫子对弟子的情感并未超出“仁者爱人”的范畴，从某种意义上说，夫子爱弟子只是他爱众人的表达方式之一，或者说夫子是希望通过爱弟子来传达对众人的爱。爱，唯其如此，才具有道德情感的属性。

二是道德理性原则。譬如在对待冉子的“请益”问题上，“夫子宽容，不欲直拒人，故与之少，所以示不当与也；请益而与之亦少，所以示不当益也。求未达而自与之多，则已过矣，故夫子非之。”（《论语集注》引程子曰）意即夫子虽基于师生之情而不忍直接拒绝冉子所求，但他以“与之少”来指出弟子所求之不当，最后还严肃地批评了冉子之所为，提出了“君子周急而不继富”的伦理原则；再如夫子对原思的“与之多”，虽然同样是基于师生之情，是希望原思把日子过得好一点，但夫子并不希望原思陷入物欲的囚笼之中。因为，从常态来讲，贫穷的人更容易为“从天而降”的巨额财富所困扰，得到了怕失去的心理使他们更容易养成一种不愿意与他人分享财富的守财奴心态。其实孔子也担心原思会是这样，所以原思的推辞之举是孔子希望看到的行为。不过，他又认为，原思应该要具备过富裕生活的道德心理承受能力，而建构起这种心理承受能力的思想基础就是要懂得正确的财富分享理念的价值，用儒家的话来讲就是要懂得“义财”的价值。而所谓“义”，宜也，恰当也，“义财”者，就是要取之有道，用之亦有道。而主体要知道何为“宜”或“恰当”，就需要充分发挥道德理性的作用。

总之，文本将孔子家的两位总管放在一起，是为了说明这样一个道理，即正确的财富观是取之有道，用之亦有道。

6.6【原文】 子谓仲弓曰：“犁牛之子，骍且角，虽欲勿用，山川其舍诸？”

〖解读〗反对“拼爹”的政治文化

本章孔子又谈到文本的主角之一——仲弓即冉雍，后一章又谈到文本的另一主角——颜回，跟前面的文本安排一样，有将二者比较的意思。不过，比较的角度有所变化，即前一轮比较的重心是在“为政”与“为学”方面，本轮比较的重心则在二者成才的过程方面，或者说本轮的比较是文本将两位主角的比较由整体层面推进到了具体层面，所以更加引人入胜，也对读者更加具有实践的指导意义。

前面孔子说冉雍“可使南面”，但“可使”只意味着他具备了做大官的条件，或者说有了“南面”的可能性，而可能性是否能够变为现实性，这并不是孔子一句话可以决定的。事实上，历史上任何时代的政治生活中，具备成为“南面”之君的人不在少数，但真正能上位的人并不多，即使圣如孔子，也难免时常被官场所冷落，更何况在一个讲究出身门第的世袭时代，像冉雍这样出身贫贱的年轻人要想出人头地就更加难乎其难了。当然，孔子相信“是金子总会发光的”，他对冉雍的政治前途充满信心，他说，冉雍虽是像“犁牛之子”即只是一头由品相一般的耕牛生下的牛犊，但他“骍且角”即长得色泽光亮、头角方正，完全符合祭祀大典牺牲品的要求，因而即使有人不用，山川之神也会舍不得它的。孔子的意思是说，如果连冉雍这样的人才都被世人埋没，神灵也不会答应。但是，事实上正如王夫之所云：“仲弓以世类故，当时疑而未用。”（《四书训义》卷十）即因出身问题，冉雍暂未得到重用，即使到后来，他也只做过三个月的季氏私邑长官，“拼爹不过”的冉雍之“可使南面”终未成为事实。故夫子是言既有向上举荐人才的意思，也有批评春秋之世卿世袭制的意思。

我们知道，周代的礼制造就了一个“血而优则仕”的政治生态，这一点似乎有悖于周初“皇天无亲，惟德是辅”的政治文化传统。因为，按后者的价值取向，“学而优则仕”才是合乎逻辑的选官用人制度，否则，不管其人品行如何、才干如何，只要有个“好爹”，就可以堂而皇之地任官显贵。很显然，孔子在此提出冉雍的任用问题，甚至不惜抬出神灵来为冉雍抱不平，就是想回归到“惟德是辅”的政治文化传统中去，以改变春秋时期那种“拼爹”的政治生态环境。

6.7【原文】 子曰：“回也，其心三月不违仁，其余则日月至焉而已矣。”

〖解读〗**向颜回学习，成为冉雍那样的人**

上章讲冉雍不靠“拼爹”却靠自己的努力成为“可使南面”的人才，本章则讲颜回相较于其他弟子在“志于仁”问题上的可贵之处——“其心三月不违仁”，即内心里能够长久地坚守仁德，其道德信念的定力与耐力是其他弟子所不能比的，因为后者对仁德的坚持是“日月至焉而已矣”，有点像三天打鱼、两天晒网的渔夫，缺乏持之以恒的毅力，其仁德修养的收获也自然不及颜回那么大。所以，坚持“其心三月不违仁”也是颜回能够成为圣人的根本原因所在。

关于本章之旨，从文本阐释学的角度看，仍然要注意上下文的联系。因为，在前一轮冉雍与颜回的比较中，孔子虽然对于冉雍给予了弟子们中的最高评价——“可使南面”，而对冉雍是如何成长为“可使南面”者的内在根据的探究，则是通过对颜回“好学”的肯定来呈现的。也就是说，在文本编者看来，冉雍之所以为冉雍，原因要从颜回之“好学”身上找。为什么是这样呢？是因为颜回不幸早逝，于是冉雍也就成了颜回复活的替身。而本轮比较中，孔子进一步强调冉雍不靠“拼爹”而成才这一客观事实。但他是如何自我努力、不断进取而成大才的过程则不得其详，当然我们也可以从前面颜回之“好学”上找，但“好学”毕竟只是一个定性的且抽象的描述性概念，而所谓“不迁怒，不贰过”只是这种“好学”的结果，并不能反映“好学”的过程，而反映颜回同时也是冉雍“好学”最为具体的描述便是本章之“其心三月不违仁”。也就是说，要做到“不迁怒，不贰过”，主体就必须时时刻刻念念在仁，用王夫之的解释来说是：“则前念后念相续之际，未尝离此而驰其心以之于昏昧；百为万感交集之下，未尝舍此而纵其心以逐于私利。”（《四书训义》卷十）内心时刻保持道德警惕，不管什么情况下都不让私欲主导内心，如此持之以恒，坚持得越久，就越能强化主体的道德信念定力，就越能体会到如此“好学”的乐趣。可见，文本上下文的逻辑联系是：欲成为冉雍那样“可使南面”的人，就必须要像颜回那样“好学”，“好学”到什么程度呢？“好学”到“其心三月不违仁”。

当然，需要指出的是，既然夫子多次讲到弟子们中无人可及颜回之“好学”与“其心三月不违仁”，那说明其中也包括了冉雍，不过，我以为，夫子既然给予冉雍如此之高的评价，至少也说明冉雍是最近于颜回的弟子，而夫子之所以讲得那么绝对，原因可能是颜回去世得早，既有痛惜缅怀之意，也有激励后学之意，而文本如此安排，其旨在向颜回学习，成为冉雍那样的人。

6.8【原文】 季康子问："仲由可使从政也与？"子曰："由也果，于从政乎何有？"曰："赐也，可使从政也与？"曰："赐也达，于从政乎何有？"曰："求也，可使从政也与？"曰："求也艺，于从政乎何有？"

〖解读〗事业要有成就，必须具备相应的素质

季康子是鲁哀公时的正卿与权臣，虽专权而失“三桓”之心，但他在推动鲁国的税制改革即“用田赋”和任用孔子弟子之才以及迎孔子归鲁等问题上，还是表现出了一个政治家的智慧与气度，这一点亦可从《论语》文本有关季康子多次问政于孔子之事中得到佐证。

这次季康子问到了孔子的三个弟子，分别是仲由（即子路）、赐（即子贡）、求（即冉求，又名冉有），三人都位列孔门“十哲”。关于子路和冉求的政治军事才能，孔子在《公冶长》“孟武伯问”章已有论述，而本章季康子又问到他们可否从政的问题，足见他们在鲁国的政治影响之大。不过，这次孔子对问题的回答角度与前次有别，即在回答孟武伯之问时，孔子重点讲自己的学生可以当个什么样的官，譬如讲子路可以当“国防部长”，讲冉有可以当“总理”，讲公西赤可以当“外交部长”；而在本章，孔子重点是讲这些弟子政治才干的特点，或者说是讲他们所具有的政治个性特征。因此，本章孔子所论是对前次所论的进一步深化，即夫子是欲告诉“季康子们”：我这些弟子为什么可以当“国防部长”“外交部长”“总理”甚至“国家主席”（“南面”之君）等，那是因为他们具备了这样的政治品质与才干。所以，从文本上下文联系的角度看，本章实际上可以看作是对“雍也可使南面”这一问题的申论，也就是说，冉雍“可使南面”是因为他有宽宏简重的人君之度，且他不是靠“拼爹”而来，而是靠像颜回那样“好学”而得，至于像冉雍这样的人才是否得到重用，那不是孔子所能决定的。事实上，如前所述，世卿世袭制背景下怎么可能有寒门弟子的“南面”空间呢？孔子说“雍也可使南面”，是否对冉雍的仕途有积极作用，我看是值得怀疑的。因为冉雍这样的人谁敢大胆使用啊！给他当个宰相都会有屈才的议论，总不可能真把国君的位置让给他吧！所以，与其用他，不如不用，反正是屈才，屈就屈吧，其奈我何！不过，季康子虽不敢用冉雍，但治国总得需要有人才，于是便有了本章的对话。

“由也果”，果，果断也，也就是办事果断，不拖泥带水，有决断力和执行力，这确实是当领导必须具备的素养，尤其对带兵打仗的将领来说，杀伐决断是最重要的素质之一。子路后来在军事上屡建奇功，与他拥有这样的心理素质是分不开的。

“赐也达”，达，通达也，也就是处事通达灵活。既能从宏观上高屋建瓴地把握问题的全局和整体，把政事处理得有条不紊，又能不拘泥于陈规，能够具体问题具体分析，把复杂问题简单化，总能找到解决问题的有效办法，有这种政治素养的人最适合当宰相或总理。事实上子贡也有过身挂多国相印的辉煌履历。

“求也艺”，艺，多才多艺之谓。行政事务的复杂性与多样性决定了它需要有不同层次的专门的人才来处理，有的人适合当正职，有的人只适合当副职，而冉求却是多才多艺，干什么职位都行，譬如他带兵打仗曾大败齐师，譬如当季氏总管曾帮助鲁国实行了税制改革，并说服季氏迎孔子归鲁等，像冉求这样既能管大事又能管小事的政事多面手是十分难得的。

前文已说过，冉雍是颜回复活的替身，孔子希望弟子们向颜回学习，成为冉雍那样的人，而文本在本章中列孔子对三位弟子的表扬，意思是：成不了冉雍那样的人，那么，退而求其次，成为子路、子贡和冉求这样的杰出之士也是值得期许的。但是，要成为这样的人，你是否具备了相应的素质呢？

6.9【原文】 季氏使闵子骞为费宰。闵子骞曰：“善为我辞焉，如有复我者，则吾必在汶上矣。”

〖解读〗政治上的“逃跑主义”与“投降主义”有是非本质的区别

闵子骞，名损，字子骞，鲁国人，孔门“十哲”之一，以德行与颜回并称，尤其是在孝道方面做得很好，成为中国古代二十四孝子之一。关于他的孝行，相关篇章再讲，本章要讲的是他对从政的态度。文本之所以将此章安排于此，是因为本篇的主题乃“政德”，特别是上章还专门谈到季氏要孔子推荐从政之才一事，足见文本如此安排是有明显的逻辑考量的。

事情的经过并不复杂：季氏派人请闵子骞到费邑做县令或行政一把手，闵子骞不愿意干，对来人说：请你好好替我辞了这差事吧！也不要再派人来说服我，我意已决，不会接受这差事的，如果你们非得逼我干，那我就会“跑路”，跑到汶水以北的地方去，难道我惹不起还躲不起？！

闵子骞为什么不愿意当这个官呢？是嫌官太小了吗？不是。因为，县令已是一个不小的官，也不是什么人想当就能当，可以说季氏能叫你闵子骞去当费邑宰，已经是相当看得起你了，说不定还是看在你先生孔子的面子上呢。那么，是闵子骞根本不想当官吗？恐怕也不是。因为，儒家所提倡的“学而优则仕”思想，就是鼓励弟子们要从政，要当官，孔子在这方面也算是给弟子们带头示范过这样的思想，只是当时的仕途已为卿大夫所垄断，要想当官就得走卿大夫的后门，这一点肯定非孔子儒家所乐见乐从，因而一些人会产生“不仕为高”的想法（《四书训义》卷十），这也是可以理解的，但大多数还是希望有机会从政当官，闵子骞也不例外。那么，为什么他这次又如此坚决地拒绝呢？我看朱子《论语集注》的一段话解释得比较清楚：

程子曰："仲尼之门，能不仕大夫之家者，闵子、曾子数人而已。"谢氏曰："学者能少知内外之分，皆可以乐道而忘人之势。况闵子得圣人为之依归，彼其视季氏不义之富贵，不啻犬彘。又从而臣之，岂其心哉？在圣人则有不然者，盖居乱邦、见恶人，在圣人则可；自圣人以下，刚则必取祸，柔则必取辱。闵子岂不能早见而豫待之乎？如由也不得其死，求也为季氏附益，夫岂其本心哉？盖既无先见之知，又无克乱之才故也。然则闵子其贤乎？"。

意思是：闵子骞是孔门弟子中少数几个不愿意"仕大夫之家"的人之一，为什么不愿意呢？主要原因是"彼其视季氏不义之富贵，不啻犬彘"，即闵子骞认为季氏这样的大夫是不仁不义、猪狗不如的大"恶人"，自己又不是孔子那样"无可无不可"的圣人，可以自如地与"恶人"打交道；而假如在他手下当官而又要坚持自己的理想原则的话，肯定会自取其祸；如果放弃自己的原则、一味顺从的话，那也会自取其辱。所以，与其这样，还不如"不仕"为妙。可见，闵子骞不仕，非不想也，不能也，亦不敢也，也就是他缺乏同"恶人"周旋、斗争的能力与勇气，想明哲保身而已。如果是这样的话，宋儒的质疑——"然则闵子其贤乎？"是有一定道理的。

但是，文本把闵子骞"不仕"一事放在几个愿意仕于季氏的弟子之后，其意到底是褒还是贬呢？我看还是以褒为主。因为，上章孔子谈到的几位弟子，都是在褒举他们的从政才能，同时也有鼓励他们积极入仕的意思，尽管孔子对于几位弟子在政治上的所为并非完全赞同，但他仍然希望通过他们的努力而使世道有所改变；而本章所讲闵子骞不仕季氏一事，则是从另一个侧面提醒入仕的子路、冉有们要看到"与狼共舞"的危险，尤其是不要像冉有那样在税制改革上成为季氏的帮凶，滑落为"鸣鼓而攻之可也"的"小人"（《先进》）；再者，闵子骞不仕虽然有"逃跑主义"的嫌疑，但他毕竟与"投降主义"有是非本质的区别，属于敌我斗争中可争取的中间力量，对这种力量还是要以褒扬为主，事实上，闵子骞最终也在孔子的劝说下还是接受这一差事，且还干得颇有成效，即是证明。

6.10【原文】 伯牛有疾，子问之，自牖执其手，曰："亡之，命矣夫！斯人也而有斯疾也！斯人也而有斯疾也！"

〖解读〗 好人为什么不一定一生平安?!

伯牛，是冉耕的字，鲁国人，孔门"十哲"之一，以"德行"著称，孟子甚至认为他的"德行"可排孔门弟子首位，其行为大体与孔子相似；东汉王充则认为他的德才达到了称圣的程度，足见他的德行对后世影响之深远。不过，由于受文献资料不足的限制，今人对伯牛的了解并不是很多，《论语》文本中有关他的具体事例记载也仅本章一次。

事情是这样的：伯牛得了重病，孔子去探视他，从窗子外面拿着伯牛的手，就知道伯牛快不行了，于是不无惋惜地感叹曰：看来是活不成了，这真是命啊！这么好的人竟得了这样的病！这么好的人竟得了这样的病！

关于孔子为什么不进屋探视伯牛？旧说认为这主要是礼制的规定，当然也有从医学的角度来看的，认为伯牛之病不宜近距离接触，会有被传染的危险。这未尝不是一种既可能合乎事实且也合乎现代人需要的理解，但我则以为，“自牖执其手”，这是描述夫子关爱弟子病情心切，隔老远就把手伸出来了，而弟子有感于先生之恩，但又无法行弟子之礼，只好隔着窗户把手伸出来，以示对先生的尊敬。这就是说，隔着窗户握手，这是事实，但事实的背后却凝聚着先生对弟子、弟子对先生的深厚感情在内。故此次握手完全称得上是中国古代士人的最有名且最有情感意义的握手，可名之为“诀别之握”。

“诀别之握”之后，夫子的惋惜之言显然不是对伯牛讲的，因为只要稍微有点人性，都不会当着病人的面说“你快不行了”之类话，更何况情深似海的师生之间呢！夫子所言应是离开伯牛之后对其他人讲的。从所讲的内容及语气来看，包含了三层意思：一是无奈地承认伯牛快要死了这一客观事实；二是把伯牛之死的原因归结为命中注定，无可逃避；三是对德福悖论或“好人命不长”现象深感困惑，夫子连续叹曰“斯人也而有斯疾也！”的意思，不是“是什么样的人就会得什么样的病！”，而是“为什么这么好的人会得这么重的病?！”或者说“好人为什么不能一生平安?！”，所以，夫子之叹积淀了他对社会普遍存在着的德福悖论现象的不满情绪在内。

还有一层意思包含在文本上下文的联系之中。上章谈到闵子骞不仕季氏时曾指出他有老庄“逃跑主义”的嫌疑，这种嫌疑同时也意味着闵子骞少了一点挑战现实的担当精神，其洁身自好的选择中也不无保全生命的考量，但伯牛之死告诉他：既然生死由命，既然“好人不一定一生平安”，那么作为儒家弟子就应该选择有价值、有意义的存在方式，这种方式就是孔子所讲的“知其不可而为之”。我想，文本将伯牛之死一事安排于闵子骞不仕之后，看似毫无上下文意义联系，其实未尝不可以看作是孔子劝说闵子骞最终接受季氏差事的理由所在。

6.11【原文】 子曰：“贤哉，回也！一箪食，一瓢饮，在陋巷，人不堪其忧，回也不改其乐。贤哉，回也！”

〖解读〗 孔颜之乐是儒家应对“德福悖论”现实挑战的道德宣言

前文已经说过，本篇的上半部分是孔子对颜回的“怀念篇”，其主旨是：“向颜回学习，成为冉雍那样的人”。为什么？颜回确实优秀，是贤者，是圣人，值得大家学习，但孔子又强调，向他学习可以，却不希望大家像他那样英年早逝，而是希望像冉雍那样健康地活着，毕竟冉雍是颜回复活的替身，是活着的学习榜样。

前文已述，颜回是“好学”的典型代表，他的“好学”主要表现在两个方面，一是“不迁怒，不贰过”，这是就学习效果而言；一是“其心三月不违仁”，这是就学习过程而言的。而本章所讲颜回之"一箪食，一瓢饮，在陋巷，人不堪其忧，回也不改其乐"，仍然是讲他的"好学"精神，是就其学习境界而言的，而这种学习境界用孔子的话来讲就是"学而时习之，不亦说乎"。不过，儒家所特别推崇的这种"孔颜乐处"跟我们今天所讲的快乐学习有根本的不同，即它主要不是指快乐地学习知识，也主要不是指获得知识的快乐，而是指实践道德知识的快乐，这种快乐不是一般人所能领会到的。因为，道德知识的实践对主体而言总是意味着"义利之辨"，也就是要时常面对道德原则与个人利益的冲突处境，譬如说颜回"其心三月不违仁"，"三月"如果是实指的话，也就是一年的一个季度，在这么长的时间里，一个人要做到"不违仁"是非常难的，因为你总得生活、过日子，当然，如果你经济条件好，没有衣食之忧，邻里关系处理好，工作的单位没有同事间的尔虞我诈，你当然可以做到"三月不违仁"，有条件做"好人"，谁不乐意？但是，正如毛泽东所言：一个人做点好事并不难，难的是一辈子做好事。之所以难，就难在作为社会关系中的人不可能生活在"伊甸园"中，而总是生活在"名利场"内，生活在各种矛盾的纠缠之中，因而一个人的道德实践就无时不面临着"义利之辨"的考量。譬如颜回，他就没有做"好人"的条件，"一箪食，一瓢饮，在陋巷"，每天吃的是"便当""盒饭"，喝的是生水、冷茶，住的是棚户区的板房，这样的日子换着任何人都会要"不堪其忧"，哪还有快乐可言？就算你自己个人可以是叫花子穷快乐，但你总还有家人，他们会让你快乐吗？是故，我认为，要说颜回完全没有为自己的穷日子苦恼过，那是不可能的，只是颜回他能够在"百为万感交集之下"做到了"未尝舍此而纵其心以逐于私利"(《四书训义》卷十)，不仅做到了，还做得快快乐乐，这就更不容易了。所以，从文本阐释学的角度看，本章也是对颜回"其心三月不违仁"的最好诠释。

从文本上下文的联系看，上章是讲伯牛之病，本章讲颜回之贫，儒林中的两位"德行"楷模都没有因"德"而"福"，这种德福悖论现象是儒家知识分必须面对的严峻挑战，而本章所彰显的"孔颜之乐"就是儒家应对这种挑战的道德宣言。

6.12【原文】 冉求曰："非不说子之道也，力不足也。"子曰："力不足者，中道而废。今女画。"

〖解读〗画地自限实际上是在为自己的懒惰与怯懦找借口

上章讲到的"孔颜之乐"，乃是儒家道德修养的最高境界，这一境界的意蕴是：无论何时何地，何种处境，都要以行仁为乐事。当然，"孔颜乐处"不是说非得要在苦日子上练，也不是要大家必须当苦行僧，但毕竟做到"富而好礼"要比做到"贫而乐"容易一些，是以通常把"贫而乐"当作"孔颜乐处"的所指义。可问题是，在现实的"德福悖论"面前，如果你去行仁义就意味着要行到过苦日子的境地的话，仁义道德的吸引力何在呢？譬如颜回，讲仁义并没有改善他的生活境遇尚还可以自得其乐，但如果因为讲仁义而使他的贫困日子更加恶化的话，情形会怎么样呢？当然我们毫不怀疑颜回还是能够做到"不改其乐"的，那么其他人能否做得到呢？譬如本章的冉求，凭自己的多才多艺过上了好日子，他就不想因为行仁义而回到“解放前”，所以，他说：先生您的道德标准太高了，我虽然也认同和喜欢，但“力不足也”，我的能力实在做不到。所谓“力不足者”，朱子谓“欲进而不能”（《论语集注》），为什么“不能”？实在是不想“吃二遍苦，受二遍罪”，就算我自己可以做到，家人、亲友呢？先生啊，行“孔颜之乐”的阻力实在是太大了！事实也是如此残酷，假如冉求在“用田赋”的问题上听了夫子的话，肯定会得罪季氏，也肯定将失去所有的一切。冉求没听夫子的话，夫子给予了严厉的批评，甚至还说出了这样伤感情的话：“非吾徒也。小子鸣鼓而攻之，可也。”（《先进》）意思是要将他逐出师门。我想，本章所记可能是冉求向夫子道歉和解释之辞。

听了冉求的辩解，夫子既同情地理解，但还是要批评弟子的不足，他说：能力不够的人，走到半路才会停止前进，而“今女画”，画，“能进而不欲”“如画地以自限也”（《论语集注》），你是有能力前行的，但你害怕前行过程中所要克服的困难，害怕前行将失去什么，“有能一日用其力于仁矣乎？我未见力不足者。盖有之矣，我未之见也。”（《里仁》）力行其仁，我还没有看见力量不足的人，特别是像你冉求这样多才多艺的人怎么会说自己能力不够呢?！你这纯粹是在为自己的懒惰与怯懦找借口。

曾子讲：“仁以为己任，不亦重乎？死而后已，不亦远乎？”（《泰伯》）为仁任重道远，道德承当的担子确实不轻，且路途遥远，确非弘毅之士莫能为之。但从文本上下文的联系来看，夫子是希望学者不仅要力行其仁，而且要体会到力行其仁的快乐。

6.13【原文】 子谓子夏曰：“女为君子儒，无为小人儒。”

〖解读〗“君子儒”就是以“道”为己任的知识分子

王夫之谈到本篇之旨时说：“篇内十四章以前，大意与前篇同。”（《四书训义》卷十）吾以为然。本章是本篇上半部分的最后一章，呼应着首章“雍也可使南面”。因为，如前所述，上半篇是围绕着冉雍和颜回两个中心人物而展开的文本构建，而冉雍又是颜回复活的替身，孔子是希望学者在道德修养境界上能努力达到颜回的层次，但又不希望成为颜回、伯牛等在日常生活上的悲剧人物，于是冉雍之“君子儒”式的存在就显得特别具有典范意义。

我们知道，儒，是殷代以来专门负责丧祭婚冠等礼仪的神职人员，由于他们熟知当地的风俗礼仪，后逐渐形成了一种相对独立的职业，相当于现在的“主持人”。《说文解字》曰：“儒，柔也，术士之称。从人，需声。”术士，即掌握了某种知识技能的人，早期的儒大多与巫师相类。由于从事这种职业的人一般地位低微，收入也少，做事时常要仰人鼻息，所以形成了比较柔弱的性格，这就是“儒即柔”的本义来源。当然，南怀瑾先生的解释也不无新意，他说：“‘儒’是人类社会所需要的人，所以在‘人’字旁边加一个需要的‘需’字，便成了儒。”[①]由于三代是礼乐文明社会，所以它需懂得礼仪的儒师，正

① 南怀瑾：《论语别裁》（上册），上海：复旦大学出版社，2006年，第275页。

如今天是法治社会,需要精通法律的律师一样。但是,在孔子以前,儒主要是一种用来谋生的职业,他们虽然熟知宗教礼仪,但并未知晓这种礼仪形式所蕴含的价值,因而他们只知道“事死”的礼仪,而不知道这些礼仪对于“事生”的意义。而孔子对于儒这一职业的最大贡献就是让这种职业有了“谋食”以外的形上价值追求即“谋道”,或者说由于孔子的介入,儒才打通了“事死”与“事生”的间隔,让从事儒业的人摆脱了原始巫师的形象,成为影响中国社会历史发展的知识群体——儒家。

如本篇首章所述,儒家是一个想为社会做点有积极意义的事的“进业”群体,因而它的人才培养规格是“君子儒”。何谓“君子儒”?朱子《论语集注》引程子曰:“君子儒为己,小人儒为人。”又引谢氏曰:“君子、小人之分,义与利之间而已。”儒作为学者以“为己之学”为要务,注重道德人格的养成,而这种道德人格又表现在“义利之辨”上。我认为,关于“君子儒”与“小人儒”之辨,《三国演义》第四十三回“诸葛亮舌战群儒”的一段话比较到位,他说:

儒有君子小人之别。君子之儒,忠君爱国,守正恶邪,务使泽及当时,名留后世。若夫小人之儒,惟务雕虫,专工翰墨,青春作赋,皓首穷经;笔下虽有千言,胸中实无一策。且如扬雄以文章名世,而屈身事莽,不免投阁而死,此所谓小人之儒也;虽日赋万言,亦何取哉!

以此观之,夫子这里所言显然是有所指的,即其所言的对象是子夏,而子夏又是一个以“文学”著称的儒士,知识渊博,才气过人,能言善辩,但孔子认为子夏有着以“文学”为能事的倾向,对于夫子之“道”的理解过于偏窄,在行仁和守礼方面有“不及”之病,是以夫子劝诫之。而从文本上下文的联系来看,上章夫子批评冉求对于“道”的追求画地自限,而本章则是批评子夏对于“道”的理解过于偏废。换言之,在文本编者看来,对于夫子之“道”不努力践行不行,不正确理解也不行。足见文本之间是有意义联系的。

关于“知识分子”到底是什么样的人?或应该是什么样的人?这是一个颇有争议的话题。但从孔子“君子儒、小人儒”之辨可以看出,中国传统的知识分子即士不是一群仅有知识的人,而是一群以“道”为己任、具有深厚的人文关怀的人,也就是孔子所称的“君子儒”,而如果仅拥有知识,那便是“小人儒”。

6.14【原文】 子游为武城宰。子曰:“女得人焉尔乎?”曰:“有澹台灭明者,行不由径。非公事,未尝至于偃之室也。”

〖解读〗 要重用哪些不爱走后门、不刻意巴结领导的人

子游,姓言,名偃,春秋末吴国人,与子夏、子张齐名,孔门“十哲”之一,以“文学”称,因受颜氏之儒曾子排挤而被迫离开鲁国,是南方孔子学说的传播者。

澹台灭明,复姓澹台,名灭明,字子羽,鲁国武人,孔子弟子,小孔子 39 岁,孔门七十二贤之一。澹台灭明初见孔子时,孔子见他长相丑陋,就没有收为弟子,后经子游推荐才知道他是个人才。澹台灭明学成之后，往南方游学来到吴地，跟他学习的有三百多人，是儒学南派的代表人物之一，其才干和品德在各诸侯国也影响甚大。

本章所载是子游为武城宰(县令)时的事。一次子游来看望先生，汇报完治理武城的情况后，孔子问他：你在那里发现了什么人才吗？子游答曰：有个叫澹台灭明的，"行不由径"，不是公事从不到我屋里来。

何谓"行不由径"呢？朱子《论语集注》曰："径，路之小而捷者。不由径，则动必以正，而无见小、欲速之意可知。"也就是说，澹台灭明这个人不喜欢靠"走后门""打小报告"来投机取巧，也不喜欢借口"汇报工作"而有事没事就往领导家里跑，凡事必出于公，也必按正规的程序来办理。应该说澹台灭明这样的"公务员"是践行行政伦理要求的典范。而子游之所以特意向夫子提到这一点，原因恐怕是春秋的官场亦如后世我们所常见的那样，流行以"讲人情"为价值取向的各种"潜规则"。试想一下，如果你没有公事就不到领导的办公室来"汇报汇报"，逢年过节不到领导家里"走动走动"，领导会对你有怎样的印象？"后世有不由径者，人必以为迂；不至其室，人必以为简。"(《论语集注》引杨氏曰)领导至少会认为你这个人办事不够灵活，对他不够尊敬，而这样的人是进不了领导的"圈子"的，当然也就难得有提拔的机会。领导用人喜欢用自己熟悉的人和对自己忠心的人，你不找机会多汇报、多走动，领导怎么可能熟悉你？不要以为把工作干好了就一切 OK 了，就坐等领导来提拔你，如果你那样想，只能说明你对官场太不了解，想法太天真了。所幸的是，澹台灭明碰到了一个"好领导"，所以才有后来的成就。

从上述对话可知，孔子对于为政首先想到的是用人问题。没有人才是干不成事业的，这个道理大家都懂，但问题是如何才能发现人才？这是一个古今难题，正所谓"良驹易得而伯乐难求"。因为，即使圣如孔子也有以貌取人而失之子羽的时候，更何况常人呢？而子游能透过子羽不走后门、不巴结领导而发现他是个人才，这说明只要领导干部坚持公正的人才选拔制度，真正的人才是不会被埋没的。

从文本之上下文联系来看，成就"君子儒"是本篇的主旨所在，而以冉雍为榜样的"君子儒"即从政之儒士的首要任务就是要解决好选人用人的组织路线问题，子游所为表明他是一个合格的"组织部长"。

6.15【原文】 子曰："孟之反不伐，奔而殿，将入门，策其马曰：'非敢后也，马不进也。'"

〖解读〗谦虚是美德，孟之反的谦虚却是艺术

孟之反，名侧，鲁国大夫。鲁哀公十一年(前 484)，齐军进犯鲁国，孟之反作为鲁军统帅之一亲自参加了这次战斗，结果是打了败仗。部队撤退时，孟之反指挥士兵先撤，自己殿后掩护，快要进城门时，他一边策马进城，一边对自己的士兵说：不是我敢于殿后，而是我骑的马跑得不快。

我们知道，带兵打仗最讲究的是身先士卒，进攻时固然要身先士卒，撤退时也要身先士卒，但这个身先士卒不是要撤退时跑得比士卒还快，相反是要跑得比士卒还慢，要敢于殿后来掩护士卒撤退。但是，在战场上，败军之将是不敢言勇的，哪怕像孟之反这样的勇敢之举，也不值得赞扬，尤其不值得自我夸耀。所以"孟之反不伐"，这只是对一个败军之将真实心理状态的写照而已，它与南怀瑾先生所说的反映出"春秋时代人事纷争之乱的可怕"没有关系。[1]当然，从伦理学的角度讲，不以成败论英雄，败军之将的行为选择还是有两方面的道德价值可期：一是孟之反身先士卒的勇敢精神还是值得赞扬的，毕竟在战场上将军的生命价值要比士兵重要得多，如果孟之反选择先行撤退也并不违反军事伦理，但他没有这样做，这充分体现了他对士兵生命价值的关爱之情；二是孟之反为士兵的成功撤退立下了汗马功劳，但他不居功自伐，相反，当受到表扬时他却表现得十分谦虚，把自己的勇敢行为归诸客观的情势所然——马跑得太慢了，这无疑可以缓解一些"胆小鬼"在事后将面临的道德尴尬，有助于团队的紧密合作，这也充分体现了孟之反的"领导艺术"，或者说谦虚是美德，而孟之反的谦虚是艺术。

从上下文联系的角度看，上章是讲领导干部用人要用那些不爱走后门、不爱拉关系的人，而本章则是讲用人要用那些宽厚谦虚、善于团结合作的人。

6.16【原文】 子曰："不有祝鮀之佞，而有宋朝之美，难乎免于今之世矣！"

〖解读〗："拼口才""拼颜值"的选人用人风气要不得

祝鮀，字子鱼，卫国大夫，有口才，以能言善辩而受到卫灵公重用，专门管理宗庙和国家祭祀等"国之大事"；宋朝，名朝，卫国大夫，是宋国的世家公子，因长相英俊而闻名。宋朝既受到卫灵公的宠幸，又与卫灵公嫡母襄夫人宣姜和夫人南子有染。后来他和齐豹、北宫喜、褚师圃一同作乱，把灵公赶出卫国。灵公复国后，宋朝逃亡到晋国。不过，鲁定公十四年(前 496)秋，因为南子思念宋朝的缘故，灵公居然再次把他召了回来。这事成了当时的新闻事件，时人非议颇多。由此足见卫灵公的昏聩无能以及卫国后宫之乱。

我们知道，孔子周游列国，居卫国的时间最长，因而与上面所提到的这些人物有或多或少的接触，尤其是与南子相见一事更成了儒学历史上的一桩公案(相关章节再述)。所以，夫子是言是有其复杂的历史背景的，如果不了解这些历史语境，就很难理解夫子之言的意蕴所指。因为，许多释家包括南怀瑾先生皆认为，"祝鮀之佞"与"宋朝之美"是互为条件的，或缺其一便难以避灾免祸于世。换言之，按照他们的释读，本章的意思是：要想在社会上混得如鱼得水，不仅要长得帅，而且要口才好。其实，我认为，这种释读有拘泥于文字之嫌，并不符合夫子的原意。夫子的意思是：春秋时代成了一个"拼口才""拼颜值"的时代，其中卫国的表现尤其突出，像祝鮀、宋朝这样的人居然

① 南怀瑾：《论语别裁》(上册)，上海：复旦大学出版社，2006 年，第 279 页。

在卫国大行其道，甚至发展到影响朝政的地步，而生于这样的时代，居然不得不要与这些人打交道，真是叫人情何以堪！以此而观今日之世风，夫子之叹真是言犹在耳啊！

从文本上下文联系的角度看，澹台灭明的公正自重、孟之反的宽厚谦虚与祝鮀的夸夸其谈、宋朝的寡廉鲜耻恰恰形成了如此鲜明的对比，足见春秋之世选人用人风气已陷入越来越坏的境地而难以自拔。

6.17【原文】 子曰："谁能出不由户？何莫由斯道也？"

〖解读〗世人为什么不喜欢走正道呢？

上章孔子有感于"拼口才""拼颜值"的社会风气影响之大，深感自己及儒家知识分子的社会责任所在，所以寄希望于与弟子们一道能够为扭转这种世风日下的局势尽自己的一份力。本章就是针对这一问题而言的。

我们知道，对于春秋"无道"之世，包括儒家在内的"诸子百家"都提供了各自的"救世"方案，那么，哪一家的"救世"方案最优且最具有现实的可操作性？这个问题还处于思想的"争鸣"阶段。当然，诸子中没有哪一家会自认自己的"救世"方案不好，都会说只有自己的方案才是真正有用的，而其他的方案总会有这样或那样的不足，这一点孔子也不例外。他说，谁能不经过房门而走出房间呢？可为什么没有人选择我这张门呢？夫子的意思也可以这样来表述，即虽然条条道路通罗马，明明我建的这条道路是最安全、最直接的——说不定还配有先进的卫星导航系统，可为什么没有人愿意走这条正确的道路呢？面对来自上层社会的"集体沉默"，孔子之叹就显得很是无奈亦很是无语了。

6.18【原文】 子曰："质胜文则野，文胜质则史。文质彬彬，然后君子。"

〖解读〗君子是有人性关怀的文化人

前面孔子讲"君子儒"在为政上的表现，即他们是一群不走后门、不拼口才、不拼颜值、勇敢而谦逊的人，而要培养这样的人，孔子认为只有走他所设计的"道"，但这条"道"具体如何走法？是教人步行，还是教人坐车，这就是本章及以后各章所要讨论的问题。换言之，从文本的逻辑来看，前面是讲"君子儒"是什么样的人，而本章以后则是讲如何去培养这样的人，属于道德教育学的范畴。

孔子认为，培养"君子儒"首先要明"文质之辨"（王夫之语）。何谓"质"？质者，本也，也就是人的本性，而人的本性是朴实无华的，其情感表露也是直率无忌的，就如儿童一样，想怎么讲就怎么讲，不会顾及他人的感受，也不会考虑有什么不当，非常坦率直接，没有遮遮掩掩；从心理学的角度讲，"质"相当于"情(感)"。何谓"文"？文者，文明也,具体来说是指礼仪文化,是人际交换时所约定的"讲究"或规则;从心理学的角度讲,"文"就是"理(性)"。所以,"文质之辨"就是要明了人的情感与理性之间的相互关系及其作用机制。对此,孔子区分出三种可能性,即"质胜文""文胜质"和"文质彬彬"。其中"质胜文则野"是指一个人如果他的质朴超过他的文采、感性多于理性,就会如不懂得礼仪的乡下人一样显得粗野不堪;"文胜质则史"是指一个人如果他的文采超过他的质朴、理性多于感性,就会显得轻浮、虚伪,就如同见多识广的"巫史"一样,听起来头头是道,其实皆言不由衷,不可信也;"文质彬彬,然后君子"是指一个人只有当他的感性与理性、文采与朴实两种因素相匹配时,这才是君子风范。

由上可知,培养"君子儒"首先要关注文化与人性的关系问题,一方面要以"文"化"性",让人从野蛮的自然状态中摆脱出来成为文明人;另一方面要以"性"养"文",让人性的光辉成为文明发展的动力,也就是说只有顺乎人性发展的文化才是真正具有积极价值的文化,文化只有不违人性才可能真正内化为人的需求,也只有这样的文化,文质彬彬才是可能的。所以,孔子心目中的"君子"不只是一个懂得礼仪知识的人,更是一个有人性关怀的人,他懂得礼仪知识所蕴含的人性价值,因而作为学者他不会是个"书呆子"。对此,南怀瑾先生在《论语别裁》中说:"如果质胜文,缺乏文化的修养就不美。倘使文胜质便很可能成为书呆子。学识太好的人,也很可能会令人头大。谈学问头头是道,谈做人做事,样样都糟,而且主观特别的强。所以文与质两个重点要平衡。"[①]吾以为然。

6.19【原文】子曰:"人之生也直,罔之生也幸而免。"

〖解读〗要直道而行,不能心存侥幸

本章承上章之旨,仍然是讲人性的价值问题。孔子说"人之生也直",程子曰"生理本直"(《论语集注》),意思是正直是人与生俱来的品质,也是人在社会生存中应该坚持的价值。具体言之,第一,"直"是人性内具的德性,是人作为此在存在的本真状态,因而"正直地生活"其实是人的内在的道德需要和快乐心理需要。事实上,世界上没有任何人是心甘情愿地"罔生"或"虚伪地生活"的,因为"虚伪地生活"本质上是有违人性的。王夫之说,"罔之"者虽然表面上活得如鱼得水,但因为"其所行者,非心之安也,其所至者,非道之宜也"(《四书训义》卷十),即其所作所为并非出自心安理得,故而其表面鲜光之下实际上过的是一种委曲求全、提心吊胆的日子。我认为,儒家关于"人之生也直"的这一意涵取向对于我们理解正直的本质有着非常重要的启示。因为,如果正直是属于人之本性的话,则意味着正直既是人的自由权利的一种表达形式,也是维护人的自由权利不受伤害的一种道德品质。换言之,一个人之所以愿意正直地生活,

---

① 南怀瑾:《论语别裁》(上册),上海:复旦大学出版社,2006年,第287页。

一方面是为了维护公正价值不受损害，因为“我”也是这种公正价值不受损害的直接或间接的“受益人”之一；另一方面更是因为直率而行是人的自由权利的自然表达方式，如果公正受到伤害也就是直接地侵犯了“我”的自由权利。所以，从儒家的观点来看，正直的本质应该是一种维护公正价值与自由权利不受损害的品质。

第二，“直”是人生立世的根本，是人欲过上“美好生活”所应该坚守的价值。王夫之说：“盖人之能全其生于天下者，直也。”（《四书训义》卷十）人能够“全生”于天下，靠的是正直，而“不直”或“罔”或“虚伪”的生存方式不过是人生的侥幸罢了，是以“夫人有一日之生，则一日行乎天地之间”（《四书训义》卷十）。那么，儒家的这一说法是否可以得到现实的辩护呢？孔子认为，“罔之”者虽然皆是一些“色取仁而行违”者（《颜渊》），是一些“满口仁义道德，一肚子男盗女娼”之辈，但他们却能赢得“在邦必闻，在家必闻”（《颜渊》）的社会声誉，成为所谓的社会“闻人”。不过，这一人生的现实存在现象并不能否定正直这一美德对于人生的价值与意义。因为，“正直的人” 虽不一定是“闻人”，但却可以成为“达人”，孔子说：“夫达也者：质直而好义，察言而观色，虑以下人。在邦必达，在家必达。”（《颜渊》）即一个人如果朴质正直且急公好义，懂得察言观色，谦虚待人，就一定能够取得事业上的成功，并且能赢得“贤达之士”的良好社会声誉。且从历史大势的角度来判断，正直之“德”也必定会带来人生之“福”，儒家有所谓“自作孽，不可活”的说法，佛教也有“不是不报，时候未到”的“福报”之说，民间也有“夜路走多了，总会碰到鬼”的俗语，都相信“坏人”终将不得好报，而验之历史，这一结果也属客观事实。之所以会是这样的“福报”结果，其实道理很简单，那就是任何时代的制度安排都将他们所认为的公正视为首要价值， 如果这一价值长期得不到有效执行，国家就会有解体的危险，因此，从维护统治阶级的利益出发，国家终究会动用“暴力机构”来消解“坏人”对于公正价值的破坏。这是历史规律，谁都逃脱不了，能够逃脱这一规律惩罚的只是少数，故而是一种侥幸。

所以，人生在世，还是要直道而行，不能心存侥幸。

6.20【原文】 子曰：“知之者不如好之者，好之者不如乐之者。”

〖解读〗“乐之者”是以此为乐且乐此不疲的人

这是夫子名言，也是孔子作为老师的教学心得体会。

上两章讲培养“君子儒”首先要懂得“质”或人性的价值，而本章则强调要懂得“文”或知识的价值。如何才能懂得“文”或知识的价值呢？当然得靠后天的努力学习。而学习知识，孔子又根据学习的主动性来划出了三个层次或三种境界，即“知之者”“好之者”和“乐之者”。

所谓“知之者”，就是指懂得学习文化知识的重要性，如懂得“知识就是力量”“知识改变命运”等道理，从而发愤努力学习。可见，“知之者”对学习的主动性是基于一种理性认知，特别是在“困而知之”的境遇下，主体学习的主动性就会得到明显强化，所以，无论是家长还是老师，要让孩子明白学习的重要性，增强学习的主动性，并不是一件很容易的事，其中尤其重要的是“立志”问题，且无论志向之高低，都要尽可能地捕捉甚至创造“困而知之”的境遇来让孩子切身感受到自己志向的达成所必需的知识准备，而不是一遇到困难就代替孩子来解决问题。而现在我们教育的最大问题是只有“高考”这一个“困而知之”的境遇来向学生传递压力，形成了一个“不刻苦学习——考不上好的大学——找不到好的工作——不会过上好日子”这样一个逻辑链条，这样学生学习的主动性就表现为一种对外在沉重压力的反弹或应付，因而其所学的知识内容都是“应试”性的，超出“应试”需求之外的知识都成了“多余”，这一状况若不改变，所谓的“素质教育”也就是一句空话。

所谓“好之者”，是指爱好学习的人。如果说“知之者”的学习主动性是基于理性，是因为懂得文化知识的重要性，那么“好之者”的学习主动性则源自他个人的兴趣，而兴趣又源自他对未知世界的好奇。其实，人来到世间，对外在的陌生世界都充满着好奇心，都有了解这个世界的兴趣与愿望，可以说都是天生的“好之者”，只是在后天的成长过程中这种好奇心大多被压抑或转移，以至于我们现在需要去“培养”孩子的学习兴趣。我们知道，“兴趣是最好的老师”，一个人对某事物感兴趣，他就会愿意去学习相关事物的知识，这种基于感性需求的学习动机对于学生本身而言就不再是一种精神负担，不仅其学习的过程是轻松的，而且其学习的效果也是显著的。譬如一个人喜欢狗，则他对学习有关狗的动物学知识就会感兴趣，尽管有的动物学家并不一定喜欢养狗，但喜欢养狗的动物学家的学术造诣肯定要比不喜欢狗的动物学家要高——如果不考虑智商因素的影响的话。所以，作为教育工作者，保护、尊重和培养学生的学习兴趣是最重要的职责之一。

所谓“乐之者”，是指以学习本身为乐的人。“知之者”的学习主动性源自理性，“好之者”则源自感性，虽然后者近于“乐之者”，但也有不足。为什么？因为，兴趣固然对于提高学习效果有积极作用，但兴趣又是一种不稳定、非恒久的心理状态，譬如我们对某个魔术非常有兴趣，但当我们了解到该魔术的“奥妙”之后就会有索然无味之感；再如有的同学对弹钢琴感兴趣，但面对每天两个小时的练习任务，弹钢琴的兴趣就慢慢没有了。因此，要让一个人的学习兴趣稳定而持久，就必须进入另外一种学习境界，这就是“乐之者”。我认为，“乐之者”与“好之者”的区别在于：一是“好之者”的兴趣维护靠“我”，而“乐之者”的兴趣维持要靠“人我”交融，这就如两个湖南人，“好之者”只能体会到放了辣椒的菜的快乐，而“乐之者”既能体会到吃辣椒的快乐，也能体会到吃其他不放辣椒的菜的快乐，因为菜的不同做法有不同做法的“美”，能够做到“我”之所“美”者与“他”之所“美”者共融，不亦乐乎！而要做到这一点，没有理性的介入是不可能的。所以，比较言之，“知之者”注重理性，“好之者”注重感性，“乐之者”则是理性与感性的统一；二是“好之者”所享受的是学习结果的快乐，而“乐之者”所享受的更多是学习过程的快乐，这如同两个爱打麻将的人，“好之者”赢了才快乐，“乐之者”输赢都快乐，因为后者所享受的是打好每一把牌的快乐，至于这把牌是否和了并不重要。孔子认为，只有体会到学习过程本身快乐的人才是真正的“为己之学”，也才是真正的人生赢家。

当然，需要指出的是，本章的“之”字作为代词既可以指“立德”之事，也可以指“立功”之事，还可以指“立言”之事，无论何事，从学习的角度讲，“乐之”为上。

6.21【原文】 子曰：“中人以上，可以语上也；中人以下，不可以语上也。”

〖解读〗让学生“跳起来摘桃子”

上章孔子的“不如”之论只是讲学习的主动性对于学习的重要性，未涉及人的资质或智力问题，但智力差异的客观存在又是教育工作中不可忽略的问题之一，所以文本安排本章来讨论这个问题。

孔子认为，人的智力或资质有上、中、下三等，但在这里只讲中等，为什么只选择“中人”为题呢？我想原因恐怕是社会上“中人”居多的缘故，事实上无论是古代社会还是现代社会，“中人”即平均化的智力水平者总是人口中的大多数，而“上人”和“下人”只是少数，所以，把“中人”教育好了，也就是抓住了国家教育的主要矛盾。

孔子说，“中人以上，可以语上也”，其“中人以上”实际上是包含了“中人”在内的，如果说 60 分“及格”为“中人”之下限，则“中以人上”就是在 60 分到 85 分之间的人，有 25 分的向上跨度，可塑性很强，所以要对他们讲稍微高深一点的知识或道理，他们不一定全明白，有可能处于似懂非懂之间，但只要他们刻苦努力，持之以恒，总会有搞懂的一天，历史上和现实中靠“笨鸟先飞”而取得成功的人、聪明反被聪明误的人，皆不在少数，即是证明。至于“中人以下”即 60 分以下的人，如果你对他们讲高深的知识或道理，那是对牛弹琴，他们再怎么努力也无法理解，与其这样，还不如讲一些他们能够听得懂得的知识或道理省事管用。

由上可见，孔子的教育思想十分注重因材施教，对不同的人采用不同的教学方法，讲究教学的循序渐进，同时注重发挥学生的主观能动性，通过“语上”的方式来激发学生“跳起来摘桃子”的进取之心。

6.22【原文】 樊迟问知。子曰：“务民之义，敬鬼神而远之，可谓知矣。”问仁。曰：“仁者先难而后获，可谓仁矣。”

〖解读〗懂得“为人民服务，努力工作”的做人道理；树立“吃苦在前，享受在后”的精神境界

前面几章讲如何培养“文质彬彬”的君子，其角度是教育学的，那么，从伦理学的角度来讲，“文质彬彬”的君子又当如何呢？“文”与“质”的道德体现是什么呢？孔子的回答是仁、知合一。

问题的提出者樊迟第一次出现在文本中是以孔子的车夫身份登场的（见《为政》），那次他还只是个跑龙套的角色，而这次则以2号主角身份登场，所提的问题也触及孔子思想的核心范畴，即知与仁。樊迟首先问：何谓知(智)？孔子回答说："务民之义，敬鬼神而远之，可谓知矣。"智慧体现在两个方面，即一方面怎么对待老百姓，另一方面怎么对待鬼神。在对待老百姓问题上，孔子认为要"务民之义"，务者，事也，"务民"者，为人民服务也；义者，宜也，"务民之义"，是指要尽可能地做老百姓认为合乎道义的事。这就是说，在孔子看来，真正的智者应该认识到：义在人间，真理掌握在群众手里，知识分子不要以为多读了几句书就以为掌握了真理，就看不起老百姓，就可以自以为是地指挥大家干这干那，如果大家不听指挥，就认为大家是在瞎胡闹，等等。恰恰相反，人民群众的智慧才是最大的智慧，人民群众所追求的道义才是最正当的道义，所以知识分子应该放下身段，到群众中去，听取群众的意见与呼声，以民为本，急民之所急，这样才可赢得群众的拥护与支持，才可能干成事业。如果连这个道理都不明白，把自己与群众对立起来，怎么称得上智者呢？中国传统哲学以"知人"为重心，"知人曰哲"，夫子论知，斯之谓也。

在对待鬼神问题上，孔子认为要"敬鬼神而远之"。孔子不是无神论者，他是相信有鬼神存在的，事实上处于孔子那个时代，不要说祖宗崇拜非常发达，原始巫术文化也十分流行，因而"国之大事，在祀与戎"（《左传·成公十三年》），宗教信仰问题属于国家头等重要的大事之一。那么，如何对待鬼神同如何对待百姓一样，是当时所有思想家必须认真面对的问题，可以说它反映了思想家对"形上"或"超越"问题的一种思考。所以，尽管"知人曰哲"是儒家文化的传统，但要"知人"就不能不"知神"，因为"人"是相信有"神"存在的存在，与"神"打交道是当时"人"的日常事务之一。应当如何与鬼神打交道呢？根据历史的记载，自商代以来，无论是民间还是官方，在对待鬼神问题上都有着重鬼轻人的倾向，这种倾向到周代虽有所改变，但遗风犹在，如祭祀仍被当作国家之大事，孔子及儒家也十分重视祭祀的意义。尽管周代的祭祀主要以祖宗崇拜为主，它是周代社会制度合法性构建的组成部分，但是，为了个人私欲而"非其鬼而祭之"的现象在春秋时期也十分普遍，对此现象孔子亦多有批评，强调要"敬鬼神而远之"，即尊敬鬼神而又不能太过亲近与迷信，尤其是不能耗费过多的财力以取悦鬼神，以及把人事完全寄托于鬼神。如果说"敬鬼神"的目的是为了增强主体的道德信念力，那么主体的道德实践自然会"远鬼神"，或者反过来讲，主体是为了"尽人事"的需要才去"敬鬼神"的，如果不明白这一点，以为"敬鬼神"之后所有的问题都迎刃而解了，不需要人的努力了，那就不是真正的智者。所以，我认为，孔子"敬鬼神而远之"的观念与基督教的"天职"观念有相近之处，即把"尽人事"看作是荣耀上帝或鬼神的职责，或者说通过"敬鬼神"而赋予"尽人事"以一种神圣的使命感。

综合言之，孔子"务民之义，敬鬼神而远之"的意思，就是"为人民服务，努力工作"，但孔子为何把这种道德要求称之为"知"呢？其实孔子所谓之"知"就是"知道"，即懂得如何做人的道理，"为人民服务，努力工作"就是我们应知的做人道理，只是很多人不明白也做不到这一点。

樊迟又问：什么是仁？孔子回答说“仁者先难而后获”，也就是“吃苦在前，享受在后”的意思。孔子这样来解释仁，南怀瑾先生认为这是从“用”而非“体”上来解释仁。[①]我以为，除此之外，还要从上下文的联系来看，即要与上面孔子论“知”相联系。因为，如上所述，孔子所讲的“知”就是要懂得做人的道理，这个道理的意涵就是“为人民服务，努力工作”，而欲做到这一点，就必须要有“吃苦在前，享受在后”的思想准备，若无这种思想准备或精神境界，“为人民服务，努力工作”就是一句空话。所以，孔子如此释仁，实际上与他如此释知是相联系的，所谓仁知互补，斯之谓也。

6.23【原文】 子曰：“知者乐水，仁者乐山。知者动，仁者静。知者乐，仁者寿。”

〖解读〗仁者之“寿”不仅是指“寿比南山”，而且是指“有限的生命活出了无限的意义”

本章仍然是讲仁知关系问题，不过角度与上章有别，即上章孔子是着眼于政治领域来讲仁知之“用”，本章则是着眼于人生境界领域来讲仁知之“美”。

首先孔子以山、水来比喻仁、知，认为“知者乐水，仁者乐山”，即仁者和知者在对自然的态度上有着不同的意趣指向，大自然在这种意趣的观照下获得了人文的意义，因而乐山、乐水的过程也就是“自然的人化”过程，譬如水，就不再只是由氢、氧两种元素组成的可流动的液体或物质组成的元素之一即五行之一，而是有着灵动、绵密、包容、谦虚等人文内涵的符号，老子所谓“上善若水”之“善”更多地关注了水之“德”——包容、谦虚，而孔子所谓“知者乐水”则看到了水之“善”的另一面即水之“智”——灵动、绵密。所以，我认为，我们应该将文本对知者的三个描述即“知者乐水”“知者动”和“知者乐”连为一个逻辑整体来看，即知者之所以“乐水”，是因为水具有灵动、绵密的特性，因而“知者动”即聪明人思维活跃而严谨，处理事物既讲原则性，也讲灵活性，无可无不可，很能把握事物的度，因而处理复杂事物得心应手，攻无不克，是工作中解决难题的高手。正因为一切问题（包括人生问题）都能够迎刃而解，所以“知者乐”即聪明人的人生是快乐的人生。当然，有人说智者亦有烦恼，智者的烦恼是在难得“糊涂”，聪明人装糊涂、装傻，确是一件很痛苦的事，但做不到这一点，又怎么算得上聪明呢？

再如山，“自然人化”后的山便不再是地面上由土石构成的隆起部分，而是崇高、慷慨、厚重、笃实、静穆等人文内涵的象征。仁者之所以“乐山”，是因为山之所藏，莫不予之，山有“生生”之德，有仁者爱人的仁慈；山的厚重、笃实亦如仁者之诚也。正因为仁者“乐山”，所以“仁者静”即仁者如山不言高，胸怀宽广，宁静而致远，庄严肃穆而生机盎然。仁者如此平和宁静的心境既可以使人“寿比南山”，健康长寿，又可以使人忘记时间的存在——“不知老之将至矣”，在时间的存在中扩充生命的长度，从而使有限

① 南怀瑾：《论语别裁》（上册），上海：复旦大学出版社，2006年，第295页。

的生命活出了无限的意义，这就是“仁者寿”之“寿”的两重意义中更重要的一重。

需要指出的是，孔子在这里以山、水来喻仁者、知者，并没有要区分出高下的意思，而仍是强调要动、静结合，仁、知互补。只是这种天人合一的论述角度，的确给我们平添了几分美感，以至于“知者乐水，仁者乐山”成为千古传诵的名言。

6.24【原文】 子曰：“齐一变，至于鲁；鲁一变，至于道。”

〖解读〗社会变革必须重视“软实力”建设

前面几章是围绕着培养“文质彬彬”的君子而展开，从人性关怀，到因材施教，再到仁知互补，由抽象到具体，由方法到目标，层层递进，文本上下文的逻辑联系较强，而本章则讲齐国社会变革的方向问题，似乎与前面的主题不相洽，如何理解它们的上下文逻辑联系呢？

我认为，前面各章讲“文质彬彬”的君子培养其侧重点在个体教育和学校教育上，是“老师”对“学生”讲的，但是，一个人能不能被培养成“文质彬彬”的君子，还涉及君子成长的社会环境影响问题，这如同我国改革开放之初，整个社会到处充斥着“下海”之声，校园里如何可能保持一张平静的书桌呢？其实，当时鲁国的社会环境与此也有相似之处。因为，在夫子之世，尤其是在齐鲁大地，由于齐桓公所推行的改革具有“从简尚功”（《论语集注》引程子曰）的功利主义“霸道”色彩，齐国实现了首霸春秋的政治梦想，而与之相邻的鲁国由于相对保守，国力已与春秋大国明显不相称，这种“齐强鲁弱”的政治格局使得当时许多人认为鲁国应该向齐国学习，如果不向齐国看齐，鲁国的前途是堪忧的。换言之，“重礼教，崇信义”（《论语集注》引程子曰）的“鲁国模式”是没有前途的，这是当时许多人的共识。很显然，作为人们学习榜样的“齐国模式”恰恰是儒家君子教育的“反面教材”，而身居鲁国的孔子为人们未能意识到“齐国模式”的不利影响而深感忧虑。所以，夫子是言与其说是为齐国的社会变革指路，不如说是为鲁国社会发展的价值取向担忧，为君子教育所需的社会环境发愁。因为，教育可以改变人，而环境更可以改变人，重视教育环境的建设，这就是文本上下文的逻辑联系所在。

“齐一变，至于鲁”，朱子说：“孔子之时，齐俗急功利，喜夸诈，乃霸政之余习。”（《论语集注》）这种功利主义的价值导向虽然使齐国实现了首霸春秋的政治梦想，但在孔子看来，齐国还不具备实现“王道”政治的软实力，而与之相比，鲁国虽然国力弱小，但鲁国“重礼教，崇信义，犹有先王之遗风焉”（《论语集注》）。也就是说鲁国的硬势力虽比不上齐国，但在软实力方面却优于齐国，具备实现“王道”政治理想的可能性，所以，齐国要变，就须向鲁国学习，重建“重礼教，崇信义”的传统，改变功利主义的价值导向；而鲁国要变，不是向齐国学习，而是要保持和充分发挥自身的文化传统优势，大力推行仁政，这样才可以“鲁一变，至于道”即实现“王道”政治理想。

由上可知，孔子是以“王道”政治为政治文明的理想形态，而欲实现这样一种政治理想，必须重视物质文明建设和精神文明建设，二者不可偏废，尤其是不能忽略精神文明建设。孔子晚年将自己的主要精力用于教育，原因就在于此。当然，需要指出的是，孔子的社会变革理想及其实现路径确实有复古主义的色彩，但他重视精神文明建设的思想对我们今天仍是有启示意义的。

6.25【原文】 子曰："觚不觚，觚哉！觚哉！"

〖解读〗酒品即人品

觚，酒器，也就是喝酒用的杯子。孔子为什么要拿酒杯来说事呢？因为，喝酒作为人类社会交换的重要媒介之一，其作用的二重性早已引起人们的关注，特别是商代因酗酒而亡国的史实对于周代统治者而言是重要的历史教训，这一点可从《尚书·酒诰》中得到佐证，是以周公制作礼乐时就考虑到了如何规范人们的喝酒行为问题，于是便有了"酒礼"和酒伦理文化。首先，根据周礼规定，饮酒必须有"时"，也就是只有在祭祀、外交、庆典等重大活动中才可以饮酒，《尚书·酒诰》规定："饮惟祀"，即只有在祭祀时才能饮酒；"无彝酒"，即不要经常饮酒，平常少饮酒；"执群饮"，即禁止聚众饮酒。其次，饮酒必循"礼"，也就是要严格遵守周礼所规定的体现尊卑等级秩序的饮酒仪程，这其中包括酒器的使用都有严格的形制规定，如本章讲到的"觚"就是一种礼器，其外形有棱，容量为二升。周代的酒器形制遵循"以小为贵"的原则，最小为一升，叫"爵"，最大的有五升，叫"散"，"觚"属于小容量的礼器，同"爵"一样也属于上等人用的，其目的主要是"禁沉湎"即禁止饮酒过度。我认为，在饮酒问题上，周代的礼器形制规定也是有一定道理的，因为，地位越高的人，饮酒过度的危害性远大于普通百姓，因而喝酒时就越应该有所节制。

那么，本章孔子所言"觚不觚"是何所指呢？这应是孔子参加某次仪典时看到所用的酒杯——"觚"已失礼所规定的形制，或"觚"的外形无棱，或其容量超过了二升的标准，总之是乱了法度，虽然仍名为"觚"，但已失"觚"之实，是以孔子叹曰：这样的"觚"还称得上"觚"吗？这样的酒还喝得下去吗？！程子曰："举一器，而天下之物莫不皆然。"（《论语集注》引）从"觚不觚"这样一件礼器之失度就可以看出春秋时期礼崩乐坏之严重程度，夫子感时伤世也。

再从上下文联系来看，上章夫子寄希望于"鲁一变，至于道"，认为鲁国有实现"王道"政治的可能性，但从鲁国"觚不觚"的情形来看，"鲁一变"并不是向"道"的方向在变，而是向"非道"的方向在变，这一不可逆转的现实情况也就是君子养成过程中所必须面对的挑战，而直面这种挑战也是儒家应有的担当与义务。所以，夫子不喝这杯酒，就是不想与流俗为伍，就是向现实宣战！可见，夫子的酒品真正体现出了儒家的人品。

6.26【原文】 宰我问曰:“仁者,虽告之曰:‘井有仁焉。’其从之也?”子曰:“何为其然也?君子可逝也,不可陷也。可欺也,不可罔也。”

〖解读〗君子不是道德上的“傻子”

前面两章孔子一方面讲“鲁一变,至于道”,鲁国有实现“王道”政治理想的文化传统,另一方面又讲鲁国正在丧失这一文化传统,好的可能性与坏的现实性交织在一起,这就是儒家所面临的现实挑战。那么,在这种严峻的现实挑战面前,儒家当如何应对呢?本章就是讲这个问题。

提出这个问题的人就是那个“朽木不可雕也”的宰我。他说:一个追求仁义的人,如果有人对他说:水井里面有仁义,他是不是应当跳下去呢?这是一种释读。另一种释读是:一个有仁德的人,听到有人掉到水井里,他是不是应当跟着跳下去救他呢?不管是哪种释读,宰我的意思是:老师啊,整个社会到处都是唯利是图之辈,他们巴不得有我们这样一群讲仁义道德的人存在,因为我们讲仁义道德、乐于自我牺牲正好可以有利于他们私欲的实现,就如现在有一个职务提拔的机会,唯利是图者对仁者说:你道德高尚,乐于自我牺牲,你就不要跟我来竞争这个位子了,因为如果你主动退出这次竞争,正好可以体现出你的道德高尚。这就是说,在宰我看来,孔子要弟子们追求的仁,如果总意味着“别人一落水,不管你会不会游泳,你就有义务第一个跳下去救他,岸上的人可以心安理得地围观,如果你不幸牺牲,那是你活该”的话,那谁会愿意总是当这样的“傻子”呢?所以,当仁者变成“傻子”的代名词时,拼命地追求仁德有什么意义呢?因为,你既救不了落水的人,还要搭上自己的性命,何苦呢?

对于宰我之问,孔子是这样回答的:为什么要像“傻子”一样去行仁呢?对于君子而言,遇到有人落水的情况,你可叫他去救人,却不可以说:“我也想去救人,但考虑到你是君子,还是把做好事的机会留给你吧,免得你落下一个见死不救的坏名。”如果你真信了人家这种话,那你就落入到了人家设计的“名誉陷阱”,而真正的君子是不为这样的“名誉陷阱”所困扰的。因为君子心里清楚得很,他之所以答应去救人,是因为这是他义之所在,而不是为了保持所谓的君子名誉。同样,对于君子,你可以欺骗他说“你赶快下去救人吧,这里的水不深,不会有生命危险的”,却不可以说“你要救人,只有你自己跟着跳下去才行,没有别的办法可行”。而真正的君子既是仁者,也是智者,他清醒地知道跟着跳下去不仅救不了人,还会搭上自己的性命,人是要救,但办法可以另想,千万不能盲从他的建议。总结言之,夫子的意思是:不管世风如何,不管现实的道德环境如何,君子应以仁以为己任,但行仁必须懂得“时变”,必须讲究方法,也就是必须做到仁、知合一。

6.27【原文】 子曰:“君子博学于文,约之以礼,亦可以弗畔矣乎!”

〖解读〗懂得原理才不会犯方向性错误

上章孔子讲君子不是道德上的“傻子”，而是既胸怀仁慈又胸怀方略的智慧的人。如何成为这样的君子？这便是本章要讨论的问题。

孔子认为，君子一方面要“博学于文”，即要广泛地学习文化知识，成为真正的“博士”而非“专家”，这样才可以应对生活中所面临的复杂事物的挑战，才不至于遇事无主见，事事听由他人摆布，充当别人的傀儡，尤其是不至于落入上文提到的各种“宰我陷阱”；另一方面，又要“约之以礼”，“约，要也”（《论语集注》），也就是统领而非约束的意思。“博”的长处是知识面广，似乎什么都懂，但其短处是不得要领，不知道各种知识之间的相通点在哪里，就像渔夫撒网捕鱼，网撒的面很广，但突然网纲断了，网收不拢来，所以抓“约”就是抓“纲”，纲举而目张，这就是“约”的意义所在。那么，如何由“博”而“约”呢？孔子认为要“约之以礼”，此处之“礼”，李泽厚先生认为是指原则、规范而言，而非“繁文缛节”的仪文形式，[①]“约之以礼”就是要用礼的原则来统率行为，这样“博学”之用才会有着力点、下手处。在现代社会生活中，我们经常可以发现这样一个现象，一些人所从事的工作与他所学的专业知识不对口，但他工作干得同样出色，原因何在？我认为，就是他们懂得事物的原理是相通的，只要掌握了事物的原理，学习起新领域的知识来就有事半功倍之效，所以，孔子说：“约之以礼，亦可以弗畔矣乎！”意思是深谙事物原理或原则的人，只要肯学习，哪怕是做自己不熟悉的事情，也大致不会出太大的差错，至少不会犯方向性错误，就如他听到“井有仁焉”时，他至少不会犯傻跟着跳进去，而是会另想其他的办法来救他。

故我以为，本章仍然是孔子对上章宰我之问的论述的深化，也就是如何才不会做“傻子”式的仁者问题。

6.28【原文】 子见南子，子路不说。夫子矢之曰：“予所否者，天厌之！天厌之！”

〖解读〗男人总不能因怕禁不住美女的诱惑就拒绝跟美女见面吧

“子见南子”是儒学历史上的一桩“公案”。记载的是孔子羁旅卫国初期同卫灵公夫人南子的一次会晤，因孔子这次会晤的对象——南子在卫国以“淫行”而声名欠佳，是以这次会晤活动从一开始就引起了儒家群体内部的纷争意见，以致儒学后生称此事件为孔子一生“最不可解者”（见程树德《论语集解》）。

孔子是在“堕三都”失败后离开鲁国的，他周游列国的第一站便是卫国。之所以选择卫国，主要的原因是卫国当时既有像蘧伯玉这样为孔子所称道的贤者，又有子夏、子贡、子羔等著名弟子在卫为官，且由于这些人的宣传，孔子在卫国的声誉并不亚于

① 李泽厚：《论语今读》，北京：生活·读书·新知三联书店，2004年，第164页。

在鲁，因此他认为在卫国一定能够实现自己的“东周”之梦。于是孔子在离鲁适卫的路上，便与弟子们讨论治卫的国策方略，提出了著名的“富、庶、教”论，足见他周游列国之始是何等的踌躇满志。但是，孔子的这种“求仕”以“行道”的热心却被卫灵公泼了一瓢冷水。孔子初至卫国，因其声望，卫灵公还是很礼貌地接见了他并给予他在鲁国时同等的俸禄——六万粟，但卫灵公并不打算重用孔子 。因为，孔子来卫国以后，一时门庭若市，其弟子或是求学问道，或是为孔子仕卫出谋划策，加之孔子又与叛乱者公叔戌交往甚密，犯了政治之大忌，这不能不令卫灵公生心存疑虑，这样孔子居卫仅十个月便去卫适陈，但在经过匡地时，为匡人所拘，不得已又返卫。卫灵公听到孔子去卫适陈，深为不满，因而当他听到孔子去而复返时就没有任何表示，对此，孔子心中颇为不安。孔子自匡返卫，居在蘧伯玉家，本指望通过蘧伯玉在卫的声望来疏通自己同卫灵公的紧张关系，但卫灵公并不买账。正在这样一个紧要时刻，南子派人传信，表示愿意见孔子，她说：“四方之君子不辱欲与寡君为兄弟者，必见寡小君。寡小君愿见。”（《史记·孔子世家》）一则表明自己在卫国举足轻重的政治地位，二则告诉孔子，此次召见并无他意，只是想调和孔子与灵公之间的矛盾，使“君臣”之间建立起一种“兄弟”般的关系。南子的这一举动，不管用意如何，对进退维谷的孔子来说，毕竟是一个好兆头。当然，这对孔子来说同样是一个难题。因为，一方面孔子意识到南子所言并非妄语，要缓解同灵公的关系，非南子从中说项不可；另一方面，南子其人名声欠佳，见之有失儒者人格与尊严。处此两难境地，见还是不见？孔子的考虑是：

首先，他更为关注儒家群体的生存危机与求仕以行道的发展需要。孔子来卫，主要目的虽非“谋生”，但“谋生”并不是一个无足轻重的问题，特别是在去卫适陈又去而复返之后，孔子在卫“奉之如鲁”的物质保障已不复存在，生存问题就不能不成为孔子所首先要考虑的问题。而且，从求仕以行道的发展需要看，良好的君臣关系是必不可少的条件，而孔子初次来卫，同灵公的关系主要是走的“弟子路线”，缺乏值得灵公信赖的人穿针引线，灵公对孔子一直抱有戒心，所以，欲获得灵公的重用，就必须消除彼此的成见，而在当时除了南子以外，恐别无他人了。故既然南子主动召见，这对孔子来说无疑是一个重展宏图的机会，与儒家发展的整体长远利益相较，道德的完善让位于生存与发展的迫切了。所以，我认为，孔子见南子在主观上是自愿的。

其次，在见不见南子问题上，孔子既意识到这是一个难得的机会，同时又感到了一种道德向权力屈从的耻辱，因此，唯一的办法是婉言谢绝南子的召见，并以此作为试探南子的信息。假若南子因此作罢，见与不见实无两样，假若情况相反，则表明孔子对卫国尚有利用的价值，还有获得灵公信任的可能性。所以，我认为，孔子婉言拒绝召见，实在是一种策略性冒险，而从结果看这种种策略性冒险还是比较成功的，《史记·孔子世家》说孔子“不得已而见之”，似乎是慑于南子的权势，其实是出自自身的生存与道德考量的双重需要而不得不采取的一种欲擒故纵的手法 。

最后，孔子的应召，虽然招致弟子的反对，但从此后孔子儒家群体在卫国的处境来看，这次会晤还是有积极作用的，这一点从会见以后不久“灵公与夫人同车，……使孔子为次乘，招摇市过之”，以及孔子居卫时间最长，可以佐证这次会见的意义。

当然，子路对先生见南子事的“不悦”态度还反映出师生二人在对待妇女参政问题上有不同的价值评估。因为，传统道德一直把妇女定位在“贞顺”这一淑女型价值框架之内，不允许妇女做任何的价值移位，但是，春秋以来，礼制的破坏或多或少地使传统的妇德观念失去了制范作用，以至于孔子把“女子”同“小人”放在一起，视作“难养”即难以对付的人。而作为“难养”的表征之一，便是一部分妇女不甘心在“齐家”的范序内默默无闻地奉献，而是欲走到社会舞台的前沿，直接参与社会政治活动。对于女性参政问题，其实儒家传统并不完全地歧视，《泰伯》中孔子说：“唐虞之际，于斯为盛。有妇人焉，九人而已。”指的就是周武王的班子建设还配备了一名女性干部，且她在武王“三分天下有其二”的过程中是起了重要作用的，是以也被列入难得的“人才”范畴之内。当然，因制度安排所致，古代妇女参政大多走的是“夫君路线”，因而其作用之大小要看“夫君”的情况。一般来说，只有在“夫君”昏弱无乱的情况下才会出现“夫人干政”现象，而“夫人”要达成参政的目的，就必须要建立起自己的权力圈子，那么她靠什么来建立自己的权力圈子呢？可以说，在大多数情况下，美色是她们善于利用的资源，这样一来，她们的“妇德”就有问题，而这一点恰恰又为传统道德所不容，但从历史评价的角度看，又恰恰可能是这些“妇德”有问题的政治人物譬如武则天推动了社会历史的发展。以本章南子为例，她虽然有“淫行”之名，“然有知人之明，故于蘧伯玉、孔子皆特致敬。”(《论语正义》)正是她的这种“知人之明”，使得弱小的卫国能够留住人才，又正是有这些人才的存在，卫国才能在诸侯争霸的夹缝中苟延残喘，成为秦所灭的最后一国。所以，子路对子见南子一事之所以不高兴，完全是基于一种“妇德”观念，没有看到南子还有“寡小君”这一政治身份，而孔子见南子，见的不是南子这个“女人”，而是见的南子这个“寡小君”，于礼仪并无不当之处。

从上下文联系来看，文本之所以在此安排子见南子一章，仍然是强调君子处事只要方向对头，原则未错，就要根据实际情况来灵活处理，决不能为流俗所困而不知权变。对此，朱子有言曰：“圣人道大德全，无可不可。其见恶人，固谓在我有可见之礼，则彼之不善，我何与焉？”(《论语集注》)好人如果不喜欢坏人就拒绝跟坏人来往，难道是怕自己禁不住坏人的诱惑而变坏吗？男人总不能因怕自己禁不住美女的诱惑就拒绝跟美女见面吧？若果真如此，那还是真正的好人或男人吗？更何况孔子所见的南子还有“知人之明”这样好的一面呢？故子路之不悦真不值得夫子以“矢之”来表明自己的心迹，不过，孔子也是人，而且是男人，遇到这样有桃色绯闻之嫌的事，还是忍不住要赌咒发誓一番。足见圣人也有可爱的一面。

6.29【原文】 子曰：“中庸之为德也，其至矣乎！民鲜久矣。”

〖解读〗中庸之道体现了一种“德性的智慧”

由上章“子见南子”一事可知，孔子是个“无可无不可”的人，他懂得权变或时变，处事既有原则性、方向性，又有灵活性、多样性，而要做到这一点，就须明中庸之德。所以，本章提出中庸问题，这是文本的逻辑延伸所致。

关于儒家中庸之道研究，本人有专著论之。[1]此处想强调的是，中庸作为“至德”是“以道为本”，王夫之曰：“道之至者，人不可违也，则中庸而已。”（《四书训义》卷二）而所谓之“道”，从“体”的角度讲，就是事物存在的根据，从“用”的角度讲，就是事物运行的法则，那么，为什么“道之至者”是中庸呢？这是因为，任何一种“道”，都是处理事物之间关系所必须遵循的原则，“道”，也就是必由之“路”。而中庸作为一种“道”其最突出也是最重要的特点是什么呢？就是在处理事物关系时注意到了对待双方之间的平衡，用孔子称赞舜的话来讲就是“执其两端，用其中于民”（《中庸》）。而怎样才能维持这种平衡呢？关键在于“执中”，这个“中”就是“无过”“无不及”即事物的“度”的意思，而“中”体现在政治领域就是“不偏”，就是“正”即公正，《尚书·洪范》曰：“无偏无党，王道荡荡；无党无偏，王道平平；无反无侧，王道正直。”公正是社会制度安排的首要价值，“执中”是三代以来的“王道”政治传统（如《尚书·大禹谟》“允执厥中”，《尧曰》“允执其中”，《孟子·万章下》“汤执中”）。但是，要“执中”或坚持公正、公平价值原则来处理社会矛盾并不是一件容易的事，这是因为不同的人有不同的公正认知，譬如“按劳取酬”是处理分配问题应坚持的价值原则，但一个社会总有一些人在“劳心”（白领），一些人在“劳力”（蓝领），如何去衡量他们的劳动价值呢？再如一个社会大部分人在“劳”，还有一些人“不劳”，而“不劳”者又可以分为“不想劳”（懒汉）和“不能劳”（残疾人）两类，对于前者，按劳分配的实施就是不劳动者不得食，而对后者，坚持这样的分配原则是否公正呢？所以“执中”问题的核心在于“用中”或“中之用”，也就是“庸”。“庸”，宋儒的解释是“平常也”或“不易之谓庸”（《论语集注》），我则赞同“庸”即“用中”之说，而“用中”之义又在“时中”，《中庸》曰：“君子之中庸也，君子而时中。”所谓“时中”之“时”，是指“中”的实践境遇或具体实际而言，“时中”就是指不同的时候或不同的境遇有不同的中，一时一中，而非有一个一成不变的“中”存在于不同的“时”之中，所以“时中”的精神实质不是以不变应万变，而是随时而变，与时俱进。譬如孔子见南子，就是“时中”的表现，他没有拘泥于传统的“妇德”观，而是恰当地运用了见“寡小君”之礼，故未失于“中”。要是子路，就只懂得坚持“妇德”之“中”这样一种选择，那肯定是会晤不得也会晤不成的。孟子说孔子是“圣之时者”，可见善于“时中”这是孔子作为圣人的突出特点之一。今天我们讲要从实际出发，实事求是，理论联系实际，把普遍原理与具体实际相结合，反对本本主义和教条主义，也就是“时中”精神的体现。

如何才能做到“时中”呢？孔子认为，要做到“时中”，关键在于主体要有恻隐之心和是非之心，也就是能做到仁、知合一。因为，“执中”即坚持公正原则首先要看你是否

---

① 陈科华：《儒家中庸之道研究》，桂林：广西师范大学出版社，2000 年；《中国传统文化之“中”与“和”思想研究（阐释篇）》，长沙：湖南人民出版社，2015 年。

出以公心，而公心之立又在于你是否有仁心，譬如你若时时“情系于民”，才可能“立党为公”，才可能坚持“公正为民”，故孔子说“中庸之为德也”，中庸就是仁德的体现。其次，中庸之“为德”之所以“至矣乎”，之所以是“至德”，原因还在于仅有仁德是不够的，还必须有“知”，譬如法官要做到公正审判，不仅要熟悉法律条文和法律程序，还要善于使用自由裁量权，而自由裁量权的使用往往表现为一种“德性的智慧”，即它既需要法官公正之心的支撑，又需要法官根据案件的具体情况做出合乎“时中”要求的判决，英美国家的“判例法”就是这样而来的。所以，能够做到作为“至德”之中庸的人，必然是个仁知合一的“君子”。

孔子为什么说“民鲜久矣”呢？这是因为：一方面，中庸之道作为三代以来的政治文化传统，一直是“王道”政治构建的价值原则之所在，而春秋时期的礼崩乐坏恰恰是因偏离了“中道”即“王道”价值所致，“民鲜久矣”就是指公正作为社会制度的首要价值已长久未能得到人们的认同与坚持，相反，整个社会已陷入功利主义的洪流之中。另一方面，出现“民鲜久矣”这样一种情况，是因为老百姓不喜欢它吗？是因为老百姓做不到吗？皆不是。因为，任何人都愿意生活在一个公正价值得以充分实现的社会里，都希望大家讲道德、讲规矩，这就像春运时我们排队买火车票，都不希望有人插队一样，而要做到排队、不插队这一点并不难，难的是有的人以为自己高贵、聪明、有钱，不愿意花时间、体力去排队，而车站又没有维持秩序的制度安排，这样一来那些愿意排队、愿意守秩序的人也就会不排队了。所以，孔子说“民鲜久矣”，意在批评那些带头插队的人，也就是当时的诸侯卿大夫们，是他们坏了规矩，败了风气，造成了社会公正价值的缺失，以至于价值的重拾与弘扬要靠儒家知识分子付出牺牲的代价才有可能。

6.30【原文】子贡曰：“如有博施于民而能济众，何如？可谓仁乎？”子曰：“何事于仁，必也圣乎！尧、舜其犹病诸。夫仁者，己欲立而立人，己欲达而达人。能近取譬，可谓仁之方也已。”

〖解读〗力行其仁，要从我做起，从小事做起

本章是本篇的最后一章，带有总结性质。因为，从第一章讲“雍也可使南面”，全篇都围绕着如何成就“君子儒”这一主题而展开，而“君子儒”的实质就是要培养成为能够为国家、社会多做贡献的有用人才。孔子的主张是“学而优则仕”，入仕为官，当然是位子越高越好，最好都能够做到“南面”的层次。因为，能够成为一方诸侯也就意味着为社会做贡献的机会就越大，做出的贡献就可能越多，从而也就意味着你的道德成就可能更高。但是，怎样的事业成就或怎样的社会贡献才配得上仁者的称号呢？子贡问：“如有博施于民而能济众”，这是否可谓之为仁？子贡的意思实际上是，仁德的“外王”体现或事业成就至少应以“博施于民而能济众”为判断标准。如果以此标准来要求“君子儒”，那么，只有做到了“南面”之君的人才有成为仁者的资格，而在世卿世袭背景下，也就只有君王才有成为仁者的可能了，如果是这样的话，儒家所追求的仁岂不只是一种单纯的"内圣"功夫，而这种"内圣"成就如果始终没有相应的"外王"成就来体现，那仁德的追求又有何社会价值呢？

对子贡之问，孔子的回答分两个方面。第一，"博施于民而能济众"作为一种"外王"成就，它所体现的"内圣"境界不只是仁者而已，而是达到了圣人的高度，做到这一点并不容易，即使尧、舜这样的圣人也未必做到了，所以，对仁者的"内圣"追求可以有这样的标准，但对他的"外王"要求没必要如此之高。第二，既然如此，仁者当如何为之呢？孔子认为，作为仁者，应该有"博施于民而能济众"的崇高理想，就如中国共产党应该以实现共产主义为理想，但又要把实现这一理想当作一个实践过程，而作为一个实践过程就必须考虑当下的具体实际。如何去把握这一具体实际？最好的办法是"能近取譬"，就是拿身边所发生的事为例，最好是拿亲身经历的事为例，作自我剖析，譬如想想自己一生欲建立什么样的功名事业（己欲立），想想自己一生欲达到什么样的社会地位（己欲达），你就会理解你之欲其实亦为人之所想，而如果你能够帮助他人实现同样的理想（立人、达人），这就是仁者之所为。所以，行仁最忌好高骛远、眼高手低，行仁要从身边做起，从小事做起，这也是儒家之仁爱强调始于"爱亲"然后逐步向"爱众"推开的原因所在。当然，"爱众"到什么程度，能不能达到"博施于民而能济众"的地步，这既是个机会问题，也是个能力问题，但你不能因为没有"南面"的平台，没有与此相应的能力，就放弃行仁的努力，只要你在"力行"其仁，你就是仁者，哪怕你只帮助了一个人达成了他的理想。

由上可知，孔子"能近取譬"的行仁之方，实际上也是强调这样一个思想，即虽然大家在社会生活中所演的角色不同，但只要都在努力"爱人"或"为人民服务"，就必须在道德上予以同等的肯定。不过，需要指出的是，无论是古代还是今天，儒家所强调的这种道德行为上的平等观念，始终受到社会地位上的等级观念的侵蚀，这一点也给一些社会地位低下者的道德行为留下了"不作为"的口实，当然，赋予社会地位更高的人以更多的道德担当是应该的，但这不是社会地位低下者道德"不作为"的理由。

◆《述而》第七◆

概要：本篇的主题是围绕着孔子“述而不作”思想而展开的。第一是叙述了“述而不作”语境下孔子自己的精神生活状况（第一至五章）；第二是讲孔子的办学理念（第六章），突出了启发式教学的意义（第七至九章）；第三是围绕着我们日常生活中经常要面临的问题，反复阐述了夫子“所慎”与“所乐”之道（第十至十六章）；第四是讲孔子教学的内容（六经等），重点突出了孔子的“好学”精神（第十七至二十五章）；第五是从各种角度反复阐述理想人格的培养问题，其落脚点跟上篇一样也在“中德”之上（第二十六至三十七章）。

7.1【原文】 子曰：“述而不作，信而好古。窃比于我老彭。”

〖解读〗孔子以“老彭”自况，不是为了长寿

本篇的文本主题是什么？朱子《论语集注》认为，《述而》一篇是“多记圣人谦己诲人之辞及其容貌行事之实”，而南怀瑾先生则进一步指出：“《述而》第七，等于是《学而》这一篇的注解，并且连带发挥前面六篇的内涵，引申了学问之道。”[①]吾以为然。

本章所记应是孔子作为一名教育工作者的自谦之辞，它反映了孔子对于古文化所持的立场及其价值取向。所谓“述而不作”，“述，传旧而已。作，则创始也。”（《论语集注》）就是传述尧舜文武之道而不创作新的东西。我们知道，春秋以来，为孔子所称道的礼乐文明传统已受到现实的严峻挑战，作为一名以“复礼”为己任的文化教育工作者，孔子晚年的工作重心之一便是欲通过古文献的整理来保存礼乐文明传统，从而使文明的传承有载体可依。而文献整理工作最重要的原则就是文本要真实可信，要禁得起考据和证伪，不能将自己的见解以文字的形式掺入文本之中，因而从一定意义上来说，文献整理就是文本“复制”，孔子说自己“述而不作”，就是把文献整理当作“述”的表达形式之一。此其一。其二，孔子在教学的过程中，无论是“课程”（六艺）的设计，还是“教材”（六经）的选择，都是以传播礼乐文明为中心，类似于给学生讲“经典著作选读”，所讲的内容都是圣人的思想，或者都是文本的“原意”，自己只是“复述”或“阐述”或“翻译”圣人之言罢了，因而谈不上有思想的创新即“作”。这一形式的“述而不作”是孔子强调的重点。

为什么孔子要“述而不作”呢？原因在他“信而好古”即相信并爱好古文化。一方面，孔子所信之“古”在时间上主要是指礼乐文明产生以来的历史，而非老子所言的“上古”即原始蒙昧时代，且从孔子“从周”来看，孔子所信之“古”的重点是在“近古”即

① 南怀瑾：《论语别裁》（上册），上海：复旦大学出版社，2006年，第310页。

周代的文、武、周公之道。另一方面，孔子“信古”是相信“古”中有“善”，即相信古文化中保存着具有恒久性价值的真理，这些真理或“道”对于现实社会的发展进步仍然是有积极意义的，因而也就没有必要再提出什么新的思想或“道”，这如同前人已为我们修了一条很好走的路，今人又何必再修一条新路呢？即算是前人所修之路用久了难免有些破损，也没有必要废弃而另修新路，正确的做法是对之加以维修即可。孔子作文献整理工作，“删《诗》《书》，定《礼》《乐》，赞《周易》”（《论语集注》），就是在修补已有点破损的文、武、周公之“道（路）”。所以，孔子“好古”并不是兴趣所致，而是基于对古文化的价值判断，也就是说，在孔子心目中，“古”并非“旧”，“古”代表传统，传统未必与现代矛盾，复兴传统并不是复古主义。

修补好这条“道（路）”后，孔子又利用各种平台到处宣传这条“道（路）”的价值，他告诉当政者：这是一条“王道”，只有走这条“道（路）”，才可以“王天下”。所以，夫子“述而不作”看似没有理论创新（“作”），其实是有创新的。因为，从阐释学的角度讲，孔子对传统经典的“述”其实是基于他对现实的理解需要，因而“述”什么？怎么“述”？都是有选择性考量的，可以说是“述”中有“作”，或者是寓“作”于“述”。譬如他对这“王道”的价值发现便是通过以“仁”释“礼”的方式来实现的，也就是说，孔子不仅证明了文、武、周公之“道”乃“王道”，而且说明了“王道”之所以为“王道”，是因为它是一条符合人性需求（仁）因而人们愿意走的“道”，发现了人们愿意走这条“道”的内在根据——仁，这就是孔子的“作”。

孔子说自己是“述而不作，信而好古”，怕别人误以为他这样做是一种创新（作），于是又说“窃比于我老彭”，即我就像大家所熟悉的“老彭”一样，是有先例可循的。关于“老彭”其人，一说是两个人，即老子和彭祖；一说是一个人，即“商贤大夫”彭祖（《论语集注》）。我认为，不论是指一个人还是指两个人，“老彭”是当时人们熟悉了解的“符号”性人物，其符号特征有二：一是长寿——据说彭祖活了 800 岁；一是“述而不作，信而好古”。很显然，夫子以“老彭”自况，不是指长寿而言，因为“述而不作，信而好古”并不能保证一个人长寿，“老彭”健康长寿，那是另有“秘诀”所在。当然，以“老彭”自况也表明孔子对自己所好之“古”有一种价值“不朽”的自信。

7.2【原文】 子曰：“默而识之，学而不厌，诲人不倦，何有于我哉！”

〖解读〗学而不厌，诲人不倦——学者的本分

上章孔子谈到他对古文化的态度，其中“信而好古”既是讲他对传统（古）的价值的偏好，同时也可以看成是对知识来源的探讨，而本章就是承接这一话题，专门讲孔子是如何做学问的，或者是讲孔子如何去“好古”的。

“默而识之”，“识，音志，又如字；记也。”（《论语集注》）也就是将学到的知识，默记于心，这也可以看作是“学而时习之”的一种方法。譬如读一篇作品，读过之后，文章的内容大致会有印象，但作品的精彩处作者是如何表述的，就需要我们掩卷而默记之。因为，“默识”有“心通”的功能，默记知识的过程也就是知识内化为主体的过程，这亦如我们喝茶，口渴的人喜欢“牛饮”而不知茶之味，欲知其味，须静静品之，方得。默识如静品，于所学深有体会而心得之也。体既会之，心既得之，学则不厌之矣。当然，学海无涯，学无止境，“默而识之”或静心体会学问之妙固然可以获得学习之乐，但是要做到“默而识之”却又需有“学而不厌”的刻苦精神，换言之，要做到“学而不厌”，保持学习的兴趣固然重要，但学习的意志力同样重要。因为，学习兴趣的维持往往容易为学习过程中的困难所中断，如果没有坚强的意志力支撑，知识的学习就容易停留在浅尝辄止的层面，更不可能对知识有真正的“体会心得”。其实，学习过程最容易出现的情况就是一遇到困难就想放弃，殊不知这恰恰是学问提升的临界点，只要坚持下来挺过了这个临界点，不仅学问会得到提升，而且学习的兴趣又会保持下来。在“知识爆炸”时代，“学而不厌”对于学习型社会的构建具有十分重要的意义。

“诲人不倦”即教诲他人而不知疲倦。这当然不是说要好为人师，而是指当老师既要有爱心，又要有耐心，尤其是遇到“中人以下”的学生，老师的耐心更能体现出他的爱心。可见，“诲人不倦”是教师最重要的职业道德之一，在儒家，这一职业道德也就是“仁德”在教育领域的体现。在今天，教师作为社会的崇高职业因受到市场经济大潮的冲击，越来越受制于应试教育模式的困扰，表现在教学过程中就是对学生的教育越来越没有耐心，对“差等生”因失去教好的信心而没有耐心，对“优等生”因偏重于分数而失去人的全面发展教育的耐心。所以，重视以“诲人不倦”为内涵的教师职业道德建设，对于今天中国教育事业的发展有着十分重要的意义。

以上三个方面是孔子作为学者的常行或日常工作，看似简单易行，但要长久坚持亦非易事，孔子说“何有于我哉！”，意思虽是这些事我都做到了，也没有什么值得炫耀的，但大家不妨试着坚持一下，看自己是否能够坚持得下来，如果能够坚持下来，也应该予以肯定。当然，孔子这样说，并不是在“自我表扬”，而是在“自我激励”。

7.3【原文】 子曰：“德之不修，学之不讲，闻义不能徙，不善不能改，是吾忧也。”

〖解读〗对社会道德滑坡现象的忧患意识

上章孔子讲自己能够做到的事，而本章则讲自己担心做不到的事，文本的逻辑联系很明显。

“德之不修”。好的品德是靠平常的修养而成，修养是对内心思想和外在行为的改造活动，它反映出一个人的道德综合素质。儒家的修养是以成就君子为本，而君子的修养最突出的外在特征就是“文质彬彬”。欲成为文质彬彬的君子，就必须要加强仁、礼两方面的修养，要不断地改造自己的主观世界。但是，无论是古代还是现代，人类主观世界的改造都有着重“文”轻“质”的倾向，看似彬彬有礼的人其实可能是个唯利是图之辈，是以孔子所讲的“修德”首先是指修养仁德，培养主体的仁爱精神，克治功利主义的价值取向。而欲做到这一点并不容易，因为，在各种利益的诱惑面前，如果主体没有自觉的“义利之辨”意识，要做到不动心是很难的，所以，“修养”首先是“治病”，治功利之心病，然后才是“养气”，养浩然之正气。但我们知道，“治病”是一个过程，所谓病去如抽丝，需要我们时刻小心谨慎“不着凉”，孔子担心的是：一些人总认为自己的病好得差不多了，于是便放松了“医嘱”的警惕，结果是旧病未去，又生新病。故孔子所担心的“德之不修”就是怕自己也有放松道德警惕性的时候。事实上，我们很多人在大是大非的问题上会有道德警惕意识，而容易在小事上产生道德麻痹，甚至还有得过且过的心理。

“学之不讲”。学问是一个求真的过程，但事物之“真”的呈现需要主体不断地探索、发现才是可能的。儒家讲“格物致知”，“格物”就是“穷究”事物之理，就是要从现象到本质，由表层到里层，层层深入，穷追不放，让事物之理一点一点呈现出来。因此，“格物”作为学者的天职并不是一件容易的事，这一点正如马克思所言：“在科学的道路上，是没有平坦的大道可走，只有在那崎岖小路上攀登的不畏劳苦的人们，才有希望到达光辉的顶峰。”而我们很多学者却满足于对事物的片面了解，不愿意下苦功夫，也害怕失败，结果是于事物之理，或浅尝辄止，或一知半解。孔子担心“学之不讲”，这是一个学者的体会之言。

“闻义不能徙”。义，宜也，天下合宜之理也。当我们听到、知晓合乎正义的事时，本应该按着去做的，但是为什么没有按要求去做呢？这主要是因为“为义”是需要勇气的，它既需要主体克服自己长期以来形成的坏习惯，又需要主体勇敢地面对世俗环境造成的各种阻力和压力，所以，客观地来讲，“闻义”容易，“徙义”难，这是夫子所忧也。

“不善不能改”。犯了错误而不能改正，这也是一个非常普遍的现象。之所以如此，一则是觉得自己所犯的错误没有造成大的社会危害，或者说这样的错误现象较为普遍，大家都是这样做的，为什么只怪我一人呢？二则是改正错误太难了，担心纠错所要付出的道德成本太高。譬如，一个人在单位上当领导，某项决策做错了，如果要向同事承认错误，担心会损伤自己的威信，这种“面子”观念在官场上十分普遍，以至于有人提出“领导说得对的要执行，说得不对的也要执行”这样的行政伦理标准。所以，古人一方面讲“人非圣贤，孰能无过”，另一方面又说“知错能改，善莫大焉”，确是至理之言。

夫子所忧的四个方面，既可视作是夫子自勉之辞，亦可视为夫子对学者的勉励之言，它充分体现了孔子对春秋乱世道德滑坡现象的一种忧患意识。

7.4【原文】 子之燕居，申申如也，夭夭如也。

〖解读〗“八小时以外”要轻松活泼一点

上章讲夫子所忧，显得有点沉重，给人的印象似乎孔子是整天都板着脸，非常正经、严肃的样子。如果这就是儒家所要求的道德生活样态的话，那么这样的道德生活会有什么人生的乐趣可言呢？会有什么吸引力可言呢？而本章就是要展现儒家道德生活样态的另一面。

“燕居”，是指闲暇无事之时，或者说是指下班回家之后即“八小时以外”；“申申”“夭夭”，是描写容貌状态之辞，“申申，其容舒也；夭夭，其色愉也。”（《论语集注》引杨氏曰）也就是说孔子闲居在家时，便身心放松，与家人说说笑笑，充分享受着家庭生活所带来的乐趣，而不像有些假道学，下班回家以后仍然摆出一副严肃认真的样子，把家里当成办公室，一是一，二是二，容不得家人有半点马虎，开不得半点玩笑，似乎只有这样才符合“齐家之道”。其实，在儒家，虽然强调要“慎独”“防闲”，但这并不意味着就只能过一种呆板无趣的生活，也不是说有了忧国忧民的情怀就不能再有人生乐趣的空间，严肃与活泼并不对立，会工作与会生活并不矛盾，一言以蔽之，忧乐圆融，这才是孔子所倡导的道德生活境界。

当然，需要指出的是，孔子闲居所持的态度虽然有轻松活泼的一面，但这并不意味着放松了对自己的道德要求，相反，从某种意义上说，唯有“公德”境界很高的人，才可能在“私德”领域表现出如此轻松活泼的一面。因为，一个心忧天下的人，就不会计较个人的荣辱得失，也就不会计较个人的“小日子”过得怎么样，就如颜回一样，“一箪食，一瓢饮，居陋巷，人不堪其忧，回也不改其乐。”夫子“燕居”亦如颜回之乐。

7.5【原文】 子曰：“甚矣吾衰也！久矣吾不复梦见周公。”

〖解读〗周公是孔子的梦中“偶像”

上章描述了孔子“八小时以外”的精神状况，但“八小时以外”又可以分为两个阶段，一是醒着的时候，一是睡着的时候，而上章所记显然是指前一阶段而言，那么，睡着的时候孔子的精神状况是什么样呢？本章就是欲回答这一问题。可见文本如此安排是有时序上的逻辑考量的。

本章是夫子晚年的哀叹之辞。他说：我已老得不行了，也好久没有梦见过周公了。这就是说，孔子睡着的时候跟常人无别——总会做梦，但与常人不同的是，孔子的梦境总与周公有关。为什么呢？原因很简单，即所谓“日有所思，夜有所梦”是也。孔子一生所思是“复礼”即恢复周公所创制的礼制，可以说周公是孔子人生的“偶像”，是以很自然时常梦见周公，这一点朱子说得明白，他说：“孔子盛时，志欲行周公之道，故梦寐之间，如或见之。”（《论语集注》）不过这是孔子“盛时”的梦境，而到了晚年，特别是“归鲁”之后，孔子对行周公之道不再抱有幻想，他“日有所思”的重心是如何删定好“六经”并将之传述下来，这样他“夜有所梦”的内容自然不同于“盛时”，所以夫子之叹的言外之意是：我老啦，不再做年轻时候的梦了，年轻时候的理想与偶像已离我远去，我已经没有精力去追求它/他了，在我不多的时间里，我就做点我力所能及的事吧！这些事——删述“六经”——虽然离我过去的理想有点距离，但它还是我理想的实现方式之一,我希望后之来者能够沿着“六经”所承载的文化精神继续前行。

由上可知,孔子晚年虽然很少梦见周公,但周公仍然是他心目中的偶像,只是因为年龄、精力及工作重心转移等因素的影响,孔子的周公之梦才以另一种形式呈现,也就是说孔子晚年的梦境内容虽有别于他“盛时”,但梦境转移的逻辑路线是一致的。

7.6【原文】 子曰:“志于道,据于德,依于仁,游于艺。”

〖解读〗人才培养定位:全面发展的人

上章讲孔子之所以很久没有梦见过他心目中的偶像——周公,是因为他把主要精力用于删述“六经”,也就是把主要精力从事编辑与教育工作,或者说他已不再做政治家的梦,而是想利用不多的时间来做好一个教育家应该做的事,而本章就是讲孔子的教育思想,它包括四个方面:

第一,“志于道”。志,“心之所之之谓”(《论语集注》),也就是立志的意思。一个人的立志往往反映出他的人生境界,作为学者当如何立志呢?孔子认为,要“志于道”,“道”者,规律也,必由之路也,属于哲学层面的知识。志于道,也就是要立志于从哲学的高度来把握事物发展的规律,这样才能站得高,看得远,才能做到不为目下的某些现象所迷惑,人云亦云,甚至随波逐流。譬如孔子通过对历史的研究,发现了三代以来社会历史发展的“损益”之道,于是得出了“虽百世可知也”的判断,这一判断乃是孔子“知其不可而为之”的信心所在。所以,“志于道”者,一定会走在正确的人生道路上。

第二,“据于德”。朱子曰:“据者,执守之意。德者,得也,得其道于心而不失之谓也。”(《论语集注》)尊重和坚持按“道”即规律办事就是“据于德”,“德”是“道”的主体内化,也是形上之“道”与形下之“时”的有机结合,它表现为德性和德行的中和。在实践中,有的人虽然也知“道”,但不一定知“道理”,“道理”是“真理”(“道”)与实际(“时”)相结合的产物,宋明理学家认为“理一分殊”,实际上应为“道一理殊”。因为,不同的实践条件会有不同的“道之理”,如果说“道”是绝对真理,那么“理”便是相对真理。懂得“道”必须与“时”相结合,这是孔子“时中”精神的显著特征。所以,我认为,孔子在讲“志于道”之后再讲“据于德”,旨在强调“道”的主体内化之路径选择,这一路径选择的过程也就是“中庸之为德”的过程。不懂得这一点,“据于德”就有可能犯教条主义和本本主义的错误。

第三,“依于仁”。“依者,不违之谓。”(《论语集注》)又,“依仁犹言亲仁。”(《论语正义》)为什么要“依于仁”呢?因为,“志于道”只是解决了方向正确问题,而“据于德”则是解决了路径正确选择问题,但这条路怎么走呢?选择什么样的交通工具才好呢?孔子认为,走“道德”之路,唯有选择“仁爱”这样的交通工具。换言之,“据于德”之“德”是一个“能指义”涵盖很宽的范畴,用韩愈的话来讲是“道与德乃虚位”,它既可以指墨家的“兼爱”,又可以指道家的“无为”,还可以指佛家的“慈悲”,或者基督教的“博爱”,

所以,欲“据于德”,就必须将“德”的“所指义”(“定名”)即仁给确定下来,否则儒家何以区别于其他诸子呢?

第四,“游于艺”。朱子认为,“游者,玩物适情之谓。”(《论语集注》)李泽厚先生不赞同这一释读,认为此处之“游”乃“娴熟”之意,①吾以为然。“艺”,六艺也,即礼、乐、射、御、书、数等六个学科,是儒家的教学内容。六艺既包括“文”的方面(礼、乐、书),也包括“武”的方面(射、御),还包括“理”的方面(数),可见儒家对人才的培养是注重全面发展的。为什么要“游于艺”呢?这是因为行仁的需要。行仁是“爱的奉献”过程,奉献的范围是由亲人而众人,由民族而天下,由仁民而爱物。既然仁是“爱的奉献”,那么你拿什么去奉献呢?孔子认为,“士”的奉献就是文化知识,就是为社会发展提供文化智力支撑,而六艺正是适应当时社会发展需要的文化知识体系。当然,正如朱子所言:“艺,……皆至理所寓,而日用之不可阙者也。朝夕游焉,以博其义理之趣,则应物有余,则心亦无所放矣。”(《论语集注》)即“游于艺”反过来又可以促进主体道德修养的提高。

由上可知,孔子的教育思想是注重人的全面发展与均衡发展,是欲培养“爱的奉献”的接班人。

7.7【原文】 子曰:“自行束脩以上,吾未尝无诲焉!”

〖解读〗“束脩”是一种最低学费标准

此章争议甚多,原因在对“束脩”的释读有不同的看法。一说“束脩”为十条腊肉,宋明理学家大多持这种观点,今人李零先生从之;一说“束脩”是指年十五岁以上,以汉代经师郑玄为代表,今人李泽厚先生从之;一说“束脩”是修饰外表的意思,唐代李贤在注《后汉书》中提出这一看法,近人康有为及今人杨润根先生等从之;一说“束脩”是检点约束的意思,这是南怀瑾先生提出来的新释读。

对于后面三种释读,虽然有根有据,但目的取向都是一样,即不让圣人难堪,也就是说像孔子这样的圣人,怎么会向学生收取学费或礼物呢?杨润根先生甚至认为,如果说“束脩”是指孔子向学生收取的礼物的话,那简直是“不可思议”的。②至于把“束脩”释读为年十五岁以上,虽可以避开学费问题,但这并不符合事实,这一点清代学者刘宝楠在《论语正义》中举《宪问》“阙党童子将命”为例,说明“虽未行束脩,亦诲之矣。”即孔子的学生中也有年未满十五岁者。

我个人赞同第一种释读。理由是:第一,孔子是中国古代私人办学的开创者,而办学是需要办学经费的,以孔子并不富裕的家境,要支撑起“弟子三千”的办学规模是肯

---

① 李泽厚:《论语今读》,北京:生活·读书·新知三联书店,2004 年,第 173 页。

② 杨润根:《论语发现》,北京:华夏出版社,2003 年,第 172 页。

定不行的。那么，钱从何来？主要有三种途径：一是官府的礼遇。这当然是孔子的名人效应所致，如孔子居卫就得到年奉粟六万的礼遇，“归鲁”之后，鲁国对他的礼遇也很隆。官府礼遇是孔子办学经费的主要来源。二是优秀学生的赞助。孔子的优秀弟子中虽然有像颜回这样“屡空”者，但也有像子贡这样富可敌国的人，还有一些弟子出身贵族，身居要职，他们为孔子解决办学经费困难问题提供了重大帮助，如南宫敬叔就为孔子的洛邑访学争取到了一大笔经费支持，至于子贡更是不遗余力地支持孔子办学。三是向学生收取学费。孔子办学的方针是“有教无类”，不分等级、阶层、民族，都可以来这里接受教育，是以随着孔子名气的增大，其办学规模也越来越大，而欲维持这样的办学规模，仅靠以上两项收入是肯定不够的，所以还需要收取一定的学费，学费收取的标准是最低不能少于“束脩”即十条腊肉，当然多多益善，而孔子的学生中家庭经济条件好的居多，是以其学费收入也是很可观的。

第二，收取“束脩”是否恰当？是否有损圣人的名誉？从上述孔子办学经费来源来看，孔子办学似乎“不差钱”。但是，我们要考虑到下述情况，即孔子大规模地办学应该是在他结束周游列国之行“归鲁”之后，在此之前，他的办学规模并不很大，原因当然与孔子的政治流亡生涯有关，且从陈、蔡之困可知，孔子当时办学经费来源是得不到充分保障的，有时甚至连维持基本日常生活需求的开支都没有，所以收取一定的学费也是因环境所逼，不得已而为之，具有现实的合理性，它也无损于圣人的名誉，我们应予以同情地理解。再者，即使孔子晚年的办学已无办学经费之虞，收取“束脩”是否恰当呢？我认为，仍是恰当的。因为，把“束脩”作为学费的最低标准是考虑到了当时人们的承受能力的，用朱子的话来讲，“束脩，其至薄也”（《论语集注》），也就是少得不能再少的学费标准，除个别特殊情况外，交这点学费一般来讲不会有太大的困难，就是表示个意思而已，表示个什么意思呢？就是表示个想来读书的诚意，属于起码的拜师礼节，也符合当时礼制的规定，并无不妥之处。

当然，有人担心，孔子弟子三千，如果每个人都交“束脩”，总计会有三万多条腊肉，如何保存？吃得完吗？其实这种担心大可不必。因为，一则孔子并不一定要以“束脩”这种实物形式来交学费，交相当于“束脩”价值以上的其他东西也是可以的；二则史书说孔子弟子三千，这是对历届弟子或孔子一生培养弟子人数的总计，而非某一年或某一届招收了这么多人，所以，孔子一下子收到三万多条腊肉的情况并不会出现。而且，从孔子任用冉子、原思等人为其财物总管来看，孔子对于所收受的各类办学经费或财物的使用，基本上是本着“周急不继富”的原则，并没用于个人的生活享受，也就是说那些勉强交上“束脩”的人，不仅没有因此而增加经济负担，相反还可能从中得到“贫困助学补助”而不至学业荒废。因此，我认为，“束脩”是一种类似于贫困生助学基金的制度创新，对于民办教育的健康持续发展有着十分重要的意义，否则，像颜回父子这样的“贫困生”就有可能辍学。

总之，把“束脩”作为一种学费制度来理解并没有损害圣人的名誉，相反可以彰显孔子的伟大。

7.8【原文】子曰:“不愤不启,不悱不发。举一隅而不以三隅反,则不复也。”

〖解读〗倡导启发式教学

上章讲孔子收徒是需要交纳一定学费的,而交“束脩”即十条腊肉对当时的人来说并不是一件很难做到的事,所以来孔子这里求学的人自然很多,但因为没有“入学考试”这一环节,面对众多的学子,如何教育他们便成了孔子比较头痛的问题。虽然孔子说自己“诲人不倦”,但要真正让学生成才,仅靠老师一人的讲解是不够的,还得充分发挥学生的学习主动性。如何调动学生的学习主动性呢?孔子在教学过程中,总结出了一种启发式教学法。本章便是孔子对这种教学方法的论述。

“不愤不启,不悱不发”,“愤者,心求通而未得之意”(《论语集注》),即心里面想求明白但又感到困难;“悱者,口欲言而未能之貌”(《论语集注》),即想表达出来而又表达不出来。李零先生说:“‘愤’是憋在心里,‘悱’是话到嘴边,都是内心冲动,不吐不快之状。”①从心理学的角度讲,愤悱是一种学习情绪高涨、学习兴趣盎然、学习注意力集中、神经系统高度兴奋的心理状态;从认识论的角度讲,愤悱又是一种对所学知识处于似懂非懂、知而未全知的困惑状态和思维蓄势待发的临界状态。处此之际,老师若稍加点拨、启发,学者就会有醍醐灌顶、茅塞顿开之感,如拨云见日,如柳暗花明,如破茧之蚕,如喷涌之泉,如此,则愤悱释然,则自得解惑之妙乐矣。有人认为,因为儒家的认识论总与经世济民的政治理想相联系,所以儒家的教育思想没有开创出古希腊那种“为知识而知识”的学统,但是,如果我们把经世济民的政治学或社会学也当作科学的话,那么孔子所注重的启发式教学就蕴含着“为知识而知识”的精神。

当然,启发式教学并不总是有效,因为有的人领悟力不够,就如“举一隅而不以三隅反”,即你告诉他桌子有一个角,他却不知道桌子另外还有三个角,也就是你告诉他事物的某个方面,他却不能由此而推想出事物的另外几个方面,举一不能反三,不能触类旁通,不具备基本的逻辑推演能力,这样的学生便是“书呆子”。对于“书呆子”,孔子的态度是“不复也”,即不再告诉他,懒得多讲,讲多了也没用,直接“退学”吧。当然,孔子这样讲意在勉励学者要努力学习,勤奋思考,并不是真的叫人退学。

7.9【原文】子食于有丧者之侧,未尝饱也。子于是日哭,则不歌。

〖解读〗不饱,不歌——孔子“临丧而哀”

本章是记载孔子参加丧礼的情形。朱子《论语集注》将此分为两章,而王夫之《四书训义》则合为一章。吾从夫之。因为文本都是记载孔子参加丧礼的情形,虽然有的丧礼孔子

---

① 李零:《丧家狗——我读论语》,太原:山西人民出版社,2007年,第146页。

或许未曾哭泣,有的哭泣过,但孔子心中的悲哀之情是一贯的,因而没有必要分为两章。

清代学者刘宝楠先生在《论语正义》中曰:“丧者哀戚,饱食于其侧,是无恻隐之心。”①孔子参加丧礼,不免生同悲之情,不仅吃不饱饭(物质生活受影响),而且有时还会悲伤至落泪,如果是这样,则这天就不再唱歌了(精神生活受影响)。宋儒认为,孔子参加丧礼的表现,可见圣人“性情之正也”(《论语集注》引谢氏曰),同时也可见圣人是一个音乐爱好者。

不过,需要指出的是,参加丧礼吃不饱饭的情况也可能是因为:一是丧家的饭菜不合口味,二是对亡灵的恐惧感,尤其是后者,也会影响人们的食欲,我小时候随父母参加丧礼也“未尝饱也”,多是因为这个缘故。倒是现在的丧礼,由于商业化的介入,有着被过度娱乐化的倾向,既不复见“丧者哀戚”,也不复见食于其侧“未尝饱也”,孔子看不下去的“临丧不哀”现象如今已十分普遍,真是世风日下啊!

从文本建构的角度看,本章所记孔子参加丧礼之事似乎与上章没有任何的文本逻辑联系,把它放在“专门讲孔子的生活习惯和生活现实的《乡党》篇中”似乎更为恰当,但为什么要放在这里呢?南怀瑾先生认为“放在这里,是为了连接引出下面的道理”,带有为文本联系搭桥的功能,这当然可以备为一说。②但我以为,如此理解文本上下文的联系似乎有些勉强,因为,文本上章是讲孔子的教学方法,而孔子教学方法的最突出的特征就是启发式教学。那么,有没有启发式教学的案例呢?有。于是文本便举孔子参加丧礼一事来说明之。因为,我们在读到孔子关于愤悱之思的论述之后,突然看到一则有关孔子参加丧礼的记载,是不是感到有点不可思议?是不是会对上下文的意义联系有愤悱之思?我想所有读者都会有这样的思考,即文本为什么如此安排?用意何在?所以,其实如果有人告诉你,文本之所以如此安排,就是为了启发学者明白圣人之教的重心所在,你就会有恍然大悟之感。因为,孔子参加丧礼所表现出的“未尝饱也”与“不歌”行为实属于夫子“身教”,学者观此如能识“圣人性情之正”,再举一而反三,由这种“圣人性情之正”,明了圣人的恻隐之心,再明了孔子的仁爱精神,再明了“孝弟也者,其为仁之本与!”的行仁之道,等等,则夫子之道尽在其中矣。所以,我认为,文本如此安排不是为了“连接引出下面的道理”,而是通过文本情景设置以进一步说明上面的道理。

7.10【原文】 子谓颜渊曰:“用之则行,舍之则藏,唯我与尔有是夫!”子路曰:“子行三军,则谁与?”子曰:“暴虎冯河,死而无悔者,吾不与也。必也临事而惧,好谋而成者也。”

〖解读〗“藏”能安贫乐道,“行”能临事而惧

---

① [清]刘宝楠:《论语正义》(诸子集成本),长沙:岳麓书社,1996年。

② 南怀瑾:《论语别裁》(上册),上海:复旦大学出版社,2006年,第325页。

上章讲孔子“临丧而哀”，而本章则讲孔子“临事而惧”，前者事关祭祀，后者关乎军事。《左传·成公十三年》曰：“国之大事，在祀与戎。”则文本由孔子谈祭祀而谈军事，谈的都是国家大事，符合当时人们对“国之大事”的共识，由此也足见文本上下文的逻辑联系。

不过，关于军事问题的讨论是由孔子对颜回的评价引起的。有一天，孔子对颜回说：如果国家重用我，我就干，不重用我，我就隐退。谁能做到这一点呢？只有我与你颜回吧！孔子的意思是要做到“用行舍藏”这一点是很难的。为什么？因为，无论古今，知识分子都有“舍我其谁”的社会责任感，儒家知识分子尤其如此，他们总期待君王的召见，希望有一天能当上“帝王师”，干出一番惊天动地的事业来。所以“用之则行”对他们来讲是没有问题的，他们怕的是“不用”或“用之”不当。譬如孔子，一生所为几乎都是在“求用”，自己的父母之国不行，就跑到其他国家去求用，最后的结果是“终不能用”。而不能得到国家的重用，一般人难免有怀才不遇之感，有的还会牢骚满腹，有的甚至还会与国家或单位“对着干”，所以，要像孔子、颜回那样做到“舍之则藏”是并不容易的，一般人也做不到，是以夫子说“唯我与尔有是夫！”，多少有点表扬他人与自我表扬的意思在内。而欲做到“用行舍藏”需要什么样的道德修养来支撑呢？朱子在《论语集注》中引谢氏曰：“圣人于行藏之间，无意无必。其行非贪位，其藏非独善也。若有欲心，则不用而求行，舍之而不藏矣。”也就是说，圣人之所以不在乎或不执着于“行藏”问题，是因为圣人之“行”不是为了谋个人私利，圣人之“藏”不是为了独善其身，其所作所为完全是“一任乎天理之公”（《四书训义》卷十一），所以才用行舍藏，进退自如。如果有私欲存在，颜回之安贫乐道是不可能的。

对于孔子“唯我与尔有是夫！”一语，子路多少有些不服。为什么？因为，颜回能够做到安贫乐道或“舍之则藏”确实值得表扬，但他是否能做到“用之则行”呢？譬如叫颜回带兵打仗，他行吗？颜回确实不行，所以子路故意对孔子说，“老师如果率领三军，您会叫谁跟您去呢？”意思是：您会叫颜回吗？肯定不会叫他。叫谁呢？肯定是我子路。因为打仗我子路在行。不承想，夫子是这样回答子路的：那种喜欢赤手空拳去打老虎，不靠舟楫而渡河，死了也不后悔的人，我是不会叫他跟我一块共事的。与我共事的人，必定是遇事谨慎，有所畏惧，又善于谋略，最后能够把事做好的人。夫子的意思是：你子路虽然勇敢，也善于带兵打仗——这一点值得表扬，但是有时行事考虑不周，显得有点鲁莽，如果不改正这一点，行事往往会功败垂成。特别是率兵打仗，逞匹夫之勇的结果不只害己，更会害人害国家，是以尤其需要谨慎为之。

总之，本章之旨在：“藏”能安贫乐道，“行”能临事而惧。

7.11【原文】 子曰：“富而可求，虽执鞭之士，吾亦为之；如不可求，从吾所好。”

〖解读〗“从吾所好”是主体“求富”不得情况下的生命价值抉择

上章孔子讲“用行舍藏”，其中对于“用行”问题进行了“临事而惧”的发挥，而对于“舍藏”问题，孔子却没有做更多的阐释，其实它是问题的核心所在。为什么？因为，做到“用之则行”并不难，但要做到“舍之则藏”却不易，甚至在孔子看来，只有他自己和颜回可做到这一点。

如上章所述，做到“舍之则藏”的道德修养支撑在于主体能够“安贫乐道”，即在得不到国家、社会重用的时候，你能够像颜回那样虽过着“一箪食，一瓢饮，在陋巷”的生活，却能自得其乐。不过，需要指出的是，颜回的这种“舍藏”生活并不是孔子理想的生活样态。因为，孔子同常人一样，也有着对美好物质生活的冀求，并赋予这种冀求以伦理的正当性，甚至于说，如果富贵可求，哪怕要我当“执鞭”之士即地位很低的职业，我都干。孔子的这一说法颇有点像如今城里的农民工，只要挣钱多，哪怕最脏最累的活，他们都愿意干。毕竟这是靠劳动来致富，没有什么值得羞耻的。但是，我们知道，在一个“无道”或公正缺失的社会里，往往是“挣钱的不费力，费力的不挣钱”，因而孔子想靠“执鞭之士”来致富，几乎是不可能的。既不可能，怎么办？“为富不仁”吗？不择手段吗？当然不能这样。如此便只两条路可走：一是降低自己对美好物质生活的需求标准，这就是“安贫”；一是继续追求士的理想——道，这就是“从吾所好”即“乐道”。“乐道”是士的天职，它无关乎富贵与贫贱，只是贫贱时“乐道”更能体现出主体对“道”的固执。也正因为如此，孔子所谓“安贫乐道”并不意味着放弃对美好物质生活的向往而刻意过着苦行僧的生活，而所谓“舍之则藏”也并非如道家那样是主动放弃对社会的责任担当而寄情于山水之间，而“从吾所好”是主体“求富”不得情况下的生命价值抉择。

由上可知，文本如此安排仍是为了说明“用行舍藏”之所以可能的道理。

7.12【原文】 子之所慎：齐、战、疾。

〖解读〗对生命价值及其权利的尊重与维护

前章孔子讲到“临事而惧”，主要是针对“子行三军”的提问而言的，实际上孔子“所慎”之事不仅有战争，还包括其他方面的事情。而本章重点讲孔子特别慎重对待的事情。

齐，同斋，斋戒的意思。祭祀之前，必须要斋戒，而斋戒的目的主要是为了与神明相交，让生命得到神明的保佑，朱子曰：“诚之至与不至，神之飨与不飨，皆决于此（齐）。”（《论语集注》）所以，斋戒作为祭祀的前奏，在古代同样被视为国之大事，不可不慎也。

战，战争，更是直接关乎人的生命、国家存亡的大事，所以，对于战事，孔子认为尤其要慎重待之。毕竟战争只是解决纷争的最后手段，且它的成本代价太高，是以不可轻启之。

疾，疾病，生病也是关乎人的健康甚至性命的大事，不认真对待，甚至讳疾忌医，都是对生命价值的不尊重表现。我想，孔子之所以把“疾”作为所慎之事，原因还可能与当时天灾所导致的疾病流行有关，也就是说，因天灾所造成的疾病流行以及由此造成的人员死亡，比起战争所造成的直接人员伤亡来说，显得更为触目惊心，是以作为统治者要特别重视流行疾病的防疫与治疗，否则就是草菅人命。

由上可见，孔子所慎之三事，皆与人的生命价值及其权利是否得到尊重和维护相关，如果我们以此三“慎”来看孔子的仁爱思想，“人的价值发现”确是孔子最伟大的历史贡献。

7.13【原文】 子在齐闻《韶》，三月不知肉味。曰：“不图为乐之至于斯也。”

〖解读〗“三月不知肉味”是一种艺术与道德合一的精神境界

上章讲孔子“三慎”，讲“临事而惧”，把圣人的生活描述得很严肃，似乎孔子每天都是这么紧张地生活着，看着挺累的，但这只是圣人生活的一面；圣人生活的另一面是他也有快乐得“三月不知肉味”时候，这就是本章讲的孔子听《韶》乐后的艺术享受感。

据《史记·孔子世家》所载，孔子是在他三十五岁时来到齐国的，当时鲁国因“斗鸡之变”而内政不宁，是以孔子适齐一方面是为了避乱，另一方面也是想在齐国有所作为。孔子这次适齐，在齐国待了约两年之久，虽因晏子的反对而未得到齐景公的重用，但却在齐国听到了传说中的舜乐《韶》，并就此与齐太师讨论过音乐问题，本章所记是孔子对《韶》乐的审美感受。

《韶》是舜乐。据传，齐国贵族有陈氏乃舜的后裔，故其得到了《韶》乐的真传，演奏起来自然要比孔子在鲁国听到的《韶》乐精妙得多，从中得到的艺术享受也自然不同往常，文本形容孔子听闻《韶》之后竟有“三月不知肉味”之感。“三月”，言其久也，如颜回“三月不违仁”；“肉味”，美味也，不易得食也，古代唯贵族即“肉食者”可常食之。“三月不知肉味”是形容音乐艺术所给予的美感已完全胜过物质享受所带来的满足感，可以说孔子已全身心地沉醉其中而忘记了外在世界的存在，以至于他回过神来才发现：《韶》乐之美竟是如此让人百听不厌，让人流连忘返，真可谓余音绕梁，三日不绝。

当然，需要指出的是，孔子对艺术作品的审美评价是与他的道德观念紧密联系的。在《八佾》篇，孔子曾谓《韶》“尽美矣，又尽善矣”，而与之相比的《武》乐则是“尽美矣，未尽善也”。尽美，主要是指音乐的音调、节拍之形式之完美；尽善，则是指音乐所蕴含的思想意义具有“正能量”或体现了主流的价值观，在孔子看来，《韶》乐是形式与内容、美与善完美结合的艺术典范，因而它给孔子带来的艺术震撼，既有助于提高孔子的艺术修养，同时更有助于提升孔子的人生境界。

7.14【原文】 冉有曰：“夫子为卫君乎？”子贡曰：“诺，吾将问之。”入，曰：“伯夷、叔齐何人也？”曰：“古之贤人也。”曰：“怨乎？”曰：“求仁而得仁，又何怨？”出，曰：“夫子不为也。”

〖解读〗站队要站在正当的一方

关于本章的释读，南怀瑾先生在《论语别裁》提出了与传统看法不同的观点，即

“夫子为卫君乎”一语是指孔子是不是想当卫国的君主？而结论是孔子不想当。[①]而传统的释读是，“为卫君乎”是指会不会帮助(为)卫国君主？而结论是孔子不会帮助卫君。这两种释读的逻辑成立必须要了解其历史语境才行。我们知道，孔子在周游列国中，居卫的时间最长，卫灵公及夫人南子对孔子的礼遇也颇隆。卫灵公在世时曾立蒯聩为太子，但蒯聩因得罪南子被驱逐出境，逃跑到了晋国。卫灵公死后，立蒯聩之子辄即灵公之孙为卫君，而晋国知道后便想将蒯聩护送回卫国，并借机侵略卫国，这自然会受到卫国的拒绝与抵抗。所以，这样一场父子之争的历史事实最终的焦点便落在“立谁为卫君，才具有正当性”这一问题上。站在卫国国人的立场，他们认为蒯聩虽为太子，但得罪了父亲，就是大不孝，因而也就没有资格立为国君；而站在蒯聩的立场，我是太子，根据周代嫡长子制的规定，就应当立我为君。

那么，孔子是否认同他们的观点呢？如果认同，孔子就会站出来帮助卫公辄或者蒯聩；如果不认同，则另当别论。弟子们在私下议论着，也考虑着自己如何站队的问题，但又不好直接去问老师，于是子贡自告奋勇说：我去问吧！子贡之问也问得很委婉、很艺术，可以说是绕了一个大弯。他问：伯夷、叔齐是什么样的人啊？伯夷、叔齐是商末孤竹君之二子，兄弟俩都不肯继承王位，相互谦让，伯夷谦让的理由是：这是“父命”，不从“父命”便为不孝；而叔齐谦让的理由是：“你是兄长”，立长不立幼，这是规矩。最后兄弟俩干脆选择“跑路”，跑到首阳山，因不食周粟而饿死。所以，这种视王位如敝屣的人，在孔子看来是“贤人”，是“仁者”。听了孔子对伯夷、叔齐的评价，子贡就明白夫子不会帮助他们中的任何一个。因为，与伯夷、叔齐相比，蒯聩与辄父子之间为了君位而不惜大动干戈，他们的所作所为都无法获得伦理正当性辩护。所以，孔子的意思是：站队要站在正当的一方，既然双方都不正当，那就选择离开。

上两章讲孔子生活中“所慎”“所乐”之事，而本章则以政治生活中的站队问题为例来进一步说明君子之“所慎”。试想一下，如果我们在某个单位待了很长的时间，其中单位某领导对你的帮助也很多，有一天，领导们之间发生矛盾，帮助过你的领导需要你的支持，你会像孔子那样慎重地考虑如何站队吗？

7.15【原文】 子曰：“饭疏食，饮水，曲肱而枕之，乐亦在其中矣。不义而富且贵，于我如浮云。”

〖解读〗粗茶淡饭，乐在其中

上章孔子讲政治站队要“慎”，本章又讲粗茶淡饭之“乐”，文本围绕着我们日常生活中经常要面临的问题反复阐述夫子“所慎”与“所乐”之道，中心突出，逻辑清晰，很有启发意义。

---

① 南怀瑾：《论语别裁》(上册)，上海：复旦大学出版社，2006年，第330页。

“饭疏食,饮水,曲肱而枕之”,即吃的是粗茶淡饭,睡觉时拿胳膊当枕头,这种日子上了年纪的人都很熟悉,今日的“打工一族”也还能体会得到,只是孔子所讲的这种生活状态是针对“士”即当时的知识分子而言的,所以,孔子的意思是:这种生活状态并非“士”之生活的应然状态,也非“士”所乐于过的日子(《论语集注》引程子曰:“非乐疏食饮水也”)。因为,前面孔子说过:“富与贵,是人之所欲也,……贫与贱,是人之所恶也。”(《里仁》)知识分子也是人,也有把日子过得好一点的想法,也不想过苦日子;而且,“士”作为“四民之首”和“贵族之末”,日子过得好一点似乎更具有道德的应当,相反,如果连他们都过不上好日子的话,只能说明这个社会出了问题,用孔子的话来讲是这个社会已经“无道”即已经没有公正可言了。不过,虽然如此,君子之所以为君子,就在于他们面对这种粗茶淡饭的日子,没有像一般人那样愁眉苦脸,而是同样能乐在其中或自得其乐。换句话说,孔子的意思是,作为君子,或许从前的日子过得很不错,如今突然一下子由富而贫,生活质量大不如从前了,没有了大鱼大肉,每天只能粗茶淡饭。怎么办?发愁吗?埋怨吗?用不着!因为粗茶淡饭的日子也有粗茶淡饭的乐趣;不择手段去谋求富贵吗?更不能!因为“不义而富且贵,于我如浮云”,外在物质财富及社会地位对君子来说就如天上浮云一样,风一吹就散了,根本不值得去追求,所以更不会用非正当的手段去获取这些东西了。君子所求者,道也,道不远人,只要心中有道,哪种日子都会过得很快乐。

7.16【原文】 子曰:“加我数年,五十以学《易》,可以无大过矣。”

〖解读〗一定的知识储备和经验积累是学好《易》的前提

前面几章都是围绕着孔子之“所慎”与“所乐”而展开,上章讲孔子之“所乐”,而本章则又与孔子之“所慎”相关。因为,孔子讲要“临事而惧”,做事要谨慎小心,目的就是不要犯错误。怎么才能不犯或少犯错误呢?孔子认为,除了小心谨慎之外,还要尽可能去掌握事物变化的规律,对事物的未来走向要有预判能力。如何才能做到这一点呢?孔子把目光投向了被称为“寡过之书”的《易》。

本章难解之处在于“加我数年”与“五十以学《易》”之间的时序关联。如果说“加我数年”是指“再让我多活几年”,至五十岁时再去学习《易》,那么,这句话应该是孔子五十岁以前说的话。如果是这样的话,那么,孔子为什么说学《易》非要等到五十岁才行呢?我个人的理解是:对《易》的理解既需要主体有一定的知识储备,同时也需有一定的经验积累,而此言“加我数年”,应该是指“再多给我几年时间来研习《易》”。也就是说,孔子并不是到五十岁才开始才学《易》,而是在五十岁以前就已开始研习《易》了,只是五十岁以前他对《易》学的理解还处于不确定或者无把握的状态,或者说孔子说这句话时候,已对《易》学有相当深的了解,虽还没有完全的把握,还有一些问题尚在研究之中,但已看到了胜利的曙光,所以他才说:再给我几年时间,大概到五十岁的时候，我相信我对《易》学的理解，“可以无大过矣”即基本上不会有大的过错了。此言“无大过”，笔者认为有两层意思：一是指对《易》学本身的理解不会有太大的过错，这是文本最主要的意思；二是指自觉地运用《易》学来指导自己的实践，可以避免犯大的过错，这样《易》就成了“寡过之书”，这是文本的延伸义，但此义与前者并不冲突，因为，学《易》就是为了用《易》，学以致用，这是儒家的传统。

那么，如何化解文本与《史记·孔子世家》所载之间的矛盾呢？因为，据《世家》载：“孔子晚而喜《易》，序彖、系、象、说卦、文言。读《易》，韦编三绝。曰：‘假我数年，若是，我于《易》则彬彬矣。’”很多学者认为，此言“假我数年，若是，我于《易》则彬彬矣”就是本于《论语》所记。从文本语气上来说，似乎可以这么认为，但是，第一，在时间点上相冲突。因为，《世家》明确地讲“孔子晚而喜《易》”，这应该是指孔子周游列国回到鲁国以后的事，在此之前，孔子一门心思放在出仕求用之上，哪来时间精力“韦编三绝”式地研究《易》学并写出“十翼”呢？第二，在内容上有别。虽然《世家》所记孔子曰“假我数年”与《论语》所记“加我数年”是同一个意思，但后面的内容却有很大的差别，即《论语》是“五十以学《易》，可以无大过矣”，而《世家》是“若是，我于《易》则彬彬矣”。“无大过”，表明对《易》的理解与运用还是“有小过”的可能，而“于《易》则彬彬矣”，则表明对《易》的形式（卦象）与内容（义理）的统一原理已了然于胸，以之来指导实践，不仅“无大过”，亦“无小过”。可见，这是完全两种不同的学《易》境界，不能混为一谈，也不能以《论语》所记来证《世家》所载为误。因为，一个人在不同的年龄阶段对同一门学问完全会有不同的理解。

孔子自己说“五十而知天命”，又说“五十以学《易》”，再“五十”之后出仕从政，可见，孔子学《易》既是为了知天命，也是为了知道自己该不该出来从政为官。而从孔子的从政经历来看，孔子五十岁以后对天命的理解及其政治实践虽无“大过”，但“小过”还是不断的，最后他才明白通过文化教育的方式来“传道”才是他的真正使命所在。

7.17【原文】 子所雅言，《诗》《书》，执礼，皆雅言也。

〖解读〗孔子是一名普通话推广者

上章讲孔子学《易》，《易》乃群经之首，不容易掌握，所以要花时间、下苦功夫才行；而本章则孔子论《诗》《书》及执礼的情形，故从文本联系的角度讲，“此因学《易》之语而类记之”（《论语集注》引谢氏曰），即都是属于孔子研习先王经典这类情形，故放在一起比较妥当。

何谓“雅言”？刘宝楠《论语正义》引孔曰：“雅言，正言也。”又，“雅、夏古字通”，雅言即夏言也。①夏为三代之首，华夏文明之始，故雅言乃文明、文雅之言也。朱子《论语

① [清]刘宝楠：《论语正义》（诸子集成本），长沙：岳麓书社，1996年。

集注》则认为,“雅,常也。”雅言,即常言。李泽厚先生提出,雅言是指书面语言。我认为,此所谓雅言,还是与汉字的读音相关,它相当于今天的普通话。那么,孔子为什么重视这个问题呢?一是因为汉语本身的特点所致。我们知道,汉字是方块字,其造字方法即“六书”主要包括象形、指事、会意和形声四种(转注和假借只是用字之法),除形声字外,前面三种造字方法所造出的汉字虽然也有固定的读音,但就文字本身而言它并不能显示出来,因而这些汉字常被人看作是象形文字或表意文字,似乎与语音没有关系。事实上,它们都有固定而完整的读音,只是文字本身无法提示出它的读音,所以需要人们去熟记。这一点也就是汉语难学的原因之一。而在记住这些汉字的读音过程中,处当时交通信息不便的条件下,由于地域的差异,既没有统一的文字,更没有普遍的语音教育推广系统,因而一个字包括形声字的原始读音在传播的过程中不可避免地会出现“走音”现象,以至于同一个汉字在不同的地域会有根本不同的读音。那么,读音的不同对于语义的理解来讲是否会有影响呢?从书面用语的角度来讲,这种影响并不大,但从口头用语的角度看,读音的不同会造成对文字理解的不同甚至产生歧义,所以郑注“雅言”曰:“读先王典法,必正言其音,然后义全。”[①]也就是说正确的读音有助于我们准确理解文字的意义。

二是因为春秋以来,以周王室语言为“雅言”的语言体制已面临着地方“风言”的严峻挑战,事实上,《诗经》中的《风》即使经过孔子删定以后在语言上仍然带有很多的方言即“风言”特色,这一点诚如清代学者刘宝楠所言:“王都之音最正,故以《雅》名;列国之音不尽正,故以《风》名。”[②]孔子是鲁国人,平时讲的是鲁语,但一则因为“周礼尽在鲁矣”,另则他又有访学东都洛邑的经历,是以对于代表周文化的“雅言”有着文化情感上的认同,加之他周游列国时要克服方言沟通的困难,也只能选择一种列国皆认可的语言为通用语言,而最适合充当这一通用语角色的就莫过于周王室所讲的“雅言”。所以,我认为,孔子的“雅言”即普通话应该是讲得不错的。大家可试想一下,平时的交流都是讲鲁国方言,一到讲台上或正式场合就讲普通话,是不是需要一定的勇气?是不是对自己讲普通话很有信心?我想弟子们之所以记录这一点,恐怕是自己不能完全做到却又心向往之吧。

总之,孔子是中国教育史上第一位普通话推广者。

7.18【原文】 叶公问孔子于子路,子路不对。子曰:“女奚不曰,其为人也,发愤忘食,乐以忘忧,不知老之将至云尔。”

〖解读〗不知老之将至:忘记时间的存在

① [清]刘宝楠:《论语正义》(诸子集成本),长沙:岳麓书社,1996年。
② [清]刘宝楠:《论语正义》(诸子集成本),长沙:岳麓书社,1996年。

前面几章记载了孔子研习“六经”的情形，其用功之深和态度之正充分体现了圣人问学之“慎”，而从本章开始又谈夫子问学之“乐”。

叶公，是楚国叶县的“一把手”，姓沈，名诸梁，字子高，是楚国政坛“实力派”的代表人物。据《史记·孔子世家》载，孔子是在齐景公卒后的第二年来到叶县的，其时孔子已六十三岁左右了。大概是因为信息不对称的缘故，孔子先派弟子子路去叶公那里探探路、摸摸情况，而叶公也想知道孔子这个人怎么样，于是两人相见之后便问子路：你先生这个人怎么样啊？子路竟回答不上来。为什么？因为这毕竟涉及对老师的评价问题，不是“圣人”两个字就可以了的，故子路一时无对也属于正常。子路回来之后便向老师报告见面的情形，同时也不敢隐瞒叶公之问。孔子听了之后便对子路说：你为什么不告诉他，我是一个“发愤忘食，乐以忘忧，不知老之将至”的人呢！“发愤忘食”，用起功来经常忘记吃饭，连肚子饿了也无感觉；“乐以忘忧”，充分享受学问研究的快乐而忘记了日常生活中的各种烦忧和忧愁；“不知老之将至”，沉醉于自己的追求之中以至于忘记了时间的流逝，不知道自己已经老了。

从夫子自述来看，“发愤忘食，乐以忘忧，不知老之将至”，这应是一个知识分子追求学问的最高境界。我认为，人皆会老，但有的人在等着老去，而有的人在不知不觉中老去；在不知不觉中老去的人生就是奋斗的人生，奋斗的人生才是快乐的人生。

7.19【原文】 子曰：“我非生而知之者，好古，敏以求之者也。”

〖解读〗不可自恃聪明

本章承上章之旨，继续谈好学问题。不过，本章的重心是孔子讲自己的学问知识来源问题。

孔子知识渊博，是当时学界的“明星”，影响很大，“粉丝”也多，在他们的心目中，孔子就是生而知之的“天才”。有没有生而知之者？孔子认为是有的，但他却不认为自己是这样的人，认为自己“非生而知之者”，而是“学而知之者”，自己的一切都是靠自己后天努力学习而得。“好古”，就是喜好古文化，向古代先贤学习；“敏以求之”，就是坚持不懈地钻研学问知识。所以，孔子的意思是，学问来不得半点虚假，要有根有据，“古”就是根据之所在；学问也没有捷径可走，必须脚踏实地，一步一个脚印，必须持之以恒，不能半途而废；无论自己的智力如何，都要有笨鸟先飞的精神，尤其是不可自恃聪明，三天打鱼，两天晒网，于学问不求甚解，浅尝辄止。可见，夫子是言，既是自谦，同时也是在勉励学者应当勤奋好学。

世界著名科学家爱迪生曾说：天才是百分之一的灵感，百分之九十九的汗水。诚哉斯言！

7.20【原文】子不语怪力乱神。

〖解读〗凡理性无法解释的事就不要去议论它

上章讲孔子“好古”,爱好阅读古典文献,而这些文献中自然少不了许多神话传说和巫术文化的内容。譬如,《诗》中的感生神话(“天命玄鸟,降而生商”);《尚书》中“绝天地通”神话(《吕刑》)、夔“击石拊石,百兽率舞”以及舜使益管理“上下草木鸟兽”,而益“让于朱、虎、熊、罴”等神话传说(《舜典》);《易》中的各种巫术;《礼记》中的“黄帝四面”传说;《左传》中的“古而无死”之说(《左传·昭公二十年》);孔子自比于“老彭”的彭祖传说;还有民间流行很广的“女娲补天”“共工怒触不周山”“嫦娥奔月”和“后羿射日”中国古代四大神话,等等。可以说,孔子所处的时代完全还笼罩在“怪力乱神”的氛围之中。而且,从传播心理学的角度讲,诚如王夫之所言:“夫人有侈异闻而相告之者矣,或疑之,或信之,未尝置之不论不议者。”(《四书训义》卷十一)即人们对于“异闻”都有猎奇的心理,不管自己信与不信,都喜欢谈论或传播这些奇闻轶事。与凡人相比,孔子对于“怪力乱神”现象则持“不语”的态度。之所以如此,王夫之曰:“然则此四者,诚不可语也,不屑语也,不忍语也,不易语也。”(《四书训义》卷十一)也就是说,“怪力乱神”是不值得、也不容易讨论清楚的话题,因为这些现象非人类理性所能及,非事实可以证明,譬如传说中的黄帝活了三百年之久,孔子“窃比于我老彭”的彭祖活了八百年之久,而在现实生活中根本找不到这样的“寿星”;再譬如“黄帝四面”,在我们看到的人类中也找不到有“四张面孔”的人。既然现实生活中找不到相同的事实,那么谈论这些话题就是徒劳无益之举,老百姓谈论这些话题还情有可原,知识分子若热衷于此则有违于“闻道”以“济世”的责任伦理。

孔子不谈论“怪力乱神”,表明他是一个实用理性主义者或谨慎的怀疑论者,但是,对于像黄帝、尧舜禹等这样传说中的圣王式人物所具有的“神性”问题又不能不“语”之。不过,正如李泽厚先生所说,即使要“语”,孔子也是作“理性回答”,“予以理性化的解释”,①这样“神性”就被“理性”所解构。可见,孔子思想是具有启蒙色彩的。

又,关于“怪力乱神”的释读,传统的看法是将之理解为四种现象即“怪、力、乱、神”(怪异、暴力、叛乱、鬼神),如果说孔子对四者皆“不语”,这不符合事实。因为,观之《论语》及其所作之《春秋》,至少孔子对后三者皆有“语”之,所以,我认为,与其如此,不若将四者视作一个范畴即“怪力乱神”,它的所指就是现实生活中不可验证的怪异现象。

7.21【原文】子曰:“三人行,必有我师焉,择其善者而从之,其不善者而改之。”

〖解读〗学无常师

① 李泽厚:《论语今读》,北京:生活·读书·新知三联书店,2004年,第185页。

夫子名言，传诵至今。话容易懂，做到却难。

孔子为学，不只是“好古”，向古人学习，而且也向今人学习，尤其是向身边人学习，可以说是学无常师，师无愚智。“三人行”，“三人”，指众人而言，不一定是三个人。几个人走在一块，不管是讨论学问也好，还是聚餐、娱乐也好，如果你谦虚一点，低调一点，你就会发现他们之中“必有我师焉”。“必”，必定也，“必有”之谓，说明他们之中值得你学习的地方是客观存在的事实，你不承认都不行。我们经常讲，每个人有每个人的长处，如果你总认为“老子天下第一”，就会看不到他人的优点，遑论不耻下问了。可“看不起人”却恰恰是知识分子的通病，尤其是那些成名成家的“大师”，更会视身边的“粉丝”为学生，哪还会想到他们中间“必有我师焉”。

当然，与你同行的人中间他们可能在某些方面也存在明显的缺点（“不善”），甚至存在明显缺点的这个人就是一个“不善”之人，那么他还可以为“我师”吗？孔子认为，从“见贤思齐，见不贤而内自省”的角度讲，这个“不善”之人或这个人的“不善”之处也可以充当你的“反面教材”，有则改之，无则加勉，则“善恶皆我之师也”（《论语集注》引尹氏曰）。

7.22【原文】子曰：“天生德于予，桓魋其如予何？！”

〖解读〗有代表正义的自信，就不必过分担心别人会把你怎么样

上章孔子讲要学无常师，而本章则讲了孔子在大树下讲学的故事，但因为出了意外，孔子便结合事情的处理给弟子们上了生动的一课，这就是处变不惊之道。从文本的逻辑来讲，上章是讲要向不同的人学习，而本章则讲要在不同的境遇中学习。

桓魋，宋国司马向魋也，因他是宋桓公的后代，故又称桓氏。桓魋有兄弟五人，其中弟弟司马牛是孔子的弟子。

据载，鲁哀公二年（前 493），卫灵公去世，孔子因不悦卫政，不久便离开了卫国，打算取道前往陈国求仕。因孔子是宋国后裔，且与宋景公系同宗同族，加之当时孔子已名满天下，身边又跟着一批得力弟子，是以宋景公知道孔子到宋后，有心把他们师徒留在宋国做事。不过，宋景公这一想法遭到了桓魋的反对，因为桓魋担心孔子的到来会威胁到自己在宋国的权势，于是他对孔子动了杀心。据《史记·宋世家》载：“（宋）景公二十五年，孔子过宋，宋司马桓魋恶之，欲杀孔子，孔子微服去。”其实，当时孔子并没有在宋国求仕的打算，只是路过而已，所以孔子一行连城都没有进，只是在路旁的大树下休息一下。在休息的时候，孔子闲不住，“与弟子习礼大树下”（《孔子世家》），即在大树下跟弟子们上起课来。孔子的这一举动让桓魋误以为孔子真的打算留在宋国了，于是桓魋便叫人将树砍了，弄得孔子没办法继续上课，意在驱逐孔子迅速离境。其实桓魋并没有加害孔子的意图，毕竟自己的弟弟司马牛还是孔子的学生，“不看僧面还得看佛面”。面对桓魋这种公然的挑衅行为，一些弟子感到非常害怕，建议先生赶快离开这是非之地,否则恐怕进一步会有生命危险。而孔子蒙此之难,一方面固然感到十分气愤,觉得桓魋做得有点过分了;另一方面他并不害怕,因为,不要说有学生司马牛的护驾,就是孔子自己当时的"国际"影响,谅他桓魋也不敢把自己怎么样。所以,他对弟子们说:"天生德于予,桓魋其如予何?"意即我是有天命在身的人,有理走遍天下,桓魋不能把我怎么样!

初读夫子是言,给人的感觉似乎是孔子在给自己及弟子们壮胆。因为,一般来说,处变不惊的底气主要来自自身的势力及对形势发展的判断。而从本次事件的发生过程来看,孔子应该看得清桓魋并没有加害自己的意图,顶多是叫自己离开宋国而已,而孔子自己本来就没有留在宋国发展的打算,所以,对桓魋"伐树"之举的警告意味,孔子心里是十分清楚的。而让孔子没有想到的是,弟子中有人却惊慌失措,缺乏处变不惊的心理素质。这一方面说明他们平时所学的知识缺少历练的机会,另一方面也表明他们人生的价值取向并没有挣脱祸福凶吉观念的困扰,得失之心太重,所以面对桓魋的挑衅,他们抱有息事宁人的态度也是可想而知的,所谓"惹不起,还躲不起吗?"就是这样一种心理,而这种心理恰恰是以牺牲是非原则为代价,只求个人暂时的苟安。但是,这种苟且偷安的心理真能够实现自己的诉求吗?从历史的经验来看,面对不公行为,如果你选择逃避,其结果正所谓"躲得了初一,躲不过十五",不公最终还得落到你头上的。所以,与其这样,不如奋起反抗。孔子说"天生德于予",就是要告诉大家,面对强权,我们要有代表正义的自信,如果有此自信,就没有必要惊慌失措。王夫之说:夫子"恒谦让而不居圣,至此则直任天德之在己而无所让,岂但以安从游者之心哉!……抑以教学者之遇变而反求诸己,无为祸福所惑也。"(《四书训义》卷十一)我以为,夫之是言,深得夫子之意。

当然,孔子不是一个徒逞道德勇气的人,他懂得权变,是以,面对桓魋的威胁,他一方面据理力争,另一方面选择"微服去",即悄悄地离开了宋国。

7.23【原文】 子曰:"二三子以我为隐乎?吾无隐乎尔。吾无行而不与二三子者,是丘也。"

〖解读〗倾囊相授,一视同仁,这是教师的职业道德

宋国蒙难一事,孔子给弟子们上了处变不惊之道一课,这一课既彰显了夫子的道德使命担当精神,也让弟子们看到自己修为的严重不足,于是弟子们在反省自己的同时,个别学生("二三子")不免在心中怀疑先生是不是有什么"秘诀"没有告诉他们,或者说先生是不是给"爱学生"专门开过"小灶",把"秘诀"传给了他们。本章就是为了解答"二三子"之惑。

关于"二三子"之惑,当过老师的人都会有类似的体会。教一个班的学生,"术业有专攻,闻道有先后",这是客观存在的事实,譬如孔门有"四科"之"十哲",三千弟子中有"七十二贤人",这些"哲人""贤人"无疑是孔门的优等生,而在其他学生的眼里,他们平时似乎跟先生走得近一些，所以他们把这些同学看作是先生的“爱学生”，而自己难免有被先生冷落的感觉。其实，作为老师，之所以会有自己的“爱学生”，并不是因为老师对某些学生有所偏爱，而是因为这些“爱学生”是爱读书、爱提问的学生，而孔子重视启发式教学，如果你主动去问他，他就会告诉你他的所知所识，他并不是有选择地对谁有所隐瞒，对所有主动求知的人，孔子都一视同仁。孔子特别强调说：“吾无行而不与二三子者，是丘也。”即我没有任何行为是不能向你们公开的，这就是我孔丘的为人。意思是说我孔丘的为人是禁得起检验的，俯仰无愧，对得起同学们，所以大家不要误解。孔子的这一表白道出了所有老师的心声。

故曰：倾囊相授，一视同仁，这是教师的职业道德。

7.24【原文】子以四教：文、行、忠、信。

〖解读〗唯忠信之人，才可做到知行合一

上章孔子说自己没有什么向学生隐瞒的，是否属实呢？这一点孔子自己的表白只是“一面之词”，还需要有旁证，于是文本便安排了弟子所记“子以四教”来证明之。因为孔子所教的这些内容都是公开的，大家都知道，学好了、领会了，都可以至于“道”，除此以外，就再没有什么不宣之秘了。

文，《论语正义》：“文谓《诗》《书》、礼、乐；凡博学、审问、慎思、明辨，皆文之教也。”狭义的“文”是指文学或文章，而广义的“文”则包括所有的学问，此当指后者而言。行，《论语正义》：“行谓躬行也。”[①]南怀瑾先生曰：“行，狭义的是行为、品德；广义的是事业的成果。”[②]我以为，行，应当包括行为本身以及行为所产生的结果即“外王”层面，行是动机与效果的统一。学文，是知之，知之而后行之，行之则知才不会落空，知之则行才不会乱动，知行合一，则“外王”（事业）有成。

忠、信，《论语正义》：“中以尽心曰忠，恒有诸己曰信。人必忠信，而后可致知力行，故曰忠信之人，可以学礼。”[③]知之而后行之，效果会怎么样呢？这就要看知之之“实”与否，行之之“笃”与否。而欲做到这些，孔子认为，主体必须健全以忠信为内涵的人格修养。因为，一个忠信之人，无论是知还是行，都会尽自己最大主观努力去为之，且会持之以恒，不会半途而废，如此其学问才不会浮于表面，其行为才可以落到实处，所以，唯有忠信之人，才可以真正做到知行合一。

南怀瑾先生认为，孔子这里所讲的“四教”并不是儒学“四科”，而应该是他的“教育中心”。[④]吾以为然。不过，需要指出的是，孔子“四教”所提出问题实际上应该是道德

① [清]刘宝楠：《论语正义》（诸子集成本），长沙：岳麓书社，1996年。
② 南怀瑾：《论语别裁》（上册），上海：复旦大学出版社，2006年，第342页。
③ [清]刘宝楠：《论语正义》（诸子集成本），长沙：岳麓书社，1996年。
④ 南怀瑾：《论语别裁》（上册），上海：复旦大学出版社，2006年，第345页。

修养在理论(知)与实践(行)相结合过程中的相互作用问题。这一问题意识对我们今天的教育思想建设仍有积极的参考价值。

7.25【原文】 子曰:"圣人,吾不得而见之矣;得见君子,斯可矣。"子曰:"善人,吾不得而见之矣;得见有恒者,斯可矣。亡而为有,虚而为盈,约而为泰,难乎有恒矣。"

〖解读〗好人难得,好人难做

上章讲夫子"四教","四教"相当于孔子的"公开课",没有什么神秘可言,学者只要领会了,努力践行之,就可以在事业上("外王")做出成绩,不仅如此,还可以提升自己的人格修养境界("内圣")。这就是本章要讲的问题。

在此,孔子提到了四种好的道德人格,或者说四种"好人",但这四种"好人"又分属于两个类别,即政治生活中的"好人"与社会生活中的"好人"。

第一类是"圣人"与"君子"。何谓圣人?《论语正义》曰:"《大戴礼·五义篇》:所谓圣人者,知通乎大道,应变而不穷,能测万物之性情者也。是言圣人无所不通,能成己成物也。"[①]圣人就是能够"成己成物"的人,"成己"是"内圣","成物"则是"外王";且圣人是有德有位,圣王一体。因此,孔子心目中的圣人也就是政治生活的最高人格符号,而这种人只有传说中的尧、舜等人才做到过,反正到春秋之际已没有这样的人了。孔子对此也不抱什么希望,虽然他自己一度努力要成为这样的人,但最终只以"素王"了之。既然圣人已不可见,那么,退而求其次,能够见到"君子"这样的"好人",也算不错了。

孔子心目中的君子是什么样的人呢?关于这一问题,不同的人有不同的看法。我个人认为,儒学之所以被称为"君子之学",其目的在于"学而优则仕",也就是欲为国家培养"干部"或管理人才,因而"君子"在儒家语境中的所指就是"好干部"的意思。这种"好干部"能够"好"到什么程度呢?没有可量化的标准,但可从"义利之辨"辨之,也就是说"好干部"就是"义以为质"的人,即他们没有个人的私利,做事坚持原则,主张正义,在自己所在的位子上能够干出成绩,造福一方;如果不得其位,虽"不谋其政","好干部"转身就可做"好老师",为国家培养"接班人"。孔子认为,处春秋乱世,这样的"好干部"虽然不多,但也还是可见到的。

第二类是"善人"与"恒者"。朱子认为,文本两个"子曰",后一个"子曰""疑衍文"(《论语集注》)。吾以为非。因为,《论语》文本的集结经过这么多人之手,不可能出现这种低级的编辑学错误。之所以会有两个"子曰",原因有二:一是"言非一时"[②],两句话不是在同一个时间讲的;二是两个"子曰"恰恰说明文本之"好人"有不同的所指,即"圣人"与"君子"谈的是政治生活中的"好人",而这里谈的则是社会生活中的"好人",

---

① [清]刘宝楠:《论语正义》(诸子集成本),长沙:岳麓书社,1996年。

② [清]刘宝楠:《论语正义》(诸子集成本),长沙:岳麓书社,1996年。

两个"子曰"的角度是不一样的。如果看不到文本这一所指差别，就容易为四种"好人"之"好"的差别到底是什么这一问题所困。

其实，从社会生活的角度看，"善人"很好理解，就是"好人"的意思，就是在生活中愿意帮助他人或愿意做自我牺牲的人。当然，孔子这里所讲的"善人"不是一般的"好人"。为什么？因为，一个人做点好事并不难，难的是一辈子都做好事，"善人"就是一辈子都在尽可能做好事的人，用我们熟悉的人物形象来讲，就是"雷锋"式的好人，而一般人也可以做好事，但很难一辈子如此。所以，孔子讲"善人"即一辈子都做好事的人，我是见不到了，能够见到"恒者"就不错了。"恒者"又是什么样的"好人"呢？"恒者"就是能坚持做好事的人，或努力做好事的人。"恒者"与"善人"的区别在于："善人"做好事，不仅做一辈子，而且自己乐在其中，一点也不觉得苦；"恒者"做好事，也可能坚持做一辈子，但是否自己乐在其中，则不得而知。而与"恒者"相比，一般人也有可能做点好事，但他们坚持不下来。为什么不能坚持呢？孔子认为，主要是面子观念和虚荣心作怪，"亡而为有，虚而为盈，约而为泰"，即这种人无论是在物质上还是在精神上都喜欢打肿脸充胖子，譬如有人向你借点醋，家里刚好用完了，为了不失面子，便向邻居去借，然后再借给来人（子曰："孰谓微生高直？或乞醯焉，乞诸其邻而与之。"《宪问》），这种好事做一次可以，做第二次就恐怕会出问题，所以，为了面子观念而做好事是做不长久的。孔子指出这一点，就是要告诉人们："恒者"出自"恒心"，"恒心"出自"仁心"，只有良心好的人才可能一辈子做好事而不做坏事。

7.26【原文】 子钓而不纲，弋不射宿。

〖解读〗孔子的动物伦理思想

南怀瑾先生说："或许说，这两句话应该放在专门记载孔子个人生活的第十篇《乡党》中。为什么却编在这里呢？自有它的道理。这两句话是说明孔子做人做事的态度。"[①]我赞同这一见解。因为，在上章，孔子认为"好人"难得，坚持不懈地做好事尤其难得。为什么难得？原因在于"恒者"出自"恒心"，而"恒心"又出自"仁心"。什么是"仁心"呢？"仁心"就是爱心，这种爱心不仅体现在爱已、爱人方面，也体现在爱物方面。而本章就是讲孔子的后一种爱心体现。

宋儒认为，本章所记是孔子少年时候的事，因为"孔子少贫贱，为养与祭，或不得已而钓、弋，如猎较是也"（《论语集注》引洪氏曰）。也就是说，孔子的钓、弋活动有其经济活动的性质，是为贫贱所逼，不得已而为之。如果此论属实，那么孔子能够做到渔猎活动有所节制，则更体现出了仁者的爱心。因为，"钓而不纲"即用钓竿来钓鱼，一次抓到的鱼就不会很多，如果用"纲"即网去捕鱼，那就有可能将塘中之鱼大小通吃，不利

① 南怀瑾：《论语别裁》（上册），上海：复旦大学出版社，2006年，第347页。

于鱼类的生态平衡;“弋不射宿”即用带线的箭去射鸟,但不射还巢之鸟(宿),不忍心也,因为鸟巢中可能还有幼鸟待哺,所谓“劝君莫打三春鸟,子在巢中望母归”是也。

孔子对动物的“爱心”充分体现了儒家动物伦理思想的价值取向,即对待动物虽然要以人为本,但亦尊重动物的生长规律,不竭泽而渔,让万物能够休养生息,从而保障有更多的自然资源为人类服务。可见,儒家的爱物伦理思想仍然是把人当作目的,这一点也是儒佛之别所在。

7.27【原文】子曰:“盖有不知而作之者,我无是也。多闻,择其善者而从之,多见而识之,知之次也。”

〖解读〗如何“知而作”?

此章虽是孔子对“述而不作”思想的再一次申论,但从文本上下文的联系来看,它又有着特定的所指。前面讲孔子“四教”,而“四教”的目的是为国家和社会培养“好人”,但“好人”难得,因为“好人”首先必须是“仁者”,有“仁民爱物”的不忍之心;其次“好人”还必须是“知者”,有“择善去恶”的是非之心。故文本上下文的联系是:上章讲“好人”之仁因何而有,而本章则讲“好人”之知从何而来,旨在彰显仁知互补的儒学宗旨。

前面孔子说自己是“好古,敏以求之者也”,又善于向身边的人学习,择善而从,这样以逐渐增强自己的知识与智慧。但是,正如孔子所指出的,世上总有一些人,“亡而为有,虚而为盈”,不懂装懂,甚至“不知而作”,自己都没有弄明白的问题却敢于大发宏论,显得自己很有学问,真是无知无畏。孔子说“我无是也”,我不是这样的人,没有他们那么大的胆子。因为孔子知道,学问上是来不得半点虚假的,没有根据和未经实践证明的话是不能随便讲的,还是“述而不作”为好。当然“述而不作”并不是当古人的“同声传译”。毕竟时代不同了,不同的时代有不同的问题,解决这些问题需要思想家的理论创新,而理论创新的过程一方面要有继承即“述而不作”,另一方面也要“多闻”“多见”,多听听他人意见,多了解实际的情形。我以为,孔子在此讲的“多闻”“多见”是有不同的所指的。“多闻”,是指对于社会问题的解决,总会有思想家自觉地站出来提出不同的意见,如果他们的意见是对的,则“从之”;“多见”,是指对一些问题的解决,下层群众也会有一些自发的创新之举,如果了解到他们的做法是可行的,则把它记下来当作参考。两者结合起来,才是“知之次也”即这才是“知(识)”产生的过程、程序(我同意李泽厚先生的释读)。

可见,孔子反对“不知而作”,主张“知而作”,只有既“知古”,又“知今”,“作”才有理论基础,才有实践依据。所以,许多人认为,孔子“述而不作”之“述”不是简单的“传述”,而是创造性的“赞述”,也就是在继承的基础上有所创新,不过,因为孔子谦虚,他把自己的“作”都归之于“述”了。

7.28【原文】 互乡难与言，童子见，门人惑。子曰："与其进也，不与其退也，唯何甚？人洁已以进，与其洁也，不保其往也。"

〖解读〗宽容是交往伦理的首要原则

互乡，地名，据考证在今天的河南省境内，但刘宝楠在《论语正义》中列举了许多前人的考证，得出的结论是"互乡不知所在"。①虽不知其所在，但"互乡"却有一个不好的名声，这就是"难与言"，即这个地方的人很难打交道，不讲道理。是以当这个地方的某个年轻人求见孔子，而孔子又欣然答应见之的时候，孔子的学生感到困惑不解。对此，孔子解释说：要多鼓励有上进心的人，批评那些不思进取的人，何必过分地苛求他人呢？你看这年轻人，来见我的时候，着装整洁，以表示对我的尊敬，仅这一点就值得鼓励，至于他过去怎么样，就不要去计较了。由此可见，夫子不仅"有教无类"，而且十分宽容大度，不计前嫌，希望人家知错能改，不断上进。

从另一个角度看，所谓"互乡难与言"，问题真出在互乡这一方吗？有没有自己沟通能力欠缺或交往伦理不足的问题呢？如果说没有的话，孔子为什么可以跟他们沟通得很愉快呢？这值得我们思考。而且，从文本上下文的联系来看，上章孔子强调要"多闻""多见"，故所谓"互乡难与言"这种带有地域性歧视的偏见也恐怕只是个传说而已。因为，孔子见了之后，并不觉得他们"难与言"，相反，他们着装整洁来见，表明他们也是懂得相见之礼的。这就是所谓"百闻不如一见"是也。

7.29【原文】 子曰："仁远乎哉？我欲仁，斯仁至矣。"

〖解读〗仁在一念之间

孔子把"仁"悬格得很高，仅次于"圣"，是以孔子不轻易许人以"仁"，当别人问某某是否为"仁者"的时候，他总是说"不知其仁"也，避而不谈，搞得大家认为"仁"似乎是高不可攀的人格境界。而"不知其仁"这类话说得多了，难免会让人感到气馁，甚而也就会产生放弃对"仁"追求的念头。确实，从曾子说"任重道远"来看，以"仁"为追求目标是需要付出毕生精力的，还不一定做得到。这样，孔子不得不想办法去调动学者的积极性，让大家看到追求"仁"的希望，于是便有本章这段话。

孔子说，仁真的离我们很远吗？仁真是可望而不可即吗？其实说远真的远，说近也真的近。为什么？远，要"死而后已"才可；近，"我欲仁，斯仁至矣"。只要我有一念之仁，仁就会来的。因为，仁是我们人性所内具的存在，人性本来就有向善的倾向，"我"即主

① [清]刘宝楠：《论语正义》（诸子集成本），长沙：岳麓书社，1996年。

体只需自觉到人性的这一倾向,让它充沛于主体的灵魂之中,仁就会成为我们心灵的主宰。所以,仁不仅不远,而且很近,近到只有“一念之间”的距离,只可惜人们的“念头”喜欢朝外,奔向外在的物质利益而驰,所以,仁就离“我”越来越远。

从文本上下文的联系来看,上章讲“互乡难与言”,孔子则认为只要有点宽容之心,“互乡”人也还是好打交道的。宽容是仁爱精神的体现,与“互乡”之人打交道,只需多一点宽容之心就行,这个很难吗?不难,也只在一念之间而已。

7.30【原文】陈司败问:“昭公知礼乎?”孔子曰:“知礼。”孔子退。揖巫马期而进之,曰:“吾闻君子不党,君子亦党乎?君取于吴,为同姓,谓之吴孟子。君而知礼,孰不知礼?”巫马期以告。子曰:“丘也幸,苟有过,人必知之。”

〖解读〗明知故犯,是高明;闻过则喜,是高尚

这一章南怀瑾先生的《论语别裁》解读得非常好,[1]读者可以参读。但从文本阐释学的角度看,我认为还有些值得我们进一步挖掘的内涵。为什么?因为上章孔子讲“仁远乎哉”,不远,就在“我”的一念之间,譬如,见不见难打交道的“互乡”童子,就在“我”的一念之仁,做起来并不难。与“仁”相比,“礼”作为外在的行为规范是不是要更容易把握一些呢?通常的认知是如此。因为,礼是明文规定,按照去做就可以了。当然,做起来难不难或愿不愿意去这样做是一回事,但“知礼”并不是一件难事,只要肯下功夫,认真学习,考试起来打个优等成绩是没问题的,特别是当领导的,身边还有“秘书”、参谋、顾问,即使记不得相关的礼仪规定,也会有人提醒。但就是这样一件看似容易的事,却也有让孔子这样的礼学大家为难的时候。本章所讲之事就是告诉学者“知礼”之不易,甚至要我们冒着“不知礼”的道德风险去“知礼”。故文本如此安排主要是为了说明难者(为仁)不难,易者(知礼)不易的道理。

事情的经过是这样的:一次,陈国的“司败”,也就是陈国的司法部长,见到孔子,宾主相互寒暄之后,便谈到了当时在国际上颇有影响的违礼事件,这就是鲁昭公娶同姓吴孟子为妻一事。因为,根据周礼规定,同姓不婚,而鲁与吴都是周公之后,是不能通婚的。对于这一点,素有“周礼尽在鲁矣”的鲁昭公并非不知,且从鲁昭公见晋平公一事来看,鲁昭公是非常熟悉礼仪的,以至于晋平公赞曰:“鲁侯不亦善于礼乎?”当然,在晋国大夫女叔齐看来,鲁昭公所谓“知礼”是“仪也,不可谓礼也”(《左传·昭公五年》)。事实证明,女叔齐的评价并没有错。因为,仅从昭公娶吴孟子为妻一事来看,他就是个“好色不好礼”的人。不过,鲁昭公这事做得有点出格,是以造成了不良的国际影响。孔子是鲁国人,“父母之国”出了这样的丑事,自己面子上也没光,而陈司败问孔子“昭公知礼乎”,恐怕也有故意给孔子难堪的意思,但孔子的回答却是“知礼”。孔子

---

① 南怀瑾:《论语别裁》(上册),上海:复旦大学出版社,2006年,第355—356页。

为什么这样回答呢？可能当时他只考虑了两个因素：其一，不这样回答，孔子就违背了“为尊者讳”之礼；其二，不这样回答，有损外交礼仪的尊严，家丑不可外扬也。

对孔子这样的回答，陈司败是不满意的，他虽未当面指出孔子的错误，算是给孔子留了一点面子，但还是对陪同见面的孔子弟子巫马期不客气地指出：你老师这样讲是有违“君子不党”之原则啊！而孔子听了弟子的汇报后说：我实在是有幸啊，我只要有一丁点过错，人家就给你指出来。可见，孔子一方面是揣着明白装糊涂，另一方面是敢于承认因自己的糊涂而犯下的过错(此点下一章再论)。这就是圣人的高明、高尚之处。

7.31【原文】 子与人歌而善，必使反之，而后和之。

〖解读〗从善如流：好善如好乐者也

乐，是儒家的必修课。孔子是一个音乐爱好者，弹琴、唱歌，样样在行。本章是描写孔子唱歌的情形：孔子和人唱歌，如果发现别人唱得好，或者歌曲好听，一定要请别人重唱一遍，然后自己再跟着唱，直到学会为止。我想，过去虽没有 KTV，但参加“派对”的机会还是不少，虽不知道是不是“公款消费”，但至少人们对唱歌有着正面的认知，懂得唱歌有益身心健康和人际和谐的道理，不像程朱理学，总喜欢从心性去理解儒家之乐。①

从文本上下文联系的角度看，本章似乎与上章毫无联系，如果硬要说有联系，可以说前章谈仁，上章谈礼，下章谈文，而本章谈乐，仁、礼、乐、文，这都是孔子学问的重要范畴，如此说文本之联系似乎也说得过去。但是，我以为，文本的上下文联系绝不是这种表面的形式联系，而应是上下文意义的逻辑联系。那么，文本上下文的意义逻辑联系何在？如上章所述，孔子对鲁昭公是否“知礼”这一问题的回答，违背了“君子不党”的原则，确实有偏私之嫌，虽然有不得已内情，但毕竟是个错误，而被陈司败指正后，孔子本可以有两种方式待之：第一种是主动向陈司败解释清楚他这样做的原因，求得人家的谅解；第二种是如孔子所表现的那样，坦然承认错误，虚心接受批评。为什么孔子会选择后一种方式呢？原因在于孔子这样的回答其实在陈司败的意料之中，陈司败问孔子的目的就是要看孔子能否跳出“为尊者讳”或为“父母之国讳”的道德评价模式，真正站在“君子不党”的立场来看问题。因为“君子不党”是适用于“天下”的公正评价标准，这一标准的适用过程即算是要考虑“尊者”或“亲者”的面子，也并不意味着要放弃原则，只是批评的方式略显委婉而已，这就是孔子创立的“春秋笔法”。显然，孔子对鲁昭公的评价并没有采用自己所熟悉的“春秋笔法”，所以是个错误，找任何借口都是不行的，只能坦然承认错误，这才是正确的选择。可见，文本的上一章的最后落脚点在夫子“闻过则喜”，而本章讲夫子听到好的歌曲，“必使反之，而后和之”，其落点在

---

① 李泽厚：《论语今读》，北京：生活·读书·新知三联书店，2004 年，第 192 页。

夫子"从善如流"或"好善如好乐者也",这一点既是文本的言外之意,也是文本上下文意义联系的逻辑所在。

7.32【原文】 子曰:"文,莫吾犹人也,躬行君子,则吾未之有得。"

〖解读〗做"躬行君子",不做"书本君子"

本章有不同的释读,如李零先生是这样断句:"文莫,吾犹人也。"而"文莫"者,"忞慔"的假借字,是黾勉的意思,而本句的释读是:努力啊,我和别人没有什么两样。[①]李零先生的这一释读以《说文》《广雅》等文献为根据,刘宝楠《论语正义》一书有详细说明。李泽厚先生的释读虽然在断句上与大多数意见相同,但他认为,此处之"文"有特定的所指,即指"学习礼仪文献"而言。[②]南怀瑾先生则认为"文"是指文学修养或学问知识,"莫"是"也许"的意思,"文,莫吾犹人也"的意思是:"如果谈文学,也许我和一般知识分子差不多。"[③]我认为,联系到后文"躬行君子"之义来看,"文"是相对于"行"而言的,属于"知"的范畴,应该是指"书本知识"而言。整章的意思是:若论书本知识,我大概不会比别人差,但按君子力行其仁的要求来讲,我还真不敢说自己有什么值得自得的地方。可见,做"躬行君子",这是孔子强调的重点。因为,君子不是停留在口头上,也不是停留在书本知识上,知而行之,才是君子本色。

孔子的这段话,说得比较平实,也比较谦虚,没有丝毫的虚伪成分,而这种话也只有学问知识和道德修养达到一定境界的人才说得出来。

从文本上下文意义联系的角度看,上章讲孔子听到好的歌曲,就要"反之"而后"和之",也就是说不要只停留在音乐欣赏的层面,而是要亲自参与音乐表演,这跟本章孔子所强调的"躬行君子"是一个意思,即都是强调读书人要做"善"的践行者或参与者,而不是做"善"的欣赏者或旁观者。

7.33【原文】 子曰:"若圣与仁,则吾岂敢。抑为之不厌,诲人不倦,则可谓云尔已矣!"公西华曰:"正唯弟子不能学也!"

〖解读〗不厌不倦地追求圣仁之境

上章孔子很谦虚地说自己在"躬行君子"问题上还做得不够,但在别人的眼中,孔子已经是圣人或仁者了,听到这样的表扬,孔子的态度如何呢?这就是本章所要讲的问题。

我估计,孔子在世的时候,没少有人当面赞美他,尤其是孔子的学生,说不定有些

① 李零:《丧家狗——我读论语》,太原:山西人民出版社,2007年,第158页。

② 李泽厚:《论语今读》,北京:生活·读书·新知三联书店,2004年,第193页。

③ 南怀瑾:《论语别裁》(上册),上海:复旦大学出版社,2006年,第359页。

人还会利用自己的政治能量到处宣传先生的伟大，并借此以拉抬自己的社会声望。这种情况在今天也并不鲜见，譬如我们在介绍某学者的时候，就喜欢提到他“曾师从某某大师攻读博士研究生”，观众听到是某某大师的学生，自然会觉得他的学问应该不差，敬意便油然而生。而从老师的角度讲，平时对学生可以严格一点，但遇到关键的时候，却总是不吝对学生的表扬，譬如孔子就曾向国君推荐自己的学生，说这个当宰相没问题，那个当部长没问题。师生之间这样相互“表扬”固然是一种师生之情的正常现象，但经常为一片赞美之声所包围，有的人就难免会飘飘然，觉得自己真的了不起，以为自己真可以与尧、舜媲美。

不过，孔子之所以为圣人，就在于他没有被各种“迷魂汤”所灌醉，他清醒地认识到并由衷地认为自己离“圣与仁”这种境界还有距离。他说，自己只不过是走在追求这种境界的路上，只不过显得比别人勤奋一点，努力一些，做起来有兴致一些(不厌)，有耐心一些(不倦)，除此之外，再也没有什么特别之处，你们就不要再给我戴“高帽子”了。学生代表公西华听了之后，说：能不厌不倦地去追求圣仁之境，这正是我们学生没做到的。确实，这不是一般人能够做到的，但孔子希望大家努力为之。

7.34【原文】 子疾病，子路请祷。子曰：“有诸？”子路对曰：“有之。《诔》曰：‘祷尔于上下神祇。’”子曰：“丘之祷久矣！”

〖解读〗“请祷”不能“临时抱佛脚”

关于孔子生病之事，除本章外，《子罕》第十三章亦有记载，是不是同一次生病之事，虽不可考，但故事中的2号男主角都是弟子子路，故可相互参考。

这一次孔子生病，看来是病得不轻，估计是在问医吃药都不见病情好转的情况下，学生代表子路便想向神祇求救。事实上，我们知道，春秋以前的医生是兼具“医”和“巫”两种职能的，《逸周书·大聚》：“乡立巫医，具百药以备疾灾。”到春秋之际，虽然巫与医已分立而各司其职，但“信巫不信医”的观念在民间仍然有很大的影响(《史记·扁鹊列传》)，譬如孔子就说过：“南人有言曰：人而无恒，不可以作巫医。”(《子路》)“南人有言”，是南方人有这样的俗语，而在这一俗语中，“巫医”是连为一体的。所以，孔子生病，子路提出以“请祷”来为先生治病，这其实并不是什么特别异常之举，这在当时是十分普遍的，即使在医学如此发达的今日社会，民间仍然还有许多人相信鬼神可以治病的说法。

孔子听了子路的汇报之后，问：“有诸？”意思是：有这回事吗？可以这样做吗？这样做管用吗？子路说：有啊！《诔》文即祭文中不是说人们应该“祷告天地上下各种神祇”吗？孔子说，如果是这样的话，那我已经祷告过很久了。其意思是说，如果祷告有用，像我这种经常祷告的人，为什么还会生病呢？既然还会生病，说明祷告也就不能治病。而古人之所以强调要祷告上下各路神祇，目的也不是为了“事神致福”，而是为了使我们对于生命的存在要心存敬畏，无论做事做人都要保持诚敬之心，常存“天知、地知，你知、我知”之意，才可以“不欺暗室”。这一点诚如南怀瑾先生所说：“所谓祷告是一种诚敬的心情，所谓天人合一，出于诚与敬的精神，作学问修养，随时随地都应该诚敬。”[①]可见，孔子之所以反对子路“请祷”，并不是反对祷告本身，而是反对子路这种“临时抱佛脚”式的功利主义事神行为。

从文本上下文联系的角度看，上章讲孔子不厌不倦地追求圣仁之境，这两种道德修养境界虽然很难达成，尤其是“圣人”境界，在孔子时已成为一个“传说”，但毕竟还是儒家所追求的理想目标所在。那么，在“圣人”之上，还有“神人”一格，值不值得我们去追求呢？孔子的态度是“敬鬼神而远之”，即不否认有“鬼神”的存在，且需经常敬之，但是又不能将人事完全托付给“鬼神”，“远之”者，就是指要“尽人事以听天命”。可见，文本上文之旨是，追求圣仁，要不厌不倦；文本下文之旨是，相信鬼神，要敬而远之。这就是文本上下文意义的联系逻辑。

7.35【原文】 子曰：“奢则不孙，俭则固。与其不孙也，宁固。”

〖解读〗对两种消费行为的道德心理学分析

本章是孔子对两种消费行为的道德心理学分析，它与《学而》“富而好礼”章近似，可相互参照。

“奢则不孙”，奢，是指富裕起来后的一种物质消费行为方式，因为这种消费行为方式超过了人的实际需求与社会所能容纳的“适当”消费标准，所以“富而奢”被认为是一种道德之坏的表现形式之一。且这一道德之坏的表现在精神生活上就是“富而易骄”。骄，骄傲也，就是“不孙”，而“孙”通“逊”，“逊”之为“孙”，我看就是由“装孙子”转译过来的，“不孙”，就是不再“装孙子”，而是“充大爷”，用我们熟悉的话来讲，“奢则不孙”就是“财大气粗”，“有钱就任性”。

“俭则固”，节俭历来是中华传统文化提倡的美德，但是，节俭作为一种美德也有其价值限度。为什么？因为“俭则固”。“固”，守旧也，旧东西舍不得扔掉，所以看起来简陋寒酸。凡节俭的人都有一种不管该不该省，但能省一点是一点的心理倾向，而这种心理倾向一旦固化定型，人就会变得悭吝、小气，有的甚至还会成为“守财奴”。所以，“俭则固”虽在伦理上优胜于“奢则不孙”——因为它不造成对社会的主动伤害，但同样难以获得高额度的伦理正当性辩护。

从文本上下文意义联系的角度看，这一章（包括后面两章）看起来似乎与上章毫无意义关联，但是，我不认为文本如此安排完全是随意性的。因为，本章讲到的两种消费行为及其消费心理，都不符合孔子所特别推崇的“中道”标准，用朱子的话来讲是

① 南怀瑾：《论语别裁》（上册），上海：复旦大学出版社，2006年，第365页。

"奢、俭俱失中，而奢之害大"(《论语集注》)。"奢则不孙"，过也；"俭则固"，不及也，过犹不及，都非"中"也。所以，我认为，本篇后半部分的主题是讨论如何看待诸如圣人、仁人、善人、君子、恒者甚至"鬼神"等理想人格及神格问题，但最终的落脚点则在中庸之道上，这一点跟上篇的文本安排有相同之处(上篇倒数第二章即"中庸之为德也"章)。仅就本章与上章的联系而言，上章虽然讨论的是如何对待"请祷"问题，其主旨却仍然在孔子所主张的"敬鬼神而远之"上，而"敬而远之"恰恰是一种"中庸之为德也"的表现形式。可见，文本上下文是存在明显的逻辑关联的。

7.36【原文】 子曰："君子坦荡荡，小人长戚戚。"

〖解读〗君子与小人的不同精神状态

这一段是大家所熟悉的夫子名言，是对君子与小人两种人格精神状态的概括性描述。

夫子讲，人生在世，心地无私则天地宽，若成天计较个人利益，难免会产生患得患失的心理，故君子无私，所以坦荡；小人怀利，所以忧戚。李泽厚先生认为，本篇最后三章有一个共同点，就是欲彰显孔学的道德心理学特征，如上章就是讲消费行为与消费心理之间的联系，而本章则讲不同人格的不同心理状态。[①]孔学之所以重视道德人格心理分析，原因可能是春秋社会在孔子心目中已成了一个"病态社会"，这个社会已充满着"病态人格"，而孔子就是想当人格矫治的心理医生，或想当健康人格培养的教育家。

从文本上下文联系的角度看，上章孔子所指的两种消费心理都有失于"中"的要求，如从道德人格来讲，也属于不健康的道德人格表现。如"奢则不孙"，不孙就是一种心理膨胀，膨胀到一定程度就会产生自恋心理，而这一心理又会导致他为人处事时，盲目自信，为所欲为，进而造成对社会巨大的主动伤害，这是一方面；另一方面，有自恋心理的人，其人格自尊心越强，遇到挫折时所受的心理伤害越大，这种伤害又会加剧其潜意识里的自卑感，使其丧失自信心，进而造成其人格分裂。所以，别看"有钱"能够"任性"，"有钱就任性"的人的日子过得并不坦荡舒心，其精神状态同样与"长戚戚"的小人无别。与之相反，君子的人格自尊是建立在自信的心理基础之上，因为这种自信心理不受外物或环境所左右，因而它既不会心理膨胀，也不会心理自卑，其人格具有稳定的性状，故王夫之曰"人能自信则安，不自信则危"(《四书训义》卷十一)，君子坦荡荡，自信则安之故也。

---

① 参见李泽厚著《论语今读》(北京：生活·读书·新知三联书店，2004 年)相关章节。

7.37【原文】 子温而厉，威而不猛，恭而安。

【解读】中和之“气场”

本章承上两章之旨，继续讲述君子人格的精神状态，但与上章不同的是，本章作为本篇的最后一章，其对君子人格的描述更能体现出了“中庸之为德也”的特征，用朱子的话来讲，“惟圣人全体浑然，阴阳合德，故其中和之气见于容貌之间者如此。”（《论语集注》）

“温而厉”，对人虽亲切温和，但又不失庄重严厉，孔子就是这样一个望之也严，接之也温的先生。“威而不猛”，孔子个子高大，体格健壮，孔武有力，看上去确有威容，但又不像我们印象中的武夫那样，一副咄咄逼人样子，让人有点害怕。“恭而安”，一般人对人恭恭敬敬时却难免显得有点小心翼翼、局促不安的样子，孔子不是这样，他待人虽恭敬有加，但样子却从容不迫，举止不失分寸，拿捏十分到位。这一点尤为难得，没有强大的心理定力支撑是做不到的。

本章是弟子所记，由此足见圣人的“气场”强大到何种程度，以至于我们虽不能至，却心向往之。

第三篇 孔学理想人格论

◆《泰伯》第八◆

概要：本篇的主题是"至德"。首先讲"至德"的蕴涵即"让德"与"中德"(第一、二章)；其次是通过曾子的心学阐释(第三至七章)，突出主体仁知互补的修养在成就"至德"人格过程的价值与意义(第八至十七章)；最后以尧、舜、禹及三代圣王为例来证明"至德"政治再现的可能性(第十八至二十一章)。

8.1【原文】子曰："泰伯，其可谓至德也已矣。三以天下让，民无得而称焉。"

〖解读〗"至德"是一种"德性的智慧"

《泰伯》篇共21章，其中第三章到第七章是记曾子之言，其余皆为夫子所言。这一文本现象很值得注意，因为《论语》文本中很少有将弟子之言如此集中在一起的。另外，这一篇有没有中心思想，也是值得研究的问题。南怀瑾先生认为，此篇"等于是第二篇《为政》的个人学问修养的引申注解"。[①]我个人的见解是，本篇的主题应该是围绕着如何成就"至德"而展开，因为，从第一章对泰伯的评价，到后半部对尧、舜、禹、文、武的赞扬，文本的中心议题都离不"至德"二字。

何谓"至德"？朱子的解释是："至德，谓德之至极，无以复加者也。"(《论语集注》)至德，就是最高的道德，但是，这种最高的道德在儒家的语境中到底具体指什么？朱子未言。而根据《周礼·师氏》的"三德"之说来看——"掌以三德教国子，一曰至德，以道为本；二曰敏德，以行为本；三曰孝德，以知逆恶"——至德是"以道为本"，可以说是一种"道之德"。而"道之德"有什么样的特征？简言之，就是主体根据"道"即规律来选择自己的行为"应当"，而在儒家的语境中，这种"道"之"应当"就是中庸，因为，孔子曰："中庸之为德也，其至矣乎！"(《雍也》)明确地肯认中庸就是"至德"。那么，泰伯的"三让"行为，是否体现出中庸之德呢？

---

① 南怀瑾：《论语别裁》(上册)，上海：复旦大学出版社，2006年，第370页。

泰伯，周太王的长子，也就是周文王的大伯父。周文王的父亲季历是周太王的第三个儿子，而根据嫡长子制“立嫡以长不以贤，立子以贵不以长”的规定，泰伯才是王位的合法继承人，周太王选择季历为王位的继承人是不合法的。但是，周太王为什么这样做呢？原因就是泰伯不愿意继位，他“三以天下让”。关于“三让”，古人有很多说法，历史事实到底如何，已不可究，也不必深究。我个人以为，所谓“三让”，也就是多次让位给弟弟的意思。为什么“三让”天下就可以称得上“至德”呢？第一，在儒家的政治文化传统中，让贤是重要的美德，而尧、舜、禹皆以禅让得天下，更是儒家特别推崇的权力交接制度安排。泰伯让位是不是主动让贤，虽不可考，但从后来的历史事实来看，他这样“让”是做对了。因为，正是他这一“让”，才有周代八百年的历史，才有文、武、周公所开创的礼乐文明，所以，在孔子的眼里，泰伯之让位是让贤，值得肯定。第二，从泰伯让位所采取的方式来看，他的让位让得非常坚决、彻底，不给世人留下指责季历的把柄。据载，泰伯为了表明自己让位的决心，不仅自己，还带上弟弟老二仲雍一起，跑到南方吴越这样的蛮荒之地，断发文身，与“南蛮”为伍，自毁“文明人”形象，没给季历继位留下任何的道德风险。这种故意贬低自己的道德形象来维护继承者合法性的做法，恐怕也只有泰伯这样道德高尚的人才做得出来，所以“民无得而称焉”，老百姓实在不知道该怎么赞美他。第三，从泰伯让位的时机选择来看，他是在周将灭商的重大历史转折关头选择让位的。据载，周太王已有灭商之志，但他的这一想法却未得到长子泰伯和次子仲雍的坚定支持，只有三子季历以及季历的儿子即文王、武王坚决支持周太王的主张。泰伯不支持父王的“革命”主张，自有他个人的道德考量以及机会成本考量——因为“革命”能不能成功，泰伯心里没底，其实后来“革命”能够成功，也是冒了很大的风险的，但泰伯知道他这样的选择是有违孝道的，因而如果还继续留在继承人的位子上，恐怕会有性命之虞，所以选择离开不失为明智之举。由泰伯的这一选择可以看出，泰伯是一个有自知之明的人，他知道自己没有能力和勇气担当起灭商的历史重任，而把机会留给有能力、有准备的人，这也是一种政治责任伦理的体现，他不像有些人，自己干不了，也不让干得了的人去干，不识时务也就罢了，阻挡历史前进的潮流，其罪不容诛。

所以，泰伯之德之所以称为“至德”，是因为他体现了一种“德性的智慧”，他选择让位的时机以及选择让位的方式都是由他的德性而来，不仅高尚，而且明智。而“德性的智慧”恰恰又是“中庸之为德也”的重要特征。关于这一点，可参见本书关于《雍也》第二十九章的论述。

8.2【原文】 子曰：“恭而无礼则劳，慎而无礼则葸，勇而无礼则乱，直而无礼则绞。君子笃于亲，则民兴于仁。故旧不遗，则民不偷。”

〖解读〗“中庸之为德也”的过程就是仁礼合一的过程

上章讲泰伯“三让”，而本章的重心是讲礼，上下文有什么联系？我认为李泽厚先生说得好，他说“‘让’本是‘礼’的一个重要特征”。[①]也就是说，泰伯让贤，既是德性所致，也是礼仪习俗所求，泰伯之让，是一种礼让，符合禅让的传统习俗，是有先例可循或历史根据的。所以，文本由“让”开篇，然后接着讲“礼”，逻辑联系明矣。而且，孔子论礼，仍是站在中庸之道的角度。

“恭而无礼则劳”，恭，敬也，就是对人对事态度要好，显得恭恭敬敬，这本来是好的品德，但有些人做得过了，如见到人一味地打躬作揖，点头哈腰，这就让人不胜其烦，以致受不了这种恭敬，所以，孔子认为，要恭而有礼。礼就是行为规范，是内在态度的外在表现形式，如见到朋友，打躬以表示恭敬，但不是打躬次数越多，就表示你态度越恭敬，如果礼仪规定是揖让三下，你就没有必要来四下甚至更多。有人说“礼多人不怪”，但“不怪”并不意味着“不烦”，这一点凡是跟日本人打过交道的中国人都有体会，人家不停地点头哈腰，你总不可能站着不动，不回敬人家；回敬吧，你是不是会觉得累得慌？所以，表示恭敬必须要有礼有节，这样才不失中和之度。

“慎而无礼则葸”，葸，畏惧、胆小怕事的意思。谨言慎行也是一种美德，但过度谨慎则意味着胆小怕事。因为，做任何事情不可能有百分之百的把握，都需要冒一定的风险，如果说只有将所有的风险考虑清楚了才着手行动，那就根本不敢有行动，所以，孔子认为，要慎而有礼。礼在这里就是行为的程序、规矩，就如叫你操作一台新的仪器，小心谨慎是必要的，但只要你按操作手册来，也就没有必要害怕操作失误而导致仪器报废。可见，礼就是小心谨慎而不致过度紧张的减压器。

“勇而无礼则乱”，勇敢是美德，也是儒家“三达德”之一，但一味地好勇斗狠，奋勇冲刺，就会导致祸乱。因为，敢于行动、敢于冒险，固然是成事的关键，但不要忘了“冲动是魔鬼”和“细节决定成败”的道理，所以，孔子认为，要勇而有礼。礼在这里就是指理性克制，指具体的程序、方法，就如行军打仗，既要鼓励士兵不怕牺牲，又要讲究战略战术，既要斗勇，更要斗智。可见，礼就是勇敢而不致蛮干的过滤器。

“直而无礼则绞”，绞，急切、偏激的意思。直率当然是值得鼓励的美德，但是，在生活中，我们经常会有这样的体会：有人对你有意见、看法，会不绕弯子、毫不留情地给你指出来，你听了后会觉得有些受不了。为什么会受不了呢？这是因为心直口快的人在提意见的时候，往往只图自己心里痛快，本来是直抒心意，但越说越激动，一激动就喜欢用词偏激，话如刀子，刀刀见血，这样多少有失客观公允，谁会受得了呢！所以，孔子认为，为人是要坦白直率，但直率也要讲究礼节，提意见要讲究方式方法，礼就是直率而不致偏激的平衡器。

恭、慎、勇、直，都是儒家所提倡的美德，但如果不以礼来中节之，美德就有可能走向“恶德”，所以，孔子讲：“夫礼，所以制中也。”（《礼记·仲尼燕居》）礼的功能就是“制中”，就是使我们的言行有“度”，不偏不倚。

---

① 李泽厚：《论语今读》，北京：生活·读书·新知三联书店，2004 年，第 197 页。

自宋以来，有不少学者认为，本章的后一段话似乎与上一段不相蒙，“当自为一章，乃曾子之言也。”(《论语集注》引吴氏曰)李泽厚先生则认为，本章前后的衔接应从“礼”与“仁”的关系来看。[①]吾以为然。因为，恭、慎、勇、直四德之所以容易失“中”，就是因为主体的情感生发没有受到节制，而礼就是主体情感的调控机制。但是，礼的功能只是“制中”，具有外在强制或他律的性质，也是属于人类自然情感不愿意接受的东西，那么，如何使主体心甘情愿地接受礼的节制呢？或者说规范之礼如何成为主体的内在需求呢？这是问题的关键，也是孔子仁学的理论价值所在。因为，孔子认为，主体要自觉守礼，必须要自觉行仁，而最能体现主体情感的行仁莫过于“亲亲”，所以要“君子笃于亲”；如果大家都爱自己的亲人，“则民兴于仁”，即整个社会就会兴起一股仁爱之风，如此则“故旧不遗，则民不偷”。但是，孔子之所以强调“亲亲”之仁，还在于爱自己的亲人，这既是人类自然情感的流露，又在于选择一种“礼”的方式去爱亲人是人类愿意接受的爱人方式。换言之，只要主体有仁爱精神，礼就不是外在于人的他律，而是内在于人的道德情感需求，如此，则恭、慎、勇、直四德就会自觉地接受礼的节制而不致“失中”。可见，“中庸之为德也”的过程实际上就是仁礼合一的过程，以仁“存中”，以礼“制中”，中庸之德就是仁礼合一之德。

8.3【原文】 曾子有疾，召门弟子，曰：“启予足，启予手。《诗》云：‘战战兢兢，如临深渊，如履薄冰。’而今而后，吾知免夫！小子。”

〖解读〗曾子给学生的“临终遗言”：身、心都不能有所闪失

文本前面两章以“至德”为主题。第一章是讲什么是“至德”，第二章讲“至德”何以可能。而从本章起，连续五章都是曾子的话，是以后人认为《论语》乃曾子门人所辑，但如果是这样的话，曾子所言为什么又散见于其他篇呢？我以为，即使《论语》文本的集结有曾子门人的参与，也不会做如此的文本安排。而文本之所以如此安排，必定有其编辑学的逻辑考量，也就是说它不是根据人物而是根据思想或上下文意义的逻辑联系来编辑的。我们先看事件本身，再来分析其文本意义联系逻辑。

曾子病了，看来是病得不轻，有大限将至之感，是以曾子将徒子徒孙召集到身边来，对他们讲：“启予足，启予手”，即你们来看看我的脚和手吧，肌肉虽已萎缩得没有什么弹性了，但四肢还无损吧。我要告诉你们的是，我这一辈子，每天都过得如《诗》中所云，“战战兢兢，如临深渊，如履薄冰”，生怕身、心有所闪失，而现在我快要解脱了，再也不用过那种战战兢兢日子了。讲完这些话，最后还来一句“小子”，什么意思呢？我看是跟弟子说“同学们，再见啦！”的意思。

以上是曾子给学生的“临终遗言”，其所言符合“曾子风格”。因为，首先，曾子是一

---

① 李泽厚：《论语今读》，北京：生活·读书·新知三联书店，2004 年，第 198 页。

个大孝子，而他对孝的理解有“重生”“全生”的维度，认为“身体发肤，受之父母，不可毁伤”。(《孝经》)所以，临终的时候，他要学生“启予足，启予手”，意思是大家可以验证一下自己是否做到了“全生”。需要指出的是，曾子“重生”，重视生命健康，并不意味着“贪生怕死”，而是指要敬畏生命存在的价值与意义。因为无论是孝敬父母也好，还是服务社会也好，都需要我们有一个健康的身体，此所谓“身体是革命的本钱”是也。其次，曾子是一个善于内省的人，他开设了“吾日三省吾身”的“必修课”，以敬慎恐惧的态度来检视自己的一动一念，生怕心灵有所闪失，时刻绷紧着道德心理之弦，如临深渊，如履薄冰，坚持不懈，死而后已。曾子一生可以说是“生命之不可承受轻”的一生。

从文本上下文联系的角度看，上章孔子讲“至德”即“中德”何以可能？强调以礼“制中”与以仁“存中”的结合；而关于以仁“存中”思想，孔子虽提出了“君子笃于亲，则民兴于仁”的思想，但它的实践路径何在？这在上文中并不十分明确，而本章曾子所言，从孝道和内省两个角度来加以说明之。前者，曾子主张以“全生”为孝，这符合有子“孝弟也者，其为仁之本与”的思想，而“君子笃于亲”就是“君子务本”之意；后者，曾子主张以敬慎恐惧的态度来检视自己的一动一念，从而构建一条“顺亲以诚身为本”的孝道实践路径(《四书训义》卷十二)。《中庸》曰：“顺乎亲有道：反诸身不诚，不顺乎亲矣；诚身有道：不明乎善，不诚乎身矣。”“诚身”是“顺亲”的根本，而“明善”又是“诚身”的前提，故“诚身”就是择善固执，拳拳服膺，如荀子所说：“至诚……唯仁之为守，唯义之为行。”(《荀子·不苟》)既然诚以“守仁”，那么，仁以“存中”才是可能的。

8.4【原文】 曾子有疾，孟敬子问之。曾子言曰：“鸟之将死，其鸣也哀；人之将死，其言也善。君子所贵乎道者三：动容貌，斯远暴慢矣。正颜色，斯近信矣。出辞气，斯远鄙倍矣。笾豆之事，则有司存。”

〖解读〗言谈举止看修养

孟敬子，鲁国孟孙氏第十一代宗主，孟武伯的儿子，名捷，世称仲孙捷，敬是谥号。

上章是曾子给学生的“临终遗言”，本章则是曾子给权贵的“政治交代”。曾子病了，来探视的人除了学生、朋友外，还有当时的权贵，孟敬子就是其中的代表。对于这些身居要职的权贵，曾子自然知道他们是影响社会发展的“关键少数”，所以跟他们谈话自然要慎重得多，也要严肃得多。曾子先告诉孟敬子：“鸟之将死，其鸣也哀；人之将死，其言也善。”意思是：我是一个将死之人，有些话你们可能不愿意听，但我是为你们好才讲的，希望你们注意。听到曾子讲得这么严肃，孟敬子自然不敢不认真聆听曾子下文。曾子的下文是：“君子所贵乎道者三。”“道”是士之所“志”，君子之所“谋”；“道”分“天之道”“地之道”和“人之道”，儒家所重者“人之道”也。而人之“道”又体现为人之“文”，体现为“文”之“化”人即让人远离动物的过程。而“文”之“化”人既“化”其外在之“形”，又“化”其内在之“心”。曾子之学以“诚身”为本，“诚身”者，先“诚心”也，而心之

“诚”与否？可以从人的态度、仪容、气质等方面看出来：

一是“动容貌，斯远暴慢矣”。朱子曰：“容貌，举一身而言。”(《论语集注》)人与人接触，首先看见的人的外表仪态，而外表仪态即“动容貌”就是人的一种肢体语言。根据现代心理学研究，一个人要将信息完整地传达给外界，语言部分只占到7%，声音语调约为38%，剩下的55%则是由人的肢体动作来完成，譬如一个正在生气的人，往往会紧握拳头，所以，“动容貌”就是要通过修养来建构、完善自己的肢体语言系统，使自己的外表仪态印象远离粗暴和轻慢。

二是“正颜色，斯近信矣”。“颜色”，就是人的面部神情，也就是所谓脸色。如果说“容貌”是一种无意识的肢体语言，那么“颜色”就是一种显意识的面部语言，它能直接反映人的内心世界。我们一般都能通过一个人的脸色读懂他所要表达的信息是什么，譬如有的人情感和情绪总是“写在脸上”，所以，“正颜色”就是要通过修养来使自己的脸色所表达出的信息是正面、积极的，这样才可能使人觉得你一看就是一个可信之人。

三是“出辞气，斯远鄙倍矣”。辞，言语；气，声气。与人交道，先看举止，再看言谈，而言谈又包括措辞是否得当和语气是否合宜两个方面。有的人讲话虽措辞得体，但语调却不相宜，反之亦然。所以，“出辞气”就是要学会说话，使自己的谈吐文雅得体，这样就可以避免给人粗鄙不堪和学问浅薄的印象。

以上是曾子对孟敬子所讲的“君子所贵乎道者三”，讲完这段话后，最后还来一句：“笾豆之事，则有司存。”“笾豆”，南怀瑾先生认为“是古代的祭器，用竹制成。在这句话里代表了‘执政’之事”①。意思是有关祭祀礼仪之事，自有专门的人负责，我就不跟你多讲了。因为，我关心的问题不是礼仪之“器”，而是君子之“道”，而君子之“道”又体现在我们日常生活的举止言谈之中，要让我们举止言谈有君子风范，唯有加强个体的内在修养才行。

由上可见，本章之旨仍如上章，都是讲修己功夫，不过讲得更细、更具体，把上章讲的那种敬慎恐惧落实到了具体的举止言谈之上。读到此，我常想起《曾国藩家书》中写给曾纪泽的一段话，曰：“尔之容止甚轻，是一大弊病，以后宜时时留心，无论行坐，均须重厚。”(咸丰九年十月十四日)又，信中经常问子女：你最近说话是否慢了一些？走路是否慢了一些？吃饭是否慢了些？……。真是曾子后人，其学问修养之道亦如之。

8.5【原文】 曾子曰：“以能问于不能，以多问于寡；有若无，实若虚，犯而不校，昔者吾友从事于斯矣。”

〖解读〗颜回的美德：谦虚与宽容

上章曾子从举止言谈方面讲修养问题，本章则从人际交换方面继续深入讨论这个

---

① 南怀瑾：《论语别裁》(上册)，上海：复旦大学出版社，2006年，第385页。

问题。

“以能问于不能，以多问于寡”，就是“不耻下问”的意思。这个说起来容易，但做起来却难。尤其是知识分子和领导干部，特别爱面子，不愿意向不如自己的人请教，久之，则容易犯常识性错误，在公众面前出丑，真正是没有了面子。其实，不论你的学问有多高，官当得有多大，总有你不知道的方面，尤其是在你成长过程中所积累的知识与经验之中有些可能是错误的，你自己不知道，一直把它当作对的沿用下来，成了习惯，而你的下属又不敢给你指正出来，就更容易在公众面前出丑。譬如某名牌大学的校长在学校的校庆致辞中就将初中生都会读的成语念错了，原因是他的初中老师就是这么教的，自己一直是这么读的，结果酿成全国性的公众事件，自己出丑不说，还给名校抹黑。所以，谦受益，满招损，至理也。

“有若无，实若虚”，诚如李泽厚先生所说，这句话有点道家的味道。[①]不过，需要指出的是，“有若无，实若虚”，不是叫人刻意去装。如你有万贯家财，却故意穿成叫花子样子，这就是装，是虚伪。曾子不是这个意思，而是指一个人虽有学问知识、内心也特别充实，但从外表上看，他总是显得那么谦和，非常平易近人，一点架子也没有，不像某些学问“大咖”，到处“摆谱”。所以，只有真正谦虚谨慎的人，才可做到“有若无，实若虚”。

“犯而不校”，校，计较也。人家冒犯了你，你却不计较人家，这就是“犯而不校”。有一句俗话，叫“大人不计小人过”，领导不计较下属的冒犯，这是肚量；而同事之间不计较，这是宽容。这一点也不容易做到，譬如我们经常听到一些同事抱怨，某某领导给我“穿小鞋”，某某同事跟我过不去，等等。其实，人际关系中有矛盾发生是正常的，如果彼此能够“犯而不校”，矛盾就容易化解，人际和谐就可以达成。当然，“犯而不校”只适用于“人民内部矛盾”，如果是“敌我矛盾”，那还是要“校”的。

曾子说，以上几个方面看似简单易行，但只有我的朋友——颜回他做到过，可惜的是他已经不在了。

8.6【原文】 曾子曰：“可以托六尺之孤，可以寄百里之命，临大节而不可夺也。君子人与？君子人也。”

〖解读〗临大事而德不亏者，君子也

曾子之学以守身谨约、有所不为为主。前面几章都是讲个人修养，讲宗教性私德，而本章则讲这种私德的公德化表现。康有为认为，《论语》中的曾子形象，“惟此章最有力，真孔子之学也。”[②]确实，前面几章的曾子，给人以战战兢兢、唯唯诺诺的印象，而从

① 李泽厚：《论语今读》，北京：生活·读书·新知三联书店，2004年，第201页。

② 李泽厚：《论语今读》，北京：生活·读书·新知三联书店，2004年，第202页，引《康注》。

本章起，一下子变得豪气干云、威武不屈，读之有畅快淋漓之感。

"可以托六尺之孤"，政治关系上，可以把辅佐幼主的重任交给你；朋友关系上，可以把哺育朋友小孩的责任托付给你，这是对你何等的信任！遇到这样信任你的人，真只有像诸葛亮一样——鞠躬尽瘁，死而后已。

"可以寄百里之命"，可以把方土百里的治理重任交给你，也就是可以托付国命，"国家行不行，全靠你了"的意思。如果说前一种信任是对你忠诚的肯定，那么后一种信任就不只是对你忠诚的肯定，还包括对你能力的肯定。

"临大节而不可夺也"，大节，关键时刻，生死关头，最能考验一个人的操守。有的人平时不太注意自己的言行，爱贪点小便宜，甚至还干点偷鸡摸狗的事，但在事关民族国家兴亡的大是大非问题上，却能站稳立场，决不屈服于各种威逼利诱，宁死不屈。譬如旧上海滩的青帮教父杜月笙就曾积极支持抗日战争，因而他的一生可以说小节有污，大节不亏；而与之相反，曾经"引刀成一快，不负少年头"的反清义士汪精卫却成了中国抗日战争史上的最大汉奸，可以说是大节不保。

能够做到以上三点的人，是不是可称为君子呢？曾子说：当然是君子，而且是真君子。为什么会有此一问呢？朱子也注意到了这一文本现象，他说："设为问答，所以深著其必然也。"（《论语集注》）意思是说，能够做到以上三点的人，是有其道德必然性的，即能够临大事而德不亏者，必定是因为平时注重个人的道德修养，恪守小节，严格要求自己，日日涵养，终成大器。但是，如上所述，如果临大事而德不亏是靠平时的修为所致——这也符合道德人格养成的一般逻辑，那么曾子有必要这么"设为问答"吗？我看曾子之所以有此一问，是因为他看到了社会道德生活中存在着私德与公德相矛盾的现象，才特意强调公德是评判"君子"的最高原则，其实这么理解也可以从子夏之"大德不逾闲，小德出入也可"（《子张》）中得到佐证。

8.7【原文】 曾子曰："士不可以不弘毅，任重而道远。仁以为己任，不亦重乎！死而后已，不亦远乎！"

〖解读〗培养弘毅之士

"士不可以不弘毅"，士，读书人也；弘毅，胸怀宽广，意志坚强之意。读书人既要读"有字"之书，又要读"无字"之书，也就是既要读万卷书，又要行万里路，这样才能见多识广，才能胸怀宽阔，所以，"弘"实际上是一个"知（理性）"的问题；与此同时，读书人还有改造社会的责任感与使命感，这里面有许多问题要解决，有许多的困难要面对，如果没有坚强的意志和毅力，是成就不了事业的，所以，"毅"实际上是一个"意（意志）"的问题。

我们知道，知，情、意是心理人格的三要素。曾子在知、意两个要素方面提出要培养"弘毅之士"，原因主要在于三要素中的"情"不是一般的感情，而是以"仁"为中心的道德感情(仁以为己任)。而我们知道,孔子的仁爱是一种"仁民而爱物"的道德情感,这种道德情感的张扬是以"天下"为空间(不亦重乎!),以"无限"为时间(不亦远乎!),可以说,"仁"是孔子所谓之"至德"的另一表述,而读书人要担当起仁德这样一种"至德"的重任,必须要有胸怀天下的胸襟,以及坚忍不拔的意志来支撑才是可能的。

本篇记曾子之言共有五段,这是最后一段,连在一块,可以看出,前面两段曾子讲个体修养要求,由内心而外表,第三段和第四段,由讲社会道德到讲政治道德,文本上下文的意义逻辑联系是十分清晰的,而本章是曾子对人格思想的最高论述,它既与本篇的主题——"至德"思想相联系,又与第一段"而今而后,吾知免夫"相呼应。

8.8【原文】子曰:"兴于诗,立于礼,成于乐。"

〖解读〗孔子三教立足于道德自由人格的培养

前面文本安排了五章讲曾子之学,而曾学的特点是由培养宗教性私德入手,然后转化提升为社会性公德,其目标指向就是成就能够担当起仁德即"至德"重任的君子人格,可以说反映了曾学对孔子"至德"思想的理解。而从本章起,文本把主角还回到孔子,继续深化对这一问题的讨论。

如何培养"仁以为己任"的君子人格?孔子认为要立足于"三教",即"兴于诗,立于礼,成于乐"。第一是诗教。诗教之所以居首位,原因在于诗"可以兴",兴是诗最基本、最原始的功能。"可以兴"即可以让人的情感或情绪兴奋起来,由之而产生对事物的兴趣与爱好,进而引发出意义联想。从教育学的角度讲,诗的形象化语言及其韵律感"既易知……其感人又易入"(《论语集注》)。所以,朗诵诗歌最能调剂人的情绪,涵养人的性情。当然,孔子所谓"兴于诗"之诗是有特定所指的,即它是指经过他删节之后的《诗经》,这些诗充满了"思无邪"的道德"正能量",所以,兴于《诗》是指以诗来感动人的性情并进而产生对善的兴趣与爱好,易言之,诗教的目的就是欲培养人的"好善恶恶"的道德情感与意向。

第二是礼教。用李泽厚先生的话来讲,诗教是"以美启真"或"以美启善",[①]而礼教即"立于礼"就是要使人的"好善恶恶"的道德情感与意向稳定和固化下来。因为,"兴于诗"的道德情感与意向有其性状的不稳定性和表述的模糊性,要使其稳定下来和清晰起来,就必须有礼教的介入。我们知道,礼是一种行为规范和制度安排,是道德"应当"的外在表现形式,当一个人的道德情感转化为道德"应当"时,礼就成了道德理性的表现形式,所以,"立于礼"的过程实际上是一个伦理实践(习礼)与道德认识(知礼)相结合的过程。

第三是乐教。古代的乐,包括音乐、歌舞,且与诗相通为一体,如《毛诗序》曰:"在

① 李泽厚:《论语今读》,北京:生活·读书·新知三联书店,2004 年,第 204 页。

心为志，发言为诗，情动于中，而形于言，言之不足，故嗟叹之，嗟叹之不足，故永歌之，永歌之不足，不知手之舞之，足之蹈之。”《礼记·乐记》中也有类似的记载，这说明在古人看来，乐是诗的最高表现形式，诗只有进入到乐的阶段才能发挥其最大的功能。那么，孔子说“成于乐”是什么意思呢？这要结合“立于礼”来看。因为，诗缘情，而情有正邪之分，礼对于情有着辨异的功能，故“发乎情”之诗必“止乎礼”才明诗之所“志”，由“兴于诗”到“诗言志”，诗便变成了礼的表达方式之一，孔子说“不学诗，无以言”，行礼离不开言诗，而言诗的最高境界是乐。所以，“立于礼”是否能够“立”而不倒，必须要有乐的介入，“成于乐”就是乐有“成”于“立”。正因为乐有“成”于“立”，所以，乐也是礼，而礼乐融为一体，人便乐而为礼。

由上可知，夫子三教，重在道德人格心理塑造，“兴于诗”是为了激发人的道德情感（情），“立于礼”是为了树立人的道德理性（理），“成于乐”是为了实现情理交融，而情理交融的人格才是自由自在的道德人格，这种人格境界就是孔子所称的“至德”境界。

8.9【原文】子曰：“民可使由之，不可使知之。”

〖解读〗愚民还是教民？这是一个值得讨论的问题

关于这一章的释读，历来有不同的看法，而争论的焦点在：孔子是不是愚民政策的主张者？如果是的话，孔子还称得上圣人吗？宋明理学家认为：“圣人设教，非不欲人家喻而户晓也，然不能使之知，但能使之由之尔。若曰圣人不使民知，则是后世朝四暮三之术也，岂圣人之心乎？”（《论语集注》引程子曰）程子的意思是，孔子“不可使知之”一语并不是主张愚民政策，并不是故意玩心计、弄权术，而是“不能使之知”即没办法让民知的意思。因为，从圣人的本心来讲，还是希望让百姓知道的，只是因为百姓理解能力或理解角度问题，没办法一下子让他们明白其中的道理，那就只好“使由之”，即叫他们照着我们的意见去做就行了。

我觉得程子的这看法比较符合实情。大家可以试想一下，在古代教育水平及信息传播条件极其落后的情况下，政策宣传工作要做到让老百姓知其所以然的地步是几乎不可能的。即使在今日科技发达的社会，由于立场和角度不同，老百姓对于涉及长远利益和根本利益的政策也会存在理解上的偏差，如果非要等他们全都明白了其中的道理才去做的话，就可能会失去发展的机会。所以“不可使知之”，不是不想让他们知道，而是情非得已，势有不能，一下子无法让他们明白其中的道理，只有先让他们去做了再说，相信他们会慢慢明白的。事实上，家长教育小孩，也会有这种状况的时候，父母跟他讲道理，要他怎么去做，小孩就是无法理解，如果不逼着他去做，目标也就可能放弃了，而等到他长大之后，明白了其中的道理，于是便开始后悔起来，甚至会反过来责问父母当时为什么不逼着他去做呢。所以，孔子这段话并不是愚民政策的意思，我们也没有必要像康有为那样将此句读为“民可，使由之，（民）不可，使知之”以符合现代民主观念的要求。

此外，从文本阐释学的角度看，把孔子这段话安排于此，是有文本上下文意义联系的逻辑在。因为，上一章孔子所讲的三教即诗、礼、乐，都是士即读书人的事，而即使是读书人，但能够明白三教道理的人又有多少呢？孔子弟子三千，身通“六艺”者也不过七十二人，更何况普通老百姓呢！老百姓虽然不懂诗、礼、乐的道理，且按当时“礼不下庶人”的规定，他们也没有懂三教的权利与义务，但还是可以让他们学习照着去做，毕竟教化百姓是读书人的主要责任之一。所以，如此来看，我认为，孔子的这段话，不仅不是主张愚民政策，相反是主张教民政策，它与孔子“庶富教”论（《子路》）是一致的，且从教育学的角度讲，也符合孔子“因材施教”的观点，也就是靠政策去推动百姓的教化工作。

8.10【原文】 子曰：“好勇疾贫，乱也；人而不仁，疾之已甚，乱也。”

〖解读〗为社会动乱问题把脉

“好勇”，喜欢斗勇称狠；“疾贫”，厌恶贫穷。这两个现象是联系在一起的，李零先生说，“好勇疾贫，乱也”，“主要是讲穷人不安其贫，积怨太深。”“苦大仇深，诉诸暴力，当然会出乱子。”[①]我以为，此解甚合夫子之意。因为，孔子还说过“小人穷斯滥矣”（《卫灵公》），穷人穷到一定的地步会起来造反，这是历史规律，所以，无论什么时代，贫困乃是社会动乱的主要根源。看到这一点并不难，难的是孔子还看到了另外一种导致社会动乱的现象，即“人而不仁，疾之已甚，乱也”。“人而不仁”，李零先生说主要是讲富人不仁，不拿穷人当人。[②]我看未必。因为，无论是富人还是穷人，都有“不仁”的可能。“不仁”者，就是对他人没有爱心也，就是舍不得作自我牺牲，一切以自我为中心，“人而不仁”的人就是自私自利的人，这种人——无论他是富人还是穷人，都会招致别人痛恨，如果积怨太深，也会出乱子，譬如春秋时期盛行的权力斗争，就是造成社会动荡的主要因素之一。这类现象孔子看得太多了，所以才这么说，意在告诫统治者既要关心群众的生产生活，让他们过上温饱的日子，又要尽可能地避免权力斗争对社会安定所造成的不利影响。

朱子认为，“人而不仁，疾之已甚，乱也”是指“恶不仁之人而使之无所容，则必致乱”（《论语集注》），意思是不要对不仁之人厌恶得过分了，对不仁之人要有包容心，否则会出乱子。我认为，这样的理解是曲解了孔子的意思。因为，孔子明确地说过“唯仁者能好人，能恶人”（《里仁》），仁者是爱憎分明的人，怎么可能对不仁之人如此包容呢？朱子这样理解是把板子打在“不仁之人”的相对方，哪有这样的道理呢？其实孔子

① 李零：《丧家狗——我读论语》，太原：山西人民出版社，2007年，第169页。
② 李零：《丧家狗——我读论语》，太原：山西人民出版社，2007年，第169页。

这段话是对不仁之人说的，意思是：你们这些不仁之人一定要学会收敛一点，别太自私自利了，别让他人对你们积怨太深，否则会有出乱子的时候，而一旦出乱子，你们的好日子也就到头了。所以，孟子讲“仲尼不为已甚者”(《孟子·离娄下》)，“不为已甚”，就是做什么事都不要做过头，做得太过分，这就是孔子的为人之道，也就是中庸之道。从文本上下文的意义联系来讲，这一章跟上章一样，都体现了孔子对社会问题的关怀，可以说是孔子为当时社会问题的把脉，是找病因，开处方，当然，作为一个教育家，孔子的处方仍然是教化为先。

8.11【原文】 子曰：“如有周公之才之美，使骄且吝，其余不足观也已。”

〖解读〗骄傲、吝啬的人，不管多有才华，皆不值一提

周公，是孔子心目中的偶像、“至德”的代表，可以说孔子是念念不忘，连做梦都经常梦见的圣人。周公之才之美，主要体现在他辅佐成王的七年间所做出的政绩，用《尚书·大传》的话，可概括为：“一年救乱，二年克殷，三年践奄，四年建侯卫，五年营成周，六年制礼乐，七年致政成王。”而周公之所以能做出这些伟大成就，仅靠他个人的才华是肯定不行的，还得靠他的德。据传，周公为了延揽人才，曾“一沐三握发，一饭三吐哺”，即看到有人来找，便几次中止了洗头、吃饭等事，是以有“周公吐哺，天下归心”之说。周公官至宰相且摄行王事，能够如此礼贤下士，足见其何等谦卑。这种人历史上确实少见，现实的政治生活中也更为难见，我们经常见到的官场现象是“有权就任性”，不管职位高低，在百姓面前总是一副高高在上、爱理不理的样子，即使有个别官僚看起来比较“亲民”，那也是在需要“做秀”的时候，其实他的内心是看不起别人的，所以，骄傲是古今官员的通病。

不仅如此，别看当官的有权也“不差钱”，也“有钱就任性”，过着骄奢淫逸的日子，但若要他拿点钱给穷人或他人，却舍不得，显得十分吝啬，是典型的守财奴。他们对于国家、个人的“穷急”之需缺乏乐善好施的社会责任感，甚至还以不正当的手段敛取财富，如《世说新语》中的王戎，“既贵且富，区宅、僮牧，膏田水碓之属，洛下无比。”但他在高价出售自家上好的李子时，因担心别人用他的李子核做种子栽培出上等李子，竟事先把李子里面的核给去掉。又如五代大词人韦庄，八岁的儿子夭折了，下葬时，妻子为孩子穿上生前的衣服，却被韦庄剥下来，仅用旧草席裹着送去掩埋，且掩埋之后，竟还将草席带回来，全然不顾父子亲情和死者的尊严。悭吝刻薄如斯，恻隐之心何存？上天真是白给了韦庄之才！所以，孔子说，如果你看到一个人很有才华，但却骄傲、吝啬，其余就不值一顾了。

周公之才与周公之德是周公取得事业成功的关键，是以孔子强调要向周公学习，这一点在今天仍有意义，但也不能过分拔高，因为，诚如李泽厚先生所说，权力对于个体道德有很强的腐蚀作用，有德有位者难保不失其德，仅靠个人私德来保证权力的纯洁行使是靠不住的。[①]

从文本上下文联系的角度看,前面两章是讲如何提高百姓的道德素质问题,而本章及下面几章则是讲政治家或想成为政治家的士的道德建设问题,可见,文本的逻辑联系十分明显的。

8.12【原文】 子曰:"三年学,不至于谷,不易得也。"

〖解读〗学而不急于仕者,比较难得

"谷",禄也,也就是当官的俸禄,相当于今天的薪水、工资。"三年学",因为古代有三年大比以选官吏的制度安排,所以读书人学习三年之后,都会考虑要不要进入仕途的问题。孔子对于弟子们的这种想法,所持的态度是"学而优则仕"。有两层意思:

一是"学"本来就是要"仕",而"仕"必有"谷"。因为"谷"是报酬,可以用来养家糊口,解决生存问题,所以,三年之学后,想进入仕途谋个一官半职,是可以且应该的,没有什么道德的不当,不能说人家是个"官迷",特别是在社会急需治理人才的情况下,学成之后不去当官,那倒是不应该。因为,做官不只是有"谷",更重要的是有比做其他事更好的社会服务平台,可以为更多的人贡献自己的力量。如果是这种情况,就更应该肯定和鼓励弟子出仕的想法。

二是孔子不主张弟子急于从政,认为要学而"优"才去当官才好。"优",有余也,也就是学习之余如果还有精力的话,可以考虑去从政。如果你学习都觉得费劲,每天老师布置的作业都完不成,功课考试都不及格,那就不要考虑当官的事了,还是认认真真学习吧。但是,我们知道,学海无涯,学无止境,三年时间的学习,能不能够学到应该学到的知识,或者说能不能掌握为政的基本要领,能不能胜任职业的需求,这是要打问号的。但是,从孔子的教学经历来看,既很少有人把"学"作为自己的终身追求,大多数人都是把"学"当作"仕"的工具,又很少有人认为自己学了三年之后还没有掌握从政本领的,大多数人认为自己"可以了",从政应该没问题,如果有人以"学"为追求,以没有学好为自评,那是极个别少数人,所以,孔子讲"三年学,不至于谷,不易得也",有几个这样的人,非常难得。

李泽厚先生说,大概从孔子始,"学"已具有了自身的独立性,即不是为"仕"而学。[②]从孔子主张"为己之学"来看,儒家的学问更重个体内在修养的提升,为"仕"之学已被业余化或次要化。所以,本章与上章一样,仍然是讲个体内在修养问题,不过是从为学的角度讲的,其义同于"君子谋道不谋食"也。

---

① 李泽厚:《论语今读》,北京:生活·读书·新知三联书店,2004 年,第 206 页。

② 李泽厚:《论语今读》,北京:生活·读书·新知三联书店,2004 年,第 207 页。

8.13【原文】 子曰:“笃信好学,守死善道。危邦不入,乱邦不居。天下有道则见,无道则隐。邦有道,贫且贱焉,耻也!邦无道,富且贵焉,耻也。”

〖解读〗要誓死捍卫“善道”,但没有必要作无谓的牺牲

本章是孔子对上一章所讲问题的继续深化,由中可以看出孔子并不反对弟子从政,其“邦有道,贫且贱焉,耻也!”一语,甚至还给“至于谷”者以道德鼓励。

“笃信好学,守死善道。”坚定信仰,爱好学习,誓死捍卫“善道”——也就是儒家所认可的周公之道或礼乐文明。这是学者的本分(君子谋道不谋食),是儒家的使命(士志于道),也是人生的最高境界(朝闻道,夕死可矣)。

“危邦不入,乱邦不居。天下有道则见,无道则隐。”捍卫“善道”是需要勇气的,但也不必作无谓的牺牲,要学会保护自己,要尽可能地远离那些有危险的地方,甚至可以学习道家的做法,天下太平就出来做点有意义的事,天下黑暗就去当隐士,超然世外,自由自在,不同流合污。这方面,孔子的学生南容做得比较好,孔子说他是“邦有道,不废;邦无道,免于刑戮。”(《公冶长》)

“邦有道,贫且贱焉,耻也!邦无道,富且贵焉,耻也。”孔子终究不赞成道家之所为,认为读书人应当出来做点有益社会的事,特别是国家政治清明的时候,你如果还不能有所作为,不能对社会有所贡献,仍躲藏在深山老林过着清贫的日子的话,那不是读书人的光荣,而是读书人的耻辱。读书人就是要有所为,有所不为。有所为,就是要找机会与平台为社会多做贡献;有所不为,就是要坚持“君子喻于义”的原则,不能为自己过上好的物质生活而与世俗同流合污。

读孔子这段话,我有一个认知,这就是:当一个社会连知识分子都过不上好日子,或者知识分子不再像个知识分子的时候,那么,这个社会肯定有问题。

8.14【原文】 子曰:“不在其位,不谋其政。”

〖解读〗不能把当官作为实现人生理想的唯一选项

这是夫子名言,也经常为世人所引用,但有失夫子原意的理解亦常有之,这一点诚如南怀瑾先生所言:“很不幸的,孔子的这句话常常被人用来做滑头话,作推托词。甚至,有些人看见别人用这句话作挡箭牌,都误认为是跟孔子学滑头。”[①]那么,孔子的这句话到底有何所指?这需要联系上下文语境来看。

上一章孔子讲读书人如何入世的问题,其中把出仕当官作为选项之一,并有条件地给予了道德鼓励,这也就是说由“士”而“仕”作为传统读书人的职业规划是可以获

① 南怀瑾:《论语别裁》(上册),上海:复旦大学出版社,2006年,第407页。

得正当性辩护的。正因为此,传统读书人的血液里都渗入进了关心政治的文化基因,虽说孔子开创了"学"的独立性空间,但即使是选择从事教育事业的读书人,他于政治也未尝忘也。不过,关心政治也好,致力于仕途进取也好,孔子所处时代的读书人并没有出仕的制度安排(如科举制),官帽子掌握在当权者手上,他们想怎么安排就怎么安排,随意性很大,今日为宰辅,明天可能为平民,这种现象在当时十分普遍,所以当时的读书人谋个位子不容易,而要保住位子更不容易。以孔子为例,他五十一岁的时候仕鲁,结果只干了四年,就丢了位子,然后周游列国十四年,"干七十余君",也始终未谋到合意的位子,最后回到鲁国选择从事文化教育事业。从孔子的从政经历看,在鲁国为官四年间,官至司寇摄行相事,干得有声有色,而"堕三都"的失败,把位子给丢了。当时的孔子还没意识到位子的重要性,以为"此处不留爷,自有留爷处",但周游列国"干七十余君"而"莫能用"的经历,让他明白了位子的重要性。没有了位子,你再有本事,什么事也干不成,所以,"在其位"的时候,大家要珍惜,要好好"谋其政";而"不在其位"的时候,要"不谋其政"。"不谋其政"在此有何所指呢?孔子的意思是,没有了位子,你就失去了掌握情况的机会,失去了政治操作的资源,这个时候你若想"谋其政",那纯粹只是瞎操心,是将热脸贴到冷屁股上,不仅会自取其辱,还可能带来杀身之祸,所以,"不在其位"的时候,最好的选择是"不谋其政",而"不谋其政"的最好方式就是"无道则隐",不仅身隐,而且要心隐。当然,孔子的"隐"有别于道家,他不是逃避现实,跑到深山老林里躲起来,而是选择另外的入世方式,譬如文化教育事业,之所以如此,是因为在孔子看来,当官不是行"道"的唯一方式,当老师也可以行"道",但作老师千万要放弃做"帝王师"的想法,否则就不是"不谋其政"。

孔子的这句话是他的经验之谈,没有官场沉浮经历的人是很难体会其中的深义的。其实,人生不止一种选择,有很多的可能性,如果我们在一种可能性上如从政上"入戏"太深,那就无法做到孔子所讲的"不在其位,不谋其政"。

8.15【原文】 子曰:"师挚之始,《关雎》之乱,洋洋乎盈耳哉!"

〖解读〗音乐之美可以启人心之善

上章孔子讲"不在其位,不谋其政",其旨在告诉读书人不要把当官作为实现人生理想(善道)的唯一选项,而在这一问题上,孔子自己做出了表率,他自卫返鲁之后,便再不想当官的事,把主要精力用于文化教育事业上,譬如本章所讲的"乐",就是孔子在"正乐"过程中获得的审美感受。

师挚,师是鲁国的官职名,挚是人名,看来他是一位乐艺方面的专家型领导。因为,一次孔子到访,师挚专门组织了一个小型的音乐表演会,他亲自演奏了第一首曲子,最后以《关雎》合奏结尾,进入音乐的高潮(乱,结尾,也就是高潮的意思)。孔子听了之后的感受是:"洋洋乎盈耳哉!"即如此优美华丽的音乐一直萦绕在我的耳里面,久久不能离去，终身难以忘怀。这就是孔子的审美境界。

从文本上下文联系来看，一个对音乐如此痴迷的人，还会去“谋其政”吗？又，孔子说要“成于乐”，《关雎》是诗，诗入于乐，乐是诗的最高境界，而“洋洋乎盈耳哉”是审美的最高境界，至此境界，“立于礼”之“立”就是一种自由之独“立”。

8.16【原文】 子曰：“狂而不直，侗而不愿，悾悾而不信，吾不知之矣！”

〖解读〗表里不一的三种表现

朱注：侗，“无知貌”；愿，“谨厚也”；悾，“无能貌”（《论语集注》）。

“狂而不直”，就是狂放而不直率的意思。“狂”者毫不掩饰自己的言行，这种人看起来坦荡直率，也容易使人“信其不屑枉道以殉物”（《四书训义》卷十二），相信他们不会违背正道来谋取私利，但孔子认为，这种表面上看似直率的“狂”其实是一种轻狂，是一种缺乏正确是非观念的自以为是、傲慢自大、目空一切的偏激行为。

“侗而不愿”，就是幼稚而不诚实的意思。《集韵》训：侗，通“僮”，未成器之人，也就是幼童，未成年人。但此处之“侗”者是指那种心智尚停留在儿童阶段的成年人。本来，以儿童的心智，应该没有多少弯弯肠子，有什么就说什么，不会藏着掖着，但有些人却不是这样，表面上貌似一副天真无邪的样子，其实内心复杂得很，“狡猾狡猾的”，跟这种人打交道，最容易上当受骗。

“悾悾而不信”，就是诚恳而不讲信用的意思。悾，《朱注》训为“无能貌”，而《集韵》等训作“诚恳”，我以为后一个释读比较符合文义。因为，诚恳的人应该是讲信用的，但是，“悾悾”之诚却是将“心”之诚给“空”掉了，也就是心里没有半点诚意，你叫他如何讲信用呢？但是他诚恳的外表很具有欺骗性，就如近几年媒体所披露的一些诈骗案，主犯都是一些没读过几年书的农民，而受骗上当的人中却有很多是高知，为什么会这样？就是因为他们不相信看上去这么老实的人会欺骗自己。

孔子所说的上述三种人，都是表里不一的人。一个社会如果这种人多了，说明这个社会的诚信价值已受到严重破坏，这个社会败象已露，所以，孔子说“吾不知之矣”，意思是我搞不懂为什么会这样。

从文本上下文联系的角度看，上章孔子还陶醉在美妙的音乐之中，这一章孔子又回到了现实生活之中，这说明孔子并没有糊涂，他清醒地知道，虽然“周礼尽在鲁矣”，但鲁之周礼已有“博物馆化”的倾向，整个社会已世风日下，人心不古，礼乐文明的传承已快失去了根基，试想，到处是表里不一的人，他们怎么可能真正体会到礼乐文明的价值与意义呢？

8.17【原文】 子曰："学如不及，犹恐失之。"

〖解读〗只争朝夕的学习精神

"学如不及"，学习新知识，唯恐学不到或学不全；"犹恐失之"，还担心前面学到的知识又忘记了。这就是一种瞻前顾后的学习心态，这种心态，爱好学习的人都有。一个人如果有这种心态，学习就会非常努力，就不会有姑且之心，得过且过之心，这一点正如明代文嘉的《今日歌》《明日歌》和《昨日谣》所说：

今日复今日，今日何其少！今日又不为，此事何时了！人生百年几今日，今日不为真可惜！若言姑待明朝至，明朝又有明朝事。为君聊赋今日诗，努力请从今日始。

明日复明日，明日何其多，我生待明日，万事成蹉跎。世人若被明日累，春去秋来老将至。朝看水东流，暮看日西坠。百年明日能几何，请君听我明日歌。

昨日会昨日，昨日何其好！昨日过去了，今日徒懊恼。世人但知悔昨日，不觉今日又过了。水去日日流，花落日日少，成事立业在今日，莫待明朝悔今朝。

前面文本已讲了孔子"学而不厌，诲人不倦"的精神，本章则讲得更为具体，是一种教育心理学论述，故自有新义焉。且从文本上下文联系来看，前面孔子讲"无道则隐"，"隐"的方式只是不"仕"而已，而为"学"是儒家之"隐"的另一种表述，但儒家有出"仕"的情结，欲消解这种情结，那就只有不懈、忘我地学习。再者，从孔子听师挚之乐来看，孔子返鲁之后，周礼保存得较好的鲁国早已人心不古，一些传统的礼仪已开始失传或被破坏，而孔子急迫于古文化的整理、抢救工作，但因年龄、精力等因素的影响，是以产生"学如不及，犹恐失之"的心理，这也是可以理解的。

8.18【原文】 子曰："巍巍乎！舜、禹之有天下也，而不与焉。"

〖解读〗"不与"之德，即谦让之德，"至德"也

本章开始又回到了本篇的主题——"至德"，而孔子对"至德"的论述又主要是通过对历史人物的评价来呈现的。

"巍巍乎！"巍，高大也，巍巍，崇高之极，达到了道德的顶峰，也就是"至德"境界。为什么孔子对舜和禹这两个传说中的历史人物会有这么高的评价呢？其道德判断的根据何在？孔子说根据在"舜、禹之有天下也，而不与焉"。何谓"不与"？朱子曰："不与，犹言不相关，言其不以位为乐也。"（《论语集注》）也就是说舜、禹二人心里面并没有觉得当天下之主多么高贵，他们根本不留恋天下之主这个位子。因为，他们知道，权力越大，责任也就越大。而有这种责任伦理意识的人，通常是情系百姓，想到的都是如何为老百姓做好服务，是"全心全意为人民服务"。曾子说："仁以为己任，不亦重乎！死而后已，不亦远乎！"像舜、禹这样当天下之主，在常人看来确实是个苦差事，没有什么值得

羡慕的，倒不如“无官一身轻”；但是，只要在位，他们就得全心全意地“谋其政”，且并不以此为苦。而如果他们发现有人能够继位，能够干得比他们还好，他们就会主动地将位子让出来，决不恋栈。这就是为孔子所特别称道的“禅让”天下制度。我看尧、舜所开创的“禅让”制并不像我们想象的那么容易，因为，自己不贪恋权位是一回事，而要将权力交给合适的人是另一回事。贤能政治的最大问题就是干部培养问题，尧传位给舜，舜传位禹，都是经过了严格考察、锻炼等组织程序才实现的，如果尧、舜不出以公心，不从事业后继有人出发，“禅让”天下是根本不会有好的结果的。所以，尧、舜之“让”天下亦如后来泰伯之“三以天下让”，都是“至德”的表现。

另一种看法是，此处之“不与”是指舜、禹当天下之主之后，能够任贤使能，能够充分调动大家的积极性与智慧，把权力交与下属，自己则无须亲临其政，无为而治也。我以为，如果从治国理政的角度来讲，舜、禹之治有别于道家所理解的“无为而治”。因为，《中庸》中孔子明确地说：“舜其大知也与，舜好问而好察迩言，隐恶而扬善。执其两端，用其中于民，其斯以为舜乎！”《尚书·大禹谟》也载：“人心惟危，道心惟微，惟精惟一，允执厥中。”可见，“执中”是尧、舜、禹上古政治的心法与传统，而要“执中”，就要了解“两端”，就须“好问”“好察”，还要敢于“隐恶扬善”，不怕得罪人，简言之，要“执中”，必“有为”。当然，孔子也曾说：“无为而治者，其舜也与？夫何为哉？恭己正南面而已矣。”(《卫灵公》)舜之无为而治，是以“恭己”为前提的，而“恭己”的过程，就是一个“有为”的过程，就是一个通过“执中”而确立自己政治权威的过程，通俗地讲，舜通过自己的“有为”，让大家都知道他是一个执法公正严明的人，也是一个廉洁奉公的人，这样的人自然会有政治威望，正所谓“公生明，廉生威”也。所以，如果要将本章之“不与”理解为舜、禹的“无为而治”，就必须看到孔子所称颂的不是“不与”本身，而是他们“不与”之所以可能的内在根据，也就是孔子所称的“至德”——中庸。相较而言，我认为前一种理解较好。

8.19【原文】 **子曰：“大哉！尧之为君也。巍巍乎！唯天为大，唯尧则之；荡荡乎！民无能名焉。巍巍乎！其有成功也。焕乎！其有文章。”**

〖解读〗尧是“至德”的人格形象代表，太伟大了

本章是孔子对尧的赞美，可以说孔子是佩服得五体投地了。

“大哉！尧之为君也。”尧作为君主实在是太伟大了，而这种“太伟大”主要表现在：第一，境界太崇高了(“巍巍乎！”)，何以见之？“唯天为大，唯尧则之。”上天是最伟大的吧，但只有尧能效法上天。尧为君主，所作所为都是根据天道而行，人道与天道合一，“至德以道为本”，这就是尧的伟大之处。第二，恩德太宽广了(“荡荡乎！”)，何以见之？“民无能名焉”，即“民无得而称焉”之谓。尧之为君，兴利除害，伐乱禁暴，将大位禅让给舜，避免社会动荡，这些都让百姓十分感恩戴德，以至于不知道怎么称颂他，这还不伟大吗?!第三,功绩太显赫了("巍巍乎!"),何以见之?"其有成功也",即事业上做出了伟大成就。据传,尧为了发展农业生产,大兴治水工程,制定天文历法;为国家或部落的统一,亲自出征"南蛮";为了丰富人们的精神文化生活,发明了造酒和围棋;为政治稳定,创立了行政官员任免制度和"禅让"制度,等等。一个人能够在事业上有如此成就,难道不伟大吗!第四,形象太光彩了("焕乎!"),何以见之?"其有文章",文章,礼乐法度也。尧是不是礼乐文明的开创者,文献很难证明,甚至连有关传说都少,但在儒家的文化使命中,"祖述尧舜"是他们的职责之一,尧自然是礼乐文明的奠基人,是华夏民族从野蛮走向文明的开拓者。应该说,这一点是尧最为伟大之处。

由上可知,尧是孔子心目中最伟大的君主,也是孔子心目中的"至德"人格形象代表之一。

8.20【原文】 舜有臣五人,而天下治。武王曰:"予有乱臣十人。"孔子曰:"才难,不其然乎?唐虞之际,于斯为盛,有妇人焉,九人而已。三分天下有其二,以服事殷。周之德,其可谓至德也已矣!"

〖解读〗人才难得,至德非易

本章有两个重点,一是讲人才难得;一是讲"至德"非易。先看前者。"舜有臣五人,而天下治。"舜治天下,主要靠禹、稷、契、皋陶、伯益等五位大臣,就把国家治理得很好,其治理成本极低,治理效果却很好。周武王也是这样,他取得"三分天下有其二"的事业成就之时,也只有"乱臣"即治臣或能臣十个人而已,而且十人中还有一个是女干部,真正干事的可能只有九个,但班子里面有一个女干部,这说明文王对女性是尊重的,可赢得天下妇女的心。

那么,国家这么大,干部队伍却这么小,但治理得很好,这一现象说明了什么问题?这说明:治理国家不是干部队伍越大越好,庞大的官僚队伍一则会增加治理的成本,从而也就会增加百姓的负担,另外官员之间相互扯皮也会降低治理的效率,所以,孔子认为,国家治理不是靠干部队伍的数量,而是靠干部队伍的质量,也就是所用的干部是不是真正的好干部或出色的人才,如果是,有几个就够了。当然,真正的人才是越多越好的,但是,一个国家会有大量的可用之才吗?这就要看国家是不是注意培养人才,是不是有人才培养的制度安排,很显然,夏、商、周三代社会还不具备产生大量人才的条件,当时所谓的庠序之教还只是一种贵族教育,根本无法满足国家治理对人才的需求,尽管周代的情况要好一点("唐虞之际,于斯为盛"),但总的来讲,还是孔子所讲的"才难"即人才难得。虽然周武王说"予有乱臣十人",但武王的意思并不是人才多了,而是人才少了,这一点可从继续重用八十多岁的姜太公看出来,但周武王也没办法,手中只有这十位可用之才,且这十个人大部分还是周文王留下的班底,只好将他们继续用好,让他们充分发挥自己的才能,而后来剪商事业的成功也证明武王用人是十分得当的。

不过，本章孔子除了讲人才的重要性之外，重点还是要突出德性的重要性。他说“三分天下有其二，以服事殷”，说的是周文王的事。也就是在周文王时期，周人已占据了天下近三分之二的领土，而商朝的实有领土仅剩下三分之一。按一般的情形，这个时候的周文王完全可以不必对商纣王称臣，甚至可以起来一举把商给灭了，但文王却没有这样做，仍然以臣子的态度服事商朝。文王为什么要这样做？有两种解释：一是早于孔子的晋国国卿韩献子认为，“文王帅殷之叛国以事纣，唯知时也。”（《左传·襄公四年》）意思是文王事纣，是因为他知道灭商的时机还不成熟；二是以孔子为代表的儒家认为，文王所为，是他的德性所致，即“三分天下有其二，以服事殷。周之德，其可谓至德也已矣！”，对此，宋儒注曰：“文王之德，足以代商。天与之，人归之，乃不取而服事焉，所以为至德也。”（《论语集注》引范氏曰）“至德”者，谦让之德也。可见，在孔子心目中，以谦让为主要内涵的“至德”乃是历代圣人共有的品德。

8.21【原文】 子曰：“禹，吾无间然矣！菲饮食，而致孝乎鬼神；恶衣服，而致美乎黻冕；卑宫室，而尽力乎沟洫。禹，吾无间然矣！”

〖解读〗无可挑剔的大禹

这是本篇的最后一章，是宣传禹的美德。孔子说“禹，吾无间然矣”，意思是禹实在是无可挑剔，是一个完美无缺的人物，当然也是一个“至德”型人物。不过，禹的“至德”不同于尧、舜，甚至与泰伯、文王也不同，因为，后者之“至德”皆是以“让天下”为衡量，而禹的“至德”则是以薄于自奉而厚于公事为特征，主要表现在三个方面。

一是在吃的方面：“菲饮食，而致孝乎鬼神。”菲，菲薄也。禹身为君王，却饮食粗淡，既没有山珍海味，更没有食前方丈，简单得不能再简单，但在孝敬“鬼神”方面，却一点也不吝惜，享祀非常丰盛。

二是在穿的方面：“恶衣服，而致美乎黻冕。”黻，礼服；冕，礼帽。禹平时穿着十分破旧，蔽体遮羞即可，但遇到祭祀等礼仪活动时，却着装华美。

三是在住的方面：“卑宫室，而尽力乎沟洫。”禹的宫殿十分简陋，据说是“茅茨土阶”，茅草盖的房子，泥土筑的台阶，但在兴修水利方面，却十分舍得投入。

由上可知，禹在个人生活上是十分节俭的，但在事关国家大事上却十分大方。而当时国家大事主要有二：一是祭祀，一是生产。祭祀是一种政治与宗教相统一的上层建筑形式，有着维系和巩固民族或国家团结的功能，它起源于氏族社会的祖先崇拜，后来被当作“国之大事”一直沿袭下来，成为华夏政治文化的重要传统，这一传统的形成与禹的重视是分不开的。生产属于经济基础，而当时的生产形态主要是以农业为主的自然经济，而农业生产的发展又离不开水利的兴修，禹就是当时著名的水利专家，大禹治水，三过家门而不入，这个故事传诵至今，说明“禹稷躬稼而有天下”确实是中国古代有史可证的贤能政治典范。而且，需要说明的是，祭祀作为上层建筑对于水利的兴修有着十分重要的作用，因为，治理黄河这样的水利工程，如果不能将黄河流域范围内的部族联合起来，治河之患是根本不可能的。所以，有学者认为，正是治水的需要，助产了中国历史上第一个国家——夏。

前面关于孔子的“至德”思想，我曾提到“德性的智慧”一说，其意是说凡是“至德”者，不仅有品德，而且有智慧，而读孔子关于尧、舜、禹、文王等圣人的评价，还应加上一条，就是要有行动能力。譬如，舜除了有“执两用中”的智慧外，还有知人善任之能；禹除了有“允执厥中”的智慧外，还有治水的本事。在生活中，我们经常会遇见这样一种人，他德性不错，决不会干坏事；智商也很高，看问题看得准，但他就是干不成事。为什么？就是因为缺乏行动能力。什么是行动能力？行动能力就是一种以智慧为基础，以意志力为支撑的动手操作能力，从某种意义上说，行动能力就是意志力的体现。大家可试想一下，大禹治水，三过家门而不入，是他不想入吗？是他不能入吗？都不是。是什么？是他要通过自己的“不入”来彰显自己一定要治好水患的决心。所以，“至德”者必是弘毅之士。

◆《子罕》第九◆

概要:本篇的主题是"学",主要是讲学知识、学做人、学处世的道理。首先是讲学"六艺",包括学习内容、态度、方法和目的(第二至九章),突出了为"外王"服务的政治需要;其次学做人(第十至十七章),重点在突出了孔子自己的为人处世哲学;最后是夫子勉励学生认真读书、认真做人(第十八至三十一章),其中做人的气节最重要。此篇是对上篇曾子心学的补充。

9.1【原文】 子罕言利与命与仁。

〖解读〗"罕言"是因为"罕问",是因为"不好言"

本篇有没有主题或中心思想,李零先生认为没有,南怀瑾先生认为有,但不突出,他说:这一篇"可以说是第五篇《公冶长》、第六篇《雍也》两篇内容的引申。多半是讲孔子的思想,与学问教育的观点,以及一般历史思想观念的阐扬。"①我认为,《论语》文本集结经过这么多人之手,经过许多次讨论才形成,不可能毫无章法,而章法之所在,往往与每篇的第一章有关。因为,它往往就是一篇的主题或意义指向。譬如本章"子罕利与命与仁",利、命、仁等范畴,孔子谈得很少,那么,孔子谈得多或"常言"的是什么呢?我认为是"学"。文本关于孔子谈"学"的地方有很多,而本篇主要集中于谈学习礼、乐、射、御、书、数"六艺"以及"艺"的运用问题。顺着这一主题去理解,就可以基本上看出文本的逻辑联系所在。

关于本章的理解,历来有不同的看法,其中比较重要的分歧在如何释读文本。通行的释读是"孔子很少谈论利、命、仁这些问题"。这一释读面临的矛盾是:文本中孔子确实很少言"利"与"命"(分别有 6 处与 7 处),但言"仁"则比较多,超过百次以上。②孔子罕言"利",可以理解,因为孔子认为"君子喻于义,小人喻于利",是以耻言之。孔子罕言"命",也可以理解,因为"命"是什么?不太好讲,孔子论"命",都是从"认命"的角度讲的,而所谓"认命",就是"尽人事以听天命"的意思,用李泽厚先生的话来讲,就是用"如何做"来回答"什么是"。③而孔子罕言"仁",不太好理解。因为孔子之学,仁学也,仁是孔学的中心思想,且从文本事实来看,《论语》有专门的《里仁》篇。如何消解这一文本矛盾呢?南怀瑾先生的理解是:《里仁》篇中孔子讲仁"所讲的只是仁的作用、仁的

① 南怀瑾:《论语别裁》(上册),上海:复旦大学出版社,2006 年,第 424 页。

② 李零先生统计有 59 处,见《丧家狗——我读论语》,太原:山西人民出版社,2007 年,第 175 页。

③ 李泽厚:《论语今读》,北京:生活·读书·新知三联书店,2004 年,第 215 页。

性质,对于'仁'本身究竟是什么,《里仁》篇中并没有下定义。"[①]而另一种消解文本矛盾的办法是,将本章释读为"子罕言利,与命,与仁"(李泽厚先生、李零先生从之),其中"与"是赞许、肯定的意思,"罕言"之"罕"是反对、否定的意思。

我个人还是赞同传统的释读,另外还想说明两点:一,夫子对利、命、仁三个范畴"罕言",并非"无言","罕言"并非它们不重要,"罕言"也并非夫子对它们没有做深入思考,且"罕言"并非夫子"不想言","罕言"是因为有些问题"不好言",如"命"与"仁";有些则"不必言",如"利"——因为我们大家都明白"利"是怎么回事。程子说:"计利则害义,命之理微,仁之道大,皆夫子所罕言也。"(《论语集注》引程子曰)大致得之。二,夫子"罕言"与弟子"罕问"有关。王夫之说:"子尝言仁矣,而自非因学者问求仁之方,则未尝言何者为仁,何者为不仁也。"(《四书训义》卷十三)即夫子言仁,都是因为学者有所问仁,否则很少主动言之。也就是说,因为弟子问这些问题问得少,所以夫子讲得也少。这符合孔子的启发式教学思想。我认为,这是夫子"罕言"的主要原因。

9.2【原文】达巷党人曰:"大哉孔子!博学而无所成名。"子闻之,谓门弟子曰:"吾何执?执御乎?执射乎?吾执御矣!"

〖解读〗学驾车不是为了成名,而是为了全面发展

上章讲夫子"罕言",而从本章开始讲夫子"常言"。那么,夫子对学生经常讲些什么呢?主要是讲学知识、学做人、学处世的道理。而讲学知识,主要是学习"六艺"即礼、乐、射、御、书、数等六方面的技能与本事,这一点在本篇体现得很明显,可作为我们理解本篇文本主旨的一条逻辑链条。

"达巷",地名,也就是某条街道的巷子;"党人",即乡党之人,也就是普通老百姓,不过因为他住在街道巷子里,听到的传闻与掌握的信息要比闭塞的乡村百姓要多得多,自然会有些"见识"。这个"达巷党人"也听说过孔子,知道孔子知识渊博,社会声望很高,名气很大,觉得孔子很了不起,所以他由衷赞叹曰:"大哉孔子!"——真伟大啊,孔子!但赞叹之余,又不免要发挥他的"见识",说"博学而无所成名",即孔子您虽然伟大,知识渊博,什么都懂,但可惜的是,您没有什么能够出名的专长。这就像古代的学武之人,十八般武艺,样样皆通,但没有一样是拿得出手的并可以在江湖上扬名立万的"撒手锏"。这就是老百姓的见识,喜欢看到那种"一剑封喉"的本事,你跟他讲这个人"内功"如何如何了得,他不感兴趣,他感兴趣的是看得见的本领。

"达巷党人"的这句话是如何传到孔子耳朵里的,不得而知,反正孔子是听到了。听了之后,孔子不能不有所反思,一反思,便发觉"达巷党人"所言还真不差,自己真的是"博学而无所成名"。于是,孔子问自己的学生:"吾何执?"即我该学什么呢?"执御

① 南怀瑾:《论语别裁》(上册),上海:复旦大学出版社,2006年,第426页。

乎？执射乎？”即是学习驾车呢？还是学习射箭？最后孔子说“吾执御矣”，即我还是选择学习驾车吧。

为什么孔子选择学习御而不是射？朱子的解释是：“射、御皆一艺，而御为人仆，所执尤卑。……闻人誉己，承之以谦也。”（《论语集注》）我看朱子的解释值得商榷。因为，射和御，都是六艺之一，虽二者属于“武”艺的范畴，但孔子对于六艺并没有作道德上的卑贱高下之分，儒家强调以六艺育人，就是要培养全面发展的人，培养能文能武的人，何来卑贱高下之说呢？事实上，孔子的“武”艺修为是非常之高的，譬如他的射艺，就曾有过“观者如堵墙”的辉煌时刻（《礼记·射义》载：“孔子射于矍相之圃，盖观者如堵墙”）。相对来讲，孔子的御艺或驾驶技术要差一些。为什么是这样？因为学习御艺需要一定的经济基础，首先至少得有一辆车，还要有拉车的马，马又需要喂养，而孔子少时贫贱，经济上根本无法承受，加上礼制规定只有“大夫”以上才可以坐车子，以至于作为“大夫之后”的孔子后来有了坐车的资格并有了车子，还舍不得当掉车为死去的弟子颜回置椁。所以，孔子选择学御，原因可能有二：一是射艺上自己的本事应该差不多了，或者说因为年龄大了，视力不行了，学射已不适合了；二是自己确实御艺或驾驶技术不行，而现在又到处游历，车辆都是樊迟这些弟子驾驶，自己虽有“驾照”，可实践得不多，若要独自驾驶出行，肯定会有问题，所以，练练驾车技术说不定哪天还派得上用场。

当然，孔子这样说也不一定是想成为一名驾车高手，拿个什么全国或世界冠军以“成名”，而只是“游于艺”或锻炼一下身体的意思。而朱子之所以如此理解，是因为先秦以后的儒家多不习六艺之“武”艺，成了“手无缚鸡之力”的文弱书生，以为这是孔子谦虚，却忘了孔子寄厚望于学者全面发展之用心。诚可悲哉！

9.3【原文】 子曰：“麻冕，礼也；今也纯，俭，吾从众。拜下，礼也；今拜乎上，泰也。虽违众，吾从下。”

〖解读〗礼仪如何改革，用脚投票的结果不一定是正确的

上章讲孔子学六艺之御，本章则讲学六艺之礼。礼是六艺之首，又为人文之冠，是以学礼不同于学御，学御不必为了成名，“游”之即可，学礼则必须有所讲究，“立”之方得。

孔子说：“麻冕，礼也。”用麻布做礼帽，这是古礼的要求；“今也纯”，今天的礼帽改用黑丝来做，相比之下要节俭一些，是以我赞同大家的做法。为什么孔子在这个问题上主张“从众”呢？因为，古人讲礼是要付出成本的，有的是时间成本，有的是体力成本，有的是物质成本。譬如本章所讲的礼帽，无论你用什么材料去做，都是要付出经济成本的。付不起怎么办？古人有一个原则，就是“称家之有亡焉”（《孔子家语·曲礼·子贡问》），意思是按一些礼仪的要求去做时，要考虑家庭的经济承受能力，有条件当然要严格按礼的规定来做，不能因为自己有钱，改“麻冕”为“金冕”，用金子来做礼帽；没有条件，就不必打肿脸充胖子。所以，礼仪讲究如果涉及物质成本付出问题时，就要按节俭的原则去办，宁俭勿奢，俭不违礼，奢则僭越。可见，孔子“从众”，是“从俭”也。

“拜下，礼也。”拜，是古人相见之礼。“拜下”就是在堂下作揖，是不是一定要跪拜或伏拜，这要看双方的身份而定，如果是下拜于上，就要跪拜或伏拜；如果是朋友相见，立拜即可。而且根据古礼的规定，在堂下拜了之后，然后再登堂拜受。是不是觉得很烦琐？确实有点烦琐，不仅我们今人觉得烦琐，就是孔子时代的人也觉得烦琐，所以，当时的人就改“拜下”为“拜上”即在堂上相拜。这一礼仪改革好不好呢？从“投票”的情况看，似乎是好的，因为它既节省时间成本，又节省了体力成本，所以得到众人拥护。但是，孔子却没有因为众人都赞成而附和，而是表示坚决反对，反对的理由是：“今拜乎上，泰也。”即这种“拜上”之礼，显得太随意、太傲慢，不诚恳，不恭敬，所以不敢苟同于众人。

当然，孔子也知道，处春秋之世，礼仪已流于形式化，人与人之间的礼貌已更多地表现为“客气”，因而“拜下”也好，“拜上”也好，如果没有内心的精神相伴，都是一样的虚应故事，有什么必要非得“拜下”呢？我个人的理解是，礼仪形式无论是于己还是于人都有一种塑造人心的作用，于人，礼到人心暖，礼可以使人心可由冷变暖；于己，无礼讨人嫌，礼可以使自己更好地融入社会，这种融入反过来又可以塑造自己的人格心理。现代心理学研究证明，仪式对于参与者有很强的心理暗示作用，所以，从一定意义上讲，仪式就是内容，我们人生都需要有仪式感。而“拜下”与“拜上”作为两种不同形式的礼仪，因“拜上”的礼仪过于简洁，它无法给人以“诚恳待人”的心理暗示，久之则人心易“泰”；相反，“拜下”虽然仪式烦琐，但它可以磨炼人的耐心，给人以“不可随便待人”的心理暗示，久之则生“敬”心。如此去理解孔子“立于礼”思想，则它的含义不只是通过礼来立足于社会，而且也是通过礼来塑造自己的心理，使自己心理上获得一种道德自足自立感。我想，这就是孔子坚持“拜下”而反对“拜上”的理由所在。

从上述孔子对两种流行礼仪的态度可知，孔子学礼既“从众”，又“违众”，不以众是为是，不以众否为否，唯“义（理）”所在。而与之不同的是，很多人学礼都有一种从众心理，不管对不对，不管合不合理，只要大家都这样做，跟着做就行了。故文本安排此章于此，意在告诫学者：学习现行的六艺，不可不辨也。因为，现行的六艺是改了版的六艺，而礼仪如何改革，用脚投票的结果不一定是正确的。

9.4【原文】 子绝四：毋意，毋必，毋固，毋我。

〖解读〗克服四种形式的主观主义

上章孔子讲学习六艺之礼必须注意礼仪的古今之变，不以众是为是，不以众否为否，唯“义”之所在。何谓“义”？义，宜也，宜，就是恰当，就是普适价值与具体境遇相结合之谓。如何才能做到这一点呢？这就是本章要讨论的问题。

“子绝四”，绝，就是灭绝、杜绝的意思。孔子坚决注意克服以下四种学习毛病：

第一,“毋意”。意,臆测也,也就是个人的主观揣测、凭空猜想。朱子认为,“意,私意也。”(《论语集注》)把主观臆测与个人私欲联系起来,这种情况确实存在,但不能绝对,因为并不是所有的揣测都带有个人目的,当然,如果有个人目的介入,就更容易朝着有利于自己的方向去揣测,这样就可能离事实更远。所以,“毋意”首先是要“毋私意”,然后才是“毋成意”,也就是不要根据“成见”去判断事物发展的可能性。人类思维之所以会有主观臆测的情形,在很大程度上是因为主体有“成见”或“前见”,这些“成见”或“前见”代表着主体过去的经验累积,它构成为主体判断事物发展可能性的路径依赖与思维定式,很多人喜欢“想当然”,就是受这种思维定式的影响。所以,“毋意”之难就在于去“成见”或“前见”,在于不为路径依赖所困。

第二,“毋必”。必,“期必也”(《论语集注》),就是对事物发展的可能性所下的判断太绝对。譬如,有的人爱说“将来必定会这样,不可能有例外!”“别听他的,听我的,不会有错!”之类的话,这都是“必”的表现。“必”之所以产生,一方面与主体的“成见”有关,另一方面与主体的“成功”有关,也就是说喜欢武断或独断的人,往往是有一定社会地位或事业取得成功的人,譬如君王的“乾纲独断”,就是因为政治体制赋予了他以绝对权力,这种由绝对权力带来的自我意识膨胀必定会产生一种自以为是的“绝对正确”感。所以,主体欲做到“毋必”,就必须谦虚谨慎,知道自己的不足所在,切忌骄傲自满。

第三,“毋固”。固,固执也。上文已述,人皆有“成见”或“前见”,但“成见”或“前见”作为一种认知它是中性的,因为它代表了主体的一种经验积累,“成见”或“前见”对于我们认识事物有一定的借鉴价值,因而在新的见解或知识没有得到证伪之前,轻率地抛弃“成见”或“前见”并不是一件好事。但是,世界是运动的,事物是发展变化的,“成见”作为一种经验积累只适用于事物的过去,因而坚持“成见”或“前见”坚持到固执的地步,就是故步自封,就是不懂“权变”,就是将“成见”或“前见”变为“偏见”,变为钻牛角尖的“一孔之见”。所以,“毋固”就是要解放思想,与时俱进,就是要善于学习新知识、善于吸收新见解,善于应对新变化,以孔子的话来讲就是要“时中”。

第四,“毋我”。我,主观也,朱子说:“我,私己也。”(《论语集注》)“我”作为主体确实会有“私心”存在,“私心”确实会影响主体客观地看待问题,但是,“私心”并不参与或影响主体所有的认知活动,譬如知识学习与科学研究活动。主观的构成主要在“观”即看问题的方式方法,它体现为一种以“我”为主的思考问题的路径依赖与思维定式,在这种看问题的思维方式中,“我”的情感、成见、私心都会参与到认知活动过程之中,从而都有可能影响到认知的结果偏离客观事实本身。所以,“毋我” 就是要从实际出发,实事求是,尊重客观规律,按规律办事。

由上可知,孔子的“绝四”是一个相互关联的整体,朱子曰:“四者相为终始,起于意,遂于必,留于固,而成于我也。”(《论语集注》)“成于我也”,也就是问题之源主要在主观主义。而只有克服主观主义,坚持从实际出发,才可能做到理论原则与具体实际相结合,也就是才可能有行事之“宜”。所以,孔子的“绝四”,从培养道德人格来讲,就是要成就“中德”之君子。

9.5【原文】 子畏于匡。曰:“文王既没,文不在兹乎？天之将丧斯文也,后死者不得与于斯文也。天之未丧斯文也,匡人其如予何!？”

〖解读〗“子绝四”,但文化传承的担当不能“绝”

先释读文本,再谈文本上下文的意义联系。

“子畏于匡”一事,又见于《先进》,但出场的人物有别。据《史记·孔子世家》载,事情的经过是这样的:公元前496年,孔子离开卫国取道宋国前往陈国,在经过匡这个地方的时候被匡人围困并拘禁。而匡人拘禁孔子的原因却很“搞笑”,因为孔子长得跟一个人相像,这个人就是曾经拒绝过孔子参加鲁国季氏“飨士”的家臣阳货(阳虎),而阳虎又曾欺侮过匡人,匡人对他恨之入骨。事有凑巧,当时给孔子驾车的弟子颜刻,也曾当过阳虎的车仆,并也参与过阳虎“暴匡人”一事,所以当孔子一行路过此地的时候,他不无得意地用马鞭指着说:“昔吾入此,由彼缺也。”即过去我们入城,就是由那个口子进去的。匡人一听,以为又是阳虎来了,于是立马将孔子一行围困并拘禁起来,总共关了五天,直到孔子派人到卫国大夫宁武子那里求救,证明此孔子并不是彼阳虎,才得以放行。

在孔子一行被拘禁期间,由于“匡人拘孔子益急”,随时都可能有生命危险,是以孔子的弟子既感到非常委屈,又感到非常害怕。正是在这紧要关头,孔子便对弟子们讲了这段话,其大意是:大家不要怕,不会有事的,即算是真的发生什么危险,也没什么,你看周文王死了之后五百年,他所创制的礼乐文明传统不还是保留在我手上吗?如果老天爷真要让这种文化传统灭亡,那我也就不可能接触到它并把它传承下来,既然老天爷不愿意让这种文化传统消亡,那么匡人又能把我怎么样呢?!

“匡人其如予何!？”这话说得非常有底气,而底气之源除孔子相信“天不亡我”之外,我想另一个原因是孔子对当时的形势有清醒的判断。因为,孔子知道自己毕竟不是那个曾欺侮过匡人的阳虎,而是一名以传播礼乐文明为己任的读书人,匡人虽没有见过孔子,但他们知道有孔子这么一个人的存在,现在虽然被匡人误会为阳虎,但这个问题终究是可以证实的,而且孔子也正派人到宁武子那里找证明人,在证明人到来之前,孔子相信匡人是不会真的把自己当阳虎给杀了的。大家可以设想一下,依当时的情势,孔子及其弟子肯定会向匡人反复说明自己的身份,甚至还有可能对匡人说:如果你们误杀了这样一个传播礼乐文明的读书人,老天爷会惩罚你们的!而匡人是知道孔子的名声的,匡人可能比孔子他们更相信天命存在,是以他们虽然“拘孔子益急”,但也担心自己真的搞错了,那样的话,不仅将引起“外交”纠纷,还担心真的会受到“天谴”。所以,孔子说这话是有理性分析为基础的,并不是一种单纯的道德勇气所致。

从文本上下文联系的角度看,前面主要是讲如何学习六艺的问题,而上章讲孔子“绝四”,强调的也是克服主观主义的四种错误,似乎都与本章毫无意义关联。但是,本章孔子在“畏于匡”这一事件的表现恰恰是要告诉人们,读书人在学问上要“绝四”,但有一样不能“绝”，这就是读书人对文化传承的担当不能“绝”，可以说，如果说读书人学习六艺要“毋意、毋必、毋固、毋我”的话，但在传道或传承礼乐文明方面恰恰要“有意、有必、有固、有我”。“有意”，就是要有传道的理想；“有必”，就是要有传道的决心；“有固”，就是要有传道的恒心；“有我”，就是要有传道的担当。换言之，上章与本间之间的意义关联是：一方面孔子要反对主观主义，另一方面孔子又要发挥主观能动性，坚持道德理想主义。

9.6【原文】 大宰问于子贡曰：“夫子圣者与？何其多能也？”子贡曰：“固天纵之将圣，又多能也。”子闻之曰：“大宰知我乎？吾少也贱，故多能鄙事。君子多乎哉？不多也！”

〖解读〗“多能”是学习所得，也是环境所逼而有

前文已述，本篇的主题之一是孔子关于如何学习六艺、学习本事的论述，前章孔子主张学习要反对主观主义，上章又强调要充分发挥主观能动性，而本章则强调生活实践对于学习的价值与意义。文本上下文的意义联系逻辑非常明显。

大宰即太宰，春秋官名。《周礼·天官·大宰》：“天子六卿，天官为大宰。”“大宰之职，掌建邦之六典，以佐王治邦国。”太宰乃六卿之首，总管一国之大事，其权力可以说是一人之下，万人之上。那么，问子贡的这位太宰到底是哪个国家的？有多种说法，朱子说：“或宋或吴，未可知也。”（《论语集注》）是哪个国家的太宰并不重要，重要的是太宰这一身份能够说明他的意见的权威性。

太宰问子贡：您先生是不是圣人？为什么这么多才多艺呢？子贡回答说：那当然，我先生是天生的圣人，自然也就多才多艺。可见，太宰与子贡都认为，只有“圣人”才可能“多能”；而子贡则进一步说明：“多能”的“圣人”都是天生的，这样便将“多能”“圣人”“天”三者连为一体，从而增强了孔子“道”以为己任或“文不在兹乎”的政治合法性。这一点也可以说是对上章“天之未丧斯文也”问题的进一步深化。

孔子听到太宰及子贡对自己的评价，并没有丝毫得意之色，相反他谦虚地说，这个太宰真的了解我吗？如果了解的话，就应该知道我是因小时候家境贫寒，所以才学会了各种与生产、生活密切相关的技艺的，我并不是什么天纵聪明的圣人。再说，作为君子或社会管理工作者，有必要掌握那么多技能吗？我看不必要。可见，孔子是反对将自己“圣化”的，尽管他不否认有“生而知之”者，但他认为自己不是这样的人，而是靠后天的努力学习与实践锻炼才掌握了一些技能。而且在孔子看来，君子没有必要掌握太多的技能，“多能”的人也不一定是君子，更别说是圣人。这样就明确否定了子贡所谓“多能”—“圣人”—“天”的圣人构建逻辑。

总之，子贡以夫子为圣人，如果孔子是圣人的话，圣人也不是天生的，而是后天炼成的。

9.7【原文】 牢曰:"子云:'吾不试,故艺。'"

〖解读〗**不做官也好,可以多学些本事**

本章承上章之旨,仍是讲孔子之所以多才多艺的原因。

牢,孔子弟子,姓琴,字子开或字子张。琴牢说,孔子曾讲过这样的话——"吾不试,故艺。"试,用也,不试,就是不为国家所用的,也就是没能出仕做官的意思。孔子处在一个"血而优则仕"的时代,官位基本上为贵族所垄断,像孔子这样出身不高贵的人,要进入仕途是很困难的。孔子年轻的时候当听到自己也是"大夫之后"的消息时,很是激动过一阵子,以为自己有做官的机会了,但自从季氏"飨士"为阳虎所拒以后,他就知道仅凭"大夫之后"是很难在仕途上出人头地的,所以他发奋学习,意图另辟蹊径,直到五十岁之后,才有机会真正步入仕途。但孔子在鲁为官仅四年多点时间,就被逐出权力中心,最后不得不离开鲁国踏上了长达十四年之久的周游列国征程。在周游列国期间,孔子也是想当官的,但"干七十余君"而终不能用,最后选择从事文化教育工作以终其一生。所以,孔子说"吾不试",不是说他不想当官,是没给他机会当官。这样的坏处是孔子找不到实现自己政治理想的平台, 好处是不当官也就意味着多了做学问的时间,让他可潜心研究学问,可以学到更多的本事,"故艺",就是讲的不当官的好处。所以,我认为,"不试"并不是孔子的初衷,而"故艺"却是一个不错的结果。

当然,需要指出的是,并不是所有的读书人"不试"而有这样"故艺"的结果,很多读书人一做官就不再做学问,不做官以后也不会再把学问当事业。看今日中国大学校园的风气,官本位的价值取向真不知毁了多少有学问前途的读书人,而如今的"仕而优则学"又造就了多少"学阀",造成了多少"假学问"。所以,今天我们要提倡"学而优不仕"。

再者,孔子讲的学问是一种"为己之学",是一种不是为"试"或做官的学问,做官与否都不影响要不要做学问的问题,做官顶多是耽搁一些做学问的时间而已,所以,虽然"无官一身轻",但对于以谋"道"为己任的读书人来讲,无官的日子其实也是"不亦重乎"!

9.8【原文】 子曰:"吾有知乎哉?无知也。有鄙夫问于我,空空如也,我叩其两端而竭焉。"

〖解读〗**正确的求知方法就是要善于向群众学习**

本章与前两章关联密切,都是讲孔子的学问、知识、本领的来源问题,从源于早期的生活经历, 到源于中年以后的政治挫折经历, 显示出一条在逆境中磨炼的成长之路。如果说前两章是讲孔子的"多能"源于正确的生活态度,而本章则是讲"多能"源于正确的求知方法。

大家都说孔子多才多艺，知识渊博，孔子则认为自己“无知也”，这是一种谦虚的学问态度，也是一种学问修养的最高境界，不是故意装出来的。因为，越有学问的人，越明白“人生有涯，学海无涯”的道理，越懂得我之所知不过是知识海洋中的“沧海一粟”。所以，能够意识到自己无知的人，不会把自己的学问看得高人一等，即使跟乡野鄙夫一起讨论问题，自己也不是成竹在胸，相反心里却是“空空如也”，一点底气也没有。但是，有什么办法呢？人家以为你是读书人，有文化，有知识，以为你什么都懂，人家想问你一个问题，你总不能说“你不要问我，我不知道”吧？那多让人家失望！于是只好硬着头皮去“叩其两端而竭焉”，也就是把问题的来龙去脉、缘由、个中的细节全部搞清楚，然后替对方进行分析，在一问一答之间步步导向结论。

由上可见，孔子“叩其两端而竭焉”的求知方式有点苏格拉底的风格特征，它也是孔子启发式教学方式和社会交往伦理的具体运用。而从知识来源的角度看，孔子的这种求知方式实际上是把自己的“多能”归功于大众，是在大众的帮助下逐步提高了自己的技能，用我们熟悉的话来讲，圣人的智慧乃是“集体智慧的结晶”，是“善于向群众学习”的结果。

此外，“叩其两端而竭”一语也可当作儒家中庸之道的方法论来理解，有“叩两执中”之意。

9.9【原文】 子曰：“凤鸟不至，河不出图，吾已矣夫！”

〖解读〗我为理想奋斗已尽力了

“凤鸟”“河图”是古代传说中的祥瑞象征，如果它们出现了，也就意味着太平盛世将会来临。孔子身处春秋乱世，自然渴望有太平盛世出现，加之他对三代文明及其历史有深入的了解，以为尧、舜、禹、汤、文、武、周公之世都是这样的太平盛世，都出现过“凤鸟至”“河图出”的祥瑞征兆，是以孔子时常做这样的“周公之梦”，并以此为理想而奋斗不息，直到晚年才发现这样的太平盛世恐怕与己无缘，所以才有这样的感叹。

如果从文本上下文联系的角度看，这段话又有何意义呢？前文已述，本篇的主题之一便是孔子强调如何学六艺、学知识，而学“艺”的目的一方面固然是为了成就君子，长本事，另一方面也是为了服务和改造社会，特别是为了实现孔子的“周公之梦”，或者实现“凤鸟至”“河图出”的社会。但是，让孔子深感失望的是，这样的理想社会并没有出现。为什么？王夫之在分析原因时指出：“圣人而在下位，则必有明王作，而后道可行于天下。”（《四书训义》卷十三）意思是在圣、王分化的时代，如果有“明王”能启用圣人，同样可以实现天下大治，但是春秋之世是“明王不作”，虽圣如孔子却终不得其用，自然是“凤鸟不至，河不出图”。然而，“夫能为者人，而不能为者天”（《四书训义》卷十三），意思是说，人能够且应该做到的，孔子都做到了，但天命如此，孔子也没有办法。因此，我以为，孔子“吾已矣夫”之叹的意思，并不是通常理解的“我快不行了”，而是“我已经尽力了”，而且“我是尽了自己最大的努力才明白我所追求的理想是实现不了的”，这就是儒家尽人事以听天命的人生态度。这种人生态度恰恰不是消极悲观，而是积极进取。所以，文本安排此章，主要是为了彰显夫子追求学问的目的及其人生态度。

9.10【原文】 子见齐衰者，冕衣裳者，与瞽者。见之，虽少必作，过之必趋。

〖解读〗大事看节操，小事看修养

关于本章的理解，南怀瑾先生在他的《论语别裁》一书中有很好的解读。不过，关于“冕衣裳者”的释读，南怀瑾先生认为是指“官方的礼服，代表贵官执政的人”①。此说显然源自朱子之“贵者之盛服也”（《论语集注》），我以为不若释为“着礼服者”为佳，因为这样的所指更宽泛一些，不限指于“贵官达人”一类，就像我们参加某个典礼，穿西装，打领带，以示庄重，但未必自己有尊贵的身份才如此。

这里描述的是孔子见到三类人时的行状。这三类人是：“齐衰者”即穿丧服的人；“冕衣裳者”即着礼服的人；“瞽者”即盲人。只要碰见这三类人，孔子的表现是“虽少必作，过之必趋”，即使对方年轻，也一定要站起来，经过他们身边时，一定要快步而行。为什么要这样？无他，以示敬意也。而文本为什么要记载孔子的这些行状？这是因为，一般人见到这三类人，可能有其情而无其礼，或有其礼而无其情，而孔子不同，他是“有其情则有其文”“即心即礼”“动必中节”（《四书训义》卷十三）。也就是说，孔子所表现出来的行状都是他内心道德情感的自然流露，没有丝毫的勉强做作成分在内，而我们从这样一个细微的动作中可以看出孔子的道德修养境界之高。事实上我们观察一个人的道德品行如何，从大事可看其节操，由小事可看其修养，而生活中的“大事”并不常有，因而一个人对“小事”的态度更具有道德观察的价值。

从文本上下文联系的角度讲，本章是本篇的另一个主题的开始，前面的主题是讲如何“学艺”、学本事，而本章开始则是讲如何“做人”。“学艺”的目的有高有低：高，则是上章所讲的要为“周公之梦”这样的崇高目标而奋斗；低，则是要通过自己的一言一行去为信赖社会构建而努力，而后者就体现在一个人怎么去“做人”。一个人“做人”如何，可从对待上述这样的“小事”观之。

9.11【原文】 颜渊喟然叹曰：“仰之弥高，钻之弥坚，瞻之在前，忽焉在后。夫子循循然善诱人，博我以文，约我以礼，欲罢不能。既竭吾才，如有所立卓尔，虽欲从之，末由也已。”

〖解读〗颜回心目中的孔子：难以企及的圣人＋让人欲罢不能的教育家

---

① 南怀瑾：《论语别裁》（上册），上海：复旦大学出版社，2006年，第440—442页。

上章是通过一些具体“小事”来看孔子修养境界之高，从文本形式来讲，这属于“集体记忆”形式，或者说这是孔子弟子们的“孔子印象”，而文本为了继续强化这种印象，于是又推出了颜回这位孔门高足，以他个体的“孔子印象”来佐证集体的“孔子印象”，并进一步提升孔子的道德形象。

孔子教人，不离伦常日用，所谓“道在伦常日用之中”，讲的就是要在我们具体的日常生活与工作中去体会那普遍而抽象的“道”，这跟基督教的上帝“启示录”路径有很大的差别。孔子教育思想的这种“具体的普遍性”特征在《论语》文本中随处可见，譬如上章孔子对三类人的态度就是典型的教学案例，读之有平易近人之感，觉得自己也可以像孔子那样做，自己也可以成为孔子式的人。相比之下，本章颜回对孔子的评价则舍弃了“具体”，而彰显或强化了孔子之伟大的另一面即其修养境界之高不可及的一面。

“仰之弥高，钻之弥坚，瞻之在前，忽焉在后。”孔子的学问、修养如果只是体现在如上章所讲的对三类人的态度上，似乎也没有什么太了不起的地方，但就是这些让人觉得非常平凡的“小事”却让颜回觉得夫子所表现出来的气度是那样高不可及、深不可测和捉摸不定。其中“瞻之在前，忽焉在后”一语最是形象生动，它把夫子的崇高一方面描写为“可看得见的崇高”或“可追赶得上的崇高”；另一方面又将之描写为“不可看见的崇高”或“无法追上的崇高”。“瞻之在前”，他就在我的前面跑着，我眼看就要赶上他了，但是，“忽焉在后”，忽然发现他不见了，正当我愣神的时候，才发现我已远远地落在他的后面了。“忽焉在后”一语，历来的释读是“他忽然到了我的后面”，我的理解刚好相反，是指“只一会儿工夫我就远远地落在他的后面了”。这就像我同一个世界冠军一起跑步，前面 100 米两个人的距离尚未拉开，世界冠军在前，我就在他的身后，正当我以为自己也可以成为世界冠军的时候，忽然发现自己已远远地落在世界冠军的后面。所以，“瞻之在前”是形容夫子的伟大是一种“平凡的伟大”，而“忽焉在后”是形容夫子的伟大是一种“神圣的伟大”，前者说明由凡至圣的可能性，后者说明成圣之路的艰巨性。

颜回在树立孔子崇高道德形象之后，话锋一转，再谈孔子的教学方法之妙，曰：“夫子循循然善诱人，博我以文，约我以礼，欲罢不能。”即孔子懂得用各种方法来诱导我们，让我一步一步地潜心于学海之中，在力图使我们知识渊博的同时，又能做到谨守礼制的规范要求，在夫子的这种诱导教育下，我们有时候想停下来休息一下都自觉不可以这样。这如同我们看恐怖电影，继续看下去吧，心里十分害怕，不继续看吧，故事情节又太吸引人；又如美食当前，肚子已经饱了，却不想放下筷子。舍不得放下，这就是一种欲罢不能的心理状态。正是这种心理状态，让人“既竭吾才，如有所立卓尔，虽欲从之，末由也已”，即我只好竭尽全力地跟着孔子继续深入学习，不敢有丝毫的懈怠之情，如此方略有所得，心中好似有了立竿，而我想朝着立竿所标明的方向前进时，却又不知从何下手。颜回这一学习心理可以说是“欲求无门”，但又“欲罢不能”，所以只好继续苦心求索。这就是颜回的“好学”精神。

读这一章，我感觉孔子就像一位站在道德顶峰上的精明“导游”，他告诉山下的“游客”，山顶的风景是如何的美丽，“游客”一听，自然会欣然从之。当爬到半山腰时，实在是太累了，有点爬不动了，想下山却又禁不住山顶上那美丽风景的诱惑，只好竭尽全力继续往上爬，好不容易爬上山顶，天色却已暗下来，美丽的风景只在若隐若现之中。想看清美丽的风景吗？那就耐心等待明天的日出吧。“导游”的循循善诱，“游客”的欲罢不能，这就是旅游心理学的精妙之处。

9.12【原文】 子疾病，子路使门人为臣。病间，曰：“久矣哉，由之行诈也！无臣而为有臣，吾谁欺？欺天乎？且予与其死于臣之手也，无宁死于二三子之手乎！且予纵不得大葬，予死于道路乎？”

〖解读〗子路之情，孔子之理

本章承上章之旨，继续讲孔子的为人之道，采用了案例教学法的形式。

一次孔子得了重病，弟子们以为先生快不行了，所以由子路牵头，成立了一个相当于今天“治丧委员会”式的机构，且指派某同学担任治办丧事的“臣”即主任委员，主持料理孔子后事。不想，孔子的病并没有继续加重，相反却突然好了起来。这一状况转变当然令弟子们十分高兴，但孔子听说子路所为之事后，心里气得不行。令孔子生气的并不是自己还没死，你们就开始做办丧事的准备了，而是子路搞什么“治丧委员会”，还指派了“主任委员”（臣），这可是违反礼制规定的事，纯粹是陷孔子于不义。所以，孔子感叹曰：“子路啊，你干这种欺骗的勾当不是一天两天了吧！我就算真的死了，治丧是明明不可以有‘臣’这种礼遇的，你却偏偏给我弄个什么‘臣’。你想让我骗谁呢？骗老天吗？况且，我就是死，也宁愿死在你们学生的手里，也不愿意死在这所谓的‘臣’的手里；再说，我死之后虽然不能办过于隆重的葬礼，也不至于被扔在路上没人理吧！”

其实，子路此次所为虽然确有不当之处，但是这也是子路之所以为子路的地方。我们知道，子路是孔子弟子中勇者型代表人物，为人非常直率，也非常重感情，讲义气，守信诺，且其政治军事才干也并不在他人之下。在《论语》文本中，子路顶撞孔子次数最多，挨的批评也最多，但孔子心里其实是特别喜欢子路的。不过，这一次子路犯了孔子的大忌。因为，孔子是礼学大家，行事最讲规矩，平常总是批评人家僭越礼制，自己这次却差点让子路坏了规矩，背上不懂礼的恶名。当然，从子路作为学生的角度讲，他如此作为，也算是一种表达对先生尊敬的方式，或者说从子路等弟子的内心来讲，他们认为先生是配得上这样的礼遇的，甚至可能觉得这样的礼遇还委屈了自己的先生。所以，当子路如此安排时，也没有谁指出来这有什么不妥。假如孔子这次真的一病不起，子路超规格为孔子办丧事，可能会招致社会的非议，子路也是有勇气来承担这一责任的。子路的心思是，我就是要把先生的葬礼办得隆重一些，哪怕是违反规定，我也要这么做,如果有什么说法,都冲我来吧,我子路不怕。从子路这种“知其不可而为之”的勇气来看,子路对孔子的感情之深也非一般人可比。但是,人生无常,孔子这次重病没有死,而为之做治丧准备的子路却先孔子而死,孔子闻之,“哭子路于中庭”,非常伤心,以至于吃饭时见到有肉酱,不忍食之(《礼记·檀弓上》)。足见师生之情深也。

从孔子对子路的批评来看,虽然口气严厉,但也透露出孔子对弟子之情的理解,尤其孔子说“且予与其死于臣之手也,无宁死于二三子之手乎!”这样的话,更是体现了对师生之情的珍视。这一点诚如李泽厚先生所言,此事说明孔子“非只严遵礼制,且更重亲情”[①],至少可以说孔子为人是讲究情理相融的。

9.13【原文】 子贡曰:“有美玉于斯,韫椟而藏诸?求善贾而沽诸?”子曰:“沽之哉!沽之哉!我待贾者也!”

〖解读〗待价而沽的从政心态

上章讲孔子对待身后事的态度,不希望因“情”而违“礼”,生死一贯,境界之高确非常人所能及。本章则讲孔子对待出仕或从政的态度,亦足见孔子对政治的热情不同于一般的政客。

子贡是孔门中的智者,这一点也可从他与孔子对话时的言辞技巧中看出来。譬如本章,子贡就这样问先生:这里有块美玉,我是把它放在柜子里收藏起来呢,还是找个识货的商家把它给卖了?子贡之所以如此设问,是因为“孔子有道不仕”(《论语集注》),但又不好直接对先生这么说:老师啊!您这么有学问、有本事,为何不出来做官呢?您难道真的不愿意从政吗?如果是这样问孔子,孔子怎么好回答?孔子总不能说:我也想出来做官,只是还没有找到当官的门路。这样直白的提问是不是会令人多少有点难堪?更何况提问的对象还是自己的老师。子贡是个聪明人,他知道老师亦有心于仕,但态度不是那么积极,所以才拐个弯、用打比方的方式向老师提问,既让老师表明心迹,又不至于让老师失去尊严。

对于子贡之问,孔子自然是心知肚明的,但既然问到了这个问题,那还是要把态度表明为好,免得弟子们有其他的猜测。譬如有些弟子会想:老师不说的话,是不是老师不赞成他们从政呢?其实,“学而优则仕”是孔子的一贯主张,只是孔子比较谨慎,他有自己出仕的原则和条件,譬如“危邦不入,乱邦不居,天下有道则见,无道则隐”。(《泰伯》)再如本章孔子所说的“我待贾者也”即待价而沽,也就是以千里马的姿态等待有伯乐来赏识的意思。看来孔子对于从政的态度还是比较消极的,可能是因为他意识到“道之不行”,自己周游列国时所受的礼遇不过是当权者把他当作政治花瓶而已,既然如此,又何必主动去求仕呢?

① 李泽厚:《论语今读》,北京:生活·读书·新知三联书店,2004年,第223页。

我们知道，在春秋那样的政治生态环境下，孔子的待价而沽是不会有结果的，不过，孔子也不太在意，因为他已有了新的事业追求，那就是通过文化教育事业来传道。

9.14【原文】 子欲居九夷。或曰："陋，如之何？"子曰："君子居之，何陋之有？"

〖解读〗君子眼中没有"陋"与"不陋"之分

上章讲孔子对于从政的态度，心态并不积极，待价而沽，却无识货之人，这就像开个玉器店，却没有一个顾客上门，那就只好关门了事。在这种状况之下，孔子有了"居九夷"的想法。

九夷，"东方之夷有九种"(《论语集注》)。华夏居中，夷在东方，属于当时的落后地区，具体是指哪些地区，有不同的说法，我看没有必要纠缠于此，只需明白两点即可：一是夷与夏相对，是文明与野蛮相对，故古有"夷夏之辨"；二是这里所指的九夷之地应该是孔子周游列国期间曾到过的地方，孔子对这些地区的实际情况有所了解，所以，孔子心目中的九夷不是一种"文人的想象"。

孔子"欲居九夷"之"欲"到底是"欲隐于九夷"还是另有所"欲"呢？朱子说"欲居之者，亦'乘桴浮海'之意"(《论语集注》)，也就是欲隐于九夷以避世的意思；南怀瑾先生则认为，"孔子当时想另外开辟一个天地，保留中国文化"[①]，也就是说，孔子"欲"居九夷之"欲"不是"欲隐退"，而是"欲进取"，是欲将华夏文明传播到野蛮落后地区，欲以"文"去"化成天下"。我个人认为，从上章孔子待价而沽的从政心态来看，孔子"欲居九夷"并不是欲到九夷去找工作或搞文化传播，而是像道家那样隐居避世，彻底告别政治，眼不见，心不烦，求得一颗安静的心，是政治厌倦的表现。大家可试想一下，自孔子从政以来，除了在鲁国当司寇的那几年还比较顺心一点，其余则是周游列国十四年之久的求仕生涯，这让孔子对于当时的政治生态环境既有了清醒的认知，又不可能不在心理上产生厌倦政治之情，就如我们今天从事某一职业久了，也会有职业倦怠产生。再者，孔子也知道，九夷之地虽然落后，但也并不是什么"治外"之地，如果孔子要到这些地区开展文明传播工作，未必能得到当地"政府"的许可。因为，以孔子当时的社会影响力以及他手中的人才资源，孔子所到之地的统治者对孔子都有一种防范之心，担心孔子形成一股政治势力而尾大不掉。所以，孔子"欲居九夷"就是欲隐而避世的意思，或者说是欲找一个清静地方退休的意思。

对于孔子欲到九夷去过退休生活，当时有人就劝孔子，何必跑那么远、到那么落后的地方呢？就如我现在过惯了现代化的城市生活，如果要跑到贫困的乡村去退休，肯定也有人会来劝我，叫我别去，因为那地方条件太差了，会过不惯、受不了的。我会怎么说呢？我可能会说：那里条件是差，但生态环境好，空气清新，吃的东西绿色环保。

---

① 南怀瑾:《论语别裁》(上册)，上海：复旦大学出版社，2006年，第454页。

而孔子跟我们不一样,他说:“君子居之,何陋之有?”孔子不是像我那样想到了“陋”中之“好”,而是他的眼中根本就没有“陋”与“不陋”之分。可见,以孔子的修养境界,外在的物质条件无论是“陋”还是“不陋”,都不足以影响他“乐道”的心情。这就是圣人孔子与我等凡夫俗子的差别所在。

9.15【原文】 子曰:“吾自卫反鲁,然后乐正,《雅》《颂》各得其所。”

〖解读〗老有所为,“《雅》《颂》各得其所”

从前章讲孔子对待出仕的待价而沽态度, 到上章讲孔子想到落后地区过退休生活,可以看出文本如此安排上下文是有逻辑考量的。而本章所讲的内容,是孔子最终没有选择去“九夷”定居,而是从卫国返回鲁国后的情况,同样显示出文本的逻辑考量。三章连在一起,反映了孔子从想当官—想隐退—决定从事文教工作这样一个事业的选择过程。

如前所述,孔子仕途失意之后,本来是想选择到“九夷”过隐居生活的,但最终没有去成,至于原因,则不得而知。我想,可能是孔子其时年事已高,在外漂流了十四年之久的缘故,便有了叶落归根的想法,才选择返回父母之国——鲁国。孔子返鲁是在公元前 484 年,即鲁哀公十一年,其时孔子已六十八岁,这在古代已算是高寿了。回到鲁国之后,鲁国给他的礼遇还是颇隆的,不仅让他物质生活上有了保障,而且政治上也给他以“国老”即鲁国的“政协委员”或“政府参事”身份,这种生活状况似乎很符合他既想出仕又想隐退的想法,真所谓大隐隐于朝也,这比他最初想跑到“九夷”去过隐居生活似乎更“儒家化”一些。因为,儒家讲入世,即使有出世的想法,也要出世而不离入世,而当个“国老”或“政协委员”或“政府参事”基本上算是被政治边缘化了,但也还有政治参与的机会,所以是儒家知识分子出世方式的最佳选择。不过,孔子之所以为圣人,就在于他不是一个政治上“打酱油”的人,哪怕是当个“政协委员”或“政府参事”,他也会将这一职能发挥到极致。但是,孔子没有去选择以“提案”为主的政治参与方式,而是把“文史”工作作为自己的主攻方向,针对当时《诗》《乐》已经残缺的情况,“孔子周流四方,参互考订,以知其说。”(《论语集注》)这就是“乐正”而“《雅》《颂》各得其所”,修订编辑了《诗》《乐》等古典文化资料,从而为传统礼乐文明的传播提供了比较可靠的范本,为中国的“文艺复兴”(南怀瑾语)打下了坚实基础。这是晚年孔子对中国文化发展的重大贡献。

9.16【原文】 子曰:“出则事公卿,入则事父兄,丧事不敢不勉,不为酒困,何有于我哉?”

〖解读〗孔子的自我总结

这段话是孔子的自我评价，从文本上下文联系的角度讲，是孔子对自己一生的总结之言。因为，孔子一生，想从政，却找不到赏识自己的人；想隐退，却找不到理想的隐退方式；最终只能选择半隐退，当个“国老”或“政协委员”，搞点“文史”工作以度余年。所以，回顾起来，孔子说自己一生“出则事公卿”，说的就是他参与政务的事，即无论是提交“提案”，还是从事“文史”工作，都已尽责尽力了。除了政治生活之外，社会、家庭生活方面，孔子说自己“入则事父兄，丧事不敢不勉，不为酒困”，即回到家里，对父母尽孝，对兄长尽悌；与朋友相交，别的不说，至少人家有丧事，礼数要做到位，尽可能提供一些力所能及的帮助。

当然，跟朋友在一起，免不了要喝点酒以助兴，但“不为酒困”，即喝酒但不酗酒，以不喝醉为原则，也不是无酒不欢，餐餐都得有酒。看来，孔子是有酒量的人，估计当时的酒风也并没有完全遵守酒礼的规定，“喝着喝着就醉了”的事比较常见，孔子不希望人家喝醉，也不想自己喝高，所以社交活动时总能自觉遵守酒礼规定。当然，有时候酒场如战场，你不劝人家的喝，人家却要劝你的酒，“感情深，一口闷”，为了朋友情谊，也有需要放开喝的时候，所以孔子说“唯酒无量”，即不必过于谨守酒礼对量的规定，喝多喝少，要自己把握，但有一条，就是“不及乱”，就是不要喝醉，醉了既伤身体，又可能伤感情，甚至造成对他人的伤害，至于喝酒之后乱性的事，喝酒时乱表态、轻承诺的事，更是常有之。孔子对于商人酗酒亡国及周公之《酒诰》是常怀于心的，加上自己有喝酒的体会，知道喝酒的危害，所以才有此理性之言。

孔子的自我总结写得很平实，也很谦虚，甚至说除了做到以上几点之外，自己再别无长处（“何有于我哉？”）。但是，孔子所说的这几点，我们有几人能做到呢？

9.17【原文】 子在川上曰：“逝者如斯夫！不舍昼夜。”

〖解读〗自强不息——孔子的人生哲学

上章是孔子的自我总结，而本章仍带有总结的性质，但是角度不同。如果说上章的角度是伦理学的，那么，本章的角度则是哲学的；如果说上章的总结侧重于生活写实，那么，本章的总结则侧重于人生感悟，它代表了孔子的人生哲学。

孔子喜欢郊游，对于山水自然有他自己的独特的情感体验与理性认知，如他曾说“知者乐水，仁者乐山”（《雍也》）。而此处孔子的临河之叹，确实体现了“知者”或哲人的情感深度与思想高度。“逝者如斯夫”，流年似水，光阴似箭，韶华易逝，岁月不居，这是孔子的时间体验。在这种时间体验中，主体的情感将客观的或标准化的“时间”内在化、主观化，使得时间的长度存在于主体的心理感受之中，所谓“人生苦短”和“寂寞夜长”，就是两种不同的心理时间，所以，孔子这里所看的河水其实是主体对象化了的情感客体。换言之，流动的河水是心动的观照物，河水的流速也是由心来计算的。如果是从这一角度来理解，则“逝者如斯夫”就是孔子对自己过往人生经历的回顾与总结，意思是人的一生如匆匆流水,如白驹过隙,一晃而过,一下子便“不知老之将至矣”。回顾起来,自己的一生,相比于历史的长河,实在是太过短促,无论功过是非,任由后人评说,因为往者已不可追,过去的就让它过去吧。但无愧的是,自己的一生是奋斗的一生,就如河水一样,“不舍昼夜”地向前流动着。所以,珍惜现在,面向未来,永不止息,这就是孔子的人生哲学。①

从理性认知的角度讲,夫子是言代表了他对世界本质的认识。“流水”(即“时”)是“水”(即物质)的存在形式,这说明孔子已认识到运动是物质的本质属性,而且运动又如河水一样“不舍昼夜”,也就是运动是绝对的,而运动又是有规律的,运动的规律是什么?不同的事物有不同的运动规律,认识和掌握事物运动的规律并按规律办事,这是我们人类发展过程中最主要的任务之一。因为不按规律办事,就会受到规律的惩罚,只有按规律办事,人类才能顺利发展。譬如水,“水往低处流”,这就是水的运动规律,所以大禹治水用疏而不用堵,就是掌握了水的运动规律,从而才根治水患以造福华夏子民;再譬如天,“四时行焉,百物生焉”,这就是天的运动规律,所以“行夏之时”才能发展农业生产。

我们知道,先秦诸子中儒、道两家都把“道”作为自己的“志”之所在,但为什么会有两种不同的人生观?我认为,最根本的原因是:儒家把“动”作为事物的根本之“道”,而道家则把“静”当作事物的根本之“道”,也就是说,承不承认事物运动的绝对性及其价值与意义,这是儒、道关于“道”论的根本分歧所在。儒家论“道”,首先认为“动”就是“道”的根本属性,《易经》讲“天行健”,孔子讲“不舍昼夜”,都是讲运动的绝对性,且这种运动的绝对性才是事物的根本之“道”,只有先“动”,才讲“如何动”的问题。而道家与儒家相反,认为“静”才是事物的根本属性,黄帝《阴符经》说:“自然之道静,故天地万物生。”丹鼎派还说“静为生门,动为死户”,从根本上否定“动”的价值与意义。而道家所讲的“道法自然”只是讲“如何动”的问题,且在“如何动”的问题上,道家把“归静”作为“动”的主要价值取向。儒家讲“动”,首先肯定“动”的意义与价值,所以提出“天行健”“日日新”的观念,体现了一种以创新发展为主的价值导向,至于如何创新发展或“道法自然”,这乃是其次的问题。从某种意义上讲,儒、道之别可以概括为:儒家讲“生命在于运动”;道家讲“生命在于静止”。

但是,需要指出的是,儒家关于运动之绝对性(“不舍昼夜”)的价值理论构建主要是为其人生哲学张本的,它对“动”本身的规律缺乏更全面的了解,譬如对“水”的运动规律及其价值,孔子看到了“水”的灵活,所以讲“知者乐水”;还看到“水”的“不舍昼夜”、一往直前,所以讲“自强不息”,但关于“水”的包容与谦下的意义就不若道家讲得透彻,所以未能像道家那样提出“上善若水”的命题。总之,因为儒、道两家人生观不同,所以对于“水”的理解就各有侧重。

---

① 关于本章尤其是情感时间的思想,李泽厚先生有很好的解读,可参阅其《论语今读》(北京:生活·读书·新知三联书店,2004年)一书。

9.18【原文】 子曰:“吾未见好德如好色者也。”

〖解读〗“好色”是天性,“好德”是知性

从本章开始,文本又换了主题,这一点朱子看得明白,他说:“自此(案:朱子是指‘子在川上曰’章)至终篇,皆勉人进学不已之辞。”(《论语集注》)都是一些勉励学生认真读书、认真做人的话。

孔子的这句话非常有名,现在也经常被人引用。这说明孔子看到的问题不只是古人才有的,现代的人也有,甚至问题更突出。因为,孔子所言涉及人性的基本方面,也就是“食、色,性也”。色,是生理需求,是自然人性,也是人类得以延续的重要“生产”方式之一。正是这种自然人性的社会意义使得“色”的满足具有伦理的正当性,这一点对于讲究“不孝有三,无后为大”的儒家来说是不证自明的。但是,性的满足的伦理正当性辩护如果仅限于“传宗接代”这一点上,那就不会有“好色”问题。因为,人之所以“好色”,并不能单纯地理解为本能生理满足需求,它还有审美需求在其内。那么,人的这种审美需求满足,或者说“喜欢美女/男”是否同样可获得正当性辩护呢?从《诗经·关雎》“窈窕淑女,君子好逑”来看,与君子相配的女子除了要贤淑之德外,也还要人长得漂亮,这说明孔子并不认为人的“好色”倾向是不正当的。但是,孔子又认为,“好色”的正当性是有条件的,条件之一是“窈窕”与“淑女”必须一体,仅长得漂亮但不贤淑者不能“好之”;条件之二是要忠诚与尊重。因为“色”是天生的,当然也就摆脱不了年老则色衰的自然规律,如果没有忠诚,色衰而见弛就必然会发生;如果没有尊重,“好色”就容易一厢情愿。所以,孔子认为,“好色”只有在满足上述两个条件下才具有正当性。

孔子说“吾未见好德如好色者也”,有两层意思:一是“好德”不如“好色”之诚实。因为,“好色”是本能反应,所谓“爱美之心,人皆有之”,爱美是一种天性,可率性而为之,无伪也;而“好德”是条件反应,是经由第二信号系统的刺激而逐渐形成的自觉性意识活动,可以说人的道德需要是经过教育才转变为人的内在需要的,是尽“心”的结果;且“好德”在很大程度上又都体现为一种对本能(包括“好色”本能)的压抑,所以,“好德”很难如“好色”那样自然真实。二是“好德”不如“好色”之有吸引力。“色”,感性、具体,靠人的视觉直接传递,所以“色”的吸引力表现为一种外在形象冲击力;而“德”,理性、抽象,靠人的大脑综合传递,所以“德”的吸引力表现为一种内在精神感召力。两种吸引力相比,吸引眼球比吸引心理要强烈,吸引心理比吸引眼球要持久,“窈窕淑女”,首先吸引人的是“窈窕”,然后才是“淑女”。

总之,“好色”是天性,是率“性”而为;“好德”是知性,是尽“心”而为。而尽心不如率性,这是心理学规律,所以,夫子是言既是道出了一个事实,又是提出了一个希望,即希望主体道德修养能够做到尽心而率性的地步,这就是后来孟子心性之学的主旨所在。

9.19【原文】 子曰："譬如为山，未成一篑，止，吾止也。譬如平地，虽覆一篑，进，吾往也。"

〖解读〗成功与失败，只在前进与后退一步之间

上章孔子讲要像"好色"那样"好德"，如何才能这样呢？孔子认为，要修养到"好德如好色"的境界，贵在持之以恒，否则便如本章所言，功亏一篑。

我们做任何事，无论是做学问还是道德修养，无论是经商还是从政，都难免有气馁的时候。为什么？因为任何事业的成功都不是一帆风顺的，都会面临着各种困难险阻，都会有不知道"顶点"在哪里的时候，都有可能在快要成功的时候放弃了。就如掘井，不停地往下挖，却始终见不到水，就以为这口井是枯井，于是放弃了，其实可能只要再往下挖一尺，就可以见到水。所以，成功与失败其实往往就在于能否坚持往前再走一步之间。有人说"退一步，海阔天空"，其实更多的时候是"进一步，海阔天空"。

孔子说"止，吾止也""进，吾往也"，是否坚持往前再走一步，靠别人逼着走、推着走、拉着走是不行的，关键得靠自己走，自己要有信心、有恒心、有毅力坚持走下去，当然有的时候还要有办法、有智慧，光蛮干也是不行的。所以，夫子是言仍然是讲培养"弘毅之士"的问题。

9.20【原文】 子曰："语之而不惰者，其回也与！"

〖解读〗学贵有恒，行贵能久

上章孔子讲学问、修养贵在坚持，而在这方面的"好榜样"是谁呢？孔子认为是颜回。从上章以打比方来讲道理，到本章以树典型来讲道理，这是《论语》文本构建经常运用到的逻辑。

孔子说，跟他谈话，能够做到不懈怠的人，大概只有颜回吧！朱子认为，夫子此言是指"颜子闻夫子之言，而心解力行，造次、颠沛未尝违之"(《论语集注》引范氏曰)。也就是说，孔子所讲的"不惰"包括两个方面：一是指颜回听老师讲话，总是听得那么津津有味，兴趣盎然，没有丝毫倦怠之色；二是指颜回听了老师的讲话，总是按老师的话去做，力行而不懈，没有半点偷懒的想法。就前一个方面来说，如果有老师、长者、领导跟你讲话，一讲就是大半天，尤其是有些道理可能还会反复讲，这是诲人不倦，固然不失为一种"好"，但被诲者或听言者是否同样不倦呢？我看未必都能不倦。因为，有时候听师长讲话，如果讲得太多、太细，就会嫌其啰唆，久之而心生倦怠，不想再听下去了。这种情形在父母教育子女的过程中特别明显，一些家长总喜欢时不时给孩子"上课"，而孩子的感觉是父母爱唠叨，这样的"上课"不但未取得应有的效果，有时甚至还会让孩子心生厌烦。所以，能够做到如颜回那样"语之而不惰"，并不是一件容易的事。

就后一个方面来讲，有些人对师长所讲的道理非常明白，如果有机会让他来讲这

些道理，他有可能讲得头头是道，甚至还可能讲出新意，但是，如果要他按着这些道理去做人做事，一次、两次可以，次数多了、时间久了就不行。譬如中国有一句俗话，叫作“久病床前无孝子”，父母生病，子女应该床前侍奉，这个孝道子女都很明白，且子女也有孝心，总希望父母尽快好起来，但是当他们的孝心转化为孝行时，长期坚持下去，不因父母久病而改变，这就不是所有的子女能够做到的。特别是在当今社会，子女们可能都有自己的工作、事业，没有足够的时间和精力来侍奉病中父母，于是有条件的子女喜欢选择“护工”来替他们尽孝，这样做似乎也是不错，但在父母的心理需求满足方面肯定是于孝道有亏的。所以，能够像颜回那样“语之而不惰”即像他那样力行其仁，尤为不易。

由上可知，本章之旨在：学贵有恒，行贵能久。

9.21【原文】子谓颜渊曰：“惜乎！吾见其进也，未见其止也。”

〖解读〗惟“为己之学”，才只“进”不“止”

孔子继续表扬弟子颜回的“不惰”精神。颜回英年早逝，孔子十分惋惜，所以经常在其他弟子面前提到他。这里孔子说：颜回真是死得可惜啊！我只看到他不断地进取，未曾看到他稍有懈怠不前。

颜回之所以只“进”不“止”，既是因为他懂得学问之道不进则退的道理，更是因为他体会到了“为己之学”的快乐。因为，与颜回相比，许多人之所以容易满足于已经取得的进步与成绩，或者对于学问的求索有畏难情绪，主要是因为他们未能体会到学问的那种“欲罢不能”的魅力所在，是以其“进”也勉强，其“止”也容易。所以，王夫之认为，只要把学问当成“为己之学”，“学安可止哉！以道，则益入而益深也；以心，则终身不可违而终食不可息也。”（《四书训义》卷十三）研究学问的人，都有这样的体会，即研究得越深入，就越觉得有意思，就越容易为之着迷，就如遇上一位迷人的姑娘，连吃饭都想着她，睡觉也想着她，怎么可能会停止追求的步伐！如果只是“为稻粱谋”才做学问，在谋到“黄金屋”和娶到“颜如玉”之后，自然就不再有继续做下去的兴趣。

故曰：唯“为己之学”，方能只“进”不“止”。

9.22【原文】子曰：“苗而不秀者，有矣夫！秀而不实者，有矣夫！”

〖解读〗“为人之学”是一种“秀而不实”之学

“苗而不秀”，有的禾苗看起来长势不错，最终却未能抽穗扬花，长成了一株野草；“秀而不实”，有的禾苗抽穗扬花了，却最终未结出饱满的谷子，结出来是瘪谷子。有一句歇后语叫“老母鸡啄瘪谷——上当”，瘪谷子就是假谷子，它容易让老母鸡上当受骗,所以谷子进仓库储存之前要“扬场”或用风车来“车谷”,把瘪谷子分离出来,以免真假混在一起,否则的话就会“瘪谷坐中仓——不像个粮”。“苗而不秀”与“秀而不实”这两种情形,种过田的人都知道,而孔子年轻的时候当过“乘田”“委吏”,对农业生产是多少有些了解的,尽管他说种田“吾不如老农”(《子路》),但至少他还不是人们通常所认为那样,是一个“四体不勤、五谷不分”的知识分子,否则他不会有这样的经验之谈。

当然,孔子在这里不是要谈如何种粮的问题,而是借种粮食之事来谈人才培养问题。因为,从“性相近也”的角度来看,我们每一个人都是可以培养成才的,但我们经常看到的现象是,一些资质不错、很有培养前途的好苗子要么长成了野草,要么被培养成了次品,甚至废品。为什么?原因之一是没有按教育规律办事。譬如一些家长望子成龙心切,在培养过程中难免会来一些拔苗助长的举措,结果往往是适得其反,在各种学习任务的重压之下,小孩的兴趣爱好及其想象力都被扼杀掉了,成了纯粹的学习“机器”,这类小孩长大成人后多半思维机械,没有什么创新能力,在事业上难以有大成就。原因之二是教育的功利主义价值导向,这是古今教育之通病。把成就外在的功名作为求学的动力,固然亦可以学有所成,譬如成为某方面的专家学者,但如果功利之心太切,就难免为了多出成果、快出成果铤而走险,譬如实验数据造假、抄袭他人成果等学术道德败坏现象就屡有发生;至于当今社会饱受诟病的“博士官员”现象,看似是在践行儒家“仕而优则学”的思想,其实更是“秀而不实”之举,因为由秘书代写或找学者代写博士论文以获得博士学位,成就的是一名“真的假博士”——文凭是真的,学问是假的,其对社会造成的危害尤甚于“野鸡大学”的文凭。所以,孔子认为,大家要向“古之学者”学习,“古之学者为己”,学问不是为了博得外在的功名利禄,而是为了充实自己的内心世界,提升自己的修养境界。这就是为孔子所特别强调的“为己之学”。

从文本上下文意义联系的逻辑来看,上章是讲“为己之学”对于成就君子的益处,而本章则是讲“为人之学”对于成就君子的危害。一正一反,高下立判。

9.23【原文】 子曰:“后生可畏,焉知来者之不如今也?四十、五十而无闻焉,斯亦不足畏也已。”

【解读】后生可畏,老而无闻不足畏

关于本章,李零先生所著《丧家狗——我读〈论语〉》有很好的解读,大家可以参阅。不过,我的解读视角是文本阐释学的,即注重从文本上下文的联系逻辑来看其意义。

上章孔子讲到有“苗而不秀”“秀而不实”的情况,这种情况反映了年轻人成长有不理想的一面,如果放大这一面,就会形成对整个年轻人的负面印象。譬如中国有一句俗语叫“嘴上无毛,办事不牢”,说的就是年轻人不可靠,年纪大的人才是值得信赖的。孔子对年轻人也会是持这种消极看法吗?从孔子主张复古来讲,似乎应该如此,但实际的情况却恰恰相反。因为,他明确地说“后生可畏”,年轻人的未来发展是不可限量的，所以我们要重视年轻人，不要小瞧他们，要积极地看待年轻人的成长可能性，要多给年轻人以鼓励。事实上，孔子不是这样说说而已，大家从孔子的教育思想可以看出，孔子特别重视与学生之间的平等对话，赏识教育是孔子教学方法的重要方面，即使对像子路这样的学生以批评教育居多，但该表扬他们的时候，孔子一点也不吝啬。所以，孔子培养出来的学生几乎个个都是信心满满，意气风发，充满了正能量，很少看到那种畏畏缩缩、情绪低落的学生。

而且，对于老年人，孔子在肯定其有可敬可畏一面的同时，也看到了老年人有不可畏的可能性。譬如，有些人到了四五十岁还"无闻"即还没有良好的社会声望或还不明白人生的正理何在，这样的人也没有什么值得年轻人可敬畏的。孔子说"四十、五十而无闻焉，斯亦不足畏也已"的意思，一方面是指老年人要对自己有清醒认知，不要总是在年轻人面前倚老卖老，要学会尊重年轻人；另一方面也是指年轻人要刻苦努力，不断进取，不要等到自己老了的时候还一事无成，变成让年轻人看不起的人，所谓"少壮不努力，老大徒伤悲"是也。

9.24【原文】 子曰："法语之言，能无从乎？改之为贵。巽与之言，能无说乎？绎之为贵。说而不绎，从而不改，吾末如之何也已矣！"

〖解读〗不要把"法言"当耳边风；不要被"巽言"所迷惑

上章孔子讲后生可畏，老而"无闻"不足畏，这话听起来是不是有点不顺耳——特别是对老年人而言。因为，在一个以孝为传统的古代社会，敬老是没有条件的，年纪大了，不管是"有闻""无闻"，都应该受到年轻人尊敬，怎么能说老而"无闻"不足畏呢？孔子的意思当然不是说年轻人不要敬畏"无闻"的老人，而是说老年人也要有自尊，不要倚老卖老，不要把年龄当资本。所以，孔子说这话虽然老年人不爱听，但是，它是本章所讲的"法语之言"，是以有则改之为贵。

何谓"法语之言"？"法语"，旧注为"正言"，李泽厚先生释读为"合乎礼制规矩的话"，南怀瑾先生释读为"格言"。我看旧注为佳。因为，"法"者，法律制度也，而任何法律制度都必须以"公正"为核心价值，所以"法"者，"正"也，"法语之言"就是指符合社会正义原则并得到社会普遍认可之言，亦相当于"论语之言"。既然是正确之言，能不听从吗？但听了之后要及时改正自己的错误才可贵；如果听了之后不改，不落实到行动上，把"法语之言"当作耳边风，依然我行我素，这种人就真是不可救药了。有没有这种人？有，而且不少。许多人心里也知道什么是正确的，但就是改不了。为什么？因为他的错误已成了习惯性行为，改正起来很困难，也很痛苦，就如抽烟的人，都知道"吸烟有害健康"，但就是无法将烟戒掉。所以，孔子认为，人非圣贤，孰能无过？有过不要紧，"改之为贵"。

何谓"巽与之言"？"巽"者，恭逊也；"巽与之言"就是赞美顺从之言。朱子说："巽言者，婉而导之也。”（《论语集注》）也就是说恭维话要说得委婉，人家才爱听、才受用，否则的话，马屁拍到马腿上，效果适得其反。所以，“拍马屁”是一门学问，拍得不留痕迹才是高手。孔子讲“巽与之言，能无说乎”，没有人不喜欢听恭维话，哪怕是圣人孔子，如果听到有人赞美他“学而不厌，诲人不倦”之类的话，心里面也是很高兴的。但是，孔子认为，听到恭维的话，不要光高兴，飘飘然，要分析、推敲一下人家的话有几分是真的，人家这么恭维你是否有其他的目的，尤其是当你大权在握的时候，拍你马屁的人很多，就更要清醒、理性，否则容易被小人所迷惑。所以，孔子说，听到“巽与之言”，要“绎之为贵”，而“说而不绎”者，就会形成只听得进好话、听不进真话的心理习惯，这样的人同样是不可救药的。

由上可知，夫子教人，具体而微，非常有针对性，也非常有普遍意义，一个人只要能做到以上两点，就能在修养上更进一层。

9.25【原文】 子曰：“主忠信，无友不如己者，过则勿惮改。”

〖解读〗有过就改，不要怕在朋友面前丢面子

此章与《学而》第八章“重出而逸其半”（《论语集注》），少了“君子不重则不威，学则不固”一段。《论语》文本中“重出而逸”的这种情况还有，为什么会出现这一情况呢？我个人的看法是，不能把它看作是编辑的疏忽所致。因为，整部《论语》共二十篇，才一万多字，其文本结集过程又经历了从战国至西汉近五百年时间才形成的，怎么可能会有这样的编辑疏忽呢？我的理解是，这种重文现象可能是文本上下文意义联系之逻辑必要，或者说这种重文现象在不同的篇章语境中有不同的意义侧重或所指。譬如本章中的这段重文，在《学而》篇中，它主要与孔子“明人伦”的养成教育相联系，是为了说明“君子不重则不威，学则不固”是如何可能的，而在本篇中，它的所指意义是什么？这就要从文本上下文的联系来看。

如前所述，上章孔子谈到人们听到“法语之言”和“巽与之言”之后所应有的态度，那么，谁会对你讲“法语之言”与“巽与之言”呢？一般来讲，上对下的话多为“法语之言”，譬如老师对学生讲的话，领导对下属讲的话；而下对上的话多为“巽与之言”，譬如学生对老师赞美之辞，下属拍上级马屁的话。那么，朋友之间有没有也讲这种话的情形呢？有，但心态不一样，感情基础不一样。譬如“法语之言”虽然严肃，但多出自爱护之心；“巽与之言”虽然动听，但多出自恭敬之心，而朋友之间讲这种话，则多出自忠信之心。所以，孔子在这里讲的“主忠信”就是指对朋友讲话，无论是指批评的话，还是赞美的话，都要以忠诚与信任为基础。但是，给朋友提意见，需要特别注意的一点，就是“无友不如己者”，即要意识到朋友都有各自的优点与长处，意识到朋友关系是一种平等关系，相互之间没有必要拍马屁，所以朋友之间的“法语之言”就更应注意方式，否则会“朋友数，斯疏矣”（《里仁》），提意见次数多了，关系就容易疏远。

同样,对于朋友所提的意见,有则改之为贵。孔子在此之所以提出“过则勿惮改”,就是因为有些人犯了错误,朋友给他指出来,叫他改正,他觉得改正的话,会在朋友面前丢面子。譬如老婆反对丈夫抽烟,丈夫不听,朋友说你夫人的话是对的,你应该听,这时丈夫虽已意识到吸烟的危害性,想改正又怕朋友笑话自己“怕老婆”;再譬如某知名大学校长在重要场合讲话时,把“七月流火”理解为“火热的夏天”的意思,这本来是错了,但他就是不愿意承认,非得找各种理由来硬拗一通,究其心理原因,还是读书人的面子观念在作怪。所以,孔子说“勿惮改”既是指不要担心错误改正不了,更是指不要担心改正错误会在别人面前丢面子。

所以,本章之所指义是:有过就改,不要怕在朋友面前丢面子。

9.26【原文】 子曰:“三军可夺帅也,匹夫不可夺志也。”

〖解读〗匹夫不可夺志,普通人亦可以做一个大写的人

前面几章孔子主要是讲人贵有恒的道理,而从本章开始及后面两章,孔子讲到了做人最为重要的一点,这就是气节问题。

“三军可夺帅也,匹夫不可夺志也。”这句话非常有正能量,也非常给力。三军之众,以帅为主,两军对垒,可擒其帅,而无帅之军,往往溃不成军,足见帅在三军中的重要性。那么,相比而言,我们普通人的“帅”是什么?孔子认为就是一个人的“志”,如果“志”可夺取,则整个的人就如溃散之军,做人会做得一败涂地,所以,“匹夫不可夺志”,是指一个人如果信仰、立场坚定,就能做到孟子所讲的“富贵不能淫,贫贱不能移,威武不能屈”,如此则哪怕你是一个普通人,也是一个大写的人,是一个顶天立地的汉子。例如,抗日战争时期,有很多的普通中华儿女,面对各种威逼利诱,严刑拷打,始终坚贞不屈,气节不变,谱写了许多可歌可泣的人格华章,这充分证明“我不识一字,亦可堂堂正正做一个人”(陆九渊语)。既然“不识一字”的普通人都能做到不可夺其志,那么,读书人就更应该不忘初心,立场坚定,矢志不渝。但是,历史上也不乏一些仁人志士最终变节投降的事,如汪精卫,就是如此。究其变节的原因,王夫之有一段话可以作为注解,他说:“今人挟一有为有守之心,乃为焉而不成,守焉而不固,则曰:人欲为而天夺之,我欲为而人夺之。”(《四书训义》卷十三)这是不是很像汪精卫的“曲线救国”论?对此论调,王夫之批评曰:“无可如何,而初非我志也。夫使其可夺也,而尚谓之志哉?”(《四书训义》卷十三)即不管你为你的变节行为找多少客观理由,都只能说明你一开始就没有真正地立志于“救国”,因为,能够被夺之“志”,是不能称之为真正的“志”的,而真正的“志”就是人的“初心”、良心,就是人性。所以,人之立志,就是要始终不忘初心,不忘记人之所以为人的价值与意义,而立志的过程就是道德人格的塑造过程。

孔子强调“匹夫不可夺志也”,乃是对中国传统文化最伟大的贡献之一,它为中华民族的顽强生存与不懈发展提供了最重要的精神动源,可以说中国人的骨气、韧性全

在于此。

9.27【原文】 子曰："衣敝缊袍，与衣狐貉者立，而不耻者，其由也与！'不忮不求，何用不臧？'"子路终身诵之。子曰："是道也，何足以臧？"

〖解读〗人的气度不是靠名贵服装打扮出来的

本章承上章之旨，仍是讲志气问题，不过不是讲"紧要关头"的气节表现，而是讲志气在日常生活中的具体表现。

其实，我们人的一生，并不是时时刻刻都处在生死的紧要关头，大多数人大多数时候过的都是普通的日子，即使生于乱世之春秋，人也得穿衣吃饭，生儿育女，交朋结友，读书人可能还免不了要与权贵打交道的时候，但这也都是属于普通的社会生活内容，没有什么特别突出的地方。但是，正是这种普通的日子却需要我们时刻面对最普遍的矛盾冲突所带来的人生困扰。譬如本章孔子所讲的情况，一个穷人与一群富人打交道，穷人穿的是破棉袍，富人穿的是新皮袍，两个人站在一起，心里面会有什么样的感受呢？南怀瑾先生说："通常穿一件蹩脚的衣服，到一个豪华的场所，心理上立即会觉得自己扁了。"①一般人遇到这种情况确实会有一种低人一等的感觉，在人家面前抬不起头来，特别是当一个社会把"着装考究"当作"文明"的标签的时候，更会让人产生一种文化上的自卑感和羞耻感，好似自己穿得不好是给整个社会丢了脸。现在有一些来自落后地区的大学生，生怕父母来看望自己，原因之一是担心父母的穿着会让自己在同学们面前丢脸，这说明"耻恶衣恶食"是古今之通病。但是，孔子说，他的学生子路不是这样的人，他穿着破棉袍站在一群穿新皮袍的人中间，神态自若，挥洒自如，一点自卑感也没有，甚至在气势上还压人家一头，让人家觉得自己在他面前矮了一截，一点心理优势也没有。子路的这种气度不是装出来的，也不是像魏晋名士那样故意要如此低调。因为，以子路的才华，要"衣狐貉"也并不是什么难事，他也不是没有"衣狐貉"的时候，但他从来不觉得"衣狐貉"就是"文明人"，就比"衣敝缊袍"者要高人一等，他觉得穿什么衣服并不重要，重要的是衣服里面的心中安放的是什么。孔子认为，子路是一个"志于道"的读书人，因为心中安放的是"道"，所以他"不忮不求"，既不嫉妒别人家财万贯，也不贪求物质财富。生活中有的人在年轻的时候可能因为贫穷受过有钱人的白眼，所以暗下决心要发大财，期望有朝一日要出人头地，以找回过去失去的尊严。子路不是这样，他认为他的尊严不是建立在物质财富拥有的基础之上，而是建立在自己内心的学问、修养之上。对于子路的这种精神追求，孔子非常欣赏，也给予了高度肯定。

我们知道，子路是一个性情中人，经常挨老师的批评，好不容易得到一次表扬，心里自然非常高兴，也不无得意之色，甚至把老师表扬他的话经常挂在嘴边（"终身诵

① 南怀瑾：《论语别裁》（上册），上海：复旦大学出版社，2006年，第473页。

之”)。孔子听说之后,对他讲:“是道也,何足以臧?”即你能“不忮不求”,确实是走在正道之上,但也没有必要这样沾沾自喜,因为道远着呢,你才走了多远,就自鸣得意起来,如果这样的话,你就会在原地踏步,达不到你所追求的理想目标,所以,你还得继续努力,永不止息。“何足以臧”的意思,也就是曾子所谓“仁以为己任,不亦重乎!死而后已,不亦远乎!”

9.28【原文】 子曰:“岁寒,然后知松柏之后凋也。”

〖解读〗岁寒知松柏——一种境遇伦理学的观点

本章仍然是讲气节问题,不过跟上章不同的是,本章所讲的气节之境遇不是平常生活,而是“岁寒”即特殊情况的或严峻考验的时刻。这一点宋儒看得明白,朱子在《论语集注》中引“范氏曰:‘小人之在治世,或与君子无异。惟临利害、遇事变,然后君子之所守可见也。’谢氏曰:‘士穷见节义,世乱识忠臣。’”在治世或和平年代,或者在无须主体付出重大牺牲的境遇之下,小人与君子之间的道德操守差别是不太明显的,唯有在乱世或战争年代,或者需要主体付出重大牺牲的境遇之下,君子节义之高才会彰显出来,这如同只有到天寒地冻的时候,才知道松柏树的叶子是最后掉落下来的树叶一样。

不过,需要指出的是,关于气节问题的“君子小人之辨”,确实要有境遇伦理学的观点。因为,历史上有不少人在平时的作为多是“小人行径”,但在涉关国家、民族命运的大是大非问题上却表现出了崇高的民族气节,所以,我们评价一个人要有发展的观点,要看到“小人”亦有成为“君子”的可能性。这是一方面。另一方面,朱子说“小人之在治世,或与君子无异”,并不意味着在治世就没有“君子小人之辨”的必要性。因为,能够在关键时刻表现出崇高气节的人一般多为平时生活中的“君子”,平时的“小人”成为特殊境遇下的“君子”毕竟只是少数,所以不能因为这个少数而否定治世之“君子小人之辨”的必要性及其价值。其实,从个体道德人格修养来讲,如果我们把每一个时刻都当作道德考验的“关键时刻”,时刻保持一种临渊履薄、战战兢兢的道德心理状态,这样才真正有益于道德境界的提升。这一点也就是儒家曾子之学的精义所在。

9.29【原文】 子曰:“知者不惑,仁者不忧,勇者不惧。”

〖解读〗知、仁、勇三“达德”,道德人格的三方面

前面三章孔子讲了气节问题,其中第一章是讲气节的概念——气节就是一种“匹夫不可夺志”的精神气象;后面两章是讲气节在日常生活中和在特殊境遇中的行为表现。那么,这种“匹夫不可夺志”的气节是怎样形成的呢?这就涉及道德人格的塑造问题,也就是本章要讲的问题。

我们知道，人格塑造是一个知、情、意三要素相统一的过程。所谓“知者不惑”，就是讲道德认知问题。不过，孔子所讲的“知”，不单是指知识、学问，更主要的是指人的道德理性，“知者”就是知道什么“应当”和什么“不应当”的人，也就是知道“义”之所在，知道是非之所在的人。所以，“知者”不为各种外在的现象所迷惑，他有自己的道德判断能力，他不会人云亦云，不会为习俗势力所左右。孔子认为，一个人要成为“知者”，必须“学而不厌”，既要学习知识、文化，更要学习做人的道理，只有“明理”才可谓之“知”。而“明理”并不容易，因为，儒家所讲的“理”更多的是指“道之理”，“道”只有一条，而通向“道”的“理”则有多种，因此什么才是“正理”很重要。《大学》讲“格物至知”，“格物”主要不是去研究外在于人的客观物质世界规律，而是要研究与我们人类需求密切相关的“事物”之理，所以，“格物致知”不是读死书，而是须在事上磨炼，在参与社会生活实践过程中明白做人的道理。

“仁者不忧”，是讲道德情感问题。儒家的道德情感论主要体现在“仁者爱人”这一命题之中，但为什么“爱人”之仁者会“不忧”呢？一般来说，关心他人的疾苦恰恰是一个心理忧虑的过程，譬如父母生病，人子往往会忧心如焚，怎么可能会“仁者不忧”呢？其实，孔子所讲的“仁者不忧”主要是讲仁者不会为自己个人的私欲所困，不会天天想着要住豪宅、开名车、有权力、有名声。仁者是一方面心忧天下，有忧患意识，另一方面则大爱无私，乐于奉献，可以说“仁者不忧”的境界是在“爱的奉献”过程中达成的。问题是：一个人的道德情感如何可能达到“仁者”的厚度？尤其是基于亲情的仁爱之心如何才能超越自然情感的局限，甚至超出“类性之仁”的局限以达到“仁民爱物”的境界？孔子认为，“知者利仁”，人的道德理性既有助于人类道德情感的升华，同时也有助于人类心理的“不忧”，因为，明理则心宽量广，豁达大度，所谓“明白人看得开”，明白人是不会有心理忧郁症的。

“勇者不惧”，是讲道德意志问题。一个人的道德意志是否坚强，关键在于其道德信念是否坚定，其道德理想是否崇高。孔子讲“士志于道”，建设一个有“道”的社会就是儒家的道德理想，对此理想，孔子有坚定的信念，他说“朝闻道，夕死可矣”，就如我们经常讲的要“为真理而死”“为正义事业而献身”。孔子一生“知其不可而为之”，就是基于这种理想信念，而一个人如果有了这种为理想信念献身的精神，就会意志坚强起来，就会勇敢起来，就会不惧各种艰难险阻，朝着自己的理想目标而奋斗不息。问题是：怎样才能成为一个道德上的“勇者”？儒家认为，“仁者无敌”，真正勇敢的人必定是一个有大爱精神的人，是一个有自我牺牲精神的人；同时，真正勇敢的人必定也是一个有大智慧的人，孔子说：“暴虎冯河，死而无悔者，吾不与也。”勇敢不是蛮干，不是比力气，而是比智慧，比水平，可以说“勇者不惧”是“必也临事而惧，好谋而成者也”，有一个由“惧”到“不惧”的心理素质提升过程。有一句话叫“胆子是练出来的”，只有上过战场的士兵才可称得上真正的勇士。孔子说：“见义不为，无勇也。”“义”有大义、小义之别，“勇”有大勇、小勇之分，小义不为，如何可能有“大勇”？如果我们平时见到一个小偷都不敢站出来，怎么可能指望他将来为国家去冲锋陷阵呢？所以，道德勇气的提升就是在平常做一件一件的“好事”的过程中不断累积而成的。

知、仁、勇是儒家的三“达德”，也是儒家塑造道德人格的三个着力点，如果三者俱备，自然是一种理想人格。只是要做到三者齐全，是比较难的，孔子学生中的七十二“贤人”也未必都做到了，所以，他们的人格特征有的是“仁者型”（如颜回），有的是“智者型”（如子贡），有的是“勇者型”（如子路）。

9.30【原文】 子曰：“可与共学，未可与适道。可与适道，未可与立。可与立，未可与权。”

〖解读〗守道要懂得权变，活学活用也

上章孔子讲道德人格的境界，本章则是讲学习的境界，做人与做学问相统一，这始终是孔子之学的主题。

“可与共学，未可与适道。”可以和你一起学习的人，未必会与你走相同的路。譬如你的大学同班同学，在一个教室一起共学四年，毕业之后，你会发现有的同学经商去了，有的同学从政去了，有的同学教书去了，等等，分别走了不同的人生道路。如果某一天大家聚会在一起，经商的同学说：你别教书了，来跟我一起做生意吧。你如果真的去了，结果并不一定如你所愿。不是一路人是走不到一块的，尽管人生的际遇会让你们有相见的时候，终究是“道不同不相为谋”。所以，同学不一定是同道，同道为朋，由同学而朋友，似乎很容易，其实很难，为什么大多数同学之间的联系会随着时间的久远而越来越少，原因就在于此。孔子说：“有朋自远方来，不亦说乎！”有志同道合的人跟你做同学，实在是人生的幸事。“志于道”，这是学习的第一层境界。

“可与适道，未可与立。”能跟你志同道合，确是幸事，但是，对真理的追求是否能够“立”即坚定不移，矢志不渝，这又未必尽然。譬如我们选择走同一条路去北京，走着走着，你会发现有人坚持不下去了，或半途而废，或另辟蹊径，能够跟你一直走下去的并不多。为什么？根本的原因还是对“道”的笃信不够，所以，“适道”要“立”，要信念坚定，这是学习的第二层境界。

“可与立，未可与权。”对“道”，有的人跟你一样笃信好学，但未必能与你一样通权达变。譬如去北京，他和你选择的是同一条路，而且也有坚持走下去的决心和毅力，但走到中途，有人告诉你们，前面的路不好走，可选择绕道而行，他则不同意，坚持走原定路线，结果果真如他人所言，前面路不但不好走，而且有的路段毁坏严重，不修复根本走不了。这就是不懂得权变的代价。而我们所熟悉的马克思主义中国化历史更是体现了“道”与“时”相结合的重要性，如果不从实际出发，不实事求是，不与时俱进，坚持马克思主义就可能坚持出主观主义、本本主义，其危害性是有惨痛的历史经验教训的。孔子对于“道”的追求是十分固执笃信的，但他并不是一个呆板的人，他很懂得“随时”的重要性，他对中庸之道的推崇主要侧重于“时中之义”方面，所以孟子称孔子乃“圣之时者”。坚持真理不易，坚持真理与具体实际相结合更不易，这就是学习的最高境界。

以上是孔子论学习的三层境界，同时也可以看作是孔子的交友之道，即如果你了解对方是什么层次的人，就要把握好跟他们交道的分寸，要懂得如何与他们相处，这就是相聚是缘，相处有道。

9.31【原文】“唐棣之华，偏其反而；岂不尔思？室是远而。”子曰：“未之思也，夫何远之有？”

〖解读〗只要真心相爱，距离不是问题；只要信念坚定，办法总会有的

旧注将此章与上章合为一章，朱子《论语集注》分之，其义如何？历来注家看法不一，但又认为夫子是言“极有涵蓄，意思深远”（《论语集注》引程子曰）。我以为，将此章作为本篇的最后一章，确实有文本安排的逻辑考量，所以，它的“意思”还得从文本上下文联系的角度来解读。

“唐棣之华，偏其反而；岂不尔思？室是远而。”这是首逸诗，应该属于情诗之类。唐棣是一种落叶灌木或乔木，非常具有观赏价值。唐棣之花，“偏其反而”，是指花叶在风中摇荡，让人既眼花缭乱，又流连忘返。如果见到这么一位多姿多彩的美丽姑娘，“岂不尔思”，难道会有谁不想念她吗？我是时常思念的，但是“室是远而”，实在是因为彼此相距太远了。看情况，青年男女有很长时间没见面了，这次见了面，女子免不了要埋怨男子为什么这么久不来看她，男子解释说，这么久没来看她，不是因为自己不想，而是因为两家相距太远了，希望能得到姑娘的谅解。青年男子所找的理由似乎很客观，也似乎很有说服力。难道不是吗？因为，即使在现代交通便利的条件下，“两地分居”或牛郎织女式的爱情是否能够长久，也是值得怀疑的，更何况是古代呢？这说明无论古今，爱情的实现是有条件的。但是，孔子认为，“未之思也，夫何远之有。”你根本就没有深深地思念过你的恋人，如果真的思念你的恋人，路远又算什么呢？可见，孔子还是一个爱情至上主义者。

当然，文本把孔子对爱情的评价安排于此，并不是为了讨论爱情，而是为了探讨道德修养问题。因为，从文本上章可知，对“道”的追求有“适道”而不能“立”的情况，也就是有的人在追求真理的过程中，因为信念不够坚定，意志不够坚强，结果是半途而废。这就像诗中提到的那位男子，要说他一点也不想念他的恋人，那也不符合事实，但要说他思念得夜不能寐、茶饭不思的地步，那也是假的，这一点诚如王夫之所言：“未尝忘之，而亦未尝笃念之；思而幸得则思止，思而不得而思亦止矣。”（《四书训义》卷十三）对“道”的追求亦如此，“适道”虽然值得肯定，关键要笃信其“道”，择善而固执，不能因为遇到“室远”这样的困难就放弃了，因为，只要信念坚定，办法总比困难多。

所以，从文本上下文联系的角度讲，本章仍然是讲对“道”的笃信问题，而这也是本篇后半段最突出的主题之一。孔子曾要求学者要“好德如好色”，但如果像这位男子那样不咸不淡地“好色”，那也是不行的。

◆《乡党》第十◆

概要：本读合为十章。本篇虽是记夫子日常生活之言行，但都体现“时中”这一特别为孔子所强调的“至德”蕴意。无论是说话也好，穿衣服也好，吃饭也好，与人打交道也好，都要根据对象、场合的不同来选择一种合乎礼仪规范要求的行为，这种得“时”之宜的行为就是“时中”。不过，本篇所讲的“时中”，都是时常生活中的“时中”，具有普遍性，每个人都可能遇到，但也最容易为人们所忽视，故文本记之，旨在彰显“中庸”之“不可须臾离也”或“道在伦常日用之间”之义。

10.1【原文】孔子于乡党，恂恂如也，似不能言者。其在宗庙朝廷，便便言，唯谨尔。朝，与下大夫言，侃侃如也；与上大夫言，訚訚如也。君在，踧踖如也，与与如也。

〖解读〗孔子是个言容得体且深谙人情的言语心理学家

关于《乡党》篇，旧说共一章。为什么被视为一章？原因是它的主题很突出，即通篇皆是描述孔子在工作、生活、社交等日常活动中所表现出的行为举止、态度仪容等内容，其主旨是欲通过孔子平日的一举一动来说明圣人之道“不离日用之间”这个道理，可以说本篇就是一部由孔子亲自演绎的有关周代日常生活礼仪的“记录片”。关于本“记录片”的分章，有分为二十七章者如朱熹，有分为二十五章者如刘宝楠、李零，有分为十七章者如王夫之，有分为十六章者如李泽厚，等等。之所以会出现这种文本释读情况，原因在于注家对文本上下文的意义联系都有各自的理解，但诚如刘宝楠先生《论语正义》所云：“此篇虽一章，而其章事义，各以类从。”①即大家都看到了文本所述内容是有“类从”关联的，至于是如何“类从”的，虽说法不一，亦不足为奇。我则依此“类从”，将文本分为十章。

乡党，根据周制，五百家为党，一万二千五百家为乡，在此应泛指古代的居民组织，相当于现在的社区，在文本的历史语境意义上，它是指熟人社会而言。孔子跟老乡们打交道，非常谦逊，连说话都“恂恂如也”，即好像不会说话似的，完全不像大家心目中的贤者、智者形象。因为，在大家的印象中，像孔子这样有名的知识分子，应该是能言善辩、口若悬河的，哪会是如此笨嘴拙舌呢？孔子是真的不善言辞吗？当然不是；“恂恂如也”是装出来的吗？也不是。孔子在老乡们面前说话之所以如此，完全是因为他对老乡们心存敬意，不敢在他们面前以贤智之士自居，而是以子弟之礼执之。再说，老乡们见面，多是相互问好一下，拉拉家常，人家不是来听你“上课”的，你有必要显示自己

---

① [清]刘宝楠：《论语正义》（诸子集成本），长沙：岳麓书社，1996 年。

的学问或口才吗？不像如今的一些读书人，回到老家，跟邻里们在一起时，还端着博士、教授的架子，说话滔滔不绝、口若悬河，显得自己好有学问似的。所以，孔子于乡党的言容，最为读书人所法。

孔子在乡党面前说话是“似不能言”，而到了宗庙、朝廷这样场合，说话则是“便便言”，便，辩也，也就是能言善辩的意思。宗宙与朝廷，乃是祭祀先祖和处理朝政的地方，是一个讲礼数和讲道理的公共场合，在这种场合说话，必须详尽周全，必须有条有理，有论有据，否则事不辩则不明，礼不述则不周。不过，需要指出的是，孔子在宗庙、朝廷说话虽然是“便便言”，但他又“唯谨尔”，即措辞非常谨慎，说话非常注意分寸，不是那种得理不饶人的人。这一点尤其值得我们注意。因为，在廷辩或公共辩论中，思维清晰、口才好固然重要，但更重要的是要学会尊重对手，只有尊重对手，才会让对方在接受你的观点的同时又不至于伤了颜面，从而导致人际关系紧张。所以，孔子主张“谨言”，不只是指措辞要准确，更重要的是指态度要诚恳，这就是所谓“修辞立其诚”的言语伦理原则的蕴含所在。

在朝堂上，除了有公开言论或记录在案的言论外，还会有同事间的私下交流。碰到“下大夫”即地位比自己低的人，孔子说话是“侃侃如也”，即侃侃而谈，让气氛轻松一些，免得下级心里紧张不安；见到“上大夫”即自己的上级，孔子说话则是“訚訚如也”，訚訚，许慎《说文》注为“和说而诤”，朱子从之，也就是和悦恭敬，不敢随便造次的意思。跟上级说话，态度恭敬、措辞讲究，是必要的，但也没有必要像今天一些人跟领导汇报，怕口头汇报不全，还准备个汇报材料，手上还拿个小本子，准备随时记下领导的“重要指示”。这样做就过了，有谄媚之嫌，非夫子“訚訚如也”之意。

“君在，踧踖如也，与与如也。”踧踖，恭敬不安的样子；与与，旧注有二：一是“威仪中适”的样子；二是“不忘向君也”（《论语集注》）。我以为，“与”，应该与孔子“吾与点也”之“与”相同，就是点头表示赞同的意思，“与与”，就是不停地点头以表示对君主意见的赞同。因为，君主临朝，谁敢不面向君主，不要说有生杀之权的君主来了，就是今天单位来了个领导视察，大家都会自然地面向着他，没有谁会背对着领导搞小动作。孔子见到君主，自然是面向着他的，只是刚开始样子显得有点敬畏不安，到君主讲话时，孔子不由自主地连连点头，点头不只是表示赞同，更反映出他在认真听讲话，且因为注意力都集中在听君主讲话，所以就不似刚见君主时那么紧张不安。如果说孔子见到君主心里面一直处于敬畏不安的状态，那么君主说什么他有可能连一句都没有听进去。所以，以我个人的经验而言，见到领导心里紧张是自然的，而缓解这种紧张心理的最好办法是认真听领导讲话。

由上可知，孔子是个言容得体且深谙人情的言语心理学家。

10.2【原文】 **君召使摈，色勃如也，足躩如也。揖所与立，左右手，衣前后，□如也。趋进，翼如也。宾退，必复命，曰：“宾不顾矣。”**

〖解读〗孔子是一名出色的接待部部长

这是孔子奉命接待来宾的情形。

“君召使摈，色勃如也，足躩如也。”摈，接待宾客之礼；躩，快步趋前。奉国君之命接待来宾，看客人一到，孔子的面色马上庄重起来，且快步迎向客人。我估计，孔子当时奉命接待宾客，肯定还有陪同的人在旁，在等宾客的时候，大家一起闲聊着，样子轻松愉快，而一见客人到了，就不再嘻嘻哈哈，那样的话显得对客人不尊重，而疾步前迎，那是生怕怠慢了客人。当然，接待来客时有没有必要“色勃如也”，这要看来宾的身份以及彼此的交情，如果来宾身份尊贵，且彼此从无交道，面色庄重一些是有必要的；若来宾身份相当且又十分熟悉，就没有必要搞得那么严肃。孔子这次是奉国君之命接待客人，代表着国家形象，且来宾身份尊贵，是以面色庄重一些，是符合待客之道的。“揖所与立，左右手，衣前后，襜如也。”看来客人不止一位，因为孔子站在客人的对面向客人打躬作揖，左一下，右一下，身体一俯一仰，衣服便自然地前后摆动着（“襜如也”）。打躬作揖，这是古人相见之礼，今人多改为握手，受西方礼仪文化的影响，拥抱的方式也渐渐多了起来。

“趋进，翼如也。”“翼如”，朱子说是“张拱端好，如鸟舒翼”（《论语集注》），就是像鸟儿展开翅膀一样；李零先生认为是“小心翼翼”的意思。[①]吾从旧注。因为，这一段所描写的情形应该是宾主行相见以后，孔子要引导客人落座，而古代会客室的座位安排是面对着面的，不像今天可以并排着坐，所以孔子要返回到自己的座位，必须要走快一点，不可能是小心翼翼的。但是，由于古人的礼服多为长衫且袖口宽大，如郑玄注《周礼·春官·司服》“齐服有玄端素端”，曰：“士之衣袂，皆二尺二寸。”所以疾步前行时衣袂容易往后飘荡起来，从侧面看就如鸟儿舒展翅膀一样，这可能就是我们很欣赏那种衣袂飘飘之美。

“宾退，必复命，曰：‘宾不顾矣。’”宾客走了之后，孔子一定要向国君复命，汇报见面的情况，并且还要加一句，送客人走的时候，我是站在那里直到客人不再回头相顾才离开。“宾不顾矣”，在接待客人时非常重要，因为，很多人送客人上车，车子还没有发动就转身离开了，这是很不礼貌的。古人送客一定要站到客人看不见的时候才离开，这样才是善始善终的待客之道。所以，孔子复命时特意提到这一点，意在让国君放心，即此次我接待客人没有让国家有失礼之处。

10.3【原文】 入公门，鞠躬如也，如不容。立不中门，行不履阈。过位，色勃如也，足□如也，其言似不足者。摄齐升堂，鞠躬如也，屏气似不息者。出降一等，逞颜色，怡怡如也。没阶趋进，翼如也。复其位，踧踖如也。执圭，鞠躬如也，如不胜，上如揖，下如授，勃如战色。足蹜蹜如有循。享礼，有容色；私觌，愉愉如也。

〖解读〗面君与出使是一件很累的活，不过孔子表现得很到位

① 李零：《丧家狗——我读论语》，太原：山西人民出版社，2007 年，第 192—193 页。

这是描写孔子面君与出使时的情形。

古人进宫上朝，要经过三道公门。孔子上朝经过公门的时候，“鞠躬如也，如不容”，即低着头、弯着腰，好像偌大的公门容不下他的身子一样，显出谨小慎微的样子；而且不站立公门中间，以便他人通过，显得很谦逊；过门槛的时候，脚不踩在门槛上，这是古礼要求，至今我们进寺庙时，也有这种讲究。

“过位”，一说是走过国君的位子（朱熹、李泽厚等），一说是越过群臣站立的地方（李零）。吾从前说。孔子经过国君的位子时，同样是“色勃如也，足躩如也”，面色庄重，步伐很快，尤其是还“其言似不足者”，即跟同僚们招呼的声音都小了，好像中气不足似的。

“摄齐升堂，鞠躬如也，屏气似不息者。”摄齐，提起衣服的下摆，这样登上殿堂面君时不至于因踩到衣服而跌倒，如果那样是很没面子的事，在古代也是失礼。到了殿堂之上，不仅是低着头、弯着腰，甚至连大气都不敢出，对国君敬畏得很。

“出降一等，逞颜色，怡怡如也。没阶趋进，翼如也。”面君之后，从殿堂下来，每下一级台阶，紧张之色就放松一点，直至心情恢复怡然自得的状态。下完台阶之后，快步走向自己所站的位置，又是一副衣袂飘飘的样子。

“复其位，踧踖如也。”回到自己所站的位置后，孔子的神情又回到恭敬不安的样子。

“执圭，鞠躬如也，如不胜，上如揖，下如授，勃如战色，足蹜蹜如有循。”圭，是古代帝王或诸侯在举行典礼时拿的一种玉器，是地位与权力的符号或信物。孔子执圭出使他国时，总是弯着腰，就好像圭很重，重得拿不起的样子；将圭向上举的时候好像是向人作揖，放下来的时候好像是递物件给人家；整个执圭的过程，孔子的脸色既庄重又战栗，连走路都小心翼翼，一副生怕摔坏了玉圭的样子。足见孔子执圭如执政，有很强的责任意识。

“享礼，有容色；私觌，愉愉如也。”执圭，是聘礼，礼尚往来，有聘礼就有享礼。见到对方回礼时，孔子神色端庄，但私下相见，则相谈甚欢，十分快乐。

孔子上朝及出使时所表现出来的神情，有的是礼仪规定所致，有的则是孔子自己受这种礼仪文化氛围的感染而生。弟子们回忆起先生的这一情状时，有人未必不在心里暗笑，而这些记载也未必是孔子面君时的真实心理状态。因为，春秋时期的君臣关系还没有到“伴君如伴虎”的程度，弟子们的这些记载也有言过其实的地方，其意在圣化孔子。

10.4【原文】君子不以绀緅饰，红紫不以为亵服。当暑，袗絺绤，必表而出之。缁衣羔裘，素衣麑裘，黄衣狐裘，亵裘长，短右袂。必有寝衣，长一身有半。狐貉之厚以居。去丧，无所不佩。非帷裳，必杀之。羔裘玄冠，不以吊。吉月，必朝服而朝。齐，必有明衣，布。

〖解读〗“有服章之美，谓之华。”华夏文明是从穿衣服开始的

这一节是讲孔子穿衣戴帽的事。

第一，在衣服的颜色选择上，“君子不以绀緅饰，红紫不以为亵服。”君子，朱子认为是指孔子，我看应是泛指。也就是当时的服饰礼仪标准，这个标准不适用于一般人，只适用于君子这个阶层，但是，到孔子所处的时代，人们渐渐忘记了这个标准，只有孔子还严格按这个标准来执行，所以，弟子们将孔子如何穿衣戴帽记载下来，意在告诉人们正规的服饰礼仪是什么。绀，深青透红；緅，黑中透红，两种颜色都近乎黑色；亵服，居家之服。君子衣服的领子和袖口不能用近乎黑色的料子作镶边，平常在家穿的便服颜色不能大红大紫。服饰颜色的这种规定到底是根据什么标准来定的，今人很难理解，但它是古代礼制的重要内容之一，目的主要是通过服饰色彩的不同来区分社会不同的等级秩序，可以说是一种“色彩政治学”。

第二，夏天该如何穿衣服？“袗絺绤，必表而出之。”袗，单衣；絺，粗葛布；绤，细葛布。天热的时候，可穿精或细葛布的单衣，但如果要外出见人，必须加外衣才可，不能光着膀子见人，那样是不礼貌的。这一点在今天是否要继承，可以探讨，但古人视“欲不见其体也”（朱子语）为文明礼貌的标志，仍然是有意义的。因为，衣服的发明既与早期人类“抵御严寒”的实用需要有关，又与母系社会同族之间的性禁忌相关，正是这种性禁忌导致了人类对身体暴露的羞耻感，所以，衣不蔽体或袒胸露背历来被视为不文明的表现，而中国古代文明之所以谓之为“华夏文明”，其中之“华”便是指“有服章之美，谓之华”（孔颖达《春秋左传正义》），可见服饰文明是中华文明的重要表征之一。当然，如今我们夏天的穿着无论男女都有“越穿越少”的趋势，为之作正当性辩护的理由也很多，但有一点可以肯定，衣服还是要穿的，哪怕只是为了性的吸引。

第三，冬天该怎么着装？“缁衣羔裘，素衣麑裘，黄衣狐裘。亵裘长，短右袂。”羔裘，麑裘，狐裘，分别是用三种动物皮做的皮袄，而与这些皮袄相配的罩衣颜色是什么呢？就是要与皮袄本身的颜色相近或相称。如果是在家里穿皮袄，皮袄可长一些，但右边的袖子要短一些，这样便于做事。出门穿的衣服讲究色彩搭配得当，居家穿的衣服讲究方便实用，今天我们大多数人还是如此。

第四，“必有寝衣，长一身有半。狐貉之厚以居。”寝衣，旧说是被子，是床上必需品，“必有寝衣”，难道还有不盖被子睡觉的？我看不是，“必有”者，是指一般人家里可能没有，而孔子或礼制规定必须有的，谁家的床上都会有被子，但不一定有“寝衣”，“寝衣”就是今天我们穿的睡衣，只不过古人的睡衣比较长，长一身有半，只能睡觉穿，不像我们今天的睡衣，不睡觉也可以在家里穿。“狐貉之厚以居”，居，坐也，是指坐垫，要用厚的狐貉之皮来做坐垫，这样坐起来舒服一些。寝衣与皮毛坐垫不是一般人都用得起的，而在孔子却是“必有”，故弟子记之。

第五，特殊场合的衣着讲究。“去丧，无所不佩。”丧服期满之后，什么都可以佩带，“君子无故，玉不去身。”（《论语集注》）只有居丧期间不可佩带玉。《诗经·小戎》曰：“言念君子，温其如玉。”“君子如玉”，这是传统文人对玉器的道德化审美，今天佩带玉的人很多，但已失“君子如玉”的文化蕴含。“非帷裳，必杀之。”帷裳，是指朝服和祭服，比较宽大，用的布料要多,除此之外,其他的衣服必须尽可能地减少尺寸。当然,古人“必杀之”,也不会像今天这样把衣服的尺寸弄成“超短裙”之类,衣蔽其体是古代衣服尺寸的基本要求。“羔裘玄冠,不以吊。”黑皮袄、黑帽子。黑色是吉色,不能穿黑色衣帽去吊丧,吊丧要穿白色。“吉月,必朝服而朝。”何谓吉月(有不同的看法,旧注多指每月初一。我认为,吉月,就是类似于今天国家规定的各种节日,譬如五一国际劳动节、六一国际儿童节、七一建党节、八一建军节、十一国庆节等),就是在这些特殊的日子,必定要穿朝服去朝见国君。“齐,必有明衣,布。”齐,同斋;明衣,浴衣,面料为布。就是斋戒的时候,一定要沐浴更衣,以示其敬也。这一段朱子将之放在下一节,我看把它归于本节为佳,因为这一节都是讲孔子如何穿衣戴帽的事,而这一段又是讲特殊场合下的衣着礼仪问题。

总之,“有服章之美,谓之华。”华夏文明是从穿衣开始的。

10.5【原文】 齐必变食,居必迁坐。食不厌精,脍不厌细。食饐而餲,鱼馁而肉败,不食。色恶,不食,臭恶,不食。失饪,不食。不时,不食。割不正,不食。不得其酱,不食。肉虽多,不使胜食气。惟酒无量,不及乱。沽酒市脯,不食。不撤姜食,不多食。祭于公,不宿肉。祭肉不出三日,出三日,不食之矣。食不语,寝不言。虽疏食菜羹瓜祭,必齐如也。席不正,不坐。

〖解读〗儒家的饮食文化:养生与养德相结合

这一节是讲孔子的饮食起居。

“齐必变食,居必迁坐。”齐,同斋。在斋戒期间,必须“变食”,必须“迁坐”,也就是必须改变平时的饮食起居习惯。中国传统的斋戒主要用于祭祀、行大礼等严肃庄重的场合,以示对神灵先祖的虔诚庄敬。斋戒包含了斋和戒两个方面。斋,整齐也,如通过沐浴更衣、不饮酒、不吃荤等来收拾身心;戒,主要是指禁止游乐,比如不与妻妾同寝,减少娱乐活动等。今天中国汉民族对于传统的斋戒文化已了解不多,主要的原因是儒家的礼仪文化没有走宗教化的路子,更没有严格的宗教戒律来约束,所以,我们现在一说到斋戒,总会想到伊斯兰教的斋月。

“食不厌精,脍不厌细。”食物是加工越精细越好。脍,是生肉或生鱼片。看来春秋时期还保留着原始社会生吃的饮食传统,不过不是野蛮人那样大块吃肉,而是把它切成小块,这样既便于入味,也便于消化。这两条都符合饮食健康的科学原理,孔子长寿,可能与他注意饮食健康有关。

“食饐而餲,鱼馁而肉败,不食。色恶,不食,臭恶,不食。”饐,餲,是指天气闷热,食物容易馊臭;馁,败,是指鱼肉腐败变质。食物都有它们的保质期,古人食物保质的方法不多,容易腐败变质,而变质了的食物是可以通过观其颜色、闻其气味来辨别,所以色恶、臭恶的食物是不能吃的。提出这一点,是因为古代社会一般家庭都常处于食物短缺状态中,是以即使食物已经变质,还是有人会舍不得扔掉。小时候在农村,我经常看到有人把河里的死鱼臭鱼捞起来,经过加工后再吃,还美其名曰:臭鱼不臭味。其实,这都是生活所迫。

“失饪,不食。”食物烹饪不当,譬如东西烹饪得半生不熟,夹生饭,孔子也不吃。看来,跟孔子生活在一起,不提高厨艺还真不行。

“不时,不食。”不到吃饭的时间即饭点,孔子不吃。古人到底一天吃几顿,并不固定。我小时候在农村,主要根据四季而分,譬如夏秋,白天日子长,活儿多,就吃三顿,其余的日子一般安排两顿。中国古代还有“过午不食”的说法,但那是佛家的戒律,是否科学,有待研究。

“割不正,不食。不得其酱,不食。”肉切得不正规,没有酱醋调味,孔子也不吃。看来,给孔子当厨师,刀工不好也不行,厨房里更不能少了酱醋等调味品。

“肉虽多,不使胜食气。”桌上的肉食虽然很多,譬如有吃大餐的机会,吃肉也不能超过吃主食的量。小时候家里穷,吃肉的机会不多,只有到过年的时候,才可饱餐一顿鱼肉,哪里顾得上“不使食气”。看来,孔子吃肉的机会比较多,也比较喜欢吃肉,但他懂得节制,知道肉吃多了并不好。

“惟酒无量,不及乱。”只有喝酒,没有定量,以不喝醉为原则。中国的酒文化讲究节制,可能是孔子酒量大,怕别人喝醉,尤其怕有人买醉,所以有是言也。

“沽酒市脯,不食。”买回来的酒肉,孔子也不食。为什么?是不放心卫生,还是另有原因,不得而知。

“不撤姜食,不多食。”每餐都要有姜,但不多吃。孔子的时代已知道了食姜的健康作用。

“祭于公,不宿肉。祭肉不出三日,出三日,不食之矣。”参加公祭活动,往往可分到一些祭肉,但不要过夜。祭肉超过三天,不新鲜了,就不要吃了。可能孔子家里经常分得有祭肉,有时候多得吃不完,所以定了这个规矩。

“食不语,寝不言。”吃饭的时候不说话,就寝的时候也不说话。为什么?边吃饭边聊天,是否影响食欲或健康,有待营养学家研究,但坐在一起吃饭不能说话,确实难以理解,今天也没几个人能做得到。

“虽疏食菜羹瓜祭,必齐如也。”虽然是粗茶淡饭,也要“齐如”,即要如同吃斋饭一样,一副恭恭敬敬的样子。旧注说这是指孔子乃祭祀饮食的发明人,我认为是指孔子珍惜食物,思食之不易得也。因为,在孔子看来,哪怕是蔬菜瓜果之类的食物,看似平常易得,其实也是百姓汗水浇灌而来,所以不能糟蹋,要珍惜之。

“席不正,不坐。”座席摆得不正,不坐。这也是吃饭的礼制规定。这个规定是否合理,这要结合古代席桌的形制来看。古代的席桌多为方形,如果摆放得不正,确实不好看,见到这种情况时你有可能会忍不住伸手去扶正一下,所以,“席不正,不坐”是有道理的,只是一般人可能会将就,而孔子不将就罢了。

由上可知,孔子讲究饮食,既出于饮食卫生的考量,又出于礼制的规定所致,把养生与养德结合在一起,这就是儒家的饮食文化宗旨所在。

10.6【原文】乡人饮酒，杖者出，斯出矣。乡人傩，朝服而立于阼阶。问人于他邦，再拜而送之。康子馈药，拜而受之。曰："丘未达，不敢尝。"厩焚，子退朝，曰："伤人乎？"不问马。

〖解读〗跟交情不深的人打交道，也要心诚礼达

"乡人饮酒，杖者出，斯出矣。"跟熟人相聚在一块，喝点小酒以调和气氛，这似乎是很平常的事，但在古代只有特定日子才可以相聚饮酒，且根据《乡饮酒礼》所载，饮酒还要遵循极为复杂的繁文缛节。不过，周代乡饮酒礼虽然在仪式上很复杂，但它的价值导向是尊贤敬老，所以，孔子跟乡人一起饮酒，"杖者出"即六十岁以上的老年人离席之后，自己才走出去，正体现了乡饮酒礼的价值追求。

"乡人傩，朝服而立于阼阶。"傩，傩戏，一种迎神驱鬼除邪的仪式，今日在一些落后少数民族地区还可以看到。孔子碰到乡里有这样的活动时，总是穿着朝服站在"阼阶"即东边的台阶上观看，以示其"敬鬼神而远之"也，也就是充分尊重乡人的习俗，但自己并不参与其中，看看而已。

"问人于他邦，再拜而送之。"托人向他邦友人问好，捎个口信，必定要再三地拜谢人家，并目送其远行才罢。所托也诚，被所托也敬。这如同我们关心在国外生活的亲友，正好有熟人要到那里出差，托他去问好一下，我们总会特别地感谢这位熟人一样。但在古代的交通条件下，被托之人要完成所托之事并不是一件容易的事，孔子深知其中的难度，是以"再拜而送之"，是衷心感谢也。

"康子馈药，拜而受之。曰：'丘未达，不敢尝。'"康子，季康子，鲁国权臣，"三桓"之一，曾迎孔子归鲁。此事应发生在孔子归鲁之后，可能是季康子看到孔子年纪大了，便送点什么补药之类的礼品给孔子，以示对孔子身体的关心。"领导"来看望你，还带了礼物，孔子不能不收，所以"拜而受之"，表示感谢"领导"的关心。但是，孔子又说：您送的保健药可能真的很好，但我还不太了解它的药性，不敢随便吃。我想，孔子虽不至于要季康子把药拿回去，但这样讲话也就是领情不领意，季康子肯定觉得没面子。其实，孔子也不是那么不通人情世故，可能是季康子送药时，把这个药的功效吹得如何如何的好，恨不得要孔子当面吃下以验证其所言不虚，孔子被逼得没办法，只好把自己的担心直言相告。

"厩焚，子退朝，曰：'伤人乎？'不问马。"孔子下班回家，听说家里马厩失火，问道：伤人没有？而没有问伤马没有。人与马，都是生命，而且马的生命价值在当时贵族的眼中甚至要超过某些人如奴隶的生命价值，以孔子当时社会地位，家里面有马厩，就得有仆人照料，而马厩失火，孔子关心的是人的生命，非孔子不爱马也，是孔子贵人也，哪怕这个"人"只是个下人，只是个在别人眼中的"会说话的工具"。孔子对自己的下人如此，足见孔子仁心之厚。

本节朱子《论语集注》为分五节，我把它们整为一节，理由是它们都是讲孔子的社会交换情形，从老乡、同事、领导，再到下人，这些人虽跟孔子认识，但交情并不深，孔子跟他们打交道，仍然是心诚礼达。

10.7【原文】 君赐食，必正席先尝之。君赐腥，必熟而荐之。君赐生，必畜之。侍食于君，君祭，先饭。疾，君视之，东首，加朝服拖绅。君命召，不俟驾行矣。入太庙，每事问。

〖解读〗事君尽礼，哪怕是在病中

本节是讲孔子事君之事。

“君赐食，必正席先尝之。君赐腥，必熟而荐之。君赐生，必畜之。侍食于君，君祭，先饭。”国君赏赐食品，孔子必定是先正席尝一下；如果国君赏赐了生肉，先把它煮熟，然后进奉给祖宗；如果国君赏赐了活物，一定要把它养起来，不能把它杀掉吃了。陪侍国君吃饭，在国君祭祀之后，要自己先吃，尝一下口味，然后向国君介绍哪道菜好吃，其实孔子这样做也有替国君饮食安全着想的意思。

“疾，君视之，东首，加朝服拖绅。君命召，不俟驾行矣。入太庙，每事问。”孔子病了，国君来探视他，孔子头朝东，把朝服盖在身上，拖着大带，以示对国君的尊敬。生病的时候见到国君尚需如此尽礼，那么，没病的时候，如果国君召见，那就更不能怠慢，“不俟驾行矣”，马车还没有准备好，孔子就已经动身了，生怕耽搁了时间了。来到太庙后（国君可能是在这里召见他），又每件事都向人请教。

本节朱子《论语集注》分为四节，我整为一节，理由是它们都是讲孔子是如何事君。“入太庙，每事问”一段，虽为文本重出，但放在这里，可同样视为事君的某个方面，其文本的所指义不同，即在《八佾》篇中，孔子“入太庙，每事问”，别人以为孔子不知礼，而“每事问”恰恰是一种“入太庙”的礼节，也就是说此处文本的意思是欲说明孔子是名真正的礼学大师。而在本篇，文本的目的不是欲说明孔子是一名礼学大师，而是欲反映孔子是礼仪的笃行者。

总之，事君要尽礼，哪怕是在病中。

10.8【原文】 朋友死，无所归。曰：“于我殡。”朋友之馈，虽车马，非祭肉，不拜。

〖解读〗朋友之交，情义无价

本节是讲孔子与朋友之间的日常交换。朱子《论语集注》分为两节，李泽厚先生合为一节，吾从之。

有朋友去世了，“无所归”，家里没有人来料理后事，这时孔子主动站出来说“由我来安葬吧”。出钱又出力，在所不惜，足见朋友之情是何等之深厚。

朋友赠送的东西，除非是祭肉，否则即使是车马，也不必拜谢。祭肉与车马，从价值上讲,后者要贵于前者,为什么朋友送祭肉要拜谢呢?因为祭肉不是一般的肉,它是用来祭祀祖宗的,其精神价值非车马可比。所以,孔子不拜车马之馈,义也。

总之,本节所记孔子交朋友之事,旨在显示朋友之交,情义无价。

10.9【原文】寝不尸,居不容。见齐衰者,虽狎必变。见冕者与瞽者,虽亵必以貌。凶服者式之,式负版者。有盛馔,必变色而作。迅雷、风烈必变。升车,必正立执绥。车中不内顾,不疾言,不亲指。

〖解读〗于细微处见修养

“寝不尸”,睡觉不要仰卧,要侧卧,弓背弯膝,这样才睡得安稳。以现在的医学观点来看,这种睡姿是符合养生要求的。不知道孔子是如何发现这种睡姿的好处的。“居不容”,有不同的释读,大多数注者认为,“容”乃“客”之误。我以为,不必释“容”为“客”之误,因为,“居”,是相对于“寝”而言,也就是起床之后的家居生活。不上班,不会客,待在家里,自然没有必要刻意“容”即刻意梳妆打扮、西装革履式的,朱子说:“居不容,非惰也,但不若奉祭祀、见宾客而已,‘申申’‘夭夭’是也。”(《论语集注》)只是现在有些人居家生活时太过随便,有的人甚至穿着睡衣出门买菜、逛大街,很不雅观。

“见齐衰者,虽狎必变。”见到穿丧服的人,不管有多么熟悉,不管平时彼此之间多么随意,关系多么亲密,孔子也会改变面色,变得严肃庄重起来,有戚然同悲之情。同样,“见冕者与瞽者,虽亵必以貌。”即见到戴礼帽的人和盲人,虽然彼此关系亲密,也必定要礼貌待之。现在的人觉得既然彼此之间关系好,又非常熟悉,就觉得没有必要讲那么多礼节,礼节多了反而觉得烦琐、见外,这有一定的道理。但也要看情况、看场合,不能一概而论,譬如遇到朋友有丧,你就不能像平时那样嘻嘻哈哈;譬如看到同事西装革履走来,那你就该意识到他今天这种打扮肯定是有什么重大活动要参加,就不能像平时那样随意待之;譬如遇到残疾人朋友,你就尤其应体谅到人家的心理自卑感,以礼而示尊重之意。

“凶服者式之,式负版者。”上面是讲熟人相见,也要视情况和场合来行应接之宜,那么,不熟悉的人相遇,该怎么做呢?这里举了两个例子,一是遇到穿丧服的人,“式之”,式,车前的横木,即遇到这种情况,要手扶车前的横木,俯身向丧家致意;二是遇到“负版者”,也要如此。“负版者”,旧注为“持邦国图籍者”(《论语集注》)我看不若释为“负贩者”为佳。因为,根据《礼记·曲礼上》之“虽负贩者,必有尊也”看,这里是指孔子在路遇到那些背负重担的苦力,心有不忍,于是“式”而敬之。不像今天有些城里人见到“农民工”时,一副麻木不仁的样子。

“有盛馔,必变色而作。”有盛馔,就是遇到吃大餐的机会,也要改容变色,以示对主人的敬意。这就像我们参加宴会,主家点的菜非常丰盛,超出了自己的预期,这个时候你总得向主人说几句客气话以示感谢吧。

“迅雷、风烈必变。”遇上迅雷不及掩耳及狂风大作的天气，也要改容易色。为什么？朱子解释说这是孔子“敬天之怒”(《论语集注》)，我看倒也不差，因为古人确有这种畏天心理，孔子也不例外。即使是今人，遇到这种恶劣天气，能无畏乎?!

“升车，必正立执绥。车中不内顾，不疾言，不亲指。”这是指孔子坐车时的情形。执绥，是指抓住车的绳子。孔子乘车，上车的时候要“正立执绥”，也就是要站好以后抓住绳子才登车，这样才保证上车的安全。上车之后，不到处看，要说话时也显得不是太急，更不要亲自指指点点车夫该如何如何驾驶。这一点说得非常具体，也很有针对性。因为，坐在驾驶室旁边的人，尤其是不会开车的人，最喜欢对驾驶员指指点点，好似自己是驾驶高手。其实这样做很不好，一则这样做是对驾车员的不信任；二则是容易让驾驶员分心；三则高声说话容易让马受惊。孔子的意思是，既然你让他驾车，你就要充分信任他，不要干扰人家的工作，安心坐车就行了。

此一节朱子为分三节，我合为一节。理由是本节主要讲个别特殊情况下孔子人际交换时所表现出的情状，且这里所记载的事情，都是我们生活中可能遇到，但一般人却不甚注意或忽略了其中应有的礼仪，而恰恰是在这些细微处的应对表现，反映出了一个人的修养。

10.10【原文】 色斯举矣，翔而后集。曰：“山梁雌雉，时哉！时哉！”子路共之，三嗅而作。

〖解读〗强调日常生活中的“时中”意义

这是本篇的最后一节，李零先生说，这一节，“莫名其妙”，或“上下必有阙文”，[①]似乎文本上下文之间毫无意义之关联。

其实，我以为，此节之所以难解，与现代读书人城市生活久了，对于乡村生活的了解有限有关。我小时候在农村，夏天收割稻谷后，都要将谷子置于晒场晒干，就经常看到鸟儿和野鸡偷啄谷子的情形。“色斯举矣，翔而后集。”就是描写鸟儿与野鸡偷啄谷子的情形，即它们总是趁人不注意的时候，就飞落下来偷啄谷子，而一见到有人来了，人刚刚做出要赶走它们的样子，它们就迅速飞走了，然后不久又飞回来，如此反复，不胜其扰，而人总是无可奈何。所以，孔子见到此情形，说：“山梁雌雉，时哉！时哉！”即山上的这些野鸡啊，偷啄谷子的时机总是把握很准呀！子路是孔门弟子中的勇者，不相信有这回事，一试之下，果然如此，最后只好对它们拱手示敬，表示我服了你们。野鸡看到之后，虽有所犹豫，但试了几次之后，发现子路确实没有赶它们走的意思，于是吃饱之后满意地飞走了。

王夫之在总结本篇之旨时说：“凡所记夫子之言语、容貌、服食、应接之道，几乎备矣。以要言之，时而已矣。”(《四书训义》卷十四)即本篇所记夫子之言行，都体现了一

① 李零：《丧家狗——我读论语》，太原：山西人民出版社，2007年，第203页。

个字即“时”,也就是干什么事都要得“时”之宜,即说话也好,穿衣服也好,吃饭也好,与人打交道也好,都要根据对象、场合的不同来选择一种合乎礼仪规范要求的行为,这种得“时”之宜的行为就是“时中”。不过,本篇所讲的“时中”,都是日常生活中的“时中”,具有普遍性,每个人都可能遇到,但也最容易为人们所忽视,故文本记之,旨在彰显“中庸”之“不可须臾离也”或“道在伦常日用之间”之义。

第四篇 孔学道德实践论

◆《先进》第十一 ◆

概要：本读合为十九章。本篇的主题是“吾从先进”。首先是定义了“先进”概念，并从整体上对“先进”分子作为“四科十哲”分类（第一、二章）；其次是以颜回、子路、闵子骞为中心，对弟子们的“先进”事迹做介绍，突出了“先进”弟子的个性心理特征（第三至十六章）；再次是围绕着是做“大臣”还是做“具臣”这一主题，通过弟子们的各言其志，说明“先进”的方式有着不同的路径选择，但彼此之间又具有很强的互补性（第十七至十九章）。

11.1【原文】 子曰：“先进于礼乐，野人也。后进于礼乐，君子也。如用之，则吾从先进。”

〖解读〗“先进”与“后进”，不在时间先后，而在程度深浅

此篇多记孔子对弟子的评价之言，其中以颜回与闵子骞最为突出，可以说本篇是孔子作为老师为弟子们期末考试完了之后在“成绩通知书”上写的“评语”，而其主题是“吾从先进”。

关于本章之义的理解，历来有各种不同看法，而原因就在于对“先进”与“后进”的理解上。我认为，欲求“先进”“后进”之义，必须要联系文本中的另一对范畴即“野人”与“君子”来看。因为，在整个《论语》文本中，孔子心目中的“君子”多为“道德君子”，是以文本中的“君子”多与“小人”相对，而此处则与“野人”相对，这表明此之所谓“君子”是另有所指的。我们知道，周灭商之后，关于“天下”行政治理的制度设计主要是实行分封制，而关于（诸侯）国家行政治理的制度设计则是实行“国野制”或“乡遂制”，后者是一种城乡分治模式，即它把居住在城郊地区的人称为“国人”，郊外之民称为“野人”，分别享受不同的权利与义务。一般来讲，“国人”是属于有政治权利的人，宽泛意义上的“国人”可包括贵族、统治者，但主要是指那些需要承担兵役、力役的普通自由民；而“野人”大多属于农村的平民阶层，需要负担农业劳役和其他徭役。但是“野人”不是奴隶，奴隶是完全没有政治权利可言的。“野人”虽不能像“国人”那样直接与政，但仍有参政的可能性,而这种参政的可能性就存在于他们的“先进于礼乐”之中,也就是“野人”只有通过学习和掌握礼乐文化知识,才有参政的机会。所以,孔子在此所谓的“野人”相当于是指“学而优则仕”者,而与之相对的“君子”也就是指那些无须学礼就可以出仕当官的人,可见文本之“君子”的所指义是指“政治君子”而言。不过,孔子这里的“政治君子”也不同于传统的“君子”概念,因为传统意义上的“君子”是“世袭君子”,“世袭君子”不学习礼乐也可以当官,也可称之为“君子”,而孔子此所谓“君子”,是指必须认真学习过礼乐知识并真正懂得礼乐文明价值即“后进于礼乐”者或“仕而优则学”者,也就是说此“君子”作为一名官员是一位“好官员”,或者是一名有“君子风范”的官员。

为什么孔子说“如用之,则吾从先进”呢?这与孔子个人成长经历及其教育实践有关。首先,我们知道,尽管孔子的父亲有“大夫”的身份,但他是在单亲家庭长大的,儿童时期的孔子所过的日子实际上无异于“野人”。因为,孔子曾说:“吾少也贱,故多能鄙事。”鄙,都鄙之谓,属于“野”的一部分,“鄙事”就是“野人”之事。后来,孔子在母亲的培育下,通过学习礼乐而成为“知识改变命运”的典型,并进而重新确立了对“士”或“大夫之后”的身份认同。这一成长经历,自然使他对出身于“野人”的读书人(“士”)有一种情感上的心理认同。其次,从孔子的教育实践来看,他所提出的“有教无类”办学宗旨及其教育实践,实际上就是为“野人”提供接受教育的机会,而孔子的学生中除子贡等少数人之外,绝大多数都是穷人或“野人”的孩子,特别是孔子最为称道的学生颜回,虽是家贫如洗,但颜回的学问、修养使孔子似乎看到了另一个“野人”出身的自己。而且,在周游列国的过程中,孔子通过与“世袭君子”的接触,发现他们与自己的弟子相比,无论是学问、修养,还是政治才干,都存在或多或少的差距,尤其是在对“仁民”问题的理解上更是存在情感认同的先天不足, 他们对于孔子仁政理想的实现显然不及出身于“野人”的“君子”那么有为。所以,“如用之”,如果用他们来当官的话,孔子倾向于选择“先进于礼乐”的“野人”。

当然,需要强调的是,孔子“从先进”,不等于“从野人”,他是“从先进于礼乐”的人,而“君子”或贵族中也不乏这样的人,事实上,贵族教育的主要内容之一就是学习礼乐文化知识。也就是说,从学习礼乐的年龄上来讲,“君子”远比“野人”要早,要“先进”,因此,“后进于礼乐”,并不是指贵族学习礼乐是在他当官以后的事,而是指这些人当官之后才有可能真正“进于”礼乐,即真正深入地理解礼乐文明的价值与意义,在之前他们虽然早就学习过礼乐知识,但他们只懂礼乐之形式而已。“野人”学习礼乐之所以“先进”,一是因为掌握礼乐知识是他们能否出仕的敲门砖,所以,他们比不需要这块敲门砖的贵族学习起来自然要认真刻苦一些,学习的成绩自然要好一些;二是因为“野人”没有文化,也就没有更多的心机,为人也更加纯朴、诚恳,如果他们有机会学习礼乐文化,也就更能体会到了礼乐文化的价值与意义,尤其是更能理解仁爱精神是礼乐文明的本质所在。这一点诚如南怀瑾先生所言;“譬如礼乐,是根据内心来的,根据思想来的。真正的诚恳、朴实,就是最好的文化,也是真正的礼乐精神。而后天受这些知识的熏陶，有时候过分雕琢，反而失去了人性的本质。”[1]孔子说：“质胜文则野，文胜质则史，文质彬彬，然后君子。”如果不得文质彬彬之君子，与其“史”，毋宁“野”，这也是孔子“吾从先进”的理由所在。

所以，“先进”与“后进”，关键在一个“进”字。进，进入也。进入在时间上有先后，但在程度上亦有深浅。从“进于礼乐”的时间来讲，“君子”在“野人”之先；从“进于礼乐”的程度来讲，“君子”在“野人”之后，可以说，“野人”之进于礼乐是“后进”而“先入”，孔子“吾从先进”就是强调学习礼乐不能浮于表面。

11.2【原文】 子曰：“从我于陈蔡者，皆不及门也。德行：颜渊、闵子骞、冉伯牛、仲弓。言语：宰我、子贡。政事：冉有、季路。文学：子游、子夏。”

〖解读〗回忆难免会有些伤感，但也不无快乐

上章孔子讲“吾从先进”，而先进者大多数出身“野人”，他们地位低下，家境贫寒，能吃苦耐劳，这一点也体现在他们随孔子周游列国的过程之中。因为，古人周游列国，不像今天的旅游是一件好玩的事，古人通常视外出旅行为苦差事，更何况孔子这样的周游列国还带有政治流亡的意味，其中的艰险更非一般的旅行可比。譬如，孔子周游列国初期，准备去卫西行，过匡地时，被匡人当作阳虎围困了五日；中期，去卫适陈时，途中又险遭宋司马桓魋杀害；后期，去陈适蔡时，困于陈蔡之间，绝粮七日，差一点被活活饿死。所以，孔子晚年回忆起这三次历险，尤其是陈蔡之困时，颇多感慨。也正是这种经历，使得孔子对于自己学生的品行有了更深入的了解，因为，这三次历险中学生们所表现出来的勇敢、气节、智慧，反映出他们平时的修养大多是禁得起实践考验的。文本之所以在“吾从先进”之后安排此章，原因就在于这些“野人”出身的“先进分子”不是吹出来，而是实践证明出来的。这就是文本上下文的意义逻辑联系。

孔子说“从我于陈蔡者，皆不及门也。”何为“皆不及门”？有不同的说法，我看应该是“现在都不在我身边”的意思。因为，这是孔子晚年的回忆，回忆过去跟弟子们共同经历的艰险，再环顾当下，不胜感慨也。感慨之后，孔子又对他人介绍起这些“先进”学生的特点，譬如德行方面最好的，是颜渊、闵子骞、冉伯牛、仲弓等弟子；言语方面最突出的，是宰我、子贡两位；政事方面最有才能的，是冉有、季路两人；文学方面最有成就的，是子游、子夏两位。这就是儒学著名的孔门“四科十哲”的由来。可以想象，当晚年的孔子对他人说起这段人生的经历时，一方面，看到这些当年跟随自己历险的弟子们都不在身边，有的还不在人世，不免落寞伤感；另一方面，说起这些弟子们“先进”事迹，又是如数家珍一般，自然会生发出“得英才而育之”的快乐自足之感，而听之者又不免要发出“人生如此，夫复何求”的感叹。所以，我说：回忆难免会有些伤感的，但也

① 南怀瑾：《论语别裁》（下册），上海：复旦大学出版社，2006年，第484页。

不无快乐。

关于“四科十哲”等人的先进事迹，下面各章会有更详细的叙述，这一章相当于摘要或概述。

11.3【原文】子曰：“回也，非助我者也，于吾言，无所不说。”

〖解读〗遗憾是因为爱得太深

上章孔子提到“四科十哲”，四个科目的十位先进代表人物，毫无疑问，其中颜回是佼佼者，是先进中的先进，是以《论语》文本中孔子对颜回的表扬最多，如文本前面，孔子就曾多次表扬他的好学、他的悟性及他的安贫乐道精神等。而在本篇，孔子对颜回的表扬也有，但更多的是对颜回英年早逝的惋惜，让人充分体会到那种师生之间情同父子的感人场面。

本章孔子说颜回“非助我者也”，即不一个对我有帮助的人，原因是他“于吾言，无所不说”，即我讲的每一句话他没有不喜爱的。在前面曾提到，颜回是一个听话的好学生，对夫子之言从来都是“不违如愚”，从不违背，以至于看起来有点笨，但实际上暗中观察他又能有所发挥，所以孔子说颜回并不是真笨，而是有悟性，非常聪明，只是反应慢一点，不如子贡那么机智。而孔子的教学方法是以启发式教学为主，很少像今天这样照本宣科，可以说孔子上课基本上就是师生之间的对话或问答，而学生向孔子提出的一些问题中，有些可能孔子也没有思考过，是以孔子认为教与学实际上是一个师生学问知识相长的过程。很显然，颜回好学而不善问，老师讲的话他都记在心里，默默体会，然后认真地按老师说的去做，而且做出了很好的成绩和水平，你说遇到这样的学生，做老师的怎么可能不喜爱？所以，孔子在这里对颜回评价，表面上看似乎是对颜回的批评，实际上是深爱之也。不过，喜爱是喜爱，但站在孔子的角度还是有点遗憾，因为，以颜回的学问、修养，如果能在教学过程中经常向孔子提出一些问题来，那肯定是不同一般，孔子自己肯定也能从中得到很多启发，如果是这样，那岂不美哉！

朱子在《论语集注》中引胡氏曰：“夫子之于回，岂真以‘助我’望之？盖圣人之谦德，又以深赞颜子云尔。”意思是夫子对颜回的遗憾，并不是出自一种功利之心，不是真的指望颜回来“助我”，只要学生的学问、修养能有所成就，做老师的是不会去计较学生是否能有助于自己的，所以，夫子这样讲也是一种谦虚，是一种气度，即他希望能听到不同的意见，以进一步提高自己的学问、修养。

总之，夫子对颜回的遗憾，其实是因为爱得太深。

11.4【原文】子曰：“孝哉闵子骞！人不间于其父母昆弟之言。”

〖解读〗闵子骞是一个无可争议的孝子

在《雍也》中，曾讲过闵子骞不想当费邑宰的事，后来经孔子的劝说，他还是去当了这个官，而且干得很出色，行政才能与政治品格都无话可说。但闵子骞在中国传统道德生活史上最出名的事，是他的孝行，在《二十四孝图》中，他排在第三。据《史记·仲尼弟子列传》载：闵子骞少年丧母，父亲娶了继母。继母偏爱亲生儿子，虐待闵子骞，子骞却并不告知父亲，为的是怕因此而影响了父母间的关系。冬天，继母用棉絮给自己的孩子做棉衣，而给他的棉衣填的是芦花。一日，闵子骞驾马车送父亲外出，因寒冷饥饿无法驭车，马车滑入路旁沟中，被父亲呵斥鞭打，结果抽破衣服露出了芦花。父亲醒悟后，想休掉妻子，子骞却跪长于父亲面前，为继母求情，说："母在一子寒，母去三子单。"其父这才饶恕了后妻，继母也深受感动，此后视闵子骞如同己出，一家和睦。后人把这一故事称为"单衣顺亲"和"鞭打芦花"。孔子对闵子骞的孝行也是大赞不已，曰："孝哉闵子骞！人不间于其父母昆弟之言。""不间"，没有不同意见，即他人对于闵子骞父母兄弟夸奖他的话，没有任何异议。也就是说，闵子骞是一个无可争议的孝子。做孝子做到无可争议不容易，不要说闵子骞有这样一个偏心的后母，就是对亲生父母，为人子者有几个敢说孝行无亏呢？古人讲"百善孝为先"，但论孝又是"原心不原迹"，因为"原迹贫家无孝子"。闵子骞家里很穷，他后母的偏心之举也是因为穷，但闵子骞不仅没有责怪后母的偏心，相反还为后母的偏心作辩护，最终以自己的孝行维护了家庭的和谐。所以，闵子骞在家贫的情况下所表现出来的孝行，是值得为人子者学习的。

我想，《论语》把孔子对闵子骞孝行的评价记载下来，原因就在于闵子骞的孝行是一种特殊境遇下的孝行，但对于孝道价值的宣传又有着典型意义。传统社会像闵子骞这样的组合家庭并不多见，而现在再婚家庭的数量越来越多，孝道如何践行？闵子骞所为是否有现代意义呢？这值得我们思考。

11.5【原文】 南容三复白圭，孔子以其兄之子妻之。

〖解读〗谨言慎行者，可妻也

南容，即南宫适，字子容，《公冶长》中曾提到他是一个懂得明哲保身的人，但他的明哲保身不是处事圆滑，不得罪人，而是谨言慎行，爱惜自己的"道德羽毛"，尽量不让自己有任何的道德瑕疵。何以见之？本章就是谈这个问题。

孔子讲"不学《诗》，无以言"。《诗》是儒家弟子的必修课，南容也喜欢诵《诗》，但他特别喜欢朗诵《诗·大雅·抑》这一篇，每天至少要朗诵好几遍。而该诗的内容是："白圭之玷，尚可磨也；斯言之玷，不可为也。"意思是白璧微瑕，还可以磨掉，而说错了话，就没办法处理掉了。俗话说"一言既出，驷马难追"，说话不过脑子，就很容易出错，所以为人处世特别要谨言。而南容天天念这首诗，意在提醒自己要谨言慎行。

孔子对自己的学生是非常关注的，他看南容每天"三复白圭"，便把自己的侄女嫁了给他。有人说，孔子是不是太轻率了，怎么可能听人家念念诗，就决定将自己的侄女嫁给他呢？若有这等美事，我们也天天跑到先生跟前念诗去。其实，孔子是不可能听人家念一首诗就决定把侄女嫁给他的，他是听南容念诗，知其志向所在，同时平时又注意对他的观察，知道南容是一个言行一致的人。这种人处在太平之世，可大有作为；处在乱世，至少可以保全性命，把侄女嫁给他，安稳可靠。孔子为侄女择婿，安稳第一。这也是为人父母者的人之常情。我们现在参加婚礼时，听到父母对儿女讲得最多的话是：不求你们将来大富大贵，但求你们一生平平安安、和和美美。

故曰：谨言慎行者，可妻也。

11.6【原文】 季康子问："弟子孰为好学？"孔子对曰："有颜回者好学，不幸短命死矣；今也则亡。"颜渊死，颜路请子之车以为之椁。子曰："才不才，亦各言其子也。鲤也死，有棺而无椁。吾不徒行以为之椁，以吾从大夫之后，不可徒行也。"颜渊死，子曰："噫！天丧予！天丧予！"颜渊死，子哭之恸。从者曰："子恸矣！"曰："有恸乎？非夫人之为恸而谁为？"颜渊死，门人欲厚葬之。子曰："不可！"门人厚葬之。子曰："回也，视予犹父也，予不得视犹子也。非我也，夫二三子也。"

【解读】颜回之死，情感与理性的较量

旧注把以上内容分为五章，我合为一章。理由是：它们的主题只有一个，这就是关于颜回的葬礼问题。从季康子挑起话题，文本围绕着颜回死后的葬礼问题，孔子与颜回的家人及颜回同学之间，展开了一场情感与理性的较量，所以将文本连接起来看，更能了解孔子内心世界的情理张扬状态。

季康子迎孔子归鲁后不久，也问到了鲁哀公同样的问题（见《雍也》篇），即"弟子孰为好学"。孔子的回答虽然在结论上是一样，即颜回是我看到的最爱学习的学生了，不幸的是他英年早逝，现在再也没有这样好学的人了。不过，在答哀公之问时，孔子还提到颜回之好学有"不迁怒，不贰过"的特点，而本章没有讲这一点，可见文本安排此章的目的不是为了强调颜回的好学精神，而是为了强调颜回这样一个"好人"却不幸早逝，有哀叹"好人命不长"的意味，同时也为文本预设了这样一个问题，即这样的"好人"的葬礼在规格上是否应该隆重一点呢？从而为下面关于葬礼问题的师生交锋埋下了伏笔。文本安排之逻辑巧妙，于此可见一斑。

颜回死后，关于葬礼问题，颜回的父亲颜路——也是孔子的学生，向孔子提了这样一个请求，即请先生把车卖掉来给颜回置办一副外椁。椁是棺外之棺，棺在椁之内，空间很大，用的木材也多，花费自然也要多。颜回家贫，父子俩都跟着孔子学习，家里几乎没有任何收入来源，别说买外椁，恐怕买棺材都困难，所以，颜路提出这一请求，孔子自然要考虑一下妥不妥的问题。因为，根据礼制规定，"丧具称家之有无"（《论语集注》），也就是如果家庭经济条件好，置办一副外椁来厚葬之，是可以的；如果家庭经济条件不行，买副棺材葬了就行。既然礼制有如此规定，颜路之请就有违礼制，孔子当然不会答应，此其一也。其二，孔子的儿子孔鲤死的时候，也是有棺而无椁，难道孔子不爱自己的儿子？诚如孔子所言，不管孔鲤优不优秀，始终是自己的儿子，你的儿子颜回虽然非常优秀，也配得上有一个隆重一点的葬礼，但我连自己的儿子死后都不置椁，给你儿子置椁，叫人情何以堪？其三，你要我卖掉车子来为颜回置椁，更是陷我于非礼。因为，我曾是“大夫之后”，是有身份的人，且这个身份的标配之一就是得有辆马车，如果把它卖掉，天天步行出门，这不是让我违反礼制规定吗？孔子的意思是，我现在有车，不管这车是私人买的还是公家送的，总之这车已经是礼的一个符号化身，如果把它卖掉，相当于挪用公款。这种明显的违礼之事，孔子肯定不会同意的。

孔子不愿意替颜回置椁，是守礼，是理性原则占了上风，但从情感上来讲，孔子对颜回之死又确实是悲恸不已。文本专门有两段描写：一是孔子视颜回之死乃“天丧予！”，即这是老天要我的命啊！这是孔子从事业的角度，视颜回之死是儒家群体最大的精神损失，因此，夫子是言也是一种对儒家命运的悲叹，或者说颜回之死让孔子意识到“吾道之不行”似乎是一种的历史宿命，有一种后继无人的担忧。二是颜回死后，孔子恸哭不已，以至于旁人都劝慰说：先生您哭得太伤心了。而孔子则说：这样的人死了我不伤心，还为谁来伤心？孔子的伤心既是为“爱学生”的死而伤心，情同手足也；又是白发人送黑发人而伤心，情同父子也。由这两段描写可知，颜回之死对孔子的精神打击是巨大的，这种打击既是情感上的，也是思想上的。

颜回之死不仅孔子悲痛，他的同学也很悲伤，同时也觉得不能把同学的葬礼办得太简单了，于是他们一同商议要厚葬颜回，孔子出面制止也不行，所以“门人厚葬之”，手足之情也；而孔子曰“不可”，不仅出于礼制考量，也是从颜回意愿出发，因为如果颜回地下有知，依他的品德是不会同意厚葬自己的。但是，孔子也没有严厉制止同学们这么做。因为，孔子跟颜回虽情同父子，但毕竟不是父子，孔子可以为儿子孔鲤的丧事做主，但不能替颜回的父亲颜路做主，既然颜路非常希望能厚葬自己的儿子，过多地干涉也不是人之常情。再说，以孔子当时的心情，恐怕也没有时间来顾及弟子们的所为。

由上可知，颜回之死，孔子虽悲痛欲绝，但又未失理性和原则。孔子的性情与理性在文本中都得到了很好的张扬。

11.7【原文】 季路问事鬼神。子曰：“未能事人，焉能事鬼？”曰：“敢问死？”曰：“未知生，焉知死？”

〖解读〗人、鬼，生、死，“人生”的价值与意义

上章讲颜回之死，围绕着置办外椁的葬礼问题，孔子与弟子们之间发生了争议，而这种争议实际上又与人们对死后的认知有关，即当时的人们普遍相信人死之后会以鬼神的形式存在于另一个世界，所以，葬礼实际上也是一种事鬼神的方式，而文本将“季路问事鬼神”安排于此，也是对上述有关颜回之死的争议做进一步探讨。

季路，即子路，是孔门弟子中的勇者型代表，也是挨孔子批评最多的学生，不过，我前面说过，其实孔子非常喜欢他，因为他有个性，讲义气，也很率直，敢于给孔子提意见，同时他很有才干，可以说文武兼备，是孔子弟子的“先进”人物。

这一次子路所提出的问题，属于宗教哲学范畴。朱子曰：“问事鬼神，盖求所以奉祭祀之意。”（《论语集注》）祭祀的目的与意义是什么？这是子路的问题意识所在。《周礼·郊特牲》曰：“祭有祈焉，有报焉，有由辟焉。”但在当时人们的心目中，祭祀活动主要被当作降福（祈）、免灾（由辟）的工具，带有很强的功利主义色彩。而在孔子看来，祭祀的目的主要是通过缅怀先祖的功德以进一步强化孝道的价值。这一点诚如清代学者刘宝楠所言：“夫先王之事鬼神，莫非由事人而推之，故生则尽孝，死则尽享。……云事鬼也，莫非教天下之事人也。”[①]所以，“事鬼神”之义存在于“事人”的孝悌之道中，孔子说“未能事人，焉能事鬼？”，不是说只有把“事人”做好了才可以去“事鬼”，也不是说“事鬼”比“事人”要难，而是说“事人”即“事鬼”，而“事鬼”的祭祀活动也只有同“事人”的孝悌之道相联系时才有意义，否则那是一种谄媚鬼神的行为，跟原始巫术无别。

与“事鬼神”问题相联系，子路又问孔子对死亡的看法，或者说人应该如何对待死亡，孔子的回答是“未知生，焉知死”，即自己连生的道理还没有完全弄明白，怎么可能知道死亡之道？其实，孔子的意思是，我们人的一生虽然固有一死，死亡之后也会以“鬼”的形式而活在另一个世界，但我们人活着时毕竟无法经验死后的世界，因而也就没有必要去更多地关注死后的问题，我们应该将主要的精力用来学会如何“生”，学会如何珍惜生命的价值与意义。也就是我们要努力学会做人，做一个堂堂正正的人，不能心存侥幸、苟且偷生，要有杀身成仁的勇气，要有为真理而牺牲的追求。一句话，孔子对待生死问题的态度是“重视生，但不怕死”，“知生即知死”。

由上可见，孔子的生命哲学颇类于海德格尔“向死而生”的存在主义人生观。我经常想，假如我们把每一天都当成是自己生命的最后一天，我们应该怎么过好这一天呢？是消极地等待死亡来临，还是积极地奋斗不息？我想，后者才是孔子的选择。

11.8【原文】 闵子侍侧，訚訚如也；子路，行行如也；冉有、子贡，侃侃如也。子乐。“若由也，不得其死然。”

〖解读〗性格即命运

这一章是比较弟子们的侍侧情形，但重点还是子路。因为，颜回死了之后，另一件令孔子特别伤心的事就是子路之死，而子路之死完全可以说是他的性格使然，那么，子路的性格是什么样的呢？本章就是讲这个问题。

---

① [清]刘宝楠：《论语正义》（诸子集成本），长沙：岳麓书社，1996年。

侍侧，站或坐立在旁。侍侧于孔子的学生很多，但文本只选了四位“先进人物”来描述他们侍侧的情形。第一位是大孝子闵子骞，他侍侧时“訚訚如也”即一副温和恭敬的样子；第二位就是子路，他侍侧时“行行如也”即一副刚强耿直的样子；第三位冉有和第四位子贡，他们侍侧时则是“侃侃如也”即一副侃侃而谈的样子。四位弟子陪孔子聊天的姿态、神情都不一样，其中特别是子路的样子，很有点将军的味道，雄赳赳，气昂昂，似指挥三军开赴战场一样，说话铿锵有力，肢体语言非常丰富，给人以必胜的信心。相比之下，冉有和子贡更像学者或教授在做学术报告，说话思维缜密，逻辑性强；而闵子骞则像个正在跟首长汇报的秘书，说话温和恭顺，但要汇报的事情都讲得很有条理，首长听了之后非常满意。所以，“子乐”，孔子非常开心。乐，得英才而育之之乐也。

不过，一方面孔子为自己有这样的弟子而高兴，另一方面对弟子们的处事风格也有所担忧（对其他弟子的担忧，后文再讲），其中特别是对子路的担忧，他说：“若由也，不得其死然。”像子路这个样子，恐怕难得善终。后来的事实也证明了孔子的判断。据传，子路在卫国任大夫孔悝采邑的总管时，听到流亡在外的蒯聩勾结孔悝发生军事政变后，义愤填膺，并连忙赶往城里平乱。当时城门将要关闭，一个叫子羔的人告诉子路，大势已定，卫出公都已逃跑了，你可以回去，没有必要去白白送死。子路不听，曰“食其食者不避难”，于是义无反顾地进城，并要求新立的国君杀掉参与叛乱的孔悝，在得不到答应的情况下，欲放火焚烧蒯聩的所登之台，最后壮烈牺牲。可见子路之死与他这种爱憎分明的性格有很大关系，真可谓“性格即命运”也。

11.9【原文】 鲁人为长府。闵子骞曰：“仍旧贯，如之何？何必改作！”子曰：“夫人不言，言必有中。”

〖解读〗言必有中：说正确的话，用正确的方式来说话

上章谈到孔子对子路处事风格的担忧，并说出了“若由也，不得其死然”这样的话。其实，对于上章文本中提到的其他几位弟子，孔子对他们虽无性命之忧，但多多少少也有些不放心。譬如闵子骞，平时不爱说话，侍侧于孔子久了，难免有“秘书”或幕僚式人物的通病，即胆子小，自信心不足，干什么都谨小慎微，如果让他主政一方的话，其行政决策能力如何，这是值得怀疑的，这一点亦可从他对当费邑宰一事的犹豫不决中看出端倪。可能是大家都有这种担心，所以才有孔子“夫人不言，言必有中”的说法。其实孔子的这一评价带有为闵子骞“平反”的意思，即你们不要看闵子骞平时话不多，但每说出的话都切中事物要害，譬如本章提到的对待鲁人要翻修改造“长府”即国库一事，闵子骞就站出来对主事的鲁人说：我看还是不要动为好，您觉得怎么样呢？何必要改建翻修呢？闵子骞的意思是：原来的“长府”虽然旧了一点，但还可以用，且目前鲁国的财力并不充裕，如果要翻修改建的话，肯定会劳民伤财，于国于民都不是一件好事，又何必为之呢？

由上可见，闵子骞所言是符合孔子“节用爱民”的仁政思想的，所以受到孔子的表扬，只是他提意见时态度不像子路那样直率，而是非常谦虚，语气也比较委婉，像“秘书”跟“首长”提建议那样，完全是一副商量的口气。如“仍旧贯”，是先说自己的意见；“如之何”，是再征求对方的意见；“何必改作”，是再说明其中的理由。这种提意见的方式一点没有“严厉批评”的味道，既委婉地提出了自己的主张，又顾及了对方的面子，非常有利于问题的解决。所以，我认为，孔子所谓“言必有中”有两层含义，一是“说正确的话”，二是“正确地说话”，合言之，“正确的话要用正确的方式来说”，用孔子的话来讲就是“时然后言”，这一点是我们跟“首长”提意见时特别要注意的。

从文本上下文联系的角度看，我以为，本章仍然是对子路之死的原因剖析，即在“无道”之世，像子路那样犯颜直谏，真会有“不得其死然”的危险，所以大家都要向闵子骞学习。

11.10【原文】 子曰：“由之瑟，奚为于丘之门？”门人不敬子路。子曰：“由也升堂矣，未入于室也！”

〖解读〗子路的艺术修养：升堂而未入室

这一章还是讲子路，是从音乐修养方面讲的，孔子对他有批评又有表扬。

一次，子路在孔子家门口鼓瑟弹琴，孔子听了之后便想奚落一下子路。孔子说：子路啊，就你这演奏水平，还敢在我家门口弹琴？听到老师这样批评子路，其他同学便产生了对子路的不敬之心。孔子知道后，便对弟子们说：你们别看我刚才批评子路的乐器演奏水平不行，其实他的水平还是可以的，达到了“升堂”而未“入室”的地步。“升堂入室”是一个成语，它代表了学问修养的两个阶段：“升堂”，表示已脱离了“门外汉”阶段，可称得上某方面的“行家里手”了；“入室”，则表示某方面的修养已进入到精通无碍、出神入化的地步。故朱子认为，夫子之言是“言子路之学，已造乎正大光明之域，特未深入精微之奥耳，未可以一事之失而遽忽之也”(《论语集注》)。也就是说，夫子前面讲的话实际上是在鼓励子路，希望他能够更上一层楼，不过因为是采取的激将法，所以被其他弟子误认为是对子路的批评。其实，从子路敢于在老师面前“献丑”来看，孔子对子路的好学精神也是十分欣赏的，因而当其他弟子瞧不起子路时，孔子也有必要站出来维护子路的形象，毕竟子路是孔门弟子中的“老大哥”，他有很多难能可贵的品质值得大家学习，不能因为琴艺不精就瞧不起他。

11.11【原文】 子贡问：“师与商也孰贤？”子曰：“师也过，商也不及。”曰：“然则师愈与？”子曰：“过犹不及。”

解读：过犹不及，尤其要防“过”

本章关于弟子子张与子夏的比较，不过，由于问题的提出者是子贡，故孔子的回答中也暗含了对子贡的批评。所以，我们读《论语》，要特别关注这种情景语境下的意涵所指。

文本提到的孔门弟子师，即颛孙师，字子张；商，即卜商，字子夏，二位都是孔门高足，是“先进”代表。子贡是他们的师兄，为什么会问出“师与商也孰贤”这样的问题呢？可能这个问题已在同学们中间有不同看法，子贡想向先生求证，而孔子的回答是“师也过，商也不及”。即子张性格偏激，所以做事往往容易过头；子夏性情谦和，所以行事往往是差那么一点。子贡又问：是不是子张要好一些呢？孔子回答说“过犹不及”，即做过头和未达标都是一样的不好。

从上述这段对话中可以看出：一，孔子是以中庸之道为“至德”，而中庸就是做事要恰到好处，所以，行中庸之道最难的是掌握标准即“中”，因为这个“中”不是静态的“中”，而是动态的“中”，是“时”之“中”。就如我们穿衣服一样，必须根据气候变化的情况来决定穿多穿少，但天有不测风云，要掌握穿衣的“度”确实不容易，而子张的做法是不管天气冷不冷，总是要多穿一点衣服为好；子夏的做法是“要风度而不管温度”。前者会“捂”出病来，后者会“冻”出病来，都不是好事。二，子贡之问实际上表明他是欣赏子张要多于子夏。因为，子张的性格近于子路，办事刚断，雷厉风行，朱子说：“子张才高意广，而好为苟难，故常过中。”（《论语集注》）“好为苟难”的意思就是喜欢做有难度、有挑战性的事，而要做这些事往往需要主体全力以赴而为之，用力过猛时就难免过“中”。而在子贡看来，过总比不及要好，就如中国有一句俗话说“油多不坏菜，礼多人不怪”，炒菜油放多一点总比少放一点要好，尽管油多了并不一定有益于身体健康；礼数周全一点总比礼数不周所引起的心里不痛快要好，尽管面对这种人时你有可能觉得烦琐甚至虚伪。所以，孔子说“过犹不及”，其实也是批评子贡。

顺便指出的是，关于“过”与“不及”问题，子贡或子张的想法即使在现代中国社会也是很有市场的，特别是在意识形态领域，常常出现宁“左”毋“右”的思维取向，其危害是有过深刻的历史经验教训的。

11.12【原文】 季氏富于周公，而求也为之聚敛而附益之。子曰：“非吾徒也，小子鸣鼓而攻之可也。”

〖解读〗冉求，一个曾经令孔子非常生气的学生

求，冉求，通称冉有，孔门“十哲”之一，以“政事”和多才多艺著称，深得孔子喜爱，但在这一章孔子对冉求的态度可谓痛恨之极，甚至要把他逐出师门。为什么？原来是因为冉求为季氏宰时，帮助季康子进行田赋改革即“用田赋”，就是把原先只有战争时期才征收的军赋常态化和制度化，并以田亩为征收标准，向田户收取固定的战争实物费。季氏这样做其实也是为了因应春秋时期列国争霸的形势需要，但在孔子看来这无疑将增加百姓的负担，特别是在季氏已“富于周公”的情况下，“用田赋”所带来的收入将大半纳入季氏名下，会使得季氏势力更加膨胀，从而会扩大社会的贫富差距，而冉求作为季氏的家臣不仅不阻止，还成为田赋改革政策最有力的执行者，这自然会令孔子不满，所以，孔子说，我宣布！冉求不是我的学生了，你们可以大张旗鼓地反对他。

我们知道，在《论语》文本中，孔子对学生的批评也有严厉甚至刻薄的时候(譬如对宰我、对子路)，但都不及这一次对冉求批判之严重。为什么？因为，冉求所为触及了孔子的政治底线，或者这次孔子与冉求的分歧不是做人问题的分歧，而是政治原则上的分歧。也就是说，冉求所为已背离了儒家所追求的仁政理想，所以，仅从这一点上说，冉求确实不配为儒家弟子了。当然，在孔子宣布将冉求逐出师门的同时，还号召大家大张旗鼓地讨伐他，是不是有点气过头了，暂且不论，但由孔子弟子们编辑出来的《论语》文本能将孔子这样严厉的话记载下来，也足见文本的真实性与客观性。

从文本上下文联系的角度看，本篇的主题是“先进”，是关于孔子弟子中的先进人物及其先进事迹的记载，但是，我们却发现，本篇中的先进人物，即使是孔子最喜欢的弟子颜回，也多少有些令孔子遗憾的地方(“回也非助我者也”)，至于谈到其他先进人物，则更多的是孔子对他们的批评甚至批判，譬如本章。文本的主旨是欲表扬先进，但表扬中又有批评，这样的文本现象说明一个道理，即先进人物不是天生的，而是在批评中成长起来的。

11.13【原文】 柴也愚，参也鲁，师也辟，由也喭。子曰：“回也，其庶乎！屡空。赐不受命，而货殖焉，亿则屡中。”

〖解读〗个性与修养的矛盾，德与福的悖论

这一章朱子《论语集注》分为两章，刘宝楠《论语正义》合为一章。吾从后者。理由是：都是讲孔子对弟子的评价，而且有比较的意思，只不过比较的重点有所不同而已。

首先，“柴也愚，参也鲁，师也辟，由也喭。”这一组比较是从学问、修养而言的，突出了每一位学者的个性特征。

“柴也愚”，柴，高柴，字子羔，比孔子小三十岁，卫国人(一说齐国人)，也就是前面提到过卫国政变时曾劝子路不要进城的那位，这是他在文本中第一次登场。据说高柴身高虽不满五尺，但在地方上有孝名，受业孔子门下之后，从未违反过礼节，从政时官声也不错，孔子也认为他憨直忠厚，对他各方面关爱有加，尤其是生怕他从政所有闪失(后文将述之)。所以，此处说“柴也愚”之“愚”，既是指高柴智力上不怎么聪明，有点笨，也是指这个人笨得有点可爱，因为他心眼不坏，人品好。一般来说，笨的人往往坏不到哪里去，坏蛋往往是聪明人。

“参也鲁”，参，曾参，也就是为孟子、宋儒特别推崇的曾子。在《论语》文本中，曾子多次登场，以至于很多人认为《论语》是辑自于曾子门人之手，但是孔子对曾子的评价，通篇也只有“参也鲁”这三个字。虽然只有这三个字，却令后儒非常不解，以至于宋代理学大师程子说“参也竟以鲁得之！”(《论语集注》引程子曰)。曾子修养境界如此之高，在孔子的眼中竟然是一个“鲁”即迟钝的人，这样一个迟钝的人怎么可能会成为孔子之学的传人的呢？宋儒解释曰：“曾子之学，诚笃而已。圣门学者，聪明才辨不为不多，而卒传其道，乃质鲁之人尔。故学以诚实为贵也。”(《论语集注》)也就是说，曾子虽然迟钝了一点，不像子贡那样才思敏捷，但他信仰坚定，肯下苦功夫去钻研，同时又能力行其道，所以他的学问与修养能够同步增进，虽然速度上慢了一点，但一步一步、一点一滴，假以时日，便终有大成。可见，鲁，虽是缺点，但也是优势。

“师也辟”，师，子张；辟，偏激也，但朱子释为“便辟也。谓习于容止，少诚实也”(《论语集注》)，即喜欢做表面功夫，有浮夸之病。本读从前说。因为，前面孔子讲过“师也过”，只有偏激、固执的人才会做事过头。辟是缺点，这个缺点是因为聪明，故属于聪明人的缺点。相对于高柴、曾子的愚鲁，愚鲁可转化优点，聪明亦可转化为缺点。可见，在孔子看来，人既不要自恃聪明，也不要因愚鲁而妄自菲薄。

“由也喭”，由，子路；喭，粗俗也。子路性格豪迈，交游很广，曾带兵打过仗，加上又是同学们中的“老大哥”，自然说话做事显得要放开一些，所以在别人眼中好像很粗俗，不文雅。其实，如果你当过兵，就知道子路的粗俗并不是一种缺点，相反它是一种优点。因为过去的军人，文化程度一般不高，大多数是文盲，如果你跟他们讲“雅言”，只怕会成为军人的“另类”。子路带过兵、打过仗，知道讲话要接地气，行事要从风气，这样才可以将士同心，战无不胜。所以，我认为，子路之粗俗可谓之“大雅则俗”。

其次，“回也，其庶乎！屡空。赐不受命，而货殖焉，亿则屡中。”这一组比较是从人生的命运来讲的，突出了“无道”之世普遍存在的“德福悖论”现象。

“回也，其庶乎！屡空。”回，颜回，孔子最欣赏的学生，也是孔门弟子中的先进中的先进人物。孔子说：“其庶乎！”庶，近也，近于道也，也就是颜回的品德修养应该离最高的标准差不远了吧，但就是这样一个修养境界很高的人，却“屡空”，即经常陷入穷困潦倒之中，并且因之而英年早逝。有“德”的人却没有“福”，这就是“德福悖论”之所在，而这一悖论现象恰恰又反映出世道的不公。当然，从人生命运的角度来讲，我们无法选择自己的出生，生于乱世，纵使有孔子这样的才德，人生又当如何呢？还不是落得个“丧家狗”的下场。所以，夫子是言既是对颜回之死的惋惜，也是对世道不公的批判。“赐不受命，而货殖焉，亿则屡中。”赐，子贡，也是孔子的爱学生，孔门弟子中的先进标杆人物之一，有很多的“粉丝”。“赐不受命”，子贡不像颜回，孔子说什么就干什么，如孔子希望颜回要安贫乐道，颜回就安贫乐道，而子贡不一样，孔子说的学问他都能接受，但要他安贫乐道却做不来，他觉得乐道也没有必要以安贫为前提，读书人在乐道的同时也完全有可能改善自己的生存条件。譬如可以去做点生意，而且读书人做生意有自己的优势，这就是信息比一般人要灵通，对市场的判断也比一般人要准确，子贡就是这么做的，而且做得很成功。史书说“子贡好废举，与时转货资……家累千金”(《史记·仲尼弟子列传》)，子贡也成为“儒商”的鼻祖，所谓“端木生涯”是也。在这里，孔子虽然把颜回与子贡作对比，但他对子贡的经商行为并不反对，孔子只是感叹的是，为什么一个像子贡这么优秀的人，非得要选择把经商作为自己的第二职业呢？如果这个社会能够给优秀的人才提供一定的物质生活条件的话，颜回就不会"屡空"而死，子贡恐怕也不会去经商，由"逼人死"到"逼良为商"的转换，显示出儒家知识分子突破"德福悖论"的另一种存在可能性。

由上可知，文本通过孔子对众弟子的比较，把个性与修养的矛盾，以及德与福的悖论，充分地呈现在读者面前。

11.14【原文】子张问善人之道。子曰："不践迹，亦不入于室。"子曰："论笃是与，君子者乎？色庄者乎？"

〖解读〗善人之道：礼貌待人，诚心待人

这一章朱注分两章，刘宝楠《论语正义》合为一章。理由是：都是讲"善人之道"问题，虽是不同时间与不同场合讲的，故别言"子曰"。

首先，子张所问的"善人之道"到底是何所指？通常的理解是指"怎么做善人"。但刘宝楠认为，"问善人之道，则非问何如而可以为善人，乃问善人当何道以自处也。"[①]也就是说，这里"善人之道"不是指"怎样做才是善人"，而是指"善人应该怎样做"，或者说"善人之道"就是指"善待他人之道"。

其次，孔子认为，善待他人之道在于"不践迹，亦不入于室。"迹，就是过去先贤们留下的痕迹，意思是行"善人之道"如果不从效法先贤们的言行入手，要想达到"入于室"的境界，那是不可能的。"入于室"是什么样的境界呢？就是像在自己的房间里可以自由来去那样一种境界。换言之，"践迹"属于"必然王国"境界；"入室"才是"自由王国"境界，而要进入"自由王国"境界，就必须从"必然王国"开始。所以，孔子的"善人之道"就是从效法先贤开始，而先贤的"善人之道"无非是以礼待人。而且从前面孔子讲"师也过"可知，孔子之所以这样来回答子张之问，也是有针对性的。因为，子张"才高意广"，生活上不拘小节，不讲究外观礼仪，不追求衣冠整洁美观，随和从俗。对此，荀子曾这样描写："弟佗（颓唐的样子）其冠，神潭（冲淡）其辞，禹行而舜趋，是子张氏之贱儒也。"（《荀子·非十二子》）即头上歪戴着帽子，嘴里说些淡薄无味的话，走路还学着禹、舜的样子，子张之儒的样子很下贱。所以，当子张问"善人之道"时，孔子就告诉他要从遵守礼乐开始，别以为一副吊儿郎当的样子也可以成为圣人。子张之儒的形象也有点类似于"济公和尚"，以为只要"佛祖心中留"，就可以"酒肉穿肠过"，其实，济公和尚只是和尚中的"另类"或少数，并不值得效法。

最后，"论笃是与，君子者乎？色庄者乎？""善人之道"是从礼貌待人开始，而礼貌

---

① [清]刘宝楠：《论语正义》（诸子集成本），长沙：岳麓书社，1996年。

待人表现在言语上就是“论笃是与”。“论笃”，说话诚实可信；“是与”，通常释读为“赞许”，但到底是“被人赞许”还是“赞许他人”？通常又释读为前者，即说话诚实可信的人常常被人赞许。我以为，这里的“是与”，应释读为“赞许他人”之意，也就是跟别人交谈时，一方面自己说话给人以诚实可信的印象，另一方面别人说话时又不停地点头表示赞同，是一个善于倾听的人，这样的人当然会给人以彬彬有礼的好印象。我们现在电视访谈节目中的个别主持人，看上去都是一副谦谦君子的样子，但如果你以为他们就是“善人”，可能会大错特错。因为，在他们谦谦君子的外表下面可能会藏着一颗肮脏的心。所以孔子说，“君子者乎？色庄者乎？”即这种看似诚实礼貌待人的人到底是真正的君子呢？还是一个仅仅外表庄重的人呢？孔子的意思是，“善人之道”固然要讲究礼貌待人，但如果待人之心不诚、不善，所谓礼貌待人其实是表里不一，虚伪得很，是装不长久的。我们现在经常看到有些影视明星，在台上观众面前一副谦恭有加的样子，而下台之后与人交际时又多是一副傲慢与厌恶的样子。台前台后两个样，为什么？“小人喻于利”也，为了“吸金”，所以需要在观众面前装谦恭；“吸金”完了，以为自己有钱有地位，所以就喜欢在别人面前“任性”。所以，“善人之道”不仅是表里如一，而且是始终如一。

11.15【原文】 子路问：“闻斯行诸？”子曰：“有父兄在，如之何其闻斯行之！”冉有问：“闻斯行诸？”子曰：“闻斯行之！”公西华曰：“由也问闻斯行诸？子曰：‘有父兄在。’求也问闻斯行诸？子曰：‘闻斯行之。’赤也惑，敢问。”子曰：“求也退，故进之。由也兼人，故退之。”

【解读】因材施教，知人善处

上章孔子讲“善人之道”，要求礼貌待人，诚心待人，但仅此就够了吗？不够。为什么？因为你待人固然礼貌、诚心，但是，如果你不知人、不了解人，恐怕也无法真正善待他人。譬如，你请一位上海客人吃饭，点了湘菜馆里最好的菜，够诚心、够礼貌了吧，但客人未必满意。为什么？因为你不知道上海客人喜欢甜食，而不喜欢辣菜。所以，要真正让对方满意，还必须了解对方的个性与偏好。这就是本章要讲的问题。由此也足见文本上下文之意义逻辑联系所在。

子路和冉有两位，都是以“政事”著称的孔门高足，而两个人问了孔子同样一个问题即“闻斯行诸”，也就是“听懂了某个道理后就要立刻去实行吗”的意思。从孔子强调要力行其仁来看，力行的表征之一便是在时间上不要拖延，不要“好、好、好，您说得有理，我等几天就按您说的去做”，而是要立马去做，一刻也不能耽搁，也就是要“闻斯行之”。孔子对冉有就是这样说的；但对子路，孔子却说，你怎么能够这样急于行事呢，你还有父母兄长在世呢？同一个问题，孔子的回答却不同。对此，弟子公西华非常不解，便去问先生：这是为什么呢？孔子解释说：“求也退，故进之；由也兼人，故退之。”意即冉求平日行事胆子小，一点冒险精神也没有，遇到困难就喜欢打退堂鼓，所以要多鼓励鼓励他，让他行事果断一点，别干什么事都犹豫不决，那样会延误做事的最佳时机；而子路不同，他胆子大，干什么都喜欢冲锋在前，从不顾及个人生命安危，所以要以家庭责任意识来抑制他一下，因为，你子路死了不要紧，但你的父母兄长怎么办？谁来替你尽孝悌之道？

由上可知，孔子对弟子的教育是基于对他们个性心理特征的了解，非常有针对性，也非常入情入理，可谓因材施教，不拘一格。教育工作要做好，必须了解具体的学生；待人接物要做好，必须了解具体的个人。只有在知人的基础上，才可能找到正确的“善人之道”。故本章之旨是：因材施教，知人善处。

11.16【原文】 子畏于匡，颜渊后。子曰：“吾以女为死矣！”曰：“子在，回何敢死？”

〖解读〗回何敢死？因为责任未了

“子畏于匡”一事，在《子罕》篇已讲过，就是孔子周游列国经过匡地时被匡人当作阳虎被围困、拘禁起来，可能在脱困的过程中，队伍被冲散了，所以，颜回归队后，孔子对他说：你真把我急死了，我还以为你遇难了呢！颜回答曰，老师您还活着，我怎么敢先死呢？由此足见师生之情深。

如何理解文本上下文之间的意义联系？我以为，这还得从孔子因材施教中寻找答案。因为，上章子路问“闻斯行诸”时，孔子的回答是“有父兄在，如之何其闻斯行之”，意思是父母兄长还在世的时候，我们得更加地珍惜自我生命的价值。《礼记·曲礼上》曰：“父母存，不许友以死。”父母在世，不能够对朋友以死相许，也就是不要搞“不求同年同月同日生，但求同年同月同日死”那一套，这是孝道的要求。而孔子与颜回的关系虽是师生关系，但又情同父子，《论语正义》曰：“颜子事夫子犹父，故云：子在，回何敢死？”[①]可见，本章实际上是对上章有关家庭责任意识的进一步探讨。

其实，即算是不从家庭责任意识这一角度来理解文本上下文的意义联系，我以为，在对待生命价值的问题上，孔子及儒家都将生命存在的价值置于所处的人伦关系之中，“生”的责任既存于家庭关系之中，也存在于国家与社会关系之中，甚至还存在于自然或“天地”之中，所以孔子讲“未知生，焉知死”，是把对生命价值的挖掘当作儒生的重大课题来对待，而颜回作为孔门的先进人物代表，无论是对家庭（父亲颜路还在），还是对国家，都有着自觉的社会责任感与文化使命感，因而“子在，回何敢死”一语，既道出了师生二人劫后重逢的喜悦之情，又显出了师生之间一种“于吾心有戚戚焉”的情识默契，而非李零先生所认为的“向孔子表忠心”。[②]

① [清]刘宝楠：《论语正义》（诸子集成本），长沙：岳麓书社，1996年。

② 李零：《丧家狗——我读论语》，太原：山西人民出版社，2007年，第217页。

11.17【原文】 季子然问："仲由、冉求，可谓大臣与？"子曰："吾以子为异之问，曾由与求之问！所谓大臣者，以道事君，不可则止。今由与求也，可谓具臣矣。"曰："然则从之者与？"子曰："弑父与君，亦不从也。"

【解读】"大臣"以"道"事君，"具臣"以"能"事主

上章虽然是讲颜回的事，但实际上仍然与前章"闻斯行诸"这一问题有关，而本章则继续谈论问题的主人公即"政事"方面的先进人物子路和冉有。

季子然是什么人？可能是鲁国季氏的子弟，其事迹已无可考。他问孔子，子路和冉求如果从政的话，算不算得上"大臣"？孔子听了以后说：我还以为你的问题有什么与众不同之处呢？原来你是问他们俩呵。什么叫"大臣"？所谓"大臣"，就是"以道事君，不可则止"的人，就是那种有理想、有原则，如果违背其理想原则而宁可不干的人。至于子路与冉有嘛，充其量不过是"具臣"而已，即不过是办事干练、执行力强的能臣而已，算不上真正的"大臣"。季子然又问："然则从之者与？"即如果是那样的话，他们是不是会绝对顺从主子的意志办事？孔子回答说，那要看什么情况，如果是杀父、弑君的事，他们不会顺从。

由上可知，孔子对于从政者的政治格局有自己的价值判断，其"大臣""具臣"之辨，就在于是否有对"道"的固执与坚持。在孔子眼中，"道统"要高于"势统"，如果君主不能以"道"治国，那么就没有必要跟着这样的君主。因此，"大臣"不只是指他的位置有多高，高得一人之下万人之上，而是指有没有与其高位相匹配的"大德"或"至德"，而"至德以道为本"，"道"的政治学含义就是公正价值是第一位的价值，"大臣"所为之事就是要把公正价值贯彻于整个的制度安排之中，至于具体的行政事务怎么干才合理、才有效率，那是"具臣"的事。"大臣"以"道"事君，"具臣"以"能"事主；"大臣"重视公正，"具臣"重视效能；"大臣"是政治家，"具臣"是实干家，没有"大臣"的指导，"具臣"有可能成为酷吏。不过，孔子认为，虽然子路、冉有只有"具臣"之才，但他们还是有自己的政治道德底线与坚持。如此看来，尽管孔子曾因冉有为季氏"用田赋"而生气，并要大家"鸣鼓而攻之"，但其实他心里对冉有的政治道德品质还是有客观评价的。故此章亦可视作为冉有"平反"吧。

11.18【原文】 子路使子羔为费宰。子曰："贼夫人之子！"子路曰："有民人焉，有社稷焉，何必读书，然后为学？"子曰："是故恶夫佞者。"

【解读】行政管理是一门学问，学好了才去当官，否则害人害己

又是谈子路。本篇的先进人物似乎是围绕两个人物而展开：一个是颜回，道德人格形象完美无缺；一个是子路，道德人格形象几乎是一无是处，且两个人都先孔子而

死，而文本中保留着如此多孔子对子路的批评，让读者误以为孔子不喜欢子路，其实差矣。因为，读《论语》一书，孔子的学生中最令人印象深刻的恰恰是这个经常挨老师批评的子路，他的率直、忠诚、勇敢等人格特质，彰显出了无穷的人格魅力，不仅孔子喜欢，读者也喜欢。

“子路使子羔为费宰”，子羔，就是前面提到的高柴，孔子说“柴也愚”。子羔智商不高，有点笨，但人品不错，心眼不坏，所以很容易跟子路这样的人作朋友。子路当时在季氏那里很吃得开，便向季氏推荐了子羔，要他到费邑担任“一把手”。孔子听闻之后，非常生气，对子路说：“贼夫人之子！”即你这不是成心害人家的孩子吗？子路一番好心，却换来老师如此不堪的批评，肯定有点伤心和不甘，便辩驳道，我怎么会是成心害人家的孩子呢？那个地方有百姓，有土地，子羔到那里去当“一把手”，正好可以学以致用，施展他的抱负与才能；即使子羔年轻了一点，或许能力也有不足，也可以边干边学啊！您不是经常强调力行，强调实践出真知吗？刚好有这样一个机会锻炼子羔，又何必叫他一定要读书才算是学习呢？子路的这番话可以说是以子之矛，攻子之盾，让孔子无话可说。孔子只好说“是故恶夫佞者”，即你知道我为什么特别讨厌那些爱狡辩的人吗？你就是这样的人！我估计子路听了孔子的批评，也顶多是摇头叹息一番，一副无辜的样子。

孔子为什么要反对子羔为费邑宰呢？我想应该从文本上下文的意义联系来看。在上一章，孔子谈到“大臣”与“具臣”之别，且认为子路只能算是“具臣”系列，而要当一个好的“具臣”，除了在大是大非问题上要能坚持原则之外，关键还必须要有处理复杂行政事务的才能，而当时的子羔非常年轻，加上资质愚笨，根本不具备任何行政能力，突然把他放在这么重要的行政岗位，既是害人，更是害己。而子路认为，子羔没有行政能力不要紧，可以边干边学，在实践中慢慢地培养，这也不无道理。但这要看是什么人才行，对于像子羔这么愚笨的人来讲，怎么可能一下子学得会呢？在今天，中国还有很多知识分子轻视行政管理，不把行政管理当作一门学问来对待，特别是在一些大学，喜欢把学问做得好的博士、教授一下子提拔到领导岗位上，结果大多不是很理想。所以，儒家的“学而优则仕”还是很有道理的。

11.19【原文】 子路、曾皙、冉有、公西华侍坐。子曰：“以吾一日长乎尔，毋吾以也。居则曰：‘不吾知也。’如或知尔，则何以哉？”

子路率尔而对曰：“千乘之国，摄乎大国之间，加之以师旅，因之以饥馑，由也为之，比及三年，可使有勇，且知方也。”夫子哂之。

“求，尔何如？”对曰：“方六七十，如五六十，求也为之，比及三年，可使足民；如其礼乐，以俟君子。”

“赤，尔何如？”对曰：“非曰能之，愿学焉。宗庙之事，如会同，端章甫，愿为小相焉。”

“点，尔何如？”鼓瑟希，铿尔，舍瑟而作，对曰：“异乎三子者之撰。”子曰：“何伤乎？亦各言其志也。”曰：“莫春者，春服既成，冠者五六人，童子六七人，浴乎沂，风乎舞雩，咏而归。"夫子喟然叹曰:"吾与点也!"

三子者出,曾皙后,曾皙曰:"夫三子者之言何如?"子曰:"亦各言其志也已矣!"曰:"夫子何哂由也?"曰:"为国以礼,其言不让,是故哂之。""唯求则非邦也与?""安见方六七十,如五六十,而非邦也者?""唯赤则非邦也与?""宗庙会同,非诸侯而何?赤也为之小,孰能为之大!"

〖解读〗让老百姓过上自由自在的幸福生活是国家治理的终极目的

这是本篇最后一章,也是《论语》文本中篇幅较长的一章,非常有名,解释也非常丰富。从文本联系的角度看,从首章孔子讲"如用之,则吾从先进",点出本篇的主题是要用"先进"分子来治世;再到讲"先进"分子之"先进"之所在,突出了孔子弟子的个性心理特征;而最后三章特别是最后一章,围绕着是做"大臣"还是做"具臣"这一主题,通过弟子们的各言其志,可以看出孔子"吾从先进"之"先进"有着不同的路径选择,但彼此之间又具有很强的互补性。

出现在本章的"先进"弟子有四位,分别是子路、曾皙、冉有、公西华,其中曾皙,名点,字子皙,是曾参的父亲,这是他初次也是唯一一次在文本中登场,虽然只有一次,但却留下了千古传诵的"与点"故事,其名声一点也亚于他的儿子曾参,尽管后者所开创的"曾子之学"成为孟子以后儒学发展的主流。

一次,曾点与子路、冉有、公西华一起"侍坐"即陪侍孔子聊天。孔子见他们很拘谨,便对他们说,你们不要看我比你们大几岁,是你们的老师,就认为我很了不起,其实我跟你们也差不多。我知道,你们平时背着我的时候总是说"不吾知也",即没有人了解自己,那么,现在假如有人了解你们,要重用你们,你们打算干点什么呢?大家说给我听听看。

听孔子这么讲,年龄最大、胆子也最大的子路第一个站出来发言。"率尔而对",就是不假思索、脱口而出的意思,而且显得胸有成竹、信心满满的样子。他说,如果有这么一个"千乘之国"——有兵车千辆的国家(中等诸侯国),哪怕这个国家处在大国的包围之中,外有强兵压境,内有饥馑困扰,如果让我来治理的话,只需三年时间,就可以让百姓英勇善战,"且知方也",并且让他们知道打仗的目的,懂得"为什么而战,为谁而战"的道理。"有勇"且"知方",作战勇敢需要靠军事训练;知道"为什么而战",需要靠思想教育。所以,子路的意思就要培养一支"虎狼之师"和"正义之师",这样才可以成为一支真正的"胜利之师"。可见,子路治国的路径选择是从"强军"开始,这符合子路的个性。

接着问冉求。冉求虽然多才多艺,但行事顾虑太多,所以他比较谦虚地说,如果有一个方圆六七十里或五六十里的小国家,让我来治理,大概三年之后,可以使得百姓富足起来,不为衣食所困;至于礼乐教化之事,非我所长,得另请高明君子才行。可见,冉有治国的路径选择是从"富民"开始,而冉有擅长理财,故如此选择,也不意外。

接着问公西赤。公西赤小孔子42岁，四人中他年龄最小，擅长交际，孔子曾评价他“赤也，束带立于朝，可与宾客言也”（《公冶长》）。可以说是一名标准的外交官，所以他也很谦虚地说，我不敢说自己能干什么，但我愿意学习一些“宗庙之事”即祭祀礼仪方面的事，譬如有诸侯会盟或重大典礼活动时，我可以穿着礼服、戴着礼帽，做一名小小的司仪，做点事物性的服务工作。可见，公西赤治国的路径选择是从“礼仪”教育开始，也符合孔子对士的期待。

接下来便是重头戏开场。曾点是当时“侍坐”中年龄仅次子路的学生，按照传统的礼仪顺序，子路讲了之后本应该他来讲，但当时他正边听边抚琴，一副悠闲自在的样子，所以听到孔子点他的名，他“铿”的一声停下来，将琴一推，站起来对孔子说，老师，我跟他们的想法不一样，还是不说出来为好吧。孔子说，说说有什么要紧，大家在一起不过是各抒己见、各言其志罢了，但说无妨。曾点说，我的愿景是：暮春时节，春暖花开，换上春装，邀上五六个好友，带上六七个小孩，一块到城西的沂水中游个泳、洗个澡，然后到城南的舞雩台上吹吹风、跳跳舞，一路欢歌，尽兴而归。孔子听了之后，“喟然叹曰：吾与点也。”与，赞同的意思，孔子很赞同曾点的想法；“喟然叹曰”，叹惜而不可得也，也就是说，曾点所描绘的那种生活也是孔子所向往的生活，只可惜恐怕很难过上这样轻松快乐的日子。

四子“侍坐”，孔子要他们各言其志，聊天变成了一场“面试”。从“面试”的情况来看，子路的答案，那就是要立志当“国防部长”，至少得当个将军；冉有的答案是要立志当一国“总理”，至少也得当个“财政部长”；公西赤的答案，看似立志不高，那也是要当一国的“外交部长”；相比之下，曾点的答案，顶多就是要做个“孩子王”。如果你是曾点，遇到这种“面试”，会不会有自卑的感觉，还好意思在老师面前把答案说出来吗？事实上，曾点开始不愿意说，可能就有这种顾虑。但是，没想到的是，孔子给曾点的答案打了最高分。所以孔子“与点”，曾点也深感意外，意外之余，就想问个明白。于是，等其他三位走了之后，曾点便留下来问老师，您刚表扬了我的观点，那么其他三位的想法怎么样呢？孔子说，没什么，不过是各言其志罢了。曾点又问，那您为什么要哂笑子路之言呢（抚着琴还看到了孔子哂笑，足见功夫了得）？孔子说，治国以礼，礼讲究让，子路说话一点也不谦逊，所以哂笑一下。孔子的意思是，子路所言并没有什么不对，只是他说话的态度太过自满了。曾点又问，冉求说自己可以让方圆六七十里范围之内的老百姓富足起来，难道治理这样小的地方跟治理一个国家会有什么不同吗？曾点的意思是，冉求既然有信心让老百姓富足起来，为什么非得要将范围划得这么小呢？孔子说，方圆六七十里或五六十里的地方，怎么可能不是一个国家呢？孔子的意思是，国家无论大小，治国之道并无两样，而冉有之所以这样讲，那是他胆子小的缘故。曾点再问，公西赤讲的那些事算不算治理国家呢？曾点意思是，公西赤说自己只能当个“小相”，当个典礼的司仪或主持人，似乎微不足道，真是像他说的那样吗？孔子说，祭祀宗庙，会见外宾，哪一件不是国家大事？公西赤说自己只是做个小司仪，难道还有比这个更大的司仪？孔子的意思是说，一个能够当“外交部长”的人，叫他当“总理”也不是什么难事。

曾点问了孔子这么多的问题，但就是不好意思问先生为什么只夸他。其实，其中的道理并不难懂。因为，结合子路讲“强军”，冉有讲“富民”，公西赤讲“礼仪”，三者无非是强调要从物质文明建设与精神文明建设的角度来打造一个国家的综合势力，而综合国力提升的终极目的是什么？就是让人民过上幸福生活。什么是幸福生活？就是曾点所描绘的那种自由自在生活。所以，别看曾点的愿景看起来“平凡”，但实现这种“平凡”的过程并不“平凡”，相反它是一个需要子路们、冉有们和公西赤们等共同奋斗的“伟大工程”。

故孔子“与点”，就是要告诉人们：让老百姓过上自由自在的幸福生活才是国家治理的终极目的。今天中国共产党提出把“为中国人民谋幸福，为中华民族谋复兴”作为自己的初心与使命，也出于同一个道理。

《颜渊》第十二

概要：本读合为 19 章。本篇主要记弟子问答，核心是“问仁”。首先，夫子论仁，主要是从仁德的外在表现与内在精神状况这一角度来讲的（第一至六章）；其次，重点讨论了仁在政治、社会领域的运用问题（第七至十六章）；再次，讨论了各种社会关系中的仁、知互补问题（第十七至十九章）。

12.1【原文】 颜渊问仁。子曰：“克己复礼为仁。一日克己复礼，天下归仁焉。为仁由己，而由人乎哉？”颜渊曰：“请问其目。”子曰：“非礼勿视，非礼勿听，非礼勿言，非礼勿动。”颜渊曰：“回虽不敏，请事斯语矣！”

〖解读〗仁学构建的逻辑：“由己”而“克己”，“复礼”而“克己”

本篇主要记答弟子问，而弟子们的问题主要包括三个方面，即“问仁”“问政”“问友”，核心是“问仁”。与《里仁》篇着重阐述仁的重要性与价值不同，本篇主要是讲如何行仁或“用仁”的问题。从首章孔子讲“克己复礼为仁”，到最后一章曾子讲“以友辅仁”，文本从行政实践、个人自处与人际互动三个方面来探讨仁德修养问题，其旨在说明成就“至德”需要有仁、知作支撑。

颜回“问仁”，孔子说“克己复礼为仁”，即主体要约束自己以使自己的行为符合礼制的要求，这样才是仁。而且若有一天真正做到了“克己服礼”，则“天下归仁焉”，即天下万物皆合一于仁，也就是孟子所谓“万物皆备于我”，达到天人合一的境界。所以，孔子仁学构建的逻辑是：克己复礼便是仁，仁就是一种天人合一境界。可问题是，如何才能做到“克己复礼”呢？孔子认为，可从两个方面着手：一是“由己”而“克己”，二是“复礼”而“克己”。

首先，“由己”而“克己”。何为“克己”？皇侃《论语义疏》：“克犹约也”；而“己”之义，古之注家争论颇大。扬雄、朱熹、王阳明等皆训之为“私”，《法言》：“胜己之私谓克。”《论语集注》曰：“盖心之全德，莫非天理，而亦不能不坏于人欲。故为仁者必以胜私欲而复于礼，则事皆天理，而本心之全德于我矣。”清刘宝楠《论语正义》则认为：“克己，约身也。”故训之为“私”，“并失之矣”。[①]我认为，朱子将“己”与“人欲”或私相等同，这显然是一种理学家的观念所致，这样解释是与孔子在同章中的“为人由己，而由人乎”之意是相矛盾的。因为，既然孔子强调“为仁由己”而不由人，这说明在孔子的思想里，“己”还是一个未分化的概念，当它作为“克”的对象时，它具有朱子所说的“私”的意思

① [清]刘宝楠：《论语正义》（诸子集成本），长沙：岳麓书社，1996 年。

在里；而当它为“由”的根据时，它又具有孟子所说的“恻隐之心，人皆有之”的意蕴。所以，“克己”之所以可能，就在于我们每个人自己已内具着可以为仁的人性资源，只要我们充分地发挥主体的能动性（“由己”），则“我欲仁，斯仁至矣”。可见，“由己”是“克己”的肯定形式，而“克己”乃是“由己”的否定形式，二者是一体两面。

其次，“复礼”而“克己”。孔子并没有把“克己”活动理解为一种单纯的“由己”功夫或内省活动。因为，从颜回“请问其目”来看，孔子讲“克己复礼为仁”，既强调“由己”对于“克己”的价值，更强调“复礼”对于“克己”的意义。“复礼”与“克己”之间到底有何内在的联系？可从以下三方面来看：

第一，从修身的角度来看，“克己”和“复礼”可以视为两种不同的修养功夫。如上所述，“克己”是一种克制自己的情感、欲求等需要的心理活动，在孔子，它属于一种所谓的“内省”之道，即主体的一种自觉的道德反思活动。而与之不同的是，“复礼”则是指主体行为对外在规范的遵循，即所谓视听言动皆须中礼。如果说“克己”体现了道德的主体性的话，那“复礼”便体现了道德的规范性；如果说“克己”更多地关涉个体道德，那“复礼”则更多地关涉社会道德。

但是，在孔子和儒家那里，一方面，“克己”可以使主体更加自觉地守礼，即“克己”可以“复礼”；另一方面“复礼”也是主体成就德性的必要途径之一。因为，人的内在道德心理活动通常表现为“克己”的过程，这一过程又往往体现为主体内在的道德精神需要与主体内生的其他物质需要之间的冲突。但问题是，主体的道德需要是如何产生的呢？传统儒家往往将之归诸一种性善论，但实际上它只是社会规范的主体内化的结果。一个人之所会产生一种内在的道德紧张或道德焦虑，原因就在于主体对于社会的道德标准与要求有一定程度的了解和内化，主体所展开的“克己”活动所凭借的资源并不是主体先验存在的东西，而是社会道德的主体内化的结果，是主体在不断的习礼过程中逐渐培养起来的。当然，在这一内化与培养过程中，存在于主体身上的一些自然情感如血缘之情等通过主体的理性自觉观照可以上升为一种道德情感，并从而使社会道德的个体内化深入化，但是，儒家所谓人性的资源并不具有真正独立的道德资源价值，它实际上乃是一种第二性的存在，或是一种“习惯成自然”的存在（即习性也）。孔子虽承认有“生而知之”的圣人，后儒孟子更直接地将圣人说成是“性之者”，但孔子自己认为“我非生而知之者也”，而是“学而知之者”，既然如此，则孔子实际上是承认了道德的社会起源，这与古希腊哲学家所说的道德起源于风俗习惯有近似之处。而且从道德心理学的事实来看，主体的德性成就确是在规范的学习与履行中实现的。正因为如此，所以，离开了“复礼”，主体的道德需要便是不可能的。若主体产生不了道德的内在需要，则“克己”活动就永远只能是主体的一种对自我情感需要的压抑活动，如果是这样，主体有何道德自由可言？我认为，孔子强调“克己复礼为仁”，从很大的意义上讲，就是强调礼对于成就德性之仁的积极和不可或缺的意义。

第二，“复礼”是主体表现自身德性的必要形式。孔子虽然讲“人而不仁，如礼何？人而不仁，如乐何？”（《八佾》），但实际上从另外一个角度来说，未尝不可以说“人而不礼,如仁何?”,因为,不仅主体的德性之仁的成就需要主体不断地习礼,而且内在的德性之仁的表现也需要外在的礼仪这一形式。形式和内容两者是不可或缺的。对此,孔子有明确的认识,他说:“知及之,仁能守之,庄以莅之。动之不以礼,未善也。”(《卫灵公》)“知和而和,不以礼节之,亦不可行也。”(《学而》)为什么仁没有礼就“未善也”或“亦不可也”呢?这是因为,仁爱是一种建基于宗法等级秩序之上的爱,即差等之爱,所爱者是具体的个人,或者说是在具体的人际关系中展开的爱,因而它对爱的方式有着不同的道德要求,如对君,仁爱便要求臣子尽“忠”,更具体化为“事君敬其事而后食”(《卫灵公》)“爱之,能勿劳乎?”(《宪问》),“忠焉,能勿诲乎?”(《宪问》),或者“勿欺也而犯之”(《宪问》),勤勉、直谏等这些都是臣子尽忠要求的具体化。但是,必须注意的是,“忠”德的上述具体化,还只是在道德的主体性意义上的具体化,而不是道德行为意义上的具体化。如果欲将上述主体性意义上的道德要求具体化为伦理行为,就必须通过一种恰当的方式,这就是礼,这一点《礼记·曲礼上》说得明白:“道德仁义,非礼不成。”

第三,从道德实践的效果来看,礼具有程序正义的效应。在道德生活中,主体的仁爱之德若没有采取一种恰当的礼仪形式来表达,这不仅有损于仁德本身,而且更重要的是有损于道德实践活动的效果。但是,这并不意味着“反之亦然”。因为,礼作为一种社会规范,有着其内在的独立价值。一个人或许其内在德性有所不足,但只要他能够按照礼的规定去待人,一般都会收到良好的道德感化效应。这如同一个有犯罪动机的人,只要他并没有真正去犯罪,未构成对他人的伤害,他仍然不失为一个守法的人。这就是说,道德的规范性有它自身相对独立的社会价值,这一点在古代礼制政治化和法律化的情形下显得尤其突出。在《论语》中,孔子曾两次说:“君子博学于文,约之以礼,亦可以弗畔矣夫!”(《雍也》《颜渊》)揣夫子此语之意,所谓“亦可以弗畔矣夫!”实际上可以转译为:即使道德的主体性或仁性未能挺立,只要主体能以礼来约束或规范自己,大致离仁德或道的要求不会太远。譬如孝道,孔子认为其主要的要求就是“无违”,而所谓“无违”,就是“生,事之以礼;死,葬之以礼,祭之以礼”(《为政》)。只要于具体的礼节方面“无违”,至于内心是否“有违”,对于孝的对象即父母而言,并没有什么实际的影响。在历史和现实生活中,我们也可经常地看到一些具有“菩萨”心肠的人,常行“霹雳”手段,或者打着为崇高事业的旗帜,而视法律如儿戏,其危害或许并不亚于“守法的小人”。当然,孔子的意思并不是提倡人们只做表面功夫,这一点在此无须赘言。但是需要指出的是,孔子亦未如孟子那样将内圣功夫夸大到可以自然行礼的地步。在孔子,一个于礼无违的人虽未必是一个仁者,但同样一个仁者未必能做到于礼无违。譬如管仲,孔子虽许其以仁,但却多次批评管仲不知礼,孔子说,如果说管仲知礼的话,天下还有谁不知礼!这表明,仁作为礼的基础只是就仁是礼的心理基础而言,而礼还有它的社会基础。正是这种社会基础,使得礼作为一种规范体系有着其独立于主体之仁的程序正义价值,也正是这种价值的存在,使得人们的行为不致失范有了新根据和基础。我们承认,一个理性的利己主义者肯定不是一个仁者,但这并不足以妨碍他成为一个守规矩的人,因为,理性告诉他:只有遵守规范才可以更容易地获得自己所需要的东西。由此推论可知,在孔子的礼学思想里,确实涵许了荀子礼学的发展路向。

当然,必须强调的是,孔子已充分意识到“人而不仁”对于礼的遵守所产生的消极影响,也意识到所谓理性的利己主义者即“乡原”的理性限度,从而主张把仁作为礼的心理基础。这是孔子礼学思想的主要贡献。但是,问题的关键不在于是否把仁作为礼的心理基础,而在于怎样才能塑造这一心理基础。我认为,孔子的主要思路是:一方面,通过对主体的血缘之情的理性自觉,使之升华为一种道德情感,另一方面,通过习礼活动来实行社会规范的主体内化,两者在互动的过程中,逐渐地整合为一种内在的德性之仁,这样便可完成规范由他律向自律的转化。而孔子的“克己复礼为仁”这一命题主要是就后一方面而论的。如果说孟子的思想主要是对孔子“仁者爱人”思想的阐发,那么,荀子的思想则是对孔子“克己复礼为仁”思想的发展。这里没有后世儒家所说的儒学正宗问题,而只有思想家根据不同的历史需要来阐发孔子思想问题。

12.2【原文】 仲弓问仁。子曰:“出门如见大宾,使民如承大祭。己所不欲,勿施于人。在邦无怨,在家无怨。”仲弓曰:“雍虽不敏,请事斯语矣!”

〖解读〗仁,就是把人当人,就是要尊重人

上章颜回问仁,孔子答以“克己复礼”,主要是从“由己”与“守礼”的双向作用来成就一个可以“克己”并从而可以自觉“复礼”的道德主体,这样的仁学构建路径重在个体内在的道德修养,属于孔子所讲的“修己”层面。而本章仲弓问仁,则从个体道德修养转向社会道德或道德实践领域,因而是从待人或“安人”的角度来展开其仁学构建。由内而外,由个体道德而社会道德,内外兼修以成就君子人格,这种仁学构建的思路在本篇中体现得十分明显。

仲弓,也就是孔子认为“可使南面”或有帝王之器的冉雍,尽管因出身或性格的缘故,仲弓最终没有成为“南面”之君,但孔子对他的培养还是着力于这个方向,所以当他问仁时,孔子的回答都是从政治家应该如何为仁的角度来讲的。孔子说:“出门如见大宾,使民如承大祭。”出门,就是由家庭走向社会,就是跟他人打交道时,该如何行仁呢?孔子认为要“如见大宾”,也就是对任何人尤其是普通人都要像见到贵宾一样,态度诚恳、礼貌周到。如果你身为领导干部,管理着一帮人,“使民”即叫下面的人做事的时候,要“如承大祭”,要像承办重大祭典一样,不论事情大小,都马虎不得。不像有的领导,对待下属,颐指气使,一点也不尊重他人;处理事情,敷衍了事,一点责任心也没有。

领导干部要做到“出门如见大宾,使民如承大祭”并不容易,怎样才能做到呢?孔子认为要“己所不欲,勿施于人”,自己不愿意的事,就不要强加于人,因为你不愿意干的事,大多数人也不愿意干。这就是曾子所讲的“恕道”,即干什么事情要将心比心,尤其是作为领导干部还要能设身处地,多站在下属的立场考虑一下,多一点同情的理解。我们可以试想一下,下属见领导时,莫不是“如见大宾”;领导交办的事,无论大小,下属莫不是“如承大祭”。而作为领导干部，如果也能体谅到下属的这种心情，并以同情心待之，尊重他人，把人当作人来对待，做事认真负责，发挥表率作用，这样就可以做到“在邦无怨，在家无怨”，即自己无怨无悔，彼此无怨无恨，这就是“仁者无敌”的效果。

由上可知，仁道的政治实践必须贯彻恕道精神，而恕道的关键就是尊重人，就是把他人当作自己一样来对待，把他人当作目的而非手段来对待。再者，仲弓听了夫子的话，跟颜回一样，说了同样的话即“雍虽不敏，请事斯语矣！”，足见二位“德行”先进人物确有性格的共同之处，故文本将二位放在一起也是有逻辑考量的。

12.3【原文】 司马牛问仁。子曰：“仁者，其言也讱。”曰：“其言也讱，斯谓之仁矣乎？”子曰：“为之难，言之得无讱乎？”

〖解读〗仁者讲话，总是慎之又慎

上章讲仁者“出门”问题，“出门”与人交际，除了容貌态度，便是言语，仁者应当如何讲话呢？本章以司马牛为例来说明之。

司马牛，孔子的弟子，复姓司马，名耕，一名犁，字子牛，一说是宋国大夫桓魋的弟弟，《述而》载子曰：“天生德于予，桓魋其如予何！”就是这个桓魋曾想加害于孔子，看来司马牛跟他哥哥不是一路人。不过，《史记·仲尼弟子列传》说司马牛这个人有个缺点，就是“多言而躁”，喜欢发表意见，而且性格十分急躁，所以他问仁，孔子的回答就是针对这个缺点而来。

孔子说：“仁者，其言也讱。”讱，“忍也，难也。”(《论语集注》)仁者讲话，总是慎之又慎，就如话到嘴边了，还得吞回去，不轻易出言，讲什么之前都得过过脑子，好好想一想。司马牛一听，便问老师，这也可以叫作仁吗？言外之意是：行仁是不是也太简单了。孔子说，简单吗？凡事做起来很难，说起来能不谨慎一点吗？“为之难”，也可以理解为“其言也讱”难，即一个人要做到慎言并不容易，为什么？因为，从心理学的角度讲，欲言而忍着不言，意味着你必须要学会“忍气吞声”，心里面暂时不好受是肯定的，而人都希望能“畅所欲言”，有什么话讲出来，不憋着，那固然是一种痛快，但这种痛快可能只是图一时之快，过不了多久你可能发现自己讲的话，要么讲错了，要么讲过了，无论哪种情形，都会是一种言语伤害，特别是像司马牛这样有“背景”的人，如此言不过脑，更容易造成一种言语暴力，甚至语言杀人。所以，孔子认为，一个真正有仁爱之心的人，讲话必须谨慎，不能以“刀子嘴，豆腐心”来为自己的“快人快语”作辩护。

李泽厚先生说得对，“言在儒门即是行动本身”，[①]所以，如何讲话，在儒家既是学问，更是修养。作为学问，讲话要用辞准确；作为修养，说话要体现仁心，无论何者，都必须“其言也讱”。

---

① 李泽厚：《论语今读》，北京：生活·读书·新知三联书店，2004年，第280页。

12.4【原文】 司马牛问君子。子曰:“君子不忧不惧。”曰:“不忧不惧,斯谓之君子矣乎? ”子曰:“内省不疚,夫何忧何惧? ”

〖解读〗君子的不忧不惧源自问心无愧

司马牛问仁,孔子告诉他要“其言也讱”,司马牛觉得是不是太简单了,孔子则说要做到不容易。司马牛还是不满足,因为“其言也讱”只是仁德的外在表现形式之一,未涉及仁德之主体的内在精神状态如何,因而仁者固然要“其言也讱”,但“其言也讱”一定是仁者吗?这确实是一个值得探讨的问题。所以,我认为,本章司马牛之问君子就是对这一问题做进一步探讨。可见,司马牛还是一个善于思考的好学生。

司马牛问孔子,怎样才是个君子呢?孔子的回答是“不忧不惧”,即君子是一个不忧愁、不畏惧的人。传统的看法认为,孔子这样讲是有具体的针对性的,朱子曰:“向魋作乱,牛常忧惧,故夫子以此告之。”(《论语集注》)即向魋作乱,作为弟弟的司马牛常为此而忧惧,忧惧什么呢?一是忧惧哥哥作乱最终会殃及整个家族,当然也包括司马牛本人;二是担心有这样一个犯上作乱的哥哥会让自己在孔子及其弟子面前没“面子”,怕被别人另眼相看。确实,无论是谁,摊上这样一个哥哥,都会有很大的心理压力。所以孔子讲君子“不忧不惧”的言外之意是:司马牛你没有必要为此而忧惧。因为,你是你,哥哥是哥哥,哥哥犯上作乱,这是你哥哥他本人的罪过,你反对他这样做,这证明你是清白的,只要你自身行得正,“内省不疚”,问心无愧,又何必担心哥哥之罪会殃及自己呢?这应是夫子“不忧不惧”的所指义。

但是,从能指的角度讲,夫子所言是否只是针对司马牛因他哥哥的事而常陷于忧惧之中呢?这是一个值得深究的问题。因为,从司马牛出身贵族家庭来讲,至少他没有一般人经常要为衣食所困的烦恼之事,向魋的作乱虽然会给他造成一定的心理压力,但也不至于使他每天忧心忡忡,否则他不会说“不忧不惧,斯谓之君子矣乎”。他这样说,意味着在他看来做到“不忧不惧”并不难,同时也说明向魋作乱一事并没有给他造成太大的精神困扰,尽管下一章讲司马牛很在乎没有“兄弟”之事,但那是亲情所致,不足以成为君子的困扰。所以,在这里的问题是,假如没有向魋作乱一事,司马牛是否就是一个“不忧不惧”的人呢?或者说人生在世难道只有摊上如向魋作乱这样的大事才会让人忧惧吗?除此之外就没有让人忧惧的事了吗?事实并非如此。因为,从存在主义哲学来讲,“烦”是人类作为“此在”性存在的根本状况,未来的不确定性让生活于当下的“我”始终处于一种对未来的担心或畏惧之中,“明天会怎么样?”“我”无必然的把握,尽管“我”从“昨天”看到了“明天”的希望,但“今天”并不能代表“明天”,“我”对于“明天”是希望与恐惧并存,正是这种希望与恐惧的交织,所以“我”之“今天”是“烦”的“今天”,“烦”就是一种确定性与不确定性交织共存的人生心理状态。而如何摆脱这种“烦”,这是古今哲学最重大的课题之一。孔子认为,如果一个人“内省不疚”,问心无愧,“今日”之“我”不是侥幸所得,那“我”就会有对“此在”的确定性,有此确定性,尽管未来有不确定性因素存在,“我”也没有必要担心。因为,一个对此生或平生问心无愧的人,就可以坦然地面对未来,俗话讲“平生不做亏心事,不怕半夜鬼敲门”,讲的也是这个道理。

由上可知,君子的不忧不惧源自问心无愧,从道德心理学的角度讲,它是一个消解道德焦虑的过程,即君子之所以为君子,就在于君子的内心世界充满着道德焦虑,或者说道德忧惧,时常担心自己的行为有违道德原则,但经过反省之后,如果发现并没有违反道德原则的地方,内心就会释然坦荡。所以,君子的不忧不惧是一个由内心忧惧走向心底坦荡的过程。这一点跟“小人”不同,“小人”也可以做到不忧不惧,那是因为“小人”没有道德焦虑,更没有道德反省,所以“小人”的不忧不惧是一种天不怕、地不怕式的胆大妄为,是一种对社会具有破坏力的负面心理。

12.5【原文】 司马牛忧曰:“人皆有兄弟,我独亡。”子夏曰:“商闻之矣:‘死生有命,富贵在天。’君子敬而无失,与人恭而有礼,四海之内,皆兄弟也。君子何患乎无兄弟也?”

〖解读〗何以解忧,唯有君子

上章讲君子不忧不惧是一个由内心忧惧走向心底坦荡的过程,或者说是一个道德焦虑的消解过程,而让司马牛产生这种道德焦虑的是“人皆有兄弟,我独亡”。这话是什么意思呢?司马牛明明是有兄弟的,而且不止向魋一个,另外还有三个,兄弟一共五人,为什么说自己没有兄弟呢?原来是因为其他三位兄弟都参加了向魋的作乱,只有他一人反对,他认为这些兄弟恐怕难得善终,且这些兄弟是不是认可他为兄弟亦不可知,反正是有兄弟聊胜于无兄弟,没有,固然遗憾;有,却反目为仇,还不如没有。这就是司马牛之忧,既是一种亲情上的若有若无之忧,也是一种不能友爱兄弟的道德之忧。

如何排解司马牛心理的这种双重之忧呢?子夏劝他说,我曾听人家讲,“死生有命,富贵在天。”人的生死与富贵皆有定数,虽同为兄弟,但各有其命。为兄弟的命运担忧,情有可原也;但担忧并不能改变兄弟的命运,事非由己也。既然如此,又何必担忧呢?再说,人生在世,除了亲兄弟,还有朋友可处,只要你能尊敬他人,不失礼节,“四海之内,皆兄弟也。”朋友就是兄弟,到处都有朋友,谁人不是兄弟,君子何愁没有兄弟呢?

君子不愁没有朋友,朋友就是兄弟,这是中国传统伦理文化的一大特色。为什么?因为,兄弟是血缘关系,朋友是社会关系,但经过儒家文化的过滤,朋友可转化为兄弟,友情可视同为亲情,家庭可放大为“四海”。而实现这种转化与超越的关键就在于礼貌待人,在于我们每个人都是彬彬有礼的君子。所以,朋友兄弟化,实际上是一种君子文化使然。司马牛之忧,何以解之?唯有君子。因为君子“不忧不惧”,君子“四海之内,皆兄弟也”。

12.6【原文】 子张问明。子曰:“浸润之谮,肤受之诉,不行焉,可谓明也已矣。浸润之谮,肤受之诉,不行焉,可谓远也已矣。”

〖解读〗做个不受谗言、诬告影响的明白人

前面曾提到过，子张是一个才高意广、性格偏激的人，但喜欢交朋友，主张“尊贤容从”，为人不拘小节，随和从俗，被誉为“古之善交者”。身边的朋友多了，听到的各种流言自然就多，而如何去辨别这些流言的真假呢？这就是本章所讲的“明”即“明察”或“明白”。

子张问孔子，怎样才算是个明白人呢？孔子说，“浸润之谮，肤受之诉，不行焉，可谓明也已矣。”谮，谗言；诉，诬告。谗言的特点是非常具有隐蔽性，就像水浸润土壤一样，无声无息，不知不觉就渗透进去了；诬告也是一样，所采取的手段就如蚊子轻轻地叮你皮肤一下，让你有轻微的痛痒，但不致痛得受不了，而是让你不经意地挠痒，挠着挠着，忽然发现起了个大包，这时你才会有感到疼痛。所以，孔子对子张讲，身为君子，朋友多，接触的人也多，听到的流言也多，但要学会辨别真假，要有警觉意识和防范意识，要让谗言和诬告在你这里行不通，这样你便是个明白人。而且，“浸润之谮，肤受之诉，不行焉，可谓远也已矣。”诉，指心里面的埋怨。意思是：如果你是个不受谗言、诬告影响的明白人，那你看问题就会有远见，《尚书·太甲》曰：“视远惟明，听德惟聪。”明白人高瞻远瞩，聪明人惟德是从，所以君子要做个明白人。

从文本上下文的意义联系来看，前面几章都是讲“仁”，而本章则是讲“明”，“明”者，“知”也，“知者利仁”，仁者必须有智，必须是个明白人，否则仁爱之心就容易被小人所滥用。

12.7【原文】子贡问政。子曰：“足食、足兵，民信之矣。”子贡曰：“必不得已而去，于斯三者何先？”曰：“去兵。”子贡曰：“必不得已而去，于斯二者何先？”曰：“去食，自古皆有死，民无信不立。”

〖解读〗民无信不立

前而几章围绕着“问仁”而展开，属于《大学》所讲的“修身”或“内圣”层面，而从本章开始，“问政”成了文本的主题，相当于《大学》所讲的“治国平天下”或“外王”层面，中间又有几章讲“修身”问题，旨在彰显“修身”与“治国”之间的内在联系。所以，本篇的主题仍然是“仁”，而“政”不过是“仁”的外用，属于孔子仁政思想的范畴。

子贡的问题是：怎样治理国家？孔子告诉他要抓住三点：足食、足兵、民信，即要有充足的粮食，充足的兵力，人民的信任。足食，要大力发展生产，让百姓生活有保障，这是国家强大的物质基础；足兵，要有稳定的兵源，要提高军队的战斗力，这是国家安全的保障，这一点在春秋诸侯争霸的国际环境下尤其重要；民信，要取信于民，树立国家信用，维护社会公正，这样才可凝心聚力，促进社会良性发展，这是国家的软实力所在。这三个方面都很重要，但最重要的还是“民信”，孔子说“自古皆有死，民无信不立。”自古以来,人皆有一死,但失去了人民的信赖,国家就无法维持自己的统治。

当然,我们应该注意到的是,子贡问政,是给孔子出的“选择题”,由三选二,到二选一,由多项选择到单项选择,一步一步,直追到底,将“民信”在国家治理中的价值凸现出来。那么,怎样才能取信于民呢?一般来讲,能让老百姓丰衣足食,让他们生活有安全感,这样的政府才可能赢得百姓的信赖与爱戴。这一点朱子也认可,他说:“愚谓以人情而言,则兵食足而后吾之信可以孚于民。”(《论语集注》)一个让老百姓生活困难、生活没有安全感的政府是难以赢得信赖的。但是,朱子又认为,“以民德而言,则信本人之所固有,非兵食所得而先也。是以为政者,当身率其民而以死守之,不以危急而可弃也。”(《论语集注》)讲信用是人所固有的道德观念,它一方面依赖于足食足兵,另一方面它又具有意识的主观能动性特征,所以为政者无论何种情况都不能不讲信用,且越是危急的时刻,守信就越重要。所以,孔子的“去兵”“去食”之说,并不是说兵食或百姓的生死不重要,而是指在特殊境遇下,兵食的重要性不及民信。因为,只要国家守信,就会让大家看到希望,就愿意勒紧裤带共克时艰。譬如,20 世纪 60 年代的“两弹一星”等国防科技成就,就是在极其困难的历史条件下实现的,从某种意义上讲,这是中国共产党成立以来长期取信于民的结果。改革开放以后,随着经济的发展,中国人民的足食足兵问题得到了很好的解决,但有一段时期因腐败问题十分突出,社会公正价值没有得到充分实现,严重地损害了党和政府的政治信誉。所以,十八大以来,党中央提出要全面从严治党,这实际上是要重树中国共产党“全心全意为人民服务”的政治承诺与政治信誉,深得百姓拥护。

12.8【原文】 棘子成曰:“君子质而已矣,何以文为?”子贡曰:“惜乎!夫子之说君子也,驷不及舌。文犹质也,质犹文也。虎豹之鞟犹犬羊之鞟?”

〖解读〗批评棘子成的失言,强调礼仪教育的重要性

棘子成是卫国大夫,其事迹不详。

一次,棘子成对子贡说:“君子质而已矣,何以文为?”即一个人是不是君子,只要看其本质好就行了,何必要看其文采呢?棘子成之所以提出这一问题,朱子认为是因为“疾时人文胜,故为此言”(《论语集注》),就是因为当时人们在对待礼仪问题上喜欢搞形式主义,虚浮伪善之风盛行,文胜于质,乡愿流行,棘子成对这种现象十分痛恨,故有此一问。

子贡认为,棘子成这样的观点虽然看到当时礼仪形式主义化的流弊,抓住了君子人格修养的关键点,但是很遗憾的是,他这样来谈论君子真有点“驷不及舌”,有欠考虑,或者说像你棘子成这种身份的人不应该讲出这样的话。为什么?因为,你棘子成身为卫国大夫,是一个有文化、有知识、有地位的人,应该懂得文与质或形式与内容统一的辩证关系,懂得“文质彬彬,然后君子”的修身之道,怎么可能如此失言呢?如果照你棘子成的说法，君子只要有“质”，不必有“文”，那岂不是“虎豹之鞟，犹犬羊之鞟”？鞟，去了毛的皮。虎豹之皮与犬羊之皮，如果把它们的毛去掉的话，两者又有什么区别呢？而虎豹之皮与犬羊之皮的区别恰恰就在于它们皮毛花纹不同，所以，留着它们的皮毛是十分必要的。这就是说，在子贡看来，如果没有文采等外在形式来表达的事物差别，那么，事物的品质是贵是贱、是好是坏就可能混同为一，君子与小人也就无法辨别开来。当然，诚如王夫之所言，子贡之论也有偏颇之处，因为，“君子之与小人，文异而质原不同。”（《四书训义》卷十六）君子与小人不仅“文”不同，而且“质”更不同，如果仅以“文”来区分君子小人，则有可能忽略君子之所以为君子的最根本的东西，那就是以“忠信”为本的君子人格养成。

从文本上下文的意义联系来看，我认为，此章虽然是讲文与质的辩证统一关系，是讲君子人格修养，但文本的所指主要是批评棘子成的失言，而棘子成的失言又反映出他作为政治人物对儒家所讲的“以礼治国”这一政治原则缺乏真正的理解。因此，联系上章子贡“问政”来看，本章子贡所论实际上是对孔子“足食、足兵、民信”之论的深化，因为，本章子贡强调“文”对于成就君子的重要性，意在告诉统治者要加强对百姓的礼仪教育，也就是重申孔子“庶、富、教”论中的“教之”思想。

12.9【原文】 哀公问于有若曰：“年饥，用不足，如之何？”有若对曰：“盍彻乎？”曰：“二，吾犹不足，如之何其彻也？”对曰：“百姓足，君孰与不足？百姓不足，君孰与足？”

〖解读〗儒家税收伦理的价值取向是藏富于民

这一章继续承接前章“问政”之旨，仍然是讲如何实行仁政问题。

鲁哀公问孔子的学生有若：今年收成不好，财政经费不足，怎么办？有若答曰，怎么不实行“彻”法？何谓“彻”？根据古代的授田制度，一夫授田百亩，国家要收取十分之一的粮食税，这就是“彻”，是一种低额度的赋税制度。哀公说，抽取十分之二的赋税我都嫌不够，怎么可能还要减到抽取十分之一呢？根据历史记载，自鲁宣公十五年（前584）鲁国实行初税亩田赋制度后，鲁国的田赋税额实际上是十取其二，所以哀公觉得有若说要实行十取其一的“彻”法来解决目前的财政困难问题，那几乎是不可能的，甚至认为这是开政治玩笑。因为，一般认为，解决国家财政困难的唯一办法就是加税，怎么可能不增反减税呢？有若解释说，如果老百姓富足了，国家怎么可能不富足呢？如果老百姓不富足，国家又怎么可能富足呢？有若的意思是，如果国家通过缩减财政开支，节用以厚民，实行减税政策，使老百姓富裕起来，就能够提高生产能力，就能够生产出更多的粮食，如此何愁国家不富呢？相反，如果加重赋税，老百姓负担会越来越重，就会严重损伤百姓的生产积极性，导致经济发展陷入恶性循环之中，如此则国家又到哪里去收取税收呢？所以，越是财政困难的时候，越要减税，越要节流，这样才可能促进生产力的发展，才可能扩大税基，才可能使国民经济发展走上良性循环的轨道。有若讲的这个“足食”理论其实就是孔子的仁政思想，但几千年来，除了中国共产党做到了免交农业税之外，历代的统治者都没有做到过，甚至还形成了不论何种情况交纳“皇粮”“国税”乃天经地义的税收伦理文化。

当然，在今天，纳税仍然是公民的义务之一，但中国的农民能够免农业税毕竟是中国历史上开天辟地的大事，这一点无论怎么称赞都不为过。而值得我们思考的问题是，儒家的这种藏富于民的税收伦理对于市场经济条件下的国家税收政策制定是不是同样具有积极的参考价值呢？

12.10【原文】 子张问崇德、辨惑。子曰：“主忠信，徙义，崇德也。爱之欲其生，恶之欲其死；既欲其生，又欲其死，是惑也。‘诚不以富，亦祇以异。’”

解读：做一个道德高尚的人；做一个理性智慧的人

子张问的问题是：如何崇德、辨惑？崇德，崇高道德，就是让自己的道德崇高起来，成为一名真正的仁者；辨惑，辨析疑惑，就是让自己的理性成熟起来，成为一名真正的智者。可见，子张之问实际上仍然是儒家的君子人格塑造问题。

孔子认为，“主忠信，徙义，崇德也。”崇德，就是要塑造崇高品质，成就理想人格，因而崇德对主体的要求是一种最高标准要求，或者说是一种高额伦理要求，而非底线伦理要求；从形式上来讲，崇德就是主体要有所为或积极地力行其善，而非有所不为或消极地避免为恶；用孔子的话来讲，崇德就是要“己欲立而立人，己欲达而达人”，而非“己所不欲，勿施于人”。后者是“恕”道，是一种底线伦理；前者就是“忠”道，“忠”道就是要尽心尽力去为善，就是要有杀身成仁的精神，用今天的话来讲就是要能“全心全意为人民服务”，而不是“半心半意为人民服务”。但是，光有“忠心”还不够，还得有“诚信”。所以，孔子讲崇德要以“忠信”为主，而“忠信”就是仁爱精神在社会政治道德生活中的具体表现。

孔子又说崇德还须“徙义”，义，宜也，就是一种为社会公认的“正当”；“徙义”就是做应该做的事，做合法合规的事，特殊伦理境遇下要做最优选择或“时中”的事。同时，孔子所讲的“徙义”还是一种对“义”的追求，对社会公正价值的维护，它需要主体有一种“义不容辞”的担当精神，一种“大义凛然”的牺牲精神，可见，“徙义”相当于儒家所讲“三达德”之“勇”德。所以，孔子在这里所讲崇德主要是从“仁”与“勇”两个方面来塑造主体的道德心理人格。

关于辨惑，孔子认为，人之惑主要是惑于“情”，尤其是惑于“爱恶交织”的矛盾心理。确实，人的一生，无论是家庭生活还是社会生活，都会要遇到“既欲其生，又欲其死”的情感矛盾。譬如男女之间的情感关系，常常是爱得盲目，自然就恨得失去了理智。在此，孔子引用了《诗·小雅·我行其野》里面的一句诗来说明这个道理——“诚不以富，亦祇以异”。过去的注家多认为这是“错简”，摆错了地方，我认为，这值得商榷。

因为，像《论语》这样的文本不可能出现此类低级错误。那么，它的意思是什么呢？从字面来看，“诚不以富”，果真或原来不是因为贫富问题；“亦祇以异”，而只是因为“异”即有另外的原因。从《诗》的内容来看，它是描写弃妇分析自己被抛弃的原因，意思是说，自己之所以被抛弃，根本的原因无关乎财富，而是因为男人好色、喜欢见异思迁的本性所致。而在此文本中，孔子引用它，是欲说明如果我们都能像这位弃妇那样，清醒地认识到自己被抛弃的真正原因是什么，就不会为情所惑，就不会因为被抛弃而情感上接受不了，要去寻死觅活，因为那样做实在是没有必要，也于事无补。所以，对待情感矛盾所带来的困扰，我们要冷静下来，不能为情绪所左右，要客观地分析问题的实质所在。总之，辨惑的过程就是理性战胜并主宰感性的过程，而主体理性的成熟又与学习知识相关，所谓“知者不惑”是也。

12.11【原文】 齐景公问政于孔子。孔子对曰：“君君、臣臣、父父、子子。”公曰：“善哉！信如君不君、臣不臣、父不父、子不子，虽有粟，吾得而食诸？”

〖解读〗“正名”必须是权利与义务的对等

齐景公是一个有政治抱负的君主，在以晋楚争霸为主的国际政治格局下，他试图努力去光复齐桓公首霸春秋的霸业，所以他在位五十八年间，不仅重用了晏婴等一批忠贞之臣为相，还想重用前来齐国避难的孔子，只是由于晏婴的阻挠，齐景公才放弃了这一想法。本章就是齐景公见孔子时的对话，话题当然是围绕着如何治理国家而展开。

关于如何治理国家，孔子提出的对策是“正名”，具体来讲就是要“君君、臣臣、父父、子子”，也就是君主要像个君主，臣子要像个臣子，父亲要像个父亲，儿子要像个儿子。这四点看似简单，却抓住了政治文明建设的要领。为什么？因为，君、臣、父、子四者，都是我们作为社会关系存在的位格所在，说明人的本质是所有社会关系的总和，任何人都不可能游离在这四种社会关系之外。而这种四种社会关系是如何关联在一起的？形成的社会结构秩序是怎样的？不同的时代会有不同的建构方式，但是可以肯定的是，必须是有序结构才能达到维护社会共同体的稳定与和谐的目的，故有序结构是政治文明建设的核心。而有序结构的达成，又必须以明确共同体成员的权利与义务为前提，也就是孔子所讲的“正名”。譬如你身为君主或领导，你就要明白你的权利与职责就是要让国强民富、社会文明、人民幸福，要明白承担这种权利与职责的相应道德要求是要有仁爱精神或“全心全意为人民服务”的意识。同样，身为臣子与下属，你要明白自己有对上和对下的双重职责，对上，要坚决地贯彻落实好上级的意图与决定；对下，要带领下级克服各种困难，尽心尽力维护好百姓的利益。臣子或下属的职业伦理要求就是要忠于职守，忠于上级，忠于百姓，当然，在古代专制社会，主要是忠于君主。但孔子认为，君主也必须得像个君主，如果君主不像个君主的样子，孔子虽不至如孟子那样主张“弑君”，但至少可以选择离开君主。换言之，愚忠从来不是儒家忠君伦理的选项。

再如父子关系,在家国同构的宗法社会里,由于家庭对于国家有着特别重要的政治意义,所以,儒家特别重视家庭秩序的建构,提出了"父父、子子"的家庭"正名"伦理,将父子的权利与义务明确规定下来,建构了以"父慈子孝"为价值导向的家庭伦理模式。过去,我们对孔子的孝道理解主要是将其视为一种单向度的绝对义务,但在这里,孔子明确提出"父父"的伦理要求,也就是做父亲的要像个父亲,既要意识到自己对于家庭的经济责任,还要意识到自己对于子女的教育责任,形成了"子不教,父之过"的责任伦理,这一点对于传统孝道的现代转型是有启发意义的。

对于孔子所言,齐景公虽然非常赞同,但他"善孔子之言而不能用,其后果以继嗣不定,启陈氏弑君篡国之祸"(《论语集注》)。意思是齐景公并没有理解夫子之言的深刻性与针对性,所以因立嫡问题没有解决好,最终导致了齐国"田氏代齐"的历史悲剧。其实,在春秋时期,"君不君、臣不臣、父不父、子不子"的现象已十分普遍,这反映出以传统礼制为"正名"的标准已经不能适应时代发展的要求,所以,问题的关键不在要不要"正名",而在以何种标准来"正名",或者说"正名"的标准是否要与时俱进,这都是值得我们今天思考的问题。我个人认为,"正名" 的标准必须是权利与义务的对等。

12.12【原文】 子曰:"片言可以折狱者,其由也与! "子路无宿诺。

〖解读〗具备社会公认的道德品质,才可能片言折狱

这一章仍然与政治话题有关,讲的是司法方面的事。何谓"片言"? 诉讼有原告与被告,在古代叫作"两造",作为断案的法官,必须兼听"两造"之词,一面之词叫"片言"。"狱",官司;"折狱",就是断案。孔子说,只听一面之词就可以断案的人,恐怕只有子路了吧。孔子说这个话,自然是一种对子路的赞许与表扬。因为,孔子自己当过鲁国的大法官,知道断案的复杂性,通常情况下,法官即便是听了"两造"之辞,也不一定一下子能够判断案件的真伪,子路只听一面之词就可以断案,确实难得。

那么,子路为什么可以做到片言折狱呢? 我们知道,子路性情急躁直率,行事果断,是以案件由他来断的话,片言折狱倒也符合他的行事风格,可问题是这样断案是否会造成很多冤假错案呢? 很显然,从孔子的语气来看,子路断案不仅效率高,而且判断准,"两造"双方都很信服。如此看来,子路至少是一个对法律很熟悉的人,其自由裁量权的行使也非常恰当,否则别人难以信服。但是,仅靠个人的法律知识,要做到片言折狱也是非常困难的,而子路能做到,我想原因有二:一是传统社会是一个以自然经济形态为基础的宗法社会,社会生活相对稳定,人际关系相对简单,且民间的各种纠纷一般是先由家族处理,家族处理不了的才会到官府,所以,官府接到的诉讼案件在数量上并不是太多,其案情也不像今天这么复杂,是非曲直往往是一目了然,关键是法律适用问题不好掌握，才会向官府提出诉讼。而子路又是个经历丰富的人，对社会存在的各种矛盾与纠纷有非常深入的了解，加之他熟悉法律，知道怎么行使法律适用的自由裁量权才会让诉讼双方信服，所以他才可以片言折狱。二是“子路无宿诺”。子路是一个很讲信用的人，他答应的事，从不隔夜，而且一定做到，是以他在民间有很高的信誉度，所谓“千乘之国，不信其盟，而信子路之一言，其见信于人可知矣”（《论语集注》引尹氏曰）。在当时人们的心目中，子路讲出的话，比大国写在纸上的盟约还值得信赖，这是何等的信誉度！恐怕很少有人做得到，即使孔子也未必。而一个讲信用的人，就是一个值得大家信赖的人，所以，由他来断案，不管结果是判谁输谁赢，大家首先选择相信他，相信他是公正的，不会胡乱断案。所以，子路片言折狱，虽少了程序公正，但很少有人提出异议。这在今天几乎是不可想象的。

在现代法律体系建设过程中，自由心证原则虽越来越受到人们的重视，但是又普遍存在着对法官任意行使自由裁量权并从而产生司法腐败的担忧，而从子路片言折狱一事可知，拥有自由心证的法官，只有像子路一样具备社会公认的道德品质，才能做出公正的判决，而且这种判决容易被当事人接受，真正起到定纷止争的作用。

12.13【原文】 子曰：“听讼，吾犹人也。必也使无讼乎！”

〖解读〗最好是不要打官司

上章讲子路片言折狱，本章则讲孔子自己听讼或当法官的体会，两章放在一起，有比较的意味。

孔子说，“听讼”即审理官司，我跟别人差不多，所不同者，我断案的目的是尽可能使诉讼不再发生。孔子当过鲁国的大司寇、大法官，听诉是他的日常工作之一。他审理案子并没有什么特别的本事，跟其他的法官一样，听听“两造”之辞，然后以证据为依据，以法律为准绳进行断案。这一点他不如子路，子路可以片言折狱，孔子做不到。因为，孔子对法律问题的关心重点并不在如何实现司法公正上，而是在如何减少法律纠纷以实现一个天下“无讼”的社会理想上。而欲使天下“无讼”，孔子认为，一是要“富之”，让百姓丰衣足食，这样才能减少因物质短缺而产生的纠纷；二是要“教之”，让百姓有羞耻之心，使百姓各安其分，形成谦逊礼让之风，这样即使有纠纷也能实现私下和解，无须聚讼公堂。

当然，孔子并不否认司法公正对于良好社会风气的形成有积极的劝导作用，但是，社会矛盾与纠纷通过法律的途径来解决，一则会产生司法成本，二则是作用有限。因为一旦纠纷双方对簿公堂，虽然可以挽回正义，但也会在心里埋下仇恨的种子，形成积怨。中国传统社会是一个“熟人”社会，也是一个人情社会，如果纠纷双方对簿公堂的话，则意味着彼此要撕破脸皮，伤及对方面子，尤其会让败诉的一方在熟人面前抬不起头。所以，至如今中国人都不喜欢打官司，喜欢“私了”，就是怕打官司伤及情面，怕付出太高的“面子成本”。这是一种“熟人”社会背景下形成的文化心理积淀，当然也与儒家的“无讼”思想有关。

在市场主导的今日社会生活中，民事诉讼越来越多，打官司成了家常便饭，似乎离孔子的“无讼”理想越来越远，但是，诚如李泽厚先生所言，由孔子“无讼”思想所形成的这种中国法文化传统确实正发挥着为良好社会的构建提供“公共空间”和“商谈伦理”的功能。①

12.14【原文】 子张问政。子曰："居之无倦，行之以忠。"子曰："博学于文，约之以礼，亦可以弗畔矣夫。"子曰："君子成人之美，不成人之恶。小人反是。"

〖解读〗做一个鞠躬尽瘁，死而后已的好干部，需要有很高的道德修养

这一章旧注分为三章，南怀瑾《论语别裁》一书将之合为一章。理由是：皆讲“完美之不易”的道理。本读从之。

前面子张问“明”，问“崇德辨惑”，本章则直接问“政”，问怎样做官？孔子说，在其位不得懈怠其事，要全身心投入到你的工作中去，切实地履行好自己的职责。孔子这样说，是有针对性的。因为，子张曾想学“干禄”，想当官，但因他性情有点偏激，行事有点过头，又喜欢交朋友，这样的人其实是不适合在官场上混的，但他既然有当官的想法，孔子还是得教教他。孔子说当官要“居之无倦”。在一个位子上待久了，会有一种职业倦怠，特别是每天干同样事，刚开始的时候还觉得新鲜，久了就会觉得无聊、无感，进而产生“审美疲劳”。所以，当官要做到“无倦”，并不容易，尤其像子张这样的急性子，更不容易。因为，性子急的人做事总想急于求成，而行政事务的特点恰恰是一种慢工才能出细活的事，需要我们有“耐得烦”的心理素质，如果急于求成，往往是欲速则不达。另外，要做到“行之以忠”。要做到忠于职守，尽心尽力做好工作，也非易事。因为，尽心尽力的过程就是一个任劳任怨，鞠躬尽瘁，死而后已的过程，没有很高的道德修养与精神境界，是很难善始善终的。

所以，接下来，孔子就讲修养问题，而且有针对性。“博学于文，约之以礼，亦可以弗畔矣夫。”一段亦见于《雍也》篇，但此处少了“君子”二字，我以为，文本少两个字，是因为它的所指义不同，即这一章是专门讨论政治修养问题，是以对文本可作不同的释读。孔子认为，读书人从政，由于政务繁忙，常常会忽略“仕而优则学”的问题，有的甚至认为只要把事情干好了，又何必“为学”？何必再花时间精力去学习新的知识呢？一个人如果有这种认知，时间长了，必定会变得故步自封，所以孔子提出要“博学于文”，旨在告诫为政者要不断学习文化知识，只有学而不厌，才能“居之无倦”。这是一方面。另一方面，读书人做官的最大问题是容易犯教条主义、本本主义的错误，不懂得理论

① 李泽厚：《论语今读》，北京：生活·读书·新知三联书店，2004年，第290页。

要怎样才能联系实际，不懂得理论要怎样才能去指导实践，表现在工作中就是喜欢瞎指挥，做事没有章法可循，随意性很大，让人无所适从。而要解决这个问题，孔子认为，必须“约之以礼”，礼是习惯法，是从长期社会实践经验中总结出来的做事规范与原则，而做行政工作最重要的一点就是要带头遵守已订的规章制度，只要能做到这一点，即使你是个政治门外汉，也不会有太大的问题。所以，孔子在这里所讲的政治修养，主要是指要做学习型干部，做守法型干部。

另外，领导干部对待同事、下属要有“成人之美，不成人之恶”的君子风范，多关心他们的生活及他们的思想状况，鼓励和帮助他们实现对美好生活的追求。譬如人家有提拔的机会时，身为他的主管，你应该跟上级组织部门多说他的好话，多肯定他的成绩，不能因为他曾经顶撞过你，就说他的坏话，谈他的缺点，更不能像“小人”那样，见人家将要有好事，便到处散布他的流言；见到人家有难，还要落井下石。所以，当官当得好不好，要看你能不能团结人，要看你这个单位是否出干部，要看你是否有“成人之美”之心。

当然，需要指出的是，成人之美也不是做“老好人”，不是不讲是非、原则。如果一个“小人”也想进步升官，你还为他去说好话，那可能是成小人之美以成好人之恶，这样既会害了大家，也会害了自己。所以，成人之美关键要看“美”是否为“善”之“美”，要看成人之美的方式是否为“善”或正当的方式。譬如一个“好人”想进步升官，你为他说好话时免不了有一些溢美之词，但如果过分地吹捧人家，就不是成人之美的正当方式。

总之，本章的主旨是：做一个鞠躬尽瘁、死而后已的好干部，需要有很高的道德修养。

12.15【原文】 季康子问政于孔子，孔子对曰：“政者，正也。子帅以正，孰敢不正？”季康子患盗，问于孔子。孔子对曰：“苟子之不欲，虽赏之不窃。”季康子问政于孔子曰：“如杀无道，以就有道。何如？”孔子对曰：“子为政，焉用杀？子欲善，而民善矣！君子之德风，小人之德草。草上之风必偃。”

〖解读〗子帅以正，孰敢不正？“关键少数”作风正派，很重要

本章旧注分为三章，本读合为一章。理由是：皆季康子问政，且夫子所答都是从“为政以德”的角度讲的，属于孔子仁政思想范畴。

首先，孔子认为，“政者，正也。”政、正相通，政治的本质就是维护以公正为核心价值的管理工作，所以，作为领导干部，尤其是领导干部中的“关键少数”，必须要发挥表率作用，要带头维护公正价值，表现在工作中就是要作风正派，处事公道，这样才可以正己、正人，营造出风清气正的工作环境。否则的话，上梁不正下梁歪，所谓“上有所好，下必甚焉”，领导带头干坏事，不仅会上行下效，而且会变本加厉，愈演愈烈，形成不良的社会风气。所以，“子帅以正，孰敢不正？”作为中国传统政治文化的警句，至今仍有意义。

其次，关于季康子苦于盗贼太多的问题。孔子认为，如果你自己不那么贪财恋权，就是奖励偷窃，也没有人去干。这就是说，如果一个国家偷盗之风盛行，原因恐怕不是打击不严、防范不力的问题，根本的原因是人们的物欲已膨胀起来，整个社会陷入一种“皆为利往”“皆为利来”的风气之中。之所以如此，在孔子看来，是因为像季康子这样位高权重的人为社会提供了不良的价值示范，如果利用自己的地位优势去带头追逐物质财富以满足自己的私欲的话，就会“刺激”并强化整个社会对物质的欲望与追求，形成一种以物质财富满足为标准的价值导向。但是，一方面，因为欲壑难填，另一方面因为短缺经济条件下财富分配的制度安排总是偏向于统治阶级，造成了严重的社会两极分化，这样，陷入贫困而又充满欲望的人们便会将偷窃作为满足自己物欲的方式之一，这就所谓“小人穷斯滥矣”。当然，需要指出的是，孔子把偷窃现象归因于社会道德问题，虽有一定的道理，但这不是主因，主因是社会制度安排的不公，上层社会的道德败坏对偷窃现象的产生有一定的刺激作用，但解决道德败坏问题并不能杜绝偷窃现象。

最后，关于国家治理的方式选择，季康子主张以刑治国，杀掉不讲道德的人，亲近讲道德的人。而季康子这里所讲的“杀无道”恐怕也与上面所讲的盗贼有关，即他认为盗贼就是一群不讲道德的人，他并没有意识到自己就是不讲道德的代表人物。所以，孔子听了他的话，感到非常恐怖，于是劝他道：治理国家为什么非得选择杀人这种方式呢？如果统治者追求善，追求公平公正，百姓自然会跟着向善，这就像风吹到草叶上，草叶必定会随风而倒。孔子的意思是，国家治理一定要以教化为主，以形成良好社会风气为先，靠杀人是不行的，坏人也是杀不尽的。而教化工作最重要的是领导带头，起表率作用，就是上面所讲的“子帅以正，孰敢不正？”。

由上可知，孔子关于为政的理念主要着眼于行仁政，而仁政的关键又在于“关键少数”的品德修养上。在人治社会，儒家的这种仁政理念对于统治阶级滥用国家暴力工具还是有所约束的。

12.16【原文】 子张问：“士何如斯可谓之达矣？”子曰：“何哉？尔所谓达者？”子张对曰：“在邦必闻，在家必闻。”子曰：“是闻也，非达也。夫达也者：质直而好义，察言而观色，虑以下人。在邦必达，在家必达。夫闻也者：色取仁而行违，居之不疑。在邦必闻，在家必闻。”

〖解读〗做“达人”，不做“闻人”

又是子张之问。在本篇的后半部分，子张似乎成了文本的主角，他提的问题都具启发性。譬如本章，子张问了一个我们读书人即“士”都关心的问题，这就是读书人的“名望”即“达”的问题。

子张对读书人的“达”，理解为“在邦必闻，在家必闻”，也就是闻达于诸侯、闻达于乡里的意思。读书人都有这样的心理，希望自己在社会上有名望、有名气，大家都知道社会上有这么“一号人”，且一提到他的名号，大家都会说：他呀！我晓得，我知道。如果你有幸与他有一面之缘，还会以此为骄傲。子张理解的“达人”就是这种有名望、吃得开的读书人。

孔子认为，子张所理解的“达人”其实只能称为“闻人”。“闻”是一种名气，如果说仅是为了追求名气，也可以采取不正当的办法来达成，譬如现在很多的影视明星，为了出名，为了让观众记住她，不忘记她，隔一段时间就要出来“招摇”一下，甚至以搏“出位”，用自己的丑闻来爆料，吸引观众的眼球。这是一种出名方法。另一种出名的方法是，利用观众的同情心与爱心，到处做公益广告，把自己打扮成“爱心使者”，譬如前几年有一位歌星，为禁毒作公益宣传，大家以为他很有爱心，结果他自己因吸毒被抓入狱，这种人就如孔子所讲的“色取仁而行违”，表面上显得仁爱，实际的行为却是不仁，还以仁者自居，到处招摇撞骗，一时名声很大，不过最终落下的还是坏名声。

所以，孔子讲，真正的“达人”是“质直而好义，察言而观色，虑以下人”的人，即“达人”是品质正直的人，是急公好义的，是人情练达的人，是谦虚待人的人。易言之，“达人”之“达”，是因“贤”而“达”，“达人”就是“贤达”之士，按南怀瑾先生的说法，“就是有道德、有学识，的确在社会上众望所归，可是只想做事，不想做官。当然，他也有条件：饭是吃得饱的，生活也不愁，有丰富的正义感，这种人就是达人。”[①]不过，南怀瑾先生所讲的“达人”条件，尤其物质生活条件，恐怕与孔子所讲的“达人”有别，因为，孔子所讲的“达人”并不以物质生活条件为前提，也就是说，即使经常要为生活发愁，譬如颜回，也可以成为“达人”。

总之，一个人的“名望”如果不是建立在“德望”的基础上，终归有名声扫地的一天。

12.17【原文】樊迟从游于舞雩之下，曰：“敢问崇德、修慝、辨惑？”子曰：“善哉问！先事后得，非崇德与？攻其恶，无攻人之恶，非修慝与？一朝之忿，忘其身以及其亲，非惑与？”

【解读】再论道德高尚问题

樊迟也是一个经常挨孔子批评的对象，所以这一章孔子表扬他“善哉问！”，颇为难得一见。

樊迟问的问题，子张也曾问过，但孔子的回答不同。如崇德问题，孔子答子张曰：“主忠信，徙义，崇德也。”而答樊迟则曰：“先事后得，非崇德与？”前者主要是从“仁”与“勇”两“达德”的角度来塑造主体的道德心理人格，讲得比较抽象；而后者则主要是从树立正确的做事态度来磨炼人的品格，讲得比较具体。所谓“先事后得”，就是先认真努力做事，然后再考虑收获问题，只要你努力过，付出自然会有回报。朱子说：“为所当

① 南怀瑾：《论语别裁》（下册），上海：复旦大学出版社，2006年，第586页。

为而不计其功,则德日积而不自知矣。"(《论语集注》)做你应当做的事,不要计较利益得失,这样你的道德修为会在不知不觉中得到提升。所以,孔子在这里所讲的,就是我们做任何事情要有一种"只管耕耘,不问收获"的态度,不能事情还未开始做,就先想到有什么可预期的实际收益或好处,看不到有好处的事就不做,而有好处的事则抢着去做,这都是一种急功近利的做事态度。如果你抱着这种心态去做事,一是你不会努力去做事,在工作中会拈轻怕重,投机取巧,总想着一口吃成个胖子,就忽略了做事过程对你的品德、意志培养的意义;二是你更不会去做道德上应当的事,因为,道德上应当的事往往是意味着要或多或少付出自我牺牲的事。当然,人生在世,总会做一些应当做的事,但有的人做得怨气冲天,有的人做得乐在其中,这就是修养境界的差别。所以,孔子讲"先事后得"的修养路径,就是要培养人的乐于奉献的牺牲精神。

关于崇德即提升品德修养问题,樊迟比子张还多了一问,这就是"修慝"问题。慝,恶念也;"修慝",就是去除恶念,也就是不要有害人之心。孔子说:"攻其恶,无攻人之恶,非修慝与?""攻其恶",是指要检讨自己的错误,多作自我反省与自我批评;"无攻人之恶",不要指责他人的过失,要多包容别人,多理解别人,尤其是不要在背后讲别人的坏话。所以,"修慝"实际上是一种静气工夫,是一个将自己的不平之心恢复到平衡态的心理过程;"修慝"实际上也是"恕"道,是一种同情的理解。我们常讲人非圣贤,孰能无过?别人所犯的过错,我们自己是不是同样会犯呢?如果别人对你所犯的过错同样加以指责的话,你会怎么想?多站在他人的立场想一想,设身处地,将心比心,持宽恕之念,怀同情之心,这样就可以释怀不乱,求得内心的安详,提升自身的境界。

关于辨惑问题,夫子答子张之问时讲:"爱之欲其生,恶之欲其死;既欲其生,又欲其死,是惑也。"即人之惑主要是惑于"情",尤其是惑于"爱恶交织"的矛盾心理;而在本章则曰:"一朝之忿,忘其身以及其亲,非惑与?"其义与前面相同,都是从情绪失控对自身及亲人所产生的危害来讲的。换言之,如果人不能管控好自己的情绪,就容易失去理智,就容易犯糊涂,做错事。所以,聪明人不要乱发脾气。

以上孔子讲的三点,都是讲人的道德修养,讲得非常具体,也非常有针对性,这种针对性,朱子认为主要针对樊迟"粗鄙近利"而言的(《论语集注》),我则认为,樊迟之外的其他人,包括所有文本的读者,如果认真反省一下自己,难道我们就没有这样的缺点吗?

从文本上下文意义联系的角度讲,从本章开始到最后一章主要是讨论不同社会关系中的仁知如何互补的问题。

12.18【原文】 樊迟问仁。子曰:"爱人。"问知。子曰:"知人。"樊迟未达。子曰:"举直错诸枉,能使枉者直。"樊迟退,见子夏曰:"乡也,吾见于夫子而问知。子曰:'举直错诸枉,能使枉者直。'何谓也?"子夏曰:"富哉言乎!舜有天下,选于众,举皋陶,不仁者远矣;汤有天下,选于众,举伊尹,不仁者远矣。"

〖解读〗"知人"要靠有"选于众"的制度安排,要有"自知"之明

在本章中,樊迟问仁问知(智),其中他对于孔子所讲的"仁者爱人"之说好像是理解了,但对于孔子所讲的"智者知人"一说则表示出"未达"即还不太明白,孔子只好再解释说,所谓"知人",就是"举直错诸枉,能使枉者直"。这话亦见于《为政》篇,其意是:如果把正直之人提拔到不正之人的上面,就能使不正之人改邪归正。也就是说,孔子所讲的"知人"之智,实际上就是一种知人善任之明。就像你身为一个单位的主管,要把单位搞好,你就得有一种正确的用人导向,要把那些德才兼备的人提拔到重要岗位,让那些喜欢搞歪门邪道、投机钻营的人靠边站,这样不仅可以吸引品德高尚的人才汇聚到你的身边,还可以教育那些想靠拉关系、走后门的人改变自己的人生观与价值观,回到正确的轨道上来。

对于孔子所讲的"知人"之义,樊迟似乎还是"未达",于是便向子夏请教。子夏听了之后说,夫子所言,内涵太丰富了!丰富在哪里呢?子夏举例说,舜之所以有天下,就在于他能够从众人之中选拔人才,其中提拔皋陶当"司法部长",就让那些不仁者纷纷离去;商汤亦是如此,从众人之中选拔出厨师伊尹来当"国务总理",也使那些不仁者被疏远。

子夏这样解释夫子"知人"之义,樊迟是否明白,我们不得而知。但是,我想,夫子之所以将"知"定义为"知人",主要是为了维护儒家"知人曰哲"的认识论传统,以匡正樊迟喜欢"知物"的知识论倾向。因为,樊迟曾向孔子请教过农业生产方面的知识,并因此而被孔子目为"小人",所以,樊迟不理解的是,"知"为什么只是"知人"呢?为什么就不能以"知物"为"知"呢?这是一方面。另一方面,即使"知"在"知人",在知人善任,这个道理又有什么难以理解的呢?朱子认为:"迟以夫子之言专为知者之事,又未达所以能使枉者直之理。"(《论语集注》)意思是,知人善任为什么可以使那些"小人"改邪归正?对这个道理樊迟一时想不明白。而子夏所举的例子,也只能说明知人善任可以使"不仁者远矣",但这些被疏远的"不仁者"是否会转变为仁者,这也是不得而知的。朱子说:"不仁者远,言人皆化而为仁,不见有不仁者。"(《论语集注》)这是一种理想的说法,在现实的政治生活中是根本不可能的。因为,一个人由"不仁者"转化为"仁者",不是靠领导干部的用人导向就可以解决的,所以,"使枉者直"的意思应该是:正确的用人导向可以营造出一种良好的政治生态环境,使那些"不仁者"干不了坏事,或者用邓小平的话来讲,就是"制度好可以使坏人无法任意横行,制度不好可以使好人无法充分做好事。甚至走向反面"。如果是这样来理解的话,那么子夏所举的例子,其重点恰恰不是说舜、汤选拔了两个好人来当官,而是说舜、汤建立了"选于众"的好的制度安排,有了这种选拔制度安排,才可以使像伊尹这样厨师出身的好人不至于被埋没。所以,孔子说"知人"在"举直错诸枉,能使枉者直",其重心并不在知人善任,而在如何去"知人"?如何才能保证你选拔的人没有选错?那么,是相信个人的"明察秋毫",还是相信群众的"雪亮眼睛"?这是"选于众"的关键问题,只有解决了这个问题,知人善任才不会成为问题，不解决这个问题，你怎么可能保证你所提拔重用的人是"直"者而不是"枉"者呢？我认为，这一点恰恰可能是樊迟难以理解的，而在子夏的解释中，"选于众"的意义之所以为历代注家所忽略，这恰恰也是因为人治社会下形成的理解路径依赖所致。这一点也是文本重出现象在新的语境中所生成的新的所指义。

正因为"知人"之难，所以，我们就要有"自知之明"，就要知道自我在"知人"问题上的局限性，就要相信"群众的眼睛"，构建起克服这种局限性的制度安排。所以，孔子论智，既在"知人"，更在"自知"，而樊迟"未达"者，就在于他不明白"知人"也是一个"自知"的过程。

12.19【原文】子贡问友。子曰："忠告而善道之，不可则止，毋自辱焉。"曾子曰："君子以文会友，以友辅仁。"

〖解读〗交友之道：规劝要适可而止；方式要"以文会友"

本章旧注分为两章，本读合为一章。理由是：皆论交友之道，且曾子所言可以视为对孔子的补充。

问题是子贡提出来的。我们知道，子贡一生交游甚广，可以说是朋友遍天下，且各种朋友都有。朋友多，一方面自然是好事，但另一方面也会带来一些烦扰。譬如朋友有缺点，要不要直接指出来？如果朋友听不进你的话，要不要继续规劝他？孔子认为，如果遇到这种情况，作为朋友当然有义务诚心实意地好言相劝，但鉴于朋友关系是一种平等关系，规劝朋友的话就不能讲得太多，要点到为止，适可而止，切莫不依不饶，那样的话，不仅朋友关系会逐渐疏远，而且有时甚至会自取其辱，自讨没趣。孔子这样的交友之道，是不是有点圆滑？其实不是。因为，朋友之所以为朋友，有的是因为志同道合，有的可能是因为患难之交，有的可能是因为性情相投，无论是因何种情况成为朋友，都免不了有个性的差异，都免不了有社会处境的差异，这些差异使得朋友之间在价值实现的方式上会有不同的路径选择。对待这种不同的路径选择，朋友之间可以提不同的意见，但必须要以尊重对方为前提，绝不能勉强或轻视对方的选择，否则就是对朋友的不尊重。所以，孔子讲规劝朋友要"不可则止"，是交友之道的经验之谈，是对朋友间出现矛盾之后如何维系朋友之"情"的理性处理，亦是交友的一种"知"。在生活中，我们经常可以看到这样的现象，曾经志同道合的朋友，后来分道扬镳，但因为朋友之情的存在，哪怕是站在敌对的立场，彼此之间都能够手下留情，甚至可能重修旧好。所以，朋友相处，一定要懂得珍惜这种情感的价值。

接下来讲曾子"君子以文会友"的观点。我认为，文本如此安排是有针对性的，且主要是针对子贡而言的。因为子贡不仅交的朋友多，而且交友方式也多样，譬如子贡善于经商，有一些生意上的朋友，跟这些人怎么打交道？恐怕得"以酒会友"才是，甚至这可能是子贡会友的主要方式，就像今天大学的知识分子一样，大家经常也是"以酒会友”，很少“以文会友”，即使开个学术会议，“以酒会友”也是朋友相聚的高潮节目。这种“以酒会友”的方式虽然可以加强朋友之间的感情，但是它背离了交友的真正目的，即交友是为了寻找志同道合的人，是为了相互促进道德修养（仁德）的提升。而你怎么知道他人与你是不是志同道合呢？必须有“文”即思想文化的交流，所以，“以文会友”应该是交友的主要方式，其他以物欲满足为媒介的交友方式皆不足法。吾以为然。

本章是本篇的最后一章，从首章孔子讲“克己复礼为仁”，到本章曾子讲“以友辅仁”，文本从个人自处与人际互动两个方面来探讨仁德修养问题。

◆《子路》第十三 ◆

概要：本读合为二十七章。本篇的主题是“为政”。首先，文本从行政伦理学的角度集中讨论了“如何为政”这一问题(第一至十六章)，涉及行政的各方面，非常具体；其次，文本讨论了“什么人才能行仁政”这一问题(第十七至二十六章)，突出了“中行”之德的政治学价值；最后，文本最后一章(第二十七章)从军事建设的角度彰显了仁政最主要特征：教化为先，既重视思政教育，也强调专技教育。

13.1【原文】子路问政。子曰：“先之，劳之。”请益。曰：“无倦。”

〖解读〗好干部的标准：率先垂范、勤政不怠

本篇以子路问政开始，且整个上半部分和最后两章都与论政相关，所以，为政是本篇的主题之一；文本的下半部分则围绕着“何如斯可谓之士矣”这一问题，通过几种道德人格的比较，充分彰显了“中行”之士对于为政的重要性。换言之，文本的上半篇是讲“如何为政”，是讲行政管理问题；而下半篇则是讲“什么人适合为政”，是讲行政管理实现的路径。可见，文本上下文之意义逻辑联系是非常清晰的。

子路之“问政”，是问怎样当官？或怎样去搞政治？用今天的话来讲，就是怎样当好一个领导干部？属于行政伦理的范畴。关于这个问题，孔子先讲了两点，后来在子路的请求下，又加了一点。

第一点是“先之”，也就是领导干部要起带头作用。怎么起带头作用？既要事先有规划、有方向，也要事中能身体力行。所以，“先之”之义，不只是指行动方面要先行一步，而且也包括思想认识方面要先想一步、先进一层。因为，如果领导干部没有先见之明，“先之”就是盲动；如果在对待利益问题上，“先之”不是“先让之”或者“后得之”，即使领导“先之”，民众也不一定“从之”。朱子说：“凡民之事，以身先之，则不令而行。”(《论语集注》引苏氏曰)为老百姓办事，只要领导身先士卒，不用下命令，老百姓自然会跟着卖力干，但如果领导的“先之”是一种政治“做秀”，是为自己捞政绩，为自己先得之、多取之，那就会“虽令不行”，指挥不动百姓。所以，孔子讲“先之”就是指要在道德和行为两方面的率先垂范，具有教化的功能。

第二点是“劳之”，也就是领导干部要勤政即努力工作。当官是一件很辛苦的事，尤其是在行政分工不细的传统社会，事无巨细，常总揽于一人之手，更是一件既“劳心”又“劳力”的事，所以，勤政历来是领导干部的责任伦理。但是，相对于以“劳力”为生的普通老百姓而言，领导干部的“劳心”之苦又有着较大的自主弹性空间，一件日常的行政事务处理，你可以今天办，亦可以拖到明天办，甚至不了了之，都是有可能的；

而且，行政事务处理的质量标准也有可操作的弹性空间，如果你只听汇报或只看材料来处理行政事务，处理起来可能并不难，但一旦要深入其中，要逐条核实汇报材料中的事实，找到解决问题的最优方案，那就非得付出巨大的精力不可。所以，“劳之”是一种对事业负责、对百姓负责的工作态度。当然，“劳之”有法，勤政不是天天加班，不是事无巨细，都要事必躬亲才好，而是要懂得发挥团队的作用，特别是要通过健全管理制度的创新来实现责任分解，形成各司其职、渎职必究的问责机制，否则，哪怕你夜以继日地工作，也可能是劳而无效，有苦劳而没有功劳。总之，孔子讲“劳之”，既是讲工作态度，也是讲工作方法，如果不讲工作方法，就会变成工作机器。

第三点是“无倦”，也就是要坚持不懈，有始有终。大多数人认为，这一点主要是针对子路而言的，因为子路是“勇者”，性子急躁，急于求成，而“勇者喜于有为而不能持久，故以此告之”(《论语集注》引吴氏曰)。我看未必是只针对子路。因为，这里所讲的“无倦”应该是指不厌倦而言，是对“劳之”的补充说明。从事过行政工作的人都知道，除每天与文牍打交道，处理一些琐碎的公务外，其主要工作之一就是协调各种关系，求人办事，而在协调关系的过程中，面对官场普遍流行的推诿及拖沓的办事作风，你会有一种行政执行的无力感，时间久了就难免会产生心理疲劳并进而产生职业厌倦之心，如果不能克服这种心理疲劳，你就会有被官场文化同化的可能，成为一个无所追求、八面玲珑的官僚。所以，孔子讲“无倦”，就是针对要克服这种官场心理疲劳而言的，意思是面对这种不良的官场文化，一定要“耐得烦”，有时还要“霸得蛮”，如此坚持不懈，方能取得事业的成功。

总之，孔子眼中的好干部标准是：率先垂范、勤政不怠。

13.2【原文】 仲弓为季氏宰，问政。子曰：“先有司，赦小过，举贤才。”曰：“焉知贤才而举之？”曰：“举尔所知，尔所不知，人其舍诸！”

〖解读〗“举尔所知”：用自己熟悉的人

仲弓是冉雍的字，孔子曾讲“雍也可使南面”，是个做大官甚至君王的人才，但他一生仅做过“季氏宰”即季氏的家臣或总管。

冉雍问孔子：怎样才能做好行政管理工作？孔子告诉他，要“先有司，赦小过，举贤才”。“有司”，“众职也”(《论语集注》)。古代设官分职，各有专司，在此泛指官吏。“先有司”，一说是指给下属官吏做表率，“宰兼众职，然事必先之于彼。”(《论语集注》)也就是上章“先之”之义；另一说是“言先有司信任之，使得举其职也。”(《论语正义》)吾从后说。因为，冉雍身为总管，首先面对的问题就是对下属官吏的管理，而管理下属最重要的一条就是要分工明确，让他们各司其职，并赋予他们在职权范围内以充分的信任，所以，“先有司”的意思实际上就是指首先要重视干部职责的制度化建设，就是要先把下面干事的人管起来，抓住“关键少数”。

“赦小过”，即赦免人家的小过失。下属难免有犯错的时候，只要不是太大的过错，作为他们的领导就没有必要严加指责，尤其是对于创新性、探索性的工作，要允许他们有犯错误的机会，不能只允许成功，不允许失败，要多表扬下属的成绩，少批评他们的缺点，这样才能激发下属创造性开展工作的积极性。

“举贤才”，即要把优秀的人才提拔到重要的岗位。这一点谁都明白，但问题正如冉雍所说“焉知贤才而举之”，怎么知道谁是优秀的人才呢？因为，在一个单位或部门中，谁优秀，谁能干事，并不是一眼就可以看出来的，有些优秀人才如果没有机会给他表现，可能一辈子都会被埋没，甚至对于有些人来说，他自己也不知道自己是否比别人更能干，所以，机关工作最容易使人平庸化、平均化，每一个人看上去都差不多，似乎谁也比谁强不到哪里去。这样一来，“举贤才”确实成了领导最头痛的问题。怎么解决这一问题呢？孔子的办法是“举尔所知”，推举你所熟悉的人，你不熟悉的人中或许也有优秀的，但没办法，你不了解，那就只有等别人去发现了。

“举尔所知”，用自己熟悉的人，这是人治社会用干部的重要特点，它不仅有着任人唯亲的嫌疑，而且确实会埋没许多真正的贤能之士，但是，在宗法等级体制不能改变的情况下，也找不到更好的办法。

13.3【原文】 子路曰：“卫君待子而为政，子将奚先？”子曰：“必也正名乎。”子路曰：“有是哉？子之迂也。奚其正？”子曰：“野哉！由也。君子于其所不知，盖阙如也。名不正，则言不顺；言不顺，则事不成；事不成，则礼乐不兴；礼乐不兴，则刑罚不中；刑罚不中，则民无所措手足，故君子名之必可言也，言之必可行也。君子于其言，无所苟而已矣！”

〖解读〗名正言顺：孔子的施政纲领

孔子周游列国，曾辗转于卫、曹、宋、郑、陈、蔡、叶、楚等地，但均未获得重用，不过，相比之下，孔子在卫国待的时间最久，卫国也给予了孔子以颇隆的礼遇，而孔子本人及其弟子也确有在这里干一番事业的想法，所以才有子路是问。

子路问孔子：卫君正等待您去帮他治国理政，到任之后，您将从何着手？您的施政纲领以什么为指导？孔子回答说“必也正名乎”，即一定从“正名”开始。子路说：“有是哉？子之迂也。奚其正？”真是这样吗？您是不是太迂腐了，干吗非得去“正名”呢？这招有用吗？在孔子的弟子中，恐怕也只有子路敢这样对老师说话，当然，子路这也是在找骂。孔子说，“野哉！由也。”仲由，你太粗野了！太放肆了！你不懂得“正名”的重要性没关系，但君子对于自己不知道的事，大抵都还存疑于心，哪有像你这样胡说八道的？可见，孔子批评起人来，一点面子也不给。

接下来，孔子讲“正名”的重要性。他说：“名不正，则言不顺；言不顺，则事不成。”名，是名称，概念，符号，具有能指功能，但古代王者“制名”或命名，都有与之相对应的事物，皆实有所指，名与实是相符的。在社会生活领域，名，主要是指名分，譬如君臣、父子、夫妇等关系是“名”，而与之相应的权利、义务为“分”。换言之，名，代表了一种价值关系，是一种“应当”，是一种有道理可讲的思想观念，是一种具有合法性基础的规范秩序或制度安排，在中国古代社会，名就是礼。“名不正”，就是指名分不端正或名实不符，表现在行为上就是指没有履行与名称相当的权利与义务，在孔子时代，“名不正”主要是指违反礼制规定。孔子认为，“名不正”，就无法得到合法性辩护，说话就不能顺理成章，而不讲道理的事是终究不会成功的。如果一个社会都不按理出牌，那么整个国家的制度安排就无法发挥出它们应有的功能，而普通老百姓就会处于一种无所适从之境。所以，作为“君子”或领导干部一定要重视“正名”工作，“故君子名之必可言也，言之必可行也。”君子确定某个名分，一定要说出这个名分的合法性所在，一定要确定与该名分相当的权利与义务，这样话才可以行得通，事才可以做得成。所以，身为君子或身居高位，说话一定要慎重，不能随便表态，召开会议时，最好是末位发言，否则难有兼听之明。

孔子“正名”，主要是为了纠正社会名分不清的乱象，让社会各阶层回归自己的本分，尽好自己的义务，维护以“君父”为纲的政治制度安排。

13.4【原文】樊迟请学稼，子曰：“吾不如老农。”请学为圃，曰：“吾不如老圃。”樊迟出。子曰：“小人哉！樊须也。上好礼，则民莫敢不敬；上好义，则民莫敢不服；上好信，则民莫敢不用情。夫如是，则四方之民，襁负其子而至矣。焉用稼！”

〖解读〗樊迟学稼的意义：读书人不要以做政治家为尚，要以做科学家为荣

上章孔子批评子路“野哉！”，本章则批评樊迟“小人哉！”，都是很重的话，意思是他们的格局太小。不过，这并不影响他们俩在后世儒家中的崇高地位，而且，从儒学发展的历史来看，樊迟所提的问题并非毫无意义。

我们知道，在春秋战国时期，诸子百家中有传神农之术的“农家流”，尽管农家思想家许行是孟子时代（战国时期）的人物，但追溯其源，实际上与春秋时期的墨家和道家隐士有关，这一点可从《论语》中看出来。《论语》中记载了孔子与长沮、桀溺等靠种田为生的隐士之间的对话，反映出当时读书人中有一部分人甚至包括孔子自己对隐士生活的向往；另外，即使从儒家的思想传统来看，孔子所推崇的“圣王”中，“禹稷躬稼而有天下”（《宪问》），禹、稷不是靠武力而是靠发展农业生产而取得天下这一事实，为中国古代确立以农业立国或“重农”的政治传统提供了典范。既然如此，那么读书人学习农业生产技术也应该是这一传统的题中应有之义，所以，樊迟想学稼圃之术，其实是可以得到合法性辩护的，也是应该鼓励的。但是，樊迟的这一想法却遭到了孔子严厉的批评。为什么？原因恐怕与儒家的文化性格有关。

我们知道，自春秋以来，士，已从“贵族之末”，沦为了“平民之首”，由一个“食其田”的“恒产”阶层变成了一个没有独立经济基础的“游食”阶层，而这种“居上不上，居下不下”的社会地位，决定了他们在文化心理上的特殊性，即一方面因生存问题，他们对于上层贵族集团存在着依附心理；另一方面因身为“四民之首”，他们对普通百姓又有着既同情又不愿与之为伍的心态，他们总希望以自己的知识和对下层社会的了解来谋求自己阶层的独立性。而儒家作为一个脱胎于靠祭祀活动谋生的士人阶层又有着自身的特殊性，即作为礼仪知识方面的“专家”，他们与宗法社会体制有着更紧密的联系，从某种意义上说，儒家所掌握的知识正是宗法社会体制所需要的知识，因而孔子对儒士的职业发展定位——“学而优则仕” 是非常契合儒士生存发展的需求的。换言之，儒士比其他的士有更广大的“就业”空间，也正是这种“就业”前景决定了孔子办学时不愁招不到学生，也决定了儒家在积极入世的同时少一些对上层贵族的依附心理，有着比其他士人更强的文化独立性格，这就是孔子在没有“恒产”的情况下敢说“士志于道”的底气所在。

孔子自己也是一个“多能鄙事”出身的人，他对于农业生产有一定的了解，也认识到了有关农业生产的知识的重要性，但是基于他对社会分层的价值观，他认为，这些稼圃之术不过是促进社会发展的“小道”，子夏说：“虽小道必有可观焉，致远恐泥，是以君子不为也。”(《子张》)“小道”虽有可取之处，譬如农业知识可以提高农业生产的水平，但是它对社会发展的作用有限，如果想对社会有更大的贡献或作为，那就不能专心于这些“小道”上，否则会妨碍你走“大道”。而“大道”在孔子的心目中就是维护社会稳定的管理之道，从知识分类的角度讲，“小道”就是自然科技知识，“大道”就是行政管理知识。从促进生产力发展的角度讲，在传统自然经济条件下，技术进步固然是生产力提高的重要因素之一，但更重要的是如何提高劳动者的生产积极性，而劳动者生产积极性的提高又有赖于社会的稳定，而社会的稳定又有赖于民众的守法、守信，而欲做到这一点又有赖于政府的诚信守法，用孔子的话来讲，就是要“上好礼”“上好义”“上好信”，就是要“为政以德”“以礼治国”，这样才可以“大道之行，天下为公”。而在一个公正价值得到维护和体现的社会，就会“民莫敢不用其情”，即百姓就会敬业乐群，就会不遗余力地发展生产；就会“四方之民襁负其子而至矣”，即吸引天下的百姓来到这里，这样随着人的生产积极性提高和人口数量的增加，社会生产力就自然提高了，这个时候哪里还用得我们自己去学种庄稼呢？

由上可知，孔子所讲的道理，实际上是从上层建筑的角度来讲如何调适生产关系以促进生产力发展的问题，是讲政治文明对于经济发展的作用问题，这样讲自然有它的合理性，尤其是在自然经济时代，在春秋乱世的背景下，更有其道理的优先性。但是，孔子对知识的价值分层，对知识的“小道”与“大道”的价值判断，对于传统知识分子的求知取向无疑起着重要的价值导向作用，它使得传统知识分子致力于成为“劳心者”或官员，从而客观上妨碍了自然科学知识的进步。因为，从历史事实来看，中国古代的科技发明，除了天文历法、算术等与国家政治相关的科研有少量知识分子参与之外，其余的科技成就大多缺乏知识分子的主动参与，都是普通劳动者在生产生活实际中发现总结出来的，而这种状况所产生的后果是，一方面使古代的科技成就大多停留在经验或“常识”的层次而难以上升为科学“知识”；另一方面使这些古代科技成果的运用发生了功能转向，即它们大多没有被主要运用于生产、军事领域，而是被主要运用于政治、文化、宗教领域，没有发挥出科技革命对于促进生产力进步以及社会转型的应有作用，导致了近代以来中国科技发展没有跟上世界潮流的步伐，从而从根本上造成了中国近代落后挨打的局面。有鉴于此，我认为，樊迟学稼的意义在于说明读书人不要以做政治家为尚，要以做科学家为高。

13.5【原文】 子曰：“诵《诗》三百，授之以政，不达；使于四方，不能专对；虽多，亦奚以为？”

〖解读〗读书要务正业

经过孔子删订的《诗》共305篇，笼统言之为“《诗》三百”。学《诗》是儒家弟子的“必修课”。因为，《诗》不只是一部诗歌集，学了之后可以自己作诗，而且是一部春秋时期的“百科全书”。孔子说，“诗，可以兴，可以观，可以群，可以怨。迩之事父，远之事君。”诗，不仅可以激发情志，可以了解社会，可以广交朋友，可以怨刺不平，可以侍奉父母，可以侍奉君王，还可以“多识于鸟兽草木之名”（《阳货》），成为一名动植物学家。所以，在孔子看来，熟读《诗经》，既可以提高人的道德修养，也可以提高人的学识修养，让人成为一个人情练达、知识渊博的社会学家。

但是，是不是一个人会背诵“《诗》三百”，就可以叫他去当官呢？或者说他就是一个合格的政治家呢？那也不一定。因为，有的人读《诗》只会死记硬背，不会活学活用，不懂得《诗》与政治之间的内在联系，交给他的政务总是完成不了，要他出国当个大使，也不知道怎么独立应付，这种内政外交都不行的人，《诗》背得再熟，书读得再多，又有什么用呢？所以，读书如果不能致用，那只能证明把读书当成了“识字”。

文本为什么要将孔子的这一诗学思想安排于此呢？这要联系文本的上下文来看。在上一章，孔子批评樊迟学稼，认为那是“小道”，是读书人不务正业，而本章则批评一些人学《诗》而不能致用，两者之间有什么联系呢？我看有。因为，读书为什么不能致用呢？原因之一便是有的人学《诗》，不是把它当作思想、义理来学，而是当作诗歌艺术或“文学”来学，学了之后可以知道怎么写诗；或者当作辞章之学来做，将精力专注于《诗》的结构、章句的释义与考据之上。这样的学《诗》有没有意义呢？当然有。譬如可以出版自己的诗歌集；或者出版有一定学术价值的“《诗经》研究”，在今天甚至可以拿这些研究成果、作品去评个教授、当个诗人，但儒家认为，这不过是“章句之末耳”，仍属于“小道”，非君子所为也。所以，宋儒程子讲：“然则其所学者，章句之末耳，此学者之大患也。”（《论语集注》引程子曰）可见，文本如此安排，其旨仍然是提醒学者不要以“小道”为志，而要志于“大道”。

13.6【原文】 子曰:“其身正,不令而行。其身不正,虽令不从。”

〖解读〗干部的作风建设

本章是讲为政者的作风建设问题。

前面孔子曾讲:“政者,正也。子帅以正,孰敢不正?”公正是社会制度的首要价值,当领导干部的目的就是要想方设法去维护这一首要价值,其中制度建设固然重要,但任何制度都要靠人来执行,从一定意义上说,领导干部就是制度的人格化符号,所以,为政者本身正与不正关系到工作作风尤其是执行力建设问题。如果人不正的话,制度再好也会走样,你命令得再多,人家也会不听从,或者即使听从,也不会努力去做;如果人本身端正,制度就会得到很好的执行,甚至你用不着下命令,人家就会自觉并且努力去做,这就是领导的人格魅力对于执行力建设的影响所在。在单位,我们经常可以看到有些领导干部喜欢对下属发号施令,命令大家做这做那,或这样做那样做,但效果却不怎么样。究其原因,就在于自己在下属面前没有人格魅力,大家不信服你,你讲的话就会在执行过程中被打折扣。所以,领导干部的道德人格魅力不仅会提高行政效率,还有助于工作作风的好转。

当然,需要指出的是,一个人的人格魅力形成除了品行端正以外,还有行政能力问题,有的人品行没问题,是单位公认的“好人”,但就是做不成事,为什么?原因就在于他不懂得行政管理的艺术与方法,不懂得如何协调各种关系,尤其是不懂得靠建立机制去激励下属积极工作,以为只要自己带头,事情就可能干成功。其实,当领导干部,一定要认识到行政管理工作是一门科学,要掌握它的规律和特点,尤其是要有管理成本核算意识,要根据管理的规模来确定管理的模式,确定自己应该以干什么为主,否则就会找不到工作的重点,即使自己累死累活,仍然不会有好的工作成效。

从文本上下文的联系来看,上章是讲读书要能致用,不能变成书呆子或学究,而本章所讲的问题其实是以这样的假设为前提,即如果一个人“诵《诗》三百”且能够“达于政而能言”,他是不是就是一个好干部呢?孔子认为,仅此还不够,还必须“身正”,也就是说,好干部必须是德能兼备。

13.7【原文】 子曰:“鲁、卫之政,兄弟也。”

〖解读〗对卫国的政情研判

鲁国,周公旦的封国;卫国,康叔的封国。周公与康叔是兄弟,当时因周公要辅佐成王,便派儿子伯禽代为就封,而伯禽治鲁,严格按照周礼治国,花了不少时间来变革当地的习俗,为赢得“周礼尽在鲁矣”的美誉奠定了基础。康叔就封的卫国,原是商朝遗民所居之地,是以康叔就任时,周公曾作《康诰》《酒诰》《梓材》等文告,作为康叔治国法则，并告诫康叔，务必明德宽刑、爱护百姓，向殷商故地贤豪长者询问殷商兴亡之道。而康叔治卫，也严格遵循了周公所确定的政治原则，并取得了明显成效。所以，从两国的历史起源来讲，鲁国与卫国有着相似的政治文化传统。这就是“鲁、卫之政，兄弟也”之“兄弟”的第一层含义。

“兄弟”的第二层含义是，两国历史发展的轨迹基本相似，即都经历了由强国变为弱国的历史转变。究其原因，主要是“俱不能用圣人以安于衰乱”（《四书训义》卷十七）。譬如，鲁国是“三桓”专政，公卿争权，把孔子这样的圣人赶上流亡之路；卫国是灵公无道，出公不孝，南子专权，亦不能用孔子为政。但是，在另一方面，两国因政治传统“皆出于文、武、成、康之制，而奸邪虽执国柄，犹多君子以存其典，而不敢过为变法乱纪之事”（《四书训义》卷十七）。也就是说，春秋之际的鲁、卫两国虽然是奸邪当道，但因政治文化传统的惯性作用，社会上总还有一些君子在捍卫着周公之道，形成了对邪恶势力的掣肘，让他们不敢过于明目张胆地违法乱纪，这一点又似乎让孔子看到了改变两国时局的可能性。事实上，孔子在鲁国当司寇时，曾有过辉煌的政治成功经历，只是因公卿争权才失败。这一失败在孔子看来或许是自己的政治经验不足所致，如果在卫国再有机会让自己一显身手，或许鲁国的失败可以在卫国避免。所以，孔子讲：“鲁、卫之政，兄弟也。”这应该是他准备在卫国为政时说的话，是对卫国政情的分析，意在提醒自己及弟子们如何治卫，如何避免重蹈在鲁国的覆辙。

从孔子居卫时间之久来看，孔子对卫国政情的上述研判大致还是靠谱的。因为，尽管卫国奸邪当道，没有给孔子提供较好的政治平台，但孔子在卫国的政治影响力日渐扩大，且没有因这种扩大而受到来自奸邪势力的政治伤害，相反还有过“子见南子”的礼遇。

13.8【原文】 子谓卫公子荆：“善居室。始有，曰：‘苟合矣。’少有，曰：‘苟完矣。’富有，曰：‘苟美矣。’”

〖解读〗君子知足常乐

上章是讲孔子准备出仕前对卫国的政情研判，得出的结论是：“鲁、卫之政，兄弟也。”卫国和鲁国的政治文化传统以及政治现实情况都差不多，都有好有坏，坏的方面是奸邪当道，好的方面是“卫多君子”，是以孔子若想在卫国有所作为，首先必须利用“卫多君子”的政治优势资源，而本章讲到的卫公子荆就是其中的一位。

公子荆是卫国的大夫，名荆，字南楚，卫献公的儿子。因当时鲁国也有个公子荆，为以示区别，所以在《论语》中称卫公子荆。不过，在孔子来卫国以前，公子荆就已经贤名在外。据传，鲁襄公二十九年（前544），吴国的公子季札到各国访问，在卫国，他见到了蘧瑗、史鳝、公子荆、公叔发、公子朝等人，他说：“卫多君子，其国无患。”（《左传·襄公二十九年》）卫公子荆就是其中之一。孔子到卫国时，已是卫灵公当政，这时卫公子荆应不在人世了，因为卫献公去世是在公元前544年，孔子到卫国是公元前497年，相距有47年之久，若以吴季札见公子荆的时间来算（前546），相距有49年之久，而公元前546年的孔子不过6岁，这样算来公子荆至少要比孔子大30岁以上，如果孔子在卫国见到过公子荆的话，公子荆至少在85岁以上了，而这样长寿的人在古代极为稀有，即使有且又这样出名，为何生卒史载不详呢？我认为，唯一的解释是孔子并没有见到过公子荆，他只是听说他的故事，把他的事迹告诉大家，意在说明“卫多君子”确是事实，而我们要在卫国有所作为，就得将卫国的这一政治文化传统发扬光大才有可能。

孔子谈到公子荆的君子风范主要集中在他“善居室”这一点。何为“善居室”？就是修缮房子。可能是刚成家立户时，分给他的房子小了一点，与他大夫的身份不配，但他认为有住就行了；后来房子稍微扩大了一些，他就觉得相当完备了；等达到了大夫住房标准时，他觉得太完美了。从“始有”到“少有”，再到“富有”，物质生活条件不断改善，这虽然是他作为大夫的“应得”，但他并没有视这种“应得”为“必需”，更不会像当时许多的世家弟子一样，追求一种超过礼制标准的物质生活。孔子认为，像公子荆这样的人能够做到知足常乐，很了不起。为什么？因为，任何人都有富贵之欲，都想过好日子，孔子所谓“富与贵，是人之所欲也；贫与贱，是人之所恶也”，就是赋予了这种物质欲望的目的正当性，但是，孔子认为，目的的正当性需要手段的正当性才能获得辩护，这就是所谓“君子爱财，取之有道”。以此观之，作为世家弟子，公子荆过上“富有”生活是一种礼制上的“应当”，且这种“应当”也完全可以通过“正当”的方式而实现，是以他完全没有必要为“富有”而不安，完全可以心安理得地享受这种“富有”，但是，他不是这样，而是觉得国家给予得太多了，受之有愧。相比之下，我们一般人总是觉得付出的太多，收获的太少，就算是住上了别墅，你可能还嫌不如王宫，哪会像公子荆这样如此容易满足呢？所以，在物质生活上容易满足的人，往往是一个在精神生活上有追求的人，就是一个“喻于义”的君子。而在奸邪当道的卫国，能有像公子荆这样的君子，确实非常难得，也确实是卫国“无患”的重要原因之一。

13.9【原文】 子适卫，冉有仆。子曰：“庶矣哉！”冉有曰：“既庶矣，又何加焉？”曰：“富之。”曰：“既富矣，又何加焉？”曰：“教之。”子曰：“苟有用我者，期月而已可也，三年有成。”

〖解读〗物质文明建设与精神文明建设的辩证关系

旧注分为两章，本读合为一章。理由是：皆讲孔子的治卫方略，相当于孔子治卫的“政治广告”（李零先生语）。

一次，孔子到卫国，冉有随侍，搞服务工作。孔子看到卫国一片繁荣景象，深有感触，于是对冉有大发感叹说“庶矣哉！”庶，人口众多的意思，也就是卫国人口真稠密啊！冉有听了之后问先生：人口多起来之后，进一步该如何做呢？孔子说要“富之”，要让他们富裕起来；冉有继续问：富起来之后，又该如何呢？孔子说要“教之”，要大力发展教育事业，让他们有文化、有教养、懂礼貌。

孔子的治国理念，用今天的话来讲，就是抓好物质文明建设与精神文明建设，其中特别是精神文明建设，这是儒家关注的重点。因为，在儒家看来，人之所以为人就在于人有礼仪，所以“富而不教，则近于禽兽”（《论语集注》）。如果人变成了“禽兽”，那社会就会变成弱肉强食的丛林，这样即使物质文明发达起来，也无法维持社会的稳定与和谐。但是，历代的统治者都只重视“富之”的问题，都轻视“教之”的意义，尤其是“未知所以教”（《论语集注》），不知道教什么，也就是不懂得教育的价值导向，不懂得精神文明建设的重要性，以为教育就是学习知识，掌握“富之”的本领，不知道“传道”才是教育的根本所在。所以，孔子讲“教之”，其着力点在思想教化，其实现途径在“有教无类”，在发展平民教育。

孔子对自己的治卫方略非常自信，认为只要按他的办法治国，一年之内就可以初见成效，三年之内就必有大成。看来，孔子适卫，确实是想干一番事业。

13.10【原文】 子曰：“‘善人为邦百年，亦可以胜残去杀矣。’诚哉是言也！”子曰：“如有王者，必世而后仁。”

解读：正确的政绩观：不要急于求成

本章旧注分为两章，本读合为一章。理由是：皆是讲推行仁政必须要有长远规划，不能急功近利、急于求成。

上章孔子讲如果有人用他的治国理念来治国，一年就可以初见成效，三年就可以有大成。但孔子这样讲，只是从“法度纪纲有成”的角度来讲的（《论语集注》），也就是从制度建设或治吏的成效方面来讲的。如果说要将这些制度贯彻落实下去并让老百姓自觉遵守，形成一种良好的社会风俗习惯，那就不是三年可成了，非得有几十上百年的经营才是可能的，这就是所谓“善人为邦百年，亦可以胜残去杀矣”或“如有王者，必世而后仁”的意思。

“善人”，是指崇尚德治的统治者，他比下面所讲的崇尚“王道”的圣人要低一个层次，比崇尚“霸道”的统治者又要高一个层次，相当古代的“贤人”政治家。而当时人们有一个普遍的政治共识，就是由“善人”来治国，也需要一百年才能让老百姓“胜残去杀”。何谓“胜残去杀”？朱子曰：“胜残，化残暴之人，使不为恶也。”“去杀，谓民化于善，可以不用刑杀也。”（《论语集注》）可见，要淳化民风，让老百姓自觉为善，促进良序社会的形成，必须要有百年的教化工夫才是可能的，光靠严刑峻法只能收一时之效。

“王者”，是指崇尚“王道”治国的统治者，也就是古代的所谓“圣王”；“世”，一代，一世为三十年。孔子认为，圣人为政，也至少需要三十年时间才可能使人心归仁。相比于“善人”的百年之功，“王者”还是要高出一筹。那么，联系上章孔子讲“三年有成”，我以为，孔子对自己“必世而后仁”还是有信心的，如果有人用他的话。

孔子以上所言（包括“庶富教”论），实际上是讲要树立正确的政绩观问题，至今仍有意义。因为，今天在个别领导干部当中存在着两种错误的政绩观：一是GDP崇拜。只重视经济指标的提高，不重视社会的发展，尤其是对精神文明建设的意义重视不够，造成了整个社会的道德滑坡，它的危害性已经引起了社会的广泛关注；二是过度追求任期政绩。为了在自己的任期内早出政绩，早日升官，一些地方官员在做发展规划时，往往是以自己的任期为限，大搞形象工程建设，根本不顾及地方经济社会的长远发展需求，造成了严重的“寅吃卯粮”现象和生态环境危机，这一点也引起了国家的重视。所以，如果一个领导人只考虑GDP，只考虑自己的任期政绩，对经济社会发展没有三十年甚至上百年的远景规划，这都不符合孔子所讲的“必世而后仁”的政治原则，其结果必定会陷入治乱兴衰的循环之中。

13.11【原文】 子曰：“苟正其身矣，于从政乎何有？不能正其身，如正人何？”

〖解读〗正己方能正人

上篇孔子讲：“政者，正也。子帅以正，孰敢不正？”本篇的前面又讲“其身正，不令而行；其身不正，虽令不从。”本章又是讲这个道理，不过，从上下文意义联系的逻辑来看，本章所讲仍然是就上章“善人”“王者”之“为邦”风格而言的，即“身正”是“正人”的前提，而“正人”的方式在这里不是“令”，而是一种道德人格魅力在教化上的影响力。“正身”，就是正自己；“正人”，就是正他人。孔子说，如果自己端正，从政是没有什么困难的；如果自己不正，又如何去正他人呢？前文已述，公正是社会制度的首要价值，如何去维护这一首要价值？在人治传统下，维护这一价值的主要制度设计就是君臣之礼，但是由于臣子对于君主缺乏硬性的约束力，所以维护公正价值只能靠君臣的伦理自觉，也就是孔子“正名”思想所讲的“君君、臣臣”，即君主要有君主的样子，臣子要有臣子的样子，这个“样子”就是君臣二者的道德权利与义务，而所谓“正身”就是要以这种道德权利与义务去要求自己，自己做出维护公正价值的榜样，这样他人才会仿效之，这便是“正人”。

但是，诚如李泽厚先生所言：在伦理与政治分途的君主专制社会，“己身正”如何会使天下人“正”呢？[①]只靠“身正”来维护公正这一首要价值，其实带有政治道德理想主义的色彩，而历史的经验告诉我们，“正人”主要还得靠法治才行。

13.12【原文】 冉子退朝，子曰：“何晏也？”对曰：“有政。”子曰：“其事也，如有政，虽不吾以，吾其与闻之！”

① 李泽厚：《论语今读》，北京：生活·读书·新知三联书店，2004年，第310页。

【解读】正己就是要公私分明

上章孔子讲为政要先正己，而这一章就讲一个不能正己的案例，通过这个案例可以看出孔子所讲的“正”，就是要公私分明。

一次，冉有从朝廷回来，回来得比平时晚了一点。孔子问他，为何回来得这么迟啊？冉有说，有些政务没办完，所以回家晚了点。孔子说，是季氏的家事吧。假若真是有什么国家大事要办的话，我虽然不参与，但还是知道的。孔子的意思是说，我不知道的政务必定是季氏的家务。为什么这么肯定呢？这与当时的礼制规定有关。朱子曰：“礼，大夫虽不治事，犹得与闻国政。”（《论语集注》）孔子回到鲁国之后，虽然没有参与具体的政务，但享受着“国老”的政治待遇，朝廷有什么重大政务还须让他知道，就如今天一些离休干部，还可以看中央文件一样，这既是制度规定，也是对老干部的尊重，孔子当时就享有这个权力。但是，当时的鲁国是季氏专权，“其于国政，盖有不与同列议于公朝，而独与家臣谋于私室者。”（《论语集注》）季氏为什么不把国政放在朝廷公开讨论而与家臣冉有私下商量呢？原因就在于他有私心，有自己的利益，这种把国事与家事搅在一起、公私不分的现象，是导致公正价值在鲁国得不到维护的重要原因。所以，孔子这样讲实际上是批评冉有助纣为虐，用朱子的话来讲是“教冉有之意深矣”（《论语集注》），吾以为然。

13.13【原文】定公问：“一言而可以兴邦，有诸？”孔子对曰：“言不可以若是其几也！人之言曰：‘为君难，为臣不易。’如知为君之难也，不几乎一言而兴邦乎？”曰：“一言而丧邦，有诸？”孔子对曰：“言不可以若是其几也！人之言曰：‘予无乐乎为君，唯其言而莫予违也。’如其善而莫之违也，不亦善乎？如不善而莫之违也，不几乎一言而丧邦乎？”

【解读】“一言兴邦”“一言丧邦”

这一章仍然与上文所讲的“正身”有关。因为，如前文所述，在君主专制体制下，维护公正这一首要价值只能靠人，其中主要靠“一把手”，也就是靠君主，所以，君主身正与否，确实可以“一言兴邦”，也可以“一言丧邦”。

鲁定公是鲁国第二十五任君主，他在位十五年期间，曾任用孔子为鲁司寇并摄行相事，孔子终于有机会在政治上一展拳脚，但因“堕三都”的失败，孔子不得不流亡国外。不过，这是后话。而从这段对话来看，鲁定公对于君主的绝对权力还是有所反思的。

定公问孔子：一言而可以兴邦，有这样的事吗？孔子回答说，恐怕不能如此期待（一句话就可以解决兴邦问题）。因为，正如有人所言：为君难，为臣也不易。如果知为君之难，不就近乎是一言兴邦吗？定公又问：一言可以丧邦，有这样的事吗？孔子回答说，话也不能如此绝对。因为，正如有人所言：我当君主其实没有什么乐趣，唯一的乐趣就是我说的话，没有人敢违抗不从。如果说的话是正确的，没有人违抗，不是很好吗？如果说错了，也没有人敢违抗，不就近乎是一言可以丧邦吗？

在专制体制下，君主的绝对权力体现在言语方面便是“君无戏言”，君主所讲的任何话都是金口玉言，都可以当作圣旨，臣民必须绝对听从。正因为如此，孔子认为，作为君主必须注意自己的讲话，不能像普通老百姓一样讲话随便。君主连话都不能随便讲，这也就是为君之难；而君主讲任何话都没人敢违抗，这也是为君之乐。但是，大多数君主不知为君之难，却只知为君之乐，充分享受着发号施令、一呼百应的感觉，殊不知国家的危险就在其中。所以，一个国家的兴衰如果由“一言”来决定，这是很悲哀的事。

13.14【原文】 叶公问政。子曰：“近者说，远者来。”

〖解读〗近者说，远者来

叶公，芈姓，原名沈诸梁，字子高，春秋时期楚国著名的军事家、政治家，因封地在叶邑(今河南叶县南旧城)，故称叶公。我们所知道的成语“叶公好龙”，就是关于他的典故。

据《史记·孔子世家》载，孔子是在齐景公卒后的第二年来到叶县的，其时孔子已六十三岁。叶公在《论语》文本中共出现过三次，一次在《述而》篇，另外两次都在本篇。本章所载是叶公向孔子请教“如何为政”，孔子的回答很干脆：“近者说，远者来。”即让近处的人快乐，让远方的人来归。且只有近者悦，远者才会来。为什么？因为，为政一方，如果连你治下的人都不快乐的话，远方的人怎么会来投奔你呢？而欲让治下的人快乐，就必须大力发展生产，减轻老百姓的负担，满足人们对美好生活的需求，这样才能提升人们的幸福指数。而一个地方的幸福指数高了，不仅居在这里的人自然不想离开，而且异地的人也会慕名而来，都想成为你的居民，想拿你的“绿卡”，即使不来，也想与你做朋友。所以，我们看一个国家或地区的政治好不好，不需要看别的，就看它有没有一种向慕归化的吸引力。同样，看一个单位的领导是不是称职，也只要看是不是其他单位的人都想调到你的单位来。

看来，孔子的话叶公是听进去了。因为，根据史料考据，叶公在叶县主政期间，采取了与民休息的政策，组织民众兴修水利，大力发展农业生产，使楚国国力大增。他还率兵平定了白公胜叛乱，曾官至令尹、司马，集军政大权于一身，但是为了楚国的长治久安，他又把职位让给别人，自己还归叶邑，终老于此，深受后人敬仰。

13.15【原文】 子夏为莒父宰，问政。子曰：“无欲速，无见小利；欲速则不达，见小利则大事不成。”

〖解读〗欲速则不达，见小利则大事不成

子夏到莒父(今山东高密东南)这个地方当父母官，临行前问孔子怎样理政才好。

孔子告诉他，不要急于求成，不要贪图小利。因为，欲速则不达，贪图小利者办不成大事。

孔子为什么要这样讲？朱子认为这是针对子夏之“病”而言的，“子张问政，子曰：‘居之无倦，行之以忠。’子夏问政，子曰：‘无欲速，无见小利。’子张常过高而未仁，子夏之病在近小，故各以切己之事告之。”（《论语集注》引程子曰）意思是子夏有贪图小利或眼前利益的毛病，所以才这样告诫他。我以为，程朱这样理解有失文本之旨。因为，孔子曾说“师也过，商也不及”，子夏之“不及”表现在行为上就是有点保守，而保守的人从政怎么会急于求成呢？孔子讲“无欲速，无见小利”，这是一般的行政工作原则，对所有人（包括今天的领导人）都适用。而孔子之所以特别指出这一点，原因就在于所有为政者都有急于求成或“新官上任三把火”的政治冲动，都想尽快干出点政绩来，而人一旦有这种心理，就会在工作中只注重当前利益或局部利益，不考虑长远利益或整体利益，殊不知越是这样就越难干成大事。所以，孔子这样讲仍然强调前面所讲“善人为邦百年，亦可以胜残去杀矣”和“王者必世而后仁”的思想，意在告诫为政者要有长远规划和百年大计，要有大的政治格局，要有持之以恒的心理准备，要有为接任者作嫁衣裳的牺牲精神。

从文本上下文意义联系来看，上章讲为政的理想状况是“近者说，远者来”，而要做到这一点并不容易，但是也急不得，须一步步来，因为，欲速则不达。本章就是讲这个道理。

“欲速则不达”，“见小利则大事不成”，都是夫子名句，它们既是讲为政的原则，也是讲做事、做学问和做人的道理。

13.16【原文】 **叶公语孔子曰：“吾党有直躬者，其父攘羊，而子证之。”孔子曰：“吾党之直者异于是，父为子隐，子为父隐，直在其中矣！”**

〖解读〗法律不外乎人情，但不能将之美德化

这一章孔子讲了为政时需要处理法律与人情之间的关系问题。

攘，朱注为“有因而盗曰攘”（《论语集注》）。偷盗肯定是一种为国法所不容的犯罪行为，故父亲“攘羊”，儿子举证，这当然是一种维护正义的行为，但这种行为值不值得鼓励和肯定，这是古今中外的法学难题。

显然，叶公的观点是要鼓励和肯定这种行为，并认为一个连自己的亲爹都敢举证的人，还有比这更正直的人吗？而孔子对“直”的理解与叶公不同，他认为，父子相隐，亲亲相为隐，“直在其中矣”。孔子的理据何在呢？《礼记·丧服》有言：“门内之治恩掩义，门外之治义断恩。”“门内之治”是家政，家政基于亲情，又以维护亲情为目的，家庭内部矛盾的处理必须以亲情或恩情为第一原则，甚至在不得已的情况下可以牺牲公正即“义”；而“门外之治”属于国政范畴，国政基于利益，又是以维护统治者的利益为目的，其矛盾的处理必须以公正为第一原则，必要时可以牺牲亲情。如果从维护家庭和谐即“门内之治”的角度看，上述儿子的举证行为，与向父母“几谏”的行为并无质的区别，不过，由于“几谏”属于家庭内部矛盾，“家丑”没有“外扬”，因而它会不伤及亲情；而举证则是将家庭内部矛盾公开化，即“家丑外扬”，肯定会伤害到父子间的亲情，从而也就会伤害家庭的和谐与稳固，但若儿子保持沉默，则又会伤及国法的公正价值。这确实是一个两难性的道德抉择问题。

那么，如何理解孔子关于“直”的辩护呢？我以为，上述的两难问题首先并不是一个“情”与“义”孰重孰轻的问题，而是对“情”“义”的维护采取什么样的方式才恰当的问题。而选择恰当的方式又总是联系着“情”“义”矛盾所发生的场域或历史语境。如果在“门内之治”的场域内，处理“情”“义”矛盾的恰当方式是“恩掩义”。之所以作这样的选择，是因为“义”即公正在“门内之治”的场域的过度张扬不仅会伤害亲情，而且也容易伤及“义”本身。兹以“孔融让梨”故事为例。如果一盘梨子按照公正的原则来分，则应是一人一个，且大小无差。但是，分到梨子的人却不是无差别的个体，性别、年龄、身体状况都会影响到个体对梨子的需要程度。所以，如果只强调在形式上公平地分配梨子，并不必然地符合个体的实际需求，或者说并不必然地导致实质正义。而孔融分梨则是以“小儿，法当取小”为原则(《后汉书·孔融传》)，即按人的实际需要来分梨，体现了对实质正义的优先考量。但是，孔融分梨和让梨之所以为大家接受并为人们所称道，原因则在于他的分配方案是在家庭内部进行的，且在这种场域中，因有血缘亲情作支撑，孔融无论按何种方式去分梨，譬如按“小儿，法当取大”的原则去分，也不会引起大家的不满，顶多是得不到大人们的表扬罢了。假如分梨的场域不是家庭，而是“幼儿园”，孔融分梨的方式便很难获得认同。由此，我们可以看到，“门内之治”只有以“情”为第一原则，“义”才可能落实为实质正义，且当“情”“义”发生冲突时，只有选择“恩掩义”的方式去处理矛盾，才不会导致多大的家政治理危机。

而叶公所说的“攘羊”案例发生于“吾党”这样一种“熟人”环境之中，处这种环境之中，个体的情感维度实际上包括了“亲情”与“乡情”两重。发生父亲“攘羊”这样的事，做儿子的肯定会受到“亲情”与“乡情”的双重困扰，虽然“亲亲”之爱与“乡情”之爱存在浓度和性质上的差别，但它们都是一种正向的或正能量的情感取向。且儒家“仁者爱人”命题之“爱人”虽是指从“爱亲”开始，但也包括了“非亲”之人，而熟人社会里的人，虽非亲人，却是“故人”，更应在“爱人”之列。鉴此，我以为，儿子举证父亲，并非没有道德情感因素的支撑在内。此其一。其二，孔子的辩护的落脚点并不是要置“门内之治”于“门外之治”之上，恰恰相反，他是要强调“门外之治”当遵循什么样的立法原则才是恰当的。就该案而言，如果“攘羊”者不是自己的父亲，作为知情者为之作证，这既是一个人的权利体现，但同时也是一种法律义务要求，但如果知情者是“儿子”，作证作为一种权利是否“应该”履行法律义务的要求呢？或者不作证是否应当为一种权利呢？这一问题才是孔子辩护的核心所在。

一般情形下，公正体现为权利与义务的对等落实，但在特殊的情况下，权利对义务的对等要求可能会伤及公正的价值。如在该案中，如果儿子举证的权利被规定为一种法律义务要求强制履行的话，一旦案情落实，即使他个人能够独善其身，但整个家庭就有被“连坐”的危险，甚至有可能株连九族。因为，从亲情出发，对亲属的犯法行为都有一种“不情愿”去举证的心理，这种心理使他们大多数会选择保持沉默，但他们又是知情者，若其中有一人去举证，大多数人将承担“知情不报”的法律责任。而且由于“不情愿”的心理支配，即使被强制要求去举证，也难保证证词的客观性，甚至有可能作伪证。如果依此伪证去定案，则同样将伤害法律的公正价值。所以，无论是从维护法律本身的公正价值出发，还是从维护家庭和谐与社会和谐的伦理需求出发，亲属的举证权利被规定为一种法律义务并要求强制履行都是不当的。有鉴于此，西方的法律规定：亲属有不作证的权利，且亲属的证词不能作为定罪的法律依据。而中国古代自东晋以后，将“亲亲相为隐”入法，从法律上明确了亲属的保持沉默权。而这种权利的法源基础正是孔子的“父子相隐”论。

我认为，孔子关于“父子相隐”的合法性辩护虽然可以成立，但是，这种“亲亲相为隐”的行为是否值得肯定或赋予“直”这样的道德表彰，这是值得商榷的。因为，为亲人的犯罪行为作掩护，虽然是情有可原或法无不许，但无论如何算不上是一种美德。“子为父隐”虽是一种“应当”，但这是一种有“亏欠”的“应当”，是一种对伤害公正价值有内疚心理的“应当”，如果我们像孔子那样把这种“应当”美德化，就会消解这种“应当”下面的内疚之心，而一旦没有了这种内疚之心，就容易没有是非之心，没有公正之心。这才是人情至上主义对社会公正价值的最大伤害。

13.17【原文】 樊迟问仁。子曰：“居处恭，执事敬，与人忠。虽之夷狄，不可弃也。”

〖解读〗仁行天下：一种文化自信

樊迟问仁，共有三次，前两次孔子的回答分别是“仁者先难而后获”（《雍也》）和“爱人”（《颜渊》）。相较而言，本章之问仁，孔子的回答最为具体，最具有道德修养实践的可操作性，因而从文本联系的角度来讲，此章应先于前两章出现才是，但是，为什么文本要将它放在之后呢？对于这一文本现象，朱子曾予关注，他说：“樊迟问仁者三：此最先，‘先难’次之，‘爱人’其最后乎？”（《论语集注》引胡氏曰）我想，原因还应从文本上下文的意义联系来找。因为，本篇的主题是“问政”，它包括两个问题，即“如何为政”和“什么人适合为政”。本篇的前半部是围绕前一个问题而展开，而从本章开始则是围绕后一个问题而展开。正是因为与为政相关联，所以，樊迟“问仁”的问题意识不是“仁是什么”，而是“怎样做才是仁”。换言之，樊迟“问仁”，不是问仁之“体”，而是问仁之“用”，尤其是仁之用于为政当如何。针对这一问题意识，孔子的回答就须具体一些才是。

也正是从文本上下文这种意义联系的逻辑来讲，本章的重点应在“虽之夷狄，不可弃也。”因为，“居处恭，执事敬，与人忠”作为居家、做事、待人的三个原则，是仁德之用的具体表现，一个人如果能在恭、敬、忠这三点上来修养自己的人格，就能够成为一个合格的为政者。之所以这样理解,是因为儒家所讲的仁政是政教不分的,且其重点在教化，而教化的过程往往是一个靠道德人格魅力去潜移默化他人的过程。孔子讲“虽之夷狄,不可弃也”,即使到了没有文化的野蛮地区,也不能放弃如此做人、做事的原则,这实际上是一种对礼乐文明的文化自信。因为,在孔子看来,礼乐文明的本质就是仁爱,一种“差序之爱”。一种由“爱亲人”而“爱众人”之爱,一种对包括“夷狄”在内的所有人的爱,所以,“不可弃也”既是仁爱精神的内在要求,也是政治教化的使命所在。春秋时期华夏地区与周边“夷狄”之间的关系,经过儒家的这种“夷夏之辨”,形成了一种以“文化”的方式来处理民族关系的政治文化传统。我以为,这一政治文化传统至今仍值得我们传承和发扬光大。

13.18【原文】 子贡问曰:“何如斯可谓之士矣?”子曰:“行己有耻,使于四方,不辱君命,可谓士矣。”曰:“敢问其次?”曰:“宗族称孝焉,乡党称弟焉。”曰:“敢问其次?”曰:“言必信,行必果,硁硁然小人哉!抑亦可以为次矣。”曰:“今之从政者何如?”子曰:“噫!斗筲之人,何足算也!”

〖解读〗士分三个层次,小人之士犹胜于政客

士,本是商、周以来的低等贵族阶层,但到春秋末年以后,它由“贵族之末”沦落为“四民之首”,而正是在这种社会地位变化的过程中,士的身份认同也变得极为复杂。一般来讲,士就是指读书人,或者说是靠知识谋生的知识分子,但在儒家看来,士不只是指有知识的人,而且指有道德的人,知识与道德的结合,这才是士。而子贡问“怎样才能叫士”,其问题意识是什么?这要结合文本上下文意义联系来看。从前文可知,为政是本篇的主题,“学而优则仕”,这是士的价值取向所在;从下文“今之从政何如”一语来看,子贡所问之“士”之“应当”就是与为政相关的,也就是从为政的角度看,士“应当怎样”才可称之为士。

孔子认为,士有三个层次。第一层次是:“行己有耻,使于四方,不辱君命,可谓士矣。”即对自己的行为有羞耻感,上级交办的事能够不辱使命,办得漂亮圆满。“使于四方”,既可以理解为出使外国,做外交官,也可以理解为受命处理各方面的事物,一个人如果这两方面都能够做到“行己有耻”和“不辱君命”,即能够做到既对得起自己的良心,又对得起领导的信任,这才是真正的士。这样的士也就是儒家所讲的“士君子”。

第二个层次是:“宗族称孝焉,乡党称弟焉。”即在宗族和乡党中有孝悌之名。如果说第一个层次的士是重在“治国平天下”,那么这一个层次的士就是重在“齐家”,而“齐家”的根本又在孝悌。有子曾讲:“其为人也孝弟,而好犯上者,鲜矣;不好犯上,而好作乱者,未之有也。”(《学而》)家庭和谐稳定了,国家就安定了。所以,能够“齐家”的士,也是对“治国平天下”有贡献的士。

第三个层次是:“言必信,行必果,硁硁然,小人哉,抑亦可以为次矣。”“硁硁然”,

“硁，小石之坚确者。”（《论语集注》）意思是像嘣嘣响的小石子一样，形容其个性偏执。孔子说，还有一种读书人也不错，他们讲话算数，做事有始有终，看起来有点像固执己见的小人，但也还有值得肯定的地方，至少比今天那些从政的“斗筲之人”即胸襟狭窄的政客要强得多。可见，在孔子心目中的“小人”也是有两类：一类是唯利是图的“小人”；另一类就是本章所讲的“言信”“行果”的“小人”，后一类“小人”多为江湖义士，是由传统武士转化而来。可见，即使是“小人”范畴，我们也要注意其文本语境分析。

总结孔子对士的分层，可以看出，儒家对知识分子的界定并不以对知识的拥有为标准，而是强调以道德修养和社会责任感为身份认同的主要标准。正是这一身份认同方式，塑造了中国知识分子以关心社会为使命的精神传统。

13.19【原文】 子曰：“不得中行而与之，必也狂狷乎！狂者进取，狷者有所不为也。”

〖解读〗读书人的榜样：中行之士、狂放之士、狷介之士

上章孔子从政治学的角度对“士”作了三个层次的划分，得出的结论是即使“小人之士”也比胸襟狭窄的政客要强得多。本章则以中庸之道的标准来看士，同样分为三种，即中行之士、狂放之士和狷介之士。

中行之士，是指做事、为人都能够恰到好处的人，但这种人太少了，以至于孔子感叹“中庸之为德也，其至矣乎！民鲜久矣”。欲做到中行，确实不容易，尤其是在政治生活中，更为不易。因为，中行是一种德性之智慧的体现，它不只关乎道德意义上的对错，更关乎事情结果上的好坏，所以，中行，既要坚持“中”，坚持公正等价值原则，又要看到“中”的可行性和“中”在当下实现的条件，找到“中”与“时”相结合的方式方法。譬如“子见南子”，孔子该不该见一个“坏女人”，从坚持道德原则上来讲是不该见，但从儒家群体的生存与发展来讲是应该见，所以，选择以什么样的方式见，见了之后如何相处，这便是一个德性的智慧问题。从某种意义上说，政治生活中的中行就是一个学会如何与“坏人”打交道的过程，就是要在“坏人”环境中以正当且恰当的方式来干成有意义的事。因此，可以说，中行之士就是一种能将原则性与灵活性相结合的人，用孔子话来讲，就是“无可无不可”者。

狂放之士，是指行为有点偏激而又锐意进取的人。朱子说：“狂者，志极高而行不掩。”（《论语集注》）即狂者志向远大而行为无所顾忌。狂者有狂的资本，譬如他们往往是才气过人，这样他们难免在心理上目空一切，行为上放荡不羁，是以狂者一般不太讨人喜欢，他们总是给人以傲慢或偏激的印象，好像总是与世俗格格不入。但在孔子看来，狂者的这些性格缺点无法掩盖他们正直无私、有所为和敢于为或积极向上、锐意进取的人格优点，从某种意义上来讲，干事业往往需要有这种人来冲锋陷阵，哪怕他们行事的方式偏激一点，有时还会产生破坏性，但只要方向是正确的，也是可以原谅的。

狷介之士,是指行为有点保守而又能洁身自好的人。朱子说:“狷者,知未及而守有余。”(《论语集注》)狷者虽然不若狂者那样志存高远、才华横溢、积极进取,在干事业方面显得保守、胆小,甚至顽固迂腐,缺乏开拓、创新精神,但在孔子看来,他们的人格优点是性情正直,能够有所不为,能够不与恶人恶俗同流合污、随波逐流,若与这种人共事,你至少不用担心他会在背后给你捅刀子、穿小鞋。所以,“狷者有所不为”就是指做人最起码要能够守住自己的道德底线。

以上三类士,中行之士无疑是孔子最希望结交的,但因为这种人太少,只好退而求其次,结交狂狷之士。狂狷之士都是有个性、有棱角的知识分子,虽然少了点中行之士的灵活性,但作为朋友是最可信任的。

13.20【原文】 子曰:“南人有言曰:‘人而无恒,不可以作巫医。’善夫!”“不恒其德,或承之羞。”子曰:“不占而已矣。”

〖解读〗恒其德:坚强的道德意志力

上两章孔子讲有三类士是他所欣赏的,而怎样才能成为这样的人呢?这就涉及人才培养问题,而关于人才培养,儒家的重点是在君子人格的养成,故从本章开始,文本都是围绕这一问题而展开。

这一章孔子引用了“南人”之言。“南人”具体是指哪一个国家或地区,历来有不同的看法。朱子认为,“南人”就是“南国之人”(《论语集注》);李零先生根据上博简和郭店简《礼记·缁衣》之“宋人有言曰”,认为此所谓“南人”实际上是指宋国人,因为宋国在鲁国的西南,且宋人又是商人的后裔,而商人又特别热衷于卜筮。①我认为李零先生的判断是有根有据的。

“人而无恒,不可以作巫医。”这是当时“南人”或“宋人”的流行话或俗语,意思是:一个人若没有恒心,就无法做巫医。巫和医,在今天是两个不同的门类,但在古代却是巫医一体,譬如《黄帝内经》中所记载的“祝由术”,实际上就是一种将药物治疗与心理治疗相结合的传统医学,所以欲成为一名合格的巫医并不是件容易的事。因此,我认为,“人而无恒,不可以作巫医”的意思,并不是说做巫医很容易,恰恰相反,而是说做巫医很难,要有恒心和毅力才行。就如今天大学的医科,要五年时间才毕业,要比学其他专业多花一年的时间,而古代的巫医所要学习的知识既包括医学知识,还包括心理学知识等,怎么可能轻易学会呢?孔子引用这句话,并且赞以“善夫!”,就是要告诉学者干任何事情都要有恒心,否则不可能取得成功。

接下来孔子又引用《易经》来对上述问题做进一步说明。《易经》“恒卦”九三爻辞曰:“不恒其德,或承之羞。”“恒其德”,表明儒家所强调的恒心是一种道德意义上的恒

① 李零:《丧家狗——我读论语》,太原:山西人民出版社,2007年,第243页。

心，是一种对道德的坚持不懈，从人格养成的角度来讲，就是一种道德意志力塑造，故这句话的意思是：如果没有对道德的坚定信念和毅力，总会有让自己出丑蒙羞的那一天。在生活中，发现有很多人喜欢问卦算命看星座，这是因为他们总是把成功的希望寄托于运气之上，殊不知运气总是给有准备的人准备的。一个人只要在对的事情上坚持不懈地做下去，总会有成功的时候；还有一些人本来正在做一件正确的事，但看到周围情况有变，便改变了原来的计划，就如买股票，本来选了个有价值的潜力股，但看到大盘下行，股价下跌，就开始怀疑自己的选择，刚忍痛割爱把股票抛了，结果股价又开始上涨，真是追悔莫及。

所以，孔子认为，一个人如果能够"恒其德"，就可以"不占而已矣"，即没有必要去求神问卦。因为，恒心出自诚心，诚心就是对自己所为之事有一种道德情感意义上的确信。所谓心诚则灵，是诚心与恒心合一才灵，没有恒心的诚心是一种迷信，诚心只有化为一种行动的精神力量才是恒心。孔子讲要"恒其德"，就是强调人格养成过程中道德意志力塑造的重要性。

13.21【原文】 子曰："君子和而不同，小人同而不和。"

〖解读〗和而不同：和谐、独立、宽容、中庸

在孔子以前，有史伯、晏子的"和同之辨"，他们的主要贡献是：一，提出了"以他平他谓之和"（《国语·郑语》）的界说，即"和"是"他"/异/不同/特殊/多样性事物之间达成平衡的一种客观状态，而"同"则是排"他"的、单一的或者说是缺乏多样性的事物的简单相加。史伯这一界说包含了个性或特殊性是事物存在的基础这样一种唯物论的哲学认识。二，提出了"和实生物，同则不继"（《国语·郑语》）的哲学命题，充分肯定了"和"既是事物固有的客观属性，又是事物发展的内在根据，否定了"同"的价值。三，对"和"的构建作了方法论的说明，强调"和"的系统构建要突出各要素耦合时的结构层次，要以一元为主来组合多元，建构一种结构有序的"和"系统。四，将"和同之辨"的理论运用于君臣关系政治领域，提出了"可""否"相济的"政平"之道（《左传·昭公二十年》），反对不辨是非曲直而刻意奉承圣意的为臣之道。①

孔子在继承史、晏"和同之辨"思想的基础上，围绕着君子人格构建问题，从伦理学的角度做了进一步的发挥。它主要有两层意思：第一，以和谐、团结为前提，不盲目地附和他人尤其是上级的意见；能提出不同的意见，以丰富和发展他人的意见；第二，能兼容不同的意见尤其是下级的意见，不要求他人的意见与自己完全一致，并对持不同意见的人能够真诚以待，宽厚相处。所以，说到底，"和而不同"就是一种中庸之道。而与"和而不同"相对立的"同而不和"也有两层意思：第一，盲目地迎合和附和他人尤

① 参见陈科华著《儒家中庸之道研究》（桂林：广西师范大学出版社，2000年）一书相关章节。

其是上级的意见，只说相同的意见，不说不同的意见；第二，只允许自己一个人发表意见，而不允许他人发表不同的意见，或者排斥和打击发表不同意见及持不同意见的人，亲近附和自己意见的人。

需要注意的，孔子虽然强调“和”要以“不同”为基础，但并不意味着要将“和而不同”的命题倒转为“不同而和”。因为，如果认为一味地求“不同”就能够实现“和”，这既在逻辑上难以成立，也不是孔子思想的初衷。孔子虽然认为，作为“君子”要树立起独立的人格，不要人云亦云，但“独立”并不意味着要去“标新立异”，而是在“义与之比”的基础之上的对人格尊严的强调。这就是说，如果与儒家所倡之“义”不合，则虽有“不同”的意见或人格要求，也不值为“君子”所效法。孔子曾说：“攻乎异端，斯害也已。”(《为政》)而所谓“异端”，朱子注曰：“异端，非圣人之道，而别为一端，如杨、墨是也。”(《论语集注》)实际上也就是与儒家伦理道德不相符合的其他诸子学说。孔子认为，对这些学说做适当的了解是有必要的，如孔子自己就曾向老子问礼，但是如果专“攻”于它，则十分有害。所以，维护儒家道德学说的纯正性，这是孔子“和同之辨”题中的应有之义。也正是这一点，使“和而不同”所体现的“君子”人格存在着某种限度，即“君子”的“不同”是不能突破“和”的历史规定性的“不同”，即不能与封建礼教所规定的纲常相异的“不同”。这一点从孔子关于君臣之道的主张中也可以看出，如孔子认为，一方面，作为臣必须“事君以忠”，另一方面作为君也应“使臣以礼”，并提倡为臣者应敢于向为君者提不同意见，但是，如果在不同意见不能为当权者接受的情况下，作为“君子”所能做的唯一选择，就是“无道则隐”(《泰伯》)，而且“隐”还不能像老子那样去做消极的“隐士”，而是主张选择诸如教书育人这样的方式来继续其通过政治途径难以实现的事业。总之，在儒家，作为“君子”的独立人格是断不会发展到有做“乱臣贼子”想法的地步的。

13.22【原文】 子贡问曰：“乡人皆好之，何如？”子曰：“未可也。”“乡人皆恶之，何如？”子曰：“未可也。不如乡人之善者好之，其不善者恶之。”

〖解读〗大家都称赞的人未必是好人

上章孔子讲“君子和而不同”，君子要随和合群但又不能没有自己的个性、原则、立场，所以看一个人是不是君子，不能只看他随和合群的一面，还要看他与众不同的一面，譬如本章讲的“乡愿”，未必就是好人或君子。可见，文本将两章放在一块，对比的意味很浓。

“乡人皆好之”，一个乡、一个社区或一个单位都称赞的人，这样的人怎么样呢？一般来讲，这样的人当然属于“好人系列”。因为，大家都称赞他，都喜欢他，说明他的群众基础很好。毛主席曾讲：群众的眼睛是雪亮的。大家公认的好人，难道会有错？但孔子认为，未必。为什么？因为，诚如朱子所言：“一乡之人，宜有公论矣，然其间亦各以类自为好恶也。”(《论语集注》)大家都说好的人,看似是公认,其实其间也有以“物以类聚、人以群分”为评价标准的情况发生,也就是说群众也好坏之分,如果是被一群坏人称赞的人,能是好人吗?再说,由于信息的不对称,有一些人在群众中扮演着“好好先生”的角色,只要不涉及自己根本利益问题,从不得罪他人,可以说是左右逢源,两边都吃得开;还有一些人在别处当坏人,在熟人面前做好人,也可能赢得群众的称赞,譬如报纸上报道的某贪官,把贪来钱一部分用于家乡的修桥补路,群众都称赞他是好人,这种人能算是好人吗?所以,评价一个人是好是坏,群众评议固然重要,但更重要的是要看评议群众的组成是如何构成的?孔子的办法是:“不如乡人之善者好之,其不善者恶之。”由群众中的好人组成评议团,如果他们都对你称赞有加,你是好人可以确定无疑;如果群众中的坏人都不喜欢你,那也可以确定你是好人。

现代西方民主政治的一个重要弊端就是容易异化成“讨好”政治,为了赢得选票而大开各种“福利”支票,结果是造成政府债台高筑甚至政府破产关门。另外,西方司法审判中的陪审团制度,也因陪审团成员受律师、社会舆论影响较大,影响到公平裁决。所以,李零先生这句话说得好:“民意是政治,不是真理。群众说了算,绝不能滥用。”[①]

13.23【原文】子曰:“君子易事而难说也!说之不以道,不说也。及其使人也,器之。小人难事而易说也!说之虽不以道,说也。及其使人也,求备焉。”

〖解读〗君子易与共事而讨其欢心难,小人难与共事而讨其欢心易

这一章仍然是讲“君子和而不同”。因为,君子虽随和合群,但君子的群众关系不一定能够做到“乡人皆好之”的地步,那么,君子是怎样搞群众关系的呢?

孔子说,与君子一起共事,非常容易。因为,君子大多宅心仁厚,平易近人,不会搞歪门邪道,也颇能体谅下属的缺点与难处,不会去求全责备于人,是以在君子手下做事不要有什么压力,也不用担心被穿小鞋,该怎么用你的时候就会怎么用你,该提拔你的时候也会向上级推荐你。但是,要讨得君子的欢心,却不容易。所谓“说之不以道,不说也”,就是指不用正当的方式去讨他欢心,他是不会开心的。所以,要讨君子欢心,必须走正道,譬如不要去“走后门”“打小报告”或“投其所好”之类,这些手段是行不通的。唯一能讨君子欢心的路子就是把事情办好、办漂亮,特别是除了工作积极努力之外,还要有工作的创造性,能够想一些好点子,提一些好建议,解决一些棘手难题,为君子分忧,这样君子才会高兴。

与君子“易事而难说也”相比,小人则是“难事而易说也”,跟小人共事很难,但却容易讨他喜欢。因为,小人私心太重,刻薄寡恩,是以跟他一起做事的时候喜欢吹毛求疵、求全责备,尤其是喜欢揽功诿过,把功劳都归自己,过错都是他人的,所以,在小人

---

① 李零:《丧家狗——我读论语》,太原:山西人民出版社,2007年,第244页。

底下工作，是很难得到重用和提拔的。不过，如果你能讨得他们的欢心，那又另当别论。而从历史的经验来看，讨小人欢心其实并不难，除了给他送送礼、打小报告、投其所好或阿谀奉承等传统路子外，如果他以权谋私的时候你帮他开“绿灯”，满足他们在物质上和心理上的需要，就容易讨得他们的欢心。但是，你一旦讨得小人的欢心，你自己就变成了小人，变成了利益的共犯，关键时刻会有被出卖的危险。所以，孔子讲“小人同而不和”，小人之间的共同合作是靠不住的。

以上都是孔子从政的经验之谈，意在告诫学者在小人得势的政治环境下要学会如何自处。

13.24【原文】 子曰：“君子泰而不骄，小人骄而不泰。”

〖解读〗尊严与傲慢之别

这一章仍然是从中行之德的角度来讲君子的修养。

泰，本义为通或大，引申义有宽、达、安等。南怀瑾先生说：“度量宽宏，胸襟开阔，光明爽朗，这就是泰。”[①]其实，孔子讲“君子泰而不骄”，意味着“泰”有近似于“骄”的方面。因为，一个人如果看上去泰然自若，对什么都不以为意，干什么都从容不迫，就会给人以自信满满或者“牛得很”的感觉，若是没有跟他打过交道，或者不了解他的人，都会认为他很傲慢。其实，若真正了解他，就知道君子之泰并不是骄，而是一种尊严，一种矜持，一种坦然。《尧曰》：“君子无众寡，无大小，无敢慢，其不亦泰而不骄乎？”君子待人不管你人多人少，也不管你势大势小，都不敢怠慢，都会处之如一，待之如常，不会差别对待。那么，君子之泰的心理基础是什么呢？朱子讲：“君子循理，故安舒而不矜肆。小人逞欲，故反是。”（《论语集注》）君子干什么都讲究个理，理得则心安，心安则舒泰；小人则不同，因为小人“逞欲”，追求欲望的满足，“心里像猫抓一样，到处都是毛病，心境就不泰然了。”[②]小人心里不舒泰时总会要找机会发泄出来，怎么发泄？就是傲慢待人，不尊重人，但见到比自己强的人时又一副卑躬屈膝的样子，自卑到丧失自尊，这就是“小人骄而不泰”。王夫之说：“忘物自得曰泰，傲物自侈曰骄，迹相似也，而泰而不骄，骄而不泰，则望其气象而知其心量之殊矣。”（《四书训义》卷十七）泰与骄在表现形式上有近似之处，但“心量”即胸襟不同，故表现出来的“气象”即气质有本质的差别。所以，我认为，孔子提出这一“君子小人之辨”，目的就在于告诫学者要把握“泰而不骄”的“度”，成为中行君子。

---

① 南怀瑾：《论语别裁》，上海：复旦大学出版社，2006 年，第 632 页。

② 南怀瑾：《论语别裁》，上海：复旦大学出版社，2006 年，第 632 页。

13.25【原文】 子曰:“刚、毅、木、讷,近仁。”

〖解读〗“近仁”:“革命尚未成功,同志仍须努力”

孔子的这一段话有他的话外音,这就是王夫之讲的:“仁之难见也,则情扰其性,气浮其心,而固有之真心隐矣。”(《四书训义》卷十七)意思是仁者之所以难见,主要是因为我们的本性被情欲所干扰,变得心浮气躁,使得固有之“真心”即善良之本心隐而不显。那么,从哪里去找回“真心”呢?孔子认为,可以从四个方面找:

一,刚。刚是刚强,就是有脾气,有个性。刚强之人为人可能有点“过”,但他能不为欲望所困,所谓“无欲则刚”是也,如果把这一点发扬光大,就“近仁”,就差不多接近仁德了。二,毅。毅是果断,就是有魄力,有决心。坚毅的人一旦决定要干的事,就会坚持到底,不会屈服于任何压力与阻力,这种义无反顾、勇往直前的个性如果发挥得好,也离仁德不远。三,木。木是朴质,就是厚道、憨实。朴质者为人一是一,二是二,没有花架子,虽然看起来有点笨拙,但他本性善良,只要辅之以“知”,也离仁德不远。四,讷。讷是说话迟钝,就是语言表达不行,说话有点吞吞吐吐或者词不达意,显得有点呆头呆脑。讷者虽然沟通能力不强,但他言语谨慎,辞不巧而意至诚,比起那些巧言令色之徒更“近仁”,这一点为孔子所反复强调。

从文本上下文意义联系来看,上章孔子讲“泰而不骄”之“度”,而本章孔子说“刚、毅、木、讷,近仁”,其“近仁”之意是指这四种个性虽然离仁德不远,但各有其不足,如刚、毅者可能有点“过”;木、讷者可能有点“不及”。所以,孔子说“近仁”,意在告诫学者当在此基础上努力修为,养成中行之人格,就如孙中山先生所说:“革命尚未成功,同志仍须努力。”

13.26【原文】 子路问曰:“何如斯可谓之士矣?”子曰:“切切偲偲,怡怡如也,可谓士矣。朋友切切偲偲,兄弟怡怡。”

〖解读〗兄弟≠朋友,朋友≈兄弟

前面子贡也问过同样的问题,孔子的回答分三个层次,其中最高的层次是“行己有耻,使于四方,不辱君命。”从为政的角度讲“士”之所以为“士”,就在于能够修身治国平天下。而本章对子路之问,孔子的回答侧重在“兄弟”“朋友”关系方面,之所以会有这种差别,原因在因材施教,即“皆子路所不足,故告之”(《论语集注》引胡氏曰)。

“切切偲偲,怡怡如也。”朱注引胡氏曰:“切切,恳到也。偲偲,详勉也。怡怡,和悦也。”(《论语集注》引胡氏曰)孔子认为,作为士,对待朋友既要态度诚恳,也要相互批评勉励,不能因意气相投而阿私偏袒,更不能怕伤了朋友感情而不敢指正对方的缺点。当然,孔子也意识到“朋友数,斯疏矣”,朋友关系太过密切,反而会导致疏远,批评朋友次数多了,也可能会彼此心生隔阂。如何把握朋友相处之“度”?我看还是孔子讲的要“君子和而不同”,“切切”就是“和”,“偲偲”就是“不同”,既要珍惜朋友感情,也要尊重朋友个性,这是知识分子做朋友的伦理准则。

在父子关系面前,兄弟关系也是一种类似于朋友关系的平等关系,但因兄弟关系有着自然血缘联系为基础,所以,兄弟之间有什么话一般不会产生心理隔阂。不过,又因兄弟之间的感情是一种血缘之情,它跟朋友感情不一样,后者是建立在志同道合或意气相投的基础上,故朱子说:“兄弟有贼恩之祸,朋友有柔善之损。”(《论语集注》引胡氏曰)何为“贼恩”?“贼恩”就是贼害天性之恩,就是伤感情,孟子讲:“责善,朋友之道也。父子责善,贼恩之大者。”(《孟子·离娄下》)兄弟之间相互责善太多,也容易伤感情,尤其是作为“士”,面对兄弟的错误时,更要注意责善的方式方法,不要以自己的标准去苛求于兄弟,要给予兄弟更多的体谅。所以,兄弟之间如何和睦相处,这既涉及家庭的责任伦理问题,也涉及这种责任履行的情感心理基础问题。

中国传统伦理文化喜欢把“朋友兄弟化”,但倒过来即“兄弟朋友化”却是有问题的。

13.27【原文】 子曰:“善人教民七年,亦可以即戎矣。”子曰:“以不教民战,是谓弃之。”

〖解读〗孔子的军事伦理思想:重视思想政治工作

这是本篇的最后一章。朱注分为两章,本读合为一章。理由是:皆讲军事与教化之间的关系,强调教化对于军事的重要性。文本之所以将这一章作为结论,我想与本篇的主题“问政”有关。因为,从子路问政开始,文本都是围绕着“如何为政”和“什么人适合为政”两个问题而展开,而关于“如何为政”,一直都没有谈到过军事或战争问题,但我们知道,战争是政治的继续,或者战争是政治的最后手段,所以为政不能不涉及军事问题,把军事问题放在最后来谈论,也足以说明在儒家的眼中,军事问题作为国之大事实际上是一种不得已的形式。

“善人”,贤能的领导人。而“善人”之“善”体现在政治领域就是注重思想教化工作,哪怕是征兵打仗,也要对士兵进行教育,既要告诉他们“为什么而战”“为谁而战”,也要教授、训练他们打仗的技能与本领,造就一支“作风过硬,技术过硬”的威武之师。如果不对百姓进行教育而轻易地让他们上战场,这就是草菅人命,是对百姓生命价值的极不负责,这样的军队也肯定没有战斗力,肯定要吃败仗,肯定会有亡国之祸。所以,孔子认为,作为英明的统治者,一定要舍得花工夫、下力气去进行国防军事建设,至少要花七年的时间来教育他们。至于为什么是七年,这可能是孔子对军事建设的经验之谈,符合孔子注重教化和长远规划的为政思想。

同时,从整个文本的逻辑联系来讲,从军事建设的角度来讲仁政,更能体现孔子仁政的特点。因为,古今中外,对于军事建设问题都有着对“战斗力”的误解,认为军队的“战斗力”就是一种“技术活”或硬实力,而孔子却看到“思想力”或软实力的重要性。我认为,孔子的这一思想至今仍有意义。

第五篇 孔学价值观

◆《宪问》第十四 ◆

概要：本篇章节最多，本读共四十三章，其主题是讨论“荣辱观”问题。首先，从政治伦理学的角度阐明了在“无道”背景下读书人应树立以“义利之辨”为基础的荣辱观（第一至四章）；其次，通过对历史人物的评价，提出了历史贡献是道德评价的最高标准这样一种价值论（第五至十八章）；再次，在“无道”背景下，读书人尤其是像孔子这样“不在其位”的读书人当如何履行自己的政治伦理责任问题（第十九至三十三章）；最后，面对他人的不理解甚至构陷，读书人该如何选择自己的人生呢？文本最后一部分安排了儒、道之间的交锋，并说明儒家对礼乐文明的坚持（第三十四至四十三章）。

14.1【原文】 宪问耻。子曰：“邦有道，谷；邦无道，谷，耻也。”“克、伐、怨、欲不行焉，可以为仁矣？”子曰：“可以为难矣。仁则吾不知也。”

〖解读〗儒家的荣辱观：“邦无道，谷，耻也。”“求仁”，荣也

宪，原宪，又名原思，字子思，宋国人，孔门七十二贤人之一。孔子为鲁司寇时，曾当过孔子家的大总管，孔子给他开的俸禄是九百粟，他推辞不要。孔子死后，原宪隐居于卫国草泽之中，过着极为清苦的生活。原宪个性狷介，不肯与世俗合流，司马迁《史记·游侠列传》称：“及若季次、原宪，闾巷人也，读书怀独行君子之德，义不苟合当世，当世亦笑之。故季次、原宪终身空室蓬户，褐衣疏食不厌。死而已四百余年，而弟子志之不倦。”王夫之称他为“廉洁之士”（《四书训义》卷十八），南怀瑾先生说他是孔门弟子中的“逃名遁世的隐士”。①

了解原宪的行迹对于我们理解本篇的文本主题很重要。因为，从原宪的行迹可知，他是一个安贫乐道的读书人，而且他深知世道的险恶，知道处春秋无道之世，读书人是难以有所作为的，是以与其曲道以求容，不若洁身而自好。故原宪之问“耻”，其问题意识是：当世的读书人大多以“求谷”或“求干禄”为“荣”，我不“求谷”或“求干禄”，是否是对读书人的辱没呢？孔子说，“邦有道，谷；邦无道，谷，耻也。”即如果国家政治

① 南怀瑾：《论语别裁》（下册），上海：复旦大学出版社，2006年，第635页。

清明，读书人应该当官取俸；如果政治腐败黑暗，你却去当官取俸，那才是读书人的耻辱。所以，我认为，本篇的主题是讨论读书人的“荣辱观”，讨论在无道背景下读书人既要如何修身以处世，又要如何尽可能地为社会历史发展做贡献。

既然“邦无道，谷，耻也”，那么，读书人应该以什么为“荣”呢？无疑，在儒家看来，读书人当然应以“求仁”为“荣”。怎么“求仁”呢？原宪试着提出了这样一个思路，即“克、伐、怨、欲不行焉，可以为仁矣”。克，指好胜之心；伐，指自夸之心；怨，指怨恨之心；欲，指贪欲之心。原宪认为，如果一个人能够克服上述四方面的心理毛病，是否可以称之为仁呢？孔子说，能够这样虽然已是难能可贵，但是否是仁，我不敢断定。为什么？因为，原宪所讲只是“克己”功夫，作为“求仁之方”，它只能说是消极的“有所不为”，而孔子之仁不仅是“有所不为”，而且更是积极的“有所为”。从“有所为”的角度讲，“夫仁者，天理之流行，推其私而私皆公，节其欲而欲皆理者也。”（《四书训义》卷十八）“私皆公”“欲皆理”，意味着仁者之私欲与天理是浑然一体的，朱子说“仁则天理浑然，自无四者之累”（《论语集注》），亦深得夫子之意。

由上可知，孔子虽然肯定原宪的“有所不为”，但也不主张消极地“求仁”，或者说孔子虽认为“邦无道，谷，耻也”，但也不认为“邦无道”背景下读书人就只有当隐士才是唯一正确的选择。孔子“求仁”，不只是“克己”，而且是“知其不可而为之”，是要对社会历史发展有所贡献。这一点非常重要，因为孔子的仁学绝非孟子、宋明理学家的心性之学。这个道理在这一篇中为孔子反复强调。

14.2【原文】 子曰：“士而怀居，不足以为士矣！”

〖解读〗贪恋安逸生活

上章孔子提出了“邦无道”背景下以“谷”为耻的荣辱观，但孔子又认为不“谷”并不是无所为，就像道家那样跑到深山老林躲起来过过逍遥自在的日子，而是要有所为。如何有所为呢？其中之一便是不要“怀居”。

所谓“怀居”，就是指贪恋稳定、安逸的生活。其实这种生活是我们每个人的向往，可以说这也是人性使然。如果一个国家的人民都能过上这样的生活，那么说明这个国家的国民幸福生活指数就很高。但是，我们知道，任何时代任何人的生活条件与生活享受都是由该时代的社会生产力水平以及与之相适应的社会生产关系所决定的。譬如，在孔子所处的春秋时代，生产力水平十分低下，社会财富的供给始终处于短缺状态，因而要满足个人的“怀居”之需就必须靠制度化的巧取豪夺，这就是当时礼制建构的阶级本质所在。但是，这种以牺牲大多数人的利益来满足少数人“怀居”之需的制度安排所造成的社会两极分化以及由此而产生的社会动荡，使得“怀居”成了当时所有人的一种奢望，所以建构一种以公正或“道”为首要价值的制度安排，这是当时社会生产关系调整的主要矛盾所在。那么，怎样才能使既得利益集团意识到公正价值或“道”

的重要性呢？这就是当时“士”即读书人的责任与使命所在。

孔子认为，读书人应“志于道”，应该以天下为己任，后天下之乐而乐，如果读书人只考虑个人生活享受，只想着过好自己的小日子，那就会不顾“邦”之“有道”与“无道”与否，或汲汲委身于朝廷，去帮闲，去帮凶，以谋取个人的富贵荣华；或遁世于深山老林，过逍遥自在的日子，这样的读书人虽有知识，有的还有文化，但他们的心量、志气已不足以为士，亦为士之耻也。所以，我认为，联系上下文来看，孔子批评“士而怀居”，一方面是批评那种贪恋个人生活享受的功利主义者；另一方面也是批评那种虽洁身自好却无所进取的遁世主义者。

另外，李零先生认为，“士而怀居，不足以为士矣”的意思是“孔子提倡人才流动”。[①]我认为，这一释读很有现代意义，尤其是在全球化背景下，如果知识分子没有国际化视野，没有闯天下的勇气，只想着在“熟人”环境下混日子，也称不上真正的知识分子。

14.3【原文】 子曰：“邦有道，危言危行；邦无道，危行言孙。”

〖解读〗乱世要行正言逊

前面两章孔子讲读书人的荣辱观，其中他既不主张贪恋荣华富贵式的“怀居”，也不主张遁世以避祸式的“怀居”，而是主张积极地有所作为。那么，怎么有所为呢？孔子认为要讲究处世的方法。这个方法就是：“邦有道，危言危行；邦无道，危行言孙。”危，朱注为“高峻也”。人立于高峻之地，一方面会有危险，另一方面为了避免危险，须站得正，故“危”之引申义为正、直等。孙，逊也，谦逊之意。而从文义来看，危与孙是相反的，是指言行激烈的意思，所以，危之言行常常会有点“过”。孔子认为，如果国家政治清明，说话、做事就没有必要绕弯子，直截了当就行，哪怕有时言行过激一点，也不用担心有什么政治风险；但是如果国家政治黑暗，小人当道，那就要注意了，怎么注意呢？就是行为方面要端正，言语方面要谨慎。行为端正就可以不授坏人以柄，说话谨慎就可以少得罪小人。后一点即“言孙”尤其重要。因为，在一个坏的政治生态圈子中，你不参与干坏事，没有多大的危险，有时说不定还正中坏人的下怀；但如果你在言语上攻击人家干坏事，就可能被淘汰出局。所以，朱子说，处无道之世，“君子之持身不可变也，至于言则有时而不敢尽，以避祸也。”（《论语集注》引尹氏曰）为了避祸，说话就得当心一点。

孔子提倡直道事人、事君，但不主张蛮干，要看情势而定，如果情势不妙，就要“危行言孙”以保全性命，以待来日东山再起。珍惜生命的价值，这就是孔子处世哲学中的“持久战术”。

---

① 李零：《丧家狗——我读论语》，太原：山西人民出版社，2007年，第250页。

14.4【原文】 子曰:“有德者必有言,有言者不必有德。仁者必有勇,勇者不必有仁。”

【解读】强调德(仁)对于言、行(勇)的统率作用

本章孔子讲了两种德才关系。

关于德与言的关系,孔子认为“有德者”即有道德、有修养的人,他们必定会留下文字著作或者名言传之于世;但是,“有言者”未必有德,一些人留下了文字著作或名言,但他们的德行、修养不一定行,甚至可能很坏。古人有“三不朽”之说,即“太上有立德,其次有立功,其次有立言”(《左传·襄公二十四年》)。而对于读书人来讲,除“立德”之外,则非常看重“立言”。但古人“立言”不像今天这么容易,也不在乎非得著述等身,他们在乎的是所讲的话或所著之文能够“立”得起来,能够禁得起实践的检验,能够流传后世。正因为如此,古人“立言”必以“立德”为先,“德立”而后其言之不虚,其行之不违,这种言行一致者之“言”当然可以流传于世。但是,有一些人所立之“言”虽然也是“窥天之数,察人之情,持之亦有据,引之亦有征”(《四书训义》卷十八),但“实叩其躬修,则其所言者与所行者异矣,不必有德也”(《四书训义》卷十八)。“不必有德”是言行不一致,而言行不一致者之“言”虽然也可以流传于世,但其社会影响力会大大降低,因为“真理”若出自“坏人”之口,大家就会有怀疑。

关于仁与勇的关系,孔子认为仁德之人必定勇敢,但勇敢之人不一定有仁德。我们知道,仁、知、勇是儒家所推崇的“三达德”,其中仁与勇的关系实际上是一种情感与意志的关系,但仁是一种具有自我牺牲精神的道德性情感,而能够具有自我牺牲精神的人在意志上就是一个勇敢的人,所以仁者之勇是一种“见义必为”的大勇。而勇作为一种意志力有时候只是体现出一个人的血性而已, 所以逞血气之勇者往往不顾义之与否,其所带来的后果可能恰恰是一种对仁的伤害。

从文本上下文联系来讲,上章孔子讲在“有道”与“无道”背景下君子当如何言行的问题,给人的感觉是孔子的处世哲学似乎很现实、很圆滑。其实并非如此。因为,在本章中,孔子讲到德与言、仁与勇两种关系时,着重突出了德(仁)对言、行(勇)的统率作用。譬如“言孙”,从“有言者不必有德”的角度讲,很多人说话小心翼翼,生怕得罪人,但他们这样做不只是为了保全性命,而是为了能够同流合污,谋取个人的私利;而从“有德者必有言”的角度讲,说话谨慎、尽量不得罪小人,固然亦有自保之意,但他们“危行”即行为正直,不肯与世俗合流。所以,同样是“言孙”,有德者之“言孙”不同于无德者之“言孙”,或者说无德者虽可以“言孙”,但无法做到“危行”。孔子曾讲“听其言,观其行”,行是德的主要观察点,也是检验德的唯一标准,只要行得正,言可以灵活一点。

14.5【原文】 南宫适问于孔子曰:“羿善射,奡荡舟,俱不得其死然。禹、稷躬稼而有天下。”夫子不答。南宫适出。子曰:“君子哉若人!尚德哉若人!”

【解读】君子“尚德”,小人“尚力”

南宫适，就是《公冶长》和《先进》篇提到的南容，孔子的学生，他是个小心谨慎、清以自守的人，孔子评价他是"邦有道不废，邦无道免于刑戮"。孔子还把自己的亲侄女嫁给了他。从这一章孔子说"君子哉若人！尚德哉若人！"看，孔子对自己选的侄女婿确实是赞赏有加。

南容之问提到了四个历史人物。其中羿为何人？有两种说法，一是指传说中为尧帝射下九个太阳的大羿，是中国神话史上的弓箭之神；二是指夏代有穷国君主或部落首领后羿，因其善射，故常与大羿混同为一人。大多数注家认为，南容提到的羿当是后者。据传，后羿篡位之后，臣子寒浞又杀他而代之。而奡是有穷国寒浞的儿子，据说他力大无穷，能陆上行舟，但后为夏少康所诛。禹即大禹，因其治水有功，舜将天下禅让给他；稷即后稷，是传说中的华夏农业之神或谷神，当过唐尧的"农业部长"，他的后人周武王灭商而有天下。

南容在这里提到的四个历史人物实际上又可分为两类，一类靠"力"而有天下；一类靠"德"而有天下。为什么禹、稷"躬稼而有天下"是一种以"德"而有天下呢？这与生产力发展对于建构政治上层建筑的影响有关。我们知道，在原始狩猎经济时代，弓箭的发明是蒙昧时代生产力发展的最为重要的成就，因为，它作为当时最先进的生产工具，可以大大提高狩猎经济的效益，为氏族、部落的发展奠定较好的经济基础；同时它作为当时最先进的武器，可以大大提高氏族、部落的军事战斗力，这一点正如恩格斯所说："弓箭对于蒙昧时代，正如铁剑对于野蛮时代，火器对于文明时代一样，都是决定性的武器。"[①]所以，谁掌握了这一"决定性武器"，谁就可以在部落联盟的战争中胜出。而后羿与奡的传说不过是反映了弓箭这一技术发明对于蒙昧时代经济发展及其政治上层建筑建构的决定性影响，因为他们都是这一技术运用的"能手"。而《礼记·射义》中所谓"古者天子以射选诸侯、卿、大夫、士"，也反映了这一部落政治文化传统的影响。但是，自从原始农业产生并取代狩猎经济之后，由于水利对于传统农业生产发展有着决定性作用，所以，像大禹、后稷这样的治水"能手"和农业技术"能手"便开始取代弓箭技术"能手"而成为部落民主政治的佼佼者。同时，我们知道，治水不仅是个"技术活"，需要有大禹这样的水利专家，而且它更是一个"管理活"，需要将分散在黄河流域的各部落联合起来才是可能的。怎么将它们组织起来？这不是靠武力可以解决的问题，必须要靠组织者的才能与品德，而大禹治水"三过家门而不入"正是一种公而忘私的高尚品德体现，所以，"禹、稷躬稼而有天下"，既是因为他们是治水或农业方面的专家（才），更是因为他们同时是品德高尚的管理者（德）。

当然，南容提出这一问题有他的问题意识，即上述两种"有天下"的方式到底哪一种更可取？之所以有这样的问题意识，这是因为在春秋之际，关于国家治理问题存在着"王道"与"霸道"之争，儒家崇尚"王道"，讲究以礼治国，而当时的统治者大多崇尚"霸道"，讲究以刑治国，喜欢穷兵黩武，非常急功近利。但在南容看来，后者所为正如历史上的羿、奡一样，虽可以有天下于一时，终"俱不得其死然"。所以南容虽讲的是历

① 恩格斯：《家庭、私有制和国家的起源》，《马恩选集》第4卷，人民出版社，1972年，第119页。

史故事，实际上是对“霸道”政治流行的批判，其对历史的理解应该说是深得夫子之意，是以夫子评价他“君子哉若人！尚德哉若人！”。

从孔子对南容的赞赏看，首先孔子肯定南容是非常不错的君子，其次又说明君子之所以为君子，就在于“尚德”。联系到本篇文本的主题，可以看出，此章之重点还是讲读书人的荣辱观，即读书人应该以“尚德”或“王道”为荣，以“尚力”或“霸道”为耻。

14.6【原文】子曰：“君子而不仁者有矣夫！未有小人而仁者也！”

〖解读〗君子当以高标准来严格要求自己

上章孔子讲君子“尚德”，小人“尚力”，但是，君子“尚德”的过程是一个在道德上不断自我完善的过程，所以君子也有不仁的时候，而小人不可能有仁的时候。

在这里，孔子所讲的君子、小人之分，到底是指道德修养上的高下之分，还是指社会地位上的高下之分，学术界有不同的看法。我认为，应该是指前一种情况。因为，孔子这句话是对“士”即读书人讲的，意思是读书人应该以仁为尚，或者以孔子的话来讲就是“士志于道”，“志于道”之士就是君子。也就是说，这里孔子所讲的君子是指追求仁德的士，而君子乃是士的道德人格符号，可称之为“士君子”。正因为君子是士在追求仁德过程中的阶段性“果位”，那么，以最高的“果位”即仁者的标准来要求，君子肯定会有不仁的时候，是故朱子说：“君子志于仁矣，然毫忽之间，心不在焉，则未免为不仁也。”（《论语集注》引谢氏曰）这一点从颜回也只能做到“三月不违仁”可证之。

与“士君子”相对，就是“士小人”。读书人读书的目的是什么？不同的人会有不同的价值取向。在孔子看来，读书人要“志于道”，但是，从古至今大多数读书人却是以“利”为尚，把知识当作谋利的工具，这样的读书人其实跟种田的“小人”没有多大的差别。对于“小人”的道德状况，王夫之曾有这样的判断，他说：“小人则以利为尚，以欲为徇，虽或一念之明不昧天良，一事之当偶合人情，而所交者邪佞，所学者伪诈，未有能问心无疚者也。”（《四书训义》卷十八）“小人”也有讲道德的时候，但那不过是一种巧合，一种偶然，如果以仁德的标准来要求，就连这种巧合、偶然也没有，因为“小人”是做不到问心无愧的。所以，孔子讲这个话的目的是：“故仁者所以责君子，而必不可以望小人。”（《四书训义》卷十八）君子虽然有不仁的时候，但可以以仁者的标准来要求他，而指望“小人”成为仁者是根本不可能的。

从文本上下文联系来讲，本篇首章孔子讲到“克、伐、怨、欲不行”未必是仁，这说明君子有不仁之时是难免的，正所谓人非圣贤，孰能无过？一时不仁不要紧，只要牢记君子的使命就行。故本章之旨是：君子当以高标准来严格要求自己。

14.7【原文】子曰：“爱之，能勿劳乎？忠焉，能勿诲乎？”

〖解读〗爱，不能娇宠溺爱；忠，不能唯唯诺诺上章孔子讲到君子有不仁的时候，强调要以高标准来严格要求自己，但是，我们知道，一个人的成长及一个人道德修养的提升总离不开教育，尤其是离不开家长、师长的督促。也就是说，要达到仁者的境界，尽量避免不仁之事发生，这既要靠个人的自觉努力，也要靠他人的规劝提醒，所以作为家长与师长就有教育子女、下属的责任。怎样履行好这一责任呢？这就是本章要讨论的问题。可见文本如此安排是有其思想逻辑考量的。

孔子说："爱之，能勿劳乎？""爱之"之"之"可以是子女、学生，也可以是爱人、百姓，但从文义来看，主要是指父母对子女的爱。因为，父母对子女的爱总有一种溺爱的倾向，譬如干点家务活，怕子女累坏了；出门，怕子女在外面吃住不好；上班，怕子女工作岗位太辛苦，等等。总之父母之爱的特点就是勿使之"劳"，不让子女辛劳，要让子女安逸。但是，这是对子女的真正关心吗？孔子认为，如果父母如此宠爱子女，这不是爱子女，而是害子女。因为一个不懂人间疾苦、世道艰难的人，是不可能成长为一个有爱心、有毅力的人格健全者。所以，爱子女就要想方设法让他们有吃苦的人生体验，通过这种人生体验去培养他们勤劳、勇敢的高尚品质。这就是"爱之，能勿劳乎"之意。"忠焉，能勿诲乎？"忠，尽心之谓，是臣对君、下对上所应持的态度。孔子认为，臣子对君主尽忠时也有一种"唯诺之忠"（王夫之语）的倾向，而所谓"唯诺之忠"就是在君主、领导面前一副唯唯诺诺的样子，君主有什么想法，不管对不对，为臣者就不要去论是非，点头称是就行，千万不能较真，因为一较真往往会让君主没面子。所以，孔子认为，真正的忠不是一味地顺从君主，而是除了尽心尽力把君主交代的事情做好之外，还应该有"诲"，还应该对君主、上级的过错进行谏劝，不能像今天某些人所讲的"领导讲的，错的也是对的"，甚至还要为领导的错误去圆说，把错的硬拗成对的。如果是这种尽忠行为，那就有谄媚之嫌了。当然，诲谏之忠是有一定的政治风险的，事实上，从古至今，喜欢跟君主、领导提意见的人都难得有好下场，像唐太宗那样善于纳谏的君主实在不多。所以诲谏之忠要取得效果，要能让君主吸纳的同时能保住自己的性命，这还得讲究技巧、方法，一味地直谏甚至死谏并不可取。历史经验告诉我们，领导善于纳谏与下属善于进谏是紧密联系在一起的，从某种意义上讲，好领导也是靠好下属培养出来的，这就是孔子讲"忠焉，能勿诲乎"之意。

14.8【原文】 子曰："为命，裨谌草创之，世叔讨论之，行人子羽修饰之，东里子产润色之。"

〖解读〗文件出台必须要有保证文件质量的工作流程

这是很有意思的一章。孔子记载了郑国政令文件的出台全过程。

郑国在春秋初期曾一度称霸，但自郑襄公开始，由于七穆轮流执政，国势大衰，加之郑国位置夹于大国之间，处四战之地，无险可守，因而经常成为晋、楚等列强争霸的战场，故到孔子之世，郑国其实已没落为一个二流诸侯国。不过，尽管如此，郑国在当时的国际政治影响力还是很大的，这主要得益于郑国重用了像子产这样一批著名的政治家，他们以灵活的外交策略为郑国的中兴赢得了喘息之机。而本章所载郑国政令的出台过程就反映了子产等政治家对外交等重大国事的慎重。

首先，政令的出台由“裨谌草创之”，即由裨谌起草，写好初稿。据载，“裨谌能谋，谋于野则获，谋于邑则否。”(《左传·襄公三十一年》)裨谌是一个善于谋划的政治家，但他的谋划不是闭门造车，而是注重调查研究，所以由他来起草文件是最合适不过的。

其次，文件初稿出来之后，由“世叔讨论之”，即交给世叔审阅并提出修改意见。世叔，姓游，名吉，郑穆公之孙，七穆之一，《左传》称他为子大叔，是子产执政团队的核心成员之一。世叔为人忠厚稳重，勤勉本分，执行力强，深受国人爱戴与敬重，所以文件由他来审稿，比较可靠放心。

再次，文件二稿出来之后，由“行人子羽修饰之”，即交给子羽来修饰辞令，减少语法和用词不当等错误。子羽，名挥，又称公孙挥；行人，官职，专门掌管朝觐聘问，也就是外交工作。子羽是郑国著名的外交家，善于辞令，所以由他来负责文件文字的修饰也算是人尽其才。

最后，文件三稿出来后，由“东里子产润色之”，即由子产在文采辞藻方面进行加工润色并定稿。东里，是子产所居之地。子产是春秋时期著名的政治家、思想家，在他执政期间，进行了田制、赋税、刑法、用人制度等方面的改革，特别是他主张不毁乡校，愿闻庶人议政，开放言路，赢得广泛好评；在对楚、晋等国的外交方面，子产以其灵活的外交策略为郑国的中兴赢得了喘息之机。从郑国公文出台的过程可以看出，子产为政注重团队的分工合作，讲究人尽其才，非常严谨负责。

子产当政的时候，孔子还小，所以，孔子所记子产“为命”的过程应该是从别人那里听说的。而孔子之所以向弟子们提及这件事，主要是告诫弟子为政不能草率疏忽，要严谨认真，要建立健全公文出台的工作机制与工作流程，确保公文的质量与水平。因为公文代表着国家信誉，一字一句，都要认真考虑，马虎不得，否则一经公布，就会造成难以估量的损失，特别是外交公文，如果不慎重其辞，还可能造成外交纠纷甚至战祸。鉴此，我不赞成今天某些国家领导人的“推特”治国之举。

而从文本上下文意义联系来看，上章孔子讲“爱之，能忽劳乎？忠焉，能勿诲乎？”其中“忠焉”之义，孔子强调不能搞“唯诺之忠”，要把向君主进谏作为自己的责任，这是尽忠之义的一方面；另一方面就是本章所讲的“为命”要认真负责，要一丝不苟，也就是说，本章孔子所描述的子产“为命”，代表了一种行政工作的忠诚负责作风。综合言之，何为“忠”？孔子认为，为臣之忠，既要敢于和善于进谏，又要认真做事，尤其是要建立健全认真做事的工作机制与工作流程，就像子产执政那样，充分发挥团队分工协作的作用。换言之，忠的最高境界是建立起一个忠诚的团队。

14.9【原文】 **或问子产。子曰：“惠人也。”问子西，曰：“彼哉！彼哉！”问管仲。曰：“人也，夺伯氏骈邑三百，饭疏食，没齿无怨言。”**

〖解读〗孔子评价历史人物的最高标准是看历史贡献

这一章孔子仍然是以历史事实来说明尽忠之不易。

子产，上章已介绍过。孔子对他的评价是“惠人也”，也就是对国家、对百姓有恩惠的人，是一个忠于百姓的政治家。其实，以儒家的仁政观念来看，子产为政也有孔子不赞同的地方，譬如子产铸刑书，是中国历史上公布的第一部成文法，否定了“刑不可知，则威不可测”的秘密法传统，把“以宽服民”与“以猛服民”相结合，开法家思想之先河，这一点与儒家主张的“以礼治国”思想不相恰。但是，孔子却并没有因为这一点而否定子产。因为子产“有君子之道四焉：其行己也恭，其事上也敬，其养民也惠，其使民也义”（《公冶长》）。子产执政期间，郑国的经济发展了，老百姓得到了实惠，虽然在“教之”方面尚有不足，但整体来讲还是值得肯定的。

子西，是楚国的令尹或宰相。据载，楚平王卒后，令尹子常欲立子西为楚王，子西坚决不干，而是拥立了年幼的太子珍为楚君，是为楚昭王。后来楚昭王在参与吴伐陈的战争中又指定他为继承人，他再次坚辞不受。昭王死后，他再次拥立昭王之子熊章为楚君，是为楚惠王。从他两度逊楚国这一点来看，子西是个忠臣，算得上一名“贤大夫”（朱子语）。那么，孔子对他的评价如何呢？孔子只说“彼哉！彼哉！”即“他呀，他呀！”，然后便无下文。为什么孔子对子西的评价是如此语焉不详？大概这与昭王欲用孔子而子西不同意有关，也就是说两人有结怨，不好怎么评价。但不做评价实际上也是一种评价，也就是说在孔子看来，子西这个人不足道哉，没有入孔子的法眼，看不上。

管仲，前面已介绍过，是中国古代著名的经济学家、哲学家、政治家、军事家。尽管孔子也曾讥管仲“不知礼”，但孔子却许之以仁，评价很高。此处所谓“人也”，就是说管仲是个了不起的人物。何以见之？孔子只举了一个例子，这就是管仲曾剥夺了齐国大夫伯氏三百户的封地，使伯氏只能过粗茶淡饭的生活，但人家一直到死都没有过半点怨言。为什么没有怨言？因为管仲忠于法律，处事非常公正，尽管这件事处理得有点严厉，但人家是依法查处，名正言顺，怪不得人家，只能怪自己。再说以管仲当时的政治威望，伯氏即使有怨言恐怕也只能埋在心里。所以，孔子说管仲“人也”，意思是管仲能让像伯氏这样的大夫服服帖帖，真了不起。

由上可知，孔子对历史人物的评价，所持的评价标准不完全是道德标准，他对人物的评价着重看历史贡献。三人之中，子西虽然也是个“贤大夫”，但他的历史贡献最小，所以不足道哉；管仲的历史贡献最大，所以孔子许之以仁。且需要指出的是，管仲和子产都具有法家的思想，治国都主张宽猛相济，因而他们能得到孔子的称赞，这说明儒家对法家思想并不完全排斥，用李泽厚先生的话来讲，“儒法一开始便有联结，如同儒道一样，都可以在孔子和《论语》中找到其后‘儒法之国’‘儒道互补’的端倪。”①

① 李泽厚：《论语今读》，北京：生活·读书·新知三联书店，2004年，第330页。

14.10【原文】 子曰:“贫而无怨难,富而无骄易。”

〖解读〗处贫难,处富易,人之常情

上章是孔子对三个历史人物的评价，其中提到管仲剥夺大夫伯氏三百户封地,使伯氏过着粗茶淡饭的日子，但伯氏至死都无怨言。古人云:“由俭入奢易，由奢入俭难。”伯氏遇上管仲,生活的质量一下子从锦衣玉食掉到了粗茶淡饭的境地,可以说是由奢而俭,由贵而贱,这种人生转折确实让人难过,但伯氏却能“没齿无怨言”,这很不容易。因为“贫而怨”,这是人之常情,即使君子也难免有之,譬如孔子陈蔡之困时,“子路愠见曰:‘君子亦有穷乎?’”(《卫灵公》),子路之“愠”便是一种抱怨。尽管孔子认为“君子固穷”,其实这是基于“君子”之“穷”是暂时的,或者说“君子”之“穷”乃是一种相对贫穷这样一种事实判断,如果长期如此,或者君子每天都过着“蔬食箪瓢”的生活,能否做到“不愠”或不抱怨,这是值得怀疑的。这一点诚如《醒世姻缘传》中的尤畅所言:“圣贤千言万语,叫那读书人乐道安贫。……我想,说这样话的圣贤毕竟自己处的地位也还挨的过的日子……连稀粥汤也没得一口呷在肚里,那讨‘蔬食箪瓢’?……孔夫子在陈刚绝得两三日粮,……我想那时的光景一定也没有甚么‘乐’处。倒还是后来的人说得平易,道是‘学必先于治生’。”可见,人欲做到无怨,首先得解决温饱问题。这才是唯物主义。

“贫而怨”也并不是一种道德上的弱点,或者说,“贫而怨”只是在相对贫穷的情况下才是一种道德意义上的弱点。因为一个人的贫穷在很大程度并不是因为自己懒惰造成的,而是由于生产力水平低下以及不合理的社会制度安排造成的,所以“贫而怨”应视为一种维护人的正当权利的方式。但是,“贫”有绝对贫困和相对贫困之分。绝对贫困意味着基本的物质生活条件难以得到保障，人的生存权利受到威胁这样一种生存状态;而相对贫困是一种“比较贫困”,是一种“心理贫困”,譬如伯氏,虽被管仲剥夺了三百户的封地,但他毕竟还可以“饭疏食”,不至于饿肚子,比起普通老百姓来讲,他的日子还算是好的。当然,如果要与过去的生活相比,伯氏会觉得“饭疏食”的日子简直是太穷、太苦了,没法过下去。如果伯氏是这种心态,那就是一种由比较所产生的心理贫困。而由这种心理贫困所产生的怨言,在孔子看来则是一种道德上的弱点。因为,君子“乐道”,所以“安贫”,君子当贫而无怨。孔子说“贫而无怨难”,难在哪里?难就难在一个人有没有比物质生活满足更高的精神生活追求。

在《学而》“富而好礼”章,子贡曾提出“贫而无谄,富而无骄,何如?”这一问题,孔子给予“可也”又“不若”的回答,而在本章孔子却说“富而无骄易”,这只是相对而言,其实要做到这一点也并不容易。因为,财大气粗,“有钱就任性”,“有权就任性”,这是古今富贵者之通病。而欲治此病,我认为,还是孔子讲的要“富而好礼”,即有钱人要自觉带头遵守礼仪规范,带头遵纪守法。这是一方面。另一方面,作为国家必须要维护礼制或法律的尊严,严格落实“法律面前人人平等”的观念,不给任何人以超过法律规定的任何特权,把富贵者的“任性”想法扼杀在萌芽之中。

14.11【原文】 子曰:“孟公绰为赵、魏老则优。不可以为滕、薛大夫。”

〖解读〗为政要知人善任

孟公绰,鲁国大夫,三桓孟氏族人。据《史记·仲尼弟子列传》载:“孔子之所严事:于周则老子;于卫,蘧伯玉;于齐,晏平仲;于楚,老莱子;于郑,子产;于鲁,孟公绰。”可见孟公绰是孔子非常敬重的历史人物之一。而孔子之所以敬重他,原因就在于下章所讲的“孟公绰之不欲”,即他是一个清心寡欲之人,道德方面很高尚,符合儒家以德为先的人才评价标准。

但是,孔子又认为,“孟公绰为赵、魏老则优。不可以为滕、薛大夫。”老,家臣之长,国老也。一般来讲,“老当以德”,能够成为一国之“老”者,必定是道德崇高、在社会上有很大影响力的人。譬如孔子归鲁后,鲁国以“国老”称之,其地位相当于现在的全国政协委员,有议政之权,但无实际的职事,不需要投入太多的精力,故其履职显得很轻松自在。所以孔子说像孟公绰这样的人,即使安排在赵、魏这样的大国做“国老”也会绰绰有余,但是如果把他放在大夫的位子上,则另当别论。因为大夫是实职,就如现在的部长、局长,每天要处理具体而繁杂的政务工作,所以如果没有一定的才干是胜任不了大夫这个位子的。而孟公绰这个人,当“国老”、政协委员可以,当大夫、部长则不行,哪怕是当滕、薛这样小国的大夫也不行,因为所谓“麻雀虽小,肝胆俱全”,“滕、薛国小政繁,大夫位高责重。”(《论语集注》)孟公绰才具有限,所以当不好大夫之职。

从孔子对孟公绰的评价可知,孔子的人才标准是德才兼备,但因这样的人不多,所以要知人善任,把不同的人安排在适当的位子。否则,就会如现在中国的大学管理,看到某某博士、教授学问高,人品好,就把提拔当院长或处长,其实他可能并不具备行政管理工作能力,让他去当院长、处长,这既是害人,又是害己。如果非得要用他,倒不如向孔子学习,去当个学术委员,这才是人尽其才。

从文本上下文的意义联系来看,前面孔子谈到子产、子西、管仲三个历史人物时,其中关于子西的评价,孔子只说“彼哉!彼哉!”,未予具体置评。原因是什么,似乎是不得而知。而从本章孔子对孟公绰的评价来看,似乎可以找到答案。因为,子西作为楚国的大夫能够两次逊国位,确实称得上“贤”,但由他来担当大夫之职,却不懂得知人善任,拒绝了像孔子这样的人才,最后导致了白公之乱。所以,孔子说“彼哉!彼哉!”之意是:子西这个人真不知怎么评价才好,要说他没有德吧,他能两次逊国位;要说他没有才吧,他又能帮助楚国复国,但是,他终究败在不能知人善任这一点上。故本章之旨是:为政要知人善任。

14.12【原文】 子路问成人。子曰:“若臧武仲之知,公绰之不欲,卞庄子之勇,冉求之艺,文之以礼乐,亦可以为成人矣!”曰:“今之成人者何必然?见利思义,见危授命,久要不忘平生之言,亦可以为成人矣!”

〖解读〗虽然人无完人,但还是要努力向完人迈进

本章承上章之旨,仍然是讲"知人"问题。不过,此章之"知人"不是指如何去"知人",而是指"知"应该成为怎样的人。而从上章孔子对孟公绰的评价来看,孟公绰不可以当小国的大夫,那是因为他才具有限,所以,在孔子心目中,德才兼备应为君子努力的方向所在。而子路问的"成人",也就是在修养上完美无缺之人,简称为"完人"。具体来讲,"成人"或"完人"应具备以下几个方面的素养:

第一,"若臧武仲之知",即要像臧武仲那样有智慧,也就是说"成人"首先必须是个智者。臧武仲是鲁国的大夫,个子长得不高,但人很聪明,深得鲁宣公夫人喜爱,被立为臧氏的继承人,曾任鲁国司寇。后因不容于权臣,出逃到齐国,因治齐有功,齐庄公要给他封地,可他设法拒绝了这一恩赏,故后来齐庄公被杀时,他没有受牵连。由是可知,一个人能够在险恶的政治环境中生存下来,并且能够成就一番事业,这确实只有智者才能做到。

第二,若"公绰之不欲",即要像孟公绰那样清心寡欲,廉洁奉公,也就是说"成人"须是个仁者或德者。上章已述,孟公绰作为鲁国的大夫,为"三桓"孟氏族人,他是完全有条件"任性"的,可他富而不骄,廉静寡欲,为政以得民心为上,是一个受人尊敬的人。孔子讲无欲则刚,一个人能做到无欲,就敢于讲直话,就敢于坚持原则,而春秋之世有这种品格的政治家确实不多见,所以要向他学习。

第三,若"卞庄子之勇",即要像卞庄子那样勇敢,也就是说"成人"须是个勇者。卞庄子也是鲁国大夫,以勇力闻名。《史记·张仪列传》记有卞庄子刺虎一事,有"双虎之功";《荀子·大略》载:"齐人欲伐鲁,忌卞庄子,不敢过卞。"卞庄子还有"卫鲁之功"。勇敢是儒家三"达德"之一,不过,儒家之勇不是比力气、比狠劲,而是比见义而为的勇气。

第四,若"冉求之艺",即要像冉求那样多才多艺,也就是说"成人"须是个全面发展的人。我们知道,冉求是孔子的学生,子路的师弟,擅长政事,是处理复杂问题的高手,把他放在哪个位子都可以放心,都可以做出出色成绩。譬如他为季氏家臣,既善于理财,又善于带兵打仗,既是个出色的政治家,也是是个出色的军事家。在孔门弟子中,像他这样能文能武之人,确不多见。所以,孔子特意把他当作先进人物与臧武仲等大夫并列在一起。

第五,"文之以礼乐",即要加强礼乐方面的修养,也就是说"成人"除了是个智者、仁者、勇者、艺者之外,还须是个彬彬有礼者。如果说智者、仁者、勇者是"成人"人格修养的内在标准,那么"艺"与"文"则是修养的外在标准,而在这里孔子并没有"举例说明",原因就在于"文之以礼乐"这是前面四者都必须要有的素养,也就是说无论是智者、仁者、勇者,还是艺者,都不可缺少礼乐方面的修养,只有有了礼乐方面的修养,才是"文质彬彬"的君子。

由上可知,孔子对"成人"要求是很高的,而且即使做到了上述五点,也只是"亦可

以为成人矣”,一个“亦”字表明,在孔子看来,做到上述五点只是“差不多”可以算“成人”,是不是理想的“成人”,那还要看情况。

当然,孔子也意识到,这样来规定“成人”可能是有点过于理想化了,所以他话锋一转,退而求其次,对子路说,今天的“成人”也没有必要以如此标准来要求,只要做到三条就可以了:一是“见利思义”,即在个人利益问题上要多想想道义方面的问题,不能见利忘义,那是小人所为。这是“不欲”之退而求其次,即“有欲”而要做到“君子爱财,取之有道”。二是要“见危授命”,即要有临危授命的担当精神,要勇于任事,不怕牺牲。这是一种被动式的勇敢,它与主动请缨式的勇敢不同,后者是一种“有危险,我先上”,而前者只是“危险到我头上,我不退缩”而已。三是“久要而不忘平生之言”,即虽长久处于贫困或不得志状况,但不会忘记平生的承诺,说到做到,不管什么情况,说过的话都要兑现。这是讲诚信的退而求其次,因为,孔子讲信守诺言是有条件的,这个条件就是“义”。孔子讲:“言必信,行必果,硁硁然小人哉。”(《子路》)小人之中也有可以做到信守承诺的人,是以君子之诺,必如孟子所言,即“大人者,言不必信,行不必果,惟义所在”(《孟子·离娄下》),不符合道义、时宜的诺言,君子是没有必要遵守的。

俗话说,金无足赤,人无完人,虽然如此,还是要以做“完人”或“成人”来要求自己,不断地提高自身的修养境界。

14.13【原文】 子问公叔文子于公明贾曰:“信乎,夫子不言、不笑、不取乎?”公明贾对曰:“以告者过也!夫子时然后言,人不厌其言;乐然后笑,人不厌其笑;义然后取,人不厌其取。”子曰:“其然!岂其然乎?”

〖解读〗不要迷恋公叔文子,他可能只是个传说

本章承上章之旨,仍然是讲“知人”问题,其重点是“知人”不能道听途说,要多方求证,不能轻信传言。

公叔文子,卫国大夫,卫献公之孙,名拔,谥号“文”,故称公叔文子。有关他的事迹,史载仅二:一是他曾劝卫灵公不要效法阳虎作恶,灵公乃止;二是他推荐自己的家臣僎与他做同等的官,受到孔子的赞赏。朱子说:“文子为人,其详不可知,然必廉静之士,故当时以三者称之。”(《论语集注》)哪三个方面“称之”呢?就是本章提到的“不言、不笑、不取”。孔子周游列国,在卫国待的时间最长,自然也听到了有关公叔文子的这个“三不”传说,加之吴公子季札适卫时有关“卫多君子”的评价中就有公叔文子其人,所以他很想知道这个“三不”传言是不是真的,于是他便求证于卫国大臣公明贾。

孔子为何对公叔文子的这个“三不”传说如此感兴趣呢?主要因为这个“三不”是一种很高的政治道德修养境界,做到的人很少,孔子多少有点不信。试想一下,一个大夫,一个政治人物,能够做到“不言”,即不随便说话,但一说话就一语中的、一言九鼎,那是多高的智慧和多高的威望啊!“不笑”,即不随便表露自己的情绪,很少看到他高兴的时候，一幅忧国忧民的样子，那是多强的责任感啊！“不取”，即从不索取他人财物，从不贪公家的便宜，那是多么的廉洁奉公啊！这样的“三不”干部不仅称得上“廉静之士”，而且称得上“贤能之士”，“内圣”与“外王”的修养都很高。孔子认为，在卫国这样的“无道”国家，能出这样的君子，确实难以置信。

对孔子的疑问，公明贾是这样解释的，他说，告诉你这个话的人有点言过其实了。公叔文子的“三不”只是：“时然后言”，即恰当的时候说恰当的话，所以大家不讨厌他的话；“乐然后笑”，即高兴了才笑，且笑得恰到好处，所以大家不讨厌他的笑；“义然后取”，即合乎道义的财物还是取，该得的不能少，不该得的坚决不要，所以大家不讨厌其取。由公明贾的解释可知，公叔文子虽然不苟言笑，不贪不占，但也并不是一个完全不懂人情世故的人，他也并不像传说中的那么清高，只是他做到比较到位、得体罢了，从某种意义上说，他的言行深得孔子“时中”思想之精髓。如果是这样的话，公叔文子的形象似乎比传说中的形象还要高，所以孔子听了公明贾的解释之后，说：“其然，岂其然乎？”仍然是表示怀疑。

从怀疑“三不”传说，到怀疑对“三不”传说的解释，这表明孔子在“知人”问题上，尤其是在对历史人物评价问题上，其态度是慎重的。故本章之旨，用现在流行的话来讲就是：不要迷恋公叔文子，他可能只是个传说。

14.14【原文】 子曰：“臧武仲以防求为后于鲁，虽曰不要君，吾不信也。”

〖解读〗“请求”是如何变成“要求”的，诚意是如何变成要挟的

上一章讲孔子对公叔文子的“三不”传言表示怀疑，本章则继续承上章之旨，讲对历史人物的评价不要偏信传言，要以事实为根据，要有自己的判断。文本进一步彰显了孔子的怀疑精神。

臧武仲是鲁国的大夫，前面孔子讲到“成人”问题时说要“若臧武仲之知”，即要像他那样有智慧。而臧武仲的智慧体现在两件事上：一是他在鲁国不容于权臣，出逃到齐国之后，因治齐有功，齐庄公要给他封地，他却设法拒绝，后来齐庄公被杀，他因此而没有受到牵连。二是他逃离齐国后又曾回到自己鲁国的封地防邑，并向鲁君提出这样的要求，即以立臧氏之后为卿大夫作为条件，自己放弃防邑，流亡国外。因防邑战略地位重要，鲁襄公不得不同意臧武仲的要求，册立了臧武仲的一个异母弟弟作为臧氏家族继承人。本章就是孔子对后一件事的看法。

为什么孔子要对臧武仲“以防求为后于鲁”一事提出异议呢？这是因为臧武仲不见容于鲁国，既是事出因，也是情有可原，鲁国的舆论对他多有同情，认为他是受了孟氏和季氏的迫害才离开鲁国的。所以，当他主动提出要以自己的封地防邑这一鲁国的战略要地来换取臧氏宗祠的延续时，大家认为臧武仲的这个要求并不过分，甚至觉得臧武仲这笔买卖亏大了，更不可能有要挟国君之意。但孔子却不这么看，他认为，臧武仲作为鲁国的臣子，无论受了何种委屈，都不能跟国君讲条件、做交易，哪怕你“立后”的请求是合情合理的，也不能把这一请求建立在交换的基础之上。换句话说，臧武仲可以向鲁君提“立后”的请求，但若这一“请求”是以交易的形式来达成的，“请求”就变成了“要求”，变成了要挟。试想一下，当臧武仲提出以防邑为交换条件时，鲁君不得不这样考虑：如果不答应臧武仲的要求的话，他会不会据邑以叛呢？会不会割据自重呢？应该说不是没有这种可能性。所以，孔子认为，臧武仲“以防求为后于鲁”，要说他没有要挟之嫌，他不相信。如果欲摆脱这种要挟之嫌，要么你先交出防邑，再提出“立后”的请求；要么只提出“立后”的请求，不提出交换条件。这也是为臣者尽忠之难也。难在哪里？难在天意难测。为什么？我们可以站在臧武仲的角度想一想：我只是希望臧氏宗祠后继有人，除此之外并没有其他的想法，为以示诚意，我愿意将自己的封地防邑贡献出来。也就是说，“以防求为后于鲁”，这也可能是臧武仲向鲁君表达诚意一种方式。但这一方式恰恰可能让鲁君生猜忌之心。假如臧武仲不这样做的话，鲁君又可能会这么想：你跑到齐国还想保留着封地，又要我立你的族人为大夫，如果哪一天你有不臣之心，不是更加难以控制吗？所以臧武仲之错就错在没有先交出防邑，然后再提“立后”的请求。但是，这样做了之后，鲁君会同意吗？如果不同意，臧武仲合情合理的权利由谁来保障呢？试想一下，一个被逼得流亡他国的有功之臣凭什么去相信自己的请求会得到落实呢？所以，我认为，臧武仲“以防求为后于鲁”，虽有要挟鲁君之嫌，但仍不失为明智之举。

14.15【原文】 子曰：“晋文公谲而不正，齐桓公正而不谲。”

〖解读〗“谲正”之辨，“王霸”之辨也；聪明要用在正道上

晋文公是继齐桓公之后春秋五霸中的第二位霸主，他虽然在位只有 9 年，却开创了晋国长达百年之久的霸业。晋文公的霸业与齐桓公一样，都是兴起于“尊王攘夷”，然后是“奉天子以令不臣”。但是，在霸业成就的过程中，二者所为又略有不同，主要在两个方面：一是在“尊王攘夷”问题上，齐桓公在“攘夷”方面确实做出了重要贡献，从某种意义上讲，没有齐桓公的“攘夷”，华夏文明是否能够得以延续，真还不得而知。所以，齐桓公的霸业是在“攘夷”或保卫华夏文明的战争中形成的，他“九合诸侯”之所以能够“不以兵车”，关键就在于他是通过“攘夷”而赢得诸侯的认同，并不是靠单纯的武力或战争来达成霸业。而晋文公则不同，他虽是靠“攘夷”或“勤王周室”而在诸侯国中赢得声誉，并且他“攘夷”的实际功绩远超于齐桓公，但他的霸业主要是在与楚国的争霸战争中形成的，或者说是诸侯国在两强争霸中的被迫“站队”才形成了他的霸主地位，所以，晋文公霸春秋主要靠的是“兵车”或武力，他之所谓“尊王”亦不过是以周天子“宪兵”的身份去充当中原的霸主。二是在称霸的过程中，面对强国楚国的挑战，齐桓公“仗义执言，不由诡道”（《论语集注》），通过外交手段兵不血刃地与楚国达成了

"昭陵之盟";而晋文公则"伐卫以至楚,而阴谋以取胜"(《论语集注》),最后在城濮之战大胜楚军,扼制了楚国向中原扩展的野心。可见,因为晋文公的霸业主要在是晋楚两强争霸战争中实现的,所以他用尽了阴谋诡计,把"兵者,诡道也"发挥到了极致。正是基于上述两方面的原因,孔子才讲"晋文公谲而不正,齐桓公正而不谲"。

那么,孔子为何要将二者进行比较呢?我想原因主要是:齐桓公与晋文公作为春秋五霸先后的霸主,在春秋史上是最有影响的,特别是晋文公,因为他是在外流亡19年之后才掌权,可以说是"险阻艰难,备尝之矣;民之情伪,备知之矣"(《左传·僖公二十八年》)。因而他在位虽只有9年,但任用了狐偃、先轸、赵衰、贾佗、魏犨等一大批优秀人才,实行了通商宽农、明贤良、赏功劳等政策,并大力推进军事改革,作三军六卿,使晋国国力大增,为晋国的百年霸业奠定了雄厚基础。与之相比,齐桓公上位虽然也有一番曲折,但比晋文公要顺利得多。齐桓公在位有40多年,任用了管仲为相,实行军政合一、兵民合一改革,使齐国逐渐强盛。但是齐桓公晚年昏庸,让易牙、竖刁等小人当政,以致他死后因五公子争位使得他的尸体在床上放了两个多月,尸虫都从窗子里爬了出来才收殓 。所以,桓公死后,中原诸国又是一盘散沙,围绕着"攘夷"而形成的诸夏联盟土崩瓦解。正是在这关键时刻,幸赖有晋文公接齐桓公而起,再次以中原霸主的身份担当起"尊王攘夷"的大任。有鉴于此,顾颉刚先生认为,齐桓公的功绩主要在安内方面,至于"攘夷",他只不过是个"空把戏",而晋文公的"攘夷"功绩远在齐桓公之上。[①]我想,无论是晋文公"攘夷"功绩,还是他的曲折人生经历,到孔子之世,人们至少是把他与齐桓公等量齐观的。这一点也可从当时楚国的左史倚相,也就是左丘明的祖父所说的一段话中得到佐证,他说:"齐桓、晋文,皆非嗣也,还轸诸侯,不敢淫逸,心类德音,以德有国。近臣谏,远臣谤,舆人诵,以自诰也……桓、文皆然。"(《国语·卷十七·楚语上》)左史倚相认为他们都是"心类德音,以德有国",但是孔子却不同意这种看法。因为,在孔子看来,齐桓公走的是"正"道,而晋文公走的"谲"道。"谲"道虽然成就了晋国百年霸业,但搞坏了人心,用王夫之的话来讲,"晋伯世兴而功利成习,人心易矣。是安可以不辨!"(《四书训义》卷十八)可见,孔子对二者的看法,实际上仍是基于一种"义利之辨"的观念,目的仍然是推崇"王道",反对"霸道",也就是说孔子之辨又是一种"王霸之辨",意思是齐桓公首霸春秋多少还有点"王道"色彩。

从上下文意义联系来看,上章孔子讲他不相信臧武仲以防邑求"立后"的行为不是要挟鲁君,而在前面孔子又说要学臧武仲之智,如果按孔子的判断,臧武仲"立后"之请是一种带有要挟性质的请求即"要求"的话,那么,臧武仲之智便带有晋文公"谲而不正"的色彩,所以,从文本上下文意义联系的角度来讲,本章之所指是:聪明要用在正道上,正道要以正当的方式去走。

---

① 见顾颉刚著《国史讲话·春秋》一书,上海:上海人民出版社,2015年。

14.16【原文】 子路曰:"桓公杀公子纠,召忽死之,管仲不死,曰未仁乎?"子曰:"桓公九合诸侯,不以兵车,管仲之力也。如其仁!如其仁!"子贡曰:"管仲非仁者与?桓公杀公子纠,不能死,又相之。"子曰:"管仲相桓公,霸诸侯,一匡天下,民到于今受其赐;微管仲,吾其被发左衽矣!岂若匹夫匹妇之为谅也,自经于沟渎而莫之知也!"

〖解读〗历史标准是一种最高的道德标准

本章旧注为分为两章,本读合为一章。理由是:都涉及同一问题,即"管仲是否为仁者",而孔子为管仲的辩护角度又大致相同,即着眼于历史主义的评价视角。

上章孔子比较了晋文公与齐桓公,有抑"文"扬"桓"之意。而谈到齐桓公,就不能不涉及帮助他首霸春秋的功臣管仲。关于管仲,在文本的前面,孔子曾说过他有"三归"而"不知礼",但在本章孔子却许其以仁,给了最高评价,这在孔子对人物的评价中颇为罕见。

子路和子贡对管仲乃仁者有怀疑,其理由是管仲不死君难,不仅没有为主子公子纠尽忠,相反却做了曾经的政敌齐桓公的宰相,加之后来又有"三归",属"不知礼"也。按儒家的道德标准,一个人既"不忠",又"不知礼",怎么可能称得上仁者呢?但孔子说管仲是仁者,而且是大大的仁者,了不起的仁者。孔子为管仲辩护的理由是:第一,"桓公九合诸侯,不以兵车,管仲之力也。"齐桓公首霸春秋,却能够做到"不以兵车",可以说是兵不血刃地将中原诸夏团结起来以抵抗夷狄的进攻,为中原地区经济社会的发展创造了相对安稳的环境,让老百姓至今都受益匪浅,这个功劳要归于管仲。而管仲有这个功劳,就当得起仁者的称号。因为,儒家所讲之仁,是仁者"爱人",具体来讲就是要爱百姓,而爱百姓就是要让百姓过上好日子,而好日子的标准无非是物质上富裕,生活上安定,特别是在有外敌环伺的压力下能够享受到和平的福利。所以,从促进社会历史发展的角度来讲,管仲确实是功莫大焉,称得上仁者。第二,"微管仲,吾其被发左衽矣!"春秋之际,中原诸夏面临着"文明的冲突",如果不是管仲的"尊王攘夷",华夏文明就有可能被夷狄野蛮文化所取代,中原诸夏百姓有可能要过着"被发左衽"即披头散发、衣襟向左的生活。所以,从维护华夏文明发展的命脉来讲,管仲确实功勋卓著,称其为仁者一点也不为过。第三,"岂若匹夫匹妇之为谅也,自经于沟渎而莫之知也!""谅",小信也;"经",缢也。孔子认为,评价管仲这样的杰出人物,不能以普通老百姓的道德标准去要求他。因为,普通老百姓讲的守信只是守的小信,如果以守小信去要求管仲,管仲应当以自缢去尽忠。如果他果真这样死了,世上哪还知有管仲这号历史人物呢?管仲不死君难,似是不仁不义,但其实是大仁大义。因为,他是一个有宏大理想和远见的政治家,而公子纠并不是一个值得为之殉葬的贵公子,他不以管仲为国士,听不进管仲的意见,即使他争位获胜,管仲也未必能有后来的成就。而与之相反,齐桓公获胜之后,能够不计管仲的一箭之仇,充分发挥了管仲的政治才能,使齐国首霸春秋,使华夏文明得以延续。所以,管仲之忠不是忠于个人,而是忠于国家,忠于华夏文明，这既是大忠，也是大仁。如果像世人所要求的那样，管仲为公子纠去以死尽忠，那是一种愚忠。

由上可知，孔子对历史人物的评价主要是看其历史贡献，而并非单纯的道德评价，这一点也反映出孔子的道德标准其实是建立在历史标准之上的。如孔子说能够“博施于民而能济众”的人，其修养境界“何事于仁，必也圣乎！”(《雍也》)，足见在孔子心目中，历史标准是一种最高的道德标准，属于“圣人”境界，而管仲之功离“圣人”不远矣，故许之以仁，一点也不为过。只是孔子以后，从孟子开始，到宋明理学家，都有“小管仲”之意，总喜欢以一时一事来评价人物是非，没有了孔子那种以历史标准为最高道德标准的宏大视野，这样一来就将孔子的“圣人”思想简化为了一种心性之学。其实，如上所述，孔子的“圣人”思想，不只包括“内圣”，同时包括了“外王”，没有“外王”的“内圣”不是“圣人”，而是不是“圣人”，其评价的标准恰恰必须有“外王”或历史贡献这方面。而心性之学所培养出来的知识分子，大多只是“平时袖手谈心性，临危一死报国君”，就像孔子所讲“自经于沟渎而莫之知也”。所以，我认为，儒家思想的现代转型必须“回到孔子”，回到孔子的“圣人”思想。

14.17【原文】 公叔文子之臣大夫僎与文子同升诸公。子闻之曰：“可以为文矣！”

〖解读〗荐举人才，功莫大焉，可以谥为“文”

公叔文子前面提到过，就是那位“三不”先生，他是卫国的六君子之一。孔子对有关他的“三不”传言不相信，对他的“时中”更是表示怀疑。但在本章孔子却从另一件事上做出了这样的判断，即认为公叔文子可以谥为“文”。

根据王莽《训谥》所载，一个人死后的谥号可为“文”者有下列 26 种情形：

道德博闻曰文；慈惠爱民曰文；愍民惠礼曰文；赐民爵位曰文；勤学好问曰文；博闻多见曰文；忠信接礼曰文；能定典礼曰文；经邦定誉曰文；敏而好学曰文；施而中礼曰文；修德来远曰文；刚柔相济曰文；修治班制曰文；德美才秀曰文；帝德运广曰文；坚强不暴曰文；徽柔懿恭曰文；圣谟丕显曰文；化成天下曰文；纯穆不已曰文；克嗣徽音曰文；敬直慈惠曰文；与贤同升曰文；绍修圣绪曰文；声教四讫曰文。

那么，公叔文子属于哪一种呢？应该属于“与贤同升曰文”和“赐民爵位曰文”两类。因为，他推荐他的家臣僎与自己一同升为朝廷的“诸公”即大臣。这就是“与贤同升”。我们知道，春秋时代是一个“血而优则仕”的时代，在世卿世禄制度之下，平民要当官尤其是要当大官是很难的，除非有人荐举，否则几乎没有可能性。而公叔文子作为大夫贵族，能够荐举自己的一个家臣任朝廷的大臣，且与自己平起平坐，这既需要眼光，更需要有胸怀。朱注曰：“家臣之贱而引之使与己并，有三善焉：知人，一也；忘己，二也；事君，三也。”(《论语集注》引洪氏曰)“文”是一种美谥，不可以轻易许之。可能有人认为公叔文子不配这一谥号，而孔子却认为他配得上，理由就是他“赐民爵位”

并“与贤同升”，即他不仅改变一个人的命运，还为国家做出了重要贡献，卫国之所以不亡，原因就在于“卫多君子”。

从上下文意义联系来看，上章孔子讲到人物评价须以历史贡献为道德评价的最高标准，而公叔文子的“三不”修养或“时中”境界虽然不一定可信，但他能荐举家臣为国之大臣这一点，既体现了他的胸怀之宽广，更是有功于社稷。所以，这一章孔子仍然是强调要以历史标准来品评人物是非。

14.18【原文】子言卫灵公之无道也。康子曰：“夫如是，奚而不丧？”孔子曰：“仲叔圉治宾客，祝鮀治宗庙，王孙贾治军旅。夫如是，奚其丧？”

〖解读〗“无道”之君却能知人善任，“无道”中的“有道”

上章孔子讲公叔文子可以谥为“文”，理据是他向朝廷荐举了自己的家臣为国之大臣，有知人、忘己、事君之善。公叔文子充当了卫国的人才“猎头”，是以“卫多君子”。而正是这一点，使卫国作为当时弱国能在大国争霸的夹缝中生存下来，以至于秦灭六国之后还将卫国保留了一段时间，直至秦二世才贬卫君角为庶人，卫国才正式灭亡。而本章就是讲卫国人才济济的情况。

孔子周游列国，在卫国待的时间最长，所受的礼遇也最隆。而当时的卫灵公及其夫人南子也很尊敬孔子，但终究未用孔子为政，这一点让孔子很不爽，但当时也没有办法跟他们斗气，因为生存很重要。不过，孔子“归鲁”之后还是免不了要发表自己的看法，他对季康子说，卫灵公是“无道”之君。季康子说，既然“无道”，为什么卫国没有灭亡呢？孔子回答说，灵公虽然“无道”，但下面有仲叔圉负责接待来宾(外交)，祝鮀负责宗庙祭祀(宗教)，王孙贾负责管理军队(军事)。能用此三人，卫国怎么会灭亡呢？孔子的意思是说，卫灵公虽然昏庸，但在外交、宗教和军事等三个方面却用人十分得当，这是卫国不亡的原因所在。所以，人才很重要，从某种意义上讲，春秋战国时期的诸侯争霸实际上就是一场人才的竞争。

“无道”之君能用天下贤才，这是如何可能的？我认为有两个方面的原因。一是卫国政治文化传统的包容性使然。卫国是殷商的故土，所以卫国立国之初，周公就教诲卫康叔要“启以商政，疆以周索”，即要尊重和利用殷商的政治文化传统来贯彻周法，逐步让殷人慢慢归顺。换言之，卫国的政治文化传统就是在两种不同文化传统的磨合中形成的，而这一历史过程也就决定了卫国政治文化具有包容性特征。所以，卫康叔以这种办法治卫，成效非常理想，使卫国成为屏蕃周朝的重要支柱；到春秋初期，卫武公时，卫国一度还成为诸侯之首。卫武公之后，尽管卫国陷入内乱，卫君多昏庸无道，但卫国政治文化的包容性还是使得卫国人才辈出，到卫献公时，吴世子季札出使卫国，便有“卫多君子，其国无患”之叹。二是卫灵公的“无道”事出有因。因为，根据历史记载，卫灵公还算是一位“有为”之君，而孔子对他的评价也是两极。据《孔子家语·贤君第十三》载，在鲁哀公问“当今之君，孰为最贤”时，孔子对曰：“丘未之见也，抑有卫灵公乎？”这一点《左传》亦可以佐证。事实上，从对孔子的态度来看，灵公还是个能够礼贤下士、宽宏大量的君主，否则的话孔子也不可能周游列国十四年而待在卫国长达十年，甚至可以说，卫灵公对孔子把卫国当成他周游列国的“中转站”也从不介怀，这种来去自由的政治礼遇也不是谁都可以做到的。所以，“卫多君子”是与卫灵公对人才的重视是分不开的。而孔子说他“无道”，主要与他在卫国得不到重用有关，也可能与南子干政有关。

从上下文意义联系来看，文本提到的四个历史人物，如果以道德标准来要求，他们都有道德瑕疵。譬如，卫灵公，孔子直接下了“无道”的断语；仲叔圉，也就是前文提到的孔文子，也有犯上作乱、将女儿嫁来嫁去等非礼之事；祝鮀口才虽好，但孔子不喜欢“佞”人，曾说“巧言令色，鲜矣仁”；王孙贾相信“与其媚于奥，宁媚于灶”（《八佾》）的说法，喜欢攀附权贵。他们虽然各有缺点，但“其才可用，灵公用之，又各当其才”（《论语集注》）。“无道”之君却能知人善任，这是“无道”中的“有道”。故本章之旨仍然是强调要以人物的历史贡献来作为评价人才的主要标准。当然，这也说明“搭班子”要注意量材使用，结构合理，不要求全责备。

14.19【原文】 子曰：“其言之不怍，则为之也难！”

〖解读〗牛皮吹久了会破的

如果一个人说话大言不惭，那他很难将事情办好。这是孔子知人的经验之谈。朱子曰：“大言不惭，则无不必为之志，而不自度其能否矣。欲践其言，岂不难哉？”（《论语集注》）有的人喜欢讲大话、吹牛皮，这种人其实对自己所讲的话并没有想到过一定要兑现，所以千万不能相信这种人所讲的话，权把它当玩笑就可以了。真正有修为的人，讲每一句话都会要过过脑子，想一想自己欲言之言是否做得到，是否可以兑现，即使是可以做得到的事，也没有必要把话说得太满。因为，承诺的兑现过程会有变数存在，你讲的话可能今天可以做得到，但明天未必就能做得到，所以，讲话还是留有余地为好。孔子讲“慎言其余，则寡尤”，没有把握的话最好不要说，只讲自己知道且可以兑现的话，这样才可以免得自己后悔。但是，我们可以发现，现实生活中，无论是政界还是学界、商界，总有那么一些自以为是的人，他们讲的话可能在他自己看来并不是吹牛，如果你认为他是在吹牛，他会说你不懂，或者说你缺乏想象力，有时候可能真是这样，但大多数情况还是他们在大言不惭，是在把别人当白痴。要不了多久，牛皮就会吹破。

孔子不喜欢巧言令色之徒，也不喜欢大言不惭之人，但相比之下，孔子更不喜欢前者。因为巧言令色者必是为了图利，所以孔子说“巧言令色，鲜矣仁”，而大言不惭者未必为了利，大多是哗众取宠而已。

本篇自这一章开始，文本的主题有所变化，即从对历史人物的评价转到了讲君子道德修养，也就是由“外王”去考查“内圣”，转到了由“内圣”去考查“外王”，以此说明读书人在“无道”背景下当如何自处的问题。

14.20【原文】陈成子弑简公，孔子沐浴而朝，告于哀公曰：“陈恒弑其君，请讨之。”公曰：“告夫三子。”孔子曰：“以吾从大夫之后，不敢不告也！君曰：‘告夫三子’者。”之三子，告。不可。孔子曰：“以吾从大夫之后，不敢不告也！”

【解读】虽说了也白说，但该说还得说

陈成子，即田成子，又名田恒，因其家族出自陈国，亦称为陈恒，是齐国田氏家族第八任首领。公元前481年，田成子发动政变，弑齐简公，拥立齐简公的弟弟为国君，是为齐平公。之后，田恒独揽齐国大权，将封邑扩大到比齐平公的属地还大，从而正式开启了“田氏代齐”的历程。

听闻陈成子弑君，孔子斋戒三日，然后上朝请求鲁哀公讨伐陈恒，而鲁哀公表示鲁国势力弱小，让孔子去问权臣“三桓”。鲁哀公的意思很明显，即这种事孔子你不要管，你也管不了，连我自己都做不了主，你一个赋闲之臣何必去操心呢？但孔子认为，自己是“大夫之后”，作为一名“离休干部”，还是有义务和责任过问一下此事的。因为毕竟事关春秋大义，弑君之贼，人人得而诛之，更何况齐鲁乃兄弟之邦也，如果鲁国不出面主持正义，谁会出面呢？其实，孔子也知道自己说话的分量不够，“三桓”也不会听他的话，但是，孔子很在意自己作为一名“离休干部”的责任，觉得有必要把自己的意见说出来，至于你们听与不听，那是你们的事，反正我该说的已经说了，我已尽到了自己应尽的义务。

王夫之评论说：“知其不可而必尽，则圣人之诚也。”（《四书训义》卷十八）孔子这种“知其不可而为之”的精神在这一事上体现得非常突出，李泽厚先生说孔夫子还真有点“迂”劲，[①]明知道没有可能的事孔子还要去做，这是为何？我想，一则是要尽臣子的义务，另一则是要伸张正义，也就是要让天下人明白什么是“大义”。面对陈成子弑君这样的事，读书人不能没有自己的声音，尽管“批判的武器”代替不了“武器的批判”。这就是孔夫子之“迂”的可爱与可敬之处。

从上下文意义联系来看，上章孔子反对大言不惭，反对那些爱吹牛皮的人，而本章孔子则认为该讲话的时候还是要讲，哪怕讲了没有什么用。这就是说，君子一方面要“慎言”，另一方面也要“敢言”，不能因为“慎言”而“无言”，尤其是不能放弃自己正当的话语权，尽管说了也白说，但该说还得说。

---

① 李泽厚：《论语今读》，北京：生活·读书·新知三联书店，2004年，第338页。

14.21【原文】 子路问事君。子曰："勿欺也，而犯之。"

〖解读〗侍候领导既要敢于讲直话，也要讲究方式方法

子路的问题是"怎样侍候君主或领导"，孔子的回答是：首先是不要讲假话，不要欺瞒领导；然后要敢于犯颜直谏，不要怕君主或领导不同意或不开心。这跟上章孔子所讲"以吾从大夫之后，不敢不告也"的意思差不多，即"事君"就是要给君主出主意，提建议，不能看君主的脸色办事，有什么想法说出来就是，不要收起藏起，更不能欺上瞒下。所以"勿欺也，而犯之"，这是一种为臣者的忠。

孔子说的事君之道，看似简单易行，其实要做到并不容易。因为，身为君主或领导，最希望有这样的臣子或下属，即一方面对自己"忠心"，另一方面又让自己"顺心"。"勿欺也"，就是要忠心，而忠心免不了要讲直话、真话，但良药苦口，忠言逆耳，忠心往往会让你不顺心、不开心，所以，从情感上来讲，领导一般都不喜欢忠言；但从理性上来讲，他们又希望下属讲真话。这一对矛盾也就是为臣者"事君"的难处所在。古往今来，为什么出了那么多"和珅"式的佞臣，原因就在于讨君主之欢心变成了忠心的一部分，就在于把忠理解为忠于君主一人，而不是忠于国家，忠于百姓，结果往往是以一人之"欢心"换来万民之"痛心"。这说明在专制体制下，如果讲真话的政治风险只能靠君主一人的道德自觉来消解的话，这必定会造成一个假话流行的政治生态环境。尽管秦汉以后有"谏官""言官"的制度安排，但这一制度安排并不是一种具有强制力的纠错机制。也就是说，为臣者你有说话的权利，而为君者更有不听你意见的绝对权力，因而犯颜直谏表面上没有性命之忧的政治风险，实际上只要君主真不高兴，真生气了，有的是办法将你治罪下狱。这一点孔子看得非常明白，他曾讲："事君数，斯辱矣。"经常给君主提意见，最终的结果必定是自取其辱。所以，孔子认为，为臣者尽忠，一方面要讲真话，尽量不讲假话，要敢于犯颜直谏；但另一方面也要讲究方式方法，要懂得适可而止，如果一个人实在听不进意见，就要学会保持沉默，或者选择离开。

从文本上下文意义联系来看，上一章讲孔子为陈成子弑君一事向鲁哀公提意见，不成；又向"三桓"再提，还是不成。如何理解孔夫子这种"迂"劲？本章以孔子自己的话即"勿欺也，而犯之"做了解释，也就是说孔夫子的"迂"其实也只是一种"事君"以忠的表现罢了。不过，孔夫子的"迂"虽然让领导不高兴，但他还没有"迂"到以死相谏的地步，从他两次说"以吾从大夫之后，不敢不告也！"来看，他就是说说自己该说的话而已，也根本没有指望他们会听从。不听从也没关系，但我说了自己该说的话，然后一走了之。这就是孔夫子的洒脱之处。

14.22【原文】 子曰："君子上达，小人下达。"

〖解读〗"君子上达"是君子"以道事君"的另一表述方式

上章孔子讲侍候君主，要求“勿欺也，而犯之”，而犯颜直谏是有政治风险的，所以给君主提意见是需要有一定勇气的。那么，这种勇气自何而来？本章就讲这个问题。

孔子说，“君子上达”。何谓“上达”？达者，通也；上者，本也，天也，道也，高明也，形而上者也。“君子上达”就是君子与天地合其德，与道合其理。也就是说，君子之所为并不是因为有权势和地位，而是因为有“道”作为人格的基础与支撑，君子是“道”的人格化身。而君子“事君”，是“以道事君”，是根据道义原则的要求来侍候君主，并不是以君主的喜好为喜好。如果君主所为不符合道义原则的要求，就要勇敢地站出来，批评君主的过错；如果君主不听，则“不可则止”，即这样的君主就不要跟他玩了，或另择明君，或隐遁山林，或从吾所好，譬如当教师、做学问等。所以，君子“上达”就是君子“以道事君”的另一表述方式，是君子事君而敢“犯之”的底气所在。这表明，在孔子的心目中，“道统”要高于“势统”，“道统”也不能屈服于“势统”。

“小人下达”，下者，末也，欲也，利也，形而下也。“小人喻于利”，小人追求切实的个人利益，小人是“物欲”的人格化身。正因为小人徇欲，所以小人“事君”就会想方设法地讨君主欢心，主子说“可”则说“可”，主子说“否”则说“否”，没有自己的主张，即使明知主子有错，也不敢犯颜直谏，因为那可能是要掉脑袋的事，小人绝对不会干。所以，我们平时观察一个人，只要看他在领导面前的表现，大致就可以判断他的人格高下，即如果在领导面前一幅卑躬屈膝的样子，这种人肯定是小人；如果在领导面前表现得不卑不亢，那肯定是君子。

又，“达”，通达也，明了、知晓也，属于认知的层面。“上达”，就是知晓、明白“上”面的事情，也就是涉及宏观层面的事或国家大事，知道这些大事的意义所在，所以君子是能干大事的人；小人只关心“下”面的事情，也就是具体的、现实的、眼前的小事，所以小人“下达”，小人也是能干小事的人。李泽厚先生说：“君子成功大事，小人成功小事。”[①]大事与小事都要有人来干，只能干大事而干不了小事的人，难免会眼高手低，所以后文孔子讲君子要“下学而上达”，君子既要有大视野，也要有小技巧，既要上得庙堂，也要下得江湖。以此而论，本章之君子小人之辨仍然是从“事君”的角度来讲的，它既涉及“事君”的道德修养问题，也涉及“事君”的水平、能力培养问题。

14.23【原文】 子曰：“古之学者为己，今之学者为人。”

〖解读〗为己之学是一种“道德的学问”和“学问的道德”

这一段是夫子名句，但也令今人很不理解。为什么？因为这涉及读书、学习的目的问题。今天我们所受的教育都是讲要“为中华之崛起而读书”，教育的目的是要培养事业的接班人和建设者，也就是说，读书的目的就是为人、为公、为大家，而不是为己、为

① 李泽厚：《论语今读》，北京：生活·读书·新知三联书店，2004年，第339页。

私、为兴趣，可以说强调个人需要服从集体需要，这是今日教育价值导向的核心。

但是，很明显，此处孔子关于读书的为己、为人之辨是与其古、今之辨联系在一起的，而孔子尚古，所以夫子是言有抑今扬古之意，也就是说他反对“今之学者为人”这样一种价值取向。那么，以我们今天对教育目的的理解，是不是说孔子所言是一种错误的思想呢？我理解，孔子提倡为己之学，应该有两层蕴涵：一是从教育学规律来讲，为己之学是指为了自己的兴趣爱好而学习，用今天的话来讲，为己之学就是一种个性教育，这样的教育才是最有学习成效的。譬如我的兴趣爱好在文科，而父母则从将来找工作方便出发，逼着你学工科，这就是为人之学，因为你没有学工科的兴趣爱好，学习效果自然不会最佳。学自己感兴趣的东西，学习效果自然会事半功倍。二是从提高道德修养来讲，为己之学之“己”并不是指“自我”之己，而是指“超我”之己，是一种包含了人生理想境界追求的“大我”，因而为己之学在孔子的语境意义中是指为健全自己的道德人格而学习，这种学习可以使自己获得一种因道德境界提升而来的心理自足感。而为人之学则是为了装饰自己或为了自己的面子而学，就如今天有些人，努力学习，刻苦钻研，目的是有朝一日能功成名就，光宗耀祖，“粉丝”无数，而自我陶醉于其中矣。但是，这种为面子而学习的价值取向终究会有“丧己”的一天，因为，为了让自己在社会上有面子，让大家觉得你有本事，你就有可能投机取巧，想走捷径，甚至发生学术腐败，其结果必定是身败名裂。而这种情形今日学界并不鲜见，原因就在于市场经济条件下，功利主义的学术价值观大行其道，使得校园里已难得放下一张平静的书桌。所以，一个学者如果做学问不从自己的兴趣出发，不从所长专业角度出发，专门赶学术时髦，百般迎合大众口味，这就是为人之学，是不道德的。故孔子的为己之学是一种“道德的学问”和“学问的道德”。

14.24【原文】 蘧伯玉使人于孔子，孔子与之坐而问焉。曰：“夫子何为？”对曰：“夫子欲寡其过而未能也。”使者出。子曰：“使乎！使乎！”

〖解读〗好一位使者：以谦虚之言道他人谦虚之德

蘧伯玉，名瑗，字伯玉，卫国有名的贤大夫，也是一位年逾百岁的寿星。蘧伯玉与孔子相交甚笃，孔子适卫时，就住他家里，前后长达9年之久，他的为人、为学、为政对孔子思想的形成有很大影响，孔子对他也常称赞有加。

孔子归鲁之后，蘧伯玉曾派使者来看望孔子，孔子很客气地接待了使者，并问使者：老先生退休之后在家干点什么呢？使者告诉孔子：老先生每天想的是如何减少自己的过错，却总认为自己还没能做到这一点。等使者离开之后，孔子便对身边人大发感叹说：好一位使者！要是所有使者都像他一样那该多好啊！

孔子为什么对这位使者如此赞美有加呢？朱子说：“使者之言愈自卑约，而其主之贤益彰，亦可谓深知君子之心而善于辞令者矣，故夫子再言‘使首’以重美之。”（《论语集注》)使者的话确实说得非常谦虚,他没有说自己的主子其修养境界是如何如何的高,而只是说老先生每天欲寡过而不能,以这样一句话来概括主人的道德生活状况,非"深知君子之心"者而不能。换言之,也只有对蘧伯玉有真正了解的人才可能说出这样的话,可以说这位使者是蘧伯玉的"知音",他以谦虚之言道出了蘧伯玉谦虚之德。这是其一。其二,以孔子对蘧伯玉的了解,使者之言乃实言也,是以孔子亦信之。因为,孔子知道,尽管蘧伯玉在卫国的政治地位、社会声望非常之高,但他退休以后也并不会倚老卖老,更不会自居圣贤,而是仍会如过去那样,"年五十而知四十九年非"(《淮南子·原道训》),每日"三省吾身",不断精进修德。事实上,据《庄子·则阳篇》载:"蘧伯玉行年六十而六十化",六十岁之后还能与日俱进,真可谓"其进德之功,老而不倦"(《论语集注》)。所以,使者之言,孔子不仅相信,而且由之而对蘧伯玉更添敬意。

从上下文意义联系来看,上章孔子提倡为己之学,而从道德修养的角度来讲,为己之学便是一种终身之学,是一种终身寡过之学。否则,以蘧伯玉的政治地位与道德声望,他根本无须在退休之后仍然这样每日寡过以自省。所以,"仁以为己任",确实是一种"死而后已"的功夫。

14.25【原文】 子曰:"不在其位,不谋其政。"曾子曰:"君子思不出其位。"

〖解读〗退休干部要思不出其位,不要去顾问干政

"不在其位,不谋其政。"这句《泰伯》篇中出现过,但在这一章又加了曾子的话,代表了曾子对这句话的理解,意思是在什么岗位就想什么岗位的事,不要替别人瞎操心。不过,从上下文意义联系来看,文本如此安排,恐怕另有所指。

因为,上章讲到了卫国贤大夫蘧伯玉的退休生活,孔子听使者讲他还是像在位时那样,每天寡过自新。那么,政治人物退休之后,需要"寡"哪些"过"呢?我认为,要"寡"之"过"有二:一是倚老卖老,摆老资格,或者居功自傲,不断地给在位者提要求,添麻烦,以满足自己个人物质与精神方面的需求。二是有的退休干部由于从政时间太长,政治上"入戏"太深,在心理上几乎变成了一个"政治动物",放不下手中的权力,如果一天不升堂、不签字、不盖章,心里就觉得非常难受,所以这种人退休之后喜欢"顾问"干政,喜欢对现任下指导棋,可以说不在其位,仍谋其政;实在不行,也要找个"协会"主席干干,名义上是发挥余热,实际上是止不住官瘾。以上两个方面,是退休干部的通病,也是特别需要在心理上"寡"的"过"。所以,曾子讲"思不出其位",重在一个"思"字,就是要在思想上、心理上解决问题,也就是不在其位以后,就不要去想这个位子上的事情,因为新官有新官的想法与办法,你不一定就比他聪明能干。再说你想了也白想,人家并不一定会听你的。所以,思出其位,替别人操空心,往往只是徒增烦恼而已,何必呢?

再联系前文孔子为陈成子弑君一事"三告"来看,这恐怕也是孔子退居政治二线如何"事君"以后的体会之辞。因为,孔子与蘧伯玉一样,都是退居政治二线的离休干部,有与闻其政的权力,却没政治决定权。遇到政治问题,不出来讲话吧,没有尽到应尽的政治义务;出来讲话吧,又有思出其位之嫌。所以,对于退居"二线"的孔子们来讲,这其实是一种"事君"的两难处境。孔子的做法是,该说的还是要说,但决不在心理上纠结,不为自己的话没人听生暗气。当然,再好的办法是,像道家一样,远离政治,眼不见,心不烦,这样才可真正地思不出其位。

14.26【原文】 子曰:"君子耻其言而过其行。"

【解读】言过其行:事前喜欢讲大话;事后喜欢吹牛皮

关于言行一致问题,孔子是反复重申,如在《雍也》篇中,孔子曾说:"古者言之不出,耻躬之逮也。"古人之所以慎言,就是怕自己讲的话,最后做不到,承诺不能兑现,这是一种为人之耻。这里又一次强调,君子应以"言过其行"为耻。

所谓"言过其行",就是说得多,做得少,说得好听,做不到位。在生活与工作中,"言过其行"有两种情形:一是事前喜欢讲大话,但真正落实起来有的是虎头蛇尾,有始无终;有的则是根本不动,开空头支票,停留在口号上。二是事后喜欢吹牛皮,本来只做了半分,却要吹成十分;本来是很平常的事,却要吹成很伟大的事;本来只是参与者,却要吹成主持者。所以,孔子认为,君子一方面要言而有信,说过的话一定要"想"兑现;另一方面言而能行,说过的话一定"可以"兑现。后一点尤其要注意。因为有时我们讲过的话不是不想兑现,而是无法兑现,把话说过头了,说得太满了,自己的能力也好,现实的条件也好,都不具备承诺兑现的可能性,因此我们讲话之前一定要过过脑子,既要三思而后行,也要三思而后言,或者说既要"以心笃于行",也要"以心制言"(《四书训义》卷十八),这样才可以言行一致。

从文本上下文意义联系来看,上章曾子讲"君子思不出其位",如果"思出其位",就可能讲一些不该讲的话,讲一些做不到的话,就会"言而过其行"。譬如作为一名退居二线的干部,有人来找你帮忙,希望组织提拔一下,你觉得此人可用,又认为现任领导会听你的建议,于是满口答应说"没问题",结果却没有把事情办成。所以,一个人讲话要特别注意自己的身份、位置,尤其是当自己的身份、位置发生变化之后,切不可仍然站在原来身份、位置去讲话,那样的话,就很容易"言而过其行",会让自己很难堪的。故从文本上下文联系的角度来看,本章之所指义是:君子要有自知之明,要站正位置,讲应该讲的话,讲能够做到的话。换言之,君子以"言而过其行"为耻,实际上也可理解为君子以讲"思出其位"的话为耻。

再次申明,文本中所载孔子之言确有许多重出之处,但从上下文意义联系的逻辑来看,它会有不同的所指义。我们读《论语》,特别需要注意文本上下文联系中所产生意义。

14.27【原文】 子曰:“君子道者三,我无能焉:仁者不忧,知者不惑,勇者不惧。”子贡曰:“夫子自道也。”

〖解读〗仁者不忧于利,知者不惑于非,勇者不惧于恶

“君子道”,是君子应走的路,或者是君子为人应遵循的基本原则,但在这里,孔子所讲的“道”是一种内化为主体的“德”,即“道”之内得于己也,是一种人格修养的境界。

孔子认为,“君子道”有三个方面:

一是“仁者不忧”。仁,仁者爱人也,属于道德情感的范畴。我们知道,一个对国家、民族、他人深怀仁爱之心的人是有“忧”的,故心忧天下是仁者应有的道德情怀,怎么可能“仁者不忧”呢?孔子的意思并不是说仁者不心忧天下,不关心国家民族的命运,不关心他人的疾苦,而是指:一方面“君子于得丧之不忧也,有所道以忘忧也;安恬静而养之以纯粹,无土不安,故不忧也”(《四书训义》卷十八),即君子不忧于个人的得失,不忧于所居的环境,安贫乐道而忘忧也;另一方面君子于其所关心的天下大事“都有办法解决,纵然没有办法解决,也能坦然处之”①,也就是说,君子掌握了社会历史发展的基本规律,了解社会发展的大势,知道事物发展的结局,所以不会庸人自扰,乐天安命而不忧也。

二是“知者不惑”。知,智也,属于道德理性范畴。“知者不惑”不是说智者什么都懂,全知全能,而是指:一方面“君子于是非之不惑也,有所道以辨惑也”(《四书训义》卷十八),即君子在道德是非问题上有自己的价值判断与抉择,知道什么为“应当”或“善”与“不应当”或“恶”;另一方面君子具备理性分析问题的能力,能够认识事物的本质及其发展的规律,因而不会被假象、表象所迷惑。前面孔子曾讲“知者利仁”,仁者之所以“不忧”,就在于智者不惑,一个人光有恻隐之心的道德情感,没有是非之心的道德理性,是做不到“不惑”的。

三是“勇者不惧”。勇,是指道德的意志力与执行力。孔子所讲的勇,不是匹夫之勇,不是蛮干。孔子所讲的勇,一方面是指义勇,一种维护公正价值的正义感,为真理而献身或杀身成仁的勇气,有此勇气就会不惧怕任何邪恶势力,就不会畏惧任何强权霸权;另一方面是指智勇,“君子于凶危之不惧也,有所道以免惧也”(《四书训义》卷十八),即君子遇到凶危之险,知道怎么去解决问题,就如要走钢丝绳,杂技演员就不怕,因为他掌握了走钢丝绳的技巧,普通人就不行。我认为,“勇者不惧”最不容易做到,原因就在于勇敢不只需要有勇气,还需要有将此勇气付诸行动的能力,而这种能力主要来源于智慧。所以,智者不仅可以“利仁”,亦可以“利勇”。

从上下文意义联系来看,上章孔子讲君子要以“言而过其行”为耻,而本章孔子说“君子道者三,我无能焉”。虽然子贡说这是“夫子自道也”,即是夫子的自谦或自勉之词,但也是夫子“言而不过其行”的一种表现。

---

① 南怀瑾:《论语别裁》(下册),上海:复旦大学出版社,2006年,第678页。

14.28【原文】子贡方人。子曰:"赐也,贤乎哉?夫我则不暇!"

〖解读〗**方人:对别人马列主义,对自己自由主义**

"方人",方,比也。子贡平时既喜欢对他人评头论足,又喜欢拿自己与他人进行比较,以知自己优劣与长短,所以"方人"既是坏习惯,也是好习惯。子贡性格直率,人又聪明,是孔门弟子中"智者型"代表人物,而且事业非常成功,是以有对别人评头论足的资本,但这种喜欢批评人的习惯,很容易得罪人,所以孔子不认可;但在另一方面,正如朱子所说,"比方人物而较其长短"也是"穷理之事"(《论语集注》),人要有比较,才有进步,不比较,不知道自己的差距在哪里,所以子贡"方人",可以说也是一个不断地激励自我、完善自我的过程。但孔子批评子贡说:子贡啊,你就那么贤明吗?你真的比人强吗?要是我,就没有这闲工夫去讲别人的长短。

王夫之说:"君子之为学,求诸己,而自顾所居者何等也。……于贤者引以自愧,不肖者取以自鉴。好恶在心,而不易出诸口。"(《四书训义》卷十八)孔子提倡的为己之学是一种以提高自我修养为主的"内圣"功夫,它一方面要求对自我修养所达到的境界有自知之明;另一方面即使对别人有好恶之心,也要抱着有则改之,无则加勉的态度,不要轻易将自己的好恶说出来,心中有数就行。一个人如果总是去论人长短,看似是善恶分明,疾恶如仇,显得自己好像高人一等,其实并不见得如此。因为,拿高标准去要求别人容易,而要求自己同样做到却是很难,喜欢"方人"的人往往是责人以严,待己以宽,用我们熟悉的话来讲,就是"对别人马列主义,对自己自由主义"。虽然子贡未必是如此之人,但喜欢"方人"总归不是好事,至少在孔子看来缺乏君子应有的宽容。

从上下文意义联系来看,子贡"方人"实际上也有"言而过其行"之病。因为"方人"就是高标准要求别人,但你敢说自己都做到了吗?孔子说"君子道者三,我无能焉",既然连孔子也不敢说自己做到了"君子道",那么,子贡"方人"是不是也是一种"言而过其行"的表现形式呢?我以为是。

14.29【原文】子曰:"不患人之不己知,患其不能也。"

〖解读〗**是金子总会发光的,就怕你只是一块石头**

夫子名言。在《论语》文本中,与此意思差不多的话共有四见,属于文本的"重出",一般认为这是因编者的疏忽所致。但是,宋代理学家朱熹对这一文本现象又做了差别化理解,他说:"凡章指同而文不异者,一言而重出也;文小异者,屡言而各出也。此章凡四见,而文皆有异,则圣人于此一事,盖屡言之,其丁宁之意亦可见矣。"(《论语集注》)即一种情况是意思相同,文字也相同,这是文本"重出";另一种情况是意思相同,文字却有异,这是因夫子在不同场合、对不同的人屡次言及,故有强调和反复叮咛之意。这样的解释虽不无道理，可问题是：夫子屡言之语为什么不放在一块，而要放在文本的不同篇章呢？我认为，这与文本上下文的意义联系逻辑有关，也就是说同一句话在不同的文本结构中有着不同的所指义，尽管它们的能指义是相同的。而我们研读《论语》，恰恰要注意的就是这种由上下文意义联系所产生的所指义。

譬如本章，孔子说不要愁别人不了解自己，愁的是自己不具备较高的能力与水平。其言外之意是，如果你有才能，还怕别人不知道你？那么，孔子讲这个话主要是针对什么而言的呢？联系到上章孔子对子贡“方人”的批评来看，可以看出，子贡之所以喜欢议人长短，既有看不惯别人所为的一面，也有想突出自我或自我“推销”的意思，即子贡想通过“方人”来显示自己在道德、学问上的与众不同，好让大家知道世上有这么“一号人”，不至于默默无闻地过一辈子。换句话说，子贡闻达心切，生怕别人不知道他有多优秀，所以，针对子贡之病，上章孔子说“赐也贤乎哉”，对子贡的自我标榜提出质疑，而本章则又继续劝慰子贡不要担心被世人埋没，相反要多担心自己是不是具备了治国的真本事，因为，是金子总会发光的。对文本此处上下文之间的意义联系，南怀瑾看得明白，他说：“这句话安置在子贡方人一节下，也是非常有味。”[①]这个“味”就是本章之所指义。

14.30【原文】 子曰：“不逆诈，不亿不信，抑亦先觉者，是贤乎！”

〖解读〗**贤者没有防人之心，却有知人之明**

上章孔子讲到“不患人之不己知”，不用担心别人不了解你，但现实的情况是，一个人要得到别人的理解还真不容易。我们每个人其实也都关心自己在别人眼里是怎么样，也正因为有这样的心理，有的人总喜欢去猜测别人对自己的想法，事先去怀疑别人是不是会欺诈自己，事先去揣度别人对自己是不是会讲假话，形成一种不信任他人的心理习惯。这种对他人缺乏信任感的心理，在今日的“经济人”人格中表现得最为突出，以至于固化为一种普遍的社会防范心理机制，这就是古人所总结出的经验即“防人之心不可无”也。该不该有“防人之心”呢？孔子认为不该有，他说“不逆诈，不亿不信”，不要去逆料、也不要去猜测别人是不是会欺骗你、对你是不是诚实。因为，一方面，防范心理过重，心理压力就会增大，人就会活得很累；另一方面，持怀疑的心理与人打交道，必然会说话有所保留，此《增广贤文》所谓“逢人但说三分话，未可全抛一片心”也。如果人人都持这样的心理，彼此“试探”着进行交流，人际交流就会变成一种心理博弈，交流缺乏真诚感，就容易造成彼此之间的误会，所谓“人不己知”，大多数就是这样造成的。所以，从相互理解的角度来讲，人不该有“防人之心”。

但是，没有了防范心理，是不是意味着要当一个被人认为“缺心眼”的“傻子”呢？

---

① 南怀瑾：《论语别裁》(下册)，上海：复旦大学出版社，2006年，第679页。

在社会交换过程中，尤其是在市场竞争的背景下，缺乏防范心理的人确实更容易“吃亏”，更容易上当受骗，有的时候你的善良还会形成一种即使上当受骗也心甘情愿的自我安慰心理，如此一来你的善良就不是一种善，而是一种姑息养奸的恶，你的好心成就了坏人。很显然，孔子是不主张做这样的“傻子”的，他说“抑亦先觉者，是贤乎！”，意思是虽然不要有防范之心，但真正的贤者还是可以做到事先觉察出对方的阴谋诡计的。因为，真正的贤者一方面是一个胸怀坦荡的人，是一个没有个人私欲的人，所以他用不着防范别人；另一方面真正的贤者也是一个有智慧的人。朱子曰：“君子一于诚而已，然未有诚而不明者。”（《论语集注》引杨氏曰）“诚而明”是一种德性的智慧，因为君子没有成见，看问题就更客观理性，所以要想骗他还真不容易，尽管有时候他似乎被骗了，其实那只是他愿意被骗罢了，如果遇到大是大非问题，君子是不会让你骗的。所谓君子容易吃“小亏”，小人容易吃“大亏”，讲的就是这个道理。

孔子在这里讲君子要“不逆”“不亿”，既可以理解为凡事不要先往坏处想，也可以理解为尽可能减少思维方式的路径依赖影响。因为，逆料和臆测总是一种基于自身的经验而形成的判断，不同的人对同一个行为可能会有不同的理解，所以，理解活动如果不意识这一点，不尽可能减少主观判断的影响，误解就难避免。这一点在下一章就表现很明显。

14.31【原文】 微生亩谓孔子曰：“丘，何为是栖栖者与？无乃为佞乎？”孔子曰：“非敢为佞也，疾固也。”

〖解读〗正因为人家冥顽不化，就更需要多费口舌去做思想工作

微生亩，何许人也？史载不详，但从他对孔子说话的口气来看，敢讥笑孔子的人至少也是个有底气的人，所以有人说他是春秋时期鲁国的隐士，似乎有道理。

有一天，微生亩碰到孔子，便对他说，孔丘啊！你为什么这样忙忙碌碌，四处奔波，到处游说呢？难道不是想显示自己的口才吗？孔子连忙辩解说，我哪敢逞口舌之能，只是对那些冥顽不化的人深恶痛绝罢了。

从这段对话中可以看出，微生亩与孔子的人生观、价值观确实不同。因为，在微生亩看来，在春秋这样的“无道”之世，孔子这样周游列国，像个推销员一样，到处劝人接受自己的治国理念，结果不仅徒费口舌，还弄得自己疲惫不堪，栖栖惶惶，甚至差一点丢了自己的小命，这样做根本不值得。倒不如像我微生亩一样，躲到深山老林，与世无争，过一种逍遥自在的日子。而在孔子看来，春秋之所以“无道”，就在于大家放弃了“王道”政治理念，我孔子所推销的产品——仁政虽然暂时没有市场，但并不意味着社会不需要它，那只是人们没有意识到仁政才是自己的真正需要罢了，如果我不去推销、宣传仁政的好处，社会就可能变得更加“无道”，我之所为至少为“无道”社会提供了一面“有道”的镜子。所以，“知其不可而为之”并非徒费口舌，也并非没有意义。当然,我也想过一种逍遥自在的隐士生活,但如果读书人都选择去过这种生活,那么由谁去改造这种日益“无道”的社会呢? 我无法像你们那样放弃自己作为读书人的社会责任,尽管我知道这样做会是一种什么的人生结局在等着我。

从微生亩与孔子不同的人生观、价值观可以看出, 对于思想理念宣传工作的价值,二人有不同的理解。在微生亩看来,思想宣传如果没人听,那就是徒费口舌,根本没有必要去做;而孔子则认为,正因为人们思想固化,就更需要多费口舌去做宣传工作。当然,孔子也意识到,思想宣传工作也要讲究方法和突出重点,譬如政客听不进,那就办教育,“有教无类”,灌输给下一代。这方面孔子成绩斐然。

从上下文意义联系来讲,上章孔子讲君子要“不逆”“不亿”,即不要事先去逆料和猜测人家会对你怎么样,尤其是不要形成思维方式的路径依赖,否则容易形成误解。而本章微生亩对孔子的理解,其实就是一种站在自己角度上的逆料与臆测,是受道家思想路径依赖的影响所致,所以它是一种对孔子的误解。

14.32【原文】 子曰:“骥不称其力,称其德也。”

〖解读〗听话的千里马才是良马

骥,良驹,千里马。孔子说,千里马之所以称为千里马,不是因为它的力气大,跑得快,跑得远,可以一日千里,而是因为它有良好品性。

动物有德性吗? 在原始图腾崇拜话语体系中, 动物是具有灵性或神性的存在,因而凡为图腾的动物又被当作氏族的祖先而加以崇拜,譬如“天命玄鸟,降而生商”,玄鸟就是商族的始祖图腾;商周文化革命之后,又赋予了动物之“灵性”以伦理道德属性的内涵,产生了所谓“仁兽义禽”的动物价值观。譬如,麒麟作为古代“四灵”之首,便既是一种瑞兽,也是一种仁兽。《诗·国风·周南·麟之趾》曰:“麟之趾,振振公子,于嗟麟兮!”“振振”者,仁厚诚实之谓也。又如驺虞,《毛传》曰:“驺虞,义兽也。白虎,黑文,不食生物,有至信之德则应之。”驺虞作为老虎的一种,本可以“以杀生为事”,但它却“不食生物”,足见其具有至仁的德性。再如传说中的中国式的独角兽——獬豸,《后汉书·舆服志下》:“獬豸,神羊,能辨别曲直。”獬豸能够明辨是非善恶,体现了一种正直、公平的道德品质内涵。至于普通的动物,古人经过对动物习性的长期观察与了解,发现它们也有着与人类伦理相通的品性,如:“鸦有反哺之义,羊有跪乳之恩,马无欺母之心。”“虎狼父子之仁,蜂蚁君臣之义,豺獭报本之礼,雎鸠有别之智,燕鸿有期之信”等,这说明古人对于动物亦有德性的信念是确定无疑的。

春秋以后,孔子及儒家特别强调“人禽之辨”,说“鸟兽不可与同群”,人类不可以与鸟兽为伍;又说“今之孝者,是谓能养。至于犬马,皆能有养,不敬,何以别乎?”因为“敬心”的存在,所以人类孝道所要求的“能养”才区别于动物的“能养”。有鉴于这种“人禽之辨”的观念,所以这里孔子所讲的骥之“德”,就不能理解为一种伦理学意义上的美德，它顶多只能是古希腊哲学家亚里士德所讲的“卓越”(virtue)或特长。那么，骥的“卓越”或特长是什么呢？用通俗的话来讲，就是它“听话”，听人的调驯，能够满足和适应人类安全远行的要求。如果只论“力”的话，可能其他的马也可以做到日行千里，但不一定如骥一样“听话”，所以骥之“德”才是骥的真正的“卓越”或特长。当然，孔子是言主要是针对才德关系而言的，其意思是：人若有才而无德，不足以尚之。也就是说，君子应当德才兼备，尤其要以德为先。

从上下文意义联系来看，南怀瑾先生说：“这两句话编在这里，等于是答复了微生亩问孔子的问题。”①因为，微生亩讥笑孔子“知其不可而为之”是徒逞口舌之能事，而孔子则以骥之“德”自喻，说明自己不是逞口舌之能(才)，而只是听从人类历史使命的召唤而“应当”尽力为之(德)。

14.33【原文】 或曰：“以德报怨，何如？”子曰：“何以报德？以直报怨，以德报德。”

〖解读〗为人要恩怨分明，避免“农夫与蛇”的故事重演

上章孔子强调德对于才的重要性，而孔子所谓之德，实际上就是处理相互关系时的一种“应当”。那么，这种“应当”是根据什么来确定的呢？譬如本章提到的问题——“以德报怨，如何”，就有不同的回答，而答案的不同就是因为它们确定“应当”所持的根据不同。

“或曰：‘以德报怨，如何？’”“或曰”是“有人说”的意思，但因《老子》第六十三章有“报怨以德”一语，所以有学者认为它代表了道家的思想。那么，不管是谁的思想，“以德报怨”或“报怨以德”的根据是什么？譬如，有人怨恨你，对你不好，甚至落井下石加害过你，你为什么还应报之以恩德呢？凭什么还应帮助他渡过难关呢？或者如基督教所讲的，当人家“打了你的右脸”时，你为什么还应当“把左脸伸过去让他打”呢？是因为佛教所讲的“冤冤相报何时了”吗？这可能是理据之一。因为，“以德报怨”可以终止仇恨的循环，让相互伤害不再继续下去，或者说，“以德报怨”是一种伤害最小化的处理方式。如果是这样的话，那么“以德报怨”作为一种“应当”实际上是基于一种功利的考量。但是，“以德报怨”真的能够实现相互伤害的最小化吗？譬如人家“打了你的右脸，你把左脸伸过去让他打”，就能够让他不再继续打你的身体吗？我看未必。因为，你让他抽耳光，他觉得不解恨，就会打你的身体，甚至把你打死了还要踏上一只脚才解恨。所以，从功利主义的角度来看，“以德报怨”并不能获得伦理的正当性辩护，至少其正当性是不充分的。

其实，老子讲的“报怨以德”跟基督教是不同的。老子所讲的“德”就是一种示弱与退让，就是在面对仇怨时采取一种逃避的方式，既不针锋相对，也不“把左脸伸过去让

① 南怀瑾：《论语别裁》(下册)，上海：复旦大学出版社，2006年，第684页。

你打”,而是“你打我的右脸”,我赶快跑,跑得远远的,跑到深山老林里去,这样你想继续伤害我却够不着。中国人有句话叫作“惹不起,躲得起”,这就是道家“报怨以德”的通俗说法。道家这种“报怨以德”的方式确实要比基督教好一些,因为它可以让相互伤害最小化,但它并不能终止仇怨的循环,它很容易形成“世仇”,将仇怨一代一代传下去,所谓“躲得了初一,躲不过十五”,就是指只要想报仇,总会有机会的。所以,道家式“报怨以德”也并不是解决仇怨问题的最优选择。

儒家主张如何“报怨”呢?孔子说要“以直报怨”,直,正直、公正之谓。而公正价值如何在“报怨”中体现呢?首先要体现为公平,体现为对等对待,即你若不仁,就别怪我不义。就如南怀瑾先生所言:“儒家思想有一点侠义的精神,你打我一拳,我踢回你一脚;你对我不好,我不理你,这很直嘛!”[①]因而,直,从某种意义上讲,也就是“以恶制恶”。其次要体现为公开,体现为直截了当,不转弯子,不使阴招。是以“以直报怨”对于仇怨的终止有警告作用,即至少可对以让对方不再生“打你左脸”之心,而是想着如何避免“自己的右脸被打”。最后体现为无私,体现为正义,也就是“以直报怨”不是为了个人的私利,不是要“痛打落水狗”,不是为了“让你永世不得翻身”,而是为了彰显社会正义,为了扬善惩恶。也就是说“你打我一拳”,我之所以要“踢回你一脚”,不是因为“我”受到了伤害,而是因为“正义”受到了伤害,不是因为“我疼”,而是因为“我们疼”。

所以,孔子认为,“以德报怨”虽然是一种宽容、大度,但更可能是一种对“恶”的纵容,因而也就意味着是一种对“善”的伤害。试想一下,如果坏人都可以得到好报,且应该得到宽恕,那还有谁愿意做个好人呢?用孔子的话来讲就是:如果“以德报怨”,那“何以报德”呢?虽然孔子说要“以德报德”,但其前提必须是“以直报怨”,否则“以德报德”就不会有劝人向善的效果,因为如果做好人与做坏人得到的回报是一样的,那就没有必要“克己”去做个好人。正是基于这一点,孔子心目中的“好人”或仁者虽然是有恻隐之心,但也是一个有恩报恩、有仇报仇、爱憎分明的人。

从上下文意义联系来看,上章孔子讲到骥之“德”,也就是骥具有一种听从主人调驯的“卓越”或特长,能够做到人所认为的“应当”,那么,对于骥之“德”,或者对于动物、自然的友善,人类也有一个该如何回报的问题,故本章孔子说要“以德报德”,也包含了人类要善待自然的意蕴;同样对于与人类为敌的动物,也必须“以直报怨”,避免“农夫与蛇”的故事重演。

14.34【原文】 子曰:“莫我知也夫!”子贡曰:“何为其莫知子也?”子曰:“不怨天,不尤人,下学而上达。知我者,其天乎!”

〖解读〗一种基于历史发展规律视域的自我理解方式

---

① 南怀瑾:《论语别裁》(下册),上海:复旦大学出版社,2006年,第685页。

上章孔子主张“以直报怨”而反对“以德报怨”，这一点让人很不理解。因为，在大家的心目中，圣人怎么可能对于仇怨没有一点宽容退让之心呢？怎么可能针锋相对地对着干呢？我认为，孔子之所以主张“以直报怨”是因为他所指之“怨”是一种不具有道德正当性的仇怨，但不是所有的“怨”都没有正当性。譬如孔子自己，周游列国十四年，“干七十余君”而不用，心中难免会有一些怀才不遇的怨言、牢骚，所以时常发出“莫我知也夫”的感叹，这样一种由政治不公而产生的怨言，是可以获得道德正当性辩护的。那么，依孔子“以直报怨”的逻辑，孔子会希望社会也这样针锋相对地对待自己吗？显然，孔子对国家有怨言、牢骚，但他不希望国家“以直报怨”对自己，这是人之常情。既然不希望这样，既然也无法从国家那里获得理解，那么，如何化解心中的怨气呢？孔子有办法，这就是“知我者，其天乎！”，把“天”当作自己的“知音”，这样怨气就自然没有了。且从这一章开始到最后一章，文本主要是通过孔子的这种自我理解来说明儒、道之别。文本上下文的意义联系逻辑十分明显。

孔子说，“不怨天，不尤人”，自己受了不公正待遇，受了委屈，发发牢骚很正常，但是，这有用吗？只有你一个人有委屈吗？既然没用，既然有很多人都是这样，那就没有必要怨天尤人，牢骚满腹。因为，一个人如果能够“下学人事”，深明人情世故之理，又能够“上达天命”，懂得历史发展的规律，就会知道自己的使命所在，也会知道履行使命的过程会带来什么样的人生结局，这样自己的人生之路便是自己主动选择的，其结局也是可预期的。既然如此，那么，对于不公的待遇又有什么可埋怨的呢？可见，孔子化解自己怨气的方式是让自己“看开点”，而“看开点”又是基于“站高点”和“看远点”，也就是要从社会历史发展规律的角度来定位自己的人生选择，这样就可以把自我理解融入历史理解之中，从而消解人生“使命”与人生“命运”之间的紧张，达到一种“乐天知命”的修养境界。

所以，我认为，孔子“知我者，其天乎！”之叹，乃是一种基于历史发展规律视域的自我理解方式。这一点亦从下一章中看出来。

14.35【原文】 公伯寮诉子路于季孙，子服景伯以告，曰：“夫子固有惑志于公伯寮，吾力犹能肆诸市朝。”子曰：“道之将行也与，命也。道之将废也与，命也。公伯寮其如命何？”

〖解读〗有道路自信，不要在乎少数人的杂音

公伯寮，姓公伯，名寮，字子周，鲁国人，事见于《史记·仲尼弟子列传》，但不见于《孔子家语·七十二弟子解》，所以他是不是孔子的学生，后世有不同看法。如果他是孔子的弟子的话，也属于孔门中的败类。因为他喜欢“打小报告”，喜欢讲同门的坏话。不过，他运气不太好，他在权臣季氏面前讲子路的坏话，却被鲁国大夫子服景伯知道了，而子服景伯看来是一个有正义感且有势力的人，又似乎很乐意充当孔子的“信息员”，朝廷中有什么不利于孔子的话，他都会及时地告诉孔子或孔子的弟子，如本章；再如

《子张》载:"叔孙武叔语大夫于朝曰:'子贡贤于仲尼。'子服景伯以告子贡。"所以,最好不要在背后讲别人的坏话,隔墙有耳。

前文已述,子路曾两度为权臣季氏家臣,办事相当得力,也深得季氏信任。但不知什么原因,公伯寮却在季氏面前诽谤子路,搬弄是非,而且似乎也把季氏说动了。大夫子服景伯得知后,将这一信息告诉孔子,并对孔子说,尽管季氏他老人家好像被公伯寮迷惑了,但我还是有能力让公伯寮弃尸街头的,如果您觉得有必要除掉这个小人的话。孔子说,没有必要这样,也犯不着冒这样的风险。因为,我所推崇的"道"是人间正道,它行不行得通,季氏听不听,这都是命,都有定数,不是公伯寮说几句坏话就可以改变的,随他去吧!

由上可知,孔子不主张以暴力来解决纷争,也不相信暴力能够解决问题。因为,一种"道",一种思想、主义,能否为人们所接受,能否转变为现实的物质力量,这不是以少数人的意志为转移的。公伯寮讲我们的坏话,这是他不理解我的主义的价值与意义所在,属于"莫我知也"一类,且本来现实当权者中对我的主义有真正理解的人并不多,但这并不意味着现实的多数(指当政者而言)就是历史的多数,我相信历史的选择,也相信公伯寮并不代表历史的多数。所以,我的命运,儒家思想的命运,不是公伯寮等少数人能够决定的。可见,本章夫子所言,仍与上章文本之意义相连贯,即都是讲一种基于历史发展规律视域下的自我理解,不过本章夫子所言更体现一种主义或理论或道路自信。

14.36【原文】 子曰:"贤者辟世,其次辟地,其次辟色,其次辟言。"子曰:"作者七人矣。"

〖解读〗贤者有隐士的想法,隐士也是难得的贤者

前面两章孔子谈到了自我理解问题,多少透露出了一种对时世的失望情绪,正是这种生不逢时的伤感,使得孔子时常生发出避世归隐的想法,所以本章孔子讲的"四避"都是以"贤者"冠之,这表明孔子在内心里是认同他们的想法的,这同时也说明传统知识分子的内心世界实际上是经常游离于或儒或道之间,所谓"儒道互补"是也。

"辟世",朱注:"天下无道而隐,若伯夷、太公是也。"(《论语集注》)生逢乱世,到处不得安生,如何避世呢?在古代,由于生产力水平低下,人迹罕至之地颇多,逃到那里,过一种与世隔绝且自给自足的隐居生活,这是传统读书人的理想,且这种理想确有实现的可能性,但在今天,这种理想就只能是一种"乌托邦"。不过,我认为,孔子讲的"贤者辟世",并不一定是要归隐山林,而是指读书人要淡化自己的"政治人"属性,放弃自己的政治参与热情,游离在现实政治生活之外,不想、不闻、不议朝政,不跟当官的打交道,过着比普通人还普通的日子,这样就可以"隐于市"。

"辟地",朱注:"去乱国,适治邦。"(《论语集注》)孔子曾讲"危邦不入,乱邦不居"(《泰伯》),如果一个国家或地区动乱不堪,治安状况不好,生命和财产的安全得不到保障，每天过着提心吊胆的日子；或者这个地方的文化、政治生态环境不好，有严重的排他、排外情绪，不适合你的发展需求等，那就应该选择离开这个地方，到社会稳定、治理有序、环境宽松的地方去。而孔子之所以周游列国，也是想“辟地”，想选择一个符合自己发展需求的空间，但最终未能如愿，只好回到“父母之国”。

“辟色”，朱注“礼貌衰而去”（《论语集注》），也就是避开不好的脸色。与人相交，若别人脸色难看，不讲文明礼貌，表明你不受待见，那就不要“热脸去贴冷屁股”，赶紧走开为好。否则的话，轻则会让自己难堪，重则会有性命之忧。譬如，我们在大街上见到一个满脸凶相的人，那你还是离他远一点为妙。所以，孔子讲“辟色”也可理解为懂得“察言观色”，懂得“相面”，知道什么人可以交，什么人不可以交。可交者，近之；不可交者，远之。

“辟言”，朱注“有违言而后去也”（《论语集注》），就是要避开那些讲粗话、讲狠话的人，避开那些说话不算数的人，避开那些花言巧语的人，避开那些爱发牢骚、爱吹牛皮的人，避开那些爱造谣、传谣的人。孔子非常重视“言德”，以上所讲都是有违“言德”，如果遇上这样的人，最好是远离他，否则难免会有恶言入耳的一天。所以，懂得“辟言”的人是不会受别人言语羞辱的。

以上“四辟”，孔子说只有七个人做到了。这七个人究竟是谁？孔子没有讲，大概是孔子接触过的隐士吧，没有必要“求其人以实之”（《论语集注》引李氏曰），知道做到“四辟”的人很少，知道孔子也想如此而不能，就可以了。

14.37【原文】 子路宿于石门。晨门曰：“奚自？”子路曰：“自孔氏。”曰：“是知其不可而为之者与？”

〖解读〗“知其不可而为之”之难能可贵

上章孔子肯定贤者的“四辟”，说明儒家也有道家的想法，或者说道家是儒家精神世界构成的重要色素之一。而接下来的两章则是表明儒家毕竟不同于道家，因为，道家“避世”，儒家“入世”。

这段对话非常经典，也非常精彩。因为，第一，当晨门守卒即门卫问子路“从哪里来”时，子路不说地名，而是说人名。这一回答表明，在子路的心目中，孔子已是一个不仅在鲁国而且在国际上有名望的学问“大咖”，孔子的“名号”就是“名片”，就是“通行证”，因而报孔子的“名号”比报“从某某地方来”要管用得多。我想，当子路说“我从孔子那里来”时，神情是自豪的，甚至不无得意之色，不像我们平时被单位门卫拦住时那样谦卑，相反他可能还期待门卫听了之后有肃然起敬的表情。第二，在子路期待门卫肃然起敬的时候，不想门卫居然露出不屑之情，淡淡地说：“噢，是从孔子那里来的。就是那个明知行不通却还要去做的孔子吗？”可见，在门卫心目中，孔子虽然有名望、有影响，做事也很执着，但在这样的乱世，“知其不可而为之”明显是一种“冒傻气”，根本犯不着这样，也起不了什么作用，倒不如像我这样，当个小小的门卫，多么轻松自在！第三，对于门卫讥夫子之言，子路是否有些失落，是否跟门卫发生过争论，已不得而知，但至少可以肯定的是，子路一定将此事告诉过孔子或同门弟子，而文本能将此事记录下来，就代表着儒家群体对“门卫”者即道家批评的回应。因为，在儒家看来，虽然天下“无道”，读书人选择“避世”也不失为明智之举，但是他们不知道的是：“圣人之视天下，无不可为之时。”（《论语集注》引胡氏曰）即治世有治世的可为之处，乱世有乱世的可为之事。譬如，孔子虽周游列国“干七十余君无所遇”，但至少是壮大了儒家群体的队伍，扩大了儒家思想的影响，尤其是通过办教育、整理文献等工作，奠定了礼乐文化思想的“道统”地位，这一历史贡献是道家者流难以做到的。所以，王夫之说：“隐士之流，守一端之得失而有待于人。”“合其志则见可为，不合其志则见不可为。”（《四书训义》卷十八）而孔子则是“无可无不可”，是“时中”。

由上可知，儒道之别，既是态度上的“避世”与“入世”之别，也是方法上的“守一端”与“守时中”之别。道家因为“守一端”而“避世”，儒家因为“守时中”而“入世”。讥孔子“知其不可而为之”，那虽是道家的看法，但也反映出孔子“为之”之难也，“为之”之可贵也。

14.38【原文】子击磬于卫。有荷蒉而过孔氏之门者，曰：“有心哉，击磬乎！”既而曰：“鄙哉，硁硁乎！莫己知也，斯已而已矣！‘深则厉，浅则揭。’”子曰：“果哉！末之难矣！”

〖解读〗道家之言虽有道理，但孔子终究难以做到

本章承上章之旨，继续讲儒、道之别。

前面已述，孔子对于音乐，有很高的艺术修养，平时既喜欢唱歌吟诗，也喜欢鼓瑟击磬。孔子居卫国的时候，虽然卫君对他礼遇颇隆，但只是把孔子当个政治“花瓶”，充充门面而已。孔子深感郁闷，便时常鼓瑟击磬以抒怀。有一天在家里击磬，刚好有一个挑草筐的人路过他的家门，一听这击磬之声，他第一反应便说这个击磬之人肯定是有什么心思。具体是什么心思呢？他再听了一会儿，便明白了，说，你把磬敲得这么硁硁作响，真难听！你无非是想说“莫己知也”即世上没有一个人能理解你吧。但这又有什么好值得郁闷的呢？《诗经》里面不是说“深则厉，浅则揭”吗？水深时，你就索性和衣而蹚水过去；水浅时，你就撩起衣裳蹚水过去。“荷蒉”者的意思是说：现在世道太黑，“水太深”，本已无药可救，你根本就没有必要跳下去蹚这一趟浑水，现在你既然蹚了，把衣服打湿了，你就不要叫苦，都是自找的，怪谁呢？更没有必要拿磬来出气。孔子听到这话后，认真想了一想，说：“果哉！末之难矣！”即“原来是这样呀！你说得不错！不过，你说的我终究难以做到。”（关于“果哉！末之难矣！”一句，本读的理解不同于以往的释读。）

由上可知，“荷蒉”者之言反映了道家的“避世”思想，虽然孔子说“果哉！”以示赞同，但他终究不能放弃自己的“救世”使命，尽管他这样做也有自己的苦恼——一种不被理解的苦恼。

14.39【原文】子张曰：“《书》云：‘高宗谅阴，三年不言。’何谓也？”子曰：“何必高宗？古之人皆然。君薨，百官总己以听于冢宰三年。”

〖解读〗“三年不言”，天下不乱，是因为好的制度安排

高宗是指殷高宗，也就商王武丁，是一位非常贤明的君主，《史记·殷本纪》称：“武丁修政行德，天下咸欢，殷道复兴。”他开创了历史上著名的“武丁盛世”。

“高宗谅阴，三年不言”是《尚书·无逸》里的话。“谅阴”是什么？朱注：“天子居丧之名”（《论语集注》），也就是礼制中的“三年之丧”。这一礼制从原始社会一直沿袭到清朝，上自天子，下至百官，都须严格遵守。所以子张所问，并不是质疑“三年之丧”的合法性，而是对“三年不言”不理解，也就是说高宗即位后，“三年不言”，这到底是一种礼制规定，还是一种事实记载？如果是礼制规定的话，这种规定合理吗？就不担心会发生祸乱吗？

我认为，要理解这句话的意思，首先要搞清楚“三年不言”之“言”是指什么。一个人不可能三年不讲话，如果“三年之丧”有这样的规定，既不符合人情，也不符合事实。我理解，此所谓“言”，应该是发表“指示”或“重要讲话”的意思。“三年不言”也就是三年内没有发表过重要指示，没有参与过具体的政务，当甩手“掌柜”，听由宰相、百官去处理政务事宜。那么，“三年不言”是礼制规定吗？根据《史记·殷本纪》所载：“帝武丁即位，思复兴殷，而未得其佐，三年不言，政事决定于冢宰，以观国风。”可见，高宗“三年不言”，是因为在思考复兴商朝的国家大计，属于政治“长考”。为什么要“长考”三年之久？是因为身边没有辅佐之人，没有好的“智库”，所以，与其轻率“言”之，不如“不言”，“不言”的好处是“以观国风”，即可以观察国家的政治风气，可以了解民情民意，可以发现人才，也可以发现问题。可见，在司马迁看来，高宗“三年不言”是为后来之“言”做准备工作，这并不是礼制的硬性规定，而是高宗的政治谋略行为。但孔子说这是礼制的规定，而且是“古之人皆然”，自古以来就是这样的，只是到春秋之际，“三年不言”的守制规定才没有了。

孔子之所以强调“三年不言”是礼制规定，其实与他“好古”情结有关。因为新君即位，能够做到“三年不言”，不仅是因为孝心所致，而且更是体现了一种礼制的优越性。也就是说，在孔子看来，高宗“三年不言”之所以可能，就在于商代有保障“三年不言”的制度安排，在这种制度安排之下，百官能够恪尽职守，宰相可以总揽全局，“三年不言”并不会导致子张所担心的政纪混乱。

从上下文意义联来看，前面几章主要讲儒、道之别，但主要是从对社会问题所持的态度上来讲的。其实，儒、道之别还在于儒家重视礼乐文明的意义，而道家则站在儒家的反对面，所以，本章孔子讲“三年不言”之礼，仍可视为对儒、道之别这一问题的进一步探讨。

14.40【原文】 子曰：“上好礼，则民易使也。”

〖解读〗“上好礼”，才能形成好的风气，才能调动大家的积极性

上一章讲武丁守孝，“三年不言”，他这样做就是本章孔子讲的“上好礼”，是“领导干部”带头严格遵守礼制的典范。

那么，“上好礼”会有什么样的政治效应呢？孔子说“则民易使也”，就是老百姓容易使唤。一个国家、一个单位，甚至一个家庭，都不能没有规矩，没有规矩便不成方圆，但有规矩能不能遵守，这又要靠在上者的带头作用。如果在上者不带头，甚至带头破坏规矩，则下面的人就不好使，就不听话，你指东，他可能往西。而从历史发展来看，规矩之立有两种情形：一种是由风俗习惯来而来，属于“习惯法”，譬如礼；另一种是由统治阶级制定而生，属于“成文法”，譬如刑。刑，带有禁止、强迫的性质，只要触犯，不论是谁，都不能免于惩罚，因此，在成文法面前，不存在“上好刑，则民易使也”的问题。譬如单位规定八点钟上班，要打卡登记，迟到的要罚款。有一天单位有紧急任务，发通知要员工七点半上班，且领导会带头来，但员工会听话吗？不听。你说有奖金发。可能有人会按时到，但也有人不稀罕你这点奖金，还是八点钟到。这就是“上好刑”则“民不易使”也。而礼不同，它是一种风俗习惯，具有人的权利特征（尽管是一种差等权利），有认同的“群众基础”，也有“应当”遵守的心理基础，因此“上好礼”，则“民易使也”。譬如老师与学生一同上公共汽车，学生会让老师先上，尽管并没有明文规定必须如此。为什么会让老师先上？因为尊敬师长是一种礼节，是一种大家都认可的文化传统，虽然没有明文规定，但学生会自觉遵守。所以，如果哪一天你官做大了，见到自己的老师还能这样做，还能恭恭敬敬地让老师先上车，你的同事、下属见了，自然会在尊师这个问题上效法你的行为，根本用不着你去批评、督导他们。

总之，夫子是言说明了一个道理，就是礼仪习俗需要领导干部带头遵守才能形成风气，而好的风气一旦形成，大家的积极性、自觉性就会提高，事情就容易干成。

14.41【原文】 子路问君子。子曰：“修己以敬。”曰：“如斯而已乎？”曰：“修己以安人。”曰：“如斯而已乎？”曰：“修己以安百姓。修己以安百姓，尧舜其犹病诸。”

〖解读〗“修己”是“内圣”，“安人”是“外王”；没有“外王”的“内圣”不是真正的“圣”

上章孔子讲“好礼”，“好礼”是为了方便“使民”，是从政治学角度来论述礼的功能。而“好礼”又是如何可能呢？礼作为一种外在的行为规范是如何成为主体的一种

“爱好”或内在需求的呢？这就是本章所要回答的问题。

孔子认为，君子“好礼”之所以可能，主要靠“修己”，靠不断地提高自我道德修养。怎么“修己”呢？孔子提到三个层次。第一层次是“修己以敬”，就是修养成一个尊敬他人、做事认真的主体。所谓“经礼三百，曲礼三千，一言以蔽之，无不敬”。敬是礼的本质所在，待人也好，做事也好，主体只要心存敬畏，就一定能够把关系处好，把事情办好。这正如毛泽东所言：“世界上怕就怕认真二字，共产党就最讲认真。”“认真”从何而来？来自敬畏感、责任感，来自一种“生怕把事情办砸了”的心态。所以，“修己以敬”就是凡事不能心存侥幸，要严肃认真地对待。第二层次是“修己以安人”。“修己以敬”，只是“独善”，只是“安己”，在此基础上，还要能“安人”，就是要能安乐他人，让他人安居乐业。当然，这里所指的“人”应该是你所接触到的“人”，包括亲人、朋友，如果当了官，还包括你治下的老百姓。“安人”是为社会做贡献，而贡献有大有小，最大的贡献就是“安天下百姓”，这属于“修己”的第三个层次，也是修养的最高层次。孔子说如果以“修己以安百姓”来要求，恐怕尧舜这样的圣人也未必能做到。足见要让天下百姓过上幸福生活是多么的不容易。可以说，“修己”是“内圣”，“安人”是“外王”；没有“外王”的“内圣”不是真正的“圣”。

再回到上下文的意义联系来看，孔子所讲的三个层次的“修己”实际上就是一种仁德修养，而仁德的体现就是仁政，而仁政推行的路径就是“好礼”，就是要以礼乐文明来促进社会的和谐发展与进步。

14.42【原文】 原壤夷俟。子曰：“幼而不孙弟，长而无述焉，老而不死，是为贼。”以杖叩其胫。

〖解读〗礼崩乐坏之至，连老人都是这么不讲礼貌了

原壤是孔子的老朋友、老相识，但他跟孔子是两类人。孔子是儒者，讲礼仪；原壤则似乎有点道家风范，不拘礼节，譬如他母亲过世，孔子帮他料理后事，他却登上棺木，若无其事地唱歌抒怀，跟后世庄子“盆鼓而歌”颇相类。别人看不惯原壤的“作派”，劝孔子不要理他，但孔子拿他也没办法，毕竟两人是“发小”，不好撕破面子（事见《礼记·檀弓下》）。

这一次是原壤听说孔子要来自己家，就叉开双腿坐在地上等孔子到来，样子一点也不礼貌，但原壤不讲这么多，怎样舒适就怎么坐。孔子进来一看，真是气不打不一处来，说，原壤啊原壤！你这家伙小时候就不谦逊；长大了又一无所成；活了这么大的年纪还不死，简直就是一个祸害。孔子骂完之后觉得还不解气，便拿拐杖敲他的小腿，叫原壤坐正一点。

从上下文意义联系来看，前面孔子讲要“上好礼”，要形成好的社会风气，但是，很显然，到春秋之际，因为“上不好礼”，所以原来那种好的礼仪之风已不复存在，甚至连原壤这样的老人都是这么不讲礼貌。是以，孔子对原壤的打骂，可以视为他对“礼崩乐坏”现实的极度不满。

14.43【原文】 阙党童子将命。或问之曰：“益者与？”子曰：“吾见其居于位也，见其与先生并行也，非求益者也，欲速成者也。”

〖解读〗年轻人不要急于求成，否则，欲速则不达也

上一章通过老人原壤不讲礼貌之事，从一个侧面反映出春秋“礼崩乐坏”的严重程度，而这一章则从另一个角度即从年轻人的工作作风的角度来再一次说明这一问题的严重性。也就是说，文本如此安排，旨在说明春秋社会风气的败坏已不是个别现象，而是普遍现象。

阙党，是孔子所居阙里的乡党组织，相当于现在的社区机构。一次，阙党派一位年轻人来向孔子传达指示或文件。年轻人走后，有人问孔子这个年轻人怎么样？“益者与？”即这年轻人是不是上进心很强？孔子说，我看见他大模大样坐在成人的席位上，又见他与长辈并肩而行，这个样子不像是个求上进的人，而是个急于求成的人。

孔子之所以有这种判断与评价，理据就在于该年轻人不懂礼貌，不守规矩，以为自己是代表着“组织”，就可以大模大样地“将命”，忘记了自己还是“童子”的身份以及这一身份应履行的义务。也就是说，“童子”的表现是一种角色错位，而这种错位反映出他有急于求成的心态，有点小孩刻意装大人的味道，很可笑，也很可气。但社会风气如此，孔子也无可奈何。

这一章是本篇的结尾，南怀瑾先生说：“孔子这一番话，和这篇一开始的‘邦有道，谷。邦无道，谷，耻也’的话相呼应。”①(《论语别裁》)意在告诫年轻人不要急功近利，不要急于求成。

---

① 南怀瑾：《论语别裁》(下册)，上海：复旦大学出版社，2006 年，第 702 页。

◆《卫灵公》第十五 ◆

概要：本篇章节也很长，本读合为三十三章。本篇的主题是"君子固穷"。首先，文本围绕着"君子固穷"何以可能这一问题，说明了"明德"对于从政、立世的重要性（第一至七章）；其次，在"无道"背景下，君子从政要注意加强干部团队建设、制度建设等（第八至十章），要禁得起美色的诱惑，要有容人之量，要明辨是非等方面的修为（第十一至十五章）；第三，"义以为质"的君子人格作为一种"社会性公德"是如何养成的？文本从如何对待名声、如何对待矛盾、如何对待毁誉等方面做了探讨（第十六至二十三章）；第四，君子要充分发挥"人能弘道"的主观能动性，既要勇于改过、勇于为仁，也要懂得灵活处世（第二十四至三十三章）。

15.1【原文】 卫灵公问陈于孔子。孔子对曰："俎豆之事，则尝闻之矣；军旅之事，未之学也。"明日遂行。在陈绝粮，从者病，莫能兴。子路愠见曰："君子亦有穷乎？"子曰："君子固穷，小人穷斯滥矣！"

〖解读〗在"无道"背景下，君子之"穷"是一种可能，而君子"固穷"是一种应然

卫灵公"问陈"与"在陈绝粮"并不是同一时间发生的事。"问陈"是孔子第二次由鲁至卫即前 493 年发生的事，而"在陈绝粮"则是发生"去卫西行"之后的事，时间约在前 489 年，中间相距有四年之久。是以，旧注将此分作两章，而王夫之《四书训义》及南怀瑾《论语别裁》则合为一章。本读从后。理由有二：一是卫灵公"问陈"之后，孔子立即"去卫西行"，但"西行"的四年间，孔子先后经历了宋司马桓魋加害、过郑适陈与弟子失散以及"在陈绝粮"等三次危险事件，这是孔子周游列国最艰难的时期，也正是这种人生经历，使孔子对于自己所追求的"道"有了更为坚定的信念。所以，将两事合为一章，更能反映出孔子宁折不弯的精神品格。二是将两事合为一章更能突出本章的主题。因为，灵公"问陈"一事，说明了君子之所以会有"在陈绝粮"之困，那是因"道不同，不相为谋"的逻辑必然所致；而"在陈绝粮"一事，则说明君子是能够"固穷"的，所以本篇的主题是：君子是如何"固穷"的？或者读书人如何成为一个"固穷"的主体？

"陈"，阵也，相当今天所讲的军事或战争。卫灵公向孔子请教军事问题，其意当然是为了强军或加强国防建设，这对卫国这样被列强环伺的弱国而言确也是头等重要的大事。可能是不在其位的缘故，孔子体会不了这事对于卫国存亡的紧迫性；也可能是在孔子看来，军事问题不是解决卫国危机的根本之道，所以，他对灵公讲：对不起，"俎豆"即礼器方面的事我还知道一些，至于军事方面的事，我则不曾学过。孔子是不是会打仗，没有更多的证据可佐证，但这并不意味着孔子不重视军事与国防建设。前面已讲过，孔子既十分重视军队的思想政治教育，也重视军队的军事素质教育，认为好的领导人要花至少七年时间来“教民”，才可以叫人上战场，否则是“弃之”，是草菅人命。很显然，灵公没有这样的耐心，他“问陈”，是希望孔子有什么排兵布阵的好办法、速成法。孔子拿不出这样的办法，便只好一走了之。

“明日遂行”，看来孔子走得很坚决，一点也不后悔。但孔子这一走四年，却是到处碰壁，经历了三次险境，特别是这一次“在陈绝粮”，断粮七日，纯靠野菜充饥，跟从的弟子中有一些病倒了，许多人垂头丧气，弥漫着绝望和失望的情绪，尤其是子路，更是牢骚满腹，对孔子说出“君子亦有穷乎”的话。子路意思是，先生您天天教导我们要讲道德，要安贫乐道，要做君子，但难道做君子就是要过这样的穷日子吗？做君子就应该饿肚子吗？如果讲道德、做君子意味着贫穷甚至饿死，那还有谁愿意做这样的君子呢？这就是中国伦理学思想史上所讲的“德福悖论”现象。

对子路提出的问题，孔子认为，君子不一定“穷”，君子也是人，凡人皆有富贵之欲，君子也想过好日子，但是，君子遇到穷日子的时候能够做到“固穷”即守穷，不会像小人那样“穷斯滥矣”即一穷就乱来。这就是孟子所讲的“无恒产而有恒心者，惟士为能。若民，则无恒产，因无恒心”（《孟子·梁惠王上》）。君子虽然有穷的时候，但不会动摇自己的信念，而且越是穷困的时候，越能磨炼自己的意志，越能体现自己的修养境界。所以，我们不能因为遇到一点困难就垂头丧气，怨天尤人，甚至放弃自己的追求而与世俗合流。

孔子的话虽是这么讲，但陈蔡脱困之后，又回到卫国，居卫五六年之久，过了一段比较安定的生活，然后结束流亡生涯，回到鲁国。

由上可知，本章之旨是：在“无道”背景下，君子之“穷”是一种可能，而君子“固穷”是一种应然。

15.2【原文】子曰：“赐也，女以予为多学而识之者与？”对曰：“然，非与？”曰：“非也！予一以贯之。”子曰：“由，知德者鲜矣！”

〖解读〗不懂“道德”，难免会有“愠见”之时

旧注分为两章，本读合为一章。理由正如朱注所云：“自第一章至此，疑皆一时之言。此章盖为‘愠见’发也。”（《论语集注》）也就是说，“君子亦有穷乎？”这不只是子路一人之“愠”，而是代表着儒家群体的困惑与埋怨，虽然孔子回应以“君子固穷，小人穷斯滥矣。”强调以此作为“君子小人之辨”，但弟子们未必真正理解，故发此感慨之言。

孔子的感慨之言，一则是对子贡说的，一则是对子路说的。对子贡讲的话是以“女以予为多学而识之者与”这一设问为引子，结果果然如孔子所料，子贡就是这么认为的，认为孔子就是一个“多学而识之者”，即在子贡看来，孔子的高深学问源自他的博闻强记，也就是源自孔子的勤奋与天赋。子贡的言外之意是，老师博闻强记，所以学问高，所以看问题才能如此通达，即使遇到“在陈绝粮”这样的事，仍然能够保持坚定、乐观的心态，而我们这些人，要么不够勤奋，要么天赋不够，所以做不到老师“不愠”的境界，请老师能够理解和原谅。可见，“子贡”或“子路”们对自己之“愠”有一种自我逃责的心理。而我们知道，如果连子贡这样的“智者”都这么说的话，那么孔子真觉得有必要告诉他们问题的症结所在了。因为，在孔子看来，自己并不是一个博闻强记的人，而是“予一以贯之”。在《里仁》篇，孔子曾讲“吾道一以贯之”，曾子认为孔子所讲的“道”是“忠恕”。而在这里，孔子虽没有说“予道”，而是说“予一以贯之”，其针对的问题是：我的“识”或博闻强记是如何可能的？孔子说这是用“一”来将所学知识连贯起来的结果。这个“一”是什么？简单来讲，“一”就是事物的原理、规律，也就是“道”。而“道”有“天道”和“人道”之分，“一”就是天人合一之“道”。孔子认为，一个人如果明了天人合一之“道”，就不会对人生际遇之好坏有“愠”意，就不会怨天尤人。

那么，天人合一是怎样“合一”的呢？简单来讲，是“合一”于心，是“天理”内在于“人心”，所谓“心即理”是也。所以“心即理”就是义理之得于已的过程，也就是“德”的形成过程。孔子对子路说：“知德者鲜矣。”为什么“知德”或“明德”的人不多呢？因为，孔子这里所讲的“德”不是一般的道德，不是那种“偶然而为之，偶然而合焉”的“德”（《四书训义》卷十九），而是一种“自然而为之，自然而合焉”的“德”，或者说是一种“恒德”，一种“至德”。孔子曾讲：“中庸之为德也，其至矣乎！民鲜久矣。”（《雍也》）可见，孔子这里讲“知德者鲜矣”，也是从“知至德”的层面上讲的。

由上可知，孔子对子贡之言是惜乎知“道”者太少，对子路之言是惜乎知“德”者太少。“道”是“德”之体，“德”是“道”之用，体用不二，道德合一，这是君子修养的最高境界。不明此理，难免会有“愠见”之时。所以，君子之所以能够“固穷”，就在于有“道德”作支撑。

15.3【原文】 子曰：“无为而治者，其舜也与！夫何为哉？恭己正南面而已矣。”

〖解读〗无为而治的主观条件是“恭己正”，客观条件是有好的制度安排

无为而治，一般被理解为道家的治国理念，但是，我们可以看到，儒家特别是孔子也十分推崇这一理念。譬如在《为政》的开篇，孔子所讲“为政以德，譬如北辰，居其所而众星共之”就有无为而治的意思。而在这一章，孔子把无为而治抬得更高，认为只有传说中的圣王舜帝才配得上这一称号。所以无为而治其实也是儒家最理想的政治模式。

孔子讲的无为而治是“恭己正南面而已矣”，也就是说，无为的前提是“恭己正”，而“恭己正”就是一种必要的帝王道德修养，是一种有为。孔子认为，只有在这种主观有为的前提下，才可能无为而治。为什么？因为，无论是帝王，还是一个单位负责人，如果德行高尚，威信很高，就可以凝聚人心，就可以任贤使能，就可以放心地把国家或单位的治理工作交给下面的人去做，自己只需坐镇就可以了，无须亲自出马，亲力亲为。这是实现无为而治的主观条件。

但是，无为而治毕竟是一种人治，人治始终有靠不住的地方，特别是随着管理范围的扩大，领导者的威望会出现边际效应递减，这就需要制度化管理才是可能的。所以，尧舜以后的圣王都有创制立法，或者说他们都是有为之王。是以孔子说“无为而治者，其舜也与！”即舜能够无为而治——如果属实的话，那是因为一方面尧帝为舜打下了较好的制度基础（“尧典”），另一方面更可能与部落时代所管理的事物较少出现新的变化有关。所以，舜具备实现无为而治的客观条件，而舜之后的历史发展已开始步入阶级社会，其治理的对象与治理的空间较之前已发生根本的变化，这样舜的无为而治方式就不具备实现的可能性，因而必须要有新制度创新。可见，孔子及儒家之所以强调有为，这是一种基于春秋现实的政治考量。也就是说，在孔子看来，只有着力去巩固礼乐文明这一制度基础，无为而治的德治才是可能的。

再看道家的无为而治，它实现的客观条件是以回到“小国寡民”即部落社会为前提，这一前提实际上也就是舜实现无为而治的前提。因为，部落联盟是以氏族为基础，氏族又是以血缘为纽带，而血缘纽带又是实现无为而治的重要政治资源。所以，道家与儒家一样，非常注重孝在无为而治中的价值，所不同者是，道家反对儒家所推崇的以体现等级制度安排需求的孝之礼。但是，在不可能回到“小国寡民”的现实前提下，在没有好的制度安排作基础的情况下，孝又怎么可能发挥出无为而治的功能呢？

从上下文意义联系来看，上章讲“明道德”对于成就君子人格或“修身”的重要性，而本章则是讲“明道德”对于“治国平天下”的重要性，即“明道德”的“治国平天下”可以达到无为而治的政治理想境界。

15.4【原文】 子张问行。子曰：“言忠信，行笃敬，虽蛮貊之邦，行矣；言不忠信，行不笃敬，虽州里，行乎哉？立，则见其参于前也。在舆，则见其倚于衡也。夫然后行。”子张书诸绅。

〖解读〗行走“江湖”（社会），不仅要靠“本事”，更要靠“信义”

行，朱注：“犹问达之意也。”（《论语集注》）但根据《史记·仲尼弟子列传》载：“他日从在陈、蔡间，困，问行。”这就是说子张问“行”是有原因的，即他是在“在陈绝粮”这样一种情况提出的问题。正因为是基于这样一种背景，我认为，子张问“行”的意思是：我们出门在外，周游列国，不见用于诸侯也罢，为什么到处被人误解？为什么会有这种“绝粮”之困呢？出门远行，跟陌生人打交道，怎样才能行得通呢？用通俗的话来讲，子张问行，就是问怎么行走“江湖”？可见，从文本上下文意义联系的角度看，“在陈绝粮”是本篇的大背景，在此背景下，君子当如何“固穷”？如何“治国平天下”？关于后一问题，涉及两个层面：一个是国家层面，这个层面怎么办？上章孔子说要学舜帝之“无为而治”；另一个是社会层面，这个层面怎么办？这就是本章所要讲的问题。

行走"江湖"(社会)最重要的是什么？有人说是"本事",譬如看武侠小说,一些武林高手就是仗剑走天涯,但孔子认为,行走"江湖"或与陌生人打交道,最重要的是两条,即"言忠信,行笃敬"。"言忠信",就是说话要诚实可信,即使对陌生人也要如此,不要以为是一次性博弈就可以对别人讲假话,就可以吹牛皮,就可以欺骗人家,如果是这样,终究会被别人识破,无法取得他人的信任;"行笃敬",就是在行为上要恭恭敬敬,忠厚老实,不能傲慢无礼,尤其是到了陌生环境,要学会尊重他人的风俗习惯,即使不能入乡随俗,也不要有文化沙文主义的心态,否则会引起"文明的冲突"。孔子认为,只要做到了这两点,行走"江湖"就可以畅通无阻,哪怕是到了落后的少数民族地区也没问题。如果不能做到这两点,行走"江湖"就会寸步难行,即使在本土本乡或熟人环境中也行不通。

子张问行,看来他是有心为脱陈蔡之困而出力,而孔子怕子张性格偏激,行事把握不好分寸,所以告诉他这两条行走"江湖"的原则,并且反复告诫他要牢记这六个字。他说,你站着时候,仿佛这六个字就在你的眼前;坐在车上的时候,也仿佛看到它刻在车厢的木板上。子张听老师这么强调,赶快把这六个字写在自己的衣带上。这样便于随时提醒自己。此亦足见子张对自己要求之严格。

15.5【原文】 子曰:"直哉史鱼!邦有道,如矢;邦无道,如矢。君子哉蘧伯玉!邦有道,则仕;邦无道,则可卷而怀之。"

〖解读〗行走"朝廷"比行走"江湖"更加险恶,所以对主体的修养要求更高些

史鱼,春秋时卫国大夫。据《韩诗外传卷七》载:

卫大夫史鱼病且死,谓其子曰:"我数言蘧伯玉之贤而不能进,弥子瑕不肖而不能退。为人臣生不能进贤而退不肖,死不当治丧正堂,殡我于室足矣。"卫君问其故,其子以父言闻,君造然召蘧伯玉而贵之,而退弥子瑕,徙殡于正堂,成礼而后去。生以身谏,死以尸谏,可谓直矣。

史鱼"尸谏"一事亦见于《大戴礼记·保傅第四十八》,不过称其"生进贤而退不肖,死且未止,又以尸谏,可谓忠不衰矣"。直,是忠的一种体现,而所谓"忠不衰矣",一方面表现在由生至死而能始终如一的过程之中,另一方面也表现在孔子所讲的"邦有道,如矢;邦无道,如矢"之中,即无论国家政治清平与否,史鱼他都如箭一般正直、尖锐。政治清平,以直道事君,不会有大问题,顶多君主不高兴而已;而政治黑暗,若以直道事君,轻则有罢官的可能,重则会有性命之忧,所以,这一点不是一般人能够做得到,但史鱼做到了,可见其忠也。

蘧伯玉其人,前文已有介绍,是孔子居卫国期间最为信赖的人,夫子数称其贤,而在这里,孔子又称他是个了不起的君子。因为,在孔子看来,蘧伯玉跟史鱼不一样,他是国家有道,就出来做官;国家无道,他就隐退保身,以待来日东山再起。也就是说,蘧伯玉在尽忠的问题上不像史鱼那样“一根筋”，他懂得进退之道，也珍惜自己生命的价值，是一个既仁且智的政治家。所以，比较言之，孔子虽赞赏史鱼之“直”，但似乎更欣赏蘧伯玉之“智”，因为他符合儒家“有道则从，无道则止”的事君原则。这一点诚如朱子所言：“史鱼之直，未尽君子之道。若蘧伯玉，然后可免于乱世。若史鱼之如矢，则虽欲卷而怀之，有不可得也。”（《论语集注》引杨氏曰）意思是史鱼这样正直、尖锐地事君，少了一点君子应有的智慧，少了点灵活性，且有这种性格的人，即使想退隐，也恐怕难以做到。因为，忠心耿耿之人往往是进取之心有余，但退隐之心不足，就像有的人到了退休年龄，你叫他退休，他会很难受，或者像有的人长期在重要岗位，现在叫他退居二线，他也接受不了一样。而蘧伯玉不一样，他出来当官，与其说是“事君”，不如说是“事道”，如果“道不同”，对不起，“不相为谋”，我不干了，我懒得伺候你了，我退下来干我喜欢干的事去。所以，我们说，孔子心目中的君子，既有儒家的庄重，也有着道家的洒脱；或者说君子既要举轻若重，又要举重若轻。

从上下文意义联系来看，上章讲君子如何行走“江湖”（社会），本章则讲君子如何行走“朝廷”（国家）。行走“朝廷”比行走“江湖”更加险恶，所以对主体的修养要求更高。

15.6【原文】 子曰：“可与言而不与之言，失人。不可与言而与之言，失言。知者不失人，亦不失言。”

〖解读〗对好人不要吝惜口舌，对坏人不要浪费口舌

上章孔子讲君子做官要知进退，碰到不好的世道或者昏庸无道的君主，最好是“卷而怀之”，不要像史鱼那样一根直肠子通到底，那样做很不值得，也不明智。而本章则是将这一政治上的处世哲学引申到社会人际交换领域，其主旨仍是强调说话要慎重，处世要灵活。

“可与言”或“不可与言”，主要包括三个方面：

一是指讲话要看对象，要看对方是什么样的人，主要看对方是好人还是坏人，是智者还是笨蛋。如果是前者，你就应该主动去打招呼，主动与他交谈，不要有隐瞒，否则就是“失人”，错过了与人才做朋友的机会；如果是后者，是“不可与言”者，你主动去交谈，主动去直言相告，道理讲一大堆，以为对方听进去了，结果却是浪费许多的口舌，徒增对方厌恶罢了，这就叫“失言”。所以，对坏人不要浪费口舌，对好人不要吝惜口舌。

二是指讲话要看时机，要看场合，要看对方的情绪。譬如给朋友提意见，最好是选择私下的场合，选择对方情绪好的时候，如果在公开场合提意见，朋友会很没面子，下不了台，肯定一下子难以接受。所以讲话要看时机，讲话的时机不对，就是“失言”，是言失之于躁，其结果可能会弄得朋友反目为仇，这就是因“失言”而“失人”。但是，有机会提意见时，你却不提，看着朋友往错误方向走，等到哪一天朋友醒悟过来时，朋友也会怪罪于你,也可能"失人",从此再也做不成朋友了。

三是指讲话要有分寸,要把握好度,要懂得什么话可以讲,什么话不可以讲。譬如朋友之间,尽管亲密无间,无话不说,但每个人都会有自己的隐私,都会有不愿意提及的旧伤,如果你去揭人家的短,揭人家的伤疤,那就是"失言",可能因此而"失人"。所以,对朋友也好,对陌生人也好,讲话都要注意分寸,不能口无遮拦,既要说应该说的话,也要不说不应该说的话。

孔子认为,真正的智者应该做到既不"失人",也不"失言",既知道谁可与之言,也知道什么时机可与之言,还知道该说什么样的话。这些看似容易,但做到的人并不多。

15.7【原文】 子曰:"志士仁人,无求生以害仁,有杀身以成仁。"

〖解读〗君子要有杀身成仁的勇气,但不必把杀身当作成仁的唯一选项

志士仁人,杀身成仁,乃夫子名言。

何为"志士仁人"?朱注:"志士,有志之士;仁人,则成德之人也。"(《论语集注》)分开来讲,志士是志士,仁人是仁人,志士未必仁人,而仁人必是志士。因为,有的人也有志向,但他的志向未必正确,譬如有的人立志要做大官、大老板,目的却是为了个人的荣华富贵,而不是为大多数人谋幸福,那么这样的有志之士就不是仁人。故王夫之说:"仁存于心而为志,志依于正而即仁。""若夫仁人者,志于仁,而仁即其志。"(《四书训义》卷十九)即只有以仁为志,志向才正确,志士才可能是仁人,而仁人就是以仁为志的人。又,刘宝楠《论语正义》云:"志士即知士,与仁人为知、仁并举。"①即志士不仅有志向,还有智慧,志士仁人,即知、仁并举之人。所以,总而言之,所谓志士仁人,用今天的话来讲,就是指有深厚知识、有远大理想、有崇高道德的人。

孔子说,凡志士仁人,没有因贪生怕死而损害仁德的,只有勇于牺牲来成全仁德的。这就是说,志士仁人不仅是智者、仁者,还是勇者,可以勇于为义到不惜牺牲自己生命的地步。这一点正如宋儒所言:"人莫不重于其生也,君子亦何以异于人哉?然以害仁,则不敢以求生,以成仁则杀身而不避,盖其死有重于生故也。"②求生是人的一种本能,人也应该珍惜生命,而君子不同于常人之处,就在于他们把生命的价值寄托在道义、理想、主义之实现之上,可以为理想信念献身,这种精神境界,确实非仁者莫能为之。但是,需要指出的是,孔子说这个话意思并不是说"成仁必须杀身",也不是说"死则仁也"。③因为善待自己的生命也是仁爱的应有之义,而历史上有许多人在追求理想的过程中,一遇到大的障碍就喜欢选择"以死明志"或"以死尽忠",既缺乏一种忍

① [清]刘宝楠:《论语正义》(诸子集成本),长沙:岳麓书社,1996年。
② [清]刘宝楠:《论语正义》(诸子集成本),长沙:岳麓书社,1996年。
③ [清]刘宝楠:《论语正义》(诸子集成本),长沙:岳麓书社,1996年。

辱负重的心理承受能力,也缺乏解决复杂问题的能力水平,可以说是对"成仁"之路的艰巨性、曲折性缺乏应有的心理准备和知识准备,有的人甚至还有为"名"而死的道德虚荣心。所以,孔子在评价管仲时,就反对那种"匹夫匹妇"为了"小信"而自杀的行为,因为正如刘宝楠所言:"管仲不死而相桓公,霸诸侯,一匡天下,民到于今受其赐,是成仁不必杀身也。"[①]总之,君子要有杀身成仁的勇气,但不必把杀身当作成仁的唯一选项。

从上下文意义联系来看,前面文本各章反复讲的一个道理就是处"无道"之世,君子当如何立身处世?本章仍然是讲这个问题,不过,它重点不是从处世哲学的角度来讲的,而是从立身修养的角度来讲的。文本这种由讲处世而讲立身,由讲处理外部矛盾到讲化解内在紧张的逻辑安排,使得道德抽象的"君子"人格符号转化为了具有历史语境感的"志士仁人"。而如何成为这样的"志士仁人",就是本篇以后各章的主题之一。

15.8【原文】子贡问为仁。子曰:"工欲善其事,必先利其器。居是邦也,事其大夫之贤者,友其士之仁者。"

〖解读〗干事业,团队很重要

上章孔子讲到君子要做"志士仁人",要有杀身成仁的勇气,但是这种勇气不是要你非得以死明志,能够不杀身而成仁,这是最好的结局。而怎么才能做到这一点呢?本章子贡问"为仁",其问题意识就在此,即"成仁"主要体现在"为仁"的过程之中。而"为仁"又有"为仁之方",杀身不过是"为仁"之不得已的选项之一,事实上,在大多数时候不必如此。譬如子贡,喜欢到处游说,想通过做官或经商来"成仁",孔子便有针对性地告诉他如何"为仁"。

"工欲善其事,必先利其器",这是夫子名句,意思是工匠要把活做好,先要把工具准备好,所谓"磨刀不误砍柴工"是也。孔子把手工业生产的经验之谈运用到道德教育领域,这是一个值得关注的文化现象。因为,在很多人看来,儒家是讲究"耕读传家"的,似乎对于工商文明有一种天然的反感,但是,从孔子反对樊迟学"稼圃之术"并认为这是"小人"之事来看,孔子及儒家并不太重视农业生产技术方面的知识学习,相反,对于工商文明倒是有许多的文化体认。譬如儒家把传说中的房屋建筑始祖有巢氏、发明钻木取火的燧人氏皆称为圣人,以至于形成了一种"惟精惟一,允执厥中"的政治文化传统,充分体现了精益求精、专心致志这一工匠精神的政治价值。而孔子对于这一工匠精神同样是十分推崇,并将之运用于道德修养教育之中,反复强调君子修养要像制作玉器一样"如切如磋、如琢如磨",追求一种完美无缺的精神境界。在此,孔子讲"工欲善其事","欲善其事",就是追求完美,这是工匠文化的重要精神特征,这种精神在粗放式灌溉农业生产背景下是难以产生的,即使是讲究"精耕细作"的现代农

① [清]刘宝楠:《论语正义》(诸子集成本),长沙:岳麓书社,1996年。

业文明也无法达到工业文明“精益求精”的地步。而儒家文化在道德修养上的追求显然与这种工匠精神相契合，所以，儒家并不如道家那样反对工业技术的发明创造。因为，孔子强调，“工欲善其事，必先利其器”，即欲做出好的工艺作品，必须先有好的工具。孔子的这一思想可以理解为要发展先进制造业，至少表明孔子思想是并不排斥工业文明的。

儒家虽然强调工匠精神的意义，但他们并不主张读书人成为工匠或科学家，而是希望以工匠精神去立身处世，去治国安民。所以，子贡问“为仁”，孔子告诉他先要做好“为仁”的准备工作，要掌握“为仁”的本事与方法。譬如你居住在某个国家，你想要为国家、百姓谋利益和幸福，怎么去做？首先你得有治国的本事，但光有本事还不行，还得有人赏识你的本事，如果没有人赏识你，最大的本事也可能被埋没。有人说，是金子总会发光的，千里马总会遇上伯乐，是以只要有本事，就可以等着别人来发现。但孔子认为不能这么被动地等待，而是应该主动出击，主动去推销自己，能够把自己推销出去，这也是“为仁”的本事之一。孔子周游列国，未尝不是一种自我推销。怎么推销呢？孔子认为不能搞投机钻营，而是应该“事其大夫之贤者，友其士之仁者”，就是要去拜会上层社会的贤能之士，多交结一些德行高尚的读书人做朋友。简单来讲，就是要主动去接近“伯乐”或社会精英，这样既可以让他们认识你、了解你、推荐你，又可以形成干事的团队、势力和环境。从某种意义上说，你欲“为仁”，要为国家做贡献，能不能够成功，能在多大程度上成功，关键不在于你个人有多聪明、有多大本事，而在于你是否能团结一帮一起干事业的人，可以说，有了这帮人，你就有了“为仁”的利器，否则，仅靠个人的单打独斗，你再有本事也是不会成功的，甚至可能会死得很惨。

由上可知，孔子是很懂政治的。他周游列国，不仅有自己的团队，而且每到一地，总是先拜会国家之贤能，营造政治影响，尽管自己最终没有获得重用，但也为弟子们的出仕打下了很好的政治基础。同时，孔子也是非常了解自己的弟子的，譬如子贡，非常聪明，是儒林中“知者”，孔子就担心他恃才傲物，不能团结人，所以他告诉子贡：干事业，团队很重要。

15.9【原文】 颜渊问为邦。子曰：“行夏之时，乘殷之辂，服周之冕，乐则《韶》《舞》。放郑声，远佞人。郑声淫，佞人殆。”

〖解读〗治国，制度建设很重要

上一章孔子对子贡讲，“为仁”或干事业，团队很重要。那么，有了好的团队之后，又该如何开展工作呢？本章颜渊问“为邦”，问的是国家治理的问题，属于“为仁”的具体展开，孔子告诉他四个方面，其中重点在制度建设，所以，本章是承上章之旨，仍然是讲如何“为仁”的问题，其中心思想是：治国，制度建设很重要。由此，亦足见文本上下文的意义联系逻辑。

第一,“行夏之时”,即实行夏代的历法。古代王朝建立都有一个“奉正朔”问题,即以哪一天为“岁首”或一年之始的问题。夏历是以建寅之月为岁首(正月),称夏正。而殷正在建丑,为夏历的十二月,周正在建子,为夏历的十一月。因夏历比较准确地反映了季节气候的变化规律,便于指导农业生产活动,根据夏历来安排农业生产,可以做到不误农时,所以孔子主张用夏历,这样就可以解决“食”的问题。中国古代除秦及汉初以外,历代皆用夏历。直到今天,夏历(阴历)在中国、日本等国家仍有很大影响。

第二,“乘殷之辂”,即乘殷朝的车子。殷民族是一个善于经商的民族,而商朝建立以后,为适应疆域版图扩大的治理需求,殷王朝前期曾有多次迁都,这使得殷王朝十分重视交通事业的发展,而代表着商代器物文明成就的青铜冶炼技术,无疑为商代的车辆制造提供了重要的物质技术基础。所以,我认为,孔子之所以主张“乘殷之辂”,一方面与周代的车辆太过奢华,而商代的车辆比较朴素有关;另一方面也与商代车辆比较结实耐用有关。毕竟车子还是要以安全系数为重,外观漂亮与否是次要的问题。也就是说,如果按照周代礼制的规定,当时的技术条件及道路条件并不能保障“豪华型”车辆的安全系数要求,与其这样,倒不如坐“商代版”车子,这样既舍钱,又安全,又方便。

第三,“服周之冕”,即戴周朝的礼帽。如果说商人讲究“行”,周人则讲究“穿”,周代的礼乐文明体现在物质生活上就是“有服章之美”(孔颖达《春秋左传正义》)。关于周代服冕制度的特点,有一个成语可以形容,叫作“冠冕堂皇”,也就是礼帽做得特别好,特别有威仪,而且按朱子的说法是:“虽华而不为靡,虽费而不及奢。”(《论语集注》)既漂亮,又经济,性价比高,这当然是好东西,难怪孔子推崇。

第四,“乐则《韶》《舞》”,即音乐就用《韶》和《舞》(即《武》)。前面已讲过,孔子喜欢古典音乐,尤其是虞舜时代的《韶》《舞》,孔子认为是达到了尽善尽美的艺术高度,以至于闻之而“三月不知肉味”。而对于春秋时期的“流行”音乐,特别是郑卫之音,孔子认为要坚决禁绝,因为它们是靡靡之音,淫荡之音,容易让人堕落,就如朝廷中的佞人一样,一幅巧言令色的样子,喜欢给你灌迷魂汤,殊不知这汤是有毒的,喝下去会很危险。孔子对流行音乐的态度有点类似于我们改革开放初期对“邓丽君之歌”的态度,反应有些过度,但考虑到他主要是针对颜渊这样的士人来讲的,也可以理解。

由上可知,关于“为邦”问题,孔子强调要继承三代政制的优点,其主旨是欲通过完善以礼乐文明为代表的政治文明建设来促进社会物质文明建设和精神文明建设,其重点涉及食、行、穿、乐等四个方面的制度建设。这表明孔子作为政治家,其“以德治国”的思想既有无为而治的内涵,也有“以礼治国”的维度。

15.10【原文】子曰:“人无远虑,必有近忧。”

〖解读〗治国,规划很重要

这是夫子名句,今日作为成语被广泛应用。

李泽厚先生说,人与动物不同之处就在于人会思前顾后,而动物只顾目前。①确实,人是一个会思考"明天会怎么样"的动物,这一点既是人类的"卓越"或"美德"(virtue),也是人类的烦恼与痛苦。尽管如此,孔子认为,人还是要对未来有长远考虑,不仅要考虑自己一生的未来,还要考虑自己以后的未来,所谓"人生不满百,常怀千岁忧",指的就是人类的这种远虑或忧患意识。当然,也有的人主张,何必考虑明天,因为,明天或未来会怎么样,今日之我既不可知,也不可控,所以过好今天就行,更用不着去担心我死之后世界会怎么样。但是,孔子说,"人无远虑,必有近忧",不考虑未来的人,必定有近在眼前的忧患。为什么会"必有"近忧呢?因为,过去、现在、未来是一个彼此联系的时间链,现在是从过去中生长出来的,未来也是从现在中生长出来的,所以现在所为必定会在未来留下痕迹。如果你不考虑未来中的"我"会因现在之"我"的所为会产生怎样的影响,那么,现在之"我"的行为就会变得无所顾忌,而无所顾忌的行为将面临来自社会规范和自然法则惩罚的危险。就如你犯了罪,虽然现在没有被抓到,但你总担心有一天会被发现。我们经常在报纸上看到,有一些潜逃犯在被公安抓到之后,心里反倒感到轻松了,原因就在于他每天过着提心吊胆的日子,也就是他每天生活在"近忧"之中。所以,人必须要有远虑意识或历史意识,要有把"小我"写成"大我"的责任感,且只有这种责任感的确立,才可以轻松地过好每一天,这就是儒家所谓"乐以忘忧"。

从上下文意义联系来看,上章孔子讲到,治国,制度建设很重要,那么,作为政治家,如果对国家的发展没有长远规划,不从实际出发,急功近利,只考虑自己任期内多出政绩,就会在资源的开发利用上寅吃卯粮,就会在制度建设上被利益集团所绑架。以孔子所处的时代来说,在诸侯争霸的政治压力下,就会选择"霸道"而非"王道"的治国理念,因为"王道"政治作为一种在儒家看来可以使国家真正实现长治久安之"道",并不具有"霸道"政治的立竿见影效果。所以,孔子讲"人无远虑,必有近忧",也是提醒为政者要有"王道"政治意识,不要被"霸道"政治所迷惑。

总之,本章之旨是:治国,规划很重要。

15.11【原文】 子曰:"已矣乎!吾未见好德如好色者也。"

〖解读〗当官,必须禁得起美色的诱惑

此章亦见于《子罕》篇,一般注家认为本章属于"重出",没有再作解释的必要。但是,如前所论,从文本阐释学的角度讲,《论语》文本中重出现象绝不是一种编辑之误,而是有它的上下文意义联系逻辑所在。也就是说,在不同的上下文联系中,文本的所

① 李泽厚:《论语今读》,北京:生活·读书·新知三联书店,2004年,第362页。

指是不同的。

首先，此章虽与《子罕》篇有“重出”，但也多出了“已矣乎！”一句。正是这多出的一句，表明孔子是言是有具体的所指的。根据《史记·孔子世家》载，孔子初到卫国的时候，曾见过卫灵公的夫人南子。对“子见南子”一事，弟子子路非常不满。但事后孔子又陪同灵公及南子乘车招摇过市，以至于卫国都城传出“同车者色耶？从车者德耶？”的流言。孔子听说后，深感无奈，便道：“已矣乎！吾未见好德如好色者也。”“已矣乎！”是“算了罢！”的意思，是孔子因失望而生的感叹之词。孔子失望什么呢？失望世上没有一个人像好色那样好德。因为，对于孔子与南子的交往，世人感兴趣的不是孔子在交往过程中所表现出来的道德风范，而是孔子为什么要跟南子往来，甚至招摇过市。是不是圣人也抵不住美色的诱惑？是不是“英雄难过美人关”呢？如果不是的话，孔子明明知道南子其人是卫国的“祸水”，为什么还要与她往来呢？难道是为了阻止南子为害卫国，或者是为了把南子、灵公改造成“有道”之君吗？应该说，孔子未尝没有这种想法，否则他不会在卫居住这么久。事实上，前面我们已说过，尽管孔子认为灵公“无道”，但实际上灵公并不如世人所传说的那样昏庸无道，至少他和南子还能够礼贤下士，能够包容人才，所谓“卫多君子，其国无患”，灵公、南子是有贡献的。但是世人不了解这一点，他们看到的和听到的只是灵公、南子无道的一面，他们感兴趣的也只是南子的美色，他们是以“小人之心度君子之腹”来揣测孔子与南子交往的目的，以为孔子跟他们一样好色。而在孔子看来，说自己对美德的爱好超过了对美色的爱好，这一点恐怕大多数人是难以理解的，所以，对世人的误解与流言，没有必要去解释。因为，就连自己的学生子路也不理解见南子之事，更何况世人呢？“已矣乎！”算了罢！是失望，也是自安。

其次，从上下文意义联系来看，从子贡“问仁”，到颜回“问为邦”，孔子讲的都是治国之道。其中，孔子首先强调的是，治国，团队很重要。其实，本章孔子所指的问题仍然与团队建设相关，就是团队建设中如何处理好“夫人干政”的问题。妇人参政是否具有正当性？从孔子对周武王的评价来看，周武王十位大臣中就“有妇人焉”（《泰伯》），可见，允许妇女参政并非没有先例；且根据《周礼·天官》所记，三百六十官中便有许多女官职位，尽管女官的主要职责是治理后宫，不与公事，但是母系社会的遗风在周代社会及政治生活中的影响仍然随处可见，特别是像卫国这样一个殷商遗民较多的国家，就深受商代妇女参政的传统文化影响，加之春秋时期诸侯国之间“政治婚姻”盛行，更是为妇女参政提供了强大的政治后援。所以，春秋时期及以后的历史皆表明，政治是无法将女性避开的，只是春秋时期“夫人干政”现象比后世比较普遍罢了。而作为儒家的创始人，孔子的从政经历也时刻受到“夫人干政”问题的困扰，尤其是在卫国期间，南子对卫国的政治影响力是孔子无法回避的，如果孔子想在此有所作为的话。孔子之所以不顾弟子的反对去见南子，就是基于这样一种现实的政治考量，就是希望获得南子这样的实权派人物的支持。不过，因为南子是女人，而且是漂亮女人，而爱美又是人的天性，是以与南子的交往难免容易让人产生政治以外的联想。这一点孔子自己有切身的感受，所以他讲这个话，意在告诫弟子面对“夫人干政”问题，不要刻意回避，更不能被美色所迷惑、绑架，能够争取支持就争取，不能争取就放弃。“已矣乎！”就表示孔子准备放弃对南子的争取。事实上，孔子说过这话之后不久，就又一次离开了卫国。

南怀瑾在谈到此章时，说过一段话很有见地，他说：“古今中外所有的政治，没有离开过女人，女人何曾妨害了政治！大体上都是从政的人，自己搞坏了事业，因此连带拖累了女人，背上‘祸水’的坏名。”[①]政治上的女人之所以是“祸水”，那是因为政治上的男人禁不起美色的诱惑。所以，当官，必须禁得起美色的诱惑，亦如要禁得起物质利益的诱惑一样。

15.12【原文】子曰：“臧文仲，其窃位者与？知柳下惠之贤，而不与立也。”

【解读】当官，要有“宰相肚里能撑船”的胸襟，不要埋没人才

臧文仲，即臧孙辰，谥“文”，春秋时鲁大夫。在《公冶长》篇，孔子批评过他因奢侈而不智，这里又是对他的批评。其实，历史上的臧文仲是一位不错的政治家（参见前文），这一点从他谥“文”中可以看出来。

孔子为什么要批评臧文仲呢？原因是他明知柳下惠贤能，却没重用他。柳下惠，名获，字子禽，又号柳下季，“惠”是谥。柳下惠是孔子及儒家心目中的贤人，他曾做过鲁国的士师，为官坚持“以直道事人”的原则。根据《国语·鲁语》所载，他曾多次直言不讳地批评过臧文仲的执政行为，因而得罪了权贵，被多次撤职，被权力核心边缘化。可对这事，柳下惠本人觉得无所谓，故他又被孔子归入“逸民”一类，显示出他有道家的思想倾向（参见《微子》篇释读）。所以，正直的人做官，除非遇到有胸襟的上级，否则是很难在官场上混下去的。孔子觉得臧文仲缺乏“宰相肚里能撑船”的肚量，放着柳下惠这样的贤能之士不用，简直是“占着茅坑不拉屎”，非常可惜，也十分不耻。

从上下文意义联系的角度来看，文本如此安排也是颇有逻辑考量的。因为，上一章孔子讲到，做官要禁得起美色的诱惑，而本章中的柳下惠就是一个“坐怀不乱”的君子，可以说在后世的印象中，柳下惠就是“坐怀不乱”的代名词。柳下惠有“直道事人”的公德，又有“坐怀不乱”的私德，确实称得上圣贤，但遇上臧文仲这样的上司，也只能一辈子作“逸民”。故孔子批评臧文仲“窃位”，其旨是告诫弟子：当官，要有“宰相肚里能撑船”的胸襟，要知人善任，不要埋没人才。

15.13【原文】子曰：“躬自厚而薄责于人，则远怨矣！”

【解读】为人，要律己以严，待人以宽

---

① 南怀瑾：《论语别裁》（下册），上海：复旦大学出版社，2006年，第722页。

律己以严，待人以宽，这是儒家修养的重要方式。但在这里，夫子之言是特有所指的，即他是从构建良好人际关系或“自—人”关系的角度来谈反省的重要性，其目的是“远怨”，也就是减少他人对自己的怨恨。

孔子为什么要强调“远怨”呢？因为，人与人相处免不了会有这样或那样的矛盾与冲突，特别是在体现社会分层的等级制下，上下等级之间的矛盾与冲突既具有必然性，同时又很难调和，这样处于弱势的一方心中有怨气是难免的。如何化解这种怨气，这需要制度性整体解决，单纯依靠“宣传”教育是不行的。但是，在具体的人际关系中，因制度安排所产生的人际矛盾并不是产生怨气的主要因素，相反，是制度运行过程中不同主体间的不协调才导致怨气的产生。譬如在上下级关系中，下级必须服从上级，这是制度规定。而作为下级，你可以对这一制度规定的合法性提出质疑或表示不满，但通常情况下你不会将自己的不满发泄给处于这一制度规定中的上级，因为上级只是按规定办事而已。但是，如果上级对下级的态度不好，或者出了问题一味地将责任推给下级，喜欢揽功诿过，这就会导致怨气的产生。所以，孔子认为，作为上级要多作自我反省，多作自我批评，对下级要多一点包容，少一点指责，不要求全责备，更不能吹毛求疵，出了问题要主动承担责任，即使问题是下级明显错误造成的，也要注意批评的方式方法。这样才能化解等级矛盾，消除心理隔阂，构建和谐的上下级关系。

从上下文意义联系来看，上章孔子讲做官要大度，要容人，而本章其实也是这个思想，只不过上章是讲要容得下给你提意见、讲直话的人，而本章是讲要容得下有缺点、有过错的人。而一个人的容人之量往往又与平时多作自我反省、自我批评的修养是分不开的。

15.14【原文】 子曰：“不曰‘如之何，如之何’者，吾末如之何也已矣！”

〖解读〗慎思明辨，做个智者

这一段话体现了孔子的幽默感。孔子说，一个遇事不想想“怎么办、怎么办”的人，我拿他也不知道“怎么办”才好。俄国作家车尔尼雪夫斯基以及“十月革命”的领导人列宁都各自写过一本书，一本是小说，一本是理论著作，书名都叫《怎么办》，反映出他们对所提出的问题有深入思考，这跟孔子说“如之何”是同一个意思，即遇到事情或问题时，先不要急着下判断，不能凭直觉或感觉行事，轻举妄动；或者遇事就不知所措，慌慌张张，而是要冷静下来，认真思考，对事情发展的可能性作深入研究，然后提出解决问题的优先方案、次优方案等。但是，在工作中，我们经常发现有的人一遇到问题，就向领导反映，问领导“怎么办”，而不是给领导提出“怎么办”的方案，让领导做“判断题”，而不是叫领导做“选择题”，这样的下属实际上都是叫作“不想事”或“不会想事”，要么是懒，要么是蠢，如果碰上这样的下属，那你真的拿他没辙，也不知“如之何”才好。所以，孔子提出这个问题，实际上是讲君子要学会慎思明辨，要做个智者。

从上下文意义联系来讲，前面都是讲为官之德，这一章则是讲为官之智，为官之才。

15.15【原文】 子曰:“群居终日,言不及义,好行小慧。难矣哉!”

〖解读〗不要言不及义,不要耍小聪明

上一章孔子讲有些人不喜欢动脑筋,遇到事情要么就一筹莫展,要么就指望别人来替他拿主意。这种人你拿他没办法。其实,还有一种人,更是无可救药。这就是本章孔子所讲的小人。

这种人每天聚在一起,讨论一些无聊话题,传播一些八卦消息,“言不及义”,是非不分,没有一句体现正能量的话,而且“好行小慧”,喜欢卖弄小聪明,钻一些小空子,贪一些小便宜,不仅不以为耻,反而洋洋得意,沾沾自喜。譬如,据报道,安利刚入上海时,因实行“无因全款退货”规定,很多人便把刚买的安利洗碗液、洗衣液倒出一半,然后再用半空的瓶子、甚至全空的瓶子拿去要求全额退款,以至于在上海刚刚开业不久的安利公司,每天清早门口排起了退款的长长队伍;再譬如,有三个人一起去商场购物,店里打出优惠广告:一人买一双鞋打九折,买两双打八折,买三双打七折。三个人都想为自己买一双,于是商量由一个人出面掏钱买三双,结果只付了七折的钱。店家明明知道被钻了空子,但也只能哑口无言。孔子认为,如果一个人“好行小慧”,爱贪小便宜,这种人很难有出息的;如果一个社会“言不及义”“好行小慧”成风,这个社会的精神文明建设就成了大问题。

从上下文意义联系来讲,前面都是讲官德官才问题,而上一章孔子讲当官最怕碰到没脑子的同事,这一章则是讲最怕碰到爱耍小聪明的小人。可见,文本之旨是:干事业,没脑子不行,但只有小聪明没有大智慧更不行。而大智慧是一种“德性的智慧”,是一种精神文明的体现。

15.16【原文】 子曰:“君子义以为质,礼以行之,孙以出之,信以成之,君子哉!”

〖解读〗君子要以义为本,以礼为用,以信为立

上章孔子讲为人不能太“八卦”,且不要耍小聪明,是从“不应该”角度讲的,而从本章开始,则是从“应该”的角度来讲君子当如何为人、为官。

孔子说,君子当“义以为质”,即君子要坚持以义为本,要把义作为核心价值观,对之要有坚定的信念,不能动摇。而所谓义,在儒家是指道义、义理而言;在今天则是指正义、公正。总之,无论古今,义是社会的首要价值,它体现为相应的制度安排,而这个制度安排在古代就是礼。所以,以义为本的具体化、外在化就是“礼以行之”,依照礼来行义,就如今天必须要以法律来维护公正价值一样。当然,“礼以行之”是人在行之,是人在依照制度去维护道义的价值,但为什么同一个制度由不同的人去执行会有不同的效果呢?原因往往不在于他们是否“铁面无私”地执行了制度,而在于他们执行制度

的过程中只有“铁面”，没有“温情”，就如今天一些政府部门的执法行为，执法者态度的生硬往往会给人造成一种公权力的傲慢印象，这无疑会伤害社会对公正价值实现的期待。所以，孔子认为，“礼以行之”，既是行之以“礼”，按规矩办事，又是以“礼”行之，执行者要有礼貌，要“孙以出之”，即说话要谦逊，态度要诚恳，尤其是要说话算数，要讲信用，这样才“信以成之”。

由上可知，孔子关于君子的修养是着眼于主体“社会性公德”（李泽厚先生语）的养成，也就是说，孔子要培养的君子实际上是能够适应社会事物处理需要的“仕君子”。这种君子也是我们今天国家治理所需要的人才，即这种人能够坚持社会正义原则，严格执行法律、制度，具备沟通、协调能力，善于化解社会矛盾，在群众中有威信。我认为，这就是儒学的现代价值所在。

15.17【原文】 子曰：“君子病无能焉，不病人之不己知也。”子曰：“君子疾没世而名不称焉。”子曰：“君子求诸己，小人求诸人。”

〖解读〗好名声是自我奋斗出来的

旧注分为三章，本读合为一章。理由是：“三者文不相蒙，而义实相足，亦记言者之意。”（《论语集注》引杨氏曰）即三者有意义关联，把它们安排在一起，这也是文本编者的意思。可见，对于文本上下文的意义联系逻辑，宋儒早有认识。

这一章的中心思想是讲君子如何看待“名声”问题。这个问题孔子多次提过，在这里，孔子一方面说君子只要有真本事，就不用担心自己没有人知道；另一方面又说君子要担心死后有个好名声留世才是。可见，孔子及儒家是很在乎自己的名望的，尤其是希望能够声名不朽，流芳百世。为什么人都会有“雁过留声，人过留名”的想法？这其实与人的自我认同这一心理需要有关。因为，人的本质是一切社会关系的总和，而自我认同是个体在社会关系中或与他人的互动中形成和发展出来的，是个体在社会交换中把信念和价值观融合到自己人格中并对自我价值进行评价的过程，所以，一个人的行为的社会反映是影响自我认同的重要因子，任何人都希望能从社会或他人那里获得肯定性评价，或者有个好名声。但是，由于自我认同的过程也是一个自我实现的过程，而自我实现往往体现为一种个体的价值理念与社会需求之间的矛盾关系，特别是像儒家这样有着强烈社会责任感的知识分子，其自我实现行为所引起的社会反映与其自我理解之间会有较大的认同落差，事实上孔子及其弟子经常因被世人称为“知其不可而为之者”而苦恼，甚至把自我理解的最终希望寄托于“天”之上，寄托在身后的历史长河之中。这一点无疑放大了儒家自我理解的视域格局，也正这一格局使孔子将君子的自我认同落实为“求诸己”而非“求诸人”之上。也就是说，不管社会理不理解，认不认同，作为君子都要坚定自己的理想信念，严格要求自己，不断提升自己的能力水平，勇敢地投身到社会改造的洪流之中，只有这样，才能“没世而名必称焉”。总而言之一句话,孔子的意思是,好名声是自我奋斗出来的。

从上下文意义联系的角度看,上一章是讲君子社会性公德修养的总纲,而从本章开始,则是讲“义以为质”这一原则如何落实于具体的实践活动中,具有境遇伦理学的意涵。

15.18【原文】子曰:“君子矜而不争,群而不党。”子曰:“君子不以言举人,不以人废言。”

〖解读〗与人相交,要有原则性,要有亲和力,要有辨别力

旧注分两章,本读合为一章。理由是:皆讲人际交换问题。

“矜而不争”,朱注:“庄以持己曰矜。然无乖戾之心,故不争。”(《论语集注》)矜,庄严、认真、自尊也。矜持者有自己认同的是非原则,不随便苟同于人,给人以一种稳重、不可亵渎的感觉。但矜持者也有个性缺点,这就是在人际交换过程中“矜易于争”,[①]矜持者太爱较真,容易跟别人发生争执。不仅如此,矜持者又显得清高,看不起人,这样就不容易合群。所以,孔子认为,君子是“矜而不争”的人。因其矜庄则不被亵渎、轻慢;因其不争才可以合群,容易跟群众打成一片。但君子之群又不同于小人之群,小人之群是“群易于党”,[②]即小人喜欢搞小圈子,喜欢拉帮结派;而君子是“群而不党”,即君子不结党营私,不党同伐异,君子之交是既融洽,又严肃。可见,孔子在这里所讲的君子修养实际上是儒家“中德”思想在人际交换中的具体运用。

以上是讲人际交换过程中如何把握好道德原则的“度”,接下来又讲如何克服察人的片面性、主观性问题。孔子说,君子“不以言举人”,不要因为人家的话讲得好就举荐他、提拔他。为什么?因为,坏人也有讲好话的可能性,而且往往的情形是,越是坏的人,向领导汇报时越会讲领导喜欢听的话,讲政治上正确的话,所以,如果领导看人只听汇报,那是“用耳朵看人”,这样看人往往会看错人。同样,也有好人讲错话的时候,甚至真正的好人往往会讲你不喜欢听的话,如果因为这个而不用他,那就是“以言废人”。这是一方面。另一方面,君子“不以人废言”,不要因为一个人人品不好,就不听他讲的所有的话。为什么?因为,坏人讲的话并不是句句都是错误的话,历史上有很多人人品确实不好,但他们学问做得好,诗词、书法一流(如严嵩、汪精卫等),甚至有的在思想上还有真知灼见(如海德格尔等),如果因为他的人品而废弃他们的学识成就,那就是“以人废言”,更何况生活中大多数都不是绝对的坏人,甚至有的坏人只是因为没有给你留下好的第一印象而已,那就更不能主观地认为他所讲的话都不怀好意,或者把他所讲的话都往不好的方向去理解。就如你喜欢一个人,听到他对你说“你真性感”时,你觉得很开心;如果你不喜欢这个人,听到同样的话,你会说他是流氓一样。同一

① [清]刘宝楠:《论语正义》(诸子集成本),长沙:岳麓书社,1996年。

② [清]刘宝楠:《论语正义》(诸子集成本),长沙:岳麓书社,1996年。

句话,因你的好恶不同,就会有不同的解读。同样,一个好人也有讲错话的时候,你不能因为他是好人,就连他错误的话也加以肯定,甚至吹捧为“真理”。如果是这样的话,那就是“以人举言”,同样是片面不可取的。

总之,本章之旨是:君子与人相交,要有原则性,要有亲和力,更要有辨别力。

15.19【原文】 子贡问曰:“有一言而可以终身行之者乎?”子曰:“其恕乎!己所不欲,勿施于人。”

〖解读〗设身处地,将心比心

关于君子修养之道,前面孔子讲了很多,而且讲得比较具体而微,可以说孔子讲的这些道理都是我们日常生活与工作中常用得到的,但是,有没有一个能将这些道理贯穿起来的基本原则呢?或者说这些道理体现了一种什么样的伦理精神呢?这就是本章子贡所提的问题。

子贡问孔子,有没有一句可以终身行之的话?孔子说,有。大概是“恕”道吧!“其恕乎!”,语气似乎不是很肯定,但也说明孔子对这个问题是经过了思考才说的。其实,关于恕道,孔子在回答“仲弓问仁”时也说过(《颜渊》),只是没有把它提到“终身行之”或一以贯之的高度。而且,在《公冶长》篇,子贡也曾说过:“我不欲人之加诸我也,吾亦欲无加诸人。”而孔子说:“赐也,非尔所及也。”这表明子贡对于恕道的重要性是有理解的,所以,子贡提出这个问题,其实答案应早在子贡的意料之中,只是因为孔子说过“赐也,非尔所及也”这个话,子贡对自己的“意料之中”就缺少了底气,于是便向孔子请教,他这样做实际上也是为了求证自己的理解。而孔子也知道子贡是聪明人,悟性很高,所以,他说“其恕乎!”也是有言外之意的,即“大概就是你认为你做得到,但实际上你做得不够好的恕道吧!”话语中既有肯定,也有激励的意思。

所谓恕,前文已讲过,就是设身处地,将心比心,推己及人的意思。恕道作为行为的基本伦理原则其实不独为中国文化所有,在西方基督教文化以及其他民族的传统文化中都有类似的思想,只是没有像基督教文化和儒家文化那样把它提到了第一原则的地位,如基督教称之为“金规”,意思是这一原则具有“不可估量的价值”;而孔子则认为它具有“终身行之”的价值;《大学》认为它是“絜矩之道”,是处理人际关系的法则、标尺。不过,在全球化、多元文化背景下的今日世界,恕道或“金规”往往被看作一种构建全球伦理共识的“底限伦理”原则。因为,诚如李泽厚先生所说,恕道之“己所不欲,勿施于人”这一否定性表述带有“消极自由”的性质,[1]只有当它与“忠”道之“己欲立而立人,己欲达而达人”这一肯定性表述结合在一起时,恕道才具有“积极自由”的价值,所以,在儒家,恕道最完整的表述应该是忠恕之道。

---

① 李泽厚:《论语今读》,北京:生活·读书·新知三联书店い,2004年,第369

当然,我始终认为,儒家的忠恕之道作为一种普适性的道德原则,必须做到:(一)以“为仁”或“行善”为前提。因为,没有这个前提,当出现“己之所欲”或“己所不欲”并不是“人之所欲”或“人所不欲”的情形时,推己及人就可能产生“恶”。譬如,我能够将我抽烟的喜好推及身边不喜欢抽烟的人吗?我能够将我不爱运动的习惯推及身边的人吗?可见,只有当行为具有正当性时,推己及人才是一种善,哪怕这种善并不是“人之所欲”,譬如我将我爱运动的习惯推及身边不爱运动的人,就是一种为了人家健康的善行。(二)以价值共识为前提。因为,当人、己之间的“所欲”或“不欲”不相同时,也就意味着二者之间缺乏“可欲”的价值共识,如果非得将自己的“所欲”或“不欲”强加于人,这就是一种“价值观输出”行为,也就会因此而产生价值观冲突。所以,“己所不欲,勿施于人”的意思既包括人己之间要有“同情地理解”,也包括对不同价值观有宽容精神。所以,我认为,恕道是儒家的一种底限伦理,而忠道则是儒家的高额伦理。

15.20【原文】 子曰:“吾之于人也,谁毁谁誉?如有所誉者,其有所试矣。斯民也!三代之所以直道而行也。”

〖解读〗人之所以愿意走直道,是因为有讲真话、讲实话的社会风气

上章是孔子讲恕道,而本章则是讲直道。恕道是将心比心,推己及人,重点是要考虑别人的感受;直道是心直口快,有话就说,不必顾虑对方的感受。所以,恕道宽容,直道尖锐,是两种不同的待人之道。而文本将二者安排在一起,实有进行比较的意思。这也说明文本上的建构是有意义逻辑联系考量的。

关于直道,孔子从不同的角度论述过,而在本章,孔子则是针对社会上一种较为常见的道德生活现象,即许多人喜欢在背后议论别人的长短是非这一点来进行讨论。正如《增广贤文》所说:“谁人背后无人说?哪个人前不说人?”议论别人或被别人议论,这是社会道德生活中的人之常情。这一次可能是又有人在孔子面前论人长短,孔子觉得不好,便对前来说是非者道:我对于别人,你们是否听到过我在背后诋毁过谁,称赞过谁吗?没有吧。至少你们没有听到过我说过谁的坏话吧。有没有说过别人的好话呢?可能有,但那一定是经过我亲自考察验证过的。孔子说完自己之后,突然来一句“斯民也!”,这句话的意思是什么,学术界有不同的释读。我认为,其字面的意思应该是说:你们这些人啊!针对的是“今此人也”(《论语集注》),也就是今天你们这些爱说是非之人。但孔子这么一感叹是有言外之意,它的意思是:你看看你们这些人!是怎么做的?你们自己心里清楚。诋毁一个人的时候,人家只犯点小错误,你们就把它说得很大;称赞一个人的时候,人家只做了点小贡献,你们就把他的功劳吹上了天,尽讲一些无根无据的话。在说“斯民也!”之后,孔子又说了一句:“三代之所以直道而行也。”三代,即夏、商、周三代,也就是古人。孔子认为,古人朴实,议论别人的时候不会掺杂个人的私心在内,所说的话都是有根有据,因而也就无世人的毁誉之病,即他们“称人之恶”

不会“损其真”，“扬人之善”也不会“过其实”(《论语集注》)，一切都是实事求是。正是这种讲真话、讲实话的社会风气，使得三代能直道而行，即公正价值得以大行其道。

所以，本章之旨是：欲维护公正这一社会制度的首要价值，必须形成讲真话、讲实话的社会风气。

15.21【原文】 子曰：“吾犹及史之阙文也。有马者，借人乘之。今亡矣夫！”

〖解读〗“今亡矣乎！”：孔子深感世风日下，人心不古

关于本章的释读，历来有不同的看法。朱子一方面说“愚谓此必有为而言。”(《论语集注》)即肯定此章必有所指；另一方面又说“此章义疑，不可强解。”(《论语集注》引胡氏曰)以至于今人李泽厚先生认为，此章“并无意义”。①

先看字面的意思。孔子说自己还有幸能够看到一些史书上的佚文或残缺资料。譬如古史记载“有马者，借人乘之。”古代有马的人，借给别人骑。“今亡矣夫”，一种释读是：今天就没有这种把自己的马借给别人去骑的人了；另一种释读是：今天已看不到这种“阙文”了；还有一种释读是：今天的治史者已没有这种将“阙文”保留下来以待后来者补正的习惯了。到底哪一种释读比较符合孔子的原意呢？我认为，这还得从文本上下文意义联系的逻辑来看。

因为，上一章孔子讲对人之毁誉要有根据，要禁得起事实的检验，尤其是要像“三代”之人那样敢于讲真话、讲直话，这样才能张扬“直道”的价值。那么，“三代”的社会风气真有孔子所讲的那么好吗？孔子说自己“如有所誉者，其有所试矣”，也就是说，孔子称赞“三代”之风，不是主观杜撰臆造出来的，而是有史实作根据的。根据在哪里？这就是本章要说明的问题。因为，孔子在治史的过程中，接触到了一些古文献保留下来的“阙文”，这些文献资料虽然残缺不全，但从中也可以捕捉到一些反映三代社会风气的信息，譬如，有这么一条“阙文”——“有马者，借人乘之。”表面上看，这只是一个事实描述，即在“三代”社会，有马的人借给没有马的人使用。但从这一史实中可以看出“三代”社会的民风是何等纯朴，人与人之间充满何等友爱互助之情。把马借给别人用，不用担心别人不还，这是信任；把马借给有需要的人骑，宁愿自己步行，这是友爱。相形之下，春秋之世就没有这么好的社会风气了。是以孔子说“今亡矣乎！”，深感世风日下，人心不古。

另，王夫之认为，“有马者”是指“畜马乘以上之大夫也”(《四书训义》卷十九)。我认为，“有马者”之“马”至少代表着一种贵重财物，是身份的象征，只有少数人才有。就如今天的私家汽车，你愿意随便借给他人吗？不会。即使孔子自己也曾以“大夫之后”为由，拒绝卖掉自己的车用来为颜回之死置椁。更何况贵重物品借给他人用，确实是

① 李泽厚：《论语今读》，北京：生活·读书·新知三联书店，2004年，第371页。

有风险的，既有损坏的风险，还有安全责任的风险。所以，在现代商业社会，我们强调以契约或合同的形式来进行借贷风险管理。这一点是孔子所处时代的人无法理解的。当然，孔子之所以羡慕“有马者，借人乘之”的上古民风，主要还是强调仁爱精神对于构建信赖社会的价值。事实上，即使是今天，遇到有亲友向我们借车的情况，我们在考虑“借还是不借”的问题上，多少要受这种情感因素的影响，这说明基于亲情的仁爱精神还是值得继承和发扬的重要思想资源。

15.22【原文】 子曰：“巧言乱德，小不忍则乱大谋。”

〖解读〗**花言巧语害人，匹夫之勇坏事**

前一章孔子讲毁誉问题，其中特别提出“如有所誉者，其有所试矣”。不提“毁”，只提“誉”，是因为毁谤、攻击人家或讲别人的坏话这一行为虽然“损其真”，让人不开心，但从“有则改之，无则加勉”的角度看，一个人饱受非议未必都是坏事，至少会让人产生警惕性，不断提高自己的修养。相比之下，受人称赞、表扬，看似是一件好事，实际上言过其实的表扬很容易把人“捧杀”，所以，不客观地表扬他人，这不是爱人，而是害人。这就是孔子强调表扬人要有根据、要禁得起检验的原因所在。而在上一章，文本以史实证明孔子对“三代”“直道而行”的判断是有根据的。那么，本章则仍讲这个话题，讲“巧言”或“誉过其实”的危害性，讲对待“恶言”或“毁损其真”的修养。

所谓“巧言”，就是花言巧语，溢美之词。一些人在上级面前或有求于人之时，讲一些恭维话，漂亮话，给你戴几顶高帽子，即使你做错了，也要文过饰非，这听起来当然很舒服，很受用，就像喝蜜汁一样，甜滋滋的。殊不知这种话会“乱德”，会让你慢性中毒，会让你觉得自己真的很伟大，很完美，进而目空一切，自高自大，听不进不同意见，更别说有自我反省，结果被淹没在阿谀奉承之池中。孔子特别讨厌巧言令色之徒，认为他们“鲜矣仁”，提出了“修辞立其诚”的言语伦理思想，强调要讲由衷之言，讲真话，讲直话，即使欲“辞巧”，也要不失其真，即使要夸人家，也要夸得恰如其分。而作为君子或领导，因常处于“巧言”的包围之中，尤其要时刻保持对它的警惕，多听批评意见，甚至以“恶言”为镜，多作自我反省，有则改之，无则加勉，这样才不会“乱德”。

“小不忍则乱大谋”，这是夫子名言，也就是在小事上要忍耐，不要逞匹夫之勇，否则就会坏大事，因小而失大，不划算。这句话当然有实用理性成分，甚至可以说是一种策略和权术。[①]但是，我认为，从文本上下文意义联系的逻辑来看，这句话仍然与如何对待毁誉有关。因为，一些人之所以“小不忍”，原因既可能是自己容易在小的诱惑面前动心，也有可能是听到了别人对自己的毁谤或“恶言”，心里有气，便忍不住要发泄出来，甚至于一冲动还要找人去理论、去打架，这样本来是小矛盾就容易激发成大冲

---

① 李泽厚：《论语今读》，北京：生活·读书·新知三联书店，2004 年，第 371 页。

突，本来可以团结的对象就容易变成死敌。如果你身边有这样的对手存在，你想干大事就将受到对手的干扰。所以，要成大事者，既要禁得住一点一滴式的诱惑，在小事上不糊涂；又要学会在小事上不计较，装糊涂，尤其是要忍得别人的诋毁与“恶言”，时刻保持冷静与理性，这样不仅可以不坏自己的大事，而且可以养成一种干大事所需要的刚毅品格。曾子讲要做“弘毅之士”，也是这个道理。

15.23【原文】 子曰：“众恶之，必察焉；众好之，必察焉。”

〖解读〗群众的眼睛也有被舆论蒙蔽的时候

本章承上章之旨，继续讲如何对待毁誉问题。

《史记·张仪列传》有一句话，叫“众口铄金，积毁销骨”，形容舆论的力量大到可以熔金蚀骨；《战国策·魏策》中有“三人成市虎”的故事，也表明人言确实可畏，不得不防。因为人是社会性动物，个体欲融入群体，就必须得到大家的认可。如果舆论众口一词地说你是坏人，你要融入这个群体就很难，反之，就容易。但是，孔子认为，作为君子或领导干部，如果碰到这种众口一词的舆论现象，不要轻易相信，要“察焉”，要考察一下，了解一下，绝不能未经考察而人云亦云。因为，大家都说坏的人未必真有那么坏，同样，大家都说好的人也未必真有那么好。因为好与坏的判断形成是与主体（个人与群体）的主观好恶及利益相关的，有的“好人”其实是靠投众人之所好而有；有的“坏人”可能是因为坏了人家的“好事”（对某些人有益的事）。以我个人的经验来看，一个人如果大家都说他好，没有一个人说他坏，这个人要么是“伪君子”，要么是平庸之辈。因为，做真正意义上的“好事”肯定是要得罪一部分人的，甚至可能暂时要得罪大多数人，只有那些碌碌无为的人才会不得罪人，而大家之所认为他是“好人”，那只是因为他没有干过让人记住的坏事。所以，今天组织部门考察干部，不能光看“民主测评”，因为群众的眼睛也有被舆论蒙蔽的时候。

15.24【原文】 子曰：“人能弘道，非道弘人。”

〖解读〗应该发挥按规律办事的主观能动性

关于这一章，李泽厚先生在《论语今读》中有很精彩的释读[①]，读者可以参阅。

什么是“道”？儒家与道家有不同的理解。我认为，孔子所讲的“道”，就是“必出之路”，就是规律、真理。“人能弘道”的意思，包括两方面的内涵：一是人能够认识“道”，能够认识和掌握事物发展的规律，这一点诚如王夫之所言：“人有其知能，而道始显其

① 李泽厚：《论语今读》，北京：生活·读书·新知三联书店，2004年，第372页。

为道。”(《四书训义》卷十九)人有认知的能力,所以能够发现规律,让规律成为可以掌握的道理或知识。没有人或没有人的认知能力,规律始终是外在于人的客观存在,无法转化为人的主观内容(知识)。所以,一部“人能弘道”史,就是一部人类认识、发现事物规律的历史。二是人能够运用“道”,能够按规律办事,也就是通过“行道”而使“道”发挥出为人类服务的功能。但是,并不是所有的人都能“弘道”,也并不是所有知“道”的人都会自觉地按规律办事。因为,很多人知道走哪条路才是“正道”,但他们就是想抄捷径,走歪门邪道。这说明知“道”是一回事,行“道”却是另一回事。而之所以如此,是因为他们不尊重“道”,而不尊重规律恰恰说明“道”没有内化为主体之“德”,所以,只有尊重规律的人,只有在内心确立了“道之德”的人,才能够将“道”发扬光大。从另一角度来说,也只有知“道”并行“道”的人,“始成其为人”(《四书训义》卷十九),即人之所以为人,就在于“人能弘道”,不能“弘道”的人是没有道德的人,也就不是人。所以,一部“人能弘道”史,也是一部人性自觉史,一部道德修养不断提高的精神史。

“非道弘人”,“道”不能把人光大。一个人不尊重规律,不按规律办事,最终受到规律的惩罚,所以,“道”不外人,人总在规律的掌制之中,一部“人能弘道”史,也是一部人类不断受到规律惩罚的历史。正是这一历史事实,人对于“道”必须主动去认识,主动去掌握,主动去运用,不能如道家所主张的那样“任自然”。因为“自然”的人是动物,动物的人虽然也会在“道”的不断惩罚中学会纠错,使自己不断进步——从这一点讲,也可以说是“道能弘人”,但是,孔子认为,这种“道能弘人”的方式并没有把人光大,因为,“正常人”本身就具有知“道”和用“道”的主观能动性,没有必要在“道”的惩罚中成长为“正常人”。这如同一个吸烟的人在得病后才知道“吸烟有害健康”这个道理一样,他并不会比不吸烟的人更聪明,因为不吸烟的人早就知道这一点。所以,认识到“非道弘人”这一点很重要,因为,只有知道这一点,人类才不会任性行事,才不会瞎折腾,才会自觉地遵守规律。

从文本上下文意义联系来讲,上章孔子讲对待毁誉问题要“必察焉”,怎么“察”?根据什么“察”?根据就在本章所讲的“道”,就在这个人是否在“弘道”,而不是“道弘人”,如果是前者,就是好人,如果是后者,就是坏人。

15.25【原文】 子曰:“过而不改,是谓过矣。”

〖解读〗勿以恶小而为之,勿以善小而不为

人非圣贤,孰能无过?有过错不要紧,要紧的是改过,如果有过不改,那才是真正的过。所以,知错能改,善莫大焉。改过是一种“善”,一种既对他人又对自己的“好”。但是,过有大过与小过之别,大过的伤害明显,会受到国家法律、制度的制裁;而小过的伤害较小,又可能不在法律、制度制裁的范围之内,所以很多人对待小过常不以为意,甚至有的还喜欢诿过于他人、社会、时代等客观因素,就如过马路时闯红灯,大家都这

样闯，自己只是跟着，便心安理得地原谅了自己的过错。所以，小过而不改，就容易习以为常，就会积小过而铸大错，所谓“千里之堤溃于蚁穴”及“勿以恶小而为之，勿以善小而不为”，讲的就是这个道理。

从文本上下文意义联系的角度看，上章孔子讲“人能弘道，非道弘人”，就是强调人应该发挥按客观规律办事的主观能动性，这样才能尽量少犯错误，而不能“任自然”地在错误的惩罚中被动成长，也就是本章所讲的要能主动地认识和改正过错。

15.26【原文】 子曰：“吾尝终日不食，终夜不寝，以思，无益，不如学也。”

〖解读〗当陷入冥思苦想而不得的思维困境时，最好的办法是学习

在《为政》篇，孔子曾讲过“学而不思则罔，思而不学则殆”的道理，在这里孔子以自己的学习经验再次强调“思而不学则殆”，也就是强调学习知识对于提高思维能力的重要性。他说，我曾经整天不吃饭，整晚不睡觉，去冥思苦想某个问题，结果发现没有什么用，倒不如去读书学习。孔子的这一学习体会也是我们经常遇到的，有时候我们思考某个问题，总是不得要领，找不到解决问题的门径，很苦恼，想放弃，这个时候倒不如去看看书，上上网，去拓展自己的知识面和信息量，或许会突然生出解决问题的灵感。所以，当我们陷入冥思苦想而不得的思维困境时，最好的办法是去看书，去学习。

其实，孔子讲这个道理还包含着另一层意思，即做学问要重视知识积累，要重视前人和他人的思想。譬如在今天我们就要有国际化的视野，既要了解中国传统的文化与思想，也要了解西方传统的文化与思想，不要自认为比古人或他人聪明，更不能有门户之见，这样才能思维开阔，真正“站在巨人的肩膀上”。所以，有人讲，一个人的学问做得扎实与否，看它所引的“参考文献”可知。

从文本上下文意义联系的角度讲，上章孔子讲改过问题，那么，为什么会产生过错呢？首先是价值观有问题(下一章讲)，其次便是思维能力有问题。简单地讲，我们之所以会犯错，一方面是因为我们思想出了问题，另一方面或更多的时候是因为我们水平有问题，是因为不懂才出错，譬如我们操作某部机器，如果不懂操作程序，就容易把机器弄坏。所以，要少犯错，就得多学习。

15.27【原文】 子曰：“君子谋道不谋食。耕也，馁在其中矣！学也，禄在其中矣。君子忧道不忧贫。”

〖解读〗君子的价值观：“谋道”是为了大多数人“谋食”

前文讲，人之所以犯错，一是因为不懂、不知，不爱学习，二是因为思想有问题。那么，思想会出什么问题呢？主要是价值观或者道德方面的问题。这就是本章的要点。

孔子认为，读书人如果是为“谋食”而读书，是为个人过上好的物质生活而读书，那他就算不上是真君子，顶多只能算是知识“分子”即靠知识谋生的人而已。而真正的君子应该以“谋道”为价值取向，以为大多数人“得食”为人生追求，或者用今天的话来讲，要以为人民过上美好生活为奋斗目标。孔子为什么要将君子的价值观定位于“谋道”上呢？我认为主要原因是，春秋之世，士即读书人中普遍存在着以“谋食”为主的价值取向，而“谋食”的途径无非是做官或种田，做官有俸禄，种田有收成。但是无论是做官还是种田，都是有风险的，譬如种田，既有天灾的风险，又有人祸的风险，所以种田的人常常饿肚子；做官，成本付出大，收益当然也高，但政治风险也大，虽然不会饿肚子，但有可能要掉脑袋。尤其是在春秋乱世，这种掉脑袋的风险是比较大的，孔子自己对此也深有体会。有鉴于此，所以当时许多的读书人有想去种田以“谋食”者，譬如樊迟；亦有想去种田以“避祸”者，譬如道家。前面已讲，孔子对于道家的选择有时候还是比较赞成的，甚至也有过同样的想法，但他不赞成樊迟学稼，认为那是“小人”或没有出息的人干的事。换言之，在孔子看来，即使是为了“谋食”，从成本与收益的角度来讲，也不必要去种田，因为“学也，禄在其中矣”，书读得好，就可以去当官，当了官就不会有种田常有的饿肚子风险。

问题是如何才能当上官或当官而不掉脑袋呢？孔子认为，要当官，首先得有本事，所以要勤奋学习；当官要不掉脑袋，就要做好官，不当贪官。而怎样才是好官呢？最主要的一点就是“君子忧道不忧贫”，就是能够依“道”为政，能够坚守公正廉明的行政伦理。当然，当好官也有饿肚子甚至掉脑袋的时候，但整体来讲比当贪官的风险要小得多。再说如果都像道家那样，君子或者能够当好官的人都去避世躲起来，让贪官污吏大行其道，整个社会哪会有真正的“世外桃源”呢？所以，在孔子看来，君子或者能够当好官的人都应该去做官，这既是百姓的希望，也是读书人的使命。这一点也就是孔子“知其不可而为之”的缘由所在。

15.28【原文】 子曰：“知及之，仁不能守之，虽得之，必失之。知及之，仁能守之，不庄以莅之，则民不敬。知及之，仁能守之，庄以莅之，动之不以礼，未善也。”

〖解读〗确保事业成功及其良好社会影响的道德条件：知、仁、庄、礼

上一章孔子讲“君子谋道不谋食”，读书人要树立正确的价值观，这样才会少犯错误，而本章则是讲树立了这种正确的价值观之后，还需要养成仁、庄、礼三种品德，这样才能成就事业。也就是说，从文本上下文联系的逻辑来讲，本章仍然是从主体道德建设的角度来讲减少过错的问题。

要干成事业，首先必须要有相应的知识准备，具备相应的聪明才智，懂得达成目标的最优路径与方法，这就是“知及之”（儒家讲的“知”是一种智慧，是一种将非正当手段排除在外的智慧，具有德性的特征），就如炒股，必须懂经济、懂K线图等，光靠瞎蒙是不行的。但是,靠聪明才智得到的东西,还要靠仁德来保住它,所谓智取而德守,讲的就是这个道理。这一点诚如南怀瑾先生所说:"譬如买股票吧,眼光看到了,买进来,赚了钱,可是又想贪多,这时候不能把握住自己,不知道煞车,最后还是赔本了。人生的一切大小事情,事业前途,做人处世,都是如此。"①儒家讲要"以德配位",越居高位,越要有高的道德修养,否则"德不配位,必有灾殃"。

事业成功了,而且又"仁能守之",应该说没问题了吧,孔子说,还不行。因为,一个人成功了、发达了,那只是你一个人的事,别人尤其是普通人或老百姓怎么看待你的成功,你的成功是否可以成为他们学习的榜样,产生向慕归化的效应,这是另一回事。孔子认为,有才有德且事业有成的人在与普通人打交道时,一定要"庄以莅之"。不"庄以莅之",不以庄重的态度待人,人们就会对你不敬,就会认为你的成功只不过是运气好罢了,就会看不到事业成功所需要付出的各种努力。

做到以上知、仁、庄三点之外,还要"动之以礼"。"动之",朱子谓"动民也。犹曰鼓舞而作兴之云尔。"(《论语集注》)也就是要以礼仪去动员鼓舞百姓,用今天的话来讲,就是要告诉人们遵纪守法。而欲达成这一目的,最好的办法是自己带头,自己成为遵纪守法的模范。所以"动之不以礼",也可以理解为主体外在行为上不讲礼仪,不讲规矩,没有起到好的示范作用,"未善也",那也是一种缺陷。

由上可知,这一章实际上讲了两个问题或一个问题的两个方面,即"智取仁守"是讲怎样确保事业成功;"庄莅礼动"是讲事业成功者如何发挥出良好的社会影响。

15.29【原文】 子曰:"君子不可小知,而可大受也;小人不可大受,而可小知也。"

〖解读〗让不同的人去做他擅长的事,同样能使事业圆满成功

"知",谁"知"?朱子说是"我知之也"(《论语集注》);"知"什么?就是"知"或了解他的优点与长处。故结合起来看,我认为,此所谓"知"就是指有什么让大家知道或出名的特长。

"君子不可小知",君子在小事方面可能没有什么特长能引起大家的注意,甚至于在小事方面做得可能比小人还差,譬如稼、圃之事,孔子就说自己不如"老农""老圃",但是,在大事方面,君子"可大受也",可委以重任于他。而与之不同的是,小人"不可大受",大事不能交给小人去做,因为小人"器量浅狭"(《论语集注》),但小事可交给他们,因为他们说不定在处理小事上有一技之长。所以,我们看人要从大处看,要看主流,不要求全责备,要知人善任,懂得分工与协作,让不同的人去做他所擅长的事。

从上下文意义联系的逻辑来讲,上一章是讲事业圆满成功所需要的四个道德条件,而这四个道德条件并不是每一个人都能具备的。不具备怎么办呢?是不是就不去

① 南怀瑾:《论语别裁》(下册),上海:复旦大学出版社,2006年,第740页。

做了呢？不是。在本章，孔子认为，只要恰当地把每一个人的优点与长处发挥出来，同样可以使事业圆满成功。

15.30【原文】子曰："民之于仁也，甚于水火。水火，吾见蹈而死者矣，未见蹈仁而死者也。"子曰："当仁不让于师。"

〖解读〗把仁看得比水火更重要，为仁不需要经过老师批准

这一章旧注分为两章，本读合为一章。理由是：只有结合"当仁不让于师"一段，"民之于仁也，甚于水火"之义才好理解。这一点更说明《论语》的编者是有文本上下文意义联系的逻辑考量的。

关于"民之于仁也，甚于水火"一段的释读，历来有两种看法。一种是以朱子为代表，认为"民之于水火，所赖以生，不可一日无。其于仁也亦然。但水火外物，而仁在己。无水火，不过害人之身，而不仁则失其心。是仁有甚于水火，而尤不可以一日无者也"(《论语集注》)。也就是说，仁与水火一样，都是人们赖以生存的东西，不可或缺，但是，相比之下，仁比水火更为重要。因为，没有水火，固然对人的身体有害，而没有了仁，则会对人心有害，或者说人而不仁就不是人。不过，令人遗憾的是，世人以为水火比仁更重要，所以有赴汤蹈火而死者，而鲜有赴仁蹈义而死者。另一种是以南怀瑾先生和李零先生为代表，认为"一般人一提到仁义的事，那种惧怕的心理比怕水火还更厉害"。正因为如此，"所以叫人做坏事很容易，叫人做好事反而怕。"其实"人跳到水里被淹死，跳到火里被烧死。仁义没有这样可怕，真去做的话，不会被饿死的，真仁义还有好处的。"①

以上两种释读到底哪一种更切近夫子之意呢？我认为，这要联系下文"当仁，不让于师"来看。因为诚如朱子所言："李氏曰：'此夫子勉人为仁之语'。下章放此。"(《论语集注》)这是夫子勉励大家为仁的话，而且下一章即"当仁，不让于师"一语就是顺着这个意思而拓展开来的。也就是说，既然面对为仁之事，学生不必在老师面前谦逊，该做的做，该说的说，不要因为对方是老师就放弃自己的"应当"，那么，这说明仁对于人来说并不是一种比水火更可怕的东西，而是一种比水火更可爱的东西，是一种人的内在情感所向往的东西，是一种远比玩水火要更安全的东西。但是，因为"民"即普通老百姓(案："民，以百姓言。"见王夫之《四书训义》卷十九)不知道仁对于人生的价值与意义，他们只知道水火等物质对于人生的重要性，所以才把水火即物质生活看得比为仁即道德生活更重要，从而奋不顾身地跳入物欲的洪流之中，殊不知这是一种自寻短见的行为。而君子不同，"君子谋道不谋食"，"谋仁义"而不"谋水火"，因为，就如君子知道"学也，禄在其中矣"一样，君子为仁，不仅不会饿肚子，更不会"蹈仁而死"。孔子

① 南怀瑾：《论语别裁》(下册)，上海：复旦大学出版社，2006年，第743页。

说“仁者寿”，做好事的人一般会长寿，尽管好事难做，做好事也有需要“杀身成仁”的时候。所以，仁义当前，就不要谦让，也无须经老师的同意才去做。

从文本上下文意义联系的角度讲，上一章孔子讲“小人不可大受”，但为什么小人不能委以重任呢？原因就在于“民之于仁也，甚于水火”，就在于普通老百姓把水火即物质生活看得比为仁即道德生活更重要。

15.31【原文】 子曰：“君子贞而不谅。”

〖解读〗违反原则的承诺可以变通处理，可以不履行

在日常社会生活中，我们经常要面临着履行承诺问题。如何正确地履行承诺？孔子提出了“贞而不谅”的交换伦理原则。朱子曰：“贞，正而固也；谅，则不择是非而必于信。”（《论语集注》）贞与谅，都是“信”。王夫之说：“信一也，而有贞与谅之别。审乎是非之正，而固守之勿失者，曰贞；据其意见之私，而执之不疑者，曰谅。”（《四书训义》）也就是说，贞是坚守正义，是对是非原则或重要价值的坚信；谅则是不问是非地坚守承诺，譬如社会上有一些人承诺要为朋友“两肋插刀”，也不管朋友所为之事是不是违纪犯法。有人说这是讲“义气”的表现，其实它是有“气”而无“义”，纯粹是逞匹夫之勇。儒家认为，作为君子或者“大人”就不必这样，孟子说：“大人者，言不必信，行不必果，唯义所在。”（《孟子·离娄下》）“大人”之信的唯一标准就是是非标准，如果不符合道义、是非原则，即使曾经承诺过，也不必去守信。所以，“贞而不谅”就是我们对待承诺的履行要有原则性和灵活性，违反原则的承诺可以变通处理，可以不履行，哪怕承诺的对象是君主或者老师，也要“当仁不让”，不要顾及面子问题。由此亦可见，文本在“当仁，不让于师”之后提出了“君子贞而不谅”的交换伦理原则，是有上下文意义联系的逻辑考量的。

15.32【原文】 子曰：“事君，敬其事而后其食。”子曰：“有教无类。”子曰：“道不同，不相为谋。”

〖解读〗做官、为师、交友的伦理原则

旧注分为三章，本读合为一章。理由是：所涉及的三个方面即君主、学生、朋友是古代读书人社会交换的主要对象。如何与之交换呢？孔子提出了相应的交换伦理原则。

事君要“敬其事”即要忠于职守、恪尽职守，然后再领取俸禄，这才是为臣者应有的职业伦理精神。孔子之所以这么讲，原因可能是：有的人做官首先想到的是干某个职位能够拿多少薪水，用朱子的话来讲就是这种人“先有求禄之心”（《论语集注》）；有的人拿着很高的薪水却不干事或干不好事，这就是所谓“无功受禄”。孔子认为，无论

是哪种情况，都不是“敬事”的态度，都是把当官作为谋生的手段，都属于功利主义的职业伦理观。而正确的态度应该是“敬其事而后其食”，即先认真把事情做好，再考虑薪水问题。当然，有时你会觉得“老板”给的薪水太少，与你所做的事、你的贡献不成比例，这个你可以提出来，而且从孔子说“而后其食”来看，向“老板”提加薪的要求也并不是没有正当性，但前提是你必须先认真把事做好，事还没有做就提出加薪的要求，“老板”怎么可能知道你真的值得拿这么高的薪水呢？所以，一个人在一个单位干事，首先要“敬事”，“敬事”不仅是加薪的条件，还是事业成就感的源泉。有时候我们做事情，不一定是为了“食”，而是为了事业上的成就感，一种精神上的满足感。这也就是说，“敬事”本质上是一种把劳动当作人的存在方式的反应，是一种把劳动当作人的权利的最佳表达方式；而不“敬事”的人，实际上也是一种劳动“异化”的表现。

在传统读书人的职业生涯中，“事君”是读书人的首选，但是，孔子认为，除“学而优则仕”之外，还可以“学而优则师”，当老师也是不错的职业选择。而教师应当遵守什么样的职业伦理呢？孔子认为最重要的一条就是“有教无类”。为什么？因为，在一个等级森严的传统社会，教育是一种贵族的特权，普通老百姓是没有接受教育的权利的。而孔子对中国传统教育的最大贡献就是让教育平民化，让教育成为平民的权利。所谓“有教无类”，就是教育的对象不分贵贱、种族、地域、资质，凡人皆有受教育的权利。这是第一层意思。第二层意思是，作为教师在教学活动中，普遍存在着差别对待学生的现象，这一点即使到今天也未能杜绝。因此，孔子提出“有教无类”就是针对这一现象，就是希望教师对所有的学生能一视同仁，希望教师在教学活动过程中能根据学生的情况做到“因材施教”。所以，“有教无类”既是一种教育义务伦理，也是一种教学职业伦理。

读书人喜欢交朋友，而交友最重要的原则是志同道合。这一点孔子反复强调过，而在这里又提出“道不同，不相为谋”的原则，意在告诫读书人不要试图去说服与你思想、信仰不一样的人，不要跟思想水平不在一个层次的人去争论，因为那不仅是徒费口舌而已，而且会引起不必要的麻烦。

15.33【原文】 子曰：“辞，达而已矣！”师冕见。及阶，子曰：“阶也。”及席，子曰：“席也。”皆坐，子告之曰：“某在斯，某在斯。”师冕出，子张问曰：“与师言之道与？”子曰：“然！固相师之道也。”

〖解读〗言语伦理原则：讲话要意思清楚，要充满善意

本章承上章之旨，继续讲社会交换伦理问题。不过，旧注把它分为两章，而本读合为一章。理由是：“辞，达而已矣”是讲言语伦理；“师冕见”虽是讲“相师之道”，似乎与言语伦理无涉，其实，孔子在见师冕时所讲的话体现了言语伦理的另一要求，即“修辞立其诚”。子张说：“与师言之道与？”所谓“言之道”，也就是言语应遵循的伦理原则。

前文已述，孔子十分重视言语伦理问题，而在这里又提出一个原则即“辞，达而已矣”，它主要是针对读书人讲话、写文章喜欢“以富丽为工”（《论语集注》），喜欢用华丽的辞藻来表达这一现象而言的。孔子认为，言辞是意思的表达，能够用浅显的话、大家听得懂的话将意思表达清楚就是最好的话，没有必要说得那么玄之又玄，说得那么文绉绉的。因为，一旦要这样讲话，人的思想就容易被文字语法结构所左右，从而讲出来的话就可能与本意相去甚远，也就不是真实意思的表达。所以，孔子提出“辞达”的言语伦理原则就是为了维护意思表达的真实性。因为只有意思表达清楚了，人与人之间的交流才不会产生误会。

除了“辞达”以外，孔子认为还要“修辞立其诚”，说话要真心实意，要体现人文关怀的精神。譬如孔子见当时的盲人乐师冕时，就只是告诉他“这是台阶”“这是坐席”“这位是某某”等，这样让师冕对所出席场合的空间、人物有清楚的了解。孔子这样做，一方面是出自对师冕的尊重与礼貌，另一方面也是出自对盲人的人道关怀，也就是说跟残疾人讲话要充分考虑他们身体的特殊情况，不能说有伤他们自尊的话。所以，总结孔子的言语伦理思想，一是讲出来的话要意思清楚，二是讲出来的话要充满善意。

本章是本篇的结尾，文本从卫灵公问军旅之事开始，到接见师冕结束，皆体现了一个主题，即孔子对礼乐文明的推崇。尽管“礼崩乐坏”，但君子应当奋力去维护礼乐文明的价值，不能因困难重重而放弃自己的社会责任，像道家那样躲起来。

◆《季氏》第十六◆

概要：本读共十二章，每章的篇幅较长，文中"孔子曰"而非"子曰"居多。本篇的主题是"有道"社会的构建。首先，孔子认为，成功的国家治理或"有道"社会的构建必须靠"好制度"，也必须靠"好官员"(第一章)。其次，春秋之所以"无道"是因为"礼乐征伐自天子出"的"好制度"已遭严重破坏(第二章)；最后，文本以"格言"的形式重点论述了"好官员"的培养(第三至九章)；而"好官员"的标准就是要有入世而能兼济天下的情怀，要能一视同仁(第十至十二章)。

16.1【原文】 季氏将伐颛臾。冉有、季路见于孔子曰："季氏将有事于颛臾。"孔子曰："求，无乃尔是过与？夫颛臾，昔者先王以为东蒙主，且在邦域之中矣！是社稷之臣也，何以伐为？"冉有曰："夫子欲之，吾二臣者，皆不欲也。"孔子曰："求，周任有言曰：'陈力就列，不能者止。'危而不持，颠而不扶，则将焉用彼相矣？且尔言过矣！虎兕出于柙，龟玉毁于椟中，是谁之过与？"冉有曰："今夫颛臾，固而近于费，今不取，后世必为子孙忧。"孔子曰："求！君子疾夫舍曰'欲之'而必为之辞。丘也闻有国有家者，不患寡而患不均，不患贫而患不安。盖均无贫，和无寡，安无倾。夫如是，故远人不服，则修文德以来之。既来之，则安之。今由与求也，相夫子，远人不服而不能来也；邦分崩离析而不能守也；而谋动干戈于邦内，吾恐季孙之忧，不在颛臾，而在萧墙之内也。"

〖解读〗批评弟子行政"不作为"，提出"均安"论的治国理念

《季氏》篇总共十二章(旧注为十四章)，这在《论语》二十篇中是章数较少的一篇，但这一篇的文本有个特点，就是每章的篇幅都较长，特别是首章字数多达340多个，这在《论语》文本中是比较罕见的；而且本篇记孔子之语不说"子曰"而是"孔子曰"，行文风格亦不同于其他篇章，是以王夫之等学者怀疑此篇"或以为《齐论》"(《四书训义》卷二十引洪氏曰)。因为，据《汉书·艺文志》载，《论语》在古代有3个版本，即《古论》《鲁论》和《齐论》，现在通行的《论语》版本是西汉安昌侯张禹合《鲁论》和《古论》而成，共二十篇，而《齐论》有二十二篇，多出《问王》《知道》两篇。虽然《齐论》在汉魏时期已失传，但根据2016年江西南昌西汉海昏侯刘贺墓出土的竹书《论语》看，至少可以证实《齐论》中有《知道》一篇。且在这枚海昏侯墓出土的竹简上，正面写着"智道"，而背面书写的是"孔子智道"，其行文风格与《季氏》篇多"孔子曰"近似。另据何晏《论语集解序》的说法，《齐论语》二十二篇中"其二十篇中，章句颇多于《鲁论》"。这似乎又与《季氏》篇的篇幅较长相近。如果这一推断属实的话，那么，西汉的《张侯论》即现通行的《论语》，在其整理的过程中，应该也参考了《齐论》。

文本篇幅长的好处当然是有益于今天的读者能更全面地了解孔子思想产生的具体历史情境，能更清晰地了解孔子思想的论述脉络。譬如本章，文本将事情的缘起、发展的过程、师生之间的交锋等文本要素全景式地呈现在读者面前，读之有身临其场之感，无须读者花更多的考证工夫就可明了其义。所以，本读不打算在文字释读上做更多的说明，大家可参考相关的著作。需要说明之处有二：

第一，季氏将伐颛臾，孔子为什么将批评重点放在弟子行政“不作为”上？冉求与子路作为季氏的家臣对主子即季康子讨伐颛臾的目的是心知肚明的，但故意说这不是自己的主意，但在孔子批评他们有“不作为”之嫌后，冉求才不得不道出实情，原来季氏的目的就是将颛臾纳入自己的封地费邑之内以增强自己的势力，这样就有本钱与“公室”长期分庭抗礼。对于季氏的政治野心，冉求和子路既然清楚，却揣着明白装糊涂，甚至故意“不作为”，对此，孔子是非常生气的。在孔子看来，弟子的“不作为”既是一种对权势的屈从，更是一种置大义于不顾的行径。因为，季氏所为既缺乏发动战争的正当性，更是置鲁国“公室”的根本与长远利益于不顾，如果真让季氏的阴谋得逞了，这意味着鲁国将分崩离析，所以，弟子的“不作为”实际上一种助纣为虐。当然，作为家臣是否有能力阻止季氏的行动，这是一回事，而是否去劝阻季氏则是另一回事。在孔子看来，劝阻季氏发动对颛臾的战争，这是冉求和子路的责任伦理所在，所谓“陈力就列，不能者止”，就是指为臣者要充分发挥自己的能力把自己的职责做好，如果不行，就该辞职离开。现在季氏所为已将鲁国置于危险的边沿，而作为他的家臣居然“危而不持，颠而不扶”，既不去劝阻，也不辞职不干，这是典型的行政“不作为”。孔子的意思是，如果弟子们真不认同季氏的主张的话，就应该去劝阻他，而之所以未去劝阻，原因恐怕未必是劝阻不住，而是他们觉得季氏的主张未必没有道理。事实上，经过孔子的分析与批判之后，冉求和子路把孔子的意见传达给了季氏，季氏也最终放弃了自己的主张，所以朱子说：“伐颛臾之事，不见于经传，其以夫子之言而止也与？”（《论语集注》）是不是因为孔子的话起了作用，已无从可考，但战争确未发生，这是事实。也正是因为如此，孔子怀疑弟子们“不作为”的动机不纯是有根据的。孔子说“君子疾夫舍曰‘欲之’而必为之辞”，君子最讨厌那种想要又不说，还要找借口来掩饰的行为。这句话表明孔子对弟子“不作为”的政治投机动机是十分清楚的。

第二，孔子“不患寡而患不均，不患贫而患不安”的思想，是不是一种平均主义？朱注：“寡，谓民少；贫，谓财乏。均，谓各得其分；安，谓上下相安。”（《论语集注》）寡与贫，有联系，但又不同。所同者，二者皆是指一种物质上的短缺状态而言；而不同者，“寡”是一种“相对贫困”，而“贫”是指一种“绝对贫困”。而当人处于“绝对贫困”状态时，就容易铤而走险，孔子说：“君子固穷，小人穷斯滥矣。”（《卫灵公》）又说：“好勇疾贫，乱也。”（《泰伯》）而“乱”就是“不安”。所以，孔子最担忧的不是相对贫困（寡），而是分配不均；也不是绝对贫困（贫），而是由此导致的社会不安宁。这种解释是否妥当或符合孔子的思想呢？

要说明这一问题，还必须联系这段话中的后面三句，即“盖均无贫，和无寡，安无倾”。俞樾在《群经平议》中认为，根据孔子这段话的后三句，前两句似应改作为“不患贫而患不均，不患寡而患不安”，此说蔡尚思先生从之。我认为，这种看法虽有一定的理据，但是并不能说明孔子思想的中心意思所在。因为，“均无贫”之“均”，依朱子所注，乃“各得其分”之意。而这个“分”也就是依照封建等级制度所规定的权利之“分”，这就意味着孔子所说的“均无贫”并不是通常所理解的平均主义。孔子认为，只要能够“均”，则贫富差异就不会扩大，也就不会有“绝对贫困”，但相对贫困还是存在着的。而要消弭由相对贫困所引起的社会矛盾，孔子认为，只有通过“和”。这个“和”，也就是“先王之道”所蕴含的“礼之用，和为贵”之“和”。而这种“和”表现在政治上，就是前述的“德政”，即以“道之以德”为基础的“齐之以礼”，简言之，即孔子所谓之“仁”。因为“仁和”，则由礼制差异所产生的“寡”即相对贫困就不复存在。所以，我认为，如果说“均无贫”是强调“齐之以礼”以消除绝对贫困，那么，“和无寡”则是强调“道之以德”来消除相对贫困。

但是，由制度安排所产生的财富分配不均以及由此而引起的社会矛盾虽然可以通过“为政者”的仁德来缓和，但是这还不足以从根本上解决问题。孔子认为，欲从根本上解决这一问题，必须要“安无倾”。因为，相对于人们的欲望而言，物质财富的满足实现总是处于一种“欠饱”状态，而要使人们从这种“欠饱”状态中解脱出来，就必须树立一种“安贫乐道”的财富观。此所谓“安”，主要是指一种由主体“乐道”而来的“安”，因为“乐道”，所以能“安贫”，因为能“安贫”，所以就“无倾”即无倾覆的危险。

由上可知，所谓“不患寡而患不均，不患贫而患不安”，反映了孔子对如何解决“寡”和“贫”的方式的一种“患”即担忧。而“均无贫，和无寡，安无倾”，则是从整体上来提供解忧之方。本来孔子所“患”者只有“二”，而提供的解“患”之方却有“三”，这说明我们不能简单地将后三句与前两句联系起来，更不能求为圣人圆说，而认为孔子所谓之“寡”和“贫”是分别指“财富”与“人口”而言。我认为，“寡”和“贫”应分别指相对贫困和绝对贫困而言，但无论是何种贫困，都与社会财富的分配方式有关，所以，孔子提出“均无贫”，意即如果通过制度安排上的合理化能够解决绝对贫困的话，相对贫困的制度层面解决也就包含于其中。但问题是，无论是何种意义的贫困，都不只是一种物质上的贫困，还是一种精神上的贫困，而精神贫困是相对贫困的另一种形式，它实际上是一种对现有物质生活状态的不满足感，孔子认为，它才是社会不安定的真正原因所在。而要解决这种贫困，单纯地靠制度层面的变革是不行的，因为，无论社会分配制度如何公平，都不可能是一种绝对意义上的平均主义，都会存在这样或那样的不平均，且不论平均主义对于效率的消极影响。而孔子认为，以周礼为代表的政治体制已是一种“正直”的“王道”，社会分配的不均恰恰是因为礼制失范，只要人们能按周礼来取财，就可以复归于“王道”。但是，我们知道，周礼的主要功能是“辨异”，这种“辨异”功能如果过度张扬的话，不仅会在客观上造成人们在物质财富上的差异扩大，并有陷入绝对贫困的危险，还会在主观上造成人们的相对贫困心理，这样，“不安”现状之心就必然会产生。而要解决这一问题，孔子认为，必须从两方面着手，一是“道之以德”，即行仁政，另一是加强主体的道德修养，即“乐道安贫”。前者即“和无寡”，后者即“安无倾”。所以，我认为，孔子所说的这段话的中心思想是“均安论”，即着眼于从制度安排和道德建设的双向层面来解决分配正义问题，而非“均无贫”论，后者主要只涉及制度安排的正义问题。

从文本建构的角度讲，本章也是整个《季氏》篇的中心，它的主题思想是：成功的国家治理或“有道”社会的构建必须靠“好制度”，也必须靠“好官员”。“好制度”就是要能“虎兕不出于柙，龟玉不毁于椟中”；“好官员”就是要守住制度的笼子，保护好有价值的东西。所以，不作为且乱作为的官员不是“好官员”。

16.2【原文】孔子曰：“天下有道，则礼乐征伐自天子出。天下无道，则礼乐征伐自诸侯出。自诸侯出，盖十世希不失矣。自大夫出，五世希不失矣。陪臣执国命，三世希不失矣。天下有道，则政不在大夫。天下有道，则庶人不议。”孔子曰：“禄之去公室，五世矣，政逮于大夫，四世矣。故夫三桓之子孙，微矣。”

〖解读〗天下越无道，权力越下移；权力越下移，天下越无道

上一章讲季氏要讨伐鲁国境内的小国颛臾，孔子认为季氏所为缺乏正当性。因为，颛臾是周天子所封的诸侯之一，是东蒙祭祀的主持人，是有功于社稷的大臣，所以去讨伐颛臾是没有正当性的。但这只是原因之一。

原因之二就是本章所讲的，“天下有道，礼乐征伐自天子出。”礼乐征伐的权力本应该在天子手上，而季氏只是鲁国的卿大夫，按理说是没有这种征伐大权的，即使是过去齐桓公称霸，也还得懂得打着“尊王攘夷”旗号，而现在季氏为一己之私就敢去征伐颛臾，这只能说明春秋之世已是一个礼崩乐坏的“无道”之世了。而且，根据孔子的观察研究，这种“无道”的情形可以说是每况愈下，愈演愈烈。首先是礼乐征伐之权由出自天子到出自诸侯，这个过程相对来讲政治还算是比较稳定，但也要不了“十世”（约 300 年），就会丧失这种权柄，被大夫取代；其次是礼乐征伐之权由大夫出，国家政治就更不稳定，所以要不了“五世”（约 150 年），就会丧失这种权柄，被“陪臣”即家臣取代；最后是由家臣掌握国家大权的话，政局就更糟糕，所以要不了“三世”（约 90 年），就会天下大乱。根据这一历史发展规律，孔子得出了一个结论和一个判断。

一个结论是：“天下有道，则政不在大夫；天下有道，则庶人不议。”孔子的意思是，政治要稳定，必须中央集权，既不能放下权力，也不能搞民主政治。可问题是，春秋时期的权力下移并不是以人的意志为转移的历史过程，恰恰是“自天子出”和“自诸侯出”这种专制体制才导致了“政在大夫”和“庶人议政”，所以，孔子希望靠集权体制来实现“天下有道”是不现实的，因为集权体制恰恰无法保证朱子所讲的“上无失政，则下无私议”（《论语集注》）。

一个判断是：“故夫三桓之子孙，微矣。”因为，春秋以来，鲁国朝廷丧失爵禄的控制权已有“五世”(约 150 年)之久,而朝政被“三桓”把持也有“四世”(约 120 年)之久,若如此发展下去,“三桓”的权力必定会被“陪臣”取代,所以孔子说“三桓”的子孙一定会衰亡。

从上下文意义的联系来看,上一章孔子说“季氏之忧,不在颛臾,而在萧墙之内”,这与孔子的上述判断是一致的。只不过前一结论是从现实分析而来,后一判断是从历史发展规律而出。

16.3【原文】 孔子曰:“**益者三友,损者三友。友直、友谅、友多闻,益矣;友便辟、友善柔、友便佞,损矣。**”

〖解读〗谁是我们的好朋友?

前面两章主要是讲孔子的政治历史哲学,强调“有道”社会的构建主要在干部队伍建设,而从这一章开始,文本的主题是讲个人修养,也就是讲干部培养问题。为此,孔子提出了“三友”“三乐”“三愆”“三戒”“三畏”“九思”等具有总结性和概括性的人生箴言。值得注意的是,文本中出现如此多的排比对仗句式,这一文本现象说明《论语》文本编者是有其编辑学考量的。

本章是讲交友之道,孔子总结出“三友”,包括“益者三友”和“损者三友”两类。所谓“益者三友”,就是对你有益的朋友有三种:一是“友直”,正直的朋友。朋友为人正直,没有坏心,敢讲真话,你有缺点就会直率地指出来,这当然对你有益。只是很多人不喜欢这样的朋友,主要是怕面子挂不住。二是“友谅”,守信用的朋友。朋友之交,信用很重要,答应的事不管做不做得到,都会去做,而且都会对你有交代,这种朋友值得交。不过,南怀瑾先生认为,“友谅”,是指能原谅人,个性宽厚的朋友。①亦可备为一说。三是“友多闻”,见闻广博的朋友。朋友见多识广,信息量大,这既可以拓展你的视野,也可以满足你的好奇心,这样的朋友多多益善。

除了“益友”之外,还有“损友”,也就是对你有害的朋友。“损友”也有三种:一是“友便辟”,对应于“友直”,是指喜欢阿谀奉承的朋友。有的朋友喜欢逢迎人,尽说些你爱听的话,你有错误他不会给你指出来,可能还要为你的错误圆说。这种朋友虽然不讨嫌,但处久了会让你听不进真话、直话,是有害的朋友。二是“友善柔”,对应于“友谅”,是指“工于媚悦而不谅”的朋友(《论语集注》),也就是处事圆滑、口是心非的朋友。有的朋友当面一套,背后一套,说话不讲信用,你求办事,他会敷衍你一下,结果肯定是不了了之,根本指望不上。这样的朋友只是表面上的朋友,最好不要深交。三是“友便佞”,对应于“友多闻”,是指夸夸其谈的朋友。有的朋友能说会道,看似见多识广,实际上他是在信口开河,在吹牛皮,跟他在一起倒也不乏乐趣,但若信了他的话,

① 南怀瑾:《论语别裁》(下册),上海:复旦大学出版社,2006 年,第 773 页。

你终究会有被害惨的一天。南怀瑾先生认为，三“损友”中最坏的人是“友便佞”，[①]但我认为“友善柔”更坏。

从文本上下文意义联系的逻辑来讲，上章是讲政治问题，而政治的核心问题之一就是要搞清楚“谁是我们的敌人，谁是我们的朋友”，所以这一章孔子叫我们怎么去搞清楚“谁是我们的真朋友”。

16.4【原文】孔子曰：“益者三乐，损者三乐。乐节礼乐，乐道人之善，乐多贤友，益矣；乐骄乐，乐佚游，乐宴乐，损矣。”

〖解读〗快乐的事要有益于个人的身心健康，有益于社会的和谐构建

本章承上章之旨，从“三乐”的角度来讲对修养的“益”“损”。何谓“乐”？王夫之说“情之所喜而欲为者曰乐”（《四书训义》卷二十），乐就是指有乐趣的事，“乐”反映了一个人的嗜好和习惯。

俗话说，人生在世，不如意之事十之八九。正因为能让你快乐的事并不多，所以我们要珍惜，尤其是要珍惜那些对你有益无害的快乐之事。孔子说“益者三乐”，有益的快乐有三种：一是“乐节礼乐”，喜欢以礼乐来调节自己，喜欢按礼乐文明的要求来行事，也就是把遵纪守法、按规矩办事当乐事，享受规则、仪式带来的快乐，快乐地成为人格健全的人。二是“乐道人之善”，喜欢讲别人的好话，喜欢看他人的优点、长处，而不是以讲他人的坏话、揭人家的隐私为乐。中国文化有“隐恶扬善”的传统，但现在这一传统正在消失，特别是互联网兴起以后，似乎有一种以“隐善扬恶”为乐事的社会风气，津津乐道他人的坏事、丑事，而对好人好事却持怀疑的态度。其实乐道他人之恶是人类好奇心的一种表现形式，为什么说“好事不出门，恶事传千里”？原因就在于此。所以，孔子强调要培养乐道他人之善的品性，这实际上是针对人性的弱点而言的。三是“乐多贤友”，乐于交好朋友，也就是孔子讲的“有朋自远方来，不亦乐乎”。这一点倒是符合人性的需要，因为任何人都愿意与好人为友，都喜欢跟好人打交道。但是，现在流行一句话叫作“男人不坏，女人不爱”，这说明跟好人在一起有时不见得愉快，因为好人总是一本正经，在好人面前，是容不得有半点出格的言行的，所以很难“近之”，很难产生亲近感。但是，人性又是乐意跟好人在一起，不愿意跟坏人为伍，所以，跟好人在一起的快乐也只有好人或想成为好人的人才能体会得到。总之，孔子讲的“益者三乐”之“益”主要是从提高个体人格修养方面来讲的，但是正如南怀瑾先生和李零先生所说，这里也有经济学或功利方面的“好处”，[②]譬如乐节礼乐，就能够减少违规成本；乐道他人之善，就能够在事业上争取更多人的支持；乐多贤友，就能够在提高知识甚至

---

① 南怀瑾：《论语别裁》（下册），上海：复旦大学出版社，2006年，第773页。

② 南怀瑾：《论语别裁》（下册），上海：复旦大学出版社，2006年，第776页。

物质方面获得很多帮助。

“损者三乐”，有害的快乐也有三种：一是“乐骄乐”，喜欢纵情极欲、没有节制的生活，譬如现在的年轻人喜欢“过把瘾就死”或“娱乐至死”，特别是有的人还“有钱就任性”或“有权就任性”，这都是对个人和对社会有害的快乐。二是“乐佚游”，喜欢没有目的地闲游闲逛，就如女人喜欢逛街，并不一定要买什么东西，逛一整天都不觉得累。还有的人为了打发空虚、无聊的日子，去赌博，甚至去吸毒，这就更是有害于家庭与社会。三是“乐宴乐”，喜欢聚众吃喝玩乐。爱热闹，怕孤单，这是人之常情，但如何消解这种孤单感，办法很多，孔子不主张这种“宴乐”方式，因为聚众吃喝玩乐除容易发生酒后乱性或借酒耍疯之类的事外，还容易造成物质浪费，更容易让人精神颓废。这都是有害的娱乐方式。当然，诚如李泽厚先生所言，在今天休闲旅游、宴客等方式未必没有益处。[①]

16.5【原文】 孔子曰：“侍于君子有三愆：言未及之而言，谓之躁；言及之而不言，谓之隐；未见颜色而言，谓之瞽。”

〖解读〗侍奉君子或上级的言语伦理原则：恰当的时候说恰当的话

上章讲“三乐”，本章讲“三愆”。何谓“愆”？朱注：“愆，过也。”（《论语集注》）愆，过失的意思。孔子认为，侍奉君子或领导容易在言语上犯三种过失：一是抢着讲话，即君子还没有讲，或还没有轮到你讲，你就抢先讲，犯了急躁的毛病。中国传统言语伦理非常重视讲话的秩序，没有“自由发言”的传统，开会或聚会讲话，谁先发言，谁后发言，是有严格的等级秩序安排的，尤其是下级不能抢在上级面前先讲话，否则就是不敬、不礼貌。抢话、插话都是侍奉君子或上级的大忌。二是有话不讲，即该你讲话或轮到你讲话的时候你却不讲话，把话放在肚子里，隐瞒自己的意见，这是不负责任的表现。有时候君子或上级讲话后，希望有下属出来表示一下赞同，谈点体会或认识，但有的下属不知道接话，没有半点反应，这也会让君子或上级难堪。所以，该你讲话的时候一定要讲，哪怕是废话、重复的话，也要讲一讲。侍奉君子或上级，有时候需要有适当的“圆滑”。三是不看脸色讲话，即不看君子或上级的心情，或者不分场合，贸然说话，说一些不应景的话，就如盲人一样，看不清对方的脸色或所处的场合，只按着自己的想法去说话。这也是侍奉君子的言语大忌。所以，侍奉君子最重要的是要懂得察言观色。总结孔子的言语伦理思想，可以概括为一句话即“时，然后言”，恰当的时候说恰当的话。

16.6【原文】 孔子曰：“君子有三戒。少之时，血气未定，戒之在色；及其壮也，血气方刚，戒之在斗；及其老也，血气既衰，戒之在得。”

---

① 李泽厚：《论语今读》，北京：生活·读书·新知三联书店，2004年，第390页。

〖解读〗生理影响心理,但有志气的人能够不为血气所动

继续讲君子修养,这一章讲君子的"三戒"。孔子讲"三戒"是从年龄成长的三个阶段来讲的,涉及生理与心理之间的关系,所以孔子的道德修养论是有一定的科学性的。有人讲儒家思想开不出现代的科学精神,我看未必。此章即是证明。

孔子把人生分为少年(20岁以下)、壮年(30岁以上)和老年(50岁以上)三个自然年龄阶段。孔子说,少年的时候,血气旺盛,但还不稳定,喜欢美色,容易冲动,有的还到处留情,不懂得性事的节制,结果年纪轻轻就掏空了身子,落下病根,影响未来的生活,所以年轻人要戒色。从这一点上讲,孔子是不主张早婚的。到了壮年,血气方刚,以为自己本事大,到处争强好胜,争勇斗狠,凡事都想争第一,不甘人后,为此有的人竟不择手段,结果是轻则得罪一大批人,造成人际关系紧张;重则违法乱纪,身陷囹圄,所以人到中年要戒这种好斗之心。到老年时,血气已衰,没有了好色、好斗之心,但有一种心理需要警惕,这就是面临退休的恐惧症与退休之后的失落感。有些人快要退休时,越在乎自己的地位,越舍不得放权给年轻人,越贪恋物质财富,于是有所谓的"59岁贪官现象";而退休之后,因为没有了过去的前呼后拥,就会感到很失落,觉得年轻人不尊重自己,于是有的人想方设法也要弄个什么协会的会长当当,以满足自己的权力欲。这种退而不休的心态就是孔子所讲的贪得之心,对人对己都不是好事,所以要戒之,要学会放下、舍得。

朱注曰:"圣人同于人者,血气也;异于人者,志气也。血气有时而衰,志气则无时而衰也。少未定、壮而刚、老而衰者,血气也;戒于色、戒于斗、戒于得,志气也。君子养其志气,故不为血气所动,是以年弥高而德弥劭也。"(《论语集注》引范氏曰)圣人与常人的共同之处是血气,不同之处是志气。血气是生理,生理影响心理,这是人之常情,圣人也不例外,所不同者是圣人能够做到不为血气所动,能够以志气来调节和控制血气的运行,所以,道德修养从本质上讲就是一个自我认识、自我斗争的过程。而孔子的贡献在于,他发现了生理对心理影响的基本规律,指出了道德修养的路径所在。

16.7【原文】 孔子曰:"君子有三畏:畏天命,畏大人,畏圣人之言。小人不知天命而不畏也,狎大人,侮圣人之言。"

〖解读〗人要有敬畏之心,没有敬畏之心的人终究是"小人"一个

上一章孔子讲"三戒",为什么有许多人无法"戒"之呢?原因有很多,但没有敬畏之心是重要的因素之一,所以,接下来孔子便讲君子要有"三畏",要有三种敬畏之心。这就是文本上下文意义联系的逻辑所在。

一是"畏天命"。天命是什么?朱子说是"天所赋予之正理也"(《论语集注》)。我个人的看法是,孔子心目中的"天"实际上既是一种终极的存在,是万物包括人类在内的主宰，但又是具有“生生之德”的神祇，它具有罚与佑两种功能，所以“天”之所“命”即天所赋予的一切是不能违背的，违之则罚，顺之则佑。正是这两种功能的制约，孔子所讲的“畏天命”之“畏”不是一种单纯的“怕”，一种图腾崇拜中的心理恐惧，而是一种既敬又畏的复杂心理，一种对必然性的尊重态度。有此心理和态度，人就不会任性行事，不会瞎折腾，就会自觉地顺命而为，就会“尽人事以听天命”。从个体修养来讲，“畏天命”者就会自觉地克制自己的不正当欲望，不为血气所动，最终达到“从心所欲而不逾矩”的道德自由境界。所以，一个人如果天不怕、地不怕，胆大包天，这种人终究会遭到惩罚的。

二是“畏大人”。“大人”，既指统治阶级，也指贤长者，是指有社会影响力的人物。为什么要“畏大人”？因为孔子心目中的“大人”不只是官大的人，而且是德高望重的人，也就是德位相配的人。“大人”是社会良序的人格化符号，有着不可亵渎的人格尊严，是我们学习的榜样，所以，对“大人”要有敬畏之心。事实上，“小人”面对“大人”，心里是多少有点敬畏的，只是他们没有认识到这种敬畏之心的意义，总是力图去消解这种敬畏心理，而采取的办法就是“狎大人”，也就是将“大人”世俗化，就如西方谚语所讲的“仆人眼中无英雄”，在仆人的眼里，“大人”也要吃喝拉撒，“大人”也有七情六欲，甚至“大人”也有低能的时候，觉得跟自己差不多，没有什么了不起，这就是轻侮“大人”心理的形成过程。所以，在今天，对于“大人”，既要从维护“大人”权威的角度提倡“畏大人”，又要为“大人”祛魅，不搞个人崇拜。

三是“畏圣人之言”。圣人，在孔子心目中是指尧舜文武周公一类的人物。圣人的特别之处是“圣人学于百姓”，是群众智慧的结晶者，是思想的集大成者。“圣人之言”就是圣人的思想。由于这个思想是某个时代思想、智慧的结晶，所以它在一定程度上反映了社会历史发展的规律，可以说是对“天命”认知的理论成果，所以，敬畏“圣人之言”也就是敬畏“天命”。俗话说，“不听老人言，吃亏在眼前”，思想的力量是无处不在的，保持对“圣人之言”的敬畏之心，可以让我们少犯错误，少走弯路。当然，我们也不要把“圣人之言”绝对化，把它当作亘古不变的绝对真理来加以崇拜，而是要结合具体实际来创造性地转化“圣人之言”，让“圣人之言”焕发出新的思想光芒。

16.8【原文】 孔子曰：“生而知之者，上也；学而知之者，次也；困而学之，又其次也；困而不学，民斯为下矣！”

〖解读〗虽然有天才，但“我”不是；虽然有蠢材，但“我”也不是

这一章是孔子讲教育与智力的关系。孔子认为，上等的人是“生而知之”，天生聪明，不学就会，或者一学就会。这种人有没有？孔子认为“圣人”就是。在现实生活中，我们也能看到一些人确实天赋很好，悟性高，学东西快，被称作“天才”，不过，这种人很少，难得一见。“天才”以下，大多数人是“学而知之”，即通过接受教育而有知识；还有一部分人是“困而学之”，是因为遇到了困难才去学习，所谓“书到用时方恨少”，就是这样一种情形；最后还有少数人是“困而不学”，是遇到困难也不肯学习的人，这种人往往喜欢怨天尤人，其实那只是为自己的懒惰找借口，这种人一辈子也不会有什么出息。在四种人中间，孔子不认为自己是“生而知之者”，而认为自己是“学而知之者”，其意在告诫弟子既不要自恃聪明，也不要妄自菲薄，而是要学贵有恒，知行合一，他日必有大成。

从上下文意义联系的逻辑来讲，上一章讲“三畏”，目的是为了“三戒”，为了克服生理对心理的不良影响。其实，一个人若有敬畏之心，能临事而惧，就会去想解决问题的办法，而办法从何而来，主要是靠学习。所以，本章之所指仍然是讲学习对于“三戒”修养的重要性。如果说“三畏”是“三戒”修养的心理基础，那么，学习就是“三戒”修养的实践路径。

16.9【原文】孔子曰：“君子有九思：视思明，听思聪，色思温，貌思恭，言思忠，事思敬，疑思问，忿思难，见得思义。”

〖解读〗一言一行，皆需考虑是否恰当

这一章承上章之旨，继续讲修养方法，提出君子要有“九思”。思，是思考、考虑的意思。也就是说，我们在待人接物的过程中，有一种王夫之所说的“恃其已知已能而任意出之”的习惯性思维方式(《四书训义》卷二十)。用今天的话来讲，就是容易受路径依赖的影响，容易用昨天的经验来应对今天的情况，殊不知在看似相同的情况下事物可能发生了新的变化。所以，孔子提出“九思”就是要我们在任何时候都要“加以警惕之心”(《四书训义》卷二十)，不能想当然耳。

“视思明”，看，要考虑是否看明白了，没有看明白的事情，就不要轻易下判断，尤其是不要为表象所迷惑，要看到事物的本质。“听思聪”，听，要考虑是否听清楚对方说话的意思，尤其要考虑对方讲的话是否有言外之意。“色思温”，脸色，要考虑是否温和，因为有的时候你心情不好，甚至昨晚休息不好，都可能在脸色上有反应，如果不加注意，带着这样的脸色去见人，别人会以为你对他有意见。“貌思恭”，容貌，也就是态度，要考虑是否恭敬，是否尊重人。有的人在上级面前恭恭敬敬，转过背就一幅神气活现的样子，缺乏对人的起码尊重，给人的印象不好。“言思忠”，说话，要考虑是否忠实，是不是讲的内心话，是不是能做到言而有信。“事思敬”，办事，要考虑是否认真了，是否尽心尽力了，尤其是别人托你办的事，你能否像办自己的事那样尽心呢？所以，“事思敬”，就是办事不要敷衍塞责，要有责任心和事业心。“疑思问”，有疑惑，是否想过向人请教，能否做到不耻下问。“忿思难”，生气时，是否考虑过会有什么后患。人难免会有生气的时候，但一定要注意控制情绪，否则后患无穷。“见得思义”，有机会获得利益的时候，要考虑是否合乎道义，要考虑该不该拿的问题，不该拿的坚决不拿，该拿的也要尽量少拿，这样才能心安理得。现在很多腐败现象，就是因为对这个问题少了警惕之心，譬如有人向你送礼，你开始觉得不该接受，但人家说一些冠冕堂皇的理由后，你就觉得这是自己的“应得”，就心安理得地接受了，慢慢地养成习惯，就不再思考“见得思义”的问题，时间一久，还会觉得别人不送礼是不“懂味”，这样就渐渐腐化堕落了。所以，君子修养，“义利之辨”最重要。

以上“九思”都是我们日常生活中需要经常考虑的问题，它是一种自我省察意识的修养，其目的是要通过这种修养来达到一种“从容中道”的境界。

16.10【原文】孔子曰：“见善如不及，见不善如探汤，吾见其人矣，吾闻其语矣。隐居以求其志，行义以达其道，吾闻其语矣，未见其人也。”“齐景公有马千驷，死之日，民无德而称焉。伯夷、叔齐饿于首阳之下，民到于今称之。其斯之谓与？”

【解读】独善其身不难，兼济天下非易；兼济天下不能走隐居路线

旧注分为两章，本读合为一章。理由是：“齐景公有马行驷”一段没有“孔子曰”，但从“其斯之谓与”一语来看，又可以肯定是孔子所言。至于文本为什么没有“孔子曰”，朱子认为是错简或阙文，应是《颜渊》篇中“诚不以富，亦祇以异”的下文，而且他说“大抵此书后十篇多阙误”(《论语集注》)。但我认为，从《颜渊》篇到《季氏》篇中间共有4篇，如果是错简也不至于错得如此离谱。而从文本的逻辑来讲，这一段应该是对上文“隐居以求其志，行义以达其道，吾闻其语矣，未见其人也”的说明。因为，上一章孔子是讲修养的原则与方法，总结出了“九思”“三畏”“三戒”“三愆”“三乐”“三友”等人生格言，而从本章开始到最后一章，文本又转到“案例教学”上来，可以说这是整个《论语》文本建构的重要特征。

“见善如不及，见不善如探汤”，看到好人好事，唯恐自己落后了，赶紧努力直追；看见坏人坏事，就如将手伸进沸水一样，马上缩手，生怕烫着。孔子说，这种学好不学坏的人我见过，这样的话也听过。但是，“隐居以求其志，行义以达其道”，隐居起来以保持自己的志向不变，做合乎正义的事来贯彻自己的主张，孔子说，这种话我听说过，而这种人我却没有见过。但是，孔子又说，自己没见过并不等于没有，譬如伯夷、叔齐两兄弟，“其斯之谓与？”大概就是这种人吧。因为，根据司马迁《史记·伯夷列传》所载，在商末王位继承人问题上，伯夷、叔齐实际上面临着“父命”与嫡长子制相矛盾而产生的两难困境，即叔齐作为弟弟其继承王位的合法性虽有“父命”支撑，但与嫡长子制相违；而伯夷作为长子继承王位的合法性虽可以得到嫡长子制的支撑，但又与“父命”相违。因而欲摆脱这种伦理的两难困境，选择逃逸隐居似乎是上策。俩兄弟确实也是这样选择的，而孔子认为他们的选择就是“隐居以求其志”，这个“求其志”就是他们要维护嫡长子制的合法性权威。而在武王伐纣的过程中，俩兄弟“叩马而谏”，当时“左右欲兵之”，武王的手下欲杀他们，但姜太公说“此义人也”，且在天下宗周之后，又“义不食周粟”,饿死于首阳山,这就是孔子所说的“行义以达其道”。然而,自伯夷、叔齐以后,历史上再也没有出现过这种人了。所以,孔子说这种人自己听说过但没有见过,这是事实。且这种人在孔子的心目中无疑是“至德”的形象代表,虽然不及齐景公那样“有马行驷”即势大财大,但是却在后人心目中留下了不朽的道德形象。

在春秋“无道”之世,读书人的价值取向主要有“入世”与“避世”两种,儒家主张“入世”,“道家”主张“避世”,但儒家在“入世”受挫时也有“避世”的心态,从某种意义上讲,孔子把教育事业作为“入世”的手段之一,这实际上是一种在“入世”与“避世”之间的折中选择,所以,孔子讲的“隐居以求其志,行义以达其道”,也是指那种既不从政,也不办教育,而是在平均化的日常生活中贯彻自己主张的人。这就像民间医生一样,他不挂牌行医,也不以此谋生,但周围有谁病了,他会去为他义务治病。而儒家办的私塾,就如民间挂牌的诊所,公开以此为职,并要收取一定的费用。所以,从表面上看,道家所为似乎比儒家更高尚,但实际上是说得容易做的难,孔子说自己还没有看到过这样的人。因为,隐居以“求其志”可以做得到,而欲隐居“行义以达其道”就非常难,就如治一个病人凭一己之力可以做得到,而要治天下的病人还是得开医院,所以,我认为, 切实可行的办法还是儒家的主张——公开挂牌行医, 收取一定的服务费,提高医生水平,治坏了我负责。孔子最终不愿意做隐士,道理就在于此。

以上两点,第一点是讲独善其身容易,第二点是讲兼济天下很难。而欲兼济天下,更不能走隐居路线。

16.11【原文】 陈亢问于伯鱼曰:“子亦有异闻乎?”对曰:“未也。尝独立,鲤趋而过庭,曰:‘学《诗》乎?’对曰:‘未也。’‘不学《诗》,无以言。’鲤退而学《诗》。他日又独立,鲤趋而过庭,曰:‘学礼乎?’对曰:‘未也。’‘不学礼,无以立。’鲤退而学礼。闻斯二者。”陈亢退而喜曰:“问一得三:闻诗、闻礼、又闻君子之远其子也。”

〖解读〗教育儿子与弟子,孔子一视同仁,没有什么“家传之秘”

陈亢,就是《学而》篇中问子贡“夫子至于是邦也,必闻其政,求之与?抑与之与?”这个问题的子禽,是孔子的学生(但不见于《史记·仲尼弟子列传》)。伯鱼,是孔子的儿子孔鲤,字伯鱼。

子禽问伯鱼的问题是:“子亦有异闻乎?”——你从你父亲那里听到过什么特别的东西吗?子禽的意思是,身为圣人之子,孔鲤肯定会得到一些不同于学生的教诲,或者说老师是不是把什么“秘诀”传给自己的儿子。子禽有此揣测也属人之常情。因为,即使到今天,这样去揣测老师的学生还大有人在,如果把保护“知识产权”的因素考虑在内,那这种揣测就似乎具有“合理怀疑”的性质。但是,伯鱼告诉子禽,父亲除了告诉我学诗与学礼这两点以外,再也没有听到别的什么教诲。子禽听了之后,就知道自己多心了,误会了先生。因为,平日孔子教弟子的东西也就是《诗》《书》《礼》《乐》这些内容,譬如“不学诗，无以言”“不学礼，无以立”之类话，孔子就反复说过。所以，子禽讲自己是“闻一得三”，多出一点就是“又闻君子之远其子也”，“远其子”，是指不偏私自己儿子的意思。君子对儿子与对弟子没有什么不同，都是一视同仁，不会因为是自己的儿子就藏私，就偏爱，相反，正因为是自己的儿子，可能要求更加严格。孟子有“易子而教”的说法，就是担心严格教育自己的儿子会伤了亲情，不严格教育又会不利于儿子的成长。孔子能够做到二者兼之，确乎不易。

从上下文意义联系的逻辑来看，上一章孔子讲君子不应该“独善”，哪怕是隐居也要像伯夷、叔齐那样“行义以达其道”，而在本章，通过孔子对儿子和弟子采取一视同仁的教育方式，可以看出孔子不是一个“独善其身”或“独善其家”的人，而且一个“兼爱天下”的圣人。

16.12【原文】邦君之妻，君称之曰“夫人”，夫人自称曰“小童”。邦人称之曰“君夫人”，称诸异邦曰“寡小君”。异邦人称之，亦曰“君夫人”。

〖解读〗孔子的妇女观：男“大”女“小”

这一章是本篇的结尾，文本形式很特别，即它不是“孔子曰”，而只是关于古代礼制的记载，是以朱子说：“凡《语》中所载如此类者，不知何谓？或古有之，或夫之尝言之，不可考也。”（《论语集注》引吴氏曰）李泽厚先生说，《论语》中此类文本不少，虽非孔子语录，但既然已流传几千年，我们仍应将其视为整体而尽力疏通之。①

这是古代礼仪中有关诸侯之妻的称呼问题。国君称之为“夫人”，夫人自称为“小童”；本国的国民称之为“君夫人”；对外国人自称之为“寡小君”，外国人称之为“君夫人”。孔子初到卫国，灵公夫人南子便派人对孔子说：“四方之君子不辱欲与寡君为兄弟者，必见寡小君。寡小君愿见。”（《史记·孔子世家》）孔子是鲁国人，所以南子自称为“寡小君”，符合礼仪规定。

如何理解本章之上下文意义的联系逻辑？对此问题历来有不同的理解。譬如南怀瑾先生《论语别裁》认为，“这一篇，由季氏开始，讲文化的衰落、历史的演变，后来讲礼义的重要，最后加一个看起来好像不相干的称谓问题”，其目的仍然是强调复礼。②我个人则认为，这一章虽然是讲称谓礼仪，实际上涉及妇女的社会地位问题。因为，上一章是讲孔子如何对待子女的教育问题，在这一问题上，孔子教育子女与教育弟子没有什么区别，皆一视同仁，没有什么特殊化的地方。那么，对于家庭成员的重要一员即妻子，应该怎么对待呢？文本以“邦君之妻”的称谓为例，将“人称”与“自称”区别开来。其中尤其值得注意的是，妻子在“自称”中，都有一个“小”字，即“小童”和“寡小君”，而在

① 李泽厚：《论语今读》，北京：生活·读书·新知三联书店，2004 年，第 398 页。

② 南怀瑾：《论语别裁》（下册），上海：复旦大学出版社，2006 年，第 788 页。

"人称"中,都有"夫人"二字。这一称谓现象说明:首先,妻子是丈夫的人,而"君夫人"不过是因为丈夫是"君",所以相当现在所讲的"第一夫人";其次,妻子自称为"小(童/小君)",而与之相对应的丈夫是"大",叫"大丈夫",这反映出妻子社会地位的从属性质。所以,文本特别将妻子的称谓问题作为本篇的最后一章,实际上是谈"儿子"必谈及"妻子"这样一种文本建构的逻辑需要所致。而从整个《季氏》篇来讲,开头两章讲的是"国家"治理问题,而最后两章讲的是"家庭"治理问题,而"家庭"治理最重要的问题是如何对待"儿子"与"妻子",这一点也符合儒家由"国"而"家"的致思路径。但可能是因为孔子谈妇女问题谈得少,文本便以礼仪中有关妻子的称谓来表达孔子的观点,从中亦可看出孔子有"男尊女卑"的思想倾向。

◆《阳货》第十七 ◆

概要：本读共十九章。本篇的主题是：孔子为什么要出仕为官？首先，文本通过三个事例来分析孔子的出仕既有主观原因，也有客观原因，强调读书人要有“中行”的智慧（第一至六章）；其次，“中行”智慧的养成源自对礼乐文明精神实质的理解（第七至十章）；而面对春秋时期礼崩乐坏的社会风气，孔子虽有点无奈之感，但还是拿起了“批判的武器”（第十一至十九章）。

17.1【原文】 阳货欲见孔子，孔子不见。归孔子豚。孔子时其亡也，而往拜之，遇诸涂。谓孔子曰：“来，予与尔言。”曰：“怀其宝而迷其邦，可谓仁乎？”曰：“不可。”“好从事而亟失时，可谓知乎？”曰：“不可。”“日月逝矣，岁不我与！”孔子曰：“诺，吾将仕矣。”

〖解读〗孔子出仕从政是被“阳货”逼出来的吗？

阳货，又名阳虎，鲁国大夫季平子的家臣。季氏曾几代掌握鲁国朝政，而这时的阳货又掌握着季氏的家政。特别是季平子死后，他尝囚禁季桓子而自专国政，后来他试图与公山弗扰共谋杀害季桓子，失败后逃往晋国。对于这种“陪臣执国命”的现象，孔子视之为乱臣贼子，人人得而诛之。

根据《论语》和《史记·孔子世家》所载，阳货与孔子共有三次“交集”，且这三次“交集”都很有戏剧性。第一次“交集”是“季氏飨士”。鲁昭公七年（前 535），季武子举行招待士的宴会。是年，孔子十七岁，刚丧母。孔子并不在受邀之列，《世家》说“孔子与往”，可能是受同伴的邀请而往。因为，根据周礼，居丧者三年不饮酒食，轻丧则不与人乐之。以孔子对礼仪的了解，他应知此行之不妥（后人据此而认为颜氏之死应在此事之后），但孔子毕竟年轻，可能禁不起同伴的劝说，也可能是想借此机会而步入季氏幕僚之列，孔子还是“与往”了。但结果大出孔子的意外，季氏家臣阳虎绌曰：“季氏飨士，非敢飨子也。”（《史记·孔子世家》）人生受此大辱，其对孔子思想的刺激之深是可想而知的。至少它使孔子认识到，仅凭一个没落武士子弟的头衔想跻身上层社会是不可能的，因而必须发奋学习，孔子“志于学”便与此事的刺激有关。第二次“交集”就是本章讲的“阳货欲见孔子”。鲁定公即位后，季桓子执政，阳货以“陪臣”的身份“执国命”，而这时的孔子已经很有社会影响了，所以阳货想叫孔子出来做官，便带着礼物去拜见孔子，但孔子避而不见，阳货便将礼物（一头小猪）留下后走了。而按照当时礼节，孔子是应该回拜阳货的，于是孔子便故意选了一个阳货不在家的日子去回拜他，不想二人在路上撞个正着，这样就有了这次著名的对话。第三次“交集”是“子畏于匡”。这一次“交集”阳货并不在场，但与阳货又有着直接关系。事情发生在孔子周游列国中间，当时孔子准备“去卫适陈”，路过匡地时，因阳货曾残害过匡人，而孔子又长得像阳货，结果被匡人当作阳货围困了五天，差一点丧命于此。

孔子与阳货的三次“交集”，一次是孔子年轻时想“走后门”而被阳货拒之门外；一次是孔子壮年时阳货请孔子出仕而孔子避而不见；一次是孔子晚年时因长得像阳货而差点被匡人误杀。看来，孔子的一生都离不开“阳货情结”。而本章孔子与阳货的对话中，阳货向孔子提出的三个问题，可以说是非常犀利，把孔子问得无言以对，只好答应“吾将仕矣”。那么，问题来了，这就是孔子出仕从政，与阳货之言到底有何关联？或者说是不是因为听了阳货的话孔子才出来从政呢？如果是的话，那么，阳货作为孔子的“敌人”却成了孔子思想的“知音”。我认为，尽管孔子出仕从政是在阳货叛乱失败奔晋之后，即这次对话四年之后的事，但阳货所言不能说对孔子没有任何影响。因为，阳货所言，句句在理，句句都与孔子的仁爱主张相契合，不能不令孔子动容。只是因为不喜欢阳货的为人，孔子才显得犹豫不决。不过，从内因与外因的关系来看，孔子之所以决定出仕从政，阳货所言只是外因、次因，而内因、主因是什么呢？这就是本篇所要讨论的主题。因为，《阳货》篇有一个比较突出的文本特点，即除记阳货劝孔子从政之外，还记载了“公山弗扰以费畔”和“佛肸以中牟畔”两件事，而在这两件叛乱事件中，孔子都动过参与的念头，且都是因为子路的反对才作罢。通过这两件事，可以看出孔子急于从政的心态以及从政的动机。所以，我认为，文本把这几件事放在一起，主要是为了说明孔子出仕从政有其自身内在的原因，不是阳货等外人的劝说起了主要作用。南怀瑾先生说“《阳货第十七》这一篇书，大部分都是讲孔子的出处。”[①]吾以为然。

17.2【原文】 子曰：“性相近也，习相远也。”子曰：“唯上知与下愚不移。”

〖解读〗“本性”是如何走向“本质”的？

旧注分为两章，本读合为一章。理由是：皆与人性问题相关。这一点宋儒也承认：“此（‘上知下愚’句——注）承上章而言。”“此与上章当合为一。”（《论语集注》）

先看文本上下文的意义联系。上一章阳货劝说孔子出仕从政，提出的理由是如果孔子不出仕的话，那是不仁不智。因为，作为仁者应该以天下苍生之疾苦为念，而孔子你怀着一身本事却站在边上看着国家如此混乱下去，这是不仁；作为智者如果要有所作为的话，就应该懂得抓住时机，而孔子你也是快五十岁的人了，却白白浪费了许多出仕机会，这是不智。按说，阳虎能讲出这些话，是颇出孔子意料之外的。因为，在孔子及人们的心目中，阳虎是一个为富不仁的人，他怎么可能讲出这番话呢？我认为，阳虎的这番话与其说是在劝孔子出仕，毋宁说也是在为自己所为做辩护。也就是说，阳虎认为，自己之所以要“陪臣执国命”，并不完全是为了一己之私，也是为了鲁国的有序

---

① 南怀瑾：《论语别裁》（下册），上海：复旦大学出版社，2006年，第793页。

和谐,可以说也是一种仁者爱人的表现。但是,阳虎真是这种人吗?阳虎真能够像自己表白的那样“为仁”吗?孔子认为,不可能。因为“性相近也,习相远也”。人的本性是差不多的,但在后天环境的习染下,人与人就变得不一样了,有的变成了好人,有的变成了坏人。而且“唯上知与下愚不移”,想要改变“下愚”之人,想要让大坏蛋变成大好人,那是根本不可能的。换言之,文本上下文如此安排的意思是,阳虎劝说孔子的话虽然说得在理,但并不能说明阳虎就转了性,就变成了好人;狗改不了吃屎的性,阳虎也改不了他的政治野心。正是基于这一判断,孔子虽答应阳虎出来从政,但没有马上出来,因为他不想跟着阳虎干。所以,我认为,文本上下文如此安排还包含了另外一层意思,就是读书人怎样对待“招贤纳士”的“政治秀”。读书人想做官,但都苦于没有好的机会,现在突然有人礼贤下士,向你伸出了“橄榄枝”,想请你入幕,这看似是机会来了,其实这可能是一个陷阱,千万要当心。要像孔子一样,面对阳虎的政治诱惑,能够从人性的角度来看清他的本质、他的政治野心,这样才不会上当。

再来看孔子的人性论。孔子讲人性,只此一句,即“性相近也,习相远也”。这里的“相近”之性,即后儒所谓的“天地之性”,但“相近”之性/“天地之性”是善还是恶,夫子未予明示,这与孟子、宋儒说“天地之性”乃“至善”是不同的;而“相远”之性,则相当于“气质之性”,“气质之性”既然“相远”,便意味着它是有好坏或善恶之别,这一点后儒之说与孔子应是相同的。不过,在孔子,“相远”之性乃因“习”而致,而“习”之本义乃“鸟数飞”也,有“反复”之意。也就是说我们每个人从出生开始,即生活在一种由习惯、传统构成的环境之中,日复一日,年复一年,耳濡目染着周围的“习惯”,并由此而变成“好人”或“坏人”。所以“相远”之性或“气质之性”实际上乃是指“人的本质”,或者说是指“人的第二天性”。因此,我认为,孔子所谓“性相近也,习相远也”,实际上是强调了“本性”与“本质”之别,指出了“本性”是如何转化为“本质”的。

在“本性”转化为“本质”的过程中,孔子看出了“习”或环境的决定作用,应该说这是一种历史唯物论的观点。但孔学的目的是欲培养“君子”人格,是欲每个人的“本性”向“好”的“本质”转化,尽可能避免“坏”的“本质”或“小人”的出现。而欲做到这一点,孔子认为,关键在“学”。《论语》第一章《学而》即把“学而时习之”看作是人生的最大乐趣之一予以肯定。而在这一肯定中,孔子既看到了“学”与“习”在成就“君子”过程之间的内在联系,同时也看到了二者之间的本质区别,即“习”只是一种“反复”或“重复”的行为,具有被动性或受动性。而与之不同的是,“学”则是主体主动学习新知识的过程,具有导向性和可选择性,学什么或不学什么,这是需要主体自觉而理性地加以抉择,所以,孔子说自己十五岁才“志于学”,意味着在此之前,他还处于一种非自觉的“习”的阶段,而“习”一旦缺乏“志(意志)”的介入,主体便处于社会环境的习染过程之中,处什么样的环境,便会成为什么样的人。因此,孔子强调“志于学”,意味着他对自己所处的环境有一种反思与怀疑的倾向。换言之,在孔子看来,主体与环境之间的关系既是受动的,同时也是主体性的,而由受动向主动的转换,必须从“学”开始。且也正是由于“学”的先导或介入,“习”便不再是一种盲目的随波逐流之举,而变成自觉地实现知识或价值的主体内化过程；正是由于以“学”为主，主体对于自身所处的环境才会表现出一种选择性和批判性态度，如“有朋自远方来”“择不处仁，焉得知？”——学会选择朋友，构建一种属于自己的生活环境；如“人不知而不愠”——学会人格独立，不会为求容而去迎合大众的口味。所以，是“学”使得主体的“习”——无论是知识观念还是社会环境——得到了明确和净化。简言之，是“学”保障了主体的“本性”走向一种“好”的“本质”，并最终成为“君子”。

当然，应该指出的是，孔子的人性论与“学”论是强调了主体与所处环境之间的辩证关系，但是，“志于学”或“学而时习之”只是保障主体“本性”走向“好”的“本质”的前提或条件，而并不意味着“学”即“好人”或“君子”。问题的关键还在“学”什么或以什么为“学”的对象。孔子生活在新旧社会的交替与转型时期，随着“士”的兴起和“诸子之学”的产生，社会向人们所提供的知识与价值选择较之于传统教育体系有了很大的不同。针对这一情况，孔子从以“谋道”为“士”之天职观念出发，对当时的知识与价值谱系作了初步的分类，他把知识类型分为“大道”型知识和“小道”型知识两种。所谓“小道”型知识是指诸如稼圃之术等自然科技知识，而“大道”型知识则主要指以“文”为主关涉人类社会问题的知识。儒家认为，“小道”型知识虽然也有可取之处，但作为“士”如果执着于此，就难以“致远”于“大道”之上，所以为君子所不屑。

由上可知，人的“本性”无所谓好坏，之所以有好人与坏人之分，乃是因为人的“本性”在走向“本质”的过程中存在着教育学差异，正是基于这一点，孔子主张“有教无类”，让人不分种族、等级、贵贱、出身都有受教育的机会。我认为，孔子的这种思想是一种典型的教育学意义上的人道主义。当然，教育学意义上的人道主义归根到底仍然是一个经济学意义的人道主义问题。因为，经济与社会地位的等级差异必然会导致受教育机会的不平等，哪怕教育的机会成本降至如孔子所谓的“束脩”或今天义务教育的免费、强制的地步，处于低等级或贫困状态的人受教育的可能性或所受教育的质量仍然难及高等级的人。职是之故，如果说人的“本质”形成与教育有内在关联的话，那么教育学差异上的人道主义仍是值得商榷和检讨的。另外。孔子说“唯上知与下愚不移”，这说明人的“本质”形成又与先天智力相关，也就是说教育学差异上的人道主义还存在着生理学差异上的人道主义例外。

17.3【原文】 子之武城，闻弦歌之声，夫子莞尔而笑曰：“割鸡焉用牛刀？”子游对曰：“昔者，偃也闻诸夫子曰：‘君子学道则爱人，小人学道则易使也。’”子曰：“二三子！偃之言是也，前言戏之耳！”

【解读】割鸡焉用牛刀？其实教化非小事，需要下大力气才行

上一章是讲人的“本性”在走向“本质”的过程中，后天所培养的习惯有很大影响，所以，孔子认为，为政首先要重视社会人文环境的改善，形成良好的社会风尚与文化传统，营造出良好的育人环境，这样人的“本性”才能走向善的“本质”。而在这方面，子游的做法很值得借鉴。

一次，孔子到鲁国的武城参观，当时子游在那里做行政首长。一进城就听到到处是弦歌之声。孔子感到很惊讶，心想武城这么一个小地方居然有如此好的礼乐文化氛围，看来子游的教化工作做得颇有成效。孔子心中暗喜，却故意对子游说：“割鸡焉用牛刀？”意思是治理这么一个小地方，用得着这么小题大做吗？孔子为什么要这样说呢？因为，儒家仁政，讲究教化优先，但教化是百年大计，是长期工夫，短时期难见成效，是以一般的为政者喜欢以“政令”来推动地方治理工作，喜欢搞“政绩工程”和“面子工程”，而对于教化工作，大家都说它很重要，但并不热衷，而能像子游这样下大力气去做的人就更少。因为在一般地方官看来，礼乐教化工作是国家的事，是高层关心的事，是宣传部门的事，而子游作为小地方的行政长官，却能站在国家治理的高度来治理武城，把教化工作摆在优先发展的位置，并落到实处，取得成效，像这样的人才本应放在更重要的位置，却放在武城这么个小地方，这对子游来说确实是有点大材小用，所以，孔子说“割鸡焉用牛刀”，也有替子游抱屈的意思。

子游听先生这么讲，便对先生说，过去我曾听先生这样讲：“君子学道则爱人，小人学道则易使也。”君子学“道”后，更加有爱人之心；小人学“道”后，更容易听使唤。子游的意思是，武城虽小，同样有君子小人，因而治之同样必须要“道之以德，齐之以礼，化之以乐”，不能轻忽待之。而我在武城所为不正是这样做的吗？怎么能说是用牛刀割鸡呢？孔子听了之后，马上说自己刚才讲的话是“戏言”，子游讲的是正确的。其实这也是子游不懂老师的“幽默”。

总之，本章之旨是，教化非小事，需要下大力气才行。

17.4【原文】 公山弗扰以费畔，召，子欲往。子路不说，曰：“末之也已，何必公山氏之之也？”子曰：“夫召我者，而岂徒哉？如有用我者，吾其为东周乎！”

〖解读〗“学成文武艺，货与帝王家”，孔子却不管“买家”是谁

公山弗扰，复姓公山，名弗扰，也就是《左传》中的公山不狃。他跟阳虎一样，都是季氏的家臣，担任季氏封地费邑的总管多年，也是阳虎黜“三桓”政变的主要参与者。据《史记·孔子世家》载：“定公八年，公山不狃不得意于季氏，因阳虎为乱，欲废三桓之适，……定公九年，阳虎不胜，奔于齐。是时孔子年五十。”阳虎政变失败后，公山弗扰仍留在费邑，但他与季氏的关系已势同水火。

前文已述，在阳虎政变以前，孔子虽答应过阳虎的出仕之请，但他并没有马上出山，而是继续韬光养晦，把主要精力用于“修诗书礼乐”和办学之上，“故孔子不仕，退而修诗书礼乐，弟子弥众，至自远方，莫不受业焉。”（《史记·孔子世家》）可能正是因为“弟子弥众”，孔子在鲁国的政治影响力与日俱增，所以孔子成了鲁国“公室”“私家”

"陪臣"三种政治势力争取的对象。而此时的公山弗扰虽不得意于季氏,但他有自己的"根据地",有与季氏抗衡的势力。不过,公山弗扰也知道,在阳虎奔晋之后,"陪臣"集团已严重受挫,因而若想再执"国命",就必须争取以孔子为代表的"士人"集团的支持。在礼贤下士这一点上,"陪臣"集团比其他政治势力做得要好。因为,"陪臣"集团先天不足,不具备政治的合法性,所以"陪臣"集团的崛起靠的就是"人才招聘"战略的成功。而此时的孔子也深知自己在鲁国的政治影响,也希望能找到一个"学以致用"的政治平台,但是,令孔子失望的是,鲁国的"公室"与"私家"两股政治势力并没有重用孔子的意图,《史记·孔子世家》说,"孔子循道弥久,温温无所试,莫能己用。"学"道"那么久,却总没有实践的机会,没有人理睬,这确实很郁闷。所以,当公山不狃以费畔季氏,使人召孔子时,孔子便动心了。有人认为,孔子这次"欲往"是一种向"公室"与"私家"集团施压的策略性行为,目的是为了获得更大的政治平台,用古人的话讲就是要"学成文武艺,货与帝王家"。我以为这个看法是有道理的。因为,在孔子的眼中,阳虎、公山不狃及佛肸等"陪臣",都是人人得而诛之的乱臣贼子,与他们为伍,这不符合孔子的道德观念;再说孔子也不会天真地以为,如果"坏人"跟自己在一起,就可以变成"好人",就能够一起实现"为东周"之梦。所以,孔子"欲往",不过是向季氏为首的"三桓"集团施压而已,意思是:你们不用我,你们的"敌人"要用我,看你们怎么办!果真此后不久,孔子就被鲁定公任命为中都宰。三年后,孔子开始了他的"堕三都"计划,平定了公山不狃的叛乱。

当然,如果认为孔子"欲往"是真心的,也说得过去。因为,"春秋无义战",从诸侯到大夫,再到陪臣,都可以说是"周天子"的"敌人",都是"坏蛋"一个,没有谁比谁更好,只有谁比谁更坏。处在这样的"无道"之世,孔子到哪里当官,都是跟"坏蛋"打交道,既然如此,为什么跟着阳虎、公山不狃及佛肸等人干就不行呢?而且,根据《史记·孔子世家》所载,孔子"欲往"的理由之一便是"盖周文武起丰镐而王,今费虽小,傥庶几乎!"周文、武取得天下,也是从小地方开始的,费邑是个小地方,只要经营得当,也未必不能成就"为东周"的理想。把周文、武之"王天下"的事迹作参照,这说明孔子"欲往"确实是动真格的。

此外,从文本上下文的意义联系来看,上一章讲子游治理武城的事,武城也是个小地方,但在子游的治理下,弦歌之声不绝,社会风气良好,让孔子看到了礼乐文明复兴的希望。既然子游可以将武城治理好,如果把费邑交孔子来治理,同样有成功的可能。所以,我认为,文本如此安排,这说明文本编者即孔学后人也是认可孔子"欲往"的。至于说孔子最终没有成行,这也并不完全是因子路的反对所致,而可能是有其他的考量。毕竟这是孔子面临的第一政治"试水"机会,不能不慎重一些。

17.5【原文】 子张问仁于孔子。孔子曰:"能行五者于天下,为仁矣。"请问之。曰:"恭、宽、信、敏、惠。恭则不侮,宽则得众,信则人任焉,敏则有功,惠则足以使人。"

〖解读〗恭、宽、信、敏、惠:儒家行政伦理准则

这一章的文体与前后文不一致，朱注："此章与六言六蔽、五恶四美之类，皆与前后文体大不相似。"(《论语集注》引李氏曰)很多学者认为，这可能是错简的缘故。南怀瑾先生则认为，这一章是为了说明孔子不去公山弗扰那里做官的理由所在。[①]我认为这样理解有点牵强。但是，从文本建构的角度讲，上下文之间又确有意义联系。是什么样的意义联系呢？李泽厚先生有一个看法值得重视，他说，子张是孔子弟子中最热衷于政治的门徒之一，于是答复他以"仁"的外王方面，与回答颜回、曾参等颇不相同，因材施教也。[②]根据李泽厚先生的这一理解，我认为，文本上下文之间意义联系在于：上一章是讲孔子为实现"为东周"的理想在找政治平台，而这一章是讲如果有了政治平台，你将怎么去做呢？因为子张知道孔子的仁政主张，但具体怎么去行仁政，子张不是很清楚，是以有此一问。这一点也是孔子的回答主要集中在"仁"的"外王"方面的缘由所在。

孔子讲："能行五者于天下，为仁矣。"也就是要从五个方面去行仁，相当于五条行政伦理准则。一是"恭"，有两层意思：一层是"敬人"，即恭敬或尊重别人；另一层是"敬事"，即认真做事，不马虎。"恭则不侮"，尊敬他人、做事认真的人是不会遭受侮辱的。因为，你尊重人家，人家就会尊重你；你做事认真，对自己要求严格，责任心强，虽然事情不一定会做得最漂亮，但至少会比马虎的人要少犯错误，即使有错误，人家也会原谅你，不至于侮辱你。二是"宽"，宽厚待人，对人有包容心，不求全责备于人，这是当领导应有的胸襟。我们知道，干事业靠一个人是不行的，必须要有团队，有群众支持，孔子说"宽则得众"，只有宽厚的人才会赢得大家的拥护和爱戴。三是"信"，就是讲诚信，一是一，二是二，说到做到，不搞阴谋诡计，这样"信则人任焉"，就可以得到他人的信任，人家会觉得你这个人办事"靠谱"。四是"敏"，工作勤敏，不偷懒，不拖泥带水，做大家心目中的"劳模"，这样"敏则有功"，工作就会出成效、出业绩，提拔、重用就有资本。五是"惠"，就是要给人以恩惠，让人得到实际的好处，让人觉得你真正关心他，这样"惠则足以使人"，如果大家觉得跟你在一起干事有盼头、有奔头，就会有工作的主动性和积极性，使唤起来就容易得多，毕竟大多数人是要靠利益驱动，只讲奉献精神是不行的。

由上可知，孔子行仁的五个要点都属于"外王"工夫，其核心在怎样"得人"。因为行政工作最重要的就是要善于团结人，善于调动人的积极性，提高工作效率，多出成绩、快出业绩。孔子讲的这五点，确实是古今不易的行政伦理准则。

17.6【原文】 佛肸召，子欲往。子路曰："昔者由也闻诸夫子曰：'亲于其身为不善者，君子不入也。'佛肸以中牟畔，子之往也，如之何？"子曰："然，有是言也。不曰坚乎？磨而不磷，不曰白乎？涅而不缁。吾岂匏瓜也哉？焉能系而不食！"

---

① 南怀瑾：《论语别裁》(下册)，上海：复旦大学出版社，2006年，第800页。

② 李泽厚：《论语今读》，北京：生活·读书·新知三联书店，2004年，第404页。

〖解读〗孔子不想当中看不中用的摆设

这事发生在孔子周游列国期间。根据《左传》所载，是鲁哀公五年(前490)的事，是时孔子不见用于卫灵公，准备离开卫国，西行前往晋国。当时的晋国已成三家分晋之势，其中晋国大夫赵简子的家臣佛肸据中牟叛乱，乃召孔子，孔子又动心了。这一次又是子路出面劝阻，子路的理由是：您过去曾教导我们，亲自干坏事的人，最好不要与他往来，更不要到他管辖的地盘去。可是现在佛肸在中牟叛乱，您却要前往他那里做官，这算是怎么回事呢？孔子回答说：是的，我确实讲这个话。但是，我不也说过坚硬的东西是磨不薄的，洁白的东西是染不黑的吗？我总不能像个挂着的匏瓜吧，只能看看，却不能食用。

由上可知，孔子周游列国，却总不见用于诸侯，心情确实苦闷，总想找机会和平台一展身手，亦如想去公山弗扰那里一样，孔子相信自己能够出淤泥而不染，能够将"坏人"改变成"好人"。但是子路不这样想，或者说当时的社会舆论跟子路一样，都认为陪臣叛变大夫，这是陪臣不义，义在大夫一边。而孔子则认为，自"天子失其治统而王道废"(《四书训义》卷二十一)以来，在权力不断向下转移的过程中，诸侯、大夫、陪臣三种政治势力之间的斗争都谈不上什么正义与非正义之争，所谓"春秋无义战"，他们之间的斗争都属于"坏人"之争。在"天下乌鸦一般黑"的情况下，世上哪里还有净土呢？孔子周游列国的遭遇就是证明。所以，孔子的想法是，"举世无可入，则皆可入。"(《四书训义》卷二十一)既然没得选择，那就什么皆可选择，只要自己不放弃自己的道德坚持就行，不能老被人当作花瓶来摆设。当然，这一次孔子也没去成，原因可能与上次同。

从阳货欲见孔子，再到这两次事件，孔子的表现都出乎人们的意料。之所以会如此，王夫之认为那是因为"子路们"以"当时流俗之论"来看孔子(《四书训义》卷二十一)，未能理解孔子那种"无可无不可"之入世精神的价值与意义。所以，文本至此告一段落，主要是讲孔子出仕的动机及其独特的入世方式选择。从上下文意义联系的角度讲，上一章讲"行仁"的五个要点，而本章则是讲"行仁"的"无可无不可"，也就是"行权"，意在告诫学者既要尊"经"，也要从"权"，要有原则性基础上的灵活性，否则的话只有归隐一条路可走。

17.7【原文】子曰："由也，女闻六言六蔽矣乎？"对曰："未也。""居！吾语女：好仁不好学，其蔽也愚；好知不好学，其蔽也荡；好信不好学，其蔽也贼；好直不好学，其蔽也绞；好勇不好学，其蔽也乱；好刚不好学，其蔽也狂。"

〖解读〗好品德之"用"要把握好"度"

前文已述，阳虎、公山弗扰和佛肸三位犯上作乱的"陪臣"想请孔子出仕为官，孔子曾动过"欲往"之心，其中两次都是子路出面劝阻。子路是孔门中的勇者，个性耿直，对孔子愿意跟这些乱臣贼子为伍是颇为"不悦"的；包括"子见南子"，子路也觉得先生真不应该跟这样的“坏女人”打交道，那简直是给自己脸上抹黑，不光彩。而对于子路的“不悦”，孔子在做出自我辩护的同时，还告诉子路要怎么去克服自身“好德不好学”的六种弊病。所以，本章可以看作是孔子对自己愿意跟“坏人”打交道的说明。因为在一个不得不与“坏人”打交道的社会里，主体内在品德的外在行为表现必须要掌握好分寸或“度”，才能产生出实际的社会价值。

仁、知、信、直、勇、刚，是六种好的品德，但如果不加强学习，好的品德不仅无法发挥出其应有的价值，还会产生出相应的各种弊病。一是“好仁不好学，其蔽也愚”。一个人心地善良，有同情心，喜欢帮助人，这是好事，值得鼓励，但是如果滥施爱心，不讲是非善恶，不讲方法方式，譬如像农夫那样把冻僵的毒蛇捂在怀里，就会产生危害。所以，儒家提倡“仁者爱人”，但怎么去“爱人”？必须要懂得“爱人”的原则，掌握“爱人”的技巧，既不能同情心泛滥，更不能陷入溺爱的泥坑。我们常说，爱，容易让人变成傻子和疯子，这都是“好仁不好学”的流弊。孔子讲“唯仁者能好人，能恶人”，既是说仁者是爱憎分明的人，也是说仁者之爱是一种理性之爱，一种智慧之爱。而智慧必须要靠学习才得，“爱人”与“爱学习”同等重要。二是“好知不好学，其蔽也荡”。“好知”是指爱要聪明。有的人觉得自己天生聪明，或者觉得自己知识渊博，上知天文，下知地理，古今中外，无所不知，于是觉得自己没有必要刻苦学习。其实这种人的知识只是浮在表面，没有扎实的学问根基，所讲出来话或写出的文章表面看似有道理，但实际上禁不起严格的推敲。所以，孔子讲“思而不学则殆”，只知道一味地空想或好高骛远，而不知道去深入学习和钻研，这是很危险的，因为“其蔽也荡”。“荡”，就是漂浮不定，没有中心思想，学问不成体系，行为不检点。三是“好信不好学，其蔽也贼”。一个人讲信用，重承诺，这当然值得肯定，但是如果不爱学习，不明是非道理所在，就容易被坏人“忽悠”和利用，就容易为“小信”所困。譬如孔子过蒲，被蒲人所拘，最后与孔子签订盟约，要孔子答应不去卫国才放行。孔子同意了，但孔子一出东门便往卫国而去。这时子贡就说：“盟可负邪？”孔子说：“要盟也，神不听。”（《史记·孔子世家》）城下之盟，连神都不听，我们又何必信守这样的承诺呢。可见，好信而好学的人是不会轻易地落入他人的圈套之中的。四是“好直不好学，其蔽也绞”。绞，是北方话“拧”的意思，也就是性子倔强，一根筋，喜欢在某个问题上纠缠不休，说起话来尖酸刻薄，一点也不顾及情面。性情直爽的人通常会有“绞”的心理倾向，但如果这人好学，这种心理倾向就可以得到控制。因为，好学者则知自己所知有限，就会在讨论问题时留有余地，不会把话说得太绝对，也会考虑对方的情面，从而会委婉地表达自己的意见。如果有意见不说，这是不直率；如果不能委婉地表达意见，这是不好学，是没修养。五是“好勇不好学，其蔽也乱”。勇敢是一种美德，但勇敢作为一种美德是以勇于为“义”为前提的。而什么是“义”？这需要学习才知道，如果不知“义之所在”，勇敢就可能是大逆不道。知道什么是“义”，怎么去为“义”？这同样需要学习才明白，不学习，不搞清楚为“义”的有效方式方法，勇敢就是鲁莽。所以，勇敢只有与智慧相结合，才是真正的美德，否则它是一种破坏力。六是“好刚不好学，其蔽也狂”。刚毅是一种美德，朱子说：“勇者，刚之发；刚者，勇之体。”（《论语集注》)刚与勇是道德意志力范畴的一体两面,但相对来讲,刚是内心有对“义”的坚持与定见,能不为外物所动,所以刚正者不阿,刚正者不会屈服于压力,这是刚正者好的一面。但刚正者也有另一面的可能性,这就是“狂”。因为,一个人如果性格太刚,遇到压力就会狂躁不安,就容易情绪失控,就容易被别人抓“小辫子”,就会“刚则易折”。所以,孔子认为,刚者要好学,好学可以明义理所在,可以明“时中”所在,可以懂得怎样控制自己的情绪,也就可以明白怎样与“坏人”打交道。

李泽厚先生说:“苟非其度,一切好品德也将是大毛病。”[①]诚哉斯言!

17.8【原文】 子曰:“小子,何莫学夫诗?诗,可以兴,可以观,可以群,可以怨。迩之事父,远之事君;多识于鸟、兽、草、木之名。”子谓伯鱼曰:“女为《周南》《召南》矣乎?人而不为《周南》《召南》,其犹正墙面而立也与!”

〖解读〗学诗的重要性:修身、齐家、治国,还有科学

旧注分为两章,本读合为一章。理由是:皆是讲诗教的重要性。不过,一个是原则性的论述,一个是具体案例教学。理论与案例相结合,这是《论语》文本建构的特点。

上一章讲好品德之“用”要掌握好“度”,怎么掌握好这个“度”呢?孔子说要“好学”。“学”什么好呢?孔子说:“小子,何莫学夫诗?”可见,从讲“六言六蔽”之“德”,再到讲诗教及后一章的礼乐教育,文本上下文的意义联系是有明显的逻辑考量的。

“学诗”有什么好处呢?朱子说:“学《诗》之法,此章尽之。”(《论语集注》)又曰:“人伦之道,《诗》无不备。”(《论语集注》)我认为朱子的这一判断基本上是正确的。因为,在此章,孔子讲了“学诗”的六大好处或功能。

一是“可以兴”。兴,是诗的基本功能,也是人类童年或原始巫术思维的基本特征,意大利学者维柯在《新科学》一书中认为,原始智慧就是一种诗性的智慧。而诗性智慧的特点就是“比兴”,即运用比喻与联想来进行思维的方式,而这种思维方式给主体的影响主要是情绪或情感的刺激,所以,“诗,可以兴”,就是指诗歌可以用来抒发人的情感,让人对事物产生兴致。

二是“可以观”。观,观察也。学诗,可以激发人的兴致,有了兴致,就会主动去观察事物,进一步了解事物,这是“可以观”的一层含义。另一层含义是,学诗,也可以从诗中观察民俗民风,了解民众的社会心理,然后反过来又观察政治行为之得失。也就是说,“观”,有观察对象与反观自身的双层意义。

三是“可以群”。群,众也,合群也。学诗,有助于培养人的集体荣誉感,有助于人际关系的和谐,有利于团结群众。为什么诗“可以群”呢?我理解有两方面的原因,一方面是因为通过“兴”和“观”的作用,人的感性与理性能得到有效协调,所以学诗可以调节

---

① 李泽厚:《论语今读》,北京:生活·读书·新知三联书店,2004年,第406页。

自己的心理，让人更容易合群，更容易“与群众打成一片”；另一方面是因为诗也是人与人之间交流的重要工具，所谓同气相求，以诗会友，诗歌可以成为人际交流过程中的润滑剂。孔子说“不学《诗》，无以言”，春秋时期的政治、外交活动中，如果离开了诗，连话都不会讲。因为，有一些话不好明说，明说会激发矛盾，而用诗来表达就可以把想要表达的意思表达出来，而且不致让双方难堪，这样有利于矛盾的缓和。

四是“可以怨”。怨，哀怨也。人皆有不满或情绪不好之时，想发发牢骚，想将心中的苦恼宣泄出来，怎么办？有两种办法，一种是像怨妇一样到处说自己的不满，说对方的不对；或者像酒鬼一样，大醉一次，忘掉心中的不快。其实这种泄怨办法不仅不管用，还会有反作用，不利于“群”。另一种泄怨办法就是诗，用诗歌这种方式来表达自己的哀怨，这是一种“文明的牢骚”方式。有人说，诗就是因“骚”而生，没有切肤之痛，没有满腹牢骚，是难以创造出优美的诗歌的，《诗经》如此，《离骚》更是如此。用诗歌来发牢骚较之于以酒解忧的最大不同在于：诗之“怨”可以“怨而不怒”（《论语集注》），可以“哀而不伤”，可以“发而皆能中节”。因为，人的情绪一旦用诗歌的形式来表达，就不会是“口不择言”式的，而是需要经过“文字”的过滤，而这一“文字”过滤的过程就是主体理性发挥作用的过程，正是受这种理性的牵制，情绪的宣泄才会变得有“节”有“度”。

五是“迩之事父，远之事君”。学诗，近，可以侍奉父母；远，可以侍奉君主。这是讲学诗的政治功能，也是儒家诗教的落脚点。孔子删《诗》，把大量不符合这一政治伦理要求的诗歌剔除在外，原因也就在此。从这一点上讲，一个爱好诗歌的民族，肯定是一个和蔼快乐的民族。中国有诗词文化传统，也得益于儒家对诗教的重视。

六是“多识于鸟兽草木之名”。这是学诗的最后一个功能，但是这一点不被后人所重视。因为，它与自然科学知识有关。在前文中，笔者已说过，《诗经》可以看作是中国古代最早的“博物学”著作，有很高的学术价值。所以，说儒学是反科学的，或者说从儒家思想中开不出现代科学，是没有根据的。

以上孔子讲了学诗的六种好处，接下来就用具体案例来说明。这个案例就是孔子曾叫自己的儿子伯鱼学《诗经》，其中特别点到要他熟读《诗经》中的《周南》和《召南》两篇。为什么特意点出要学“二南”呢？因为“二南”为“风”之首篇，其所言不仅是“修身齐家之事”（《论语集注》），同时更体现了诗教在社会风俗转化过程中所起的作用。因为，所谓“二南”之“南”在地域上是相对于中原之“夏”而言的，主要是指以楚为代表的南方或长江流域，《诗经》十五“国风”中没有“楚风”，却以反映楚国风俗的“二南”为《诗经》之首，这一文本建构说明，在孔子的心目中，诗教的作用是巨大的，即使是像南方这样的蛮夷之地，也能够产生“二南”这样既具美学价值又有伦理政治价值的诗歌，或者说正是因为有“二南”之“风”的教化，野蛮落后的南方才步入了礼乐文明社会。所以，孔子告诫伯鱼，要好好学习“二南”，并且告诉他，如果不学“二南”，则“一物无所见，一步不可行”（《论语集注》）。

17.9【原文】 子曰："礼云礼云，玉帛云乎哉？乐云乐云，钟鼓云乎哉？"

【解读】形式有必要，但形式不能"主义"化

诗、书、礼、乐，这是儒家"文"教的主要内容。上一章讲诗教，接下便讲礼乐之教，这符合上下文意义联系的基本逻辑。

礼乐文明是周代或中国传统文化的基本特征，但是，在春秋之际，礼乐文明已有流于形式主义的弊端。所以，这一章孔子重点讲礼乐文明的精神实质。孔子说，礼，难道仅仅是供奉一些玉器和丝绸吗？乐，难道只是演奏一些钟鼓等乐器吗？如果大家这么认为，这就把礼乐文明的精神实质理解错了。因为，玉帛和钟鼓，只是用来表达"意思"的工具或手段，它们只是形式，而形式是反映内容的，内容是什么呢？内容就是"意思"。什么"意思"呢？就是体现"敬"与"和"的意思，朱子说："敬而将之以玉帛，则为礼；和而发之以钟鼓，则为乐。遗其本而专事其末，则岂礼乐之谓哉？"(《论语集注》)玉帛只是表达敬意的礼物，钟鼓也只是促进和谐的乐器，但是，表达敬意和促进和谐的东西并不一定非得是玉帛与钟鼓才行，程子曰："天下无一物无礼乐"，"礼乐无处无之"(《论语集注》)，只要情意重之，哪怕礼轻之又何妨？可问题是，世人往往以礼物之轻重来衡量情意之深浅，甚至以此来表达自己的"任性"，体现自己的"成就"。譬如，有的人请朋友吃饭，非得要去五星级酒店，这样做与其说是体现对朋友的感情，毋宁说是为了显摆，是为了"得瑟"一下，是为了满足自己的虚荣心。所以，孔子讲这句话，意在告诫人们：形式有必要，但形式不能"主义"化。

17.10【原文】 子曰："色厉而内荏，譬诸小人，其犹穿窬之盗也与！"子曰："乡原，德之贼也！"子曰："道听而涂说，德之弃也！"子曰："鄙夫！可与事君也与哉？其未得之也，患得之；既得之，患失之；苟患失之，无所不至矣！"

【解读】四种"小人"："心虚"之人；"讨好"之人；"传谣"之人；"贪婪"之人

旧注分为四章，本读合为一章。理由是：四种人都是"不德"之人，都非礼乐教化之人，是"小人"的四种不同表现形态。

第一种"小人"，是"色厉内荏"之人，也就是表面强大，其实内心很虚弱之人。孔子说这种人就像小偷一样，表面镇定自若，内心还是很害怕，虚张声势而已。现在，我们看到一些贪腐领导干部，在台上装模作样，一幅道貌岸然的样子，其实内心很虚弱，可以说是惶惶不可终日，生怕有一天东窗事发，被抓起来。另外还有一些人，没有什么真才实学，但居高位，为了显示自己的权威，不得不装腔作势，其实他的内心可能也是苦不堪言，累得慌。

第二种"小人"，是"乡原"之人，也就是老好人，"好好先生"。孔子说："乡原，德之

贼也。”“乡原”是道德之贼者。因为,这种人表面上讲道德,很少得罪人,人缘很好,看不出有什么明显的缺点,只要不涉及他的根本利益,他都会“没意见”,“没主张”,你说好,他也说好,你说非,他也说非,无可无不可,但实际上这种人是没有是非之分,圆滑得很,都是利用道德之“利人”特点来谋取自己的利益。有人说,中国文化是君子文化,但真“君子”很少,真“小人”也不多,多的是“乡原”。

第三种“小人”,是喜欢“道听途说”之人。人的信息来源离不开道听途说,但如果对于这种方式得来的信息不加辨别而采信之,甚至到处传播之,这就是不负责任的态度,不符合传播伦理的要求。有人说,我只是转述别人的话,对与不对?真与不真?我都没有责任,但孔子说,这种说法是“德之弃也”。为什么?因为,事实上只要是肯定性或否定性的陈述,都代表着你相信它为“真”或“假”,哪怕这句话是你从别人那里听来的,所以,只要是从你口中说出的话,你就有对这句话的真假负责的伦理责任。而且,尤其要注意的是,人们在传播道听途说而来的信息的时候,不可能不加入自己的理解,这使得信息传播有可能造成“三人成虎”的危害,所以,从防止恶意传谣的角度出发,任何人对于道听途说之言必须要加以审慎的辨别,这就是所谓谣言止于智者。

第四种“小人”,是“鄙夫”即“庸恶陋劣”之人(《论语集注》),也就是没有文化、没有教养、趣味低级之人。“鄙夫”作为“小人”的一种,跟前面所讲的三种“小人”不同,前者是日常生活中不怎么显眼的“小人”,而后者(鄙夫)则是官场中的“小人”,比较扎眼,十分讨厌。孔子说,跟鄙夫作同事,跟他一起事奉君主,真是件痛苦的事。因为,这种人“患得患失”,没有得到的时候,生怕得不到;得到了之后,又生怕失去。而因为生怕失去,所以他们什么坏事都干得出来,用朱子的话来讲,鄙夫干起坏事来,“小则吮痈舐痔,大则弑父与君。”(《论语集注》)为了保住自己的位子,为了长久的富贵荣华,他们可以像哈巴狗一样谄媚上级,如果不成,他们就会铤而走险,干出犯上作乱、大逆不道的事。所以,宋儒认为,鄙夫,就是贪图富贵并为富贵所累之人,而今日之贪官大多如此。

从上下文意义联系的角度讲,前面孔子讲要学诗、学礼,这是正面教育;而反面教育就这一章所讲的四种“小人”。

17.11【原文】 **子曰:“古者民有三疾,今也或是之亡也。古之狂也肆,今之狂也荡;古之矜也廉,今之矜也忿戾;古之愚也直,今之愚也诈而已矣。”子曰:“巧言令色,鲜矣仁。”子曰:“恶紫之夺朱也,恶郑声之乱雅乐也,恶利口之覆邦家者。”**

【解读】孔子对社会道德生活败坏的现象学批判

旧注分为三章,本读合为一章。理由是:上一章孔子列举了四种“小人”的表现,接下来孔子又讲还有一些人虽非“小人”,但他们的品性、言语及行为表现也都有沦为“小人”的倾向。文本连在一起,更能看出春秋之际社会道德生活的异化状况。

首先,孔子以古今对比的形式列举了三种道德修养的异化情形。第一种是“古之狂也肆,今之狂也荡”。古代的“狂人”只是不拘小节,而如今的“狂人”却是不守规矩。不拘小节虽然也是不好,但比起不守规矩来就要好得多。因为,“狂也荡”,意味着视礼法为无物,只要自己喜欢干的事,管它什么法律规定,干就是了。所以,“狂”得狂妄自大、无法无天,这是对自由价值的误解与异化。第二种是“古之矜也廉,今之矜也忿戾”。古代矜持的人只是个性尖锐,讲话带刺而已,而如今矜持的人却充满了忿戾之气,喜欢跟人过不去,有恶意整人之嫌。所以“矜也忿戾”,乃是个性张扬过度的表现。第三种是“古之愚也直,今之愚也诈而已矣”。古代愚笨的人还比较直率,而如今愚笨的人却是狡诈得很,从某种意义上讲,如今所谓的“愚”并不愚蠢,只是“装傻充愣”而已,其实他们“狡猾狡猾的”,可以说大多是“大奸若忠”之辈。所以“愚也诈”,乃是笨拙的道德异化产物。

其次,为孔子所特别痛恨的社会道德现象是,如今的人大多喜欢“巧言令色”。这一段历来被看作是文本“重出”,没有什么新的意义。但是,我认为,编者安排这句话在此,有它的文本所指之义。因为,在常人看来,能言善辩似乎是一种优点,至少算不上是道德意义上的“恶”,但孔子却认为这种人“鲜矣仁”,且结合下文孔子所讲到的“三恶”之一即“恶利口之覆邦家者”来看,“利口”的直接危害就是有让国家倾覆的危险。所以,从文本建构的角度讲,“巧言令色”一句并不是文本“重出”,而是为了让读者更加清楚地了解春秋时期社会道德生活异化现象的主要表现是什么,即除了在品性方面有上述三种不足之外,还有着违背言语伦理原则的行为表现。

最后,春秋时期社会道德生活的败坏还体现在服饰穿着与音乐欣赏上。譬如,一些人衣服的颜色喜欢用紫色来代替红色;一些人喜欢把“郑卫之音”的旋律运用于雅乐上,就如现在有的人用流行音乐的唱法去唱“红色”经典歌曲一样。这些审美趣味及习俗的变化,在许多人看来似乎只是属于一种无伤大雅的个性化审美体验,不应该受到道德的评判,但是,在孔子看来,正是这些现象反映出了当时社会道德生活的沉沦与败坏,所以,孔子深恶痛绝之。

文本从讲四种“小人”,到讲三种不良现象,皆属于孔子对春秋时期社会道德生活的现象学批判,其描述非常具体,也非常全面;其批判非常到位,也非常深刻。

17.12【原文】 子曰:“予欲无言。”子贡曰:“子如不言,则小子何述焉?”子曰:“天何言哉?四时行焉,百物生焉,天何言哉?”

〖解读〗“无言”是“有言”的最高境界

这一章非常重要,涉及两个问题。

一是孔子为什么“欲无言”?通常,一个人不想说话了,有两个原因:一个是因为已经讲得太多,该说的都说了,没有什么可讲的了;另一个是懒得说了,不想讲了,因为讲了没用，没有人听，很失望甚至绝望了。那么，孔子“欲无言”到底是出自哪一个原因呢？大多数人认为是出自后一个原因。我则认为两者兼而有之。因为，从文本上下文的意义联系来讲，孔子关于社会问题的描述、分析及对策（包括君子修养）等，确实是讲得够具体、够全面、够到位的了，该说的都已经说过了，再讲也讲不出什么新东西。如果大家觉得我讲的话还有用，“参照执行”就可以了；如果大家觉得没用，我再多讲也没有多少意义。所以，孔子说“予欲无言”，对理解他的人来说，是“你们把我讲过的话好好去领会、执行就可以了”的意思；对不理解他的人来说，是“你们太让我失望了，我都白讲了”的意思。子贡当然是前一种人，孔子对他也是寄予厚望，是以孔子对他讲这句话，也有先生向弟子诉苦的味道，意思是：我、我们一起这样周游列国，到处游说，想让他们接受我们的治国理念，结果没有人听，没有人用，很是失望，所以，从今以后，我再也不想对他们说什么了。也就是说，“予欲无言”是指“予欲对谁无言”，“无言”有具体的对象所指，而这个对象所指不包括“子贡们”在内。但是，既然如此，子贡为什么又要说“子如不言，小子何述焉”呢？难道是说孔子所讲的话还不够吗？是孔子还有很多的思想没有讲出来吗？或者说先生您过去讲的话我没有做好记录吗？都不是。我想，子贡的意思是：先生您讲的话我们还没有理解透彻，如果您不再给我们讲课的话，我们不知道怎么准确地去传述或宣传您的思想。其实，子贡之所以这样讲，并不真的是“小子何述焉”，而是有一份弟子对先生的关爱之情在内。因为，孔子对子贡讲“予欲无言”时，想必是充满着对现实政治的失望与伤感。而子贡怕先生因之而伤心，因伤心而灰心，没有了生活的热情，所以，才对孔子说，我们还想听听您“讲课”，多聆听您的教诲呢！我想，任何老师听到有学生讲这样的话，心里多少会感到有些慰藉的。由此亦足见师生之情深也。

二是如何理解孔子“天无言”？如上所述，子贡希望孔子“有言”，是有情感因素的考量在内，而孔子“予欲无言”，除了上述两点原因之外，可能还有另外的原因，这就是王夫之说的“言愈详而人心愈忽，言愈显而至理愈隐”（《四书训义》卷二十一），话说得愈详细，人家愈不重视；话说得愈明白，更深刻的道理反而会更加模糊不清。因为，心理学有一个“熟视无睹”的现象，即经常看到和听到的东西往往不易引起心理的注意与重视，反而是不常见到或听到的东西才会引起人们的好奇心，所以，孔子说“予欲无言”这句话，便容易引起弟子的注意与好奇，于是当孔子讲出“无言”的道理时，就更加会引起弟子对这个道理的重视。从这一点上讲，孔子确实是一个伟大的教育家，懂得怎么去引发弟子的学习主动性。而孔子讲的这个道理非常具有哲学高度，可以说是孔子世界观与人生观相统一的代表性论述。

首先，孔子两次说到“天何言哉”，以自况于“予欲无言”，意思是我不想讲话，那是为了“则天”即效法上天之“无言”。孔子心目中的“天”，到底有没有意志？是自然宇宙，还是万能上帝？我认为这一问题并不是孔子的“问题意识”所在，或者孔子并不把它看作是“问题”，也不要为此而纠结。因为，不论“天”的性质如何，“天”都是“人”可以学习、效法的对象，“人”与“天”是可以合一的，这跟基督教中的“上帝”不一样，“上帝”只是“人”信仰的对象，“人”与“上帝”之间存在着永远不可逾越的鸿沟。所以，孔子以“天”自况，这是对“人”的价值肯定，是把“人”的格局做大，它反映了一种以世界观来指导人生观的思想自觉。

其次，“天”虽“无言”，但“四时行焉，百物生焉”，四时照样有序运行，万物照样自然生长。也就是说，在孔子看来，“天”之“无言”，既是“天”客观上“没有言”，也是“天”主观上“无须言”。因为，“天”始终是依“自性”在运动，不受任何因素所干扰，当然，这一点是否意味着在孔子的心目中“天”之外已没有更高的存在，我们不得而知，但可以肯定的是，“天”是一个可以依“自性”而运行的客观存在，而且运行得有序不乱和生生不息，这就是依“自性”而运动的功德所在，古人称之为“上天有好生之德”。既然依“自性”而运行会有这样的功德，那么，我们人类就应该像“天”一样同样依人的“本性”而生活。孔子说，我之所以讲那么多话，无非就是劝人们回归自己的“本性”，不要受外界因素的影响。如果人们能够依“本性”而生活，“言”确实是多余的话。所以，王夫之认为，“予欲无言”，“而何尝不有言之理哉！”(《四书训义》卷二十一)有言的最高境界就是“无言”，此老子所谓“大音希声”也。

从文本上下文之意义联系来讲，前面孔子指出了春秋时期社会道德生活败坏的各种现象，至于怎么从根本上解决这些问题，这就是本章之旨，即要向“老天”学习，回归“本性”而行。

17.13【原文】孺悲欲见孔子，孔子辞以疾。将命者出户，取瑟而歌，使之闻之。

〖解读〗“无言之教”：一种高明的教育方式

先说故事，再说文本上下文意义联系。

孺悲，鲁国人，曾学礼于孔子，因而也算是孔子的学生。一次，孺悲想求见孔子，孔子以疾病为由推托不见，但传话的人刚出门，孔子却弹琴唱歌起来，故意让孺悲听到。孔子为什么不愿意见孺悲？有人说是因为孺悲有什么事直接得罪过孔子，或者说孺悲做了什么让孔子看不起的事，总之一条就是孔子不喜欢这个人。不喜欢也罢，不见也罢，孔子为什么又要故意让对方知道自己的态度呢？孟子及宋儒的解释是，这是孔子“不屑之教诲”，也是一种教育方式，而且是一种“深教之也”(《论语集注》引程子曰)，一般人还“享受”不到这样的教育。而孺悲是否明白或懂得孔子的用心，亦不可知也。

我认为，可以肯定的是，孔子这样做确实有教训孺悲的意思，至少会令孺悲脸面上挂不住。但是，文本为何要将这一事情记载下来并置于此处呢？这需要联系文本上下文来看才明白。在上一章，孔子说“予欲无言”，又以“天何言哉”为理据，这说明孔子对于“无言之教”的价值有一种理性的自觉，也就是说，孔子教人，对谁要“有言”，对谁要“无言”，才有教育的效果，他心里清楚得很。故对孺悲行“无言之教”，应该说是孔子因材施教的体现。以是而论，孺悲不一定是个孔子不喜欢的人，或者说不一定是个孔子“不屑”之人。如果孔子真的对孺悲“不屑”，找借口不见就罢了，又何须故意让对方知道自己的“不屑”呢？如果是这样，这岂不是说孔子太小心眼了吗？所以，文本记载此事，目的不在批评孺悲，而在说明什么是“无言之教”，什么是“天何言哉”，也就是说，这一章是对上一章的补充说明。这一点如果联系到下一章孔子讲“三年之丧”问题，就更加清楚，因为文本从孔子讲“天何言哉”，到讲“夫三年之丧，天下之通丧也”，旨在说明孔学的核心思想，即人要如“天”那样依“自性”而运行，回归人的“本性”，而仁爱不过是人性的自然流露。而文本两章之间插入这么一段，可以看作是对上一章“天何言哉”的注解。

17.14【原文】 宰我问：“三年之丧，期已久矣！君子三年不为礼，礼必坏；三年不为乐，乐必崩。旧谷既没，新谷既升，钻燧改火，期可已矣。”子曰：“食夫稻，衣夫锦，于女安乎？”曰：“安。”“女安！则为之！夫君子之居丧，食旨不甘，闻乐不乐，居处不安，故不为也。今女安，则为之！”宰我出。子曰：“予之不仁也！子生三年，然后免于父母之怀。夫三年之丧，天下之通丧也。予也，有三年之爱于其父母乎？”

〖解读〗礼是人之常情的表达方式

如上章所说，这一章实际上是承接“天何言哉”章而来，由讲天道而讲人性，而孔子又把人性落实为人情，从而为守礼之所以可能奠定了内在根据。所以，从儒家伦理学构建的角度讲，这一章非常重要，称之为“全书的关键”，①并不为过。

宰我是“孔门十哲”之“言语”科的首席代表，能言善辩，思想活跃，善于提问，在《论语》中是个经常被孔子批评的对象，特别是孔子批评他“朽木不可雕也”这句话，更是成了千古“名骂”。但是，从另一个角度讲，孔子思想的形成与深化，又总是与像宰我、子路这种敢于向孔子提出质疑的弟子相关。譬如，在这一章，宰我就提出了一个关键问题：三年之丧作为“天下之通丧”，作为一种礼制规定，它的合法性基础是什么？因为，在宰我看来，第一，服丧三年之久，三年时间内不能行礼仪、不能习音乐，不能结婚，甚至做官的还要辞官“丁忧”，这样下来必定会礼崩乐坏，耽搁很多事情。这一点既是可能性，也是现实状况，宰我这样讲，恐怕也是向孔子反映当时的实际情况。换句话讲，社会已有改革“三年之丧”的呼声。这是从“人事”的角度讲改革“三年之丧”的必要性。第二，在根据现实情形已发生变化的基础上，宰我又提出了改革“三年之丧”的理论依据，这就是“旧谷既没，新谷既升，钻燧改火，期可已矣”。孔子不是说要“则天”或向“天”学习吗？“天”依其“自性”而运行，也是以一年为周期，一年之内，春种秋收，新陈代谢，循环往复，所以，从“人事”须合乎“天时”的孔学逻辑来讲，“三年之丧”也应该改为“一年之丧”才对，否则就是有违“天道”。可见，宰我关于改革“三年之丧”的论述

① 李泽厚：《论语今读》，北京：生活·读书·新知三联书店，2004年，第415页。

是既有事实描述,也有理论依据,具有较强的哲理说服力。

再看孔子的反驳。孔子说,父母过世,你却过着锦衣玉食的日子,你心里安不安呢?如果你觉得心安,你可以去做,至于我或大多数君子是不安的。为什么不安?因为,"子生三年,然后免于父母之怀"。我们出生下来,三年才离开父母的怀抱,更何况父母对子女的养育之恩岂止这三年,一辈子都是如此啊!难道守孝三年以报答父母的养育之恩,做到这一点很难吗?孔子的意思是,宰我所谓的改革理由,与其说是为了"人事"和"天时",不如说为了锦衣玉食的"人欲"。因为,居丧三年本身就是对礼制的遵守,怎么会礼崩乐坏呢?相反,能够守三年之丧的人将会更加严格地遵守各种礼制规定。再者,"天时"虽以一年为周期,但"天道"体现的是永恒不息的"生生"之德,而这种"生生"之德体现在"人性"上,就是父母对人子一辈子的关爱之情和人子对父母一辈子的感恩之情,而"三年"之丧不过是人子报答父母养育之恩的"一瞬间",若依人子的感恩之情,即使守孝一辈子也不为过。如果将"三年之丧"改为一年的话,这不违背人性的情感诉求吗?当然,也正是为了"人事",所以要对人的这种情感诉求加以疏导,避免情感泛滥所带来的伤害,这就是所谓"发乎情,止乎礼"。

由上可知,在孔子看来,"三年之丧"也好,还是其他礼制也好,作为一种形式规定,它具有外在的性质,但实际上它是人的内在道德情感即仁爱的表达方式。换句话说,主体之所以能自觉地遵守伦理规范,是因为这些伦理规范体现了主体内在的道德情感需求。所以,这一章是孔子关于仁与礼之间内在关系的经典论述。不过,需要指出的是,"三年之丧"之所以可能,是因为有人之常情作为基础,而这种人之常情实际上是一种血缘之情,那么,超出血缘之情的人际关系礼仪规定又是如何可能的呢?这是孔子仁学构建的另一重大问题。而这一问题的解决需要有"天道"观作支撑的宗教性情感才是可能的。所以,我们必须将此章与"天何言哉"章联系起来看,才能把握孔子仁学构建的理论体系。

17.15【原文】 子曰:"饱食终日,无所用心,难矣哉!不有博弈者乎?为之犹贤乎已!"

〖解读〗实在空虚无聊的时候,也可以打打牌、下下棋

博弈,是中国古代的两种游戏。博,局戏也,多人玩的游戏;弈,围棋也,两人玩的游戏。游戏起源于原始社会,最早的游戏工具是石头、树木等;弓箭发明后,射箭成为游戏项目之一,在中国古代从射箭中又发展出相应的礼仪即射礼;而孔子年幼的时候,他的母亲教他把祭祀用的礼器(俎豆)摆设起来,把礼仪练习游戏化,这说明游戏对于人类文明的进步是有积极作用的。总之,从游戏发展史来讲,游戏最开始是出于生存技能训练、智力培养及人文教育的社会需要,到后来才成了打发闲暇时间的个体精神需要。而本章孔子所言,就是讲博弈的闲暇价值。

孔子说,有些人"饱食终日,无所用心",整天吃饱了没事干,脑子不想一点事,这种人“难矣哉！”，真拿这种混日子的人没辙。为什么不去打打牌、下下棋呢？干点这个也总比闲着没事混日子要强啊！孔子是不是替人瞎操心呢？人家饱食终日，无所用心，这可能是人家的日子过得好，有吃有喝，又不需要操什么心，这种日子说不定许多人想有而不得，怎么说“难矣哉！”呢？难道人家真空虚得难受吗？是的，孔子就是这个意思。孔子的这个想法对不对呢？从经验事实来看，孔子是对的；从理论分析来看，孔子也是对的。因为，“劳动创造了人”，人之所以为人就在于人是劳动的动物，劳动对人来讲不仅生存的手段，更是人类的一种存在方式，所以劳动作为一种权利对人类有着物质和精神的双层意义。但是，人又有好逸恶劳的心理上倾向，人总是把不劳力劳心当作“幸福生活”的目标来追求，但真要是有这么一天，又觉得空虚无聊之极，难受得很。对于这种以劳为“苦其形”，不劳为“苦其神”的人，孔子觉得很难办。所以，孔子说，既然这样，你们去博弈吧！博弈不需要费多大的劲，还可以消磨时间，打发日子。对于孔子的这一主张，朱子认为，这不是圣人“教人博弈也”（《论语集注》引李氏曰），意思是圣人对于博弈并没有多少好感，只是面对这种无所用心者才提出这种不得已的办法。我认为，宋儒的这一理解是有道理的，因为，博弈虽然可以让人“有所用心”，但也容易沉迷其中而不能自拔，会让人陷入由“小赌怡情”到“大赌伤身”的困境。这一点古今事实皆可证明。所以，博弈之“贤”（价值）不能过分拔高。

另外，对本章的理解，王夫之的看法值得重视。他认为，孔子讲博弈之“贤”主要体现在两个方面，一是“人之有生也，唯其心之灵也”（《四书训义》卷二十一）。博弈可以使人心之“灵”不失，可以让人不至于成为“下愚”之人，也就是说，博弈有助于智力的提高，或者至少有助于智力不退化。而人只要有心之“灵”，就有为善的可能性。二是“始而有下愚偷生之人，以为世所容而幸免于祸；既有异端养生之说，以为机可忘而自贵其身”（《四书训义》卷二十一）。有人认为，聪明人往往不如愚笨者为世所容；“饱食终日，无所用心”能达到“坐忘”的境界，就可以长生。这种类似道家的思想在古代是很有市场的，所以，孔子提倡博弈之“贤”有反对道家“绝智弃圣”思想的意思。这一点李泽厚先生也认同。[①]

从文本上下文意义联系的逻辑来讲，我认为有三层联系：一是如果说上一章是讲仁是礼的内在根据，那么这一章就是讲“知者利仁”；二是如果说上一章宰我把礼崩乐坏现象归因于“三年之丧”的话，那么本章孔子把它归因于“饱食终日，无所用心”；三是如果说上一章是孔子对宰我的理论批判，那么本章是对宰我“不仁”的批评，因为宰我时常“昼寝”，就是一种“饱食终日，无所用心”的表现，所以他才会说出要行“一年之丧”这样的话。

17.16【原文】 子路曰：“君子尚勇乎？”子曰：“君子义以为上。君子有勇而无义为乱，小人有勇而无义为盗。”

---

① 李泽厚：《论语今读》，北京：生活·读书·新知三联书店，2004年，第417页。

〖解读〗义勇才是真正的美德

这一章宋儒认为是“子路初见孔子时问答也”(《论语集注》引胡氏曰)。这有可能。因为,子路好勇,亦认为勇敢是重要的美德,是君子必备的修养。而孔子之教是以“文”教为主,培养的是谦谦君子,所以,初见孔子时,子路习气未除,觉得自己很了不起,便问:“君子尚勇乎?”其意是想从孔子那里得到对自己这种“特长”的肯定。孔子知道子路的意思,便想挫挫他的锐气,说:“君子义以为上。”君子崇尚的美德中以“义”为最高美德,其他美德包括勇敢在内都必须以此为标准,如果一个人只讲勇敢而不讲道义,在君子就有可能犯上作乱,在小人则会成为小偷或强盗。所以,君子之勇是勇于为义,见义不为,无勇也。

从文本阐释学的角度看,编者将子路初见孔子时的“问答”放在文本这个位置,是有其上下文的所指义在。一是前章讲仁,上章讲智,而本章论勇,仁、智、勇,是儒家的“三达德”,符合孔学思想构建的逻辑;二是上章讲博弈之“贤”,本章讲如何“尚勇”,文本的意思是,欲克服“饱食终日,无所用心”之弊,除了博弈之外,其实还有“尚勇”一途,即实在闲得无聊,可以去打打拳、跑跑步,强壮身体。这是“尚勇”之“贤”。当然,“尚勇”亦如“博弈”,都有好处,亦有坏的可能性,“博弈”之坏的可能性在沉迷其中而不能自拔;“尚勇”之坏的可能性就是争勇斗狠,为非作歹。我们看香港“古惑仔”电影,就知道“古惑仔”大多就是那些没有把握“博弈”和“尚勇”之“义”或“度”的年轻人。

17.17【原文】 子贡曰:“君子亦有恶乎?”子曰:“有恶。恶称人之恶者,恶居下流而讪上者,恶勇而无礼者,恶果敢而窒者。”曰:“赐也亦有恶乎?”“恶徼以为知者,恶不孙以为勇者,恶讦以为直者。”

〖解读〗君子爱憎分明,无憎非君子

这一章的文本语境或上下文意义联系可以这样来描绘:子贡问孔子,有的人每天的日子就是打打牌、下下棋,您觉得这种人如何?孔子说,也还行,总比那些饱食终日,无所用心的要强。子贡说,如果这样都行的话,那您还有什么讨厌的事情吗?也就是说,子贡之所以问“君子亦有恶乎”这个问题,是因为他觉得在孔子的眼中似乎没有什么人是坏人,或者说他认为孔子的好人标准是不是太低了点,连“博弈”之徒这种混日子的人都予以肯定,先生是不是太博爱了吧。

对子贡之问,孔子是这样回答的。孔子说,子贡啊,我不是没有讨厌的人,譬如我讨厌那些喜欢讲他人坏话的人;讨厌那些喜欢诽谤上级领导的人;讨厌那些勇而无礼的鲁莽之人;讨厌那些果决而顽固不化的人。说完之后,孔子问子贡,你也有讨厌的事吗?子贡说,我讨厌那些以抄袭为聪明的人;讨厌那些一点也不谦逊却自以勇敢的人;讨厌那些把揭人之短当作直率的人。

由上可知,孔子之仁爱虽是有"泛爱众"的维度,但正如孔子所讲的,"惟仁者能好人,能恶人。"仁者不是好好先生、老好人、乡原,仁者不仅"爱人",而且"恶人",且唯有仁者才能做到爱憎分明。而从孔子及子贡所"恶"的七种人来看,有的人是缺点明显,有的人则是貌似有德,其实更坏,譬如"讦以为直者",把揭人家的伤疤当作正直,这是对正直的歪曲,因为正直作为一种美德是以仁爱为前提的,不出于善意的直爽,那是一种最坏的品行,也可以说是"德之贼也"。

17.18【原文】 子曰:"唯女子与小人为难养也!近之则不孙,远之则怨。"

〖解读〗管好身边的人,这是一门艺术

本章承上章之旨,继续讲君子所"恶"。不过,孔子这句话最为现代女权主义者所诟病,有损孔子的圣人形象,所以自宋以来,为圣人圆说者很多。

我认为,在这些圆说中,王夫之的看法值得重视。他说:"为人上者,制奸有道,惩恶有法,格顽有礼,教不能有恩,皆君子所不难也。唯妾媵之女人与左右之小人,服劳于上,上之所养也,而养之难矣。"(《四书训义》卷二十一)意思是说,作为上级领导要对付坏人坏事都有办法,因为有制度、法规可依,但对于自己的亲属包括妻子、小孩及身边服务人员("小人"相当于今天的"秘书")却比较难办。为什么难办呢?王夫之解释说,因为这些人天天在你身边,离不开,你在他们面前没有隐私,这样便"颦笑狎而不逊之习渐成"(《四书训义》卷二十一),这就是"近之则不孙",也就是西谚所讲的"仆人眼里无英雄",你在他们面前很难有威严感,有的人可能还会恃宠而骄,把自己当作"二号首长"。如果某一天你意识到这样下去不行,想"远之",想跟他们有距离感,则"一日失恩,而怨蕴于心矣"(《四书训义》卷二十一),他们就会生埋怨之心。所以,"女子与小人"或"妻子与秘书"之所以"难养",难以对付,原因就在于关系太亲密,"近之"或"远之"的"度"很不好掌握。这是客观现象,不必讳言。

孔子这句话有没有歧视妇女之嫌?历史地看,在男权社会时代,妇女只是家庭的一员,她们的心理人格是依附型的,因而特别在乎男子对她们的态度,容易形成"近之则不孙,远之则怨"的心理特征。所以,孔子所言只是一种客观现象描述,谈不上歧视妇女。到现代社会,妇女已走出家庭,成了社会的一员,与男子一样,有着独立的心理人格,所以,"近之则不孙,远之则怨"的心理特征不再是妇女的"专利"。因为,只要是处于依附型的人身关系之中,无论是妇女还是男人,都会有上述心理特征。以此而论,孔子这句话仍有现代价值,这就是:无论是男人还是女人,无论你的社会地位如何,都要注意处理好与"身边人"的关系,因为这些人都与你有或多或少的情感/人身依附关系。譬如领导干部就要特别注意处理好"家属与秘书('小人')"的关系,既要让他们/她们当好你的助手,也不要让他们/她们太放肆,太放肆容易导致腐败。所以,管好身边的人,这是一门"中庸"的艺术,仅靠我们已出台的"若干"管好身边人的"技术"性规定是不行的。

17.19【原文】 子曰:“年四十而见恶焉,其终也已。”

〖解读〗四十岁还被人讨厌,也就别活了

这一章继续讲君子所“恶”。

“见恶”,是被人讨厌的意思。孔子说,如果一个人到四十岁还被人讨厌,那这个人的一生也就完了。意在告诫弟子要珍惜时光,不要等到人到中年,世界观、人生观、价值观都已经定型了,还没有修养到家,那就为时已晚了。

这一章是本篇结尾。前文已述,本篇主要是围绕着孔子出仕问题而展开,讲孔子出仕的动机,讲不得不与“坏人”打交道的道德修养,讲“坏人”的种种表现,然后提出解决社会问题的根本之道在于“则天”,在于回归“人性”,最后三章讲君子所“恶”的种种情形,从行为表现,到性别、社会地位和年龄阶段特征等,非常具体而微,文本把君子修养要注意的问题做了全景式的呈现,足见其文本建构的逻辑考量。

◆《微子》第十八 ◆

概要:本读共十章。本篇的主题是:孔子"知其不可而为之"的精神。首先,通过与"三仁"和柳下惠的比较,突出孔子"天下主义"的成仁之路(第一至三章);其次,通过与隐士的比较,说明了孔子"知其不可而为之"的理由所在(第四至六章);最后,通过与"逸民"的比较,说明在"无道"背景下读书人仍大有可为的可能性与现实性(第七至十章)。

18.1【原文】 微子去之,箕子为之奴,比干谏而死。孔子曰:"殷有三仁焉!"

〖解读〗"弃暗投明"也是一种"成仁"

上篇《阳货》主要是讲孔子想做官,想得连主子是好是坏都不管了,而这一篇《微子》刚好相反,主要是讲隐士对孔子的嘲笑,以及孔子的态度。但朱子认为,"此篇多记圣贤之出处"(《论语集注》),主题是讲人才、英雄的历史作用。我认为,此篇讲历史人物,是孔子在找"知音",是在为自己的"不隐"找理据,所以,这一篇恰好可视为对上篇《阳货》的说明,其主题主要是为了凸显孔子"知其不可而为之"这种精神的价值。

孔子说,商朝末年的商纣王有三位可以称得上仁者的贤臣,分别是微子、箕子和比干。微子是纣王的庶兄,箕子和比干是纣王的叔叔,三人都是纣王的亲属,但他们不赞成纣王的暴政,曾多次向纣王进谏,但纣王不听,三人便商量怎么办,最后的结果便是"微子去之,箕子为之奴,比干谏而死"。微子选择了出逃,箕子佯狂被贬为了奴隶,比干因进谏被处死。当然,有关三位的事迹,历史记载有许多互相矛盾的地方,是以有人认为,商纣王之所以亡国,就是因为这三位大臣跟他唱对台戏。而事实上,武王伐纣克殷成功之后,并没有罪及微子与箕子,相反,"武王乃释微子,复其位如故。"(《史记·宋微子世家》)后来文王又"命微子开代殷后,奉其先祀"(《史记·宋微子世家》),平定武庚叛乱后,又封微子为宋,让殷族一脉得以延续下来。而箕子也做过一段武王的"政治导师",教武王"洪范九畴",后来才流落民间,据说是到了朝鲜半岛。如果说史载属实的话,说比干是仁者,没有问题;要说微子、箕子是仁者,则有不同意见。譬如毛泽东就说,三人中,微子最坏,是商朝的"汉奸",纣王对他的防范不够,让他有机会做了武王伐纣的"内应",这样伐纣才成功,[①]这种"里通外国"的汉奸怎么能称为仁者呢?那么,孔子说微子、箕子和比干是仁者,其理据又是什么呢?比干进谏而死,这是尽忠,有气节,符合宋儒的仁者标准;微子和箕子也曾"三谏",但没有学比干死谏,但孔子依然

① 摘自毛泽东1959年6月22日同吴芝圃等人的谈话,《党的文献》1995年第4期。

认为他们是仁者。因为,孔子心目中的仁者标准跟宋儒的理解有差别,即在孔子看来,“有道则从,无道则止”,纣王无道,为臣者进谏,这是职责所在,但没有必要为无道之君陪葬,这一点诚如王夫之所言:“无道之世,仁者固如是夫。”(《四书训义》卷二十二)在无道背景下,他们这样选择是符合孔子的仁者标准的。此其一也。其二,从孔子许管仲以仁来看,孔子的仁者标准更注重历史人物的历史贡献,而微子、箕子所为,不过是“弃暗投明”,虽然不若比干那样壮烈、有气节,但他为殷族之“存宗祀”或“兴灭国,继绝世”做出了重大贡献;而箕子则也为周初的国家治理、社会稳定做出杰出的思想贡献。所以,从微子、箕子的历史贡献来看,称他们为仁者一点也不过分。这就是说,在孔子,“成仁”的方式有许多,因此不能拘泥于后世的忠君观念来理解孔子之仁。

18.2【原文】 柳下惠为士师,三黜。人曰:“子未可以去乎?”曰:“直道而事人,焉往而不三黜?枉道而事人,何必去父母之邦?”

〖解读〗爱国主义的“成仁”方式

柳下惠是孔子特别欣赏的贤者、君子,原因主要不是因为他“坐怀不乱”,而是因为他有崇高的政治品质。譬如,他做鲁国的“士师”即大法官时,就曾三上三下,当时有人劝他说,你为什么不离开鲁国去另谋高就呢?何必待在这里受这种气呢?柳下惠回答说,如果是以正道侍奉君主的话,到哪里都有可能被多次罢免;如果要搞歪门邪道的话,我在这里照样可以左右逢源,如鱼得水,又何必离开自己的祖国呢?柳下惠的意思是,罢免就罢免吧,无所谓,但只要我在位子上,我还是会按原则办事,该怎么办就怎么办,别指望我会跟你们同流合污,而且我也不会离开自己的国家,我就是要在待在这里让你们这些人“闹心”、不舒服。

相比于微子、箕子和比干三位仁者而言,柳下惠的选择不是“弃暗投明”主义,而是爱国主义。之所以如此,原因是时代不同了,是现在(春秋时期)已无“明”可投,到处都是“暗”,都是“天下乌鸦一般黑”,都充满着“无道”的政治氛围,既然如此,逃跑与留下是一样的,都是一种对“无道”的抗争方式或“成仁”方式,且都只可能以悲剧收场。所以,我认为,无论是柳下惠的爱国主义,还是孔子的天下主义,都是一种“知其不可而为之”精神,而这种精神也就是一种悲剧精神。需要说明的是,悲剧精神不是一种悲观主义,恰恰相反,悲剧精神充满着对“好”的可能性的乐观,充满着一种历史使命感,正因为如此,悲剧精神是崇高的,是有感召力的。当然,柳下惠的选择也包含着一种无奈的情绪,少了点“比干式”或“孔子式”的英雄气概,但他也并没有因为无奈而放弃自己所坚持的原则,所以,柳下惠的爱国主义精神只能说是一种“沉默式”的抗争精神。

从文本上下文的意义联系来看,上章的“三仁”是对“无道”社会的抗争方式,而本章柳下惠“何必去父母之国”又是一种新抗争方式。可见,在儒家看来,“成仁”的方式有很多种,有“比干式”的杀身以成仁,有“微子式”的弃暗投明以成仁,还有“柳下惠式"的爱国主义以成仁。选择哪一种成仁方式,这既是时代的选择,也是个人的选择。孔子跟柳下惠所处的时代背景相同,那他会选择什么样的成仁方式呢?或者说他的成仁方式会跟前面几位有什么不同呢?下一章或者整个文本都是在说明这个问题。

18.3【原文】齐景公待孔子,曰:"若季氏,则吾不能,以季、孟之间待之。"曰:"吾老矣!不能用也。"孔子行。齐人归女乐,季桓子受之,三日不朝,孔子行。

〖解读〗天下主义的"成仁"方式

旧注分为两章,本读合为一章。理由是:都是讲"孔子行"的缘由,一个是讲孔子离开齐国的缘由,一个是讲孔子离开鲁国的缘由。

孔子适齐,是在鲁召公被"三桓"击败逃跑到齐国时的事,当时孔子只有三十五岁,齐国是齐景公当政,晏婴为相。据传,齐景公曾问政于孔子,孔子提出了"正名"及"节财"的建议,景公很高兴,并打算重用孔子,但后来因晏子的反对而作罢。这一段话就是景公对孔子的解释,意思是请孔子谅解。景公对孔子说:我已经老了,讲的话不是很管用了,所以要我像鲁君重用季氏那样重用你,恐怕做不到了。我只能待你次于季氏而高于孟氏,你看行不行?孔子一听,知道在齐国不可能有什么作为,就走了,离开齐国再回到鲁国继续从事教育事业,直到五十一岁后才出仕为官。

孔子在鲁为官,初为中都宰,一年后升为司空,不久后又升为大司寇并摄行相事,然后便开始实施他的"堕三都"计划,想以此来"强公室",但是此计划最终功败垂成。正在这个时候,齐国看到鲁国在孔子的治理下颇有起色,便心生惧意,于是由齐大夫黎锄设计,向鲁国赠送了一支"美女乐队",季桓子愉快地接受了,使鲁定公多日不问朝政。孔子对此大为不满,便离开了鲁国,开始了他长达十四年之久的周游列国生涯。

孔子这两次"行",都是他主动离开权力中心,离开齐国的原因不是因为待遇不高,离开鲁国的原因也不是怕"三桓"报复,而是因为"道不同不相为谋"。离开齐国之后,孔子继续做了十五年的"教书匠",把教育当作自己入世的方式;离开鲁国之后,孔子到国外找出路,把游说诸侯当作一种入世方式,历尽了各种艰难险阻,尝尽了人间各种苦楚,最后回到鲁国又从事自己的老本行,继续教书授徒,整理古典文献。因此,文本将孔子的两次"行"安排在此,是欲与前面商末"三仁"特别是与柳下惠做比较,意思是:即使"天下乌鸦一般黑",没有"弃暗投明"之处,也还可以"知其不可而为之"。因为,如果不去"为",不去游说诸侯,怎么可能知道"天下乌鸦一般黑"呢?这就像古人所讲的,未尽人事,怎知天命呢?柳下惠的爱国主义式的"成仁"方式虽然未必不可取,但毕竟有些消极;微子"弃暗投明"式的"成仁"之举虽然明智,但毕竟又有投机的成分。而孔子不一样,他走的是天下主义式的"成仁"之路,是"知其不可而为之",其悲剧精神更浓,意义和影响更大。这就是文本上下文意义联系所在。

18.4【原文】 楚狂接舆歌而过孔子曰:“凤兮!凤兮!何德之衰?往者不可谏,来者犹可追。已而!已而!今之从政者殆而!”孔子下,欲与之言,趋而辟之,不得与之言。

〖解读〗**面对狂士的讥讽,孔子想到的不是面子,而是求教**

上一章讲孔子两次主动选择离开权力中心,走天下主义的“成仁”之路,但这条路并不好走。孔子周游列国,到处游说却到处碰壁,也想到过走道家的避世之路,但又心有不甘,本章就是讲他与隐者交往的情形。

接舆是楚国的狂人、隐士,是《庄子》中的理想人物形象,在中国古代文学史上非常有影响。孔子周游列国,在前往楚国的路上,就碰到了他,他是“歌而过孔子”,唱着歌经过孔子的车前,而歌词的大意是:凤凰啊,凤凰!你为何变成了如此德行呢?过去的已无法挽回,将来的还来得及。算了吧!算了吧!今天的从政者很危险啊!孔子听了之后,赶紧下去想与他交谈,但接舆却“趋而辟之”,不想跟孔子聊,连忙走开了。

接舆说:“凤兮!凤兮!何德之衰?”是什么意思呢?凤凰,是古代传说中的祥瑞符号,它跟走兽中的麒麟一样,只有天下有道或太平盛世才出现,而在天下无道或政治黑暗的乱世则隐匿起来。孔子是当时社会认可的仁者、圣人,有崇高的道德形象,可比于传说中的凤凰,所以,接舆这样说,也是认同孔子的为人,或者说是在抬举孔子。但是,孔子周游列国、到处游说之举,却违背了“凤有道则见,无道则隐”的原则(《论语集注》),所以是一种德行衰落的表现。也就是说,在接舆看来,在春秋这样的乱世,孔子应该隐居起来才对,怎么能不顾政治的风险到处跑呢?这不是糊涂吗?再者,就算是想出来救世,想当救世主,也要看清楚形势,找对好路子,既然这个社会已经是礼崩乐坏,所以“复礼”的路子是行不通的,应该着眼未来才对(“来者犹可追”),不要老做“为周公”之梦。

对于接舆的讥讽,孔子并不在意,但一听接舆说“来者犹可追”,以为接舆真有什么新的救世办法,所以孔子赶紧下车想向接舆请教,但接舆却避而不见,这让孔子觉得很遗憾。

18.5【原文】 长沮、桀溺,耦而耕,孔子过之,使子路问津焉。长沮曰:“夫执舆者为谁?”子路曰:“为孔丘。”曰:“是鲁孔丘与?”曰:“是也。”曰:“是知津矣!”问于桀溺,桀溺曰:“子为谁?”曰:“为仲由。”曰:“是鲁孔丘之徒与?”对曰:“然。”曰:“滔滔者,天下皆是也,而谁以易之?且而与其从辟人之士也,岂若从辟世之士哉?”耰而不辍。子路行以告。夫子怃然曰:“鸟兽不可与同群,吾非斯人之徒与而谁与?天下有道,丘不与易也。”

〖解读〗**从政是读书人应有的担当**

长沮、桀溺,是孔子周游列国时碰到的另外两位隐士,而且他们俩是结伴而隐于野，当个普通农民。孔子经过他们旁边时，叫子路下去问路，“问津”，是问过河的渡口在哪里。长沮、桀溺先不说渡口在哪里，而是问你们是谁？先查“户口”，验明正身，然后故意对子路说，你们先生应该知道渡口在哪里，何必问我们？并且还指着旁边的河流做起了子路的“策反”工作，说，如今的天下就如这滔滔的河水一样，有谁能改变它呢？你与其跟着孔子到处跑，还不如跟着我们在这里种田养桑；与其躲避这世上的坏人，不如躲避这坏人的世界。长沮、桀溺的意思是，“辟人之士”躲避的只是个别坏人，但躲避一个又会遇上另一个，像孔子这样躲来躲去是躲避不尽的，倒不如做“辟世之士”，离群索居，隐居起来，不问世事，这样就可以躲避所有的坏人。子路把隐者的话转告给孔子，孔子听了之后怅然叹曰：“鸟兽不可与同群，吾非斯人之徒与而谁与？天下有道，丘不与易也。”“鸟兽不可与同群”，有两种释读：一是指鸟与兽走不到一起，因为鸟是飞的，兽是走的，一个在天上，一个在地下。意思是人各有志，我与隐者他们走不到一块，也别勉强凑合在一起，各走各的路吧。[①]二是指人总不能与鸟兽为伍，因为人之所以为人，就在于人是群居或社会性的存在，而如果人都像隐者那样躲到深山中，那还叫作人吗？不是，只能是鸟兽一样的动物。这两种释读都有道理，都可以解释得通，但联系到后面的话来看，还是后一种释读较合文理。因为，既然人不能与鸟兽为伍，那也就意味着人必须且只能是跟人在一起，想躲避人是躲避不了的。而且，所谓的隐，并不能离开社会，譬如长沮与桀溺之隐，也还知道要两个人在一起，并且还想劝子路入伙，这也是一种“社会”存在的形态，且如果想日子过得好一点的话，仍然无法避免跟坏人打交道。所以，孔子认为，既然无法避免跟坏人打交道，与其躲着坏人，还不如直面他们，而直面的方式之一就是站出来从政，联合一帮子好人一起来改革这个无道的社会。而且，如果连我们读书人都不站出来的话，那要我们读书人干什么？改革这个无道的社会，这是我们读书人的责任。

可见，孔子这一次与隐者的交锋，跟前次不一样，这就是孔子对于自己的政治参与动机做了旗帜鲜明的表态，充分体现出了儒家知识分子的政治义务自觉与救世担当精神。相比之下，隐士的“辟世”主张则是一种以放弃政治参与义务为代价的自由主义，而这种自由主义是无法得到正当性辩护的。

18.6【原文】子路从而后，遇丈人，以杖荷蓧。子路问曰：“子见夫子乎？”丈人曰：“四体不勤，五谷不分，孰为夫子？”植其杖而芸。子路拱而立。止子路宿，杀鸡为黍而食之，见其二子焉。明日，子路行以告。子曰：“隐者也。”使子路反见之。至，则行矣。子路曰：“不仕无义。长幼之节，不可废也！君臣之义，如之何其废之？欲洁其身，而乱大伦，君子之仕也，行其义也。道之不行，已知之矣！”

〖解读〗不仕无义：有官不做，是一种不顾道义的人生选择

① 南怀瑾：《论语别裁》（下册），上海：复旦大学出版社，2006年，第847页。

这一章可以说是上一章的申论，但它是由孔子的弟子子路来完成的，从中也可以看出子路之所以没有被两位隐者“策反”成功的缘由。

子路是孔子周游列国的得力干将，负责交通、安保等主要工作，可是这一次不知道是什么原因，子路居然“从而后”，跟着跟着居然掉队了，不知道孔子走到了哪里，于是便问路中遇到的“丈人”即长者：您是否见过我老师路过这儿？子路以为自己的老师名气大，见过的人都会赞扬老师一番，不想这位长者却说，什么你的老师？一个四体不勤，五谷不分的人，也配称老师吗？长者的意思是，我没见过什么“老师”，但见过一位不爱劳动、不懂农务，只会满嘴仁义道德的人。子路明白了，这位长者肯定是见过孔子的，只是他不大喜欢自己的先生罢了。于是子路便装出一副毕恭毕敬的样子，等待着长者的下文。子路不这样也不行，因为子路想知道孔子的去向，还得靠长者提供信息。长者看子路的态度还诚恳，便留他在家住了一晚，并好好地款待了一番。第二天，子路追上孔子后，便将经过告诉了老师。孔子告诉子路，你遇到的是一位隐士、高人，你赶紧返回去再向请教他一下。可奇怪的是，等子路返回来时，长者一家已搬走了，好像他事先知道子路会返回来找他似的。子路对于隐者的“做派”早就有不满，所以，这一次他没有客气，发了一通议论。他说，读书人不出来做官，这是不道义的。既然承认长幼之序不可废，那么君臣关系又怎么可以废弃呢？做隐士不就是要废弃君臣关系吗？大家都只想去做隐士以求得自身的清白，结果是乱了大伦。所以，君子出来做官，是履行自己应尽的人伦义务，至于说我们的主张行不通，这个我早就知道了，但“知其不可”，也要努力为之，否则的话天下会更加无道。你们这些隐士批评我们是四体不勤，五谷不分，但现在社会最需要的难道不正我们这些敢于同恶势力作斗争的人吗？你们不敢冒这种政治风险也罢，还站在旁边说风凉话，真是站着说话不嫌腰痛！

可见，子路之言比前面孔子主张入世为官的理由说得更明白、更充分一些，甚至有点义愤填膺的味道。因为，诚如古希腊哲学家亚里士多德所言，人是“天生”的政治动物，人类天生的合群性乃是人类具有政治性的基因所在，人的社会性的丰富需要政治参与才是可能的，而试图完全放弃政治参与的义务在实践上其实是不可能的。

18.7【原文】 逸民：伯夷、叔齐、虞仲、夷逸、朱张、柳下惠、少连。子曰：“不降其志，不辱其身，伯夷、叔齐与？”谓“柳下惠、少连，降志辱身矣，言中伦，行中虑，其斯而已矣！”谓“虞仲、夷逸，隐居放言，身中清，废中权。我则异于是，无可无不可。”

〖解读〗“知其不可而为之”，也是一种“无可无不可”

所谓“逸民”，就是隐逸或遗逸之人，这些人一般曾有过较高的社会地位，但后来都因各种原因而远离权力中心。孔子认为，历史上的“逸民”代表人物有七位，他们是伯夷、叔齐、虞仲、夷逸、朱张、柳下惠、少连等。其中伯夷、叔齐，就是武王克商后不愿意食周粟而饿死在首阳山的两位商朝遗臣，有关他们的事迹前文多次提及，在这里，孔子再次说到他们的品行，用了八字来评价，即“不降其志，不辱其身”，精神和肉体都向武王说“不”，体现出了一种崇高的民族气节。孔子最欣赏。相比之下，柳下惠、少连两位则是“降志辱身”，选择了一种“沉默”式抗争，但他们能够做到“言中伦，行中虑”，即讲话不出格、行为深思熟虑。也很不错，不过也仅此而已。而虞仲、夷逸（可能还有朱张）两位或三位则“隐居放言，身中清，废中权”，他们隐居山林，却爱放言高论，讲一些奇谈怪论，这不好；但能洁身自好，没有了权势却能懂得权变处世，这也还行。在对“逸民”作出上述评价之后，孔子说自己跟他们不一样，是“无可无不可”，既可以避世，也可以入世；既可以不做官，也可以做官；没有固定的选择，一切依情势而定。这就是孔子所讲的“时中”。

文本将这一段安排于此，带有总结性质，即孔子跟所有其他历史人物相比，既有共同点，也有不同点，而不同之处就在于孔子不执于一端，不守于一节，尤其是孔子把“知其不可而为之”也当作“无可无不可”的一种行为选择，这一点更体现了孔子的担当精神。

18.8【原文】 大师挚适齐，亚饭干适楚，三饭缭适蔡，四饭缺适秦，鼓方叔入于河，播鼗武入于汉，少师阳、击磬襄入于海。

〖解读〗人才流失严重，是国家衰落的表征

这一章记载了鲁国八位乐师流散异乡的情况，其中有的人可能是到他邦另谋高就，有的则是到江边、海边隐居起来。我们知道，鲁国是礼乐之邦，即使是春秋礼崩乐坏之际，还有“周礼尽在鲁矣”的美誉，但是，从《论语》的这一记载来看，鲁国的音乐人才流失非常严重，不复有当年吴公子季札观乐于鲁而叹为观止的盛况。

这一章纯属记事，与孔子有什么关系呢？这要从两个方面来看。一是联系文本上一章来看，过去的“逸民”现象只是个别现象，而现在则是普遍现象，鲁国尚且如此，其他国家的情况也好不到哪里去；鲁国的乐师尚且如此，其他人才的流失也就可想而知了。所以，文本安排这一章是为了进一步说明春秋时期礼崩乐坏的严重状况。二是联系孔子讲“吾自卫反鲁，然后乐正，雅颂各得其所”来看，此章所记鲁国乐师流失的情况，正是孔子“正乐”的历史背景说明。这同时也说明孔子的入世主张并不如道家所讲的那样乃是徒劳无功之举，也就是说，文本安排这一章仍然是在申述儒家“不仕无义”的主张。因为，在孔子看来，哪怕是世道黑暗，“天下乌鸦一般黑”，只要你想有所作为，总会有你为社会作贡献的机会与可能，所以，读书人不能消沉、悲观，要有一种“知其不可而为之”的精神。

18.9【原文】 周公谓鲁公曰：“君子不施其亲，不使大臣怨乎不以，故旧无大故，则不弃也，无求备于一人。”

〖解读〗用人之道:团结好干部,用他们的长处

上一章人才的流失造成了礼乐文明的衰败,所以,要珍惜和重视人才。怎样重视人才呢？本章以周公之言来说明之。

周公的封地在鲁,但因为他要辅佐成王,所以便派自己的长子伯禽即鲁公代其就封,临行前,周公特别嘱咐伯禽要重视人才,要学会用人,共讲了四点。第一,"君子不施其亲",施,弛也。君子不怠慢自己的亲属,也就是要重用自己人,特别是与自己有血缘关系的人,因为这些人最靠得住,最值得信任。但同时要注意的是,不用亲属的话,亲属也是最易生意见的一部分人,因为他们对你的心理期待比别人要高,总觉得你当了领导,肯定且应该首先想到亲属,所以,从积极和消极两方面讲,都要重用自己人。这一点在宗法社会尤其如此。第二,"不使大臣怨乎不以",不以,不被重用。不要让大臣抱怨自己未被重用,要让他们觉得你很尊重和信任他们,要充分调动他们的主观能动性,让他们有事做,有成就感。团结好"关键少数",这是当好领导干部的重要工作。第三,"故旧无大故,则不弃也。"故旧,老臣旧友。如果那些退休干部没有什么大的过错的话,就不要完全抛弃他们。也就是说,要重视"老干"工作,要时时记得老干部所做的贡献,时时关心他们的生活,处处发挥他们的"余热",让他们老有所乐的同时,能够老有所为。这一点是我们中华文化的政治传统,值得传承和发扬光大。第四,"无求备于一人",用人要用人的长处,不要求全责备,要对下属多包容。这一点孔子也反复强调过。

以上四点是周公的用人之道,除了第一点外,其他三点都值得今人学习。

18.10【原文】 周有八士:伯达、伯适、仲突、仲忽、叔夜、叔夏、季随、季騧。

〖解读〗国运之兴衰,人才是关键

这是周初的八位名臣,《泰伯》篇中曾记武王曰"予有乱臣十人",另外两人是谁？可能是周公和姜太公。周朝八百年,就是由周初这些人打下的基础。联系上章来看,文本之旨仍然是强调人才的重要性,是以历史事实来说明之。

这一章是本篇的结尾。朱子曰:"此篇孔子于三仁、逸民、师挚、八士,既皆称赞而品列之;于接舆、沮、溺、丈人,又每有惓惓接引之意。皆衰世之志也,其所感者深矣。在陈之叹,盖亦如此。三仁则无间然矣,其余数君子者,亦皆一世之高士。若使得闻圣人之道,以裁其所过而勉其所不及,则其所立,岂止于此而已哉？"(《论语集注》)我认为,这一篇集中体现出了孔子"知其不可而为之"的担当精神。

第六篇 孔子精神与孔学体系

◆《子张》第十九 ◆

概要：本读合为二十三章。本篇皆记弟子之言。第一，文本以子张为第一，旨在继承孔子“知其不可而为之”的担当精神(第一至三章)；第二，文本记子夏之言最多(第二至十三章)，旨在继承孔子“为己之学”的学问之道；第三，记曾子之言凡四(第十三至十八章)，旨在继承孔子的仁爱精神；第四，记子贡之言凡五(第十九至二十三章)，旨在构建孔子的“圣人形象”。

19.1【原文】 子张曰：“士见危致命，见得思义，祭思敬，丧思哀，其可已矣。”

〖解读〗**读书人要有担当精神，有操守自觉，有使命意识和有责任意识**

朱子曰：“此篇皆记弟子之言，而子夏为多，子贡次之。”(《论语集注》)为什么是这样？王夫之有个解释，他说：“盖孔门自颜子以下，颖悟莫若子贡；自曾子以下，笃实无若子夏。故特记之详焉。”(《四书训义》卷二十三)

前文已述，子张性格开朗，为人豁达，善交朋友，虽想“学干禄”，却未尝从政，做了一辈子的学者，深受孔子忠、信思想的影响，最后创立了“子张之儒”，列儒家八派之首。

本章子张讲“士”德，讲读书人的品德修养，也就是知识分子的人格标准，包括四点。一是“见危致命”，读书人见到有危险时，要舍得豁出性命，要有敢于牺牲的精神。这种精神最为珍贵，是“士”德最重要的方面。因为，在春秋这样的乱世，有许多读书人为了个人的利益而不愿意出来做官，想学道家的避世主义，把自己“隐”起来，过逍遥快乐的田园生活，以保全自己的性命。对于这种避世主义，儒家虽然有同情的理解，但并不认同。孔子讲“天下有道，丘不与易也”，正因为天下无道，所以读书人更要首先站出来救世；子路说君子“不仕无义”，读书人不做官，这不符合读书人的道义要求。但是，在无道社会做官，政治风险很大，所以做官尤其是做好官是需要有豁出性命的思想准备的，没有这种牺牲精神和担当气概，就最好不要出来做官。可见，子张把“见危致命”作为“士”德之首，确实有其现实的针对性，而文本将子张之言列为本篇之首，仍然是为了贯彻上篇孔子的“知其不可而为之”精神。二是“见得思义”。有危险的时候，读书人要冲在前面，而有好处得的时候，应该想一想是不是该得，不该得的坚决不拿，该拿的尽量少拿。在这个问题上，有一种容易犯的错误是，认为只要大家都拿了，你就觉得跟着拿没问题，就不去考虑该不该拿的问题了。其实，虽法不责众，但有的时候，“众”可能是共犯，不要以为大家都拿得的就是应该的。还有一种情况是，拿薪水时很少有人“见得思义”，都觉得理所当然，心安理得，其实我们也应该想一想自己的工作是否对得起这份薪水才对。三是“祭思敬”，祭祀时要考虑态度是否严肃认真，是否怀有一颗敬畏之心。儒家虽然不是标准的宗教，但它有终极关怀的维度，有宗教的情怀，特别是为儒家所强调的以祖先崇拜为主要内容的祭祀文化传统，还体现出了一种深厚的历史情感在内，而子张所讲“祭思敬”之“敬”，就是指对大自然的恩赐和祖先的恩德，要怀有一种敬畏和感恩之心。四是“丧思哀”，临丧而哀，有同悲心，这一点孔子也反复强调过，而子张又把它当作“士”德之修养提出来，其意义诚南怀瑾先生所言，读书人应该对“时代的失败”有“无比的悲愤”和“痛思”。①这也就是说，如果“祭思敬”是培养读书人的使命意识的话，“丧思哀”则是培养读书人的责任意识。

所以，子张讲的这四点，实际上就是指读书人要有担当精神、有操守自觉，有使命意识和有责任意识，只有这样才称得上真正的知识分子。

19.2【原文】 子张曰：“执德不弘，信道不笃，焉能为有？焉能为亡？”

〖解读〗**不要成为一个“有你不多，无你不少”的人**

“执德不弘，信道不笃”，朱子的解释是：“有所得而守之太狭，则德孤；有所闻而信之不笃，则道废。”把“弘”释读为宽广之意，意思是君子要有“大德”，要有兼济天下的胸怀，不能满足于个人的独善。朱子的这一看法，李泽厚先生从之。②

但是，我还是倾向于将“执德不弘”理解为“执守道德不够坚定”。因为，从文本上下文意义联系的角度看，上一章子张专门讲了“士”德的四个标准，对于这四个标准，读书人都会认同，但是能不能做到，能在多大程度上做到，这便是修养的关键所在。因此，本章子张讲这个话，就是指读书人要将自己认同的道德标准坚定不移地贯彻于实际行动之中，而“执德不弘”，就是指有些人在履行道德要求的过程中意志不够坚定，遇到困难就打退堂鼓，找逃避的借口，就如毛泽东所讲的，一个人做点好事并不难，难的是一辈子做好事。能坚持一辈子做好事，需要有坚定的道德意志力去支撑。而道德意志力的形成又与道德信念分不开，所以，“信道不笃”，就是指信仰不够坚定，就是“道”或真理或“主义”没有真正内化为主体人格的一部分，这样一遇到阻力就会对“道”产生怀疑，进而信仰动摇，进而道德意志力衰退，如此一来，前面讲的“士”德就坚

① 南怀瑾：《论语别裁》（下册），上海：复旦大学出版社，2006年，第860页。
② 李泽厚：《论语今读》，北京：生活·读书·新知三联书店，2004年，第431页。

持不下来。而不能坚持履行“士”德的读书人，也就跟普通人没什么区别，这种人的社会存在感就是可有可无、就是有你不多，无你不少，这种人活着又有什么意义呢？

19.3【原文】 子夏之门人，问交于子张。子张曰：“子夏云何？”对曰：“子夏曰：‘可者与之，其不可者拒之。’”子张曰：“异乎吾所闻：君子尊贤而容众，嘉善而矜不能。我之大贤与，于人何所不容？我之不贤与，人将拒我，如之何其拒人也？”

〖解读〗有包容心，才能广交朋友

这一章是讲交友之道。子夏的交友之道与子张不同，但二人都是从孔子那里听来的，是孔子因材施教所致，谈不上谁高谁低。不过，从文本阐释学的角度看，不直接将孔子抬出来，这说明二子所言有自己的发挥，而文本记载此段对话，就有将二人进行比较的意思在内，从而也就产生了文本自身的意义。若从这一角度看，子张的交友之道要高于子夏。为什么？因为，子夏交友只交可交之人，只交值得交的人，对不可交、不值得交的人则采取了拒之门外的态度。而子张不同，他主张尊敬贤者而容纳众人，众人里面要欣赏其中的好人，也同情其中无能的人。总之一条就是不要拒绝与人交朋友，要学会跟不同的人交朋友。比较二人的交友之道，若按子夏的交友原则，朋友必定是少而精，少而精虽然不是坏事，有时候甚至是好事，但“其不可者拒之”的做法肯定会产生出不少的“敌人”，“敌人”多了可不是好事。而按子张的主张交朋友，肯定朋友众多，朋友多有时未必是好事，但“敌人”少了却是大大的好事，更何况多一个朋友多一条路呢？所以，从功利主义方面来讲，子张的主张要优于子夏。

再者，从品德修养来讲，子夏交友比较慎重，有道德洁癖，怕为“损友”所误，这对于提高个人修养来讲是有益的。但是，真正道德修养高的人要有一种“出污泥而不染”的精神，就是要在与“坏人”或“普通人”打交道的过程中来磨炼和提升自我的修养境界，更何况“仁者爱人”也包含着主体有改造坏人的责任在内。这一点亦诚如子张所言：如果我是真正的贤者，有什么人不可以容纳呢？如果我是坏人，别人就会拒绝我，我怎么还能拒绝别人呢？所以，欲提升道德修养的境界就不能拒绝与“坏人”打交道，而是要像孔子那样，学会怎样跟“坏人”打交道，尤其是在天下无道这样的时代，这样的修养是一种读书人担当精神的体现。

19.4【原文】 子夏曰：“虽小道，必有可观者焉，致远恐泥，是以君子不为也。”

〖解读〗君子的价值取向决定了他的知识结构是“文科”型的

何谓“小道”？朱子曰：“小道，如农圃医卜之属。”（《论语集注》）子夏认为的“小道”也就是现在所讲的自然科学知识。前文已述，樊迟曾想学习“稼圃之术”，被孔子批评为“小人”。孔子认为，像农业之类的科学知识非儒学的“必修课”，甚至连“选修课”都不是，儒学的“必修课”是“文教”，是与复兴礼乐文明相关的道德教育和政治教育。也就是说，孔子心目中的“大道”是管理学和伦理学，其培养的人才规格是政治家和教育家，而不是科学家。所以，子夏在这里一方面肯定了“小道”的可取之处，另一方面又认为读书人不能把兴趣和精力放在“小道”之上，因为那会妨碍远大目标的实现，非君子所为也。子夏之言虽比孔子批评樊迟的话说得要婉转一些，没有如孔子那样绝对地否定“小道”的价值，但仍然是强调君子要志于“大道”。

儒家对知识的这种价值分类，确实影响了中国传统读书人即“士”的价值取向，使得他们不把主要精力放在“小道”上，甚至认为从事自然科学研究是一件不光荣的事，这一点也是造成中国古代自然科学知识大多停留于“常识”层面的重要原因。当然，儒家讲的“大道”型知识中也有像天文学、数学等自然科学的内容，但这些知识都是服务于政治管理的需要，并没成为独立的科学研究。

19.5【原文】 子夏曰：“日知其所亡，月无忘其所能，可谓好学也已矣！”

〖解读〗学贵有恒的治学精神

上一章子夏讲君子要学“大道”，不要把精力放在“小道”上，这相当于讲要坚持正确的办学方向。方向定了，接下来便提倡好学精神，相当于讲学风建设。

何为“好学”？子夏说，每天学习点新知识，每月不忘记旧知识，这就是好学。子夏这里讲的好学与孔子所强调的好学有所不同。孔子说：“君子食无求饱，居无求安，敏于事而慎于言，就有道而正焉，可谓好学也已。”（《学而》）“有颜回者好学，不迁怒，不贰过。”（《雍也》）可见，孔子所谓的好学主要是指德行之学，主要体现在学以致用上；而子夏讲的好学主要是指知识的积累，是一种学贵有恒的治学态度。当然子夏也重视德行之学，他说：“贤贤易色；事父母，能竭其力；事君，能致其身；与友交，言而有信。虽曰未学，吾必谓之学矣。”（《学而》）所以，子夏是言可以看作是对孔子好学思想的补充。

古人讲，一天不读书，便觉面目可憎。只有天天学习，才能天天向上，尤其是在知识爆炸的今天，不天天学习，不刻苦学习，靠大学所学的“老本”，可能要不了几年时间就会被淘汰。

19.6【原文】 子夏曰：“博学而笃志，切问而近思，仁在其中矣。”

〖解读〗只有学与问相结合，理论与实践相结合，才能坚定理想信念

本章仍然是讲治学，是讲治学的思维方法。博学，是为了拓展自己的知识面，知识面广了，看问题视域就宽了，角度就多了，解决问题的办法就多了。但是，博学也有需要注意的地方，譬如，有的人博学而浅尝辄止，对知识掌握得不够系统，可以说是食而不化；有的人博学而失去对知识的价值判断力，经常被各种新奇的观点与思想弄得不知所从，等等。所以，子夏说，治学要“博学而笃志”，笃志，就是志向要坚定，要守得住自己的初衷，譬如在儒家，读书人就要守得住“大道”而不为“小道”所吸引，这样才能

力行其仁;再譬如在今日之中国,就要坚持以马克思主义和中国特色社会主义理论为指导,不要在各种思潮面前迷失了方向,这样才能力行社会主义核心价值观。

怎样才能做到“博学而笃志”呢?子夏认为,还要“切问而近思”。因为,面对各种思想的来袭,任何人都会有困惑的时候,这个时候就要“切问”,就要恳切地向人请教,多听听别人的意见,不要一个人冥思苦想;然后要“近思”,就是要结合自己的实践体会来思考,不要盲目地听从别人的意见,更不能陷入玄想之中。所以,“切问”就是为了避免主观独断,“近思”就是理论要联系实践,经过“切问而近思”得来的认识或学问才接近“大道”或真理,也就是“仁在其中矣”,仁就会内化为主体的人格,这样便能够信念坚定,能够力行其仁。

19.7【原文】 子夏曰:“百工居肆以成其事,君子学以致其道。”

〖解读〗君子之“学”:不只是学“道”,更是行“道”

百工,是指从事各类手工业的劳动者。从史料记载来看,至迟在西周时期就有了百工制度,到春秋之际,这一制度发展得更为完备,手工业的内部分工更为细化。如据《考工记》所载,当时的木工就分为七类,金工分为六类,皮工分为五类,染工分为五类,玉工分为五类,陶工分为两类,等等。而且,这一时期还产生了“分业定居”制度,即让同类别的手工业者居住在一起,并为他们建立专门的作坊或工作室,这就是“百工居肆”。为什么要这样做呢?管仲有一个解释,他说,同业居肆可以“相语以事,相示以巧”(《国语·齐语》),相互之间探讨和交流技艺心得,有助于提高劳动生产效率;特别是在“工之子恒为工”的职业世袭背景下,从小就生活一定的职业环境中,“少而习焉,其心安焉”(《国语·齐语》),从小耳濡目染,长大后就会安心和专心工作,这样更能促进手工业人才队伍的稳定与业务水平的提高。所以,“百工居肆以成其事”,就是指各行各业的工匠居住在一起,才能有效地完成他们的工作任务,造出精美的工艺品。

相比于“百工居肆以成其事”而言,君子是“学以致其道”。君子是一个由“士”即读书人构成的群体,按当时的职业分工,属于“劳心者”类,为社会管理阶层。怎样做好管理工作呢?子夏认为,关键在于要知“道”和行“道”。知“道”是认识的过程,行“道”是实践的过程,但知“道”是为了行“道”,行“道”也是为了知“道”,只有认识和实践相结合,才能“致其道”。所以,“致其道”的“致”有两层含义,一是“至于其道”或掌握其“道”的意思;二是“致身其道”或力行其“道”的意思。至于子夏讲的“道”是指什么?我认为,从文义来看,既是指社会发展的客观规律,也是指主体运用这一客观规律的规律。具体来讲,在儒家看来,社会要发展,就必须构建和谐而有序的社会结构,而最能体现这种和谐有序结构的就是礼;而如何让人们自觉自愿地守礼呢?关键在行仁政,在教化,在让人们成为一个具有道德自律性的主体,而君子就是这种自觉维护礼乐文明价值的人格符号。所以,君子之“学”不只是学“道”,更是要践行其“道”,这就如“百工居肆以成其事”一样,工匠的手艺也是在做的过程中不断提高的。

由上可知,本章仍然是强调君子治学要理论与实践相结合,要如“百工”一样,做到知行合一。

19.8【原文】 子夏曰:“小人之过也必文。”

〖解读〗文过饰非者是小人

上章子夏讲君子要“学以致其道”,其中特别强调实践对于认识提高的意义。换言之,君子认识的提高其实也是一个在实践中不断自我纠错的过程,所以,君子之“学”也体现在知错能改这一点上,体现在善于吸取经验教训这一点上,体现在尽可能“不贰过”或不犯同样的错误之上。

与君子不同的是,小人有过则喜欢文过饰非,喜欢用漂亮的言辞来掩饰自己的过失和错误,这样做其实是一种自欺,骗得了自己,骗不了别人。所以,只有敢于承认错误,才能改正错误,否则,终究只能做个小人。

19.9【原文】 子夏曰:“君子有三变,望之俨然,即之也温,听其言也厉。”

〖解读〗君子印象:不好打交道——好打交道——要认真打交道

这一章是讲君子气度或君子印象。子夏在孔子身边待的时间久,又善于观察和总结,所以,他这里的君子有“三变”,也可视为对孔子的赞扬。

君子有“三变”,是指君子外表上给人的感觉有三种变化:远远望去,样子庄严可畏,觉得难以接近;但与他一接触,就觉得他态度非常温和,非常平易近人,非常有亲和力;不过,听他讲话,又感到他“言也厉”,“厉者,辞之确。”(《论语集注》)也就是讲话措辞严谨犀利,看问题看得很准,指出问题也毫不留情,听了之后又会有肃然起敬之感。可见,由未见之“望之俨然”,到初见之“即之也温”,再到已见之“听其言也厉”,这一君子“三变”过程实际上也是一个否定之否定过程,是一个不好打交道——好打交道——要认真打交道的过程。而“望之俨然”作为一种对君子的敬畏感只是一种对他的外在形象或社会地位的敬畏,而“听其言也厉”所产生的敬畏心则是一种对君子内在的学问与修养的敬畏心,是一种“虽不能至”却“心向往之”的崇敬感。

对于君子的“三变”,朱子认为:“此非有意于变,盖并行而不相悖也。”(《论语集注》引谢氏曰)也就是说,君子“三变”不是刻意装出来的,而是君子本来就是这个样子,如果不接触,你可能始终会停留在“望之俨然”的印象之上。

19.10【原文】 子夏曰:“君子信而后劳其民,未信,则以为厉己也;信而后谏,未信,则以为谤己也。”

〖解读〗做官既要取信于民,也要取信于君

上章讲君子印象,本章讲君子做官。

子夏说,君子做官,对老百姓要“信而后劳”,要取得百姓的信任之后再去劳民。为什么？因为，“未信，则以为厉己也”。没有取得老百姓的信任，你去劳民，去使唤他们，他们会认为你太苛刻、太不讲人情。所以，君子做官，首先要取信于民。但要做到这一点并不容易。因为，君子给人的初次印象是“望之俨然”，老百姓有点怕你，对你有防范心，总觉得你是君主派来压迫他们的。所以，欲取信于民，你得深入基层，让百姓“即之也温”，让他们对你产生亲近感，然后再跟他们讲道理，讲你的施政措施，他们就会相信你、认同你、敬佩你，这个时候再叫他们努力做事，他们才会心甘情愿地去做。

君子为官不仅要取信于民，还要取信于君。如果你的上级领导不信任你，或者说他对你有疑虑，甚至有猜忌，无论古今，都非官场幸事。子夏说，在没取得上级领导充分信任之前，君子千万不要去进谏，去提不同意见，否则的话，上级会认为你是在诽谤他，这样轻则会丢官摘帽，重则会有性命之忧。但是，要取信于君同样也不容易，有时甚至比取信于民还要难，这一点孔子周游列国的经历就是证明，所以他才提出了“有道则从，无道则止”的事君原则。

19.11【原文】 子夏曰：“大德不逾闲，小德出入可也。”

〖解读〗待人不要求全责备，“小德出入可也”是一种境遇伦理

闲，阑也，木栏之类的遮拦物，引申为规范、界限的意思。子夏说，“大德”即在大节方面不能逾越界限，“小德”即小节上有些出入倒是可以理解、原谅的。换言之，就是为人不要求全责备。因为，在生活中有许多人看似不拘小节，但遇到大是大非问题还是能够不失大节的。而相反的情况也有，一些人平时讲道德、守规范，但在大是大非问题上却犯糊涂。这两方面的情形古今历史上都不鲜见。在今天，诚如李泽厚先生所言，大节属于社会性公德，小节属于宗教性私德，只要不违反法律规定，小节可以有多元的价值选择。①

再者从上下文意义联系的角度来看，上文讲君子为官要有所作为就必须要取信于民、取信于君。取信于民就需要深入基层，与百姓打成一片；而要与百姓打成一片，有时候就得放下架子，入乡随俗，不拘小节。至于取信于君，孔子也有不得不见“南子”的时候，也有管仲“不知礼”却能成为仁者的案例。总之，我们亦可以把“小德出入可也”看作是一种境遇伦理。

19.12【原文】 子游曰：“子夏之门人小子，当洒扫、应对、进退则可矣，抑末也；本之则无，如之何？”子夏闻之曰：“噫！言游过矣！君子之道，孰先传焉？孰后倦焉？譬诸草木，区以别矣。君子之道，焉可诬也？有始有卒者，其惟圣人乎！”

---

① 李泽厚：《论语今读》，北京：生活·读书·新知三联书店，2004 年，第 436—437 页。

〖解读〗教育基本规律:因材施教,循序渐进

这一章历来被视为是儒学之“小学”与“大学”之争。

子游跟子夏一样,也是孔门中以“文学”著称的弟子。有一天,他跟别人谈起自己的同门子夏时说,他教出来的学生做一些“洒扫、应对、进退”之类的事还可以,但这些都只是小事,不懂得根本的道理,那怎么行呢?“洒扫、应对、进退”是接待宾客的礼仪,“洒扫”是讲客人来时,要搞好清洁卫生;“应对”是讲接待宾客时要讲话得体;“进退”是讲动作要得体,就如到酒店包厢吃饭,你要引宾客到包厢门口,这是“进”;到包厢门口后,要让宾客先入包厢,这是“退”。接待工作确实是要注重细节,子夏教育出来的学生在这方面做得很到位,都是称职的“接待科科长”,但在子游看来,也就仅此而已。因为,洒扫、应对不过是礼仪之末,不过是一种形式上或“文”上的讲究,而礼仪的根本在于内容或“质”,在于“《大学》‘正心’‘诚意’之事”(《论语集注》),所以,教育弟子应该从培“本”开始,要把重心放在人格养成上,而不能太过专注于洒扫、应对等礼仪细节。对于子游的看法,子夏是怎么反驳的呢?子夏说,子游的话讲得太过了,也太不懂教育学规律了。因为,君子之学,到底应先传授什么,后传授什么?这并无定法,这要根据对象的不同予以区别对待,就如种植草木一样,不同的草木有不同的种植方法,怎么能够混为一谈呢?所以,子游之言违背了因材施教的教育学规律。此其一。其二,“有始有卒者,其惟圣人乎!”这句话是什么意思?有多种解释。大多数的看法是教学当循序渐进的意思,即先从“小学”开始,然后再到“大学”,先让学生知道洒扫、应对等礼仪,然后再讲这些礼仪所蕴含的道理,从知其然,再到知其所以然。这种看法符合孔子的教育思想。但又怎么解释“其惟圣人乎!”一语呢?难道循序渐进地教育学生,只有圣人做得到吗?我认为,这不是子夏的意思。子夏的意思是诚如朱子所云:“若夫始终本末一以贯之出,则惟圣人为然,岂可责之门小子乎?”(《论语集注》)也就说,告诉他“始”,他就知道“终”,告诉他“末”,他就知道“本”,这只有“生而知之”的圣人才做得到,一般人没有这样的资质,所以对于“门人小子”的教育还是循序渐进为好。

由上可知,子游与子夏之争并不是人才培养规格的定位之争,而是如何培养君子人格的教学方法之争。子夏重视教学规律,严格贯彻孔子因材施教的教育思想,主张采取循序渐进的教学方法,不搞拔苗助长,一步一步提高,这符合“商也不及”的性格特征;而子游则不太重视教育规律,喜欢“速成法”,所以,荀子说“子游氏之贱儒”是一种“懒人”之儒(《荀子·非十二子》)。

19.13【原文】 子夏曰:“仕而优则学,学而优则仕。”

〖解读〗做官一定要爱学习,做学者不一定要当官

子夏这句话对中国的知识分子影响很大,至今如此。

“学而优则仕”，优，非“优秀”的意思，而是“有余力也”(《论语集注》)，意思是：学习如果有余力，就可以去做官。但是，现在很多的读书人则认为，这句话的意思是：学习成绩优秀的话就应去当官。这虽是对“学而优”的误读，但却体现了中国知识分子的人生观与价值观特征。我认为，知识分子把当官作为人生的一种选项，并无不妥之处，但把它当作“大道”或最优的选项，就会有问题。因为，一个社会如果把做官当作最优的人生价值来追求，就会形成一种“一流的学者做官，二流的学者挣钱，三流的学者教书”的舆论氛围，那么这必然会导致科研人才的流失，不利于科学技术的发展，同时它还会加剧“官本位”现象的膨胀，将不利于学术自由、公正价值的张扬。

其实，子夏提倡“学而优则仕”是与儒“学”的性质相关的。儒学乃君子之学，是“内圣外王”之学，是伦理政治学，是“知人”的哲学，而这种学问的提升确实需要有政治参与的实践才是可能的，朱子曰：“学而仕，则所以验其学者益广。”(《论语集注》)中国古代有名的思想家大多是政治家，原因就在于其政治参与实践丰富和提高了他的思想认识。也就是说，儒家讲“学而仕”，既是为了“外王”，也是为了“内圣”，政治参与也是“学”的一种形式。但是，在今天，如果避开子夏所讲的学问有“大道”与“小道”之别，把自然科学研究同样当作“大道”的话，则就不存在“学而优则仕”的问题，因为，从事自然科学研究的人哪还会有“余力”去做官呢？且也没有必要去做官，因为做官并不能有助于科学研究水平的提高，相反却可能有害。

“仕而优则学”，做官有余力则去做学问。朱子曰：“然仕而学，则所以资其仕者益深。”(《论语集注》)管理是一门学问，需要不断地进行探索研究，所以官不论当得多大，都要利用业余时间去加强学习研究，这样将有益于管理工作的深入开展。今天我们提倡做“学者型干部”，其道理就在此。但是，需要注意的是，中国的官僚大多有“进士出身”的情结，所以“仕而优则学”往往被理解为：官做得越大就非得学问要越高才行，于是为了显示自己是“学者型官员”，就想方设法要弄个硕士甚至博士帽子戴上才觉得有底气。

其实，文官制度不失为一种好的政治文化传统，但如果把做官之大小与学问之高低等同起来，这就会造成两者的价值混乱及相互伤害。譬如，今天中国的大学，有一种非常普遍的现象，喜欢把学问做得好的学者提拔去当院长、校长，结果是：因为不适任，为行政工作所拖累而导致学问荒废者，比比皆是，这是害己；有的则利用行政资源优势，将学问做得越来越有影响，这既严重伤害了学术公平，也衍生了学术腐败现象，这是害人。这种“学者型官员”异化为“官员型学者”的现象，尤其值得注意。

总之，在今天，做官一定要爱学习，做学者不一定要当官。

19.14【原文】 子游曰：“丧致乎哀而止。”

〖解读〗丧礼是表达哀伤之情的一种形式需要，没有必要铺张浪费

慎终追远，是中华文化的重要传统。慎终有丧礼，追远有祭礼，既反映出生者对死者的尊敬与怀念，同时也代表了古人对生死问题的态度。我们知道，最早的儒实际上是从事丧葬祭祀之礼的神职人员，到春秋之际才转化发展为一种学术思想流派，因而儒家对丧祭之礼的认识有自己独特的职业经验作支撑，对其价值与意义的理解比其他诸子要深刻，《论语》中孔子谈这一问题有很多，这里所记是子游对孔子思想的发挥。

父母去世，子女自然悲伤，丧礼就是子女表达哀伤之情的一种形式需要。古代丧礼的形式规定非常繁复，需要付出巨大的物质成本与时间成本，而到春秋之际，丧礼的成本还有愈演愈烈的上升趋势。这一方面增加了人们的物质与精神负担，另一方面也使丧礼越来越走向形式主义。因此，以墨家为代表，率先提出了"节丧"的思想，明确反对丧礼的铺张浪费行为；而在儒家内部，以宰我为代表，也对"三年之丧"的合法性提出了质疑。面对这种"节丧"思潮，孔子虽然坚定维护"三年之丧"的古制，但也意识到了礼制形式主义化的危害，所以，他在为丧礼作合法性辩护时，把亲亲之爱作为辩护的立足点，提出了"丧，与其易也，宁戚"（《八佾》）的观点，而子游则继承了孔子这一思想，认为"丧致乎哀而止"，即居丧只要能充分表达心中的哀伤就可以了，不是说丧礼越隆重，哀伤之情就越深厚，简朴的丧礼也可以表达深厚感情。

朱子说："'而止'二字，亦微有过于高远而简略细微之弊。学者详之。"（《论语集注》）即认为子游的说法虽然正确，但也有将丧礼之形式过于简化的弊端。我认为，朱子的这一提醒很有意义。因为，前面已述，子游把"洒扫、应对"等看作是礼仪之末，而恰恰是这些礼仪之末却需要行为主体付出高额的物质和时间成本，而人都有好逸恶劳之心，既然子游你这么认为，那我正好可以偷懒，正好可以尽可能地省略丧礼形式，因为谁能说少一些形式，我的内心就没有"丧致乎哀"呢？所以，荀子曰："偷儒惮事，无廉耻而耆饮食，必曰'君子固不用力'，是子游氏之贱儒也。"（《荀子·非十二子第六》）偷懒怕事，还找借口说"君子本来就不必劳力"，这种"懒儒"之行径有滑落为道家者流的可能性。

19.15【原文】 子游曰："吾友张也，为难能也，然而未仁。"曾子曰："堂堂乎张也，难与并为仁矣。"

〖解读〗子张印象：子张已很不错了吧，但还不是仁者。加油！

旧注分为两章，本读合为一章。理由是：皆为对子张的评价，且结论差不多，但文本的意味却另有所指。

子游说：我的朋友子张，"为难能也"，是一个难得的人才，做人能够做到他那样已经很不容易了，但他还没有做到仁德的要求，所以不能算仁者。而曾子说：子张仪表堂堂，却很难与他一道增进仁德修养。

比较二者对子张的评价，可以看出，对子张的缺点，子游说得比较笼统，而曾子说得比较具体，但对于曾子所说“堂堂乎张也”，历来有不同的理解：一说是褒，即子张给人以堂堂正正的印象；一说是贬，即子张太正儿八经了，给人以“牛得很”的印象，觉得子张这人有点高不可攀，难以接近，故亦难以“以友辅仁”，难以作为朋友相互帮助，共同进步。这一说法为宋儒所认同，譬如朱子说：“子张行过高，而少诚实恻怛之意。”“言其务外自高，不可辅而为仁，亦不能有以辅人之仁也。”（《论语集注》）意思是子张的行事“调子”太高，不够诚实、仁慈；表面功夫做得不错，且喜欢自以为是，所以在增进仁德修养上，他既不会接受别人帮助，也不要指望他对你有什么帮助。

对于朱子的看法，清代学者王闿运在其所著《论语训》一书中提出了不同的意见，他认为，曾子所言并不是贬子张，而是赞美子张，“难与并为仁矣”之意是“亦言子张仁不可及也。难与并，不能比也”。此说虽然亦通，但从文本将曾子之言与子游之言“然而未仁”并列来看，我认为，朱子的看法也是有根据的；再佐以曾子闻子张死而穿齐之衰服以讥之一事来看，曾子是言似乎不是真心赞美子张，或者说即使是赞美之辞，也有一股酸味。

但是，从文本阐释学的角度看，二子所言也未尝不可以看作是对子张的赞美之辞，因为，从孔子对人物的评价来讲，其弟子中又有谁被许以为仁者过呢？没有。既然如此，二子之言应作这样理解：子张很不错了吧！但“然而未仁”，还不是仁者；“难与并为仁矣”，难以与某些人并列为仁者，更何况我们俩（子游和曾子）呢？我们还是要加倍努力啊！我认为，只有这样理解，才符合文本以《子张》命名本篇之意。

19.16【原文】 曾子曰：“吾闻诸夫子，人未有自致者也，必也亲丧乎！”

〖解读〗真实情感的充分表露，一定是在亲人去世的时候才会

这一篇记曾子之言共四处，其中两处都是“吾闻诸夫子”，也就是转述孔子的话。

“人未有自致者也”，致，“尽其极也”（《论语集注》），充分表露的意思。人一般不会自动而充分地表露出自己的真实情感。因为，人作为社会性的存在，从小开始就接受规范训练，就开始学会控制自己的情绪，特别是在传统礼制的制约下，中国人的情感表露就显得更为自制甚至压抑，譬如女子开心的时候要“语莫掀唇”或笑不露齿，生气的时候也要“怒莫高声”，总之一条就是要做到《中庸》所讲的喜怒哀乐之情要“发而皆中节”。但是，有一种情况可能例外，这就是亲人去世的时候，人会自然而充分地表露出自己的哀伤之情，不顾一切地放声大哭。那么，怎样看待这种自致之情呢？曾子没说，但根据《中庸》所言，也要“中节”，要“哀而不伤”，而“中节”的办法就是严格遵守丧礼。因为丧礼既是子女对父母表达感恩之情的形式需要，同时也具有舒缓这种自致之情的功能。

那么，曾子转述孔子这句话的意涵是什么呢？难道仅仅是描述一个心理事实吗？我认为，曾子转述孔子这句话的意思是，礼只有发乎情才能真正守得住，也就是说，礼作为一种外在的且具有强制性的规范要求，其实是主体内在的仁爱之情的表达所需，所以，如果没有了这种仁爱之心为基础，礼就会走向形式主义。而由丧礼中的自致之情现象可知，人都是有仁爱之心的，人性都是善良的。孔子讲"我欲仁，斯仁至矣"，"我"本来就是一个"欲仁"的主体，但现在这个"欲仁"主体已为"欲利"的主体所埋没，所以主体必须加强自省的修养，让本有的仁爱之心重新挺立起来。这就是曾子之学的特点。

19.17【原文】 曾子曰："吾闻诸夫子，孟庄子之孝也，其他可能也，其不改父之臣与父之政，是难能也。"

〖解读〗政治家的孝：继承与创新相结合

孔子曾讲："三年无改于父之道，可谓孝矣。"（《学而》）这里曾子提到孟庄子就是一个典型。

孟庄子是鲁国的大夫，他的父亲孟献子有贤德，他继位之后，没有搞"一朝天子一朝臣"那一套，而是继续重用父亲留下的大臣，仍然执行父亲制定的政策。孔子认为，这样的孝子非常难得，一般人做不到。因为，且不论孟献子用的人与制定的政策好不好，就算是好，任何新上任的人都会有"新官上任三把火"的政治冲动，都想搞点创新，搞点有自己特色的东西，留下自己的痕迹，而孟庄子不这样，他是萧规曹随，一直不改父之道，克服了新官上任的政治冲动。这一点确实难能可贵。

但是，需要指出的是，孟庄子之孝是否值得推崇呢？这要从两个方面来看。一方面，如果父之道确实不错，能够继续奉行，这当然是好事，也是孝的榜样。另一方面，如果父之道有错误，继续奉行的话，或者"三年无改"的话，是否称得上孝呢？按孔子的说法是称得上孝的，但是，这种对父亲的孝却又是对国家的不忠，对百姓的不负责任，所以，考察为政者之孝的标准应该看他的工作成绩，应该与忠联系起来看。综合言之，我认为，孝的标准应该是继承与创新相结合。

19.18【原文】 孟氏使阳肤为士师，问于曾子。曾子曰："上失其道，民散久矣！如得其情，则哀矜而勿喜。"

〖解读〗好法官的标准：道德情感与法律理性融为一体

孟氏，是指孟敬子；阳肤，是曾子的弟子。士师，就是法官。孟敬子叫阳肤担任法官。临行前，阳肤向曾子求教。曾子告诉他：在上位的人已丧失了道义，百姓的心早已涣散了，如果你审案了，发现了犯罪实情，你应该可怜和同情他们，切勿沾沾自喜，以为自己好了不起，是"神探"，是"包青天"。

曾子之言确是仁者之言。因为，一个社会如果犯罪率高，主要的原因不是法治不严，而是政治黑暗，"故其犯法也，非迫于不得已，则陷于不知也。"（《论语集注》引谢氏曰）老百姓犯法，要么是生活所逼，要么是不懂法，而让百姓"富之""教之"，这正是国家的责任所在，也是读书人责任所在。所以，作为法官要有哀矜勿喜之心，要有对罪犯的同情心、怜悯心，千万不能有酷吏心态。当然，也不能以这种同情心去代替法律本身，只有把道德情感与法律理性融为一体，这才是好法官。

19.19【原文】 子贡曰："纣之不善，不如是之甚也。是以君子恶居下流，天下之恶皆归焉。"

〖解读〗做人要小心：一旦沾上恶名，就会墙倒众人推

根据史料，可以确定商纣王确实不是人们心目中的"暴君"形象，也就是子贡讲的他的"不善"并不如传说中那样厉害，而他之所以会有这样的千古骂名，王夫之认为是"武王之所申罪，因乎百姓之所流传；史策之所记录，因乎周人之所追咎"（《四书训义》卷二十三），即武王伐纣时所指陈的罪行，其实是从老百姓那里听到的传言；史书上所记录的东西，其实也只是周人的一面之词，是周人要为伐纣找借口，所以把纣王有的或没有的罪行都归到他一个人身上，以此来丑化纣王的形象，以强化文武革命的正当性，因为反正纣王是亡国之君，他是不是也做过一些"善"事，都已经不重要了。而子贡能看出这一点，这说明子贡是"知者"，且敢于讲真话，不是一个人云亦云的人。

子贡这样说并不是要为纣王翻案，而是说明一种道德现象，即一个人（尤其是领导干部或社会影响力大的人）如果稍不注意自己的言行，一旦干了某件坏事，沾上了恶名，就会像处于河之下流的池塘一样，什么脏水都会往那里流；就会跟商纣王一样，社会上出现的什么坏事都往他身上引，被人说得一无是处，十恶不赦；就会如"子见南子"一样，孔子再怎么赌咒发誓也说不清。所以，君子要时刻保持警醒，要洁身自好，不可苟且，不能置身于不善之地。我以为，子贡是言对于处于互联网时代的今人来讲，尤有价值和意义。

19.20【原文】 子贡曰："君子之过也，如日月之食焉。过也，人皆见之；更也，人皆仰之。"

〖解读〗君子有明星效应，知错能改

这一章是对上章的补充说明。上章子贡讲君子恶居下流，生怕沾上恶名，但是，不恶居下流并不意味着君子就不会有犯过错的时候，相反，子贡讲，君子也是人，也有犯过错的时候，而且君子的过错往往特别打眼，就如日食、月食一样，非常显眼，大家都看得到，而且大家都会拿放大镜去看君子之过，所以，君子之过如果不改正的话，就会"天下之恶皆归焉"，所有脏水都会往你身上泼，但如果及时改正错误的话，则"人皆仰之"，大家仍然会敬仰你。

子贡把君子之过比作 "日月之食"，意味着君子在人们的心目中有很高的道德期待，有"明星效应"。首先，君子是很少犯过错的人，就如日食、月食不常见一样。且正因

为不常见，所以君子一旦有过就特别打眼，特别令人印象深刻，也特别不希望如此，也就是说，大家也特别希望君子改正错误，这样才不会让自己的期待落空。其次，君子之所以为君子，就在于知错能改，在于具备自我纠错的道德勇气与道德自觉，而商纣王的悲剧恐怕也与他听不进“三仁”之谏有关。所以，君子既是一个善于自我反省的人，也是一个善于纳谏的人。

19.21【原文】 卫公孙朝问于子贡曰：“仲尼焉学？”子贡曰：“文武之道，未坠于地，在人。贤者识其大者，不贤者识其小者，莫不有文武之道焉。夫子焉不学？而亦何常师之有？”

〖解读〗学无常师，教无定法

公孙朝是卫国的大夫，有一天他问子贡一个问题：“仲尼焉学？”孔子的学问是从哪里学来的？孔子的老师是谁？这个问题确实存在。因为，根据史料，我们只知道孔子小时候由母亲教过有关礼仪方面的知识，成名之后又向老子求教过，此外确实不知道孔子有没有正规的“学历”，所以，公孙朝的疑问实际上包含着另外一层意思，即孔子一生“祖述尧舜，宪章文武”的根据是什么？不会是他自己瞎编出来的吧？子贡回答说，“文武之道”即周文王、武王所确立的政治原则与礼乐文明并没有因现在的礼崩乐坏而完全失传，“在人”，即在人间还有人记得，还有人保留着文武之道的传统。不过，对于文武之道，贤者大多掌握了它的核心价值或精神实质，而不贤者也还多少知道它的一些表象的东西。可以说无处不是文武之道，只要用心，都可以发现文武之道就在我们身边，在我们的日常生活中。所以，虽然不知道我老师的老师是谁，但这有什么要紧呢？因为，想学习的话，到处都有老师，到哪里都可以学习，而且何必非得要有固定的老师呢！

学无常师，这是孔子成才的特点，也是孔子及儒家教育的重要主张，它充分体现了早期儒家思想的开放性与包容性。

19.22【原文】 叔孙武叔语大夫于朝曰：“子贡贤于仲尼。”子服景伯以告子贡，子贡曰：“譬之宫墙，赐之墙也及肩，窥见室家之好；夫子之墙数仞，不得其门而入，不见宗庙之美，百官之富。得其门者或寡矣！夫子之云，不亦宜乎？”叔孙武叔毁仲尼。子贡曰：“无以为也！仲尼不可毁也。他人之贤者，丘陵也，犹可逾也；仲尼，日月也，无得而逾焉。人虽欲自绝，其何伤于日月乎？多见其不知量也！”

〖解读〗子贡着力维护孔子的崇高形象

旧注分为两章，本读合为一章。理由是：皆是讲叔孙武叔诋毁孔子，子贡着力维护孔子的崇高形象。

叔孙武叔是鲁国的大夫，子服景伯就是《宪问》中欲杀公伯寮的那位鲁国贵族。叔孙武叔喜欢讲孔子的坏话。有一次他公然在朝堂上对大夫们讲，子贡比他的老师孔子要贤能得多。子服景伯把这个话传给子贡。子贡说：我怎么敢跟老师比呢！如果拿房屋的围墙作比的话，我家的围墙只齐肩膀高，我家里有什么好东西，站在外面一望而知；而我老师家的围墙有几丈高，你如果找不到它的门，不进院子里面的话，就根本无法看见他的宗庙有多壮美，房子有多富丽。叔孙武叔之所以讲这种话，那是因为他连老师的门在哪儿都不知道，如果他知道的话，肯定不会这样讲。

叔孙武叔一方面是抬举子贡来贬低孔子，另一方面则直接诋毁孔子。子贡听了之后，非常生气。他说：不要这样说嘛！孔子不是你们诋毁得了的！因为，别的贤者不过是一座小山丘而已，要翻过它还不难；而孔子是天上的日月，是不可能逾越的，有人想自绝于日月，这对日月有什么伤害呢？你们诋毁孔子，这对孔子的崇高形象有什么影响呢？顶多是让人觉得你太不自量力罢了。

子贡把孔子比作日月，是以宋儒说“天不生仲尼，万古如长夜”（《朱子语类》卷九十三）。孔子的崇高形象也是在批评中树立起来的。由此亦可见，“圣化”孔子现象早已有之。

19.23【原文】 陈子禽谓子贡曰：“子为恭也，仲尼岂贤于子乎？”子贡曰：“君子一言以为知，一言以为不知，言不可不慎也！夫子之不可及也，犹天之不可阶而升也。夫子之得邦家者，所谓立之斯立，道之斯行，绥之斯来，动之斯和，其生也荣，其死也哀。如之何其可及也！”

〖解读〗子贡缅怀孔子之遗德

这是本篇的最后一章，继续讲子贡维护孔子形象问题。

陈子禽是孔子的学生，列七十子之第六十八位。在《论语》中有三见，其中在《季氏》篇中他问孔子的儿子伯鱼“子亦有异闻乎”，怀疑老师留了一手。在这里，他又怀疑孔子之贤，认为子贡如此竭力维护孔子的崇高形象，是子贡自己太谦虚了。陈子禽是不是拍子贡的马屁？不知道。但可以肯定的是，他不像叔孙武叔那样有恶意，可能是他确实认为子贡要贤于孔子才这样讲。因为，表面上看，子贡确实是一位全才，道德、文章也好，政治、经济也好，子贡都出类拔萃，是孔门中真正的“成功人士”代表。从某种意义上讲，孔子思想有后来的影响，子贡也功不可没。所以，孔子去世以后，无论是反对孔子的人，还是赞同孔子的人，持陈子禽这种看法的人大有人在。

对陈子禽的疑问，子贡回答说：君子一开口就知道你是聪明还是愚蠢，所以你讲话要慎重。先生的不可超越，就如同上天一样，你是不可能一级级爬上去的。可惜的是，世人不用先生，如果用先生的话，让先生当国君或宰相，肯定会教化立国，公正开路，安民为先，举措得宜，一派政通人和的气象。先生的一生可以说是“光荣的一生”，而先生的逝世，是国家民族的巨大损失，真令人悲痛不已。

据《史记》载，孔子去世后，子贡守墓六年之久，足见其对老师的感情之深。所以，这一章可以看作是弟子缅怀孔子的悼词。

《尧曰》第二十

概要：本篇是文本的最后一篇，只有三章。第一章是讲儒家的“道统”；第二章是讲儒家的“治统”；第三章是讲儒家的“学统”。

20.1【原文】 尧曰：“咨！尔舜！天之历数在尔躬，允执其中！四海困穷，天禄永终。”舜亦以命禹，曰：“予小子履，敢用玄牡，敢昭告于皇皇后帝，有罪不敢赦，帝臣不蔽，简在帝心，朕躬有罪，无以万方；万方有罪，罪在朕躬。”“周有大赉，善人是富。虽有周亲，不如仁人。百姓有过，在予一人。”谨权量，审法度，修废官，四方之政行焉。兴灭国，继绝世，举逸民，天下之民归心焉。所重：民食、丧祭。宽则得众，信则民任焉，敏则有功，公则说。

〖解读〗儒家的“道统”：“执中”何以可能？

《尧曰》是《论语》的最后一篇，只有三章，主题是讲政治的基本原则。其中本章前半节是古本《尚书》中的节选，后半节可能是孔子读《尚书》的心得体会。文本如此安排，我认为有两方面的考量：一是让读者明白孔子教学所用的“教材”主要为《尚书》之类的古典文献，因此这一章可以看作是孔子备课的“教案”或读书笔记；二是说明孔子一生确实是在做“祖述尧舜，宪章文武”的工作，从中可以看出孔子的思想渊源。正如宋儒所言，《孟子》的终篇也是“历叙尧、舜、汤、文、孔子相承之次”(《论语集注》引杨氏曰)，这说明先秦儒家已有明确的“道统”共识。而且，在孔子看来，若欲担当起传承“道统”的历史责任，没有“知其不可而为之”的担当精神是不行的。而这种担当精神的实践展开又需要相应的知识准备作支撑，是以文本最后一章是讲君子之学的三重维度。

尧传位给舜时，对舜说“天之历数在尔躬”，“历数”就是历法，而掌控“制历权”历来是古代帝王的头等大事，因为掌握了“制历权”也就具有了“奉天承运”的政治合法性。但是，尧对舜说“天之历数在尔躬”，意思是上天的使命已落到了你头上，你不能因此而任性，而是要“允执其中”，要认真地守住“中道”，贯彻落实以公正为核心的价值原则，否则的话，“四海困穷，天禄永终”，即天下百姓就会陷入贫穷困苦之境，到那时上天给你的禄位也就保不住了。舜后来传位给禹时也说了同样的话。且根据《尚书·大禹谟》“允执厥中”和《孟子·万章下》“汤执中”等文献可知，“执中”是“先王”们具有高度共识性的重要治国经验和政治学原则。是以大多数学者认为，这一章中的文献资料实际上是由三部分组成，即一是上文提到尧舜之言；二是“予小子履，敢用玄牡，敢昭告于皇皇后帝：有罪不敢赦，帝臣不蔽，简在帝心，朕躬有罪，无以万方；万方有罪，罪在朕躬”一段，这是商汤的话；三是商汤之后文、武、周公等周代政治家讲的话，至于其中哪句话是哪一个人讲的，学界有争论，我认为，没有必要深究。因为，他们都是在谈论如何“允执其中”这一传统政治的核心命题。

怎样“执中”呢？第一，用商汤与周武王的话来讲，就是“有罪不敢赦，帝臣不蔽，简在帝心，朕躬有罪，无以万方；万方有罪，罪在朕躬”，“百姓有过，在予一人”。意思是无论是他人还是身边的人犯了罪，都不能轻易赦免或有意掩盖；如果是自己犯了过错，也不能牵累天下百姓，作为领导干部要有敬畏之心（“予小子履，敢用玄牡，敢昭告于皇皇后帝”一句是商汤对上天所发的誓，反映出古代帝王普遍存在着一种敬畏心理），要有担当精神，敢于负责任，好坏都要概括承受，有问题不能怪下属和百姓。第二，用武王的话来讲，就是“虽有周亲，不如仁人”，即要打破任人唯亲的用人习惯，倡导任人唯贤的用人价值导向，要让好人有好报，让好人过上好日子，这就是“周有大赉，善人是富”，从而突破“德福悖论”的历史怪圈。第三，“谨权量，审法度，修废官。”也就是要建立健全各种行政制度与法规，使政令畅通无阻。第四，“兴灭国，继绝世，举逸民。”也就是要制定出有利于各少数民族复兴与发展的民族政策，把流落民间的人才（逸民）收拢提拔起来，从而促进民族大团结、大融合。第五，“所重：民食、丧祭。”也就是重视民生问题，从物质文明与精神文明（古代的“丧祭”代表了一种精神信仰）两个方面来构建和谐社会。第六，“宽则得众，信则民任焉，敏则有功，公则说。”也就是要坚持宽厚、诚信、勤政、公平的政治伦理原则，做一名“好干部”。

由上可知，儒家所构建的“道统”就是由尧舜开创并为后世圣王所继承的“执中”主义，这一主义的核心价值就是“中”即公正，而文本的着重点主要是阐述怎样去贯彻这一价值原则，一共讲了六个方面，涉及干部作风建设、政治制度建设、社会建设和政治伦理等问题，蕴含着以德治国和依法治国的思想，其论述或文本安排非常具有逻辑性，因此，可以说它是代表孔子政治学的纲领性文件，至今仍有意义。

20.2【原文】 子张问于孔子曰：“何如斯可以从政矣？”子曰：“尊五美，屏四恶，斯可以从政矣。”子张曰：“何谓五美？”子曰：“君子惠而不费，劳而不怨，欲而不贪，泰而不骄，威而不猛。”子张曰：“何谓惠而不费？”子曰：“因民之所利而利之，斯不亦惠而不费乎？择可劳而劳之，又谁怨？欲仁而得仁，又焉贪？君子无众寡，无小大，无敢慢，斯不亦泰而不骄乎？君子正其衣冠，尊其瞻视，俨然人望而畏之，斯不亦威而不猛乎？”子张曰：“何谓四恶？”子曰：“不教而杀谓之虐；不戒视成谓之暴；慢令致期谓之贼；犹之与人也，出纳之吝，谓之有司。”

〖解读〗儒家的“治统”：“五美”是仁政，“四恶”是苛政

这一章也是讲政治问题，从文本上下文的意义联系来看，上一章讲的是大政治，讲政治路线或“道统”问题，是对帝王讲的，属于政治学范畴；而这一章讲的是小政治，是讲政治路线确定后怎样去执行的问题或“治统”问题，是对臣子讲的，属于行政伦理学的范畴。而且，从孔子所讲的“五美”即五种美德来看，都体现出了中庸之道的价值观。所以,我认为,这一章仍是讲“执中”问题,是讲主体的“中德”修养,与上一章有紧密的逻辑联系。

“五美”之一是“惠而不费”,给别人好处却自己不破费。这怎么可能呢?孔子说“因民之所利而利之,斯不亦惠而不费乎?”让老百姓做有利于他们自己的事,不就是“惠而不费”吗?维护老百姓的利益,利为民所谋,这是为政者的行政义务所在,也是“执中”的重要体现。而老百姓最讲实际,只要有利于他们的事,他们就有积极性去做,为政者根本无须费神费力。换言之,“因民之所利而利之”所付出的行政成本是最低的。但是,要做到“惠而不费”并不容易,因为,没有爱民之心,没有对民情的深入了解,没有与时俱进的改革精神,就无法站在百姓的角度考虑问题,制定出的政策措施往往会与百姓的需求相矛盾,等到“四海困穷”的时候,政府再伸手去救济百姓,那就得“惠而费”,得付出极高的行政成本。所以,“惠而不费”实际上是一种无为而治的境界,也是一种“时中”的境界。

“五美”之二是“劳而不怨”,使唤百姓而百姓没有怨言。这是如何可能的呢?孔子说:“择可劳而劳之,又谁怨?”选择百姓可以胜任的事叫他们去做,谁会有怨言呢?老百姓喜欢做有利于他们自己的事,但有一些利民之事老百姓不一定喜欢做,因为事情有难度,老百姓不懂,一下子做不来,如果强迫他们做这些事,就会有怨言;或者事情并不难,但老百姓没有时间去做,譬如正是农忙季节,你叫他们去修城墙,他们肯定会有怨言。所以,要做到“劳而不怨”,必须按“时中”的要求,既要量力而使,也要“使民以时”。

“五美”之三是“欲而不贪”,有欲望,但不贪婪。凡人皆有欲望,孔子说“富与贵,人之所欲也”,人的富贵之欲是具有正当性的,但是人的欲望又是一个没有止境的无底洞,因此要将自己的欲望控制在“中”即合理的范围之内。如何保持欲望的“度”,不让欲望膨胀过“度”,这是儒家仁德修养的重要方面。特别是对于将要从政的人来说,在各种各样的诱惑面前,更要筑牢道德的心理防线。所谓“欲仁而得仁,又焉贪”,就是指主体只要树立了仁爱精神,重视道德精神需要的满足,那么物质需要的满足就不会走向贪婪的地步。

“五美”之四是“泰而不骄”,庄重坦然,但不骄傲。怎样做到呢?孔子认为:“君子无众寡,无小大,无敢慢,斯不亦泰而不骄乎?”君子对人对事,脑子里没有多少、大小的概念与“前见”,都要认真对待,都要全力以赴;既要有自信心,又不能托大,要给人以适度的张力感,让人觉得你既是一个可敬的人,也是一个可爱的人。可敬是因为你做事认真,能一视同仁;可爱是因为你谦虚谨慎,不居功自傲。

“五美”之五是“威而不猛”,威严而不凶猛。孔子认为:“君子正其衣冠,尊其瞻视,俨然人望而畏之,斯不亦威而不猛乎?”君子要衣冠整齐,目光庄严,仪态端庄,让人望而生畏,让人觉得有威严却不可怕。这是讲君子的外表仪态要求,现在有的公务员上班也有着正装或穿制服的要求,但大多数已不注重仪态修养了,伤害了政府的公信力。

“四恶”之一是“不教而杀谓之虐”,不教而诛,这叫作残酷。有的人犯过错是因为他不懂，不知道，所以君子有责任教育他们，让他们知法懂礼，知道做事情的原则与方法，如果是屡教不改，才可以惩罚他们，否则就是草菅人命。

“四恶”之二是“不戒视成谓之暴”，不事先告诫却突然要求出成绩，这叫作粗暴。交给下属的事情一定要先提要求，这样下属才知道自己到底有没有能力做得好，如果没有能力做好，下属就可以提出来另请高明。如果不事先提要求，却突然问下属要成果，如果成果不满意，又批评下属，这是工作方法粗暴，不懂行政管理学。

“四恶”之三是“慢令致期谓之贼”，开始要求不严，却突然要求限期完成任务，这叫作害人。给下属交代任务时需要告知完成期限，如果你觉得这个任务正常完成需要多少天，那么你就得按进度提醒大家，如果你督办不力，对下属在前一阶段的拖拖拉拉现象不闻不问，听之任之，而到了任务该完成的期限又不允许延期的话，这会害惨下属。今天常见的“慢令致期”现象是上级下发的文件不及时转发，造成了普遍的加班加点现象。

“四恶”之四是“犹之与人也，出纳之吝，谓之有司”，答应给人东西，却出手吝啬，这叫作小气。做事有成本，所以节约是美德，但是该花钱的地方一定要舍得，如果像“有司”即小会计那样吝啬，把项目预算做得太低，不考虑导致成本可能上升的客观因素，那就很难保证项目的质量水平。

故曰：“五美”是仁政，“四恶”是苛政。

20.3【原文】 子曰：“不知命，无以为君子也；不知礼，无以立也；不知言，无以知人也。”

〖解读〗儒家的“学统”：知命、知礼、知言

这是《论语》的最后一章。从文本上下文意义联系来讲，前面两章是讲以“执中”为主要内涵的儒学“道统”与“治统”，而这一章则主要是讲维护这种“道统”的“君子之学”，也就是儒家的“学统”问题，它基本内容有“知命”“知礼”和“知言”等三重维度。可见，整部《论语》，从《学而》始，到《尧曰》终，其结构安排始终是围绕着培养具有“道统”使命意识和“知其不可而为之”的担当精神的“君子之学”展开。而本章可以看作是对儒家这种“学统”的“内容摘要”。

孔子讲“学而时习之”，学习的目的是什么？第一，要通过“知命”而成就可以承担“道统”传承大任的君子人格。孔子心目中的“命”既代表必然性，也代表偶然性。必然性之“命”就是历史规律，就是社会发展趋势，知道这个“命”，就可以顺势而为，这是“顺命”；偶然性之“命”就是人生的意外，战胜这种人生的意外只有靠道德修养才可成功，所以，知道这个“命”的过程就是一个修身以“立命”的过程。“顺命”是“知其可而为之”，“立命”是“知其不可而为之”。第二，要通过“知礼”而立足于社会。礼是纲常，是行为规范，是人与人交换所需遵守的“游戏规则”，这个规则的背后既体现着历史发展之“命”的必然性，同时也蕴含着人性的内涵，因为它是人类表达善意的形式需要。因此，

“知礼”代表了一种维护“道统”的路径选择自觉，它意味着不只是要知道礼的形式，更要懂礼的历史内涵与精神实质，懂得了这一点，不仅会自觉地守礼，而且会能动地护礼，既会维护礼之相对稳定性的价值，也会推动礼的与时俱进。也就是说，这样一种君子之“立”的方式意味着“立”不再是简单的混社会，混饭吃，而是一种人格挺立，它具有道德标杆的意义。第三，要通过“知言”来了解人、了解社会。语言是思想的物质外壳，是人类交流的工具与媒介，因此，知往圣之“言”，可预未来之势；知世人之“言”，可知人心变化；知朋友之“言”，可益自我修养；知无言之“言”，可与造化同流。所以，“知言”，不仅可以知他人，还可以知自己，可以知人是立于天地之间的独特存在，可以知人的生命价值与意义之所在。

知命者，心不忧，故“学而时习之，不亦说乎！”；知礼者，行有常，故“有朋自远方来，不亦乐乎！”；知言者，人不惑，故“人不知而不愠，不亦君子乎！”。一部《论语》，首尾相连，结构完整。

参考文献

[1]《论语译注》,杨伯峻著,北京:中华书局,1980.
[2]《论语集释》,程树德著,北京:中华书局,1990.
[3]《孔子集语校补》,郭沂校补,济南:齐鲁书社,1998.
[4]《论语正义》(诸子集成本),刘宝楠,长沙:岳麓书社,1996.
[5]《尚书译注》,王世舜著,成都:四川人民出版社,1982.
[6]《春秋左传注》,杨伯峻著,北京:中华书局,1981.
[7]《孟子译注》,杨伯峻著,北京:中华书局,1962.
[8]《荀子简释》,梁启雄著,北京:北京古籍出版社,1980.
[9]《十三经注疏》(影印本),孔颖达著,北京:中华书局,1980.
[10]《礼记集解》,孙希旦,北京:中华书局,1989.
[11]《周礼·仪礼·礼记》,长沙:岳麓书社,1989.
[12]《国语·战国策》,长沙:岳麓书社,1988.
[13]《诗经译注》,高亨,上海:上海古籍出版社,1980.
[14]《说文解字注》,段玉裁著,上海:上海古籍出版社,1981.
[15]《四书章句集注》,朱熹著,北京:中华书局,1983.
[16]《船山全书·四书训义》,王夫之著,长沙:岳麓书社,1988.
[17]《王文成公全书》,王阳明著,上海:上海古籍出版社,1992.
[18]《史记》,司马迁著,长沙:岳麓书社,1988.
[19]《十三经精华》,钱仲联编,长沙:湖南教育出版社,1992.
[20]《现代新儒家与中国现代化》,方克立著,天津:天津人民出版社,1997.
[21]《先秦诸子系年》,钱穆著,北京:中华书局,1985.
[22]《孔子研究论文著作目录》,中国社会科学院哲学研究所资料室编,济南:齐鲁书社,1987.
[23]《孔子评传》,匡亚明著,济南:齐鲁书社,1985.
[24]《孔子学说的精华》,杜任之、高树帜著,太原:山西人民出版社,1985.
[25]《孔子思想体系》,蔡尚思著,上海:上海人民出版社,1982.
[26]《孔子大辞典》,张岱年主编,上海:上海辞书出版社,1993.
[27]《孔子新传》,金景芳、吕绍纲著,长沙:湖南人民出版社,1992.
[28]《孔子教育思想》,陈景磐著,武汉:湖北人民出版社,1981.
[29]《孔门弟子研究》,李启谦著,济南:齐鲁书社,1988.
[30]《孔子研究》,钟肇鹏著,北京:中国社会科学出版社,1983.
[31]《孔孟荀哲学》,蔡仁厚著,台北:台湾学生书局,1984.
[32]《论语新解》,钱穆著,北京:生活·读书·新知三联书店,2002.

[33]《孔子学说的重光——梁漱溟新儒学论著辑要》,北京:中国广播电视出版社,1995.
[34]《极高明而道中庸——冯友兰新儒学论著辑要》,北京:中国广播电视出版社,1995.
[35]《道德理想主义的重建——牟宗三新儒学论著辑要》,北京:中国广播电视出版社,1992.
[36]《诠释学与先秦儒家之意义生成》,刘耘华著,上海:上海译文出版社,2002.
[37]《士与中国文化》,余英时著,上海:上海人民出版社,1987.
[38]《论儒学的宗教性》,杜维明著,武汉:武汉大学出版社,1999.
[39]《中国哲学史》,冯友兰著,北京:中华书局,1984.
[40]《中国哲学大纲》,张岱年著,北京:中国社会科学出版社,1982.
[41]《中国传统伦理思想史》,朱贻庭主编,上海:华东师范大学出版社,1994.
[42]《儒家辩证法研究》,庞朴著,北京:中华书局,1984.
[43]《现代新儒学概论》,郑家栋著,南宁:广西人民出版社,1990.
[44]《美的历程》,李泽厚著,北京:文物出版社,1981.
[45]《论语今读》,李泽厚著,北京:生活·读书·新知三联书店,2004.
[46]《中国古代思想史论》,李泽厚著,北京:人民出版社,1986.
[47]《宋明理学史》,张立文著,北京:中国人民大学出版社,1985.
[48]《和合学概论》,张立文著,北京:首都师范大学出版社,1997.
[49]《论语译注》,金良年著,上海:上海古籍出版社,1995.
[50]《论语札记》,牛泽群著,北京:北京燕山出版社,2003.
[51]《朱子哲学研究》,陈来著,上海:华东师范大学出版社,2000.
[52]《古代宗教与伦理——儒家思想的根源》,陈来著,北京:生活·读书·新知三联书店,1996.
[53]《哲学史讲演录》,黑格尔著,北京:生活·读书·新知三联书店,1956.
[54]《从西方哲学到禅佛教》,傅伟勋著,北京:生活·读书·新知三联书店,1989.
[55]《宗周社会与礼乐文明》,杨向奎著,北京:人民出版社,1992.
[56]《中国古代宗教与礼乐文化》,谢谦著,成都:四川人民出版社,1996.
[57]《先秦礼乐文化》,杨华著,武汉:湖北教育出版社,1997.
[58]《巫与巫术》,宋兆麟著,成都:四川民族出版社,1989.
[59]《苏格拉底、耶稣、佛陀和孔子》,雅斯贝尔斯著,合肥:安徽文艺出版社,1991.
[60]《新教伦理与资本主义》,马克斯·韦伯著,北京:生活·读书·新知三联书店,1987.
[61]《中庸的思想》,陈□著,北京:生活·读书·新知三联书店,2007.
[62]《丧家狗——我读论语》,李零著,太原:山西人民出版社,2007.
[63]《论语别裁》,南怀瑾著,上海:复旦大学出版社,1990.
[64]《孔子思想的传播学诠释》,崔炼农著,长沙:湖南大学出版社,2008.
[65]《论语解释学与新仁学》,李幼蒸著,北京:人民大学出版社,2018.
[66]《论语歧解辑录》,高尚榘编,北京:中华书局,2011.
[67]《传统文化之“中”与“和”思想研究(阐释篇)》,陈科华著,长沙:湖南人民出版社,2015.
[68]《中国古代经济伦理思想史》,唐凯麟、陈科华著,北京:人民出版社,2004.
[69]《儒家中庸之道研究》,陈科华著,桂林:广西师范大学出版社,2000.
[70]《发现论语》,杨润根著,北京:华夏出版社,2003.

后 记

我读《论语》虽然读了三十余年，但并不能说真正读懂了它，所以本书与其说是一部有关《论语》的学术研究著作，不如说是我个人学习《论语》的心得体会集。书中的许多观点、见解甚至说法既得益于先贤、先进的研究成果，更得益于《论语》文本的理解开放性，正是后者使我对《论语》研究的未来充满了无限的期待。如果余生有幸的话，我还想继续研究下去，并从中享受到一种"不知老之将至矣"的学习之乐。

夫子常以"好学者"自许，然夫子所倡导的学问是一种"为己之学"，今之"好学者"未必能体会到这种学问的境界，就我个人而言，就时常受到"为人之学"的学风困扰，因而免不了有些世俗的考量。所幸的是，毕竟我们生活在一个"有道"的时代，读书人或者说有了高级职称的知识分子已经没有了太重的"谋食"之忧，这样我们也就可以学学圣人，做一点"为己之学"的学问，既聊以自慰于即将到来的退休生活，也希望无愧于一辈子为人师表的职业伦理要求。司马迁说，读孔子之书，"想见其为人"，便有了一种"虽不能至，然心向往之"的心理。我想，只要是读过《论语》的人，了解孔子生平事迹的人，都能或多或少地感受到孔子这种"为己之学"精神对读书人人格塑造的积极影响。

在写作本书的过程中除了得到内子吴永兰女士"同情的理解"外，还得到了湖南工业大学图书馆、马克思主义学院诸位同仁的无私帮助和学界朋友们的衷心鼓励；在本书的出版过程中得到了湘潭大学出版社章育良先生的大力支持。在此，一并谨致谢忱！

陈科华

2020 年 6 月 26 日于湖南株洲